à Monsieur Charles Royer,
souvenir affectueux de l'auteur,
E. D. de Manne

NOUVEAU DICTIONNAIRE

DES OUVRAGES

ANONYMES ET PSEUDONYMES

LYON. — IMPRIMERIE DE P. MOUGIN-RUSAND.

NOUVEAU DICTIONNAIRE

DES OUVRAGES

ANONYMES

ET

PSEUDONYMES

Avec les noms des Auteurs ou Editeurs,

ACCOMPAGNÉ DE NOTES HISTORIQUES ET CRITIQUES

PAR

E.-D[s] DE MANNE

Conservateur adj[t] honoraire à la Bibliothèque impériale

TROISIÈME ÉDITION

Revue, corrigée & très-augmentée.

LYON

N. SCHEURING, LIBRAIRE-ÉDITEUR

M DCCC LXVIII

AVANT-PROPOS

La première édition de ce livre a été l'objet de quelques critiques, et nous a laissé un regret qu'auront dû comprendre les hommes d'études qui ont connu mon père et qui ont été à même d'apprécier son érudition bibliographique, qui ne le cédait point à ses connaissances en géographie. Ainsi que nous l'avons déjà dit, nous avions cru rendre hommage à sa mémoire en réunissant plusieurs notes trouvées dans ses papiers. A ces matériaux incomplets, nous en avons ajouté d'autres rassemblés par nous avec trop de précipitation. « Cet ouvrage, a dit le savant « bibliophile Jacob, qui comprend surtout les pseudonymes et « anonymes contemporains, n'eût pas vu le jour avec tant de « fautes si l'auteur eût assez vécu pour le *publier lui-même.* » Nous saisissons donc avec empressement cette occasion de déclarer que nous assumons pour notre propre compte toutes les critiques, plus ou moins fondées, auxquelles a donné lieu la publication de ce livre.

Quoique annoncé comme *troisième édition*, celui que nous publions aujourd'hui est, à vrai dire, moins une troisième édition qu'une œuvre presque entièrement nouvelle.

En effet, le volume de 1834 se composait de 2,131 articles, y compris les ouvrages anonymes en langues étrangères, au nombre de 260, que nous n'avons pas cru devoir admettre dans notre nouveau travail. Il restait donc 1,871 articles d'ouvrages français, parmi lesquels nous avons opéré de nombreuses suppressions. Notre nouvelle édition compte 4,616 articles : il est facile de se convaincre, dès-lors, que la majeure partie est entièrement neuve.

Il n'est pas besoin d'affirmer que nous avons appliqué tous nos soins à faire disparaître les erreurs qui nous ont été signalées par des bibliographes plus exercés, en tête desquels nous aimons à citer M. Emile Regnard, l'un des collaborateurs les plus consciencieux et les plus érudits de la *Bibliographie générale ;* et, cependant, il n'est pas impossible que plusieurs aient encore échappé à nos investigations.

Nous avons fait en sorte de déguiser l'aridité d'une sèche nomenclature sous des notes bibliographiques et quelquefois anecdotiques, en évitant pourtant de les multiplier au point de ressembler plus à une *Biographie* qu'à une *Bibliographie*. On remarquera que nos recherches se sont principalement portées sur les écrivains contemporains. Nous sommes bien loin du temps où Beuchot, le consciencieux bibliographe, disait : « Qu'on ne pouvait nommer un auteur vivant sans son consentement. » Est-ce un mal? est-ce un bien? La question semble complexe ; mais on conviendra qu'il y a quelque chose de piquant pour le lecteur à soulever le masque d'emprunt qui lui dérobe des traits souvent fort connus ; et, de nos jours, la découverte du nom d'un auteur qui a vainement espéré mettre son identité sous l'abri de l'*anonyme*, ou mieux encore du *pseudonyme*, a tout l'attrait du fruit défendu.

Si l'on retrouve dans ce livre quelques articles déjà mentionnés dans Barbier, c'est que parfois une particularité omise par le savant bibliographe nous a paru offrir assez d'intérêt pour justifier cette répétition.

Peut-être aussi nous objectera-t-on que quelques-uns de nos articles figuraient dans *la France littéraire* de Quérard. A cela nous répondrons que nous n'avons agi qu'avec son autorisation, et en usant, d'ailleurs, du droit de réciprocité.

Peu de temps après la publication de ce volume, Quérard, qui avait bien voulu accepter l'hommage d'un exemplaire, se hâta de faire imprimer contre notre livre une brochure dans laquelle il prenait à tâche de relever et d'énumérer les erreurs, même les plus insignifiantes. A ses critiques, souvent moins fondées que malveillantes, nous avions eu l'intention d'opposer une réfutation : aujourd'hui qu'il n'est plus, cette réponse serait sans objet.

Nous ne voulons pas clore cet avant-propos sans témoigner ici notre reconnaissance aux personnes dont les communications nous ont été utiles, et notamment à M. Ulysse Capitaine, de Liége, et à M. Léon de la Sicotière, d'Alençon, dont nous avons été à même d'apprécier si souvent l'obligeance et l'érudition.

NOUVEAU DICTIONNAIRE

DES

OUVRAGES ANONYMES

ET

PSEUDONYMES

A

1. A la Bourgeoisie (par le vicomte de Jouvencel). *Bruxelles*, Tarride, 1854, in-18.

2. A la mémoire auguste de feu Mgr le Dauphin (père du roi Louis XVI) (par Joseph-Antoine-Joachim Cérutti). 1789, in-8.

Publié à l'occasion des Etats-généraux.

3. A l'aventure en Algérie, par Mme Louise Vallory (Mme Mesnier). *Paris*, J. Hetzel, 1863, in-18.

4. A l'ombre de Prascovia, comtesse de Schérémétoff, élégie (par Alexandre-Vincent Pineu, connu en littérature sous les noms d'Alexandre Duval). *Paris*, Pierre Didot aîné, 1804, in-8.

L'édition presqu'entière de cette élégie ayant été envoyée en Russie au comte Schérémétoff, cet opuscule est devenu très-rare.

5. A mes amis d'Espagne (par Antoine de Latour). *Paris*, Raçon, 1860, in-12.

Recueil de vers, tiré à cent exemplaires, qui n'ont pas été mis dans le commerce.

6. A Molière! (par Edmond de Manne). Sans nom de lieu, ni date. (*Paris*, 1844), in-8.

En vers.

7. A Odilon Barrot, par Victor M*** (Mauvières, employé des postes). *Paris*, marchands de nouveautés, 1831, br. in-8.

8. A qui le fauteuil? ou Revue microscopique de nos auteurs en l'an de grâce 1817; Satire suivie d'*Ecce homo*, par Sphodrétis (Pierre Lasgneau-Duronceray). *Paris*, Delaunay, 1817, br. in-8 de 16 pages.

9. A quoi bon le grec et le latin

dans l'enseignement public? par C.-D. Romainville (Charles Dumoulin). *Paris*, Dentu, 1845, br. in-8 de 16 pages.

10. A quoi servent les moines, par Philarète Stanz (l'abbé Michaud, de Nîmes). *Paris*, Adolphe Josse, 1864, in-18.

11. A une Dame de Bourg-la-Reine. — Les conseils de l'expérience. — Petits aphorismes moraux. Par une voisine (Jean-Bernard Brissebarre). *Paris*, Lacrampe, novembre 1844, br. in-8.

Jean-Bernard Brissebarre, né à Dijon, le 2 juillet 1775, s'est distingué, comme acteur tragique, sous le nom de Joanny.

12. Abbaye (L'), ou le Château de Barford, imité de l'anglais, par M*** (Joseph-Pierre Fresnais). *Paris*, 1769, 2 vol. in-12.

13. Abbaye (L') de la Trappe, par Gustave Grandpré (Auguste-Julien-Marie Lorieux). *Paris*, Corbet, 1827, in-18.

14. Abbaye (L') d'Harford, ou Lise et Amélie, par l'auteur de : « Agathe d'Entragues. » (Elisabeth Guénard, baronne Brossin de Méré). *Paris*, Lerouge, 1813, 3 vol. in-12.

15. Abbé (L') Maurice, par Mme Camille Bodin (Marie-Hélène Dufourquet). *Paris*, Dumont, 1837, 2 vol. in-8.

Marie-Hélène Dufourquet a composé un grand nombre de romans sous les noms empruntés de *Camille Bodin* et de *Jenny Bastide*. Née à Rouen, le 7 août 1780, elle était fille de René Dufourquet, visiteur des fermes du Roi, et d'Adélaïde-Sophie Deschamps, son épouse.

Après une existence assez aventureuse, Marie-Hélène épousa un sieur *Lafrété*, dont elle ne porta jamais publiquement le nom et dont elle se sépara au bout de quelques années de mariage. Elle est morte à Vaugirard, près Paris, le 23 septembre 1851, paralytique et dans un état voisin de la misère.

16. Abbé (L') de Rancé, drame, par Edouard-Ludovic (Edouard Wacken). *Liége*, Jeunehomme, 1841, in-12. (Ul. C.)

17. Abbé (L') Raynal et Bassenge (par Mathieu-Lambert Polain). *Liége*, Carmanne, 1842, in-8. (Ul. C.)

18. Abbé (L') Soulas et ses œuvres, par un de ses amis (l'abbé Vigourel, prêtre du diocèse de Montpellier). *Montpellier*, Séguin, 1857, in-12.

19. Abdolonyme, ou le Couronnement, pièce héroïque en un acte et en vers, par un des plus anciens auteurs de la comédie française (le baron Ernest de Manteuffel). *Paris*, Hubert, 1825, br. in-8.

Pièce non représentée.

20. Abrégé de géographie ancienne, précédé de notions élémentaires de géographie et de chronologie, par un Ancien professeur de l'Université de Paris (l'abbé J.-D. Rousseau). *Lyon* et *Paris*, Périsse, 1824, in-12.

21. Abrégé de géographie commerciale et historique, par L. C. (Claude-Louis Constantin) et F. P. B. (Frère Philippe

Bransiet, Supérieur des Frères de la Doctrine chrétienne). 14e édition. *Paris*, Hachette, 1840, in-12.

22. Abrégé de la vie de saint Servais, évêque de Tongres, et patron contre la fièvre et les maladies épidémiques (par J.-L. Dusart, curé de Saint-Servais), à Liége. *Liége*, Dessain, 1772, in-12. (Ul. C.)

23. Abrégé de la vie de sainte Geneviève, patronne de Paris et de toute la France (par François-Amable de Voisins, curé de Saint-Etienne-du-Mont). *Paris*, an XIII (1805), in-12.

24. Abrégé de la vie de saint Hadelin (par Peeters, chanoine de Visé). *Liége*, Moonens, 1788, in-12. (Ul. C.)

25. Abrégé de l'histoire de Spa, ou Mémoire historique et critique sur les eaux minérales et thermales de la province de Liége, par J.-B. L. (Jean-Baptiste Leclerc, ancien membre de la Convention nationale). *Liége*, 1818, in-18.

Opuscule fort apprécié.

26. Abrégé de l'histoire d'Espagne, depuis les temps les plus reculés jusqu'à nos jours, par P.-D. (Parent-Desbarres). *Paris*, Parent-Desbarres, 1839, 2 vol. in-12.

27. Abrégé de l'histoire de l'Eglise chrétienne, depuis sa naissance jusqu'à l'époque de sa réformation (par le pasteur Boissard). *Paris*, Treuttell et Würtz, 1819, in-8.

28. Abrégé de l'histoire romaine, en vers français, avec des notes (par le vicomte Chrétien-Siméon Le Prévôt-d'Iray). *Paris*, 1808, in-8.

29. Abrégé de l'histoire Sainte et de l'histoire de France, par L. C. (Claude-Louis Constantin) et F. P. B. (Frère Philippe Bransiet). *Paris*, Poussielgue, 1838, in-12.

30. Abrégé des propriétés des miroirs concaves, des loupes à eau, etc. (par Desbernières). *Paris*, G. Desprez, 1763, in-12.

31. Abrégé du Traité des études de Rollin, à l'usage de la jeunesse (par feu Regnard, ancien député des Ardennes, ancien conservateur des Forêts). *Paris*, imprimerie française, an IV (1796), br. in-8 de 196 pages.

32. Abrégé historique de la Ménestrandie (par Besche l'aîné, de la chapelle du Roi). *Versailles*, 1774, in-16.

33. Abrégé nouveau de géographie, à l'usage des écoles élémentaires et des écoles primaires, par P.-A. P. de B. (Paul-Auguste Poulain de Bossay). *Paris*, Maire-Nyon, 1830, in-8.

34. Abrégé statistique et historique des 130 départements de l'Empire français (par Biju-

Duval). *Paris*, Buisson, 1812, 6 vol. in-8.

Compilation de *La Martinière* et de *Vosgien*, en ce qui concerne les lieux, et du *Dictionnaire historique* (édition de 1789), en ce qui concerne les personnages célèbres, dont l'auteur, à propos des villes où ils sont nés, donne la notice biographique.

35. Abusés (Les), comédie en cinq actes et un prologue, en prose, faite à la mode des anciens comiques, de Charles Estienne. *Paris*, 1556, in-16.

La comédie des *Abusés* n'est pas de Charles Estienne; mais seulement traduite par lui en français. Elle fut composée par les *Intronati*, académiciens de Sienne, ainsi qu'il paraît par l'épître adressée par le traducteur à Mgr le Dauphin. Cette pièce pourrait s'appeler la *Fille Valet*. Le sujet est pris mot à mot des *Histoires de Bandel* (t. IV, hist. 59°).

Il prétend que cette aventure arriva à Rome, lorsque le duc de Bourbon, qui commandait l'armée de Charles-Quint, la prit et la saccagea.

Il nomme le père des deux enfants Ambroise Nani, et dit que c'était un bon marchand dont la fille s'appelait Nicole.

Cette pièce est fort rare et elle est des plus licencieuses. A chaque scène est jointe une estampe fort jolie, gravée en bois et représentant la décoration et les acteurs... Il n'y a pas d'apparence qu'elle ait été jamais jouée.

(*Bibliothèque des théâtres*, par Maupoint.)

36. Académie (L'), satire (par Hyacinthe Thabaud de la Touche). *Paris*, Urbain Canel, 1826, br. in-8 de 9 pages.

37. Académie (L') des femmes, comédie (par Samuel Chappuzeau de Baugé), représentée sur le théâtre du Marais. *Paris*, 1661, in-12.

38. Académie royale des Sciences, des Lettres et des Arts. — Bibliographie académique, ou Liste des ouvrages publiés par les membres correspondants et associés résidants, 1854. *Bruxelles*, 1855, in-18 de 254 pag.

Ce travail est de M. Quételet, secrétaire perpétuel de l'Académie de Belgique.

39. Académie universelle des jeux, etc., précédée d'un coup-d'œil général sur les jeux, tant dans les temps anciens que dans les temps modernes, par L. C. (Charles-Yves Cousin d'Avalon), amateur. *Paris*, Corbet aîné, 1824-1833-1835, 1 vol. in-12.

40. Achille, drame historique en un acte, en prose, par A. H. (Adrien Hope). *Paris*, Barba, 1837, br. in-8.

41. Actes, mémoires et autres pièces authentiques, concernant la paix d'Utrecht. *Utrecht*, Guillaume Van de Water, 1714-1715, 7 vol. in-12, fig.

L'Epître dédicatoire, placée en tête du 7e volume, est signée : *Guillaume Van Poolsum*.

Barbier (*Dictionnaire des anonymes*, n° 264), attribue cet ouvrage à Casimir Freschot. Seulement, il ne donne ce nom que sous bénéfice d'inventaire; car, à la suite de sa mention, il a ajouté : *Douteux*.

42. Actrice (L'), comédie en un acte et en vers (par Charles de Stabenrath). *Rouen*, Baudry, 1836, br. in-8.

43. Adèle et Ferdinand, ou le Pêcheur de la Loire (par Fouchy). *Paris*, Dabo, 1816, in-12.

44. Adèle Discurs, ou les Malheurs d'une libérée, par L.-Fr.

L'H. (Louis-François L'Héritier, de l'Ain). *Paris*, Tenon, 1828, in-12.

Ce roman a été reproduit dans les Mémoires (apocryphes) de Vidocq, du même écrivain.

45. Adherbal, roy de Numidie (par Joseph de Lagrange-Chancel). *Paris*, Pierre Ribou, 1699, in-12.

46. Adieux à l'Univers, ou Mon Départ pour l'autre monde, mauvaise plaisanterie, par un Mourant qui ne fut membre d'aucune Académie (François Cizos - Duplessis). *Toulouse*, Navarre, 1815, in-8.

47. Adieux de Marie-Charlotte de Bourbon, ou Almanach pour 1798, par M. D'Albins (Joseph Michaud aîné). *Bâle*, Tourneisen (*Paris*, Gueffier), in-18.

48. Adieux (Les) du duc de Bourgogne et de l'abbé de Fénelon, son précepteur, ou Dialogue sur les différentes formes de gouvernement. *A Douay*, 1772, in-8.

On lit dans l'ouvrage de Thiébaut, intitulé : *Mes souvenirs* (1re édition, tome 2, page 107), des détails curieux sur l'origine du livre ci-dessus mentionné, qui fut composé par lui à l'instigation de la princesse Ulrique, sœur du grand Frédéric et reine douairière de Suède. Les plus sévères précautions furent prises, lors de la publication, pour que le nom de son auteur et la part qu'y avait eue la princesse restassent complètement ignorés. Une deuxième édition, très-modifiée, fut faite à Paris, en 1788, sous la rubrique de Stockolm.

Quoique cet ouvrage soit mentionné par Barbier, nous avons cru pouvoir en reproduire ici l'indication, à cause des détails précédents qu'il a passés sous silence.

49. Adolphe de Prald, ou l'Erreur singulière, par Mme Julie L*** (Lescot). *Paris*, Pigoreau, 1821, 3 vol. in-12.

50. Adolphe et Caroline, ou le Danger des divisions politiques dans les familles, comédie en cinq actes et en prose, par le comte de *** (Charles-Léopold de Belderbusch), ancien préfet. *Paris*, Anthelme Boucher, 1824, br. in-8 de 160 pages.

51. Adresse à tous les souverains de l'Europe, par Lewis Goldsmith, suivie des proclamations, lettres, réflexions, écrits; enfin, de tous les débats survenus jusqu'à ce jour en Angleterre sur la destination de Napoléon Bonaparte. Traduit de l'Anglais, par un Volontaire royal (Charles Malo), avec des notes et réflexions par le traducteur. *Paris*, Morinval, 1815, in-8.

52. Adresse de quelques catholiques de Rouen à tous les catholiques du département de la Seine-Inférieure (par l'abbé Guillaume-André-René Baston). *Rouen*, 1791, br. in-8.

53. Advertissement sur les rebellions auquel est contenu qu'elle (*sic*) est la misère qui accompaigne les traistres, séditieux et les rebelles et les récompenses qui les suivent selon leurs mérites (par de Bellefo-rest). (S. L.). 1546, in-8.

54. Advis aux criminalistes, sur les abus qui se glissent dans les procès de sorcellerie, par le

P. V. S. J. (Le Père Von Spée, Jésuite). Mis en français, par S. B. de Velledor, M. A. D. (S. Bouvot, médecin à Dijon). *Lyon*, Claude Prost, 1660, in-8.

55. Advis fidelle aux véritables Hollandais, touchant ce qui s'est passé dans les villages de Bodegrave et de Swammerdam et les cruautés inouies que les Français y ont exercées (par de Wicquefort). *Hollande*, à la Sphère, 1673, in-12.

56. Affaire Contrafatto. Protestation adressée au conseil de l'ordre des avocats, à Paris, contre le refus de M. le président de la Cour d'assises d'admettre le barreau aux débats à huis-clos, le 15 octobre 1827 (par L. Caille). *Paris*, Dupont, 1827, in-8.

57. Africain (L'), comédie en quatre actes, par Charles-Edmund (Choiecky, secrétaire intime du prince Napoléon, aujourd'hui conservateur de la bibliothèque du Sénat). *Paris*, Michel Lévy, 1860, in-18.

58. Agar et Ismaël, pièce diabolique en trois tableaux, par MM. Xavier et Richard Listener (Veyrat et Charles Ménétrier). *Paris*, 1838, in-18.

59. Agéline, ou les Fruits de l'éducation, traduit de l'anglais (par Charles Malo). *Paris*, L. Janet, 1825, in-8.

60. Aglaure d'Almont, ou Amour et devoir, par Mlle Fleury (actrice de l'Odéon). *Paris*, Hubert 1820, 2 vol. in-8.

Mlle Fleury, dont le vrai nom était AUBERT (*Catherine-Sophie*), naquit le 19 février 1787, sur la paroisse Bonne-Nouvelle. Elle était fille d'un musicien.

61. Agnès de Méranie, femme de Philippe-Auguste, par Madame Louise-Évélina D*** (Louise-Françoise-Evélina Désorméry). *Paris*, Lecointe et Durey, 1823, 4 vol. in-12.

62. Agnès et Berthe, ou les Femmes d'autrefois, roman d'Auguste Lafontaine, traduit de l'allemand, par le traducteur de *la Petite harpiste* et de *la comtesse de Kibury* (Mme Sophie Ulliac-Trémadeure). *Paris*, Locard et Davi, 1818, 2 vol. in-12.

63. Agréments (Les) de la vieillesse, ou la Manière de la passer sans ennui, sans douleur et sans souci (par le baron de Presles). *La Haye*, 1749, petit in-12.

64. Agriculture (L'), ou les Géorgiques françaises, poème (par Rosset). Seconde édition. *Paris*, Moutard, 1777, in-8.

65. Agriculture et jardinage, enseignés en douze leçons, par A.-J.-B. B. de C. (Auguste-Jean-Baptiste Bouvet de Cressé). *Paris*, Audin, 1826, in-8.

66. Aide-mémoire à l'usage des officiers d'artillerie attachés au service de terre (par le général Jean-Jacques-Bastien de Gas-

sendi). *Paris*, Magimel, 1819, 2 vol. in-8.

Ouvrage souvent réimprimé. La 1re édition est de 1789.

67. Aide-mémoire du voyageur, à l'usage des personnes qui veulent utiliser leurs voyages, ou acquérir la connaissance des pays qu'elles habitent (par J.-R. Jackson, colonel d'état-major et membre de la Société de géographie de Paris). Avec atlas. *Paris*, Bellizard, 1834, in-12.

68. Aïeul (L') à son petit-fils (par M. Couture, ancien conseiller à la Cour de Douai). *Douai*, V. Adam, 1850, in-8.

69. Aimable (L') petit-maître, ou Mémoires militaires et galants de M. le comte G. F., capitaine au régiment de Touraine, écrits par lui-même, à M. de T***. Cythère. (*Paris*), 1750, 1 vol. in-12.

Par François-Joseph Darut, baron de Grandpré, lieutenant-général, né à Valréas (Vaucluse), en 1726; mort à Charleville, en 1792.

70. Aimer, prier, chanter; études poétiques et religieuses, par Ludovic (Louis Guilleau). *Paris*, Dupont, 1834, in-18.

71. Aimer, pleurer et mourir, par Mme la comtesse de M*** (Menainville). *Paris*, Vincent, 1833, 2 vol. in-8.

72. Aix ancien et moderne, ou Description, etc., 2e édition (par J. Porte). *Aix*, Monet, 1853, 1 vol. in-8.

73. Ajax, tragédie représentée sur le théâtre de l'Académie royale de musique, le 21 avril 1716 (par Menesson). *Paris*, 1742, in-4.

74. Ajoutez à votre foi la Science (par César-Henri-Abraham Malan). *Paris*, Smith, 1829, in-12 de 16 pages.

Ce pasteur a composé, en faveur de ses co-religionnaires, plus de cinquante ouvrages qui, tous, ont été publiés à Genève. Ceux qui ont été imprimés en France sont, vraisemblablement, des contrefaçons.

75. Albanico (El), par Mme Camille Bodin (Marie-Hélène Dufourquet). *Paris*, Vimont, 1833, 1 vol. in-8.

76. Albarose, ou les Apparitions de Baffo (par Marchais de Migneaux). *Paris*, Domère, 1821, 5 vol. in-12.

77. Albertine, ou la Connaissance de J. C., par L. F. (Louis Friedel). *Tours*, Mame, 1839, in-18.

78. Album (L'), Journal des Modes, des Arts et des Théâtres. *Paris*, A. Boucher, 1821-1824, 135 livraisons, in-8.

Ce journal hebdomadaire fut fondé par Joseph-François Grille (d'Angers), qui le rédigea jusques en 1822. A cette époque, il passa dans les mains de Jean-Denis Magalon, et il prit, dès-lors, une couleur politique: le mot *Théâtres* disparut du frontispice. Ce changement s'opéra à la 95e livraison.

79. Album d'Aix-la-Chapelle, ou Guide-Moniteur des bords du Rhin et des provinces Rhénanes, par M. B. de L. (B. Van

Loevenich, d'Aix-la-Chapelle). *Liége*, Collardin, 1826, 1 vol. in-8. (Ul. C.)

80. Alésia, Etude sur le Septième camp de César en Gaule, par l'auteur de: « Les Zouaves et les Chasseurs de Vincennes » (le duc d'Aumale). *Paris*, Michel Lévy, 1858, 1 vol. in-12.

81. Alexandre et Caroline, par Mme de L*** (la comtesse de La Ferté-Meun, née de Courbon). *Paris*, Renard, 1809, 2 vol. in-12.

82. Alexandréïde, ou la Grèce vengée, poëme en 24 chants. *Paris*, F. Didot, 1826-1829, 2 vol. in-18.

Le premier volume a paru sous les noms de *Sylvain Phalantée*, membre de l'Académie des Arcades, et le second, sous le véritable nom de l'auteur, Pierre DAVID, ancien consul de France en Asie.

83. Alfred, ou le manoir de Warwick (par Mme Cazenave d'Arlens). *Lauzanne*, 1794, 2 vol. in-12.

84. Alfred et Casimir, Scènes et Causeries de famille, par Mme *** (Tarbé des Sablons). *Paris*, Olivier et Fulgence, 1842, 2 vol. in-12.

85. Ali-Pacha, mélodrame en trois actes et en prose, par Alfred (Michel Pichat). *Paris*, Barba, 1822, br. in-8.

86. Alice de Lestrange, par Madame Camille Bodin (Marie-Hélène Dufourquet). *Paris*, Baudry, 1847, 2 vol. in-8.

87. Allégorie pour servir à l'Histoire de ce temps-là (par Labarre). *Villemanie*, Philarithmus, 1751, in-12.

88. Allons faire fortune à Paris, par l'auteur de: *Le Mariage au point de vue chrétien* (par la comtesse Agénor de Gasparin, née Valérie Boissier). *Paris*, Delloye, 1844, in-18.

89. Almanach agricole, horticole et d'économie domestique, de la province de Luxembourg, par F. G. (Gérardi, agriculteur à Saint-Léger, dans le Luxembourg). *Arlon*, C. A. Bourgeois, 1850-1851, in-16.

90. Almanach de la ville de Lyon... pour l'année 1760. *Lyon*, Aimé Delaroche, 1760, in-18.

Un des plus rares et des plus recherchés de la collection; terminé par une description, par ordre alphabétique, des villes, bourgs, villages, seigneuries, fiefs, montagnes, etc.; des provinces de Lyonnois, Forez et Beaujolois, que l'on attribue à Pierre-Camille LE MOINE, qui était alors archiviste des chanoines, comtes de Saint-Jean, à Lyon.

91. Almanach de Reims, pour l'année 1752 (par dom Régley, bénédictin). *Reims*, chez la veuve de Pierre Delaistre, 1 vol. in-24.

92. Almanach de la commune de Sens et du département de l'Yonne (par P. Hardoin-Tarbé). *Sens*, Tarbé, an IX (1801), in-24.

93. Almanach des Actionnaires (de la Loterie), pour l'an XI

(par Cocatrix). *Paris*, 1803, in-8.

94. Almanach des Femmes célèbres par leurs talents, leur courage et leurs vertus (par Mme Gabrielle Pabán). *Paris*, Ladvocat, 1822, 1 vol. in-8.

95. Almanach des Gens de bien, par Montjoie (Christophe-Félix-Louis Ventre de la Touloubre). 1795-1797, 3 vol. in-12.

Montjoie était né, le 18 mai 1746, à Aix; il était fils d'un avocat qui voulut lui faire suivre la même carrière; mais il préféra se livrer à la politique et adopta le pseudonyme sous lequel il a toujours été connu depuis, même comme conservateur à la Bibliothèque Mazarine.

L'Almanach en question forme un recueil piquant d'anecdotes historiques et littéraires.

96. Almanach des honnêtes gens, pour l'an VIII, dédié aux Belles, par un Député (Jean-Louis Cotinet). A la Cayenne (*Paris*), in-18.

97. Almanach des Muses, an MDCCCXXI. *Paris*, Lefuel, in-12.

L'avertissement de l'éditeur est signé J. G., initiales de Justin Gensoul. Il y déplore la mort de Vigée, qui avait été l'éditeur de cet almanach depuis 1815.

Jean-Marie-Alexandre-Justin Gensoul, correspondant de la Société littéraire de Lyon, né à Connaux, en 1781, est mort à Sémur, en novembre 1841.

98. Almanach des Spectacles, par K. et Z. (Charles Malo). *Paris*, Louis Janet, 1818-1825, 8 vol. in-18.

Collection devenue rare.

99. Almanach des Spectacles (par Antoine-Marie Coupart). *Paris*, Barba, 1822-1836, 12 vol. in-12.

100. Almanach des Spectacles de Paris, pour 1809 (par Hippolyte Audiffret). *Paris*, L. Collin, in-18.

Publication qui n'a pas été continuée.

101. Almanach du Commerce de Bruxelles et des provinces des Pays-Bas, pour les années 1824 et 1825, par M. de Forbois, ancien magistrat (M. Silvestre, ancien magistrat français, établi à Bruxelles). *Bruxelles*, 1825, 7 vol. in-12.

102. Almanach du Commerce de Caen, contenant le calendrier et ses compléments, une notice sur la ville de Caen, ses monuments, etc., etc., par un Oisif (Julien Chanson). *Caen*, Poisson et fils, 1819, in-16.

103. Almanach historique Belge pour l'année 1844, par Henri Ratincks (Dumont). *Anvers*, H. Ratincks, in-32.

Calendrier et Ephémérides renfermant les prin-principaux faits de l'histoire de Belgique.

104. Almanach historique et raisonné des Architectes, Peintres, Sculpteurs, Graveurs et Ciseleurs, etc. *Paris*, Delalain, 1776-1777, 2 tomes in-24.

Barbier l'a attribué au peintre Lebrun. — Le privilége du Roi nomme comme en étant l'auteur l'abbé Lebrun.

105. Almanach judiciaire à l'égard des Cours et Tribunaux français (par Lefebvre, avocat). *Paris*, 1810, in-12.

106. Almanach pour rire, dédié aux Orléanais, par un Guépain (Horace Demadières). *Orléans*, 1844, in-12.

107. Almanach récréatif pour 1849, contenant le Calendrier des prédictions météorologiques, recueillis par un Oisif (Julien Chanson). *Caen*, Poisson et fils, 1849, in-18.

108. Almanach sur l'état des Comédiens en France, ou Leurs droits défendus comme citoyens, par l'*auteur de l'Ami des Lois* (Jean-Louis Laya). *Paris*, Laurent jeune, 1793, in-18.

109. Aloys, ou les Religieux du Mont-Saint-Bernard (par le marquis de Custine). *Paris*, Vézard, 1829, in-12.

110. Aloïse, ou le Testament de Robert, par l'auteur de: « Charette, » et de: « Jules » (Edouard Bergounioux). *Paris*, Magen, 1855, 2 vol. in-8.

111. Alphonse et Mathilde, par Mme L. D. (Louise d'Etournelles). *Paris*, Brissot-Thivars, 1819, 2 vol. in-12.

112. Alphonsine, ou la tendresse maternelle, mélodrame en trois actes, à grand spectacle, par M. Servière (et Théophile Marion du Mersan). *Paris*, Mme Masson, 1806, br. in-8.

113. Alvar (par la duchesse Aimée de Fleury). *Paris*, Didot, 1818, 2 vol. in-12.

Tiré à 25 exemplaires seulement.

114. Alzate, ou le Préjugé détruit, pièce en un acte et en vers, par M. G*** Dourx..... (Gazon Dourxigné). *Paris*, 1712, petit in-12 de 48 pages.

115. Amant (L') auteur et valet, comédie en un acte et en prose (par le chevalier de Cérou). *Paris*, Duchesne, 1762, in-12.

116. Amant (L') de carton, par Mme Mathilde Stev (Steven). *Paris*, Michel Lévy, 1863, in-12.

117. Amante (L') romanesque, comédie de société (par Jean Hubin, de Huy). *Bruxelles*, Stapleaux, sans date, in-32.

118. Amants (Les) brouillés, comédie en un acte et en vers, etc., par R. L. (Rauquil-Lieutaud). *Paris*, 1776, in-8.

119. Amaranthe, par Oscar de Redwitz, traduit de l'allemand en français (par G.-A. Gielly, de Genève). *Paris*, Jung-Treuttell, 1863, in-12.

120. Amateur (L') des fruits, ou l'Art de les choisir, de les conserver et de les employer, par M. L. D. B. (Louis Du Bois, de Lisieux). *Paris*, Raynal, 1829, in-12.

121. Amateur (L') du théâtre Français, ou Observations critiques sur les causes de la ruine de ce théâtre, par F. L. D. (Darragon). *Paris*, Barba, an IX, br. in-8 de 32 pages.

122. Ame (L') exilée, légende, par Anna-Marie (la comtesse d'Hautefeuille). *Paris*, Delloye, 1837, in-8.

Trois éditions successives ont paru dans la même année. La seconde, toutefois, au frontispice près, n'est autre que la première.

123. Amélie, ou la Grisette de Province, par Emile Rossi (Emile Chevalet). *Paris*, Lecointe et Pougin, 1832, 3 vol. in-12.

M. Emile Chevalet, né le 1er novembre 1813, à Levroux (Indre), a publié plusieurs romans sous son propre nom. Il est également auteur de quelques pièces de théâtre et a été l'un des collaborateurs du *Corsaire* et du *Figaro*.

124. Amélie de Saint-Phar, ou la Fatale erreur, par Mme de C***. *Hambourg* et *Paris*, 1808, 2 vol. in-12.

Ce roman, plus que libre, a été pendant longtemps attribué à la comtesse de Choiseul-Meuse, qui, loin de démentir cette erreur, se plut à l'entretenir dans le public. Il reste aujourd'hui avéré que ce roman est l'œuvre de Mme GUYOT, romancière. Balisson de Rougemont passe pour l'avoir revu et retouché en partie.

125. Amélioration de la Dombes, par M. de Massimi. *Lyon*, L. Perrin, 1852, in-8.

Ce mémoire n'est pas de M. de Massimi, dont il porte le nom ; mais il paraît avoir été fait à sa prière par un conseiller du parlement de Dombes. Il a été publié par M. A. PÉRICAUD, avocat à Lyon, qui y a joint une lettre d'envoi (pages 48 à 138) à M. de Saint-Fulgent, préfet du département de l'Ain.

126. Amérique (L') en 1826, au congrès de Panama, par M. G. Z. (le colonel Georges-Constantin Zénowicz, aide-de-camp du général Kosciusko). *Bruxelles*, 1827, br. in-8, IV et 84 pages.

127. Ami (L') coupable, conte, par Antoine M*** (Antoine-François-Nicolas Maquart). *Leipsick*, 1813, br. in-12 de 16 pages.

128. Ami (L') de la paix. *Caen*, br. in-8.

Pluquet, dans ses *Curiosités littéraires*, attribue cet opuscule à Elis, avocat de Caen, également auteur d'un autre ouvrage anonyme intitulé : *Prose rimée ;* mais il n'assigne pas de date à sa publication.

129. Ami (L') des chiens (par Antoine-Simon Lambert, avocat). *Metz*, Antoine, 1806, pièce in-8 de 9 pages.

Réponse mi-sérieuse, mi-plaisante, à un arrêté de police qui proscrivait de la ville les chiens dont les maîtres n'avaient pas payé la taxe établie par le maire.

130. Amis (Les) de collége, ou quinze jours de vacances. Recueil d'historiettes propres à instruire la jeunesse en l'amusant (par Mme Gabrielle Paban). *Paris*, Locard et Davi, 1819, in-18.

Souvent réimprimé.

131. Ammalat-Beg, histoire caucasienne. *Paris*, Lecointe et Pougin, 1835, in-8.

Ouvrage faisant partie d'une collection de romans et traduit du russe en français, de Marlinski, pseudonyme de Bestucheff ou Bestoujev, par le général YERMOLOFF.

132. Amour (L'), par un Catholique (M. Léon Gauthier). *Paris*, Victor Palmé, 1860 (1859), in-18.

133. Amour (L') à Tempé, pastorale érotique (par Mme Falconnet, née Chaumond). *Paris*, 1773, in-8.

134. Amour (L') arrange tout, comédie en un acte et en prose (par Joseph-Marie Loaisel de Tréogate). *Paris*, Cailleau, 1788, in-12.

135. Amour (L') de la patrie aux assassins du général Buonaparte (par Guillaume Poncet de la Grave). *Paris*, Moutardier, an IX, br. in-8 de 32 pages.

136. Amour (L') et l'érudition, ou Folies du cœur et de l'esprit; lettres originales de Mme la comtesse, veuve de ***, à M. Léonidas de ***, officier de dragons. *Paris*, Laurent Beauqué et Lenormant, 1815, 4 vol. in-8.

Attribué à Jose Marchena, ce roman l'a été aussi à Pierre du Choisi, auteur « du *Demi-Jour*, » publié chez Didot, en 1812.

137. Amour (L') fraternel, ou un jour sous Charles IX, pièce en trois actes, mêlée de chant, par MM. Xavier (Veyrat) et Listener (Charles Ménétrier). *Paris*, 1834, in-18.

138. Amour, orgueil et sagesse (par Antoine-Nicolas Béraud). *Paris*, Ponthieu, 1820, 2 vol. in-12.

139. Amours (Les) de Guillaume de Machault (publié par Prosper Tarbé). *Reims*, 1849, in-8.

140. Amours (Les) du Palais-Royal.

Ce livre est cité dans les *Mémoires de Choisi* (tome II, page 132, de l'édition de 1787), où se trouvent quelques particularités relatives à cette histoire « merveilleusement bien écrite. »

Ce livre est probablement le même que celui qui a pour titre: *La France galante*, et qui a été réimprimé dans le tome Ier de l'*Histoire amoureuse des Gaules*, Paris, 1858, in-16, attribué, page 170, par M. Poitevin, à G. Sandraz des Courtilz.

(Note communiquée par M. A. Péricaud.)

141. Amours et aventures du vicomte de Barras, par le baron de B*** (Charles Doris, de Bourges). *Paris*, Germain Mathiot, 1816, 2 vol. in-12.

142. Amours secrètes des Bourbons, depuis le mariage de Marie-Antoinette jusqu'à la chute de Charles X, par la comtesse de C*** (Louis-François Raban). *Paris*, Lefebvre, 1830, 2 vol. in-12.

143. Amusements de famille. Souvenir d'un père à ses enfants (par Louis Leconte-Deléru). *Roubaix*, 1857, in-8.

144. Amusements philologiques, ou Variétés en tous genres, etc., par G. P. Philomneste (Etienne-Gabriel Peignot). 2e édition, revue, corrigée et augmentée. *Dijon*, veuve Lagier, 1824, 1 vol. in-8.

Cette édition, qui diffère beaucoup de la première, publiée à Paris, en 1808, renferme, du propre aveu de l'auteur, des additions intéressantes et nombreuses, un meilleur choix de matériaux, est mieux imprimée, et est enfin, sous tous les rapports, préférable à son aînée.

Il avait été publié, en 1780, un livre sans nom d'auteur, portant le même titre.

145. An (L') 1860, ou Pline le jeune, historien de Charles X (par Jean-Marie-Vincent Audin, libraire). *Paris*, Urbain Canel, 1824, br. in-8 de 40 pages.

146. Anaïs, par Mme Camille Bodin (Marie-Hélène Dufourquet). *Paris*, Dumont, 1840, 2 vol. in-8.

147. Anacharsis (L') français, ou Description historique et géographique de toute la France, dédié à Louise-Jenny, par un Jeune voyageur (Charles Malo). *Paris*, Louis Janet, 1822, 2 vol. in-18.

En vers et en prose.

148. Analecta biblica, ou Extraits critiques de divers livres rares, oubliés ou peu connus, tirés du cabinet du marquis D*** R*** (par le marquis Du Roure). *Paris*, Mme Huzard, 1835-1841, 2 vol. in-8.

149. Analogie entre l'ancienne Constitution et la Charte, et des institutions qui en sont la conséquence, par un Gentilhomme, A. C. (Adrien de Calonne). *Paris*, Trouvé, 1828, br. in-8 de 132 pages.

150. Analyse critique et raisonnée de plusieurs ouvrages sur la constitution du clergé, composés par M. Charrier de la Roche, député à l'Assemblée nationale, élu évêque de la Seine-Inférieure et métropolitain des côtes de la Manche (par l'abbé Guillaume-André-René Baston). *Rouen*, 1791, in-8.

151. Analyse de la beauté, traduit de l'anglais, de G. Hogarth (par Henri Jansen). *Paris*, 1805, 2 vol. in-8.

152. Analyse des matériaux les plus utiles pour de futures annales de l'imprimerie des Elzevier (par Charles Piéters). *Gand*, C. Annost Breekman, 1843, br. gr. in-8 de 56 pages.

Tiré à cinquante exemplaires.

153. Analyse des origines gauloises de La Tour d'Auvergne, suivi d'un tableau comparatif de la civilisation, par M. de L*** (La Villemeneuc), sous-officier au 41e régiment de ligne; nouvelle édition revue et augmentée, avec cette épigraphe : « *Antiquam exquirite matrem.* » *Paris*, Trouvé, 1814, br. in-8 de 102 pages.

Lors de la publication de ce travail, Carnot, qui était alors ministre, écrivit à son auteur la lettre suivante :

« En fixant mes regards sur les hommes dont l'armée s'honore, je vous ai vu, Citoyen, et j'ai dit au premier Consul :

« Latour d'Auvergne-Corret, né dans la famille de Turenne, a hérité de sa bravoure et de ses vertus. C'est l'un des plus anciens officiers de l'armée ; c'est celui qui compte le plus d'actions d'éclat ; partout, les braves l'ont surnommé *le plus brave*.

« Plein d'instruction, parlant toutes les langues, son érudition égale sa bravoure et on lui doit l'ouvrage intéressant, intitulé : *Origines gauloises*.

« Le premier Consul a entendu ce précis avec l'émotion que j'éprouvais moi-même ; il vous a nommé sur-le-champ *premier grenadier des armées de la République* et vous donne un sabre d'honneur. »

7 Floréal an XII.

154. Analyse du rapport fait à la Chambre des Pairs sur la mine de Vic (sel gemme), (par Nicolas-Louis-Marie Magon, m^is de la Gervaisais). *Paris*, Egron et Ponthieu, 1825, br. in-8 de 16 pages.

Le marquis de la Gervaisais, né à Saint-Servan, le 17 juin 1765, est mort à Paris, le 29 décembre 1838. Il est auteur de plus de 175 opuscules politiques, dont quelques-uns ont paru à part et qui, tous, ont été réunis sous le titre collectif d'*Œuvres*, dans un recueil en 18 volumes, publié en 1833.

La Gervaisais semble avoir été doué du don de seconde vue; du moins, ne peut-on s'empêcher de reconnaître qu'il lui a fallu une extrême perspicacité pour pressentir, ainsi qu'il l'a fait, l'avènement de la Terreur, l'érection de l'Empire, la chute de Charles X, celle de Louis-Philippe, les journées de juin 1848, et l'élévation du prince Louis-Napoléon à la présidence de la République.

155. Anastase et Nephtali, ou les deux Amis, par l'auteur de *Félicie et Florestine* (Mlle Jeanne-Françoise Polier de Bottens). *Paris*, Arthus Bertrand, 1815, 4 vol. in-12.

Sœur cadette de Mme de Montolieu, Mlle de Bottens était née en 1761, à Lausanne, où elle est morte, le 11 mars 1839.

156. Ancien (L') et le nouveau ministère (par Louis-François-Théodore Anne). *Paris*, Delaunay, 1829, br. in-8.

157. Ancienne chevalerie de Lorraine. Notice généalogique de la maison de la Tour-en-Voivre, avec les armes de cette illustre famille. *Metz*, Dieu et Maline, 1851, gr. in-4 de 51 pages de texte et de 31 pages de pièces justificatives.

Cet opuscule, qui n'a été tiré qu'à 25 exemplaires, est de M. H. de Sailly, aujourd'hui capitaine-commandant au régiment d'artillerie à pied de la Garde impériale.

158. Ancienne Provence. La Gueule parfumée (par le marquis Alexandre-Auguste de Gallifet, ancien colonel de cavalerie). *Paris*, A. Challamel, 1844, br. in-4 de 120 pages.

159. Ancienne et nouvelle division de l'Empire français, sous le rapport géographique et statistique (par Prévost). 1805, une feuille gr. in-fol.

160. Anecdote historique. La colonie grecque établie dans l'île de Corse en 1776. Par M. L. B. D. V. (Le Bègue de Villiers). Sans nom de lieu ni date, in-8.

161. Anecdote prophétique de Mathieu Laensberg, traduite fidèlement du gaulois, par un Liégois (l'abbé Ransonnet, chanoine de Saint-Pierre, à Liége), pour résister aux fureurs posthumes du journal encyclopédique contre Liége. *Liége*, veuve Barnabé, 1759, in-12. (Ul. C.).

162. Anecdotes et aventures françaises, tirées d'une chronique du XIVe siècle, par Mlle de M*** (Murray). *Vienne*, 1800, 2 parties en 1 vol. in-8.

163. Anecdotes historiques, par un Témoin oculaire, le baron D. V. (Honoré-Nicolas-Marie

Du Veyrier, ancien magistrat). *Paris*, 1837, in-8.

Tiré à 100 exemplaires. Le préambule est adressé à ses deux fils, *Honoré*, connu en littérature sous le nom de *Mélesville*, et Charles.

164. Anecdotes historiques sur les grands hommes et autres de la paroisse Saint-Benoît (par Jean Bruté, curé de cette église). *Paris*, 1749, in-12.

165. Anecdotes secrètes sur la Dubarry (par Théveneau de Morande). *Paris*, 1772, in-12.

166. Aneries révolutionnaires, recueillies et publiées par P. C*** (Pierre Capelle, libraire et depuis inspecteur de la direction de la librairie). *Paris*, an IX, in-18.

Cette publication n'offre rien de nouveau que le titre, avec une petite compilation attribuée à M. J.-B. Noël, dont le frontispice était suivi de cette épigraphe :

« Puissent-elles vous faire rire autant qu'elles m'ont fait pleurer. »

167. Ange des Belges (par H. Renard). *Liége*, Renard frères, 1851, in-8 (Ul. C.).

168. Angéla, ou l'Atelier de Jean Cousin, opéra-comique en un acte, paroles de M*** (G. Montcloux d'Epinay). *Paris*, Mme Masson, 1814, in-8.

169. Angélique, par Anna-Marie (la comtesse d'Hautefeuille). *Paris*, Delloye, 1840, in-8.

170. Anglais (L') mangeur d'opium, traduit et corrigé de l'anglais (par Louis-Charles-Alfred de Musset-Pathay fils, qui y a ajouté un chapitre de sa façon). *Paris*, Mame et Delaunay-Vallée, 1828, in-12.

171. Angleterre (L'), l'Allemagne en France. De l'influence des idées françaises et germaniques sur l'esprit français, par E. Loudun (Eugène Balleyguier). *Paris*, Amyot, 1854, 2 vol. in-12.

172. Angoisses (Les) de la mort, ou Idées des hommes des prisons d'Arras (par Poirier et Montgey). Sans date, in-8.

173. Angola, Histoire indienne. 1741, in-12.

Ce roman, qui passe pour être du chevalier de la Morlière, et que d'autre ont attribué à Crébillon fils, serait, d'après le *Journal historique de Barbier*, l'œuvre du duc de La Trémouille.

174. Animaux (Les) malades de la peste, ou les Pensions et le Trésor, signé : *Un Ane dévoué.* (*Paris, février* 1835), br. in-8 de 12 pages.

Cet opuscule, qui est une paraphrase de la fable de La Fontaine, est de M. Louis-Marin Bajot, alors chef de bureau au ministère de la marine et fondateur du recueil intitulé : *Annales maritimes et coloniales.*

175. Animaux (Les) raisonnant. Examen philosophique de leurs mœurs et des faits les plus intéressants de leur histoire, par Alfred de Nore, (le marquis Louis-Pierre-François-Adolphe de Chesnel de La Charbouclais). *Paris*, A. Delahaye, 1845, *Paris*, in-8.

176. Annales de l'Empire fran-

çais, par une Société de gens de lettres. *Paris*, 1805, in-8.

Cette publication, qui fut arrêtée après le 1er volume, avait pour auteurs Alexandre-Louis-Bertrand Robineau, dit de Beaunoir, et Pierre Dampmartin.

177. Annales de Flandres, de P. d'Oudegherst, enrichies de notes grammaticales, historiques et critiques, et de plusieurs chartes et diplômes qui n'ont jamais été imprimés, avec un Discours préliminaire servant d'introduction à ces Annales, par M. Lesbroussart, professeur de poésie au collége royal de Bruxelles. *Gand*, de Goesin, 1789, 2 vol. in-8.

Sur une feuille de garde du 1er volume, on trouve la note suivante :

« Plusieurs lois, chartes et traités de commerce et de paix, tirés d'un de mes manuscrits, ont été imprimés, pour la première fois, dans cette édition. Voyez pp. 426 et 429, du tome Ier.

« Je suis, en grande partie, la cause que cette édition aît paru. J'engageai mon ancien professeur Lesbroussart à s'en charger, et à y ajouter des notes, des chartes, lois et diplômes curieux pour l'Histoire de Flandre, qui n'avaient jamais été publiés, et j'engageai ensuite mon ami de Goesin à en faire l'impression. Je fis pour lui la petite dédicace aux Etats de Flandre, qui se trouve au commencement ; mais qui, après la révolution Belge, a été supprimée dans quelques exemplaires. »

C. V. H.

Le célèbre Van Hulthem a donc été collaborateur de cette édition, pour laquelle il a fourni des lois, des chartes et des traités de paix, tirés de ses manuscrits. Voir la note du n° 27, 557, de son Catalogue, et le spirituel factum de M. de Cornelissen. *(Gand)*, novembre 1802, petit in-12 de 95 pages.

178. Annales littéraires, ou Choix des principaux articles de littérature insérés par M. Dussault, dans le *Journal des Débats*, depuis 1800 jusqu'à 1817, inclusivement ; recueillis et publiés par l'auteur des : « Mémoires historiques sur Louis XVIII » (Jean Eckard). *Paris*, Maradan, 1818-1824, 5 vol. in-18.

179. Annales politiques et universelles de la fin du XVIIIe siècle et du commencement du XIXe (rédigées par Châteigner), tome Ier. *Bruxelles*, 1801, in-12.

Publication arrêtée au 1er volume.

180. Annuaire administratif du département de la Sésia, avec une Notice statistique sur les villes de Verceil, Bielle et Santhia, etc., pour l'an 1811 (par Liégeard, secrétaire-général de la préfecture de la Sésia). *Verceil*, chez Félix Ceretti, in-8.

181. Annuaire administratif, judiciaire, ecclésiastique et agricole du département de Seine-et-Oise (par Lemaître de Saint-Aubin). *Versailles*, an 1828, in-12.

182. Annuaire anecdotique, ou Souvenirs contemporains pour les années 1826-1829 (par F. de Montrol). *Paris*, Ponthieu, 1826-1829, 4 vol. in-18.

Recueil qui ne s'est pas continué, malgré l'espèce de succès qu'il semblait avoir obtenu. Les années 1827-1828 ont été réimprimées.

183. Annuaire de la littérature et des beaux-arts, dédié aux artistes du royaume des Pays-Bas (publié sous la direction de M. Louis Alvin, conserva-

teur de la Bibliothèque royale). *Bruxelles* (*Liége*, Sartorius), 1830, in-12 (Ul. C.).

184. Annuaire de l'Université Belge. Année académique 1859-1860 (par Auguste Morel). *Liége*, Renard, 1860, in-12 (Ul. C.).

185. Annuaire de l'Université de Liége pour 1830 (par J. Fiess, conservateur de la Bibliothèque de l'Université). *Liége*, Collardin, 1830, in-18 (Ul. C.).

186. Annuaire des Artistes français, ou Statistique des beaux-arts en France (par Guyot de Fère). *Paris*, chez l'auteur, 1833-1834, 2 vol. in-12.

187. Annuaire des ponts et chaussées, ports maritimes, architecture civile, hydraulique, etc., pour l'an 1807, 2e édition, par M. H*** (Houart, architecte). *Paris*, Garnier, 1807, in-12.

188. Annuaire du Commerce maritime (publié sous la direction de M. Dupont). *Paris*, Renard, 1833, gr. in-8.

189. Annuaire du département du Rhône et du ressort de la Cour impériale pour 1862. Suite de la collection séculaire des Almanachs de Lyon, commencée en 1711 (152e année). *Lyon*, veuve Mougin-Rusand, éditeur, 1862, in-8.

Les nombreuses additions faites au Dictionnaire des communes rurales, p. 147 à 197, sont de M. Antoine Péricaud l'aîné, qui, de 1838 à 1846, inclusivement, a fait insérer, dans cet Annuaire, des notes et documents pour servir à l'Histoire de Lyon, depuis l'origine de cette ville jusques et y compris le règne de Louis XIII.

190. Annuaire pour 1849, dédié à la Société de l'Académie de musique de Louvain, par Son Concierge (S. Wrancken). De l'imprimerie de Saint-Jorand-Dusaert, in-18.

Cet Annuaire contient l'organisation de l'Académie de musique de Louvain, qui comptait à cette époque trente années d'existence : un Essai sur l'histoire de la musique à Louvain; enfin, plusieurs pièces de poésie.

191. Antar, roman Bédouin, imité de l'Anglais (par Jean-Etienne Delécluze). *Paris*, juillet 1830, br. in-8, de 40 pages.

Cet opuscule est un *Tiré à part*, extrait de la *Revue française*, recueil périodique qui n'a point eu de succès.

192. Anthologie érotique d'Amarou, par L. Apudy (Antoine-Léonard de Chézy). *Paris*, L. Dondey-Dupré, 1831, gr. in-8.

Le texte sanscrit accompagne cette traduction enrichie de notes et de gloses.

193 Anthologie grecque, traduite sur le texte publié d'après le manuscrit palatin, par Fr. Jacobs, avec des notices biographiques sur les poètes de l'anthologie, par F. D. (Ferdinand Dehèque). *Paris*, Hachette, 1863, 2 vol. in-12.

194. Anti-Chrétien (L') ou l'Esprit du Calvinisme opposé à Jésus-Christ et à l'Evangile dans son établissement, dans ses progrès et dans sa situation présente (par de Saumery).

Liége, Barnabé, 1730, in-12 (Ul. C.).

195. Anti-Contratsocial (L'), dans lequel on réfute d'une manière claire, utile et agréable, les principes posés dans le Contrat social de J. J. Rousseau (par P. L. de Beauclair). *La Haye*, Frédéric Staatman, 1764, in-8.

Sur l'exemplaire de cet ouvrage, qui a appartenu à la Bibliothèque du Tribunat et que possède aujourd'hui la Bibliothèque impériale, une note manuscrite, placée en tête du livre, énonce ce qui suit : « On trouve dans une note des lettres « de Voltaire et du cardinal de Bernis (page 57), « que le cardinal Gerdil, l'oracle du pape Pie VI, « est auteur de l'*Anti-Emile* et de l'*Anti-Con-* « *trat social*. »

Il est constant que ce cardinal, ancien Barnabite, a écrit pour réfuter le *Contrat Social* et l'*Emile* de Jean-Jacques Rousseau (voir Barbier, *Dictionnaire des anonymes*) ; mais il est certain qu'il n'est pas l'auteur de l'ouvrage cité dans cet article.

196. Anti-Lucrèce, ou de Dieu et de sa nature. Traduction libre en vers français du poëme latin du cardinal de Polignac. Texte en regard. Par B. F. P. D. M. (Bonfils père, docteur-médecin). *Nancy*, 1831, br. in-8 de 29 pages.

Ce n'est qu'un essai de traduction qui ne s'étend pas au-delà du 1er chant.

197. Anti-Lucrèce (L'), à-propos de la tragédie de Ponsard (par Aubin Gauthier). *Paris*, 1843, in-8, pièce de 32 pages.

Critique moins juste que spirituelle.

198. Antidote contre les aphorismes de M. F. D. L. M. (Félicité de La Mennais), par un Professeur de théologie, directeur de Séminaire (l'abbé Pierre-Denis Boyer, de Saint-Sulpice). *Paris*, Adrien Leclere, 1826, in-8.

199. Antidote contre les réticences et les erreurs historiques de M. de Gerlache (par Beckman). *Bruxelles*, 1840, 2 vol. in-12.

200. Antiochus-Epiphanes, tragédie en cinq actes et en vers, par M*** (Le Chevalier). *Paris*, Hubert et Cie, 1806, br. in-8.

201. Antiquités des environs de Naples et dissertations qui y sont relatives, par J. L. (Leriche). *Naples*, 1820, in-8.

202. Antiquités d'Herculanum, gravées d'après F. A. David, avec leurs explications en français (par Sylvain Maréchal). *Paris*, David, 1780-1803, 12 vol. in-4.

203. Antiquités (Les) du comté du Perche, contenant les seigneurs qui l'ont possédé, les principales villes et maisons de la province, son étendue, ce qu'il y eut de mémorable et la réunion de Bellesme au comté du Perche, par Léonard Bart, sieur des Boullois, de Mortagne en Perche. *Mortagne*, Daupley frères, 1849, in-18.

La publication des *Antiquités du Perche* avait été commencée en feuilletons susceptibles de se détacher et ayant une pagination particulière, dans le journal l'*Echo de l'Orne*, imprimé à Mortagne, par feu M. Massiot, avocat et juge suppléant dans cette ville, originaire de Nogent-le-Rotrou, et mort à Paris, en 1863. Cette publication intéressante s'est malheureusement arrêtée à la page 204, à peine au quart du manuscrit.

204. Antiquités Egyptiennes dans le département du Morbihan (par Armand-Louis-Bon Maudet de Penhouët). *Vannes*, 1812, in-fol.

205. Antiquités Etrusques, grecques et romaines, tirées du cabinet d'Hamilton (par Hugues d'Hancarville). *Naples*, 1766-1767, 2 vol. in-fol.

Publication non continuée.

206 Antoine, par X.-B. Saintine (Xavier Boniface). *Paris*, Ambroise Dupont, 1839, in-8.

207. Antoine, ou le Retour au village (par l'abbé Vallette). *Paris*, Debécourt, 1839, in-12.

208. Anvers en 1830, 1831 et 1832, jusques et y compris le siége de la citadelle, par D. M. (Du Moret, de Virton). *Anvers*, Janssens, 1833, br. in-8 de 132 pages.

Virton est une petite ville du duché de Luxembourg.

209. Aperçu d'un citoyen sur le serment demandé à tous les ecclésiastiques par la nouvelle législation (par l'abbé Guillaume-André-René Baston). *Rouen*, 1791, in-8.

210. Aperçu nouveau d'un plan d'éducation catholique, par L. P. A. D. L. C. P. (par le Père Archange, de Lyon, capucin profès ou prédicateur). *Lyon*, 1814, in-8.

Ce père Archange, que tout Lyon a connu, s'appelait Michel DESGRANGES. Il s'est qualifié *Professeur de théologie*, dans une *Dissertation sur le prêt à usure*.

211. Aperçu statistique sur la force du parti de la branche déchue, sous les rapports de l'opinion, du nombre, de ce qui a été jadis ou pourrait être aujourd'hui militant (par le général baron Louis Delort). *Paris*, Lenormant, 1832, br. in-8 de 20 pages.

L'auteur, dans une note spéciale, cherche à prouver qu'il a été à même, plus qu'un autre, par sa position, de voir et de recueillir les faits, puisque parti fort jeune pour l'émigration, il fut employé comme officier dans l'armée des princes, et (ce qui n'est point exact), qu'après avoir depuis servi la République comme soldat, il devint général de cavalerie et commandait une division avant la chute de l'empire.

Le général Delort était natif d'Arbois. Il a donné une traduction d'Horace.

212. Aperçu succinct sur l'ordre des chevaliers de Saint-Georges, du comté de Bourgogne ; suivi des statuts et règlements, et de la liste de tous les chevaliers qui ont été reçus depuis sa première restauration de l'an 1390 jusqu'à ce jour (par le baron de Saint-Mauris). *Vésoul*, Bobillier, 1834, in-8.

213. Aperçu sur les erreurs spéciales de la bibliographie des Elzevier et leurs annexes, avec quelques découvertes curieuses sur la typographie Hollandaise et Belge du XVIIe siècle, par le bibliophile Ch. M. (Charles Motteley). *Paris*, Panckouke, 1847, in-12.

214. Aperçus sur l'histoire de la civilisation (par Désiré Marlin). *Bruxelles*, 1837, in-8 (Ul. C.).

215. Apollyon (L') de l'Apocalypse, ou la Révolution française prédite par saint Jean l'évangéliste (par Jean Windel-Würtz, vicaire de l'église de Saint-Nizier, à Lyon). *Lyon*, Rusand, 1816, br. in-8 de 64 pages.

Il a été publié quatre éditions dans la même année. Une cinquième, revue et considérablement augmentée, a pour titre : *Les Précurseurs de l'Ante-Christ*. Voyez ces mots.

216. Apologétique (L') et les prescriptions de Tertullien, traduction de l'abbé de Gourcy, suivie de l'*Octavius* de Minutius Félix, traduction nouvelle, avec le texte en regard et des notes (par Antoine Péricaud l'aîné). *Lyon*, Joseph Janon, 1823, in-8.

217. Apologétique pour les persécutés, au peuple de R*** (Rouen), des campagnes circonvoisines et de tout le département de*** (la Seine-Inférieure), (par l'abbé Guillaume-André-René Baston). *Rouen*, 1791, in-8.

218. Apologie de l'école romantique (par Alexis-Paulin Pâris). *Paris*, Dentu, 1824, br. in-8 de 48 pages.

219. Apologie de Louis XIV, par A.-P.-J. de V. (De Vismes). *Rouen*, Fr. Mari, S. D. (1815), br. in-8 de 15 pages.

220. Apologie de M. B. Rolans, dit Bartel, deux fois bourgmestre de la noble cité de Liége (par Jean-Dominique de La Chaussée). *Liége*, Ouwrecx, 1649, in-4 (Ul. C.).

221. Apologie des catholiques qui ont refusé de prier pour Buonaparte, comme Empereur des Français (par Guy-Marie Deplace). *Lyon*, Barret, 1815, br. in-8 de 48 pages.

222. Apologie ministérielle du droit d'aînesse, par un Avocat (Horace-Napoléon Raisson). *Paris*, 1826, in-16.

223. Apothicaire (L') et son curé (par Jean-Bernard Brissebarre). *Paris*, novembre 1844, in-8, pièce en vers.

224. Appel à la gaîté. Prologue en vers (par Victor Lagoguée). *Paris*, sans date, br. in-8 de 16 pages.

225. Appel à l'opinion publique sur la question des sucres en Belgique (par Laurent-Emile Renard, professeur d'archéologie à l'Académie de Liége). *Liége*, Collardin, 1842, br. in-8 de 80 pages.

226. Appel à l'opinion publique sur la mort de Louis-Henri-Joseph de Bourbon, prince de Condé, par l'auteur des « Mémoires secrets et universels des malheurs et de la mort de la reine de France » (l'abbé Lafont-d'Auxonne). *Paris*, Dentu, 1830, br. in-8 de 48 pages.

Il a paru en 1832 une deuxième édition augmentée d'un plan et d'un testament olographe du prince.

Lafont-d'Auxonne, né à Paris en 1768, avait pris les ordres et exercé le ministère. Plus tard, ayant été interdit, il renonça au sacerdoce et se consacra à des travaux littéraires. Après une existence des plus agitées, il est mort en 1840, à Paris, à l'âge de 81 ans, laissant après lui une réputation très-compromise.

227. Appel à l'opinion publique sur les dangers qui menacent d'entraîner de plus en plus les chambres législatives hors des voies constitutionnelles, etc., par M. L. B. D. (M. le baron d'André). *Paris*, 1822, br. in-8 de 76 pages.

228. Appel au peuple français, en faveur de la liberté de l'Espagne, par un Espagnol constitutionnel (Jose Galiano, membre des Cortès). *Paris*, Selligue, 1830, br. in-8 de 28 pages.

229. Application sur l'espèce humaine des expériences faites par Spallanzani sur quelques animaux, etc. (par Augustin-Michel Thouret, médecin). *Paris*, Charles Pougens (vers 1788), in-12 de 37 pages.

230. Arabesques populaires, suivies de l'Album des murailles (par Charles-Martin-Armand Rousselet, avocat). *Saint-Germain-en-Laye*, Abel Goujon, et *Paris*, Lecointe et Pougin, 1832, in-18.

231. Arbre (L') jugé par ses fruits, par l'abbé G*** (Gaume). *Paris*, Gaume frères, 1840, in-8.

232. Arbre (L') royal portant douze fleurons, par E.-P. F. (Fercy). *Rouen*, Ducastel, 1618, in-12.

233. Archives curieuses de l'histoire de France depuis Louis XI jusqu'à Louis XVIII, ou Collection de pièces rares et intéressantes, publiées d'après les textes conservés à la bibliothèque royale et accompagnés de notes et éclaircissements, par L. Cimber (Louis Lafaist) et F. (Félix) Danjou (tous les deux alors employés à la Bibliothèque). 1re série, de Louis XI à Louis XIII. *Paris*, *Beauvais*, 1834-1837, 15 vol. in-8. — 2e série, de Louis XIII à Louis XV. *Paris*, Beauvais et Blanchet, 1837-1840, 12 vol. in-8.

Une troisième série annoncée de Louis XV à Louis XVIII n'a pas paru.

234. Archives historiques et statistiques du département du Rhône (par Claude Bréghot-du-Lut, Cochard et Grognier). Du 1er novembre 1825, au 30 avril 1831. *Lyon*, J.-M. Barret, 14 vol. in-8.

Collection extrêmement curieuse et remplie de recherches savantes.

235. Argent et adresse, ou le Petit Mensonge, comédie en un acte et en prose, par le citoyen *** (par Alexandrine-Sophie de Goury de Champgrand, comtesse de St-Simon, puis en secondes noces, Mme de Bawr). *Barba*, 1802, br. in-8.

236. Ariel le Zingaro, vaudéville en un acte, imité de Walter Scott, par Richard Listener (Charles Ménétrier). *Paris*, 1839, in-18.

237. Arlequin à Genève, comédie en vers libres et en trois actes, par P. G. (Pierre Guigoud-Pigale), auteur du *Baquet magnétique*. *Paris*, 1785, in-8.

238. Arlequin, roi dans la lune, comédie en trois actes et en prose (par Nicolas-Marie-Félicité Bodard de Tezay). *Paris*, Cailleux, 1786, br. in-8.

Représentée sur le théâtre des *Variétés amusantes*.

239. Armance, ou quelques scènes d'un salon de Paris en 1827 (par Marie-Henry Beyle). *Paris*, Urbain Canel, 1827, 3 vol. in-12.

Cet écrivain, spirituel et fécond, s'est fait connaître dans le monde littéraire sous le pseudonyme de STENDHAL.

240. Armée (L') Belge, par le prince de C*** (Joseph de Chimay). *Bruxelles*, 1857, in-8.

L'auteur soutient la nécessité, qui est assez fortement contestée en Belgique, d'avoir une armée organisée sur de larges bases, au point de vue de la sûreté intérieure et extérieure.

241. Armée (L') du Nord et le siége de la citadelle d'Anvers, à Son Altesse royale Mgr le duc d'Orléans (par Guyon, auteur d'un poëme intitulé : *Les Missionnaires*). *Paris*, chez l'auteur, 1833, in-8. Pièce.

242. Armée (L') française, sa mission et son histoire, 496-1852, par M. le comte de C*** (Civry). *Paris*, Ledoyen, 1852, br. in-8.

243. Armoricaines (Les), par Mlle S. U. Dudrézène (Sophie Ulliac-Trémadeure). *Paris*, Raynal et Person, 1832-1833, 2 vol. in-12.

244. Arracheur (L') de dents, vaudeville en un acte, par Richard Listener (Charles Ménétrier). *Paris*, 1837, in-18.

245. Art (L') d'aimer d'Ovide, suivi du *Remède d'amour*, traduction nouvelle avec des remarques mythologiques et littéraires, par F.-S. A. D. L. (François-Simon Avède de Loizerolles). *Paris*, Rougeron, 1803, in-8.

246. Art (L') de bien lire les fables. Essai d'une méthode de lecture appliqué à un choix de fables de La Fontaine, à l'usage des petits et des grands enfants. Dédié aux mères de famille, par J. T. de Saint-Germain (Jules-Romain Tardieu). *Paris*, J. Tardieu, 1859, in-18 de XII et 204 pages.

247. Art (L') de converser, poëme par M. Cadot. *Paris*, veuve Delormel, 1757, in-12.

Le véritable auteur de ce poëme est le Père JANVIER, chanoine régulier de Saint-Symphorien-d'Autun qui, lui-même, l'avait imité en 1742 d'un poëme latin intitulé : *Ars confabulandi*, par le Père Tarillon, jésuite.

L'ouvrage du Père Janvier, imprimé en province, fut peu répandu. Aussi Cadot, qui le croyait parfaitement oublié, conçut-il l'idée de se l'approprier en y changeant seulement quelques vers. Ce larcin littéraire resta assez longtemps ignoré, et ce n'est qu'après la mort du plagiaire qu'il a été révélé dans la *Décade* d'avril 1807, p. 88.

On peut encore, sur ce sujet, consulter la note 1 du premier chant du poëme de la *Conversation*, par Delille.

248. Art (L') de devenir député et même ministre, par un Oisif qui n'est ni l'un ni l'autre (François de Groiseilliez). *Paris*, Dauvin et Fontaine, 1846, in-12.

Cet opuscule a eu une 2e édition, augmentée des *Aventures de la médaille d'un député.*

François de Groiseilliez naquit à Bergues, le 11 janvier 1794.

249. Art (L') d'être malheureux, légende, par J. T. de Saint-Germain (Jules-Romain Tardieu). *Paris*, J. Tardieu, 1856, in-18 de 244 pages.

250. Art (L') de faire des dettes et de promener ses créanciers, par un Homme comme il faut (Jacques-Gilbert Ymbert). *Paris*, Plassan, 1822, in-8 de 106 pages.

Réimprimé plusieurs fois. La deuxième édition est augmentée d'une lettre à l'éditeur. Une suite à cette facétie a paru en 1824. Elle est du même auteur et porte ce titre : *Art de promener ses créanciers, pour faire suite à l'Art de payer ses dettes.*

251. Art (L') de gagner à la Bourse et d'augmenter ses revenus sans risquer sa fortune, par J. M. (Joanne Martin). *Paris*, Castel, 1861, in-12.

Plusieurs fois réimprimé.

252. Art (L') de lever les plans et Nouveau traité de l'arpentage et du nivellement ; suivi d'un traité du lavis, etc., par M. J.-B. de M....g. (Jean-Baptiste de Mastaing), arpenteur-géomètre. *Dijon*, Nollet, 1820, 4 vol. in-12.

253. Art (L') de l'imprimerie-librairie, in-4. (Extrait de l'Encyclopédie méthodique).

Composé en 1795, quant au mécanisme typographique, par Guyot fils, élève de M. Pierres, imprimeur à Versailles, et tiré à un *seul* exemplaire, que possède la Bibliothèque impériale. La première partie de cet exemplaire est chargé de notes de la main de M. Pierres, à qui il avait appartenu.

254. Art (L') de mettre sa cravate de toutes les manières connues et usitées, enseigné en seize leçons, par le baron Emile de l'Empesé (Emile-Marc Hilaire, plus connu sous le pseudonyme de Marco Saint-Hilaire). *Paris*, Balzac, 1827, in-18.

255. Art (L') de ne jamais manger chez soi et toujours dîner chez les autres, enseigné en huit leçons, par M. le comte de Mangenville (par le même). *Paris*, Balzac, 1827, in-18.

256. Art (L') de payer ses dettes et de satisfaire ses créanciers, sans débourser un sou, enseigné en dix leçons, par Feu mon oncle (par le même). *Paris*, Balzac, 1827, in-18.

257. Art (L') de plaire dans la conversation (par Pierre d'Ortigues de Vaumorière). *Amsterdam*, 1711, in-12.

La 1re édition avait paru à Paris, en 1688. « Nul ne possédait mieux que lui, a dit Mlle Scudéry, dans l'éloge de Vaumorière qui accompagne la 3e édition, l'art dont il écrivait les principes. »

258. Art (L') de promener ses créanciers, ou complément de l'art de faire des dettes, par un Homme comme il faut (par Jacques-Gilbert Ymbert) ; dédié aux gens destitués. *Paris*, Plassan, 1824, br. in-8 de 112 pages.

259. Art (L') de se faire aimer de sa femme, par J.-B. D.

(Jean-Baptiste Delindre). *Paris*, Hautbout, an VII (1799), in-18.

260. Art (L') du ministre. Première partie, le ministre qui s'en va (par Jacques-Gilbert Ymbert). *Paris*, Plassan, 1820, in-8.

Brochure piquante, aujourd'hui entièrement épuisée.

261. Art (L') militaire. Notice historique sur l'artillerie belge, pendant le dix-huitième siècle. Signé, le colonel G*** (Guillaume). *Bruxelles*, 1861, in-8, pièce.

Extrait de la *Revue britannique*, de la même année.

262. Art (L') poétique, à l'usage du XIXe siècle, poème posthume en cinq chants et en vers, par Antoine Giguet (M. Edélestand du Méril). *Paris*, Lenormand père, 1826, in-18.

263. Arthur de Bretagne, épisode de l'histoire d'Angleterre (1202), en un acte, mêlé de chants, par Richard Listener (Charles Ménétrier). Nouvelle édition. *Paris*, Foucart, 1858, in-18.

264. Artillerie (L') nouvelle, ou Examen des changements faits dans l'artillerie française depuis 1765, par M***. *Amsterdam*, 1777, in-8.

Ce Traité est attribué par l'abbé Désaulnais, sur le catalogue manuscrit de la Bibliothèque impériale, à DUCOUDRAY, ci-devant lieutenant du corps royal d'artillerie, et à M. SAINT-ALBIN, sur un autre volume du même catalogue. Barbier (*Dictionnaire des anonymes*, n° 1318), lui assigne pour auteur TRONSON-DUCOUDRAY.

Ce Traité a été réimprimé.

265. Artistes Orléanais. Peintres, graveurs, sculpteurs, architectes. Liste sous la forme alphabétique des personnages nés pour la plupart dans la province de l'Orléanais. Suivi de documents inédits, par H. H. (Henri Herluison). *Orléans*, H. Herluison, 1863, in-16.

266. Asmodée aux cléricaux, 1861-1862-1863. Politique, morale, philosophie, suivi de la Chasse aux vainqueurs, satire, par M. Lionel de Boyergie (Auguste-Félix Dubourg, dit Neuville). *Bruxelles*, Parys, 1863, in-8.

En vers.

267. Asse (Les), les Isse, les Usse et les Insse, ou la Concordance des temps du subjonctif (par Bonneau). *Paris*, Millerand-Bouty, 1832, in-32.

268. Assemblée (L') constituante, brochure d'environ 100 pages, en réponse à l'Histoire de la Révolution française de Charles Lacretelle (par Alexandre de Lameth). *Paris*, Corréard, 1832, in-8.

Selon Quérard, cette brochure serait de Vatout.

269. Astronomie (L') enseignée en 22 leçons, ouvrage traduit de l'anglais, sur la 13e édition, par Ph. C^r. (Philippe Coulier), ancien élève de Delambre. *Paris*, Audin, 1823, 1 vol. in-12, avec planches.

270. Atale de Mombard, ou Ma campagne d'Alger, par Mme Adèle *** (la baronne de Reizet, née du Temple de Mézières). *Paris*, Huillier, 1833, 2 vol. in-8.

271. Athènes assiégée, poëme, par Sylvain Phalantée (Pierre David). *Paris*, F. Didot, 1827, br. in-8 de 32 pages.

272. Atlas et table de géographie ancienne et moderne (par Brion). Nouvelle édition. *Paris*, J.-J. Barbou, 1777, in-8.

273. Atlas hydrographique de la France (par Gouy). *Paris*, chez l'auteur, sans date (1807), gr. in-4.

274. Attila dans les Gaules, en 451, par un Ancien élève de l'Ecole polytechnique (par Journeux, ingénieur en chef du département des Vosges). *Paris*, Carilian-Gœury, 1833, in-8.

275. Au citoyen Texier Olivier, membre du Conseil des Cinq-Cents : Signé, N.-E. Lacour, rue Notre-Dame de Nazareth. Sans date et sans nom de lieu, ni d'imprimeur, br. in-8 de 58 pages.

L'auteur de cette lettre est Louis-Marie La Révellière-Lépeaux, ancien membre du Directoire exécutif.

276. Au peuple de Paris, par un membre de l'Assemblée nationale (Stanislas de Clermont-Tonnerre), in-8. Pièce.

Selon une note manuscrite : *Sans lieu, ni date.*

277. Au Roi, par L.-A. S. A. D. S. P. E. D. S. R. (Louis-Antoine Salmon, ami de son pays et de son roi). *Paris*, Scherff, 1815, in-4 de 48 pages.

C'est un mémoire sur les circonstances politiques.

278. Au Solitaire auteur des Réflexions tirées de l'Ecriture sainte, sur l'état actuel du clergé en France, paix et salut (par l'abbé Guillaume-André-René Baston). *Rouen*, 1791, in-8.

279. Au triomphe de la religion. Hymne latine, avec une traduction en vers français (par Jean-Baptiste Gouriet). *Paris*, 1803, br. in-8.

280. Auberge (L') allemande, ou Le Traître démasqué, comédie en cinq actes et en vers, imitée de l'allemand, représentée sur le théâtre Molière, le 1er pluviose an VII. Par M*** et Chazel (Jean-Pierre-Joseph Wilaine, dit). *Paris*, 1801, br. in-8.

281. Auditeur (L') au Conseil d'Etat, par Mme la comtesse O*** D***, auteur des « Mémoires sur Louis XVIII », du « Consulat et l'Empire », de « La Femme du banquier », etc. (par le baron Etienne-Léon de Lamothe-Langon). *Paris*, Ch. Lachapelle, 1834, 2 vol. in-8.

282. Augures (Les), ou la Conquête de l'Afrique, à Elisabeth

Farnèse, reine d'Espagne (poème), (par B.-H. de Corte, baron de Walef). *Liége*, Jean Gramme, 1734, in-8 (Ul. C.).

283. Auguste et Jules de Popoli, suite des *Mémoires de M. de Castelmo*, publiés par lady Mary Hamilton, auteur de la *Famille du duc de Popoli*, et du *Village de Munster*. *Paris*, A.-A. Renouard, 1812, 2 vol. in-12.

Lady Mary Hamilton, qui a attaché son nom à ces deux romans, y est tout-à-fait étrangère. Elle ne connaissait même pas les premiers éléments de la langue française. C'est Charles Nodier, alors son secrétaire, qui passe pour en être l'auteur.

284. Aujourd'hui et Demain, ou Ce qu'il adviendra. Brochure politique (par le vicomte Sosthènes de la Rochefoucauld-Doudeauville). *Paris*, Dentu, 1832, br. in-8 de 44 pages.

285. Aurons-nous la paix, aurons-nous la guerre? par M. Félix Germain (Louis Jourdan, rédacteur du *Siècle*). *Paris*, E. Dentu, 1859, br. in-8.

286. Auteur (L') du Système (par Nicolas-Louis-Marie Magon, marquis de la Gervaisais). *Paris*, A. Egron et Ponthieu, 1825, br. in-8 de 41 pages.

287. Auteur (L') malgré lui, comédie en trois actes et en vers, par Saint-Remi (Jean-François Mimaut de Méru). *Paris*, Vente, 1823, br. in-8.

Ce littérateur, né au village de Méru (Oise), ajouta ce nom au sien, lorsqu'en 1814, il fut nommé consul à Cagliari.

Il est mort le 31 janvier 1837.

288. Autocrate (L') de village, par Mlle Dudrézène (Sophie Ulliac-Trémadeure). *Paris*, Boulland, 1828, 4 vol. in-12.

289. Autre (L') monde, par Mme Manoel de Grandfort (Marie de Fontenay). *New-York*, 1858, in-8.

290. Aux Ames sensibles, élégies (attribuées à Jacques-Marie Loaisel de Tréogate). Sans nom de lieu, ni date (vers 1806), in-8.

291. Aux artistes. Du passé et de l'avenir des beaux-arts (Doctrine de Saint-Simon), (par Emile Barrau, avocat). *Paris*, Al. Mesnier, 1830, br. in-8 de 80 pages.

292. Aux Colons de Saint-Domingue (par Louis Duval-Sanadon). *Paris*, 1789, in-8.

293. Aux Femmes (par Mme Trinette de Dieudonné, née de Joostens). *Louvain*, Vanlinthout, 1846, gr. in-8.

Tiré à petit nombre.

294. Aux hommes monarchiques. Fragments de divers écrits (par Nicolas-Louis-Marie Magon, marquis de la Gervaisais). *Paris*, A. Pihan de la Forest, 1830, br. in-8 de 32 pages.

295. Aux mânes de Louis XVI et de Marie-Antoinette, ou Recueil des pièces qui ont paru en faveur de leur justification. Recueillies par *** (André Migon), employé à la Bibliothèque

de la ville de Paris. *Paris*, Pouplin, 1816, in-18.

296. Aux mânes de Voltaire, par un Citoyen de l'Univers (Doigni du Ponceau). *Amsterdam*, (*Paris*, Demonville), 1779, in-8.

297. Avant, pendant et après, comédie, par l'auteur des : « *Réflexions sur Jeanne d'Arc*, » publiées en 1854 (M. Renard, député). *Paris*, 1864, in-8.

298. Avant, pendant et après la Terreur, extraits des gazettes françaises indépendantes, publiées à l'étranger, de 1788 à 1794, par Eugène de Mirecourt (Jacquot). *Paris*, E. Dentu, 1866, 3 vol. in-8 de XXXI-1238 pages.

299. Avantages du dessèchement des Marais et manière de profiter du terrain desséché (par Louis-Etienne Beffroy de Beauvoir). *Paris*, 1789, in-8.

300. Aventure (L') tyrolienne, par S. Sigisbert (le comte Joseph-Léopold-Sigisbert Hugo, lieutenant-général). *Paris*, A. Pihan de la Forest, 1825, 3 vol. in-12.

301. Aventures de Donald Campbell dans un voyage aux Indes par terre, et Anecdotes piquantes sur l'originalité de son guide Hassan-Artas ; traduit de l'anglais, par Ch*** (Chanin). *Paris*, Besson, an VII (1799), 2 vol. in-12.

302. Aventures de Don Juan de Vargas, par Charles Navarin (Charles Ternaux). *Paris*, Janet, 1858, in-12.

303. Aventures (Les) de la Fille d'un roi (par Jean Vatout, bibliothécaire du roi Louis-Philippe). *Paris*, 1832, 2 vol. in-8.

304. Aventures (Les) de Télémaque, fils d'Ulysse, par Fénelon. Nouvelle édition enrichie de variantes, de notes critiques, de fragments extraits de la copie originale, et de l'histoire des diverses éditions de ce livre (par Bosquillon, professeur au Collége de France). *Paris*, Théophile Barrois, an VII (1799), 2 vol. in-12 et in-18.

Lorsque ce livre parut pour la première fois, on prétendit, mais à tort, que le président Cousin, alors censeur, l'approuva comme *étant fidèlement traduit du grec*. Le Père Du Cerceau, dans sa *Lettre critique sur l'histoire des Flagellants*, de l'abbé Boileau, relève cette distraction du président. Ce propos a souvent été reproduit ; mais l'édition de 1699, qui est la première, n'a pas été achevée, et elle n'a point d'approbation de censeur. Tant que Louis XIV vécut, cet ouvrage ne s'est point imprimé en France, et la première édition qui soit revêtue d'une approbation de censeur, est signée : de Sacy; de plus, elle date de 1717, et le président Cousin était mort dès l'année 1707.

305. Aventures (Les) du comte de Loustan (par Marie-Catherine-Adèle de Beffroy, baronne de Cuzey). *Paris*, Pigoreau, 1811, 3 vol. in-12.

306. Aventures (Les) d'un Marin de la Garde impériale, prisonnier de guerre en Russie, précédées de sa captivité dans l'île de Cabrera, par Henri Ducor, ancien soldat de Napoléon (ré-

digées sur ses notes, par Louis-François L'Héritier, de l'Ain). *Paris*, Ambroise Dupont, 1833, 2 vol. in-8.

307. Avertissements salutaires de Jésus-Christ aux dévots et véritables serviteurs de la Sainte-Vierge, mère de Dieu (par le Père J. Vignancour, de la Congrégation des Frères-Mineurs de Rouen). *Rouen*, Boullanger, 1674, in-12 de 32 pages.

308. Aveux (Les) d'un prisonnier, ou Anecdotes de la cour de Souabe. *Paris*, 1804, 4 vol. in-12.

*Ce roman, de Mme Bénédict N***, a été traduit* de l'allemand, non par le baron J. N. E. de Bock, mais par Mme DE CÉRENVILLE, née Polier, morte en 1808.

309. Avis aux buveurs d'eaux, affligés de maux de nerfs. Précédé de l'éloge de Spa et de ses avantages (par le docteur Maillard, médecin à Spa). *Liége*, Bassompierre, 1776, in-18 (Ul. C.).

310. Avis aux peuples des provinces où la contagion sur le bétail a pénétré, et à ceux des provinces voisines (par Montigny). *Paris*, 1775, in-8. Pièce de 16 pages.

311. Avis du Comité provincial d'agriculture, d'industrie et du commerce de Liége, sur la fabrication des clous, etc. (par Laurent-Emile Renard). *Liége*, Collardin, 1831, in-4 de 8 pages.

312. Avis raisonnable au peuple allemand, par un Suisse. 1795, br. in-8.

L'auteur de cette brochure, fort bonne à consulter pour l'histoire de cette époque, est M. le marquis Marc-Marie DE BOMBELLES, alors au service, et depuis sacré évêque d'Amiens, le 3 octobre 1818.

B

313. Babioles d'un vieillard (Recueil de vers, par Urbain-René-Thomas Le Bouvier des Mortiers). *Rennes* (*Paris*, Dentu), 1818, in-8.

314. Bagatelles. — Promenades d'un désœuvré dans la ville de Saint-Pétersbourg (par de Faber, né à Riga, conseiller d'Etat au service de Russie). *Paris*, 1812, 2 vol. in-12.

315. Bagatelles morales (par l'abbé Gabriel-François Coyer). *Londres* et *Paris*, Duchesne, 1754, in-12.

316. Bajazet Ier, tragédie, par M. le chevalier de *** (Pacaroni). *Paris*, Prault, 1739, in-8.

317. Ballades et Chants populaires (anciens et modernes) de l'Allemagne. Traduction nouvelle, par Sébastien Albin (Mme Hortense Cornu, née Lacroix). *Paris*, Allardin, 1841, in-18.

318. Ballon (Le), ou la Physicomanie, comédie en un acte et en vers (par Nicolas-Marie-Félicité Bodard de Tezay). *Paris*, Cailleau, 1783, in-8.

Représentée sur le théâtre des *Variétés amusantes*.

319. Balthasar, tragédie (en 5 actes et en vers), par M. l'abbé P*** (Petit, curé de Montchauvet, en Normandie). Sans nom de lieu, 1755, in-12. —Rare.

320. Bande (La) du Jura, par l'auteur des : *Horizons prochains* (Mme Agénor de Gasparin, née V. Boissier). *Paris*, Michel Lévy, 1854, 2 vol. in-12.

321. Baquet (Le) magnétique, comédie en deux actes et en vers (par Pierre Guigoud-Pigale). *Paris*, 1788, br. in-8 de 126 pages.

322. Barbe Grabowska, par Mme la comtesse de *** (Molé de Champlâtreux, née Alexine-Charlotte-Marie-Joséphine de La Briche, mariée au comte Molé, en 1798). *Paris*, Moutardier, 1830, 2 vol. in-12.

323. Barbistes (Les) et Sainte-Barbe, par Célestin (Célestin Lefeuve). *Paris*, 1863, in-18.

324. Baron (Le) de l'Empire, par Merville (Pierre-François Camus). *Paris*, A. Dupont, 1832, 2 vol. in-8.

Réimprimé, dans la même année, en 4 vol. in-12.

Merville, né à Pontoise, le 20 avril 1781, était fils d'un facteur rural de la poste aux lettres. Il commença par être comédien, sous le nom de MERVILLE, anagramme de celui de *Villemer*, qui appartenait à sa mère. Lorsqu'il renonça au théâtre, il conserva ce pseudonyme, sous lequel il s'est fait connaître en littérature. Merville est mort à Paris, en octobre 1853.

325. Barricades (Les). Scènes historiques. Mai 1588 (par M. Ludovic Vitet, membre de l'Académie française). *Paris*, Brière, 1826, in-8.

Réimprimé plusieurs fois.

326. Basile, par Michel Masson (Auguste-Michel-Benoît Gaudichot). *Paris*, Dumont, 1841, 2 vol. in-12.

327. Basilidès, évêque grec de Carystos, en Eubée, tant en son nom qu'en celui de la plupart des archevêques et évêques de l'Eglise grecque, à M. le comte de Montlosier, sur son *Mémoire à consulter*, etc. Traduit du grec moderne, par N... O... (l'abbé Aimé Guillon de Mauléon). *Paris*, Ambr. Dupont, 1826, br. in-8 de 102 pages.

328. Βασιλικον δωρον, ou Présent royal de Jacques Ier, roi d'Angleterre, au prince Henry, son fils, traduit de l'anglais (par Villiers-Hotman). *Paris*, Guillaume Auvray, 1603, in-12.

329. Bataille (La) de Fontenoy, poëme héroïque, en vers burlesques, par un Lillois, natif de Lille-en-Flandre (Platiau, de Lille). *Lille*, Panckouke, 1745, in-12.

330. Bataille (La) électorale, ou les Marionnettes politiques, par

A. R. (Alexis Rousset). *Paris*, Tresse, 1842, br. in-8.

331. Batrachomyomachie (La), poëme héroï-comique, imité de Leschès, poète grec du septième siècle avant Jésus-Christ, suivie de deux épîtres, sous le titre de : *Mon premier voyage*, et de : *Le Régent de collége; Mes adieux à la poésie. Lyon*, Fr. Guyot, 1835, in-8 de 70 pages.

Cette traduction a pour auteur l'abbé BOURDILLON, fondateur d'un collége à Annonay, où il s'est ruiné, et d'où il a disparu sans qu'on sache ce qu'il est devenu.

332. Belges (Les) en Bohême, ou Campagnes et Négociations du comte du Bucquoy, grand bailli du Hainault, par Charles Rahl (Rahlenbeck, consul général de Saxe, à Bruxelles). *Bruxelles*, Mucquardt, 1850, br. in-8 de 105 pages.

333. Belgique (La) alliée à Bonaparte! Par Jacques Van Damme (Félix-Joseph Delhasse et Théophile Thoré). *Bruxelles*, Samuel, 1854, in-16.

334. Belgique (La) calomniée. Réponse à M. P.-J. Proudhon, par Joseph Boniface (Louis De Fré, avocat à la Cour d'appel, membre de la Chambre des Représentants). *Bruxelles*, Tischer, 1862, in-12.

Réfutation d'un article P.-J. Proudhon, inséré dans l'*Office de publicité*, journal de Bruxelles, et devenu la cause d'une manifestation populaire hostile à son auteur.

335. Belgique (La) en 1860 (par Louis Hymans). *Bruxelles*, Philippe Heu, 1860, in-8.

336. Belgique (La) pittoresque, ouvrage orné de vues, monuments, vignettes, cartes, etc. (par Louis Bellet). *Bruxelles*, 1834, in-4.

337. Béranger et Lamennais. Correspondance, entretiens et souvenirs (par N. Peyrat). *Paris*, Ch. Meyrueis, 1862, in-18.

338. Bernarda (La) Buyandiri, tragi-comédie en patois grenoblois (réimpression due aux soins de M. Pierre-Gustave Brunet). *Paris*, 1840, in-8.

339. Berneur (Le) berné, suivi du Juge de soi-même, opuscule burlesque (par Dieudonné Malherbe). *Liége*, an XI (1803), in-8 (Ul. C.).

340. Berthe et Louise, par Mme Camille Bodin (Marie-Hélène Dufourquet). *Paris*, Dumont, 1843, 2 vol. in-8.

341. Bible (La) de l'enfance, lectures amusantes sur l'Ancien et le Nouveau Testament, par M. l'abbé de Noirlieu. Nouvelle édition, rédigée sur un nouveau plan, augmentée de notes, par un Inspecteur des écoles primaires (Bernard-H.-Mertens). *Liége*, Dessains, 1849, in-12 (Ul. C.).

342. Bibliographie cicéronienne (par Antoine Péricaud et Claude Bréghot-du-Lut). *Paris*, Lefebvre, 1811, in-8.

Réimprimé, avec des additions, dans le tome 1er du *Cicéron* de J.-V. Leclerc, publié à Paris, en 1827, gr. in-18.

343. Bibliographie historique de la ville de Lyon pendant la Révolution française (par Pierre-Marie Gonon). *Lyon*, 1844, Marle, in-8.

344. Bibliographie musicale de la France et de l'étranger, ou Répertoire systématique de tous les traités et œuvres de musique vocale et instrumentale (par César de Gardeton). *Paris*, Niogret, 1822, in-8.

345. Bibliommape, ou Livre-cartes; leçons méthodiques de géographie et de chronologie, rédigées d'après les plans de M. B. (Jean-Charles-Claude Bailleul, avec le concours de M. Vivien de Saint-Martin). Par une Société de gens de lettres. *Paris*, Besnard, 1826-1827, 2 vol. in-4.

346. Bibliotheca Willemsiana, ou Catalogue de la riche collection de livres délaissés par J.-F. Willems, membre de l'Académie royale de Bruxelles, de l'Institut royal des Pays-Bas, etc. *Gand*, Gyselinck, 1846, in-8 de VIII et 200 pages.

En tête de ce catalogue, il se trouve une notice sur J.-F. Willems, par M. Sn. (SNELLAERT).

347. Bibliothéconomie, instruction sur le rangement, la conservation et l'administration des Bibliothèques, par L.-A. Constantin (Léopold-Auguste-Constantin Hesse, bibliographe). *Paris*, Techener, 1839, in-12.

Une seconde édition beaucoup plus complète a paru, en 1840, dans la collection des *Manuels-Roret*.

348. Bibliothèque d'enseignement élémentaire à l'usage des instituteurs et des pères de famille. *Paris*, Brunot-Labbé, 1830, 25 vol. in-18.

Cette publication, dont le libraire Dupont a donné depuis une nouvelle édition, sous ce titre : *Bibliothèque de l'instituteur*, est tout entière de M. Emile DE LA PALME, quoiqu'il ne se soit attribué, lors de la publication de la 1re édition, que la qualité d'éditeur.

349. Bibliothèque (La) du roi. Note publiée en 1839, par M. Dunoyer (Nouvelle édition, publiée par M. Paulin Richard; conservateur-adjoint, S. Dr adjoint). *Paris*, avril 1847, br. in-8 de 47 pages.

350. Bibliothèque du Théâtre-Français, depuis son origine, contenant des extraits de tous les ouvrages composés pour ce théâtre, etc. *Dresde*, Michel Grœll, 3 vol. in-12.

Auguis, dans la préface qu'il a placée en tête des *Conseils du trône*, par Frédéric II, publiés par lui à Paris en 1818, sous la rubrique de Berlin, assure que la *Bibliothèque du Théâtre-Français*, généralement attribuée au duc de la Vallière, n'est pas de celui-ci ; mais bien de l'abbé P.-J. BOUDOT.

351. Bibliothèque impériale, son organisation, son catalogue, par un Bibliophile (Alfred Francklin, employé à la Bibliothèque Mazarine). *Paris*, Aubry, 1862, br. in-8 de 26 pages.

352. Bibliothèque populaire, ou l'Instruction mise à la portée de toutes les classes et de toutes les intelligences, par un Officier de la 32e demi-brigade (Chanu,

professeur d'histoire au collége Henri IV). *Paris*, Didot, 1830, in-8.

353. Bibliothèque protypographique, ou Librairies des fils du roi Jean, Charles V, Jean de Berri, Philippe de Bourgogne et les siens (par Jean-Baptiste Barrois, député du Nord). *Paris*, Treuttel et Würtz, 1830, in-4.

Ouvrage magnifiquement imprimé en caractères gothiques et enrichi de trois planches. Il n'a été tiré qu'à petit nombre.

354. Bienfaisance (La) du baron de Montyon, ou Ses legs et ses fondations en faveur des hospices et des académies (par Benjamin-Edme-Charles Guérard, alors employé à la Bibliothèque impériale, depuis l'un des conservateurs au département des manuscrits). *Paris*, Delaunay, 1826, br. in-8 de 26 pages.

355. Bienfaits (Les) de la religion chrétienne, traduit de l'anglais par de Ryand (par Antoine-Marie-Henri Boulard). *Paris*, 1810, in-8.

356. Bijoux (Les) dangereux, par Auguste de Kotzbüe, imité de l'allemand (par Jean-Baptiste Dubois et Catherine-Joseph-Ferdinand Girard de Propiac). *Paris*, Bertrandet, 1802, 2 vol. in-12.

357. Bijoux (Les) parlants, par J. Stahl (P.-Jules Hetzel). *Paris*, 1856, in-32.

358. Biographe (Le) et le nécrologe réunis, faisant suite à toutes les biographies publiées, par A.-E. L. (Lemolt), ancien magistrat. *Paris*, 1833-1838, in-8.

359. Biographie Castraise, suivie de chroniques, etc., par Magloire Neyral, juge de paix du canton de Castres (attribué à Jean-Antoine Gleizes). *Castres*, Vidal, 1833-1837, in-8.

360. Biographie critique des orateurs les plus distingués et principaux membres du Parlement d'Angleterre, dédiée à Leigh Hunt, esquissée par Criticus (traduit de l'anglais par Charles Malo). *Paris*, Delaunay, 1820, in-8.

361. Biographie d'Abbeville et de ses environs (par François-César Louandre). *Abbeville*, Devérité, 1829, in-8.

362. Biographie d'Abdel-Kader, par Théodore B*** (Bréau). *Paris*, veuve Bréau, 1833, in-12.

363. Biographie de Joseph-Napoléon Bonaparte. Lettre politique à la Chambre des députés de 1830 (par Louis Belmontet). *Paris*, Levavasseur, 1832, br. in-8 de 40 pages.

364. Biographie de Monseigneur Sibour (Marie-Dominique-Auguste), précédée d'une Notice sur la vie, les travaux et la mort de Monseigneur Affre, son prédécesseur, par M. Phi-

lippe (Aymès). *Paris*, Lacour, 1849, br. in-8 de 85 pages.

365 Biographie des Dames de la Cour et du faubourg St-Germain, par un Valet de chambre (Eugène-Constant Piton). *Paris*, Belin, 1826, in-8.

366. Biographie des Députés de la Chambre septennale de 1824 à 1830 (attribuée à Massey de Tyrone, avocat). *Paris*, Dentu, 1826, in-8.

Il est fort douteux que Massey de Tyrone, ancien procureur du roi sous la Restauration, soit auteur de cette biographie. Il eut toujours la réputation d'un plagiaire, que vint confirmer plus tard un procès assez singulier. Pellet des Vosges ayant publié en 1829 un recueil de poésies qui contenait une pièce de vers intitulée : *Les Classiques et les Romantiques*, Massey de Tyrone, qui s'était, on ne sait comment, procuré une copie du manuscrit de l'auteur, le fit paraître simultanément sous son propre nom, toutefois avec un titre différent : *Les deux Ecoles*, ou *Essais satyriques sur quelques modernes*. A part de très-légers changements, rien dans ce recueil ne lui appartenait. Ce plagiat serait peut-être passé inaperçu, si le plagiaire lui-même n'avait revendiqué, lors de la publication des *Classiques*, cette œuvre comme étant la sienne. Pellet vint, en janvier 1830, plaider sa cause à Paris, et fit condamner Massey en 1re instance ; quelques mois plus tard, le jugement fut confirmé en appel.

367. Biographie des hommes de la Révolution (belge) ; humble allocution à nos hommes d'Etat. *Bruxelles*, 1832, in-8.

Quatre livraisons de cet ouvrage, qui a pour auteur Victor-Vincent Joly, écrivain belge, ont paru sous le pseudonyme de V. Loy.

368. Biographie des jeunes gens, ou Vies des grands hommes dignes d'être proposés pour modèles à la jeunesse (par Alphonse de Beauchamp, Durdent et C***). *Paris*, A. Eymery, 1813, 3 vol. in-8.

369. Biographie des Médecins (par Morel de Rubempré, docteur en médecine). *Paris*, 1826, in-32.

370. Biographie des Préfets, depuis l'organisation des préfectures (3 mars 1800), jusqu'à ce jour (par le baron Etienne-Léon de Lamothe-Langon, ancien sous-préfet). *Paris*, Plassan, 1826, in-8.

371. Biographie des Représentants à l'Assemblée constituante, par les Rédacteurs de « *Notre Histoire* » (Louis Giraudeau, Albert-André Patin de La Fizelière et Williams Hughes, de Dublin). *Paris*, Pilloy, 1848, in-12.

372. Biographie (La) des Représentants à l'Assemblée législative (par les mêmes). *Paris*, Victor Lecou, 1849, in-12.

373. Biographie des Souverains du XIXe siècle, par Deux rois de la fève (Paul-Emile Debraux et ***). *Paris*, chez les marchands de nouveautés, 1826, in-32.

374. Biographie Douaisienne (par Pierre-Antoine-Samuel-Joseph Plouvain). *Douai*, 1828, in-12.

375. Biographie et bibliographie Foréziennes, recueillies par l'auteur de « l'Histoire du Forez » (Auguste-Joseph Ber-

nard). *Montbrison*, 1835, br. in-8 de 80 pages.

376. Biographie générale des Belges morts et vivants, hommes politiques, membres des assemblées délibérantes, ecclésiastiques, militaires, savants, artistes et gens de lettres (par M. Paul Roger, ancien sous-préfet à Ploërmel). *Bruxelles*, Ch. Vanderauwera, 1839, in-8 de 264 pages, à deux colonnes.

377. Biographie médicale (par Antoine-Laurent-Jessé Bayle, docteur en médecine). *Paris*, 1840, 2 vol. in-8.

Faisant partie du recueil intitulé : *Encyclopédie des sciences médicales*, publié sous la direction du même.

378. Biographie moderne, ou Galerie historique, civile, militaire, politique et judiciaire, contenant les portraits politiques des Français de l'un et de l'autre sexe, morts ou vivants, qui se sont rendus plus ou moins célèbres, depuis le commencement de la Révolution jusqu'à nos jours, par leurs talents, leurs emplois, leurs malheurs, leur courage, leurs vertus ou leurs crimes. *Paris*, Al. Eymery, 1815, 2 vol. in-8.

La seconde édition, en trois volumes in-8, de l'imprimerie de Mme Jeunehomme, a été publiée l'année suivante, par Alexis Eymery.

Etienne PSAUME, né à Commercy, le 21 février 1769, mort assassiné le 28 septembre 1828, de la main de ses deux gendres, dans la forêt située près de cette ville, avait été le principal rédacteur de cette biographie. Il est auteur d'un grand nombre d'ouvrages, et notamment d'un *Dictionnaire bibliographique*, publié à Paris, chez Ponthieu, en 1820, 2 vol. in-8, que nous mentionnons ci-après.

Nous copions dans le catalogue raisonné des *Collections Lorraines*, de M. Noël, quelques lignes concernant Etienne Psaume, et qui nous ont paru propres à faire connaître ce singulier personnage..... « En ces temps, Psaume était libraire à Nancy ; mais libraire d'une singulière espèce, il ne pouvait se déterminer à vendre un bon ouvrage ; il en avait toujours un extrême besoin, comme faisant partie de sa bibliothèque réservée. Sous la Restauration, je l'ai trouvé correcteur d'imprimerie, à raison d'un franc cinquante centimes la feuille. Il était logé dans un vaste cabinet tout rempli de livres. Son matelas posait sur une tablette prolongée de sa bibliothèque et lui servait de chaise... Il écrivait sur une pile d'in-folio surmontée d'une planche. Cependant il avait une chaise et une table... La chaise portait la garderobe et la table des assiettes.... »

379. Biographie populaire du Clergé contemporain, par un Solitaire (l'abbé Hippolyte Barbier, aumônier du lycée Louis-le-Grand). *Paris*, 1840 et années suivantes, 10 vol. in-18, avec portraits. Second tirage en 1851.

380. Biographie pittoresque des Députés, session de 1831 (par Antoine-Laurent Pagnerre). *Paris*, Pagnerre, 1831, br. in-8.

381. Biographie pittoresque des Pairs de France, suivie du recensement des votes pour et contre le droit d'aînesse (par François-Eugène Garay, dit de Monglave). *Paris*, A. Béraud, 1826, in-32.

Il y a eu deux éditions. L'auteur, l'imprimeur et le libraire ont été cités en police correctionnelle pour cette publication et condamnés à l'amende et à la prison.

382. Biographie universelle, ou

Dictionnaire des hommes qui se sont fait un nom, etc., par F. de Feller. Nouvelle édition, revue et classée par ordre alphabétique, sous la direction de M. l'abbé Simonin, avec le concours de MM. Collombet, (F.-Z.) et de Galmer (J.-F. Pélagaud). *Lyon*, imprimerie de J.-B. Pélagaud et Cie, 1851, 8 vol. in-8.

L'article *Antoine Péricaud* a été remplacé par un carton qui contient à la place un article sur *Claude Péricaud*, son père. L'article *Charles X* a été également remplacé par un autre qui n'est pas de l'abbé Simonin.

383. Biographie véridique, ou Histoire d'un pauvre acteur, écrite par lui-même. *Paris*, Lacrampe, 1845, in-8.

Cette *autobiographie*, en vers, est de Joanny (Jean-Bernard Brissebarre), sociétaire de la Comédie-Française.

384. Blanche de Castille, mère de saint Louis et de sainte Isabelle, par J.-M.-S. Daurignac (Mlle Orliac). *Paris*, Ambroise Bray, 1861, in-8.

385. Blason (Le) de l'industrie française, Verrerie de la Villette (par Eugène Woystein). *Paris*, 1855, br. in-8 de 18 pages.

386. Blondine, par Mme Cécile de Valgand (la marquise de Piollenc, née Cécile Marchand). *Paris*, Charpentier, 1852, in-8.

387. Boïeldieu, sa vie, ses œuvres, par Réfuveille (Jean-André Reloi). *Rouen*, Dubus, 1851, br. in-8 de 44 pages.

388. Bon (Le) pasteur, dédié à ses brebis (par Guillaume-André-René Baston). *Rouen*, 1783, in-8.

En vers.

389. Bon (Le) vieux temps, suite des Soirées de Walter-Scott, par Paul-L. Jacob, bibliophile (Paul Lacroix). *Paris*, Dumont, 1835, 2 vol. in-8.

390. Bonbonnière (La) inodore, par Eléonor Pommadin (Paul Ristelhuber). *Strasbourg*, lithographie Fasoli, 1858, br. in-8.

391. Bonheur (Le) dans le mariage, par Raoul de Navery (Mme Marie David). *Paris*, René Pincebourde, 1865, in-12.

392. Bonne (La) cause et le Bon parti, par un Habitant de Brest, (Michel), imprimeur. *Brest*, Michel, 1814, br. in-8 de 48 pages.

393. Bonne (La) fille, ou la Petite servante par dévouement, historiette racontée par l'auteur des « Œufs de Pâques » (Schmidt), 2e édition. *Paris*, Maumus, 1833, in-8.

394. Bonne (La) fille, ou le Mort vivant, pièce à spectacle, en façon de tragi-parodie de *Zelmire* (par André-Charles Cailleau, libraire). *Paris*, Cailleau, 1763, in-12.

395. Bonnes (Les) fortunes parisiennes, par P.-J. Stahl (Jules Hetzel, libraire). *Paris*, Hetzel, 1862, in-12.

396. Bordelaises (Les), poésies de Jacques Durand, publiées par Th. (Théodore) Véron. *Paris*, Coulon-Pineau, 1854, in-12.

L'auteur de ces poésies est M. Théodore Véron, lui-même.

397. Bords (Les) du Rhin, par l'auteur de: « Naples et Venise » (Mme Marie-Constance-Albertine, baronne de Montaran, née Moisson de Vaux). *Paris*, Delloye, 1838, in-8.

398. Borzacchino, nouvelle, par Jonathan (Henri Colson, professeur au Collége de Liége). *Liége*, Jeunehomme, 1841, in-8 (Ul. C.).

399. Boulettes (Les) et les Chiens. Signé: P.-C. Ord... (Ordinaire). *Châlons-sur-Saône*, Duchesne (1841), in-8. Pièce.

400. Bouno-Gorjo et Gulo-Fresco, ou le Bon gourmon motat. Poème patois, d'A. Brugié (publié par Pierre-Gustave Brunet). *Paris*, 1841, in-8 de 32 pages.

Tiré à 60 exemplaires.

401. Boulevard (Le) du Temple et ses célébrités depuis soixante ans. Signé: Salvador (Salvador-Jean-Baptiste Tuffet). *Paris*, imprimerie veuve Dondey-Dupré (1847), gr. in-8. Pièce.

402. Bouquet de Lieder. Choix de ballades, chants et légendes, traduites des poëtes de l'Allemagne contemporaine, par Paul de Lacour (Paul Ristelhuber). *Paris*, Mme veuve Berger-Levrault, 1856, in-12.

Recueil contenant 73 pièces de poésies lyriques, traduites en vers français.

403. Bouquet (Le) historial, recueilly des meilleurs autheurs grecs, latins et françois, etc. Par M. F. B. (Maître François Berthauldt, avocat). Nouvelle édition, corrigée et augmentée. A *Lyon*, chez Jean Carteron, 1672, in-12.

404. Bourbons (Les), ou Précis historique sur les aïeux du Roi et sur Sa Majesté (par Christophe-Félix-Louis Ventre de La Touloubre, connu sous le nom de Montjoie). *Lille*, Blocquet, 1815, br. in-8 de 96 pages.

405. Bourrienne et ses erreurs volontaires ou involontaires, ou Observations sur ses Mémoires (par A. Buloz). *Paris*, Heideloff, 1830, 2 vol. in-12.

406. Bourse (La) de Londres, par John Francis (J.-N. Lefebvre-Duruflé, aujourd'hui sénateur). *Paris*, Jules Renouard, 1844, br. in-8.

407. Boursicotiérisme (Le) et les Lorettes, par le Juif-Errant (Roisselet de Sauclières). *Paris*, 1859, in-18.

408. Boutade d'un riche à Sentiments populaires (le marquis Voyer-d'Argenson). *Paris*, Mie, 1833, br. in-8 de 10 pages.

Cet opuscule n'a pas été mis en vente et est devenu assez rare.

409. Branche (La) d'Olivier présentée aux ecclésiastiques du diocèse de Rouen (par l'abbé Guillaume-André-René Baston). *Rouen*, 1801, in-8.

410. Braves (Les) et honnêtes petits garçons (par César-Henri-Abraham Malan, pasteur). *Paris*, Smith, 1825 et 1828, in-12.

Tous les ouvrages de cet écrivain ascétique, qui en a fait un grand nombre, ont été publiés à Genève. Ceux qui ont été publiés en France ne sont vraisemblablement que des contrefaçons.

411. Bref recueil des Antiquités de Valenciennes. Où est représenté ce qui s'est passé de remarquable en ladicte ville et seigneurie, depuis sa fondation, jusqu'à l'an 1619, par S. L. B. *Valenciennes*, 1619, in-8.

Cet ouvrage, réimprimé dans les *Archives historiques et littéraires du Nord de la France et du Midi de la Belgique*, 2e série, t. IV, est de Simon Le Boucq, historien, né à Valenciennes, le 15 juin 1591; mort dans la même ville, le 1er décembre 1657.

412. Brenna, nouvelle gauloise, par l'auteur de : « La Famille d'Almer » (Donat). *Paris*, Dondey-Dupré, 1833, in-12.

413. Bretagne (La). Paysages et récits, par Eugène Loudun (Balleyguier). *Paris*, 1861, in-12.

M. Eugène Balleyguier, qui s'est fait connaître avantageusement dans la littérature contemporaine, a adopté pour pseudonyme le nom de la ville de *Loudun* (Vienne), où il est né, le 8 juillet 1818. Après avoir occupé plusieurs fonctions actives, il est aujourd'hui conservateur-honoraire de la Bibliothèque de l'Arsenal, depuis 1862.

414. Bréviaire (Le) de Jacques Amyot, etc. (publié par L. Parelle). *Paris*, J.-B. Werdet (*Lyon*, Laurent), 1829, in-18.

415. Bréviaire (Le) du Gastronome, ou l'Art d'ordonner le dîner de chaque jour, etc. Par l'auteur du : « Manuel de l'Amateur d'huîtres » (Alexandre Martin), avec figures dessinées, par Henry Monnier. *Paris*, Audot, 1828, in-8.

416. Brocéliande, ses chevaliers et quelques légendes; recherches publiées par l'éditeur de plusieurs opuscules bretons (Aimé-Marie-Rodolphe Baron du Thaya). *Rennes*, Vatar, 1839, in-8.

417. Bûcheron (Le), ou les Trois souhaits, comédie en un acte, mêlée d'ariettes (par Jean-François Guichard). *Paris*, Cl. Hérissant, 1773, in-8.

418. Bucoliques (Les) Messines, pièces queuriouses dou tems pessé, dou tems preusent, par D. M. (Didier Mory, juge suppléant au Tribunal de Metz). *Metz*, Verronnais, 1830, in-8.

Contient une comédie en deux actes : *Le Mariège des brauves*, ou *Les Deus r'venans*.

419. Bucoliques (Les) de Virgile, traduites par ***. *Paris*, A. Egron, 1813, in-18.

L'Imprimeur, dans un avertissement préliminaire, annonce qu'il doit la découverte de cette traduction au hasard, et qu'il ignore quel en est l'auteur.

On pourrait hésiter à mettre cette traduction sur le compte de l'infatigable érudit Orléanais, Claude Deloynes d'Autroche, quoiqu'il ait traduit : *Le Tasse*, *Milton*, les *Odes d'Horace*, l'*Enéide*, etc., si l'on considérait qu'habituellement il ne faisait pas imprimer à Paris, qu'il préférait l'in-8 à l'in-18, et qu'il n'imposait pas à son éditeur une discrétion maladroite; mais un article, inséré dans les *Mémoires de la Société d'agriculture d'Orléans* (1855), lui attribue formellement cette traduction.

420. Budget (Le) de Henri III, ou les Premiers états de Blois, comédie historique, précédée d'une dissertation sur la nature des guerres, qu'on a qualifiées guerres de religion, dans le seizième siècle (par le comte Antoine-Marie Rœderer). *Paris*, H. Bossange, 1830, 1 vol. in-8.

Cette pièce forme le t. III° de son *Théâtre historique*.

421. Bug-Jargal, par l'auteur de: « Han d'Islande » (Victor Hugo). *Paris*, Urbain Canel, 1826, in-16.

422. Bulletin (Le) impérial, ou la Campagne de soixante jours, stances héroïques, par L.-D. C*** (Colson). *Paris*, Sauvé, 1806, in-8.

423. Bulletin usuel des lois et arrêtés concernant l'administration générale, avec des notes de concordance (par Delebecque). *Bruxelles*, 1830-1843, in-8.

C

424. Cabinet (Le) d'un bibliophile Rémois. *Reims*, 1862, petit in-12.

Tel est le titre d'un opuscule de 31 pages, signé: *Ad. Bourrée;* imprimé avec élégance, tiré à petit nombre et non destiné au commerce. Le cabinet qu'il décrit est celui d'un amateur dont le nom n'est pas prononcé; mais il est facile de le deviner: c'est M. Brissart-Binet, libraire à Reims, bibliophile instruit, et auteur d'un fort intéressant *Essai sur la vie et les éditions de Cazin*.

Le Cabinet dont il s'agit est un sanctuaire tout entier consacré aux souvenirs Rémois.

(Chasseur bibliographe, 1862, p. 18).

425. Café (Le) de l'Opéra, poëme didactique, dédié aux amateurs du jeu de dominos (par J. Meifred). *Paris*, 1832, br. in-8.

426. Cahiers militaires portatifs, contenant une nouvelle idée sur le génie, et plusieurs autres pièces intéressantes et utiles pour le lecteur, ornés de planches. Par M. le colonel D*** (Tissot-Grenus, de Genève). *Genève*, A. Nouffer, 1776, in-4.

427. Calcul des décimales appliqué aux différentes opérations de commerce, de banque et de finances, par J.-Cl. O. (Jean-Claude d'Obreuil-Ouvrier, professeur d'écriture), de Lille. *Paris*, 1765, in-8.

428. Calendrier du Fermier, traduit de l'anglais, avec notes du traducteur (par le marquis de Guerchy), etc. *Liége*, Société typographique, 1789-1790, in-12.

La Société *royale* d'agriculture de Paris a porté le jugement suivant sur ce Calendrier : « Nous estimons que cette traduction, fruit du « zèle éclairé de M. le marquis de Guerchy, pour « l'économie rurale, mérite l'accueil et l'appro- « bation de la Société d'agriculture, et de paraître « sous son patronage. »

429. Calendrier du jardin potager pour les départements du Midi de la France (par Armand-Benoît Robineau de Beaulieu). *Marseille*, Mossy, 1812, in-12.

430. Calendrier ecclésiastique de Cambray; on y a joint l'état du clergé séculier et régulier de la ville et du diocèse (par Samuel Berthoud). *Cambray*, Samuel Berthoud, 1754, in-12.

431. Calendrier perpétuel (par Maingon, de Brest). *Brest*, 1809, in-fol.

432. Calendrier perpétuel, ou Recueil de XXXV calendriers, précédés d'une table calculée pour 2200 années, dont chacune renvoie par un numéro à celui de ces trente-cinq calendriers qui lui convient. De l'Imprimerie de Didot l'aîné. *Paris*, Jombert jeune, 1785, in-8.

L'auteur de ce Calendrier est Alexandre Jombert, lui-même.

433. Calendrier perpétuel du jeune fermier, ou Manuel du petit cultivateur Belge, par un Agriculteur (De Thier-Neuville). *Liége*, Renard, 1852, in-18 (Ul. C.).

434. Caliste, par Mme Camille Bodin (Marie-Hélène Dufourquet). *Paris*, Dumont, 1841, 2 vol. in-8.

435. Camille, par l'auteur des : « *Horizons prochains* » (la comtesse Agénor de Gasparin, née Valérie Boissier). *Paris*, Michel Lévy, 1856, in-12.

436. Campagne d'Afrique en 1830, par un Officier de l'armée expéditionnaire (M. Fernel, chef de bataillon, attaché à l'Etat-Major de l'expédition). *Paris*, Théophile Barrois père, 1831, in-8.

437. Campagnes de France, de 1814 et 1815, revues pour les détails stratégiques, par le général Beauvais; par M. Mortonval (Alexandre-Furcy Guesdon, petit-fils du célèbre comédien Préville), avec quatre cartes. *Paris*, Ambr. Dupont, 1826, in-18.

Ce volume fait partie d'une collection intitulée : *Résumé général de l'Histoire militaire des Français*, en 12 vol. in-18.
Il existe une autre édition in-8.

438. Campenâde (La), poëme héroï-burlesque, suivi de la Foire d'Etouvy (traduit du poëme latin intitulé : *Inuvienses naudinæ propè Viviam*) (par Nicolas Lalleman, d'abord chirurgien-major, puis professeur de rhétorique au lycée de Laval, où il est mort en 1814). *Vire*, Adam, 1820, in-8 de VIII et 130 pages.

Publié pour la première fois en 1811.
(Frère, Bibliographie normande.)

439. Candide, ou l'Optimiste. 2e édition, *Genève*, 1761, in-12.

Deux éditions de *Candide* parurent à Genève en cette même année. La deuxième contient, soit une suite, soit une seconde partie, qui fut attribuée à CLAUDE-FLORENT THOREL DE CAMPIGNEULES, qui la désavoua dans une lettre insérée en juillet 1761, dans le *Mercure*, p. 99-101. Barbier ni Quérard ne citent cette lettre.

L'auteur de cette suite ne serait-il pas CHARLES BORDES, coutumier du fait?

Voir aux mots :
Le Voyageur cathécumène, etc.

440. Canons de logarithmes de H. W. (Hoëné Wronski). Instructions et théories. *Paris*, Treuttel et Würtz, 1827, in-8.

441. Cantiques spirituels sur les sujets les plus importants de la religion, dédiés à la reine, avec les airs notés (par l'abbé Barlès). *Paris*, 1740, in-12.

442. Capitaine (Le) des Trois couronnes, par Michel Masson (Auguste-Michel-Benoît Gaudichot) et Frédéric Thomas. *Paris*, Cassanet et Roux, 1846-47, 4 vol. in-8.

443. Capodistrias. Notes pour l'histoire future de la régénération de la Grèce (par M. de Faber, né à Riga, conseiller d'Etat au service de la Russie). *Paris*, 1842, br. in-8 de 42 pages.

444. Captive (La), (par Nicolas-Louis-Marie Magon, marquis de la Gervaisais). *Paris*, Pihan de la Forest, 1833, br. in-8 de 112 pages.

Cette brochure est la réunion de plusieurs écrits politiques, publiés par leur auteur à différentes époques.

445. Capucin (Le) du Marais, histoire de 1750, par M. Mortonval (Alexandre-Furcy Guesdon). Ambr. Dupont, 1834, 4 vol. in-12.

446. Caquire, parodie de Zaïre, en cinq actes et en vers, par M. de Vessaire. Dernière édition, considérablement em...-dée. A Chio, de l'imprimerie d'Avalons. En vente chez Le Foireux, br. in-8 de 48 pages.

Delandine a enregistré cette pièce dans sa *Bibliographie dramatique*, p. 127. M. Paul Lacroix, n° 348 du catalogue Soleinne, a donné, sans doute d'après Delandine, cette parodie à un nommé *Décombe*, en supprimant l'*s* mise par celui-ci, et il fait suivre le titre d'une note.

Décombes est une faute d'impression. Delandine avait certainement écrit *Decombes*. Ce *Decombes* ou *Decombles*, s'il faut s'en rapporter à ce qu'a dit Beuchot, dans une lettre adressée à M. A. Péricaud, le 19 mars 1840, fut tué pendant le siége de Lyon, en voulant arracher la mèche d'une bombe sur la place des Jacobins. Il était fils du traducteur de *Concubitus sine Luciná*.

La famille Decombles habite le château d'Anthon (Isère). Elle a un article dans le *Nobiliaire du Dauphiné*, imprimé chez Louis Perrin.

Caquire figure sous le numéro 12,238 du catalogue de la Bibliothèque lyonnaise de M. Coste. Le rédacteur de ce catalogue attribue, mais à tort, croyons-nous, cette parodie à Decomberousse; le même probablement qui a mis le Code civil en vers.

(Note communiquée par M. A. Péricaud.)

447. Caractères nouveaux, par l'auteur des *Mœurs champêtres* (l'abbé Gauthier, curé de la Lande de Goult) (Orne). *Alençon*, Malassis fils, 1791, in-8.

448. Cardinal (Le) de Richelieu, chronique tirée de l'Histoire de France, par M. James. Traduite de l'anglais par l'auteur de : « Olésia, ou la Pologne » etc. (Mme Lattimore Clarke; de-

puis, Mme Charles Gosselin, née Rosine Mame). *Paris*, Ch. Gosselin, 1830, 4 vol. in-12.

449. Carillons (Les) Franc-Comtois, par un Anti-carillonneur (Viancin, secrétaire-général de la mairie). *Besançon*, Charles Déis, 1840, in-8 de 124 pages.

En vers.

450. Caritéas (par Charles Coquerel). *Paris*, Sautelet, 1827, in-8.

M. Charles Coquerel est auteur de plusieurs ouvrages, entr'autres de « l'Histoire des églises du désert en France. » *Paris*, 1841, 2 vol. in-8.

451. Carrosses (Les) à cinq sols, ou les Omnibus du XVIIe siècle (par Louis-Jean-Nicolas Monmerqué). *Paris*, F. Didot, 1828, in-12.

452. Carya Magalonensis, par Alfred Frédol. Vers 1752. Publication en patois languedocien. *Toulouse*, 1836, in-8.

Tiré à cinquante exemplaires. MOQUIN-TANDON, auteur de cet opuscule, supposa qu'il avait découvert un manuscrit languedocien du commencement du XIVe siècle : « *Histoire de l'ancienne ville de Maguelonne* », œuvre d'un certain évêque nommé Frédol, qu'il publia sous le titre énoncé plus haut. Raynouard, le savant membre de l'Institut, qui s'était lui-même occupé de recherches sur les patois du Midi de la France, se laissa prendre à cette supercherie.

Horace-Bénédict-Alfred Moquin-Tandon, né à Montpellier, le 7 juin 1804, est mort à Paris, en décembre 1864.

453. Cassandre aveugle, ou le Concert d'Arlequin, comédie-parade en un acte, par MM. Chazet, Moreau et *** (Théophile Marion du Mersan). *Paris*, Bluet, 1803, br. in-8.

454. Catalogue de la bibliothèque de M. V. de Saint-M. (Saint-Mauris). *Paris*, Potier, 1848, in-8.

455. Catalogue de la bibliothèque d'un amateur (Antoine-Augustin Renouard), avec des notes. *Paris*, A.-A. Renouard, 1819, 4 vol. in-8.

456. Catalogue de la bibliothèque royale (de Bruxelles), en livres imprimés, en cartes, estampes et manuscrits, du 1er juillet 1838 au 31 décembre 1845 (par le baron Frédéric-Auguste-Ferdinand-Thomas de Reiffenberg, conservateur de la Bibliothèque). *Bruxelles*, Hayez, 1843-1845, in-8.

457. Catalogue de la magnifique collection de livres, dessins et estampes formant le cabinet de M. R. Brisart, à Gand (rédigé par M. P.-C. Vander Meersch, archiviste de la Flandre orientale). *Gand*, 1849, in-8.

458. Catalogue de la riche collection d'estampes et de dessins composant le cabinet de feu M*** (Lambert-Ferdinand-Joseph Vandenzande), officier de la Légion-d'Honneur et ancien administrateur des douanes, rédigé par F. Guichardot. *Paris*, Guichardot, 1855, in-8.

L'avant-propos, signé des initiales F. H., est de M. Frédéric-Désiré Hillemacher.

459. Catalogue de livres relatifs à l'Histoire de France, provenant de la bibliothèque de M. de N*** (Guillermon). *Paris*, Edwin Tross, 1856, in-8.

460. Catalogue de l'œuvre d'Albert Dürer, par un Amateur (le comte de Leppel). *Dessau*, J.-Ch. Menge, 1805, in-8.

461. Catalogue de mes livres (par le comte Rewieski). *Berlin*, 1784, 2 vol. in-8.

462. Catalogue des curiosités bibliographiques, recueillies par le Bibliographe voyageur (Leblanc). *Paris*, 1837-1849, in-8.

463. Catalogue des estampes qui composent l'œuvre de Théodore Faber, peintre flamand et graveur à l'eau-forte, par F. H. (Frédéric-Désiré Hillemacher). *Paris*, H. Fournier, 1843, in-8.

Tiré à cinquante exemplaires.

464. Catalogue des estampes qui composent l'œuvre de Jean-Pierre Norblin, peintre français et graveur à l'eau-forte, par F. H. (le même). *Paris*, Lacrampe et Fertiaux, 1848, in-8.

Tiré également à cinquante exemplaires.

465. Catalogue des livres de la bibliothèque de feu M. de Sarolea, seigneur du ban de Cheratte, dont la vente se fera à Liége, le 6 février 1786.

Ce catalogue a été rédigé par Jean-Noël PAQUOT. *Liége*, Dauvrain, 1785, in-8 de 371 pages (Ul. C.).

466. Catalogue des livres de la bibliothèque de l'Université de Liége, *médecine* (par J. Fiess, conservateur). *Liége*, Collardin, 1844, in-8.

467. Catalogue des livres de la bibliothèque de M. M*** (Mel Saint-Céran). *Paris*, de Bure, 1780, in-8.

468. Catalogue des livres de M. S. (Sensier). *Paris*, Galliot, 1828, in-8.

469. Catalogue des livres faisant partie de la bibliothèque de M. le marquis de Ch*** (Châteaugiron). *Paris*, Merlin, 1827, in-8.

470. Catalogue des livres imprimés de la bibliothèque publique de la ville de Mons, avec table alphabétique des auteurs et des anonymes (rédigé par M. Watricq). *Bruxelles*, 1852, 2 vol. in-8.

471. Catalogue des livres, manuscrits, dessins et estampes formant le cabinet de feu M. Borluut de Noordonck (rédigé par M. P.-C. Vander Meersch). *Gand*, 1858, 3 tomes en 2 vol. in-8.

Avec portraits et blason. Rare.

472. Catalogue des livres provenant de la bibliothèque de M. D. (Grabit). *Paris*, 1829, in-8.

473. Catalogue des livres rares et curieux de la bibliothèque de M. C*** (Coulon, de Lyon). *Paris*, de Bure frères, 1829, in-8.

474. Catalogue des livres rares et curieux composant la bibliothèque de M. J. D'O. (Joseph d'Ortigues). *Paris*, Potier, 1862, in-8.

475. Catalogue des livres rares et précieux de M. L.-M. D. R. (Du Roure). *Paris*, Jannet, 1848, in-8.

476. Catalogue des livres rares et précieux de la bibliothèque de M. le comte de C*** (Hector de Chaponay, de Lyon). *Paris*, Potier, 1833, in-8.

477. Catalogue des livres rares et précieux de la bibliothèque de M. Ch. G*** (Giraud). Potier, 1856, in-8.

478. Catalogue des livres rares et précieux de la bibliothèque de M. le comte de la B*** (La Bédoyère). *Paris*, Silvestre, 1837, in-8.

479. Catalogue des livres rares et précieux provenant du cabinet de M. M*** (Mars, avocat). *Paris*, de Bure, 1787, in-8.

Cette bibliothèque, composée de 1882 articles, ne contenait qu'un seul ouvrage en langue latine et qu'un seul volume de format in-folio.

480. Catalogue des Lyonnais dignes de mémoire (par Antoine Péricaud l'aîné et Claude Bréghot-du-Lut). *Lyon*, Boitel, 1829, in-8.

481. Catalogue des ouvrages condamnés au feu, depuis 1814 jusqu'à ce jour (1er septembre 1827), (par Louis-Marie-Justinien Meynard de Franc, ex-inspecteur de la librairie). *Paris*, Pillet aîné, 1827, in-8.

482. Catalogue des principaux coins et médailles monétaires de la commission des monnaies et médailles (par MM. Gorgeu et Jean-Marie-Anatole Chabouillet, alors employé et depuis conservateur du cabinet des médailles de la bibliothèque impériale). *Paris*, A. Pihan de la Forest, 1833, in-8.

Ce catalogue, dressé par ordre de M. le directeur de la Monnaie, indique le sujet, l'époque et le module de chaque médaille. Les légendes sont textuellement reproduites, et des notes, en très-grand nombre, ont été ajoutées pour l'intelligence des sujets et indiquer les circonstances dans lesquelles elles ont été frappées. Une notice, traitant de la gravure et de l'histoire des médailles, précède ce catalogue.
(Bibliologue de Quérard.)

483. Catalogue des roys et princes, souverains du monde, tant ecclésiastiques que séculiers, vivans cette année 1648, avec la liste des princes puînés des maisons souveraines et un catalogue de tous les cardinaux P. P. G. D. S. M. E. S. D. M. (par Pierre Gaucher de Sainte-Marthe, Ecuyer, Seigneur de Mesray (Méré-sur-Indre).

Sans date, in-12.

484. Catalogue des tableaux des trois écoles, du cabinet de M. de S. M. (Saint-Maurice), par Paillet. *Paris*, 1785, in-8.

485. Catalogue des villes de France, contenant tout ce qui s'est passé de plus remarquable en iceux. Revu et augmenté de cartes de provinces, de figures de plusieurs villes (par François Des Rues). *Rouen*, J. Calloué, 1624, in-8.

486. Catalogue d'une collection considérable de curiosités de

différents genres (par Gersaint.) *Paris*, 1737, in-12.

487. Catalogue d'une collection de très belles coquilles, madrépores, etc., plaques d'agathe, pierres figurées très singulières, pierres fines, animaux, vitraux, bijoux, etc., qui composaient le cabinet de feu (*sic*) Mme de B*** (Bure). Par P. Remy. *Paris*, Didot, 1763, in-12.

488. Catalogue d'une jolie collection de livres, composée des plus belles éditions des auteurs latins, français et italiens, imprimés par les Elsevier; de quelques Alde; d'un choix de vieux poëtes français, etc. (de la bibliothèque de feu M. le comte N. Camerata). *Paris*, Potier, 1853, in-8.

489. Catalogue d'une partie de mes livres, contenant ce qu'il y a de plus curieux et de plus intéressant dans mon cabinet (par Claude-Nicolas Amanton). *Dijon*, veuve Lagier, 1832, br. in-8.

490. Catalogue d'une riche collection de tableaux des peintres les plus célèbres de différentes écoles, du cabinet de M*** (Guillaume, abbé de Gévigny). *Paris*, Paillot, 1779, in-8.

491. Catalogue d'une très-riche mais peu nombreuse collection de livres, provenant de la bibliothèque de feu M. le comte J.-N.-A. de Fortsas, dont la vente se fera à Binche, le 10 août 1840, à onze heures du matin, en l'étude et par le ministère de maître Mourlon, notaire, rue de l'Eglise, n° 29; à *Mons*, typographie d'Emmanuel Hoyois, libraire. Prix : 50 centimes. In-8 de 12 pages, outre le frontispice et la préface de 2 pages.

A la suite de cette plaquette, on lit l'avis suivant : « Le public est informé que la belle bibliothèque de M. le comte de Fortsas, ne sera pas vendue aux enchères. Messieurs les amateurs l'apprendront sans doute à regret ; mais cette précieuse collection ne sera pas perdue pour le pays : elle a été acquise par la ville de Binche, pour sa bibliothèque publique. »

Notez que cette ville, quoique importante, ne possède pas d'établissement de ce genre.

Sur l'une des feuilles de garde de l'exemplaire de ce catalogue conservé à la Bibliothèque royale de Bruxelles, on lit :

« M. le comte de Fortsas est un être imaginaire, comme sa mirifique bibliothèque. M. René (*sic*) CHALON, président de la Société des bibliophiles de Mons, est l'auteur de cette mystification, sur laquelle on peut consulter l'Annuaire de la Bibliothèque royale pour 1841. »

« Ce Catalogue, au reste, est une rareté. Il en a été tiré *un* exemplaire sur peau de vélin, resté en possession de M. Châlon, et *quatre* sur papier de couleur, distribués à ses amis particuliers ; MM. Hennebert et (de Reiffenberg, auteur de cette annotation), en ont obtenu chacun un. »

Voir au mot : *Documents*.

492. Catalogue raisonné de coquilles et autres curiosités naturelles (par Gersaint). *Paris*, 1736, in-12.

493. Catalogue raisonné de la collection de livres de M. Pierre-Antoine Crevenna, négociant à Amsterdam. *Amsterdam*, 1776, 6 vol. in-4.

Crevenna a fait lui-même le Catalogue de sa bibliothèque : « il y a mis des notes, dit Beuchot, dans lesquelles il relève modestement les erreurs de de Bure. »

P. A. Bolongaro Crevenna, se trouvant à Rome pendant les grandes chaleurs, s'exposa avec trop d'imprudence au mauvais air des environs de cette ville ; il y tomba malade, et mourut le 8 octobre suivant, à l'âge de cinquante-six ans.

Voir le n° 4299 du Catalogue de la Bibliothèque de la ville de Lille. *Lille*, 1839, 4 vol. in-8.

494. Catalogue raisonné de l'Œuvre de feu Georges-Frédéric Schmidt, graveur du roi de Prusse (par A. Crayon). *Londres* (*Leipsick*), 1789, in-8.

Une nouvelle édition a paru à Paris, en 1809.

495. Catéchisme politique, à l'usage des fidèles (par Jean-Louis Dugas de Bois-Saint-Just). Sans date (1819), in-8.

496. Catéchisme républicain (par l'abbé Bourdillon). 1848, in-12.

497. Cathédrale (La) de Chartres, ses vitraux, ses statues (par Doublet de Boisthibault, avocat). *Chartres*, Labathe, 1837, in-8.

Extrait de l'almanach le *Percheron*.

498. Catherine, ou la Mésalliance, par Mme P*** (Pinot, de Dijon). *Paris*, Ambroise Dupont et Cie, 1827, in-12.

499. Catholicon (Le) de la basse Germanie. Satire (par B.-H. de Corte, baron de Walef). *Cologne*, Pierre Marteau (*Liége*), 1724, in-8.

Sur un certain nombre d'exemplaires, on a substitué à 1724, les dates de 1731 et de 1737 (Ul. C.).

500. Catilina, tragédie en 5 actes, imitée de Ben Johnson (par Pierre-Jean-Baptiste Dalban). *Grenoble*, 1827, in-8.

501. Cazilda, roman, par Emile Marco Saint-Hilaire (par Alboize du Poujol). *Paris*, Renaud, 1832, 5 vol. in-12.

502. Cazin, sa vie, ses éditions par un Cazinophile (M. Charles Brissart-Binet, libraire). *Cazinopolis* (*Reims*), 1863, in-18.

503. Ce qu'on dit des Femmes et ce que j'en pense. A Honorine. Par un Homme raisonnable (Marie-Paul-Jules Gallimard). *Paris*, sans date (1805), in-8.

504. Cent bévues de M. Jouy dans trente-quatre pages de l'*Ermite en province*, relevées par un Blésois et par un Solonais (Jean-François-de-Paule-Louis Petit De La Saussaye. *Paris*, Marchands de nouveautés, et *Blois*, Giroud, 1827, br. in-8 de 32 pages.

505. Ces pauvres Femmes ! Par Max Valrey (Mme Soler, née E.-M. Gaude). *Paris*, Michel Lévy, 1862, in-12.

Mme Soler est morte en décembre 1865.

506. Ces petites Dames (par Paul Mahalin). *Paris*, 1862, in-18.

507. C'est de Jéhanne la pucelle. Légende de la fin du xve siècle (par Mme J. Du Pujet). *Paris*, Guyot, 1833, 2 vol. in-8.

Chef-d'œuvre de pastiche historique, devenu rare, après avoir couru les quais.

508. C'est lui, ce n'est pas lui : Eh ! mais qui donc ? (par Ni-

colas Boquillon, journaliste). *Paris*, Ponthieu, 1825, in-8.

A propos des *Mémoires du duc de Rovigo.*

509. Cécile, comédie en trois actes et en prose, par l'auteur des : « Réflexions politiques » (Charles Cournault). *Paris*, 1804, in-8.

510. Cécile, ou la Rigueur du Sort (par Louis-Pierre-Prudent Le Gay). *Paris*, Lecointe et Durey, 1821, 2 vol. in-12.

511. Célestine (La), tragi-comédie, traduite d'espagnol en français (par Jacques de Lavardin, seigneur du Plessis-Bourrot, en Bourgogne). *Rouen*, Théodore Reinsart, 1598, petit in-12.

512. Célestine, comédie lyrique en trois actes, par Magnitot (Antoine-François Eve, dit Maillot). *Paris*, veuve Duchesne, 1789, in-8.

513. Césars (Les) de l'empereur Julien, traduit du grec avec des remarques (par Spanheim). *Paris*, 1683, in-4.

514. Césars (Les) et les Napoléons, par Amédée de Céséna (Gayet). *Paris*, Amyot, 1836, in-8.

515. Châlet (Le) d'Auteuil, par J. T. de Saint-Germain (Jules-Romain Tardieu). *Paris*, J. Tardieu, 1862, in-12.

516. Champ (Le) d'asile, tableau topographique et historique, par L.-F. Lh. (Louis-François Lhéritier, de l'Ain), l'un des auteurs des « Fastes de la Gloire». *Paris*, Ladvocat, 1819, in-8.

517. Chan Heurlin, ou les Fiançailles de Fanchon, poème patois-Messin, en sept chants, par B*** et M***, de Metz (Abel Brondex et Didier Mory), publié par M. G*** (Gentil). Metz, Charles Laurent, 1787, in-8 de VI et 70 pages.

Ce poème, commencé par Brondex, en 1785, fut interrompu au ve chant. Didier Mory qui s'était exercé dans l'idiome patois, fut invité par un parent de Brondex à terminer cette œuvre inachevée. Il y fit quelques modifications et y ajouta deux chants. Quoique cette publication n'aît eu lieu qu'en 1825, on a laissé subsister sur le titre le millésime de 1787.

518. Chansons, par M. D. M., médecin à Douai (le docteur Duhem). *Valenciennes*, 1854, in-12.

519. Chansons d'un invalide (par Bénigne-Claude Délorier). *Rouen*, Brière, 1830, in-12.

B.-C. Délorier, né à Dijon, le 5 mars 1785, mort à Blainville-Crevon, arrondissement de Rouen, le 9 juillet 1852. Ancien militaire de l'Empire, il avait perdu un bras à Waterloo.

520. Chansons et poésies diverses, par Ch. F. (Charles Fournier, ex-greffier). *Paris*, Guyot, 1857, in-12.

521. Chansons nouvelles en provençal, composées vers 1550 (publiées par Pierre-Gustave Brunet). *Paris*, 1844, in-8.

522. Chant communiste (en quarante couplets), par un Homme

qui ne l'est guères (Hercule-Henri Birat). *Narbonne*, Caillard, 1848, in-8.

523. Chant (Le) de paix. Le roi des rois a dit à son peuple : « Je vous donne la paix », par l'auteur des « Chants de Sion » (César-Henri-Abraham Malan). *Genève*, Viguier, 1831, br. in-8.

En vers.

524. Chant (Le) du Loisir, ou le Temps perdu d'un Normand (par Marie aîné). *Paris*, chez les principaux libraires, 1830, in-8.

Ce recueil a reparu deux ans plus tard, considérablement augmenté, sous le titre de : « Coups de brosse. »

Voir ces mots.

525. Chant (Le) du rossignol, par M. Adolphe de C*** (le marquis Louis-Pierre-François-Adolphe de Chesnel de la Charbouclais). *Montpellier*, Félix Avignon, 1823. Pièce in-8 de 12 pages.

Ad. de Chesnel est mort en 1862.

526. Chant funèbre sur les ravages causés par le *Choléra*, dédié aux parents et amis des victimes de ce cruel fléau, par A. M. D. (Alexandre Millin-Duperreux). *Paris*, 1832, br. in-8 de 32 pages.

En vers.

527. Chants (Les) de Sion (par César-Henri-Abraham Malan). *Genève*, Viguier, 1826, in-12.

Une nouvelle édition de ces poésies, avec la musique en regard, et très-augmentée, a été publiée en 1841.

528. Chants d'Inistoga, ou Echos du désert, par R. A. de H. citoyen de Venezuela (Agostini, réfugié italien). *Paris*, Dauvin et Fontaine, 1852, in-12.

Première partie : poésies françaises, 10 pièces. — Seconde partie : poesie italiane, 6 pièces. — Tercera parte : poesias españolas, 10 pièces.

529. Chants (Les) du psalmiste, odes, hymnes et poésies, par Sébastien Rhéal (Sébastien Gayet), précédés d'une introduction par M. Ballanche. *Paris*, Delloye, 1839, in-8.

2e édition. Le même, 1840, 2 vol. in-8.

530. Chants (Les) helléniens, de Wilhem Müller (traduits de l'allemand, par Lazare-Hippolyte Carnot, ministre de l'instruction publique en 1848). *Paris*, 1828, in-18.

531. Charadiste (Le) de société, par le citoyen L. B. (Antoine-François Le Bailly), avec l'*Index*. *Paris*, Desenne, an XI (1803), in-18.

532. Charlatans (Les) célèbres, ou Tableau historique des bateleurs, baladins, etc. 2e édition (par Jean-Baptiste Gouriet). *Paris*, Savoye, 1819, 2 vol. in-8.

533. Charles (par Joseph-Albert Bernard, de Rennes). *Paris*, Charles Béchet (Sautelet), 1825, 4 vol. in-12.

534. Charles, ou le Parrain, comédie historique en un acte, à l'occasion de la fête du roi, par

MM. Martin, Lognon, et *** (Jean-Marie-Vincent Audin, libraire). *Paris*, Le Bègue, 1825, br. in-8.

535. Charles d'Ellival et Alphonsine de Fiorentino, suite d'*Ellival et Caroline* (par Bernard-Germain-Etienne de La Ville, comte de Lacépède). *Paris*, Charles Rapet, 1817, 3 vol. in-12.

Ce roman n'obtint pas un succès plus prononcé que celui qui l'avait précédé. Ce sont des membres de sa famille et lui-même que l'auteur a mis en scène. *Ellival* est l'anagramme de La Ville, *Caroline* est le prénom de sa femme, *Charles* celui de son fils adoptif, *Alphonsine* celui de sa bru.

536. Charte constitutionnelle, précédée de la Déclaration de saint Ouen, mise en vers, par L.-M. G*** (Louis-Mathieu Guillaume). *Paris*, Guillaume et Cie, 1829, br. in-4 de 44 p.

537. Chartreuse (La) de Parme, par l'auteur de : « Rouge et noir » (Marie-Henry Beyle). *Paris*, Ambroise Dupont, 1839, 2 vol. in-12.

538. Chasse (La), poëme d'Oppien, traduit en français par M. Bellin de Ballu, conseiller à la Cour des Monnaies, avec des remarques, suivi d'un extrait de la grande histoire des animaux d'Eldemiri, par M*** (Antoine-Isaac Silvestre de Sacy, conseiller à la Cour des Monnaies, etc.). *Strasbourg*, à la librairie académique, 1787, in-8.

539. Chasse (La) aux Souvenirs dans le pays de Liége, par Antoine Meuret, liégeois, pérégrinant à pied (Ferdinand-Jules Hénaux). 2e édition. *Liége*, Oudart, 1846, pièce in-8 de 8 pages (Ul. C.).

540. Chasseur (Le) normand au gibier d'eau, aux oiseaux de passage, dans la Seine-Inférieure, par Paul B*** (Bellost). *Rouen*, Mégard, 1848, in-18.

541. Chat (Le) volant de la ville de Verviers. Histoire véritable, par M. Willem Crap (poëme satirique, par B.-H. de Corte, baron de Walef). *Amsterdam* (*Liége*), chez Jacques Lefranc, à l'enseigne du Chat botez (*sic*), 1730, in-12 (Ul. C.).

542. Château (Le) de Carqueranne, singulier roman, par un Officier supérieur d'artillerie (le chevalier Paul Merlin). *Paris*, Rissler, 1839, in-8.

543. Château (Le) de Céret, par L...y (le docteur Launoy, l'un des rédacteurs du journal la *Patrie*). 1844, br. in-8.

Publié d'abord en feuilletons.

544. Château (Le) de Duncan, ou l'Homme invisible (par Michel-Théodore Leclerc). *Paris*, 1800, 3 vol. in-12.

C'est le premier ouvrage d'un écrivain qui, depuis, s'est fait une réputation justement méritée, dans un autre genre de littérature.

545. Château (Le) de Malpertuis, ou Conversations sur les commandements de Dieu et les obligations du chrétien (par

Philippe-Irénée Boistel d'Exauvillez), 2e édition. *Paris*, Gaume frères, 1833, in-18.

Cet ouvrage, d'après une note des éditeurs, est le même, quant au fond, que celui qui était déjà connu sous le titre de : « *Trésor des Familles chrétiennes* ; » mais ayant subi, il est vrai, sous la plume de l'arrangeur, de nombreux et utiles changements, qui rendent sa lecture plus digne de son but.

546. Château (Le) de Montfort et la Tour de Poulseur, par L. T. (Léon de Thier). *Liége*, de Thier et Lovenfosse, 1859, in-12 (Ul. C.).

547. Châteaubriand, prophète. Avenir du monde, 1834. — Considérations sur le génie des hommes, des temps et des révolutions, 1836. — Washington et Bonaparte, 1827 (articles réunis par Charles Romey). *Paris*, Garnier, 1849, br. in-8 de 16 pages.

548. Châtillon-les-Dombes (par J.-B. Mazade, marquis d'Avèze). *Paris*, Béthune, 1832, in-8.

Cet écrivain, né à Avèze, près le Vigan (Gard), a un article dans la *Biographie lyonnaise*. *Lyon*, 1843, in-8. Cependant, il n'était pas mort à cette époque, et il y eut, à ce sujet, dans les journaux de décembre de cette année, une réclamation de Mgr de Bonald, son parent.

549. Chemin de la Croix, à l'usage de la jeunesse chrétienne, par l'auteur du : « *Mois de Marie, de l'Ecolier* » (l'abbé Goudé, supérieur du collége de Châteaubriand). *Nantes*, Bourgeois, 1861, in-32.

550. Chemin (Le) du Paradis, par Raoul de Navery (Mme Marie David), 2e édition. *Paris*, Dillet, 1865, in-12.

551. Chemin (Le) du Paradis, rendu facile et économique, par l'abbé C*** constitutionnel (par Laurent-Emile Renard). *Liége*, Collardin, 1841, in-12 (Ul. C.).

552. Cherbourg et l'Angleterre (attribué à M. Jules Chevalier). *Paris*, E. Dentu, 1858, br. in-8 de 52 pages.

553. Cherté des grains (par Louis-Paul Abeille). 1708, in-8.

554. Chevalerie (La), Ogier de Danemarche, par Raimbert de Paris, poëme du douzième siècle, publié pour la première fois, d'après le manuscrit de Marmoutiers, et le Manuscrit no 2729 de la Bibliothèque du Roi (par Jean-Baptiste Barrois). *Paris*, Techener, 1842, in-4o de CIII et 557 pages, avec deux *fac-simile* sur vélin.

555. Chevalier (Le) de Canolle, ou un Episode des guerres de la Fronde, comédie en cinq actes et en prose, par J. S*** (Joseph-François Souques). *Paris*, Delaunay, 1816, in-8.

556. Chevalier (Le) de la Tour et le Guidon des guerres (par Geoffroy de la Tour-Landry). Goth. Eustache, 1514, in-folio.

557. Chevalier (Le) Tardif de Croustac (par Bellemare, commissaire de police à Anvers, de 1810 à 1813). *Bruxelles*, 1820, 5 vol. in-12.

558. Chimie minérale, et analyse des substances minérales, travaux de 1829, 1830 et 1831, par P. B. (Pierre Berthier). *Paris*, Carilian-Gœury, 1833, in-8.

Extrait des *Annales des Mines*.

559. Chine (La) catholique, ou Tableau des progrès du christianisme dans cet empire; suivi d'une Notice sur les quatre chinois présentés à S. M. Charles X, avec leurs portraits et un *fac-simile* de leur écriture (par Condurier). *Paris*, H. Tilliard, 1829, in-8.

560. Chirurgien (Le) anglais, parade, par M*** (Jean Monet, ancien directeur de spectacle à la Foire Saint-Laurent). 1774, in-8.

Cette parade a été faussement attribuée à Collé.

561. Choix d'anecdotes amusantes, en français et en allemand, à l'usage de ceux qui étudient l'allemand (par Meynier). *Paris*, Cherbuliez, 1830, 2 vol. in-12.

562. Choix de chansons et poésies wallonnes, recueillies par MM. B. et D. (François Bailleux et Joseph Dejardin). *Liége*, Oudart, 1844, in-8 (Ul. C.).

563. Choix de Médailles antiques d'Olbiopolis ou d'Olbia, faisant partie du cabinet du conseiller d'Etat de Blaremberg, à Odessa; accompagné d'une Notice sur Olbia, et d'un plan de l'emplacement où se voient aujourd'hui les ruines de cette ville (par Désiré-Raoul-Rochette, conservateur du département des médailles de la Bibliothèque du roi). *Paris*, Didot, 1822, br. in-8.

564. Choix de Poésies, traduites de divers auteurs anglais, par *M. le chevalier de C**** (Caqueray, député). *Paris*, A. Pihan de la Forest, 1827, in-18.

565. Choix des Fables de Vartan, en arménien et en français (publié par Antoine-Jean Saint-Martin, orientaliste). *Paris*, 1825, gr. in-8.

566. Choix (Le) d'une femme, par Raoul de Navery (Mme Marie David). *Paris*, Dillet, 1862, in-12.

567. Chrétien (Le) dans le monde, par Charles Sainte-Foi (Eloi Jourdain). *Paris*, Poussielgue-Rusand, 1848, in-12.

568. Chrétien (Le) sanctifié par l'oraison dominicale. Ouvrage inédit du P. Grou, de la Cie de Jésus. Traduit de l'anglais, par A. C. (Adolphe Chancel, correcteur d'imprimerie). *Paris*, Gaume fr., 1832 et 1833, 3e édition, 1838, in-32.

Le Père Grou avait composé cet ouvrage pendant son séjour en Angleterre; il était en français. Il le laissa manuscrit et ne songea nullement à le faire imprimer. Quelques années après la mort de l'auteur, le Père Laurenson (Jésuite, né le 6 janvier 1760, dans le comté d'Essex), en fit sur l'original une traduction anglaise qui parut à Richmond, en 1817. C'est sur celle-ci que la traduction française a été faite en 1832.

Ce travail, ainsi qu'on doit s'y attendre, présente bien des imperfections qui ne l'ont pas empêché, cependant, d'obtenir un assez beau succès.

Il a eu trois éditions en France et en Belgique. Le Père Cadrès, de la Cie de Jésus, étant devenu possesseur des manuscrits du Père Grou, a fait imprimer, en 1858, l'ouvrage original. C'est de la préface de ce livre que nous tirons les détails qui précédent.

569. Christiade (La), par J. Vida; première traduction française (par l'abbé Guillaume-Jean-François Soucquet de La Tour, curé de Saint-Thomas-d'Aquin). *Paris*, Colnet, 1826, in-8.

570. Christiana, ou Recueil complet de maximes et pensées morales du christianisme, extraites de la vie, des discours, etc. de Jésus-Christ, et de quelques épîtres de Saint-Paul, par C*** d'Aval... (Charles-Yves Cousin d'Avalon). *Paris*, V. Jouanet, 1802, in-8.

571. Christianisme (Le) de Montaigne, ou Pensées de ce grand homme sur la religion (par l'abbé Jean de La Bouderie, vicaire de Notre-Dame de Paris). *Paris*, Demonville, 1819, in-8.

572. Christianisme (Le) et le libre examen (par le docteur Mary). *Paris*, Didier, 1865, 2 vol. in-8.

573. Christianisme (Le) réformateur du monde, suivi de pensées religieuses et morales, par Mme L. J. (Louise Jamme, née Laguesse). *Liége*, Desoer, 1850, in-8 (Ul. C.).

574. Chronique du règne de Charles IX (1572), par l'auteur du « *Théâtre de Clara Gàzul* » (Prosper Mérimée, membre de l'Académie française, depuis Sénateur, etc.). 2e édition, *Paris*, Fournier, 1831, in-8.

La 1re édition portait le titre de « *Chronique du Temps...* »

575. Chroniques du café de Paris; tome Ier, *la Province;* tome II, *le jeune Homme* (par MM. Léon Guérin et Jean-Gabriel Cappot, dit Capo de Feuillide). *Paris*, Urbain Canel, 1833, 2 vol. in-8.

Le Café de Paris était un café-restaurant, fort à la mode, situé sur le boulevard Italien.

Cet ouvrage, annoncé en trois volumes, n'a pas été continué.

576. Chroniques populaires du Berry, recueillies et publiées pour l'instruction des autres provinces, par Pierre Vermond (Charles-Martin-Armand Rousselet, avocat). 2e édition. *Saint-Germain-en-Laye*, Abel Goujon, et *Paris*, Lecointe et Pougin, novembre 1830, in-8.

La 1re édition, publiée au mois d'août précédent, est dans le format in-12.

577. Chrysomanie (La) naturelle de Ronphile (par Rampalle). *Lyon*, 1666, in-8.

578. Ciceroniana, ou Recueil des bons mots et apophtegmes de Cicéron, etc. (par Antoine Péricaud l'aîné, et Claude Bréghot-du-Lut). *Lyon*, Ballanche, 1812, in-8.

Tiré à cent exemplaires, n'a pas été mis dans le commerce.

579. Cimetière (Le) de Gray, traduction nouvelle en vers fran-

çais (par Marie-Joseph de Chénier). *Paris*, Dabin, 1803, in-8.

580. Cinquante devises (en vers) pour Monseigneur Colbert (par Constant de Silvecane). *Lyon*, 1683, in-4.

581. Cinquante épigrammes de l'anthologie grecque, traduites en vers français, par *** (Antoine Péricaud l'aîné). Avec un avant-propos. *Lyon*, l'auteur, 1857, in-8.

582. Cinéïde (La), ou la Vache reconquise, poëme national héroï-comique, en vingt-quatre chants; par De Weyer de Streel. *Liége*, 1852, in-12, de VI et 234 pages.

La première édition de la *Cinéïde* a été tirée à 90 exemplaires numérotés.

La seconde édition, imprimée à Bruxelles, chez H. Goemare, 1854, in-12, de VIII et 344 pages, a été aussi publiée sous le pseudonyme de De Weyer de Streel, et tirée à 1000 exemplaires ; sur ce nombre, 200 exemplaires ont reçu plus tard des frontispices ayant la date de Liége, 1850, et le nom de l'auteur, le chevalier du Vivier de Streel, curé de Saint-Jean, à Liége.

La guerre terrible des paysans contre les seigneurs, qui fait l'objet de ce poëme, est connue dans l'histoire de la principauté de Liége sous le nom de *la guerre de la vache de Ciney*. Elle eut lieu dans la seconde moitié du treizième siècle. Elle se continua pendant trois ans avec des chances à peu près égales, et coûta la vie à quinze ou vingt mille hommes.

(Voir, pour plus amples éclaircissements, l'*Histoire de l'ancien pays de Liége*, par M. M.-L. Polain, t. II, p. 19 et 21.)

583. Citoyen (Le) du monde, de Goldsmith, par L. P. A. (le comte Louis Le Pelletier d'Aunay), membre de l'Institut historique. *Paris*, Goujon, 1836, 2 vol. in-8.

584. Citoyennes (Les) de Ville-Affranchie aux Représentants du peuple (par Pierre-Marie Gonon). 11 frimaire, an II. *Lyon*, Maire, 1846, in-8.

585. Clef (La) des grands mystères, suivant Hénon, Abraham, Hermès, Trismégiste et Salomon, par Eliphas Lévi (Alphonse-Louis Constant). *Paris*, Germain-Baillière, 1861, in-8.

586. Clémence de Sorlieu, ou l'Homme sans caractère, par Mme Adèle Chemin (Madame la comtesse Rochelle de Brécy, née Adélaïde-Isabelle-Jeanne Dechampsy). *Paris*, Renard, 1809, 3 vol. in-12.

Fille d'un ancien officier de cavalerie, gendarme de la compagnie de Flandres, elle naquit à Lunéville, le 7 février 1771. La comtesse DE BRÉCY est morte à Paris, le 17 juin 1841.

587. Clément XIV et Carlo Bertinazzi. Correspondance inédite. *Paris*, Montgie aîné, in-12.

Cette correspondance apocryphe a pour auteur Hyacinthe Thabaud de Latouche.

588. Clitemnestre, tragédie en cinq actes et en vers (par le comte Louis-Léon-Félicité de Brancas de Lauraguais). *Paris*, Lambert, 1761, br. in-8.

589. Clorinde, histoire normande, par Toby Flock (Alexis Doinet, rédacteur en chef du *Moniteur du Calvados*). *Caen*, Legost-Clérisse, 1858, in-18.

590. Closière (La), ou le Vin nouveau, opéra-comique en un acte, mêlé d'ariettes (par le marquis Masson de Pezay).

Paris, Christophe Ballard, 1770, in-8.

591. Clotilde, ou Nouvelle civilité pour les jeunes personnes, par l'auteur de « Eulalie, » etc. (Mme Tarbé des Sablons). *Paris*, Jeanthon, 1838, in-12.

592. Code civil, Manuel complet de la politesse, du ton, des manières de la bonne société, par l'auteur du « Code gourmand » (Horace-Napoléon Raisson et Auguste Romieu). *Paris*, Roret, 1828, in-12.

593. Code civil des Français, avec des tables indicatives des lois romaines, par Henri Dard, suivi d'une table, par J.-A. C. (Commaille). *Paris*, 1805, in-4.

Réimprimé en 1827.

594. Code de procédure civile pour la ville et république de Berne (par le professeur Schnell). *Berne*, Haller, 1823, in-8.

595. Code de la chasse, par Horace Raisson, suivi du Code de la pêche, par M. de C***y (par le même). *Paris*, Charles Béchet, 1829, in-18.

Les lettres C***y ne s'appliquent pas, ainsi qu'on pourrait le penser, à un nom imaginaire. L'auteur a voulu laisser croire que M. de Coupigny, fort connu dans le public comme amateur passionné de ce genre d'exercice, avait composé ce traité.

596. Code de la conversation, Manuel complet du langage élégant et poli, contenant les lois, règles, applications et exemples de l'art de bien parler (par Horace-Napoléon Raisson et Auguste Romieu). *Paris*, Roret, 1829, 1 vol. in-18.

597. Code des chemins vicinaux, contenant, etc., précédé d'un exposé des principes de la matière, avec renvoi aux lois et aux ordonnances, et d'une série de questions élevées sur la loi du 28 juillet 1824, et résolues dans la discussion par un Avocat à la cour royale de Paris. *Paris*, Fanjat aîné, 1824, in-8.

L'auteur de cet ouvrage, qui a eu, croyons-nous, une seconde édition, est feu JOURDAN (Athanase-Jean-Léger), avocat à la Cour royale de Paris, mort à Deal, en Angleterre, le 27 août 1826, des suites d'une fièvre cérébrale.

598. Code des gens honnêtes, ou l'Art de ne pas être dupe des fripons (par Horace-Napoléon Raisson et Auguste Romieu). *Paris*, Barba, 1825, in-12.

Une prétendue seconde édition a paru quelques mois après; mais le frontispice seul de la première avait été changé.

599. Code gourmand, Manuel complet de gastronomie, contenant les lois, usages, règles, applications et exemples de l'art de bien vivre, par l'auteur du : « Code des honnêtes gens » (les mêmes). *Paris*, Ambroise Dupont, 1827, in-18.

600. Code (Le) et la Grammaire de l'amour, par de Vaimar (Adrien-Marx). *Paris*, 1862, in-18.

601. Code Napoléon, mis en vers français, par D***, ex-législateur (B.-M. Decomberousse). *Paris*, Clament frères, éditeurs, 1811, 1 vol. in-12.

602. Code pénal forestier, etc. (par Charles-François-Bonaventure Maillard de Chambure). *Paris*, Gobelet, 1828, 1 vol. in-8.

603. Coin (Le) du feu d'un Hollandais, par Pawlding; traduit de l'anglais (par Mlle Adèle Sobry). *Paris*, 1830, 1 vol. in-8.

604. Collection abrégée des Voyages anciens et modernes autour du Monde, rédigée par F. B*** (Bancarel). *Paris*, Dufort, 1808-1809, 12 vol. in-8.

Les cinq derniers volumes ne sont plus anonymes.

605. Collection de matériaux pour l'histoire de la Révolution de France, depuis 1787 jusqu'à nos jours; bibliographie des journaux, par M. D...s (Deschiens, avocat à la Cour royale de Paris). *Versailles* et *Paris*, Th. Barrois, 1829, in-8.

Ce volume renferme des détails bibliographiques et des citations souvent très-piquantes.

606. Collége (Le) (par Lambert). *Paris*, Baucé-Rusand, 1832, 2 vol. in-8.

607. Colonne de la grande-armée, à Boulogne-sur-Mer. — Son origine, sa fondation. — Anecdotes sur l'Empire et la Restauration. — Destinations diverses. — Inauguration définitive. Par A. P. du Pas-de-Calais. (Auguste-Philibert Châlons-d'Argé). *Paris*, Lavigne, 1841, in-8.

Quérard a prétendu, dans une brochure publiée en 1862, que le nom de cet écrivain s'écrit Châalons et non Châlons, ainsi que nous l'avons fait. Voici notre réponse à cette critique. Elle est extraite d'une lettre que nous adressait le 3 juillet 1861, M. Châlons-d'Argé : « Notre nom s'écrivait « dans l'origine, avec deux A ; mais, avec le « temps, et cela remonte déjà loin, nous avons « remplacé ce double emploi par un seul A, surmonté d'un accent circonflexe. »

Signé : Aug.-Phil. Châlons-d'Argé.

608. Colonel (Le) Duvar, fils naturel de Napoléon ; publié d'après les Mémoires d'un Contemporain (par Louis-Gabriel Montigny). *Paris*, Baudouin, 1827, 4 vol. in-12.

609. Colonies. Des articles 1 et 64 de la Charte (par Adolphe Crémieux, avocat). *Paris*, Mie, 1831, in-8.

610. Colosse (Le) de Rhodes, ou le Tremblement de terre, mélodrame en trois actes, par M. Augustin (Jean-Baptiste-Augustin Hapdé). *Paris*, Barba, 1809, br. in-8.

611. Comédiens (Les) et la Légion-d'Honneur, par Marius Nothing (Maurice Dreyfus). *Paris*, E. Dentu, 1863, br. in-8.

612. Comédie (La) française, jugée par un Témoin de ses fautes (par Théodore de Banville). *Paris*, 1862, in-12.

Cette publication avait paru précédemment dans le *Nain jaune*, sous la signature de l'*Inconnu*.

613. Comédies, proverbes, parades, etc. Sans nom de lieu, 1824-1826, 3 vol. in-12.

Les pièces qui composent les deux premiers volumes, et celle du troisième, qui est intitulée : « l'*Ambitieux réformé*, ou *Il ne faut pas P. T.*, »

Q.

sont du baron Antoine-Marie RŒDERER, ancien Pair de France. Les autres pièces de ce dernier volume, sont de son père.

Plusieurs de ces pièces ont été tirées à part; notamment: la *Foire d'Alençon*, de M. Rœderer père; l'*Ambitieux réformé*, du baron Antoine, toujours sans nom d'auteur.

614. Comédies historiques. *Paris*, Lachevardière, 1827, in-8.

Ces comédies, au nombre de quatre: « le Marguiller de Saint-Eustache; le Fouet de nos pères; le Diamant de Charles-Quint, et la Mort d'Henri IV, » sont du comte Pierre-Louis RŒDERER.

615. Comité (Le) directeur, par Scandinave (Edouard Eliçagaray). *Paris*, chez les Marchands de nouveautés, 1830, br. in-8 de 192 pages.

616. Comme quoi Napoléon n'a jamais existé (par l'abbé Jean-Baptiste Pérès, bibliothécaire d'Agen, mort dans cette ville, le 4 janvier 1840). 2e édition revue par l'auteur. *Paris*, Risler, 1836, in-32.

La 1re édition avait paru à Agen, en 1817.

L'abbé PÉRÈS avait commencé par être avocat à Paris. En 1812, il devint substitut du Procureur impérial. Il entra dans les Ordres, en 1816.

617. Commentaire sur la Charte constitutionnelle (par Félix Berriat-Saint-Prix). *Paris*, Videcoq, 1836, in-8.

618. Commentaires du chantre Jérôme de Gonesse, sur la première représentation des Huguenots (par J. Meifred, artiste-musicien de l'Opéra). *Paris*, 1836, br. in-8 de 16 pages.

619. Commentaires qui accompagnent le projet d'ordonnance sur le Service des armées en campagne (par le général Claude-Antoine-Hippolyte, vicomte de Préval). *Paris*, du 3 mai 1832, br. in-8 de 163 pages.

620. Commerce (Le) français et l'Industrie parisienne, par un Homme de travail (Alfred-Daniel Bing). *Paris*, J. Leclère fils, sans date (1840), br. in-8 de 63 pages.

621. Compagnons (Les) du Schall noir, roman tiré des Chroniques russes (par Saint-Thomas, traducteur de l'Histoire de Russie, de Karamsin). *Paris*, Charles Gosselin, 1830, 4 vol. in-12.

622. Comparaison de différentes méthodes tachygraphiques et sténographiques, depuis l'origine de l'art jusqu'à ce jour (par Edme-François Jomard, membre de l'Institut). *Paris*, 1831, br. in-8.

Extrait du nouveau *Journal d'éducation et d'instruction*, publié sous la direction de MM. de Lasteyrie et Lourmand.

M. Jomard, né à Versailles, le 20 novembre 1777, est mort subitement à Paris, le 10 octobre 1862, à l'âge de 85 ans.

623. Comparaison des cérémonies des Juifs et de la discipline de l'Eglise, par de Simonville (Richard Simon). *Paris*, *La Haye*, Moetjens, 1682, petit in-12.

624. Complainte de Clara Wendel, fameuse femme brigand, arrêtée en Suisse; par M. Odry (par Théophile Marion du Mersan). *Paris*, Hubert, 1826, 8 pages in-8.

625. Complainte et enseignements de François Garin. *Paris*, Crapelet, 1832, in-4, caractères gothiques.

Copiée sur l'édition de Paris, Guillaume Ellignart, 1495.

Tiré à 100 exemplaires numérotés, dont 1 sur papier vélin, 10 sur papier vélin superfin, 89 sur papier de Hollande.

Réimpression faite aux frais et par les soins d'un amateur, M. DURAND DE LANÇON, membre de la Société des bibliophiles français ; dédiée à G. Peignot.

626. Complainte sur la mort du droit d'aînesse (par Félix Bodin). *Paris*, Touquet, 1826, in-32.

Cette complainte, fort plaisante, eut un succès prodigieux.

627. Complainte historique en 74 couplets, comprenant la vie très-circonstanciée de sainte Julienne, etc. (par Victor Hénaux, avocat). *Liége*, 1864, in-12 (Ul. C.).

628. Compte demandé à M. Thiers, (par Benjamin-Edme-Charles Guérard, alors employé à la bibliothèque royale, depuis conservateur, et membre de l'Institut). *Paris*, Dentu, 1840, br. in-8 de 29 pages.

629. Comptes généraux des hôpitaux, hospices civils, enfants abandonnés, secours à domicile et direction des nourrices de la ville de Paris, an XI (rédigés par Péligot). *Paris*, imprimerie des hospices, an XIII (1805), in-8.

630. Comte (Le) Capodistrias, président de la Grèce, jugé par lui-même, d'après les actes de son administration, constatés par sa correspondance, publiée à Genève en 1839 (par de Faber, de Riga, conseiller d'Etat au service de Russie). *Paris*, 1842, 1 vol. in-8 de XV et 398 pages.

631. Comte (Le) de Charny, roman historique dédié aux Bourguignons (par S. Arnoult). *Paris*, Delaunay, 1829, 1 vol. in-8.

632. Comte (Le) de Villamayor, ou l'Espagne de Charles IV, par M. Mortonval (Alexandre-Furcy Guesdon). 3e édition. *Paris*, E. Renduel, 1829, 5 vol. in-12.

La première édition est de 1825.

633. Comtesse (La) de Mombran, par J. Caidner (Just Cardine, officier de cavalerie). *Vire*, Barbot, 1863, in-18.

634. Concierge (Le), drame dans le palais des Tuileries, par MM. J. B. et Thalarès Dufourquet (par Marie-Hélène Dufourquet). *Paris*, Lerouge-Wolf, 1833, 2 vol. in-8.

Cet ouvrage est le même que celui qui porte le titre de : « *Un drame au palais des Tuileries* » (voir ces mots), qui avait précédé celui-ci de quelques mois et dont on a changé le titre, sans doute, pour donner aux exemplaires qui ne s'étaient point écoulés un air de nouveauté.

635. Conclusion de l'analyse des ouvrages de M. Charrier de la Roche, etc. (par l'abbé Guillaume-André-René Baston). *Rouen*, sans date (1791), in-8.

636. Conclusions d'un libéral catholique sur le débat entre l'évêque (Richard-Antoine-Corneille Van Bommel) et le bourgmestre de Liége (F. Piercot), et de la mise à exécution de la loi sur l'enseignement convenu (par le baron J. Grisard de Waha). *Liége*, 1851, br. in-8 (Ul. C.).

637. Concordance des lois civiles et ecclésiastiques de France, touchant le *mariage*, (par Guillaume-André-René Baston), ancien vicaire général de Son Em. le cardinal C...s (Cambacérès), et de M. de Bernis, archevêque de Rouen. *Paris* et *Besançon*, 1824, in-12.

638. Conférence (La) de Marienbourg, par écrits réciproques, entre un prestre de l'Eglise catholique, apostolique et romaine, et un prétendu réformé (par Barthélemy d'Astroy). *Liége*, 1661, in-12 (Ul. C.).

639. Confessions de M. l'abbé D*** (l'abbé Guillaume-André-René Baston), auteur des : « Lettres de Philétès », pour servir de supplément, de rétractation et d'antidote à son ouvrage, à MM. les curés protestants du diocèse de Lisieux. *Londres*, 1776, 1 vol. in-8.

640. Confession (La), par l'auteur de « L'Ane mort et la Femme Guillotinée » (Jules Janin). *Paris*, Al. Mesnier, 1830, 2 vol. in-12.

641. Confidences de deux curés protestants du diocèse de L*** (Lisieux), au sujet d'une brochure intitulée : « *Défense des droits du second ordre* », etc. Leyde. — Donné au public, par M. Exomologèse, vicaire de*** avec un commentaire, par le même (par l'abbé Guillaume-André-René Baston). *Edimbourg*, 1778, in-8.

642. Congrès (Le) de Spa, nouveaux voyages et aventures de M. Alfred-Nicolas au royaume de Belgique, par Justin *** (par François-Charles-Joseph Grandgagnage), avec cette épigraphe : *Ego quos amo, arguo et castigo*, Apocalypse, III, v. XIX. *Liége*, Fr. Renard, 1858-1862, 2 vol. in-18.

643. Conjuration (La) d'Amboise, par Mme H. A. (Hortense Allard). *Paris*, A. Marc, 1821, in-12.

644. Connal, ou les Milésiens, par Mathurin ; traduit de l'anglais, par Mme la comtesse *** (Molé de Champlâtreux, née de la Briche). *Paris*, Mame et Delaunay, 1828, 4 vol. in-12.

645. Conquête (La) d'Alger en 1830, poëme en trois chants, par un Jeune Breton (Périnès). *Paris*, Dentu, 1832, in-8.

646. Conquête (La) de la Prusse, poëme pouvant servir de continuation à la Napoléide, jusqu'à la prise de Berlin (par A. de Gondeville de Montriché, sous-chef de bureau au ministère de la guerre). *Paris*, 1806, br. in-8 de 129 pages.

Ce poëme a été imprimé à la suite de la *Napoléide*, poëme en six chants, par M. de G. (Ménégant de Gentilly, connu aussi sous le nom de Maugeret-Clémence).

647. Conquête (La) des Pays-Bas par le roy, dans la campagne de 1745, avec la prise de Bruxelles en 1746, par Z*** (Zambault, chevau-léger de l'une des compagnies d'ordonnance de la gendarmerie). *La Haye*, 1747, 1 vol. in-12.

648. Conseils à des surnuméraires, ouvrage imprimé à l'imprimerie royale pour le ministère des affaires étrangères, et non publié, par le comte d'H*** (Alexandre-Maurice Blanc La Nautte, comte d'Hauterive). *Paris*, 1826, in-8.

649. Conseils à la jeunesse. Extrait des : « Devoirs des hommes », de Silvio Pellico. Traduit de l'italien (par Louis Poillon). 11e édition, *Lille*, Lefort, 1855, in-18 de 108 pages.

650. Conseils au pouvoir, par un Homme du peuple (Benjamin-Edme-Charles Guérard, de la bibliothèque royale). *Paris*, 1830, br. in-8 de 24 pages.

On promettait une suite qui n'a jamais paru.

651. Conseils (Les) de 1828; politique intérieure (par Nicolas-Louis-Marie Magon, marquis de La Gervaisais). *Paris*, A. Pihan de La Forest, 1829, br. in-8.

652 Conseils (Les) de l'expérience (par Jean-Bernard Brissebarre). *Paris*, novembre 1844, br. in-8.

En vers.

653. Conseils de morale, ou Essais sur l'homme, les mœurs, le caractère, le monde, les femmes, l'éducation, par Mme Guizot, avec une notice sur la vie et les ouvrages de cette dame (par Charles de Rémusat). *Paris*, Pichon, 1828, 2 vol. in-8. Portrait.

654. Conseils d'une mère à ses filles, par W. M***, épouse de J. R. (par le comte Pierre-Louis Rœderer). 1789, in-12.

655. Conseils hygiéniques aux cultivateurs, par un Maire de campagne. *Paris*, imprimerie Duverger, sans date, in-12 de 43 pages.

Cet opuscule, publié vers 1850, est de M. Couverchel, pharmacien à Paris, et alors maire de Groslay, près de Montmorency.

656. Conseils salutaires et avis rimés pour conserver la vie et la santé, par A. L. G. (Auguste Le Gentil), *Paris*, 1805, in-fol.

657. Considérations consciencieuses sur le mariage, avec un éclaircissement des questions agitées jusqu'à présent, touchant l'adultère, la séparation et la polygamie. 1679, in-12.

Ce livre, imprimé par ordre de l'Electeur Charles-Louis comte Palatin, parut en allemand sous le nom emprunté de *Daphnæus Arcuarius*, qui cachait celui de Laurentius Bœger, un des conseillers de ce prince.

Dans l'édition des œuvres de Bossuet (Versailles, 1806, in-8, tome XIX, p. 322, *Histoire des Variations*, livre VI, SUR LES CONCUBINES), on trouve deux actes importants sur cette affaire, qui sont tirés de l'ouvrage mentionné ci-dessus.

658. Considérations générales sur la théorie de l'impôt et des

dettes, formant dans une nouvelle édition l'introduction d'un ouvrage intitulé : « *Notions élémentaires d'économie politique.* » Par le comte d'H*** (Alexandre-Maurice Blanc La Nautte, comte d'Hauterive). *Paris*, Thoisnier-Desplaces, 1825, br. in-8 de 144 pages.

659. Considérations historiques et politiques sur la Russie, l'Autriche et la Prusse, etc. (par N. Aubernon, ex-préfet, et depuis, pair de France). *Paris*, Ponthieu, 1827, in-8.

Une seconde édition, fort augmentée, parut dans le cours de la même année avec le nom de l'auteur.

660. Considérations philosophiques, remarques, observations, anecdotes particulières sur la vie et les ouvrages de Sébastien Bourdon, ancien recteur de l'Académie de peinture, par M. X. A. (Xavier Adger). *Paris*, de Beaussaux, 1818, in-8.

661. Considérations philosophiques sur le christianisme. *Paris*, 1785, in-8.

Nous avons lieu de penser que ce livre, attribué par le savant Barbier à l'abbé Rey, n'est que la réimpression d'un ouvrage que Charles Bonnet publia pour la première fois à Genève, en 1770-1771, sous le titre de : « *Recherches philosophiques sur les preuves du christianisme*, qui se retrouvent dans sa *Palingénésie philosophique.* »

662. Considérations relatives à la dernière révolution de la Belgique, par un Canadien (B. D. Viger, ancien président du Parlement du Canada). 2e édition. *Montréal*, Cinq-Mars, 1842, br. in-8 de 67 pages (Ul. C.).

663. Considérations sur la difficulté de coloniser la régence d'Alger, et sur les résultats probables de cette colonisation, par M. A. (Maurice Allard). *Paris*, Selligue, 1830, br. in-8.

664. Considérations sur la marine française en 1818 et sur les dépenses de ce département, par M. de Boisgenette, ancien employé supérieur et militaire en Hollande, etc. (Alphonse-Louis-Théodore de Moges, capitaine de frégate). *Paris*, Bachelier, 1818, br. in-8 de 160 pages.

665. Considérations sur la Révolution de 1848, au point de vue belge (par Charles Marcellis). *Bruxelles*, Méline, 1848, in-8 (Ul. C.).

666. Considérations sur la situation politique de l'Europe et sur les résultats probables d'une occupation du Bosphore par les Russes, par M. A. (Maurice Allard). *Paris*, J. Tastu, 1828, in-8.

667. Considérations sur le paupérisme et l'émeute, précédées d'un aperçu sur l'état politique et religieux de l'Europe, par *** (l'abbé Pont, supérieur du Petit Séminaire d'Albertville, en Savoie). *Genève*, sans date, in-8.

668. Considérations sur les destinées humaines (par Paul-

Dominique Bonneau). *Paris*, Pihan de la Forest, 1830, in-8.

Ce publiciste a fait paraître sous le même titre plusieurs écrits auxquels il a donné un numéro (tome 1er, 2e, 3e), quelque peu étendue que fût souvent sa brochure.

669. Considérations sur les établissements de charité en général, suivies de quelques réflexions tendantes à améliorer le sort de la classe indigente (par Mme Thérèse-Victoire de Manne). *Paris*, marchands de nouveautés, sans date (1828), in-8.

670. Considérations sur l'intérêt qu'a le gouvernement à maintenir en France une administration forestière spéciale (par P.-J. Fleury, ex-conservateur des forêts à Rouen). *Paris*, Ladvocat, 1818, in-8.

671. Considérations sur l'objet et les avantages d'une collection spéciale consacrée aux cartes géographiques et aux diverses branches de la géographie (par Edme-François Jomard). *Paris*, Duverger, 1831, in-8.

Brochure tirée à un petit nombre d'exemplaires.

672. Considérations sur l'ordre de Cincinnatus, ou Imitation d'un pamphlet anglo-américain, suivies de plusieurs pièces et de la traduction d'un pamphlet du docteur Price sur la Révolution américaine, accompagnées de réflexions et de notes du traducteur, par A. de T. (Ange de Target, avocat et membre de l'Assemblée constituante), et d'une lettre de Turgot. *Londres*, Johnson, 1788, in-8.

On a plusieurs fois dit et imprimé, notamment feu Ginguené, que Chamfort avait pris une grande part à cette publication. Selon Lucas-Montigny, éditeur des *Mémoire de Mirabeau* (tome IV, page 161), « c'est une version totalement dénuée de vérité. »

673. Consolation à ma femme (par Jean Rey, négociant). *Paris*, Crapelet, 1830, br. in-8 de 192 pages.

674. Consolations (Les), poésies (par Charles-Augustin Sainte-Beuve, de l'Académie française). *Paris*, Urbain Canel, 1836, in-18.

675. Consolations (Les) du chrétien à sa dernière heure, ou Recueil de morts édifiantes, par M. B. (Philippe-Irénée Boistel d'Exauvillez), auteur de plusieurs ouvrages nouveaux. 3e édition. *Paris*, Gaume frères, 1830, in-8.

676. Conspirateurs (Les) en Angleterre, 1848-1858, étude historique, par M. Ch. de Bussy (Charles Marchal). *Paris*, Lebigre-Duquesne, 1858, in-18.

677. Conspiration de 1821, ou les Jumeaux de Chevreuse, par M. L. D. D. L. (le duc de Lévis). *Paris*, Charles Gosselin, 1829, 2 vol. in-8.

Une seconde édition a paru quelques mois après en 4 vol. in-12. Le nom de l'auteur est inscrit en toutes lettres sur les couvertures ; les frontispices portent seulement, comme dans la première édition, les initiales indiquées ci-dessus.

678. Constance de Lindenstorff,

ou la Tour Wolfenstad, traduit de l'anglais de miss Sophie Francis, par Mme P*** (Julie Périn). *Paris*, Dentu, 1808, 4 vol. in-12.

679. Constance (La) inimitable, ou les Aventures de Lindor et d'Anacréonte, conte moral, imité de Marmontel, par J.-P.-M.-C. L. *Genève* (Lyon), 1774, in-12 de XIV et 126 pages.

L'épître dédicatoire, adressée à Mme d'Apremont, de Nantua, est signée Le Cl... (LE CLERC.

680. Constantine, ou le Danger des préventions maternelles, par Mme A. M. A. L. C. L. (Lacroix). *Paris*, Dentu, an XI (1803), 3 vol. in-12.

681. Constantinople et la France (par Mlle Ermance Dufau). *Paris*, E. Dentu, 1860, br. in-8.

682. Constitution (La) *Unigenitus*, avec des remarques, etc. (par l'abbé Gudvert, curé de Saint-Pierre-le-Vieil, diocèse de Laon). Sans nom de lieu, 1739, in-12.

683. Consultation ni jésuitique, ni gallicane, ni féodale, en réponse à la consultation rédigée par Me Dupin (par J.-F. Dupont fils et Victor Guichard, avocats). *Paris*, Duverger, 1826, in-8.

684. Contemporaine (La) en Egypte, par Mme Ida de Saint-Elme (Elzélina Van Aylde Jonghe). *Paris*, Ladvocat, 1831, 6 vol. in-8.

685. Contemporains étrangers, ou Recueil iconographique des étrangers les plus célèbres dans la politique, la guerre, etc., etc., depuis 1779 jusqu'à nos jours, dessinés sur pierre, par MM. Mauzaize et Grevedon, publiés par M. Quénot, l'un des éditeurs de la galerie d'Orléans, et Charles Motte. (Chaque portrait est accompagné d'une notice biographique, par M. Paulin Richard, aujourd'hui conservateur à la Bibliothèque impériale). *Paris*, Charles Motte, 1826, in-fol.

686. Conté. Vie, travaux et services de N. J. (Nicolas-Jacques) Conté (par Edme-François Jomard). *Paris*, 1852, gr. in-8.

687. Conte très-vrai, ou Récit historique de l'installation du présidial de Réthel (par Ponce-Louis Monnot, notaire à Réthel). Sans nom de lieu ni indication de date, in-8.

688. Contes à mes fils, traduits de l'allemand de Kotzbüe (par A.-J.-P. Frieswinckel, plus connu sous le nom de Fréville). *Paris*, Béchet, 1818, 2 vol. in-12.

689. Contes aux heures perdues, ou le Recueil de tous les bons mots, réparties, équivoques, etc., non encore imprimés. *Paris*, 1844, 2 vol. in-12.

L'abbé d'Artigny, dans ses *Mémoires*, les attribue à Métel de Bois-Robert, tandis que l'abbé Goujet leur donne pour auteur Antoine Métel d'Ouville.

690. Contes bruns, par Une....

(Tête à l'envers). *Paris*, Urbain Canel, 1832, in-8.

Sur le frontispice, après le mot *Une*..., est une vignette représentant une vieille tête renversée.

Ces contes sont dus à l'association d'Honoré de Balzac, qui a fourni pour sa part, une *Conversation entre onze heures et minuit*, et le *Grand d'Espagne*; de Philarète CHASLES, auteur des *Trois Sœurs*, d'une *Bonne fortune* et de l'*Œil sans paupières*; de Charles Rabou, auteur des *Regrets*, de *Tobias Guarnerius*, de *Sara la danseuse* et du *Ministère public*.

Les deux contes de Balzac ont été plus tard refondus dans ses œuvres. L'*Œil sans paupières* a été reproduit dans les *Portraits et paysages* de Philarète CHASLES.

691. Contes dérobés, par *** (attribués à François-Félix de Nogaret). A *Venise*, chez Pantalon-Phœbus, et à *Paris*, chez Bertrand-Potier, an XI (1803), in-12.

692. Contes de la grand'maman Beschu à ses petits enfants (par Guy-Marie Deplace). *Lyon*, 1815, br. in-8.

Satyre contre Napoléon.

693. Contes de Musœus, traduits de l'allemand (par David-Louis Bourguet). *Paris*, Moutardier, 1826, 5 vol. in-18.

694. Contes de Perrault, dessinés par Gustave Doré, avec une préface, par P.-J. Stahl (Jules Hetzel). *Paris*, Firmin Didot, 1862, in-fol.

695. Contes de Perrault, précédés d'une notice, par J. T. (Jules-Romain Tardieu). *Paris*, Hippolyte Lefebvre, 1864 (1865), in-8.

Avec gravures.

696. Contes de Saint-Santin (par le marquis de Chennevières-Pointel, conservateur du Musée du Luxembourg). *Argentan*, Barbier, 1863, in-8.

697. Contes du bibliophile Jacob à ses petits-enfants (par Paul Lacroix). *Paris*, Louis Janet, 1832, 2 vol. in-12, avec huit vignettes.

698. Contes du Froc et de la Gagoule, par le bibliophile Jacob (le même). *Paris*, Eugène Renduel, 1832, 2 vol. in-8.

699. Contes d'un vieil enfant (par Feuillet de Conches). *Paris*, Librairie Nouvelle, 1859, in-8.

700. Contes en prose, pour les enfants, par Mme Desbordes-Valmore (Marceline-Félicité-Josèphe Lenchantin, née Desbordes). *Paris*, Maison, 1840, in-12.

701. Contes en vers. *Londres*, chez Jean Nourse (Lyon), 1764, in-8.

Cet opuscule, formé de trois contes, ne fut jamais mis dans le commerce. Il eut pour auteur *un nommé* LE RICHE, né à Paris vers 1730, et qui ne s'est fait connaître que comme législateur.

(*Archives du Rhône*.)

702. Contes et causeries, par M. Jacques (Demogeot, professeur de belles-lettres). *Paris*, Hachette, 1862, in-12.

703. Contes et études, bêtes et gens, par J. Stahl (Jules Hetzel). Précédés d'une préface, par M. Louis Ratisbonne. *Paris*, Victor Lecou, 1858, in-18.

704. Contes et nouvelles, par M. Merville (Pierre-François Camus). *Paris*, Gagniard, 1830, 3 vol. in-12.

705. Contes excentriques, par Charles Newil (Adrien-Charles-Alexandre Basset). *Paris*, Hachette, 1854, in-16.

Ce volume fait partie de la *Bibliothèque des Chemins de fer*.

706. Contes moraux et amusants, par M. P. de B. (Person de Bérainville). *Paris*, Tiger, 1814, in-18.

707. Contes normands, par Jean de Falaise, traduits librement par l'Ami Job, 1838-1842 (par le marquis de Chennevières-Pointel). *Caen*, Hasdel, 1842, in-18.

708. Contes nouveaux, sans préface, sans notes et sans prétentions, par un Homme de lettres, auteur de plusieurs ouvrages qui n'ont point eu de succès, et d'une tragédie projetée, dont Mme de G*** a parlé fort avantageusement dans son « Journal imaginaire » (par Antoine-François-Nicolas Maquart). *Paris*, Nozeran, 1814, in-12.

709. Contes populaires, traditions, proverbes et dictons de l'arrondissement de Bayeux, suivis d'un vocabulaire des mots rustiques et des noms de lieux les plus remarquables de ce pays, recueillis et publiés, par F. P. (Frédéric Pluquet). *Caen*, Chalopin, 1825, br. in-8 de 98 pages.

Tirés seulement à 40 exemplaires, numérotés de la main de l'auteur.

710. Contes (Les) Rémois, par M. le comte de C*** (Chevigné). 3e édition. *Paris*, Michel Lévy, 1858, in-18.

711. Conteur (Le) universel, recueil d'histoires et d'anecdotes amusantes, d'épisodes récréatifs, de reparties spirituelles, de bons mots, etc. (par Labrière). *Paris*, Librairie centrale, 1837, in-18.

712. Contrariant (Le), comédie en un acte et en prose, par M. Merville (Pierre-François Camus). *Paris*, 1829, br. in-8.

713. Contrat (Le) Social des Français (par Pierre-Claude-François Daunou). *Paris*, 28 juillet 1789, in-8.

714. Convalescence (La) du vieux conteur, par P. L. Jacob (Paul Lacroix). *Paris*, Louis Janet, 1832, in-12.

715. Conversation sur le Schisme, ou le Schisme considéré dans ses effets religieux et civils (par Philippe-Irénée Boistel d'Exauvillez). *Paris*, Gaume frères, 1833, in-8.

716. Conversations (Les) D. M. D. C. E. D. C. D. M. (du maréchal de Clérambault et du chevalier de Méré), par le chevalier de Méré. *Paris*, Claude Barbin, 1669, in-12.

Il parut en 1671 une nouvelle édition, augmentée d'un « *Discours sur la justesse.* »

Le chevalier de Méré est celui dont l'éloge se trouve dans l'ouvrage intitulé : « *Eloges de quelques Français* » (par l'abbé Joly et autres). Cet éloge est de Jean-Bernard MICHAULT.

717. Conversations sur la physiologie végétale, comprenant les éléments de botanique et leur application à l'agriculture, par l'auteur des « *Conversations sur la chimie* » (Mme Marcet, née Haldimand, femme du célèbre chimiste), traduit de l'anglais, par M. Macaire Princeps. *Paris*, Cherbuliez, 1830, 2 vol. in-12.

Alexandre Marcet, né à Genève en 1770, quitta son pays natal par suite des troubles politiques, et passa en Angleterre en 1797. Il obtint trois ans après des lettres de naturalisation et se consacra désormais tout entier à l'étude et à l'enseignement de la chimie expérimentale.

718. Conversion d'une famille protestante, par Mme Camille L*** (Laisné). *Paris*, 1850, in-12.

719. Copie de Lucien et la métamorphose de Daphné (par le sieur Julien, prévôt de Poissy). *Paris*, Denis Thierry, 1683, in-12.

720. Coppet et Weimar, ou Mme de Staël et la grande duchesse Louise, par l'auteur des : « *Souvenirs de Mme Récamier* » (Mme veuve Charles Lenormant). *Paris*, Michel Lévy, 1862, in-12.

721. Corbeille (La) de fleurs (démence de Mlle de Panor, en son nom Rozadelle de Saint-Ophèle ; suivie d'un conte de fées, d'un fragment d'Antiquès, etc.). Par l'auteur de : « *l'Histoire de la baronne d'Alvigny, ou la Joueuse.* » (Mme Mérard de Saint-Just, née Anne-Jeanne-Félicité d'Ormoy). *Paris*, 1796, in-18.

Edition tirée à 25 exemplaires, tous sur papier vélin.

722. Corbeille (La) de fleurs, par Mme la comtesse de Bassanville (Mlle Anaïs Lebrun). *Paris*, Deserres, 1848, in-8.

723. Corisandre de Mauléon, ou le Béarn au quinzième siècle, par Mme D***, auteur de : « *Nathalie* » (Mme Charles de Montpezat). *Paris*, Barba, 1835, 2 vol. in-8.

724. Corniphonie (La), ou les Femmes dans le délire, par J.-L. Méséthos (Théodore-P. Bastins). *Paris*, 1830, petit in-12.

725. Coronis, pastorale héroïque (par Daniel-Paul Chappuzeau de Baugé). *Paris*, Ballard, 1691, in-4.

726. Corporations (Les) monastiques au sein du protestantisme (par la comtesse Agénor de Gasparin, née Valérie Boissier). *Paris*, Charles Meyrueis, et Cie, 1855, 2 vol. in-8.

727. Corrections intéressantes, utiles et nécessaires au nobiliaire des Pays-Bas et du comté de Bourgogne, et Suppléments avec des augmentations considérables. *Vanitas non est asserere veritatem. Liége*, 1780, in-12.

Attribué à DUMONT, official à la Chambre des comptes des Pays-Bas. Cet ouvrage clot la série des publications auxquelles a donné lieu le *Nobiliaire* de Vegiano.

728. Correspondance artistique du journal la *Meuse*, par J. H. (Jules Helbig). Iʳᵉ partie. *Liége*, Carmanne, 1855, in-8 (Ul. C.).

729. Correspondance de deux amis (Bélanger et Joachim Dupont). *Paris*, Leblanc, 1823, in-12.

Tiré à cinquante exemplaires seulement, aux frais de Mᵐᵉ Dupont, comme un gage de tendresse pour la mémoire de son fils, mort à vingt ans.

La personne qui est désignée sous le prénom d'*Alexandre*, et par l'initiale *D*, est le fils de feu M. Duchesne aîné, ancien conservateur du département des estampes de la Bibliothèque du Roi.

730. Correspondance de deux jeunes militaires, ou Mémoires du marquis de Lusigny et d'Hortense de Saint-Just (par Jean-François de Bourgoing, depuis ambassadeur en Espagne, et Louis-Alexandre Musset-Pathay, marquis de Cogners). *Paris*, 1777, in-12.

Ce livre a eu plusieurs éditions; l'une a été faite à Londres, en 1792, sous le titre de: « *Les Amours d'un jeune militaire, et Sa correspondance avec Mˡˡᵉ de Saint-Just.* » 2 vol. in-12.

731. Correspondance inédite de Grimm et Diderot; Recueil de lettres, poésies, morceaux et fragments retranchés par la censure impériale, en 1812 et 1813. In-8.

Ce volume, qui fait suite à l'édition de la *Correspondance*, en 15 vol. in-8, imprimée à Paris, a été publié en 1839, chez Fournier, par Luglien-François THORY, premier employé du département des imprimés de la Bibliothèque du Roi.

732. Correspondance inédite et secrète du docteur B. Francklin, ministre plénipotentiaire des Etats-Unis d'Amérique près la Cour de France, depuis l'année 1753 jusqu'en 1790, etc., etc. Publiée, pour la première fois en France, avec des notes, additions, etc. (par Charles Malo). *Paris*, Janet, 1817, 2 vol. in-8.

733. Correspondance littéraire du journal la *Meuse*, par E. W. (Edouard Wacken). 1856-1857. *Liége*, Carmanne, 1857, in-8 (Ul. C.).

734. Coup-d'œil autour de moi, par J.-Fr. B... (Jean-François Barthelot). *Paris*, Desenne, an XII (1804), in-12.

735. Coup-d'œil historique et statistique sur l'état passé et présent de l'Irlande, sous le rapport de son gouvernement, de sa religion, de son agriculture, de son commerce et de son industrie, par C.-H. M. D. C. Charles-Hippolyte Maillard de Chambure). *Paris*, Montgie, 1828, br. in-8 de 96 pages.

736. Coup-d'œil rapide sur les mœurs, les lois, les contributions, les secours publics, les sociétés politiques, les cultes, les théâtres, etc., dans leurs rapports avec le gouvernement représentatif, etc. *Grenoble*, Cadou et David, an VI (1798), br. in-8 de 94 pages.

Opuscule attribué à FRANÇAIS DE NANTES, par

les auteurs de l'ouvrage intitulé : « *Mélanges biographiques et bibliographiques relatifs à l'histoire du Dauphiné,* » par MM. Colomb de Batines et Olivier Jules. *Valence* et *Paris*, 1837, t. 1er in-8.

737. Coup-d'œil sur Belœil et sur une grande partie des jardins de l'Europe, par le prince Charles de... (Ligne). Nouvelle édition, revue, corrigée et augmentée par l'auteur, avec cette épigraphe :

« ... Sit meæ sedes utinàm senectæ !
Sit modus lasso maris, et viarum,
Militiæque ! »
(Horace. Ode à Septimus, livre II.)

A Belœil, et se trouve à Bruxelles, chez François Hayez, imprimeur-libraire, *Hauterue,* 1786, in-8 de 204 pages.

738. Coup-d'œil sur la révolution des Pays-Bas. Sans nom de lieu (Givet), 1792, in-8.

Cet ouvrage est des deux ex-jésuites, les abbés Pierre LAMBINET et Mathieu-Joseph JACQUES. Le *Coup-d'œil* est du premier, et les *Portraits* du second.

739. Coup-d'œil sur l'exposé des motifs et le projet de loi relatif à la mine de sel gemme (par Nicolas-Louis-Marie Magon, marquis de la Gervaisais). *Paris*, A. Egron et Ponthieu, 1825, br. in-8 de 16 pages.

740. Coup-d'œil sur le congrès d'Ems (par F. X. de Feller). Dusseldorf, Kaufmann (*Liége*), 1787, in-8 (Ul. C.).

741. Coup-d'œil sur le gouvernement absolu, par M. Giacobi, avocat. *Paris*, Montgie, 1827, br. in-8 de 16 pages.

Cette brochure a pour véritable auteur l'archiprêtre Charles-Antoine-Marie PEZZI.

742. Coup-d'œil sur le gouvernement des Pays-Bas en 1829. *Bruxelles*, Louis Tencé, 1829, br. in-8 de 79 pages.

Cette brochure, qui porte le nom de Henri HABERGHEN, a été composée à l'instigation de celui-ci, par Charles FROMENT.

743. Coup-d'œil sur l'histoire et la constitution du pays de Liége, sur ses démêlés en 1786 (par Joseph-Etienne de Wasseige, trésorier de Liége, etc.) *Liége*, 1786, br. in-8 de 55 pages.

Brochure extrêmement rare, qui fut publiée à l'occasion du privilége exclusif que le gouvernement avait accordé de jouer à Spa les jeux de hasard à deux sociétés, lorsqu'une société rivale vint réclamer le même droit et essuya un refus de la part du prince. WASSEIGE prit la plume pour défendre les droits de celui-ci, dont il était l'ami.

744. Coup de pistolet chargé à poudre, dialogue entre un vieux classique et un jeune romantique, par l'Ermite en Russie (Emile Dupré de St-Maur). *Paris*, Dentu, 1829, br. in-8 de 16 pages.

En vers.

745. Coups (Les) de brosse. Chansons politiques sur le précédent et le nouveau système. Contes et autres pièces légères (par Marie aîné). *Paris*, chez l'auteur, 1832, in-8.

Ce recueil avait déjà paru sous un autre titre. Voir le n° 524.

746. Coups (Les) de l'amour et de la fortune, tragi-comédie, dédiée à Son Altesse de Guise (attribuée à Quinault). *Paris*,

Guillaume de Luynes, sans date (1655), in-4.

Il existe une autre édition in-12 de 1660.

Le sujet de cette pièce est pris, selon les uns, d'une comédie italienne, intitulée: *Il credito matto*; selon M. de la Monnoye, elle est imitée d'une comédie de don Antonio de Solis, qui a pour titre: « Le *Triomphe d'amour et de fortune*. »

Quoi qu'il en soit, cette pièce, que l'on attribue à QUINAULT, n'est pas de lui, mais bien de SCARRON, du moins en partie. On n'a, pour s'en convaincre, qu'à consulter la préface placée à la tête de ses *Nouvelles tragi-comiques*, édition de Paris, 1656. Voici, à peu près, ce qu'il y dit: « Le sujet des *Coups d'amour et de fortune* est dû à Mlle de BEAUCHATEAU (comédienne). C'est M. Tristan qui a fait les quatre premiers actes, et c'est moi qui ai fait le dernier, à la prière des comédiens qui me le firent faire, parce que M. de Tristan se mourait. » Et plus bas il ajoute: « J'ai encore par devers moi le brouillon de Mlle de Beauchâteau et le mien. »

(Note extraite de la *Bibliothèque des théâtres*, par Maupoint.)

747. Couplets chantés le 15 août, à la fête donnée par M. le sénateur Rœderer, pour l'anniversaire de la naissance de l'Empereur (par le comte Pierre-Louis Rœderer). (Alençon), sans lieu ni date (an XII, 1805), in-8.

Non réimprimés dans les Œuvres complètes de l'auteur.

748. Couplets dédiés à nos braves de la Grande-Armée (par Méguin). (*Paris*, 1805), pièce in-4.

749. Cour (La) à Compiègne. Confidences d'un Valet de chambre (par M. Paul d'Hormois). *Paris*, E. Dentu, 1866, in-12.

750. Cour (La) de Blanche, fleurs d'hiver, par V. C. (Victorine Collin), des Gimées. *Paris*, Roret, 1839, in-18.

751. Cour (La) de Marie de Médicis (par Anaïs Bazin de Roucou). *Paris*, Al. Mesnier, 1830, in-8.

752. Courrier (Le) des chambres, publié par numéros (par le sieur Gadois, qui ne s'est fait connaître, dans sa déclaration à la direction de la librairie, que sous le nom de Saint-Aulaire). *Paris*, Plancher, 1817, in-8.

753. Courrier (Le) des Salons, ou l'Ami des beaux-arts (par Joseph-François Grille). *Paris*, Delaunay, 1818-1819, in-8.

Il n'a paru que 20 numéros.

754. Cours abrégé de rhétorique et de belles-lettres, de Hugues Blair, etc. Traduit sur la 6e édition de Londres, par S. P. H. (Horlode). *Paris*, Johanneau, 1825, in-18.

755. Cours d'histoire, contenant l'Histoire-Sainte, divisée en huit époques; l'Histoire de France, ou précis sur cette histoire, etc., par L. C. et F. P. B. (Louis-Claude Constantin et frère Philippe Bransiet). 5e édition. *Paris*, Moronval et Cie, 1835, in-12.

756. Cours d'histoire, à l'usage de la jeunesse (par le Père Jean-Nicolas Loriquet, jésuite). *Lyon*, Rusand, 1826, 6 vol. in-16.

L'esprit de parti a longtemps reproché au Père Loriquet une expression de son *Histoire de France*, édition de 1814, celle d'avoir appelé

Napoléon le marquis de Bonaparte, dont il avait fait le lieutenant-général du Roi. C'est tout simplement une absurdité qu'on a prêtée au célèbre jésuite. Nous connaissons un libraire auquel un bibliophile avait promis, en 1848, 500 francs, s'il parvenait à lui trouver un exemplaire de cet ouvrage, édition de 1814, avec cette absurdité; mais il la cherche encore.

(Quérard, *France littéraire*, t. xi).

Ajoutons que cette question a donné lieu, dans l'*Intermédiaire*, à une polémique d'où résulte la confirmation de l'opinion émise par Quérard à ce sujet.

757. Cours *élémentaire de géographie* ancienne et moderne de l'abbé Pierron, par L. D. V. (Louis de Villy), à l'usage des colléges. *Metz*, 1824, in-12.

758. Cours élémentaire d'histoire naturelle, rédigé sur un nouveau plan, ou Lettres de Mme d'Ivry à sa fille, par Mlle M. de B. (Mélanie de Boileau). *Paris*, Dentu, 1809, 10 vol. in-12.

759. Cours élémentaire de prononciation, de lecture à haute voix et de récitation, d'après les auteurs les plus estimés, par un Professeur (Frédéric Hennebert). *Tournay*, Renard-Dosson, in-12.

760. Cours révolutionnaire sur la plupart des principales sciences, par D*** (Durau, médecin à Saint-Girons, Arriège). Vendémiaire, an viii, br. in-8 de 12 pages.

761. Courtes observations à la Revue démocratique, au sujet de son article : « Coup-d'œil sur quelques doctrines sociales, » par un Ancien élève de l'Université catholique. *Bruxelles*, 1846, in-8 de 12 pages.

L'auteur de cet opuscule est M. Louis de Fré, avocat à la Cour d'appel de Bruxelles.

762. Courtes observations sur les congrégations, les missionnaires, les jésuites et les trois discours de Mgr l'Evêque d'Hermopolis, par M. S*** (Salgues). *Paris*, Dentu, 1829, in-8.

763. Courtisanes (Les) devenues saintes, étude historique, par Charles de Bussy (Charles Marchal). *Paris*, Duquesne frères, 1858, in-32.

764. Coutumes générales du bailliage de Bassigny (par Nammès Collin). 1607, in-12.

765. Coutumes, mythes et traditions des provinces de France, par Alfred de Nore (le marquis Louis-Pierre-François-Adolphe de Chesnel de la Charbouclais). *Lyon* et *Paris*, Périsse, 1846, in-8.

766. Couvent (Le) de Baïano, chronique du seizième siècle, extraite des archives de Naples, et traduite littéralement de l'italien, par J. C. O... ; précédé de recherches sur les couvents au seizième siècle, par P. L. Jacob (Paul Lacroix), bibliophile, auteur des « *Soirées de Walter Scott.* » *Paris*, H. Fournier jeune, 1829, in-8.

Ces *recherches* ont été tirées à part et réimprimées dans un autre livre du même, intitulé : « *Mon grand Fauteuil.* » Voir ces mots.

767. Couvent (Le) de los Ayudos, par Jean-Pierre, auteur

de *La Fille bleue et l'Archevêque* » (Marie Aycard). *Paris*, Thoisnier-Desplaces, 1833, 4 vol. in-12.

768. Couvent (Le) des Carmes sous la Révolution, par E. Loudun (Eugène Balleyguier). *Paris*, 1845, in-12.

769. Crac! Pchcht! Baound! ou le Manteau d'un sous-lieutenant. Réalités hyperdrolatiques et posthumes, écrites par Pungo, Sapajou et Houhou, sous la dictée d'Auguste Jeancour (attribué à Ajasson de Grandsagne). *Paris*, Eugène Renduel, 1832, 2 vol. in-8.

Ajasson de Grandsagne a passé à tort pour être l'auteur de cet ouvrage; il n'en a été que le réviseur. *Il est en grande partie, sinon en totalité*, l'œuvre de M. Eugène PIROLLE.

770. Crapaud (Le), histoire espagnole. 1823 (par Félix Davin). *Paris*, sans date (1832), 2 vol. in-8.

771. Création (La) d'Eve, conte moral et philosophique, par P.-C.-G. P. (Patry). Au Jardin d'Eden, l'an de la création. *Paris*, Renouard, 1806, in-12.

C'est par erreur que Barbier, et d'après lui Quérard, ont donné à l'auteur le nom de PATRIS et assigné la date de 1808 à la publication de ce volume. Quérard a fait depuis la rectification dans le tome XI de sa *France littéraire*.

772. Cri (Le) de la douleur, ou Journée du 20 juin, par l'auteur du *Domine Salvum fac regem*, etc. (Jean-Constant Peltier). *Paris*, Senneville, 1792, br. in-8 de 31 pages.

773. Cri (Le) de la France, sur la mort de Bonaparte (par Grand). *Paris*, Brasseur, 1821, in-8.

774. Cri (Le) de l'honneur, ou un Jeune volontaire à ses concitoyens (par Jean-François Deprez). *Liége*, Desoer, 1801, br. in-8.

On trouve quelquefois le nom écrit DESPREZ. (Ul. C.).

775. Cris de guerre et devises des Etats de l'Europe, des provinces et des villes de France, des familles nobles de France, d'Angleterre et de Belgique, etc., par le comte de C*** (Cohen). *Paris*, Auguste Vaton, 1853, in-8.

776. Cri (Le) public (par le comte Charles-Léopold de Belderbusch). Sans date (1815), br. in-8.

777. Crimes (Les) de la presse, considérés comme générateurs de tous les autres; dédié aux souverain de la sainte alliance, avec cette épigraphe :

... Cet esprit de vertige et d'erreur,
De la chute des rois funeste avant-coureur !
(ATHALIE).

(par Antoine Madrolle). *Paris*, Potey, 1825, in-8.

778. Crimes (Les) des reines de France, depuis le commencement de la monarchie jusqu'à Marie-Antoinette (par Louise Félicité Guinement de Kéralio). Nouvelle édition, corrigée et augmentée. *Paris*, au bu-

reau des Révolutions, 1791, in-8, fig.

Réimprimé à Neufchâtel en 1792, in-12; et à Paris, avec additions, an II (1793).

Mme Félicité Guinement de Kéralio, née à Paris, en 1758, est morte à Bruxelles, en 1821.

779. Crise (La) de l'Europe, ou Pensées sur le système que les différentes puissances de l'Europe et en partie la neutralité armée, devraient suivre dans la conjecture présente (par le chevalier Nebster). Traduit de l'anglais. 1783, in-12 de 59 pages.

780. Croix (La), ou la Mort, discours aux évêques qui ont assisté au dernier concile œcuménique de Rome (Pentecôte de 1862), par le baron de Pontan (de Ponnat). A. M. D. G. Suivi du catéchisme romain, par de Potter. *Bruxelles*, H. Tarlier, 1862, in-8.

781. Croix (La) et la Lyre, par Mme d'Altenheim (Beuvain, née Gabrielle Soumet). *Paris*, Ducrocq, 1858, in-18.

782. Cuisinière (La) de la campagne et de la ville, etc., par M. L.-E. A. (Audot père, libraire). 11e édition. *Paris*, Audot fils, 1832, in-12.

783. Curé (Le) de Saint-Louis, ou M. Marie-Apollon Deplace (attribué à l'abbé Lacroix, prêtre habitué de cette paroisse). *Lyon*, Périsse, 1850, in-18.

784. Curiosités de l'histoire de France. Procès célèbres, par P. L. Jacob, bibliophile (Paul Lacroix). *Paris*, A. Delahays, 1858, in-12.

785. Curiosités de l'histoire du vieux Paris, par P. L. Jacob, bibliophile (le même). *Paris*, A. Delahays, 1858, in-12.

786. Curiosités des sciences occultes, par P. L. Jacob, bibliophile (le même). *Paris*, A. Delahays, 1862, in-12.

787. Curiosités et anecdotes littéraires, par M. Valery (Antoine-Claude Pasquin). *Paris*, Amyot, 1842, in-12.

788. Curiosités littéraires concernant la province de Normandie (par Frédéric Pluquet). *Caen*, Chalopin. 1827, in-8 de 52 pages.

789. Cyrus triomphant, ou la Fureur d'Astyages, roi de Méde, tragédie (par Pierre Mainfray). *Rouen*, Raphaël Dupetitval, 1518, in-18.

790. Cynégétiques (Les) Français, ou l'Ecole du chasseur, poëme en quatre chants, par D. D. (Decombes Des Morelles, magistrat). *Paris*, Egron, 1821, in-8.

D

791. Dallinval, comédie (par Marotte, conseiller de préfecture du département de la Somme). *Paris*, 1815, br. in-8.

792. Dame (La) de Saint-Bris, chronique du temps de la Ligue, 1587, par Mortonval (Alexandre-Furcy Guesdon). *Paris*, Ambroise Dupont, 1827, 4 vol. in-12.

Il y a eu, dans la même année, une seconde édition.

793. Dame (La) du Louvre, drame en cinq actes, par M. Lacqueyrie (Jean-Baptiste Pélissier). *Paris*, 1832, br. in-8.

794. Danger (Le) de la philosophie actuelle, ou l'Utilité de la religion chrétienne et d'une probité constante (par Garnier-Deschesnes). *Paris*, 1797, br. in-8 de 37 pages.

Cet estimable notaire de Paris a laissé plusieurs ouvrages utiles, entre autres : « *La coutume de Paris,* » mise en vers ; ce qui a peut-être donné plus tard l'idée de rimer le Code civil.

795. Danger (Le) de la Satire, ou la Vie de Nicolo Franco, poète satirique italien. *Paris*, de Bure, 1778, in-12.

Ce roman historique, dont l'auteur est resté inconnu au savant Barbier, ne serait-il pas de l'abbé DE SANCY, qui a signé l'approbation placée à la fin du volume?

796. Dangers (Les) de la coquetterie, par L.-D. E. (Louis-Damiens Eméric). *Paris*, an IX (1801), pièce in-8 de 16 pages.

797. Dangers (Les) de l'impunité (par le baron de Rouvrou, maréchal de camp). *Paris*, A. Pihan de la Forest, 1827, in-8.

798. Danse (La) Macabre, histoire fantastique du quinzième siècle, par P. L. Jacob (Paul Lacroix), bibliophile, membre de toutes les académies. *Paris*, Eug. Renduel, 1832, in-8.

799. Daphnis et Alcimadure, pastorale languedocienne (par Mondonville). *Paris*, Balland, 1764, in-4.

800. Daphnis et Chloé, ou les pastorales de Longus, traduites du grec par J. Amyot, nouvelle édition, revue, corrigée et complétée, précédée d'une lettre écrite par M. C. G. de L. Claude-Xavier Giraud, de l'Institut). *Paris*, Leclère, 1863, in-8.

801. David et Bethsabée, tragédie en cinq actes et en vers, par M. l'abbé *** (Petit, curé de Montchauvet, en Normandie). *Londres*, aux dépens de la Société, 1754, in-12.

Ridicule et rare. (Cat. Soleinne, n° 1966.)

802. De Bruxelles à Constantinople, par un Touriste flamand

(René Spitaels). *Bruxelles*, 1841, in-12.

803. De Lyon à Seyssel, Guide historique et pittoresque du voyageur en chemin de fer. Promenades dans l'Ain, par un Dauphinois (le comte E. de Quinsonnas). *Lyon*, Louis Perrin, 1858, in-8 de v et 784 p.

804. De Paris à Baden. Voyage d'un étudiant et ses suites variées, par P.-J. Stahl (Jules Hetzel). *Bruxelles*, Méline, Cans et Cie, 1860, 1 vol. in-16 de vi et 248 pages.

805. De Paris à Meaux, par Charles de Sainte-Hélène (Jules Pety de Rosen, ancien président de la Société scientifique et littéraire de Limbourg). *Liége*, Carmanne, 1853, in-8 (Ul. C.).

806. De Paris à Varsovie, par Francfort-sur-le-Mein, Leipsick, Berlin et Thom; de Varsovie à Trieste, journal (par Charles-Gaspard Poirson). *Paris*, Dondey-Dupré, 1827, 1 vol. gr. in-8.

Tiré à 20 exemplaires.

Ch.-G. Poirson, plus connu sous le nom de Delestre-Poirson, comme auteur dramatique, né à Paris, le 22 août 1790, y est mort le 21 novembre 1859.

807. De vetere divi Martini templo. L'Ancienne église de Saint-Martin. Par R. de B. (Raoul de Belbeuf, auditeur au Conseil d'Etat). *Rouen*, 1858, br. in-8.

808. De l'abolition de la peine de mort (par le baron Joseph-Marie Degérando). *Paris*, Crapelet, 1825, br. in-8 de 70 pag.

809. De l'absolution donnée à l'article de la mort, par un prêtre schismatique et constitutionnel (par l'abbé Guillaume-André-René Baston). *Munster*, 1792, in-8.

810. De l'abstinence des aliments, sous le rapport de la santé, etc. Ouvrage aussi utile aux gens du monde qu'aux médecins, par C. G. D. M. (César Gardeton, docteur-médecin). *Paris*, Guilleminet, 1821, in-8.

811. De l'abus des jeux de hasard mis en ferme et de l'avantage de les mettre en régie désintéressée, par C. B. (Charles Bouvard). *Paris*, Montgie jeune, 1818, br. in-8 de 48 pages.

812. De l'Académie française, establie pour la correction et l'embellissement du langage. Discours tiré des écrits de M. C. S. (Charles Sorel). *Paris*, Guillaume de Luynes, 1654, in-12.

813. De l'Acéphalocratie, ou le Gouvernement fédératif démontré le meilleur de tous (par Billaud-Varennes, membre de la Convention). 1791, in-8.

On lit dans la *Revue rétrospective*, série IIe, t. XI, page 463, une anecdote assez curieuse, relative à l'incident qui révéla Billaud-Varennes comme étant l'auteur de cette brochure.

814. De l'Afrique et des chevaliers hospitaliers de Saint-Jean-de-Jérusalem, par L. C. P. D. V. (le comte P. de Vaudreuil).

Paris, A. Egron, 1818, br. in-8 de 96 pages.

815. De l'amélioration du commerce (par Foache). 1788, in-4.

816. De l'amour des femmes pour les sots (par Victor Héneaux). Nouvelle édition. *Liége*, Renard, 1858, in-18 (Ul. C.).

817. De l'amour des sots pour les femmes d'esprit, causeries par Mme la douairière d'Avroy (par Joseph Demoulin). *Liége*, Renard, 1858, in-18.

818. De l'aristocratie et de la démocratie; de l'importance du travail et de la richesse mobilière, par Aug... B... (Auguste Brunet). *Paris*, Delaunay, 1819, in-8.

Aug. Brunet était né, vers 1789, à Saint-Pater, près d'Alençon.

819. De l'appel comme d'abus, son origine, ses progrès et son état présent, suivi d'un écrit sur l'usage et l'abus des opinions controversées entre les gallicans et les ultramontains, par Mgr l'archevêque de Paris (Denis-Auguste Affre). *Paris*, Leclère, 1845, in-8.

820. De l'Asie, ou Considérations religieuses, philosophiques et littéraires sur l'Asie, par Mme V. de C*** (Victorine de Chastenay-Lanty). *Paris*, J. Renouard, 1832, 4 vol. in-12.

821. De l'Aurigie, ou Méthode pour choisir, dresser et conduire les chevaux de carrosse, de cabriolet et de chaise; suivie d'un nobiliaire équestre, etc., par M. le chevalier H*** (Hozier), ancien élève du manége royal. *Paris*, Dondey-Dupré, 1819, in-8.

822. De l'avenir des idées impériales (par N. Cavel). *Paris*, 1840, in-8.

823. De la Belgique au 17 mars 1849, par un Electeur (Charles de Chênedollé). *Bruxelles* et *Liége*, 1841, in-8 (Ul. C.).

824. De la Belgique, en cas de guerre (par François-Charles-Joseph Grandgagnage). *Bruxelles*, 1846, in-8 (Ul. C.).

825. De la captivité de Mme la duchesse de Berry (par Nicolas-L.-Marie Magon, marquis de la Gervaisais). *Paris*, A. Pihan de la Forest, 1833, in-8.

Chacun des opuscules, au nombre de *neuf*, qui composent cette publication, a sa pagination particulière.

826. De la cavalerie en France (par le général Amédée-Théodore Davésiès de Pontès). *Batignolles*, Desrez, 1840, br. in-8 de 56 pages.

Cette brochure n'a pas été mise dans le commerce.

827. De la collection géographique créée à la Bibliothèque royale. Examen de ce qu'on a fait et de ce qui reste à faire pour compléter cette collection et la rendre digne de la France (par Edme-François Jomard). *Paris*, E. Duverger, janvier 1848, br. in-8 de 104 pages.

828. De la colonisation et des institutions civiles en Algérie, par le comte G.-R. de R. B. (Gaston-Raoul de Raousset-Boulbon), colon algérien. *Paris*, Dauvin et Fontaine, 1847, br. in-8 de 65 pages.

829. De la connaissance du tempérament, 5e édition, revue, corrigée et augmentée, par le docteur D*** (Delacroix). *Paris*, Chassaignon, 1828, in-8.

830. De la Constitution et de la Chambre des Pairs, par Blondet, auteur de : « *Le roi règne et ne peut gouverner* » (Louis-François L'Héritier, de l'Ain). *Paris*, Ledoyen, 1842, br. in-8 de 48 pages.

831. De la décadence des théâtres (par Victor Mangin). *Nantes*, veuve Mangin et W. Basseuil, 1838, br. in-8.

832. De la découverte d'un prétendu cimetière mérovingien à la chapelle Saint-Eloy (Eure), par M. Charles Lenormant. Rapports faits à la Société d'agriculture, sciences, arts et belles-lettres du département de l'Eure, et publiés par son ordre (par le marquis B.-Ernest Porret de Blosseville). *Evreux*, Le Héricy, 1858, in-8 de 75 pages, avec planches.

833. De la démocratie au point de vue catholique, par un Professeur du séminaire de Langres (l'abbé Léon Godard). 1861, br. in-8.

834. De la domination française en Afrique et des principales questions que fait naître l'occupation de ce pays (par M. Raynal, intendant militaire). *Paris*, Dondey-Dupré, 1832, in-8.

835. De l'état actuel des Pays-Bas et des moyens de l'améliorer (par Van der Straaten). *Bruxelles*, 1819-1820, 3 parties en deux volumes in-8.

836. De l'état des beaux-arts à Liége. L'Académie des beaux-arts et l'étude industrielle (par H. Larmoyer, avocat). *Liége*, Redouté, 1858, in-8 (Ul. C.).

837. De l'état moral et politique de l'Europe en 1832, par l'auteur de : « La Revue politique de l'Europe en 1825 (par Pierre-François-Xavier Bourguignon d'Herbigny). *Paris*, Ladvocat, 1832, br. in-8 de 96 pages.

838. De l'expression dans les arts et particulièrement dans la musique (par Laurent-Emile Renard). *Liége*, 1843, br. in-8.

839. De la facilité et de l'introduction en France de la culture en grand du coton, du café, et notamment de la canne à sucre, ainsi que de plusieurs autres plantes des tropiques, par un Propriétaire qui a habité pendant douze ans les Antilles (Antoine-Joseph Rey de Morande). Août 1830, br. in-8 de 89 pages.

840. De la grêle et du tonnerre, par Saint-Agobard (traduit avec le texte en regard, par An-

toine Péricaud l'aîné). *Lyon*, Ronet et Sibuet, 1841, in-8.

L'avertissement est signé : *Secula nudo pristina*, anagramme d'*Antonius Pericaldus*.

841. De la grosse et de la petite marine, ou Rivière de Seine, entre Rouen et Paris, par B. D. H. (André Borel d'Hauterive). *Paris*, Selligue, 1832, in-4.

842. De l'immoralité du remboursement (par Nicolas-Louis-Marie Magon, m[is] de La Gervaisais). *Paris*, A. Egron, mai 1824, br. in-8 de 32 pages.

843. De l'impôt sur les sels, dans l'intérêt de la production (par le même). *Paris*, A. Pihan de la Forest, 1828, in-8.

Cette brochure a été publiée en trois parties distinctes, ayant chacune leur pagination ; en tout 128 pages.

844. De l'indépendance et du salut de la patrie, situation de la France au 30 juin 1815 (par Marc-Antoine Jullien, sous-inspecteur aux revues). *Paris*, 1815, br. in-8 de 50 pages.

845. De l'indépendance nationale, au point de vue catholique. Lettre à M. J. Malou, membre de la Chambre des Représentants, par Joseph Boniface (par Louis de Fré). *Bruxelles*, 1853, in-12.

Cet opuscule a eu deux éditions dans la même année.

846. De l'influence de la forme des gouvernements sur les nations (par le comte Sigismond Ehrenreich de Redern). *Bruxelles*, 1827, br. in-8.

Le comte de Redern a publié, en 1835, mais sous son nom, un ouvrage très-remarquable, intitulé : « *Considérations sur la nature de l'homme.* »

847. De l'influence de la religion pour la gloire et la fidélité des peuples (par J.-J.-G. Monin, ancien militaire). *Paris*, 1802, in-8.

848. De l'influence des irrigations dans le midi de la France, par P. C. (Pierre Cazeaux), ancien ingénieur au service de l'Etat. Seconde édition revue et augmentée. *Paris*, Ledoyen, 1841, br. in-8 de 74 pages.

La première édition date du commencement de la même année.

849. De l'influence des mœurs sur les spectacles, par T. D. (Théophile Marion Du Mersan). Articles, au nombre de deux, insérés dans les *Petites Affiches* de Babié, et réimprimés dans le *Journal des Arts, des Sciences*, etc., rédigé par Dusaulchoy, et tiré à part à trois exemplaires seulement. 2 pages in-8.

Des pièces-anecdotes, deux articles par le même, font suite aux deux ci-dessus mentionnés. Le premier, signé des initiales T. D. ; et le second, T. Du Mersan. 2 pages in-8.

850. De l'institution du Jury, par rapport à la Suisse (par Hangard). *Lausanne*, 1819, in-18.

851. De l'*instruction publique* en Belgique, ou Réponse d'un catholique *constitutionnel* à l'ouvrage publié par Mgr l'évêque de Liége (R.-A.-C. Van Bommel), sous le titre de : « *Vrais principes de l'instruction*, etc. » Par Eustache Lefranc (Laurent-Emile Renard). *Liége*, Collardin, 1840, in-8 (Ul. C.).

852. De l'intervention armée et de l'état présent de l'Europe. Considérations politiques par M. de L*** (Lincisa, ancien sous-préfet de Gênes). *Paris*, Treuttell et Würtz, 1840, br. in-8 de 147 pages.

853. De l'intervention du pouvoir dans les élections (par Gustave de Beaumont). Sans date, br. in-8 de 73 pages.

854. De l'inviolabilité de la propriété (par Lazare Augé). *Paris*, E. Dentu, 1857, in-12.

855. De la juridiction épiscopale, à l'occasion d'un écrit de feu M. le comte de Lanjuinais (par Louis-François Jauffret, maître des requêtes). *Toulouse*, Tislet, 1821, in-8, br. de 16 pages.

856. De la justice de prévoyance (par Edouard Ducpétiaux, inspecteur des prisons et des établissements de bienfaisance). *Bruxelles*, 1827, br. in-8.

857. De la justice du pseudonyme (par le même). *Bruxelles*, 1827, br. in-8.

858. De la langue flamande, son passé et son avenir, par Van Den Hove (V.-H.-J. Delcourt, président du tribunal de 1re instance). *Bruxelles* et *Leipsig*, 1844, in-8.

Excellent travail historique, littéraire et linguistique.

859. De la liberté individuelle des pauvres gens, par un Magistrat (Alexandre-Jacques-Denis Gaschon de Molènes, procureur du roi, à Auxerre). *Avalon*, 1829, br. in-8 de 56 pages.

860. De la liberté de l'enseignement et des moyens de rendre l'éducation nationale. Mémoire adressé au ministre de l'instruction publique et des cultes, le 2 novembre 1830, précédé de la réponse du ministre, par G.-F. P*** (Guillaume-François Pardonne, maître de pension, à Reims). *Paris*, Delaunay, 1831, br. in-8 de 23 p.

861. De la malice des choses, par Arthur de Gravillon (Arthur-Antoine-Alphonse Péricaud). *Paris*, Poulet-Malassis, 1862, in-12.

Gravillon n'est pas, à la rigueur, un pseudonyme, puisque c'est le nom que portait l'aïeul maternel de l'auteur, Valleton de Gravillon, tombé sous la hache révolutionnaire en décembre 1793.

862. De la mélopée chez les anciens et de la mélopée chez les modernes (par Claude-Philibert Cocqueau). *Paris*, 1779, in-8.

Ce qu'il y eut de singulier dans la publication de cet opuscule qui parut, ainsi qu'un autre du même auteur (Entretien sur l'état actuel de l'opéra. *Paris*, Esprit, 1779, in-8), à l'époque de la grande querelle musicale des *Gluckistes* et des *Piccinnistes*, c'est qu'il fut composé par un élève en architecture. Aussi la surprise fut-elle générale, *quand on connut la qualité de l'auteur*. Dans cette brochure écrite avec passion, Gluck est dénigré, et Piccini exalté, tous les deux outre mesure.

C.-P. Cocqueau naquit à Dijon. Condamné à mort, sous le régime révolutionnaire, il périt à l'âge de 55 ans, le 9 termidor an II (27 juillet 1794), le jour même de la chute de Robespierre.

863. De la nécessité d'abolir la peine de mort, discours en vers, suivi de quatre discussions en prose, etc. (par Honoré Valant). *Paris*, Pélicier, 1822, br. in-8 de 80 pages.

L'auteur a publié, en 1827, une nouvelle brochure sur le même sujet, à laquelle il a attaché son nom.

864. De la nécessité du culte religieux, suivie de fragments sur l'éducation (publiés d'abord dans le *Moniteur de l'enseignement*), par Mme L. J. (Louis Jamme, née Laguesse). *Liége*, Desoër, 1851, br. in-8 (Ul. C.).

Mme Jamme avait publié, en 1849, le *Christianisme réformateur du monde, suivi de pensées religieuses et morales*, œuvre capitale de l'auteur, et dont le livre, ci-dessus mentionné, complète la pensée.

Mme L. Jamme-Laguesse est morte, le 31 mars 1857, à l'âge de 77 ans.

865. De la nécessité et de l'expérience, considérées comme *criterium* de la vérité (par G. Masuyer, docteur-médecin). *Strasbourg*, Lagier et *Paris*, Roret, 1836, in-8.

Diatribe dirigée contre le clergé et le monarchisme.

866. De la neutralité de l'Autriche dans la question d'Orient, par un Européen (M. Alfred-Ernest Crampon). *Paris*, Amyot, 1854, br. in-8 de 160 pages.

Une deuxième édition, corrigée, augmentée et précédée d'un Avant-propos sur le Traité de Berlin, a paru dans la même année.

867. De la nouvelle révolution ministérielle en Angleterre (par Prosper Duvergier de Hauranne fils). *Paris*, Guiraudet, 1827, br. in-8 de 27 pages.

868. De la nouvelle salle de l'Opéra (par Jolimont). *Paris*, Vente, 1821, br. in-8, pièce de 16 pages.

869. De l'oisiveté, par Arthur de Gravillon (Antoine-Arthur-Alphonse Péricaud neveu). *Paris*, Dentu, 1860, in-12.

870. De l'ordre de la noblesse et de son antiquité chez les Francs (par Louis-Philibert Joly de Bévy, ancien président à mortier, au parlement de Dijon). *Dijon*, Coquet, 1817, br. in-8 de 114 pages.

871. De l'ordre surnaturel et divin, par l'abbé Xavier (l'abbé Gridel, professeur au Séminaire), membre de la Société *Foi et Lumières*, de Nancy. *Nancy*, Vagner, 1847, in-8.

872. De l'origine de la chouannerie, ou Mémoires de Stéphanie de T*** (par Mme Adélaïde-Isabelle-Jeanne, comtesse de Brécy, née Deschampsy). *Paris*, Ouvrier, 1803, 4 vol. in-12.

873. De l'origine des étrennes, discours historique et moral, contenu dans une lettre (datée de Lyon, le 1er février 1674) signée de ces initiales : J. S. D. M. (Jacob Spon, docteur-médecin). Réimpression publiée (par Claude Bréghot-du-Lut). *Lyon*, 1828, in-8.

874. De l'origine des puces (par François-Augustin Paradis de Moncrif). *Londres (Paris)*, 1761, in-12.

La première édition date de 1749.

875. De la patrie (par le baron de Rouvrou, lieutenant-général). *Paris*, A. Pihan de la Forest, 1829, br. in-8 de 102 pages.

876. De la persécution dans l'Eglise sous Buonaparte (par Guy-Marie Deplace). *Lyon*, Ballanche, 1814, br. in-8 de 132 pages.

877. De la politique et des progrès de la puissance russe (par André d'Arbelles). *Paris*, Giguet et Michaud, 1807, br. in-8 de 118 pages.

878. De la prononciation du grec et du latin (par M. Jean-François-Nicolas Loumyer, chef de division au ministère des affaires étrangères de Belgique). *Bruxelles*, 1843, in-16.

879. De la propriété, considérée dans ses rapports avec les droits politiques (par le comte Pierre-Louis Rœderer). *Paris*, Porthman, 1819, in-8.

880. De la règle de vérité et des causes du fanatisme (par l'abbé Jean-Baptiste Montmignon). 1808, in-8.

Sans frontispice.

881. De la Religion, de la Religion de l'Etat et de la Religion catholique considérée sous ce rapport (par Thomas-Jacques de Cotton, ancien officier de marine). *Lyon*, Louis Perrin, 1840, in-8.

882. De la religion Saint-Simonienne. Aux élèves de l'Ecole polytechnique (par Abel Tronson). *Paris*, Alex. Mesnier, 1830, br. in-8 de 72 pages.

883. De la représentation nationale dans les journées du 21 et du 22 juin 1815 (par Marc-Antoine Jullien, sous-inspecteur aux revues). *Paris*, E. Babœuf, 1815, br. in-8 de 24 p.

884. De la responsabilité ministérielle, d'après le droit public du royaume des Pays-Bas (par M. Van Meenen, de Louvain). *Bruxelles*, 1829, br. in-8.

L'auteur a été l'un des rédacteurs de l'*Observateur belge*.

885. De la retenue exercée sur les traitements des employés et des fonctionnaires publics (par M*** (le baron Antoine-Isaac Silvestre de Sacy, ancien membre de la Chambre des députés, ancien administrateur, etc.). *Paris*, Delaunay, 1832, br. in-8 de 16 pages.

886. De la révolution belge en

1830 et ses conséquences, par un Négociant de Liége (Eugène Beaujean). *Liége*, Charron, 1855, br. in-8 de 16 pages.

887. De la révolution piémontaise (par le comte Santa-Rosa). *Paris*, marchands de nouveautés, 1821, br. in-8 de 183 pages.

Deuxième édition, très-augmentée, 1822, in-8 de 224 pages.

888. De la rupture des glaces du pôle arctique, ou observations géographiques, physiques et météorologiques sur les mers et les contrées du pôle arctique, etc., par M. A*** (Antoine Aubriet, premier huissier de la Chambre des députés). *Paris*, Baudouin, 1818, br. in-8 de 96 pages.

889. De la situation de la France sous Napoléon III (par M. Jules Chevalier). *Paris*, E. Dentu, 1858, br. in-8.

C'est la reproduction paraphrasée d'un ouvrage du même auteur, publié à Londres quelques années auparavant.

890. De la Saint-Barthélemy, d'après les chroniques, mémoires et manuscrits du XVIe siècle (par Jean-Marie-Vincent Audin, libraire). *Paris*, Urbain Canel, 1826, in-8.

891. De la situation des gens de couleur libres aux Antilles françaises (par Valère Darmiant). *Paris*, Mac-Carty, 1823, br. in-8 de 32 pages.

Cette brochure a été condamnée judiciairement, le 12 janvier 1824, par arrêt de la Cour royale de la Martinique.

892. De la spécialité des journaux en matière de publications judiciaires (par Trois-Œufs-Halligon, ancien tribun). *Paris*, sans date (vers 1820), très-mince brochure in-8.

893. De la suppression des impôts sur les vins, et des moyens de les remplacer (par Maud'huy aîné, conseiller de préfecture du département de la Moselle). *Metz*, Dosquet, 1829, in-8.

894. De la symphonie. Des symphonies de Beethoven et de leur exécution (par Edme-François-Marie-Antonin Miel). *Paris*, 1833, br. in-8.

895. De l'union. Coup-d'œil historique sur l'esprit, la marche et les rapports des partis politiques en Belgique. Par un Ancien membre du congrès, ancien sénateur (le baron de Waha-Grisard). *Bruxelles*, A. Decq, 1855, br. in-8 de 60 pag.

896. De l'usage du caphé, du thé et du chocolate (par Philippe-Silvestre, plus connu sous le nom de Dufour). *Lyon*, Jean Girin, 1671, in-12.

Barbier attribue ce livre à Jacob SPON. Voici ce qu'a écrit, à ce sujet, Chardon de la Rochette : « DUFOUR n'est pas le masque de Spon, ainsi que le prétend M. Barbier dans une note qui accompagne la mention de ce livre. Philippe-Silvestre DUFOUR, auquel Niceron a consacré un article dans le 16e volume, page 361 de ses *Mémoires*, est bien véritablement l'auteur de cet ouvrage, et comme il le dit lui-même dans la préface des *Traités nouveaux curieux du café, du thé et du chocolat* (Lyon, Jean Girin, 1684 et 1685), qui n'était que la traduction d'un manuscrit latin tombé entre ses mains. » — « L'empressement, dit Dufour dans sa préface, que l'on eut pour cette édition me persuada que je devais cesser d'être traducteur, et que je pourrais aspirer à quelque chose de plus grand. Je me mis donc en tête de chercher des mémoires assez précis et assez fidèles pour en faire un traité, qui n'ayant rien de commun que le nom avec celui que j'avais traduit, pût le rendre considérable par lui-même.

La profession que je fais de marchand (il était épicier-droguiste; mais le commerce ne l'empêcha pas de cultiver les sciences et les lettres); ne me parut pas incompatible avec celle d'auteur, surtout en cette occasion où il s'agit d'une drogue dont les marchands nous ont donné connaissance. »

Cette seconde édition, dont j'ai donné le titre, ou plutôt cet ouvrage nouveau bâti sur le canevas de l'ancien, est très-curieux. Il fut imprimé l'année suivante, 1685, à La Haye, avec des additions. Niceron dit qu'il a été traduit en latin par Jacob Spon, ami de l'auteur, et c'est peut-être ce qui aura induit en erreur M. Barbier, qui aura cru que la traduction latine était l'original. (*Magasin encyclopédique*; année 1810, T. IV.)

Beuchot dit, dans son article de la *Biographie universelle* sur Dufour, que : « Le *Traité du café* est une imitation de celui d'Antoine Faust Naironi, savant maronite, qui avait paru dans la même année 1671 ; que le *Traité du thé* est de différents auteurs, et que le *Traité du chocolat* est une réimpression de la traduction donnée par René Moreau (1643, in-4), de l'ouvrage d'Antoine Colmenero, médecin de Ledesma, en Espagne.

897. De la vraie représentation, à l'occasion du rapport sur la réforme électorale (par Nicolas-Louis-Marie Magon, marquis de la Gervaisais). *Paris*, A. Pihan de la Forest, 1834, br. in-8 de 20 pages.

898. Débat de deux demoiselles, l'une nommée la *Noyre* et l'autre la *Tannée*, suivi de la vie de saint Harenc et d'autres poésies du XVe siècle, avec des notes et un glossaire (réimprimé par les soins du baron Félix de Bock). *Paris*, Firmin Didot, 1825, in-8.

899. Deburau. Histoire du théâtre à quatre sous, pour faire suite à l'histoire du théâtre Français (par Jules Janin). Orné de neuf vignettes. *Paris*, Charles Gosselin, 1832, in-8.

Cette édition, imprimée avec luxe, n'a été tirée qu'à 25 exemplaires. Il a paru dans la même année une seconde édition, en 4 vol. in-12.

900. Décadence de la marine française, ses causes et les moyens de l'arrêter, par Ange P. de L*** (A. Pihan de la Forest). *Paris*, Boucher, 1820, in-12.

901. Décadence de la chanson, par un Apprenti chansonnier (Victor Lagoguée). *Saint-Denis*, 1852, br. in-8 de 15 pages.

En vers.

902. Décence et volupté, ou les Tentations (par Louis-Rose-Désiré Bernard de Rennes ; depuis conseiller à la Cour royale). *Paris*, 1808, 3 vol. in-8.

903. Décision sur les ventes où il y a lésion, etc. (par Pierre Bernardeau, homme de loi, à Bordeaux). Dernière édition plus correcte que les précédentes, etc. *Bordeaux*, Moreau (an VI, 1798), br. in-8 de 40 pages.

904. Déclarations et protestations des députés des Trois Ordres aux Etats généraux de 1789 (publiées par M. de Clermont-Mont-Saint-Jean). *Paris*, Lenormant, 1815, in-4 de 116 pages.

905. Découvertes d'un bibliophile, ou Lettres sur différents points de morale enseignés dans quelques séminaires de France (par M. Busch). *Strasbourg*, Silbermann, 1843, in-8.

906. Déduction et pièces par lesquelles il conste que les ecclésiastiques de la province de Flandres n'ont voix délibérative que dans certaines affaires, et de la lettre écrite à l'assemblée par Son Excellence le marquis de Prié (par le baron de Thysebaert). Sans nom de lieu, 1719, petit in-4.

Mémoire fort rare qui fait connaître l'ancienne constitution de la province de Flandres. (Voir *Bibliotheca Hulthemiana*, t. IV, n° 27611.)

907. Défense (La) de la liturgie lyonnaise (par MM. Boué, curé de Saint-Martin-d'Ainay; Bissardon, curé de Saint-Bruno, et Vincent, curé de Saint-Pierre à Vaise). *Lyon*, impr. de Chanoine, 1864, in-8.

Cet ouvrage a été mis à l'*index*. L'abbé Bissardon est mort dans son presbytère, le 1er mars 1864.

908. Défense (La) de Messire Antoine de Lalaing, comte de Hoestrate, baron de Borsell et de Sombref, etc., chevalier de l'ordre de la Toison-d'Or, contre les fausses et appostées accusations des cas contenus, et lettres patentes d'ajournement personnel impétrées à sa charge, par la jactée et subreptice poursuite et remontrance, ou Requeste au Roy, du procureur général du crime, dit maistre *Jean du Boys*. Publié par la Société des bibliophiles de Mons, d'après l'édition originale de 1568; augmenté de la Correspondance inédite du comte de Hoochstracten avec Marguerite de Parme, lors de sa mission à Anvers, et d'une Notice historique et biographique sur ce seigneur. *Mons*, typographie Hoyois-Derchy, libraire, 1838, in-8.

Tirée à 100 exemplaires destinés au commerce. La notice historique, signée G. D., est de M. GACHARD, membre de l'Académie royale de Belgique et archiviste du royaume.

909. Défense des propriétaires attaqués comme détenteurs de biens prétendus domaniaux, par M. G*** p. (Guichard père, avocat à la cour de cassation et aux conseils du roi). *Paris*, Pichard, 1829, in-8.

910. Défense officieuse et chantante de Glaçon Brice, ex-maire, arrêté dans sa maison du Refuge, par un jugement équitable du Représentant du peuple ici (par Gentillâtre). *Metz*, sans date (vers l'an V de la République), 3 pages in-8.

911. Définitions (Les) du droit canon..., suivant les maximes du palais, par F.-C. D. M. (Des Maisons, et non de Massac), avocat au Parlement, avec des remarques, par Fr. Pérard-Castel. 3e édition, augmentée de plus de 700 remarques nouvelles, par M. Guillaume Noyer. *Paris*, Ch. de Sercy, 1700, in-folio.

Voir Camus, augmenté par Dupin, n° 2767. Ve édition de 1831.

912. Délassements (Les) de ma

fille, par M. A.-E. de Saintes (Alexis Eymery, libraire). *Paris*, Eymery, 1829, 2 vol. in-12.

913. Délassements (Les) de mon fils, nouveaux contes moraux à l'usage de l'adolescence, contenant des descriptions curieuses et utiles, etc. (par le même). *Paris*, Eymery, 1830, 2 vol. in-12.

914. Délassements du Sage, ou Nouveau choix des meilleures épigrammes qui ont paru dans le XVIIIe siècle, par M. De La V*** (Duclot de la Vorze, curé de Vins, en Savoie). *Paris*, Montgie, 1809, 2 vol. in-12.

Cet ouvrage contient, avec un petit nombre d'épigrammes, beaucoup d'anecdotes en prose, d'historiettes rimées, un poème macaronique sur le mardi-gras. L'édition de ce livre, non épuisée en 1815, fut acquise par un nommé Bettend, libraire à Lyon, qui en renouvela le frontispice.

915. Délassements d'un paresseux, par un C. R. D. E. A. C. D. L. (chanoine régulier d'Eaucourt, ancien curé de Liégescourt), membre de plusieurs académies, et de la Société anacréontique des *Rosati* d'Arras (par Louis-Joseph Dumarquez). *Pigriotiopolis* (Amable Wagner), 1790, petit in-12 de 225 pages.

916. Délices du pieux fidèle, ou Méthode pour converser avec Dieu. Edition nouvelle, revue et augmentée, par M. l'abbé Ch. M*** (Morisseau). *Tours*, Mame, 1858, in-32.

917. Délivrance (La) de Bude, roman historique, tiré des guerres des Allemands et des Hongrois contre les Turcs, par Mme Caroline Pichler; traduit de l'allemand, par le traducteur des « *Suédois à Prague*, » et des « *Pensées de Jean-Paul* » (Augustin Lagrange). *Paris*, Lecointe et Durey, 1829, 4 vol. in-12.

918. Démence (La) de Mme de Panor, en son nom Rozadèle de Saint-Ophèle, suivie d'un Conte de fées, etc. (par Anne-Jeanne-Félicité Mérard de Saint-Just). *Paris*, 1778, in-18.

919. Démocrates (Les) et les Modérés (par Rouchet). *Bruxelles*, Slingeneyer, 1850, in-8 (Ul. C.).

920. Démon (Le) de Socrate (par Amédée du Puget). *Paris*, Levavasseur, 1809, in-8.

921. Démonstration de l'authenticité et de la divinité des livres du Nouveau Testament, sur un plan nouveau, où la divinité de l'Evangile est mise dans une pleine évidence (par Jean-Pierre Gibert). *Londres* (*Paris*), 1779, 2 vol. in-8.

922. Démosthèniana, ou Recueil des bons mots, sentences et apophtegmes de Démosthènes (par Antoine Péricaud l'aîné). *Lyon*, imprimerie de Mougin-Rusand, 1842, in-8.

923. Dernier chapitre de tout livre scientifique, ou de la Certitude des connaissances humaines, par un Savant qui ne

sait absolument qu'une chose, c'est qu'il ne sait rien (par Joseph Dejaer). *Liége*, Noël, 1855, in-8 (Ul. C.).

924. Dernier (Le) crime de Jean Hiroux, par G. de Morlon (le marquis de Cherville). *Paris*, Poulet-Malassis, 1861, in-12.

M. de Cherville a pris une grande part aux publications de A. Dumas père.

925. Dernier (Le) des touristes, par Adrien Delaville (Adrien Viguier). *Paris*, Hippolyte Souverain, 1844, in-8.

Formant le tome XLVI de la Bibliothèque des romans nouveaux.

926. Derniers (Les) contes de Jean de Falaise (par le marquis de Chennevières-Pointel). *Paris*, Poulet-Malassis et de Broise, 1861, in-12.

927. Derniers (Les) orateurs, par Eugène Loudun (Balleyguier). 1848-1852. *Rennes*, Catel, 1855, in-12.

Recueil d'articles publiés dans le *Correspondant*.

928. Derniers (Les) vœux d'un vieil électeur de 1789, pour l'avenir de la France et de la civilisation (par P.-N. Berryer, avocat, le père du célèbre Berryer). *Paris*, Dentu, 1840, br. in-8 de 80 pages.

929. Dernière légende de la Vendée. Louis de Bonnechose, page du roi Charles X (par De Bonnechose, auditeur au Conseil d'Etat, son neveu). *Paris*, E. Dentu, 1860, in-18.

930. Dernières paroles (par Antony Deschamps). *Paris*, Ebrard, 1855, in-8.

En vers.

931. Des bases, de la forme et de la politique du gouvernement de la Grande-Bretagne, par F.-M. M. (Monier). *Paris*, Galland, an XIII, br. in-8 de 48 pages.

932. Des Brevets d'imprimeur, du certificat de capacité, etc., suivi du tableau des imprimeurs de toute la France en 1704, 1739, etc. (par G.-A. Crapelet). *Paris*, P. Dufart, 1841, gr. in-8.

933. Des causes qui ont amené la révolution du 18 Brumaire, etc. (par Charvilhac, homme de loi). *Paris*, Jusserand, an XIII (1805), br. in-8 de 48 pages.

934. Des colléges électoraux de département, par un Electeur du département de Seine-et-Oise. Sans nom de lieu, ni date, imprimerie de Crapelet, pièce in-8 de 16 pages.

Cette brochure, signée R., est du baron A. RICHERAND, professeur à la Faculté de médecine de Paris, et alors électeur de ce département.

935. Des déduictz de la chasse des bêtes sauvaiges et des oiseaux de proye (par Gaston Phébus, comte de Foix, seigneur de Béarn). Cy fine le livre de Phébus, imprimé par Antoine Vérard, à *Paris*, petit in-folio.

Ce livre a été plusieurs fois réimprimé. Quelques écrivains ont cru que Gaston Phébus avait fait deux ouvrages sur la chasse, entr'autres, Goujet et d'Expilly; cette erreur est venue de la différence des titres donnés aux *déduicts de la chasse* de Phébus, et d'une supercherie de A. Vérard qui imprima le roman des *Déduicts de Gaces* de la Bigue, avec le livre de Gaston Phébus, et qui les donna au public comme étant tous les deux de ce dernier.

(Note extraite de l'*Histoire des comtes de Foix*, par Gaucheraud).

Il existe une édition petit in-4° gothique, publiée chez Philippe Lenoir, et qui est très-estimée.

936. Des destinées futures de l'Europe (par Pierre-François-Xavier Bourguignon d'Herbigny). *Bruxelles*, 1825, br. in-8.

D'Herbigny, à la suite des condamnations qu'il avait subies pour la publication des *Nouvelles Lettres provinciales*, était allé se réfugier à Bruxelles.

937. Des élections qui vont avoir lieu pour former une nouvelle Chambre des députés, etc., par un Membre du collége électoral (Marc-Antoine Jullien). *Paris*, E. Babœuf, 1815, br. in-8 de 48 pages.

938. Des échelles mobiles, dites *Farhkunts*. Leur inventeur, Hubert Sarton, de Liége (par Jules Ponson, étudiant). *Liége*, Renard, 1860, in-8 (Ul. C.).

939. Des évêques, ou Traditions des faits qui manifestent le système d'indépendance que les évêques ont opposé, dans les différents siècles, aux principes de la justice souveraine du roi sur tous ses sujets. *Paris*, marchands de nouveautés, 1825, in-8.

Cette nouvelle édition d'un ouvrage attribué à l'abbé CHAUVELIN (Louis-Philippe), chanoine de Notre-Dame et conseiller au Parlement de Paris, est augmentée de notes et précédée d'une introduction signée A. G. (A. Germain, avocat à la Cour royale de Paris, et depuis maître des requêtes au Conseil d'Etat). Le titre de cet ouvrage a reçu dans cette édition l'addition des mots : *Des Evêques*.

940. Des femmes et de leurs différents caractères, par A.-Alexandre F*** (Fauqueux), simple particulier. *Paris*, Delaunay, 1817, br. in-8 de 74 pages.

941. Des Haras dans leurs rapports avec la production des chevaux et des remontes militaires, par M. de P. (de Puibusque). *Paris*, veuve Huzard, 1833, br. in-8 de 72 pages.

942. Des hommes de couleur (par Mondésir-Richard). *Paris*, Mie, 1830, in-8.

943. Des Jésuites en France (par Hippolyte-François Regnier Destourbet). *Paris*, veuve Lagier, 1825, br. in-8 de 60 pages.

Regnier Destourbet, né à Langres, en 1804, avait d'abord été dans la magistrature. Il donna sa démission en 1830, pour s'adonner entièrement à la vie et à l'exercice des lettres. Il s'en dégoûta promptement et entra au séminaire de Saint-Sulpice; mais, esprit inquiet et rêveur, il rentra quelque temps après dans le monde qui l'avait oublié, et mourut ignoré, le 25 septembre 1832, à l'âge de 28 ans.

944. Des lettres de cachet et des prisons d'Etat. *Hambourg*, 1782, 2 vol. in-8, et *Paris*, Brissot-Thivars, 1820, in-8.

Une note de Barbier attribue cette publication au Bailli de MIRABEAU, oncle du comte, et Quérard a reproduit cette erreur, qu'a rectifiée l'éditeur des *Mémoires de Mirabeau*, qui désigne comme le véritable auteur de cette publication, MIRABEAU lui-même.

945. Des ministres depuis le ministère Villèle (par Charles Robert). *Paris*, chez les marchands de nouveautés, 1829, br. in-8 de 44 pages.

946. Des mœurs et des doctrines du rationalisme en France, par l'abbé Symon Constant de L*** (Lutrèche, professeur au séminaire de Metz). *Paris*, Debécourt, 1839, in-8.

947. Des moyens de prévenir les délits dans la Société, suivis d'un discours couronné en Brumaire de l'an VII, par le Jury d'instruction de Vaucluse, sur cette intéressante question (par Dupuis et Rablot). *Paris*, Lemoine, an IX (1801), in-8.

948. Des moyens de remédier aux inconvénients du budget proposé par le Ministre des finances. Par l'auteur des : « *Considérations sur l'organisation sociale*, » imprimé en 1802, chez Migneret (par Jean Sardos de Montaigu, m[is] de Mondenard). *Paris*, Michaud, août 1814, br. in-8 de 14 pages.

949. Des moyens de réprimer la colère, par Plutarque (texte grec), avec sommaire français et notes explicatives (par Eberhart, ancien professeur). *Paris*, Maire-Nyon, 1833, in-12.

950. Des moyens les plus économiques de mettre Liége à l'abri des inondations, etc. (par Henri Borgnet, entrepreneur de travaux publics). *Liége*, Redouté, 1851, in-8 de 15 pages, avec un plan.

Henri Borgnet, né à Liége, est mort à Vaucluse (France), le 24 septembre 1852.

Voir la notice nécrologique insérée dans le *Nécrologe Liégeois* pour 1852, de M. Ulysse Capitaine.

951. Des ouvrages de l'esprit dans une démocratie (par Alfred-Ernest Crampon). *Lyon*, Louis Perrin, 1855, br. in-8.

Tiré à 100 exemplaires.

952. Des ouvriers des houillères et de leur droit à l'exemption de la contribution personnelle et mobilière, et de la prestation en nature (par Ernest Cretté de Palluel). *Paris*, Guyot, 1861, in-8.

953. Des prétendues évocations d'*esprits*, contenant un examen critique de l'ouvrage de M. G. Mabru, sur le *magnétisme*, par le Juif-Errant (Roisselet de Sauclières). *Paris*, 1859, in-18.

954. Des richesses du pauvre et des misères du riche, par Mme S. P*** (Sophie Pannier, née Teissier; depuis épouse de M. de Lourdoueix). *Paris*, Pillet aîné, 1829, in-12.

955. Des théâtres et de leur organisation légale (par M. Michel Hennin, chambellan du roi de Bavière). *Paris*, Merlin, 1819, br. in-8 de 56 pages.

956. Des vins de fruits (par le comte François de Neufchâteau). *Paris*, 1806, in-4.

957. Des vols politiques, ou des proscriptions, des confiscations, des spoliations faites par

les usurpateurs et les rebelles, etc. Fragments historiques, maximes, pensées diverses, morales et politiques, tirées de différents auteurs, tant anciens que modernes (par le baron de Rouvrou, maréchal de camp). *Paris*, Everat, 1825, br. in-8 de 24 pages.

958. Description abrégée des animaux quadrupèdes de la ménagerie de Tippo-Saïb, etc. Suivie du Récit de la progéniture de la lionne, par Edme-Jean-Baptiste V*** (Vignier). *Paris*, Quillau, an IX (1801), in-8.

959. Description abrégée des ci-devant royaumes et provinces composant le royaume d'Espagne et celui de Portugal, par M. T*** (Toscan, ancien avocat). *Paris*, Dondey-Dupré, sans date, in-8.

960. Description de deux monuments antiques (un vase de bronze et un tableau d'Herculanum) (par H.-Ch.-Ernest de Köhler). *Saint-Pétersbourg*, F. Dreschler, 1819, in-8.

961. Description de différents animaux apportés d'Asie et d'Afrique, dans la ménagerie de son A. S. le prince d'Orange, par Vosmar, traduite en français (par Renfner). *Amsterdam*, P. Meyer, 1767-1787, in-4, avec figures.

962. Description de la fête militaire qui a eu lieu à Languenthal, le 18 juillet 1822 (par Emile Goury). *Lausanne*, 1824, in-4.

963. Description de la ville de Lyon, avec des recherches sur les grands hommes qu'elle a produits. *Lyon*, Aimé de la Roche, 1741, petit in-8.

Le privilége est accordé à Paul Rivière de Brinais, ingénieur, personnage tout-à-fait inconnu. Aujourd'hui il est avéré que ce livre est d'André Clapasson.

Voyez *La Biographie Lyonnaise*, page 74 et le n° 968.

964. Description de l'hôtel royal des Invalides, précédé de quelques réflexions historiques sur le monument, depuis sa fondation jusqu'à nos jours (par Riveau, ex-secrétaire-archiviste de l'hôtel). *Paris*, Lenormant, 1828, in-8.

965. Description de quelques églises romanes des arrondissements de Clermont et de Riom, par P. D. L. (De L'Hôpital), membre de la Société française d'archéologie. *Clermont-Ferrand*, 1863, in-8.

Extrait d'une statistique inédite des églises rurales du département du Puy-de-Dôme, appartenant au style roman.

966. Description de toutes les manœuvres et de toutes les intrigues employées à la Bourse de Paris, etc. (par Déchalotte). *Paris*, 1832, br. in-8 de 100 pages.

967. Description des communes occupées par le camp du duc de Nemours (par Pierre-Marie Gonon). *Lyon*, 1843, in-8.

Pierre-Marie Gonon, né à Lyon, le 5 ventôse an II, y est mort, le 10 août 1850.

968. Description des curiosités et monuments de la ville de Lyon (par André Clapasson). *Lyon*, 1741, in-8.

969. Description du cheval, selon ses poils principaux et leurs diverses divisions; sa complexion et les qualités qui en résultent (par Ridinger). *Vienne*, sans date, petit in-4.

En allemand et en français.

970. Description du Hâvre, ou Recherches nouvelles et historiques sur cette ville et les personnages célèbres qui y sont nés, par A.-P. L. (Auguste-Prosper Legros). *Paris*, Fournier-Favreux, 1825, in-8, avec 9 planches.

971. Description d'un vase de Sardonix antique, gravé en relief (par H.-Ch.-Ernest de Köhler). *Saint-Pétersbourg*, 1808, in-4.

972. Description d'une médaille de Spartacus, roi du Bosphore Cimmérien, du cabinet du comte Romanzoff; avec un supplément contenant la description de plusieurs médailles grecques, rares et inédites, qui se trouvent dans le même cabinet (par le même). *Saint-Pétersbourg*, 1824, in-8.

973. Description et analyse d'un livre unique qui se trouve au Musée Britannique, par Tridau-Nafé-Théobrome (Octave Delepierre). *Au Meschacebé*, 1849, in-8.

Ce livre, unique en son genre, est le fameux recueil de 64 farces et moralités trouvé, il y a quelques années, en Allemagne. Le libraire, Paul Janet, en a donné une jolie réimpression qui fait partie de sa *Bibliothèque Elzévirienne.*

974. Description historique, chronologique et géographique du duché de Brabant (par le Père Didace de Saint-Antoine). *Bruxelles*, Ermens, 1791, in-8.

975. Description historique de la ville de Reims, par Gérard-Jacob K*** (Kolb, négociant en vins). *Reims*, Brissart-Carolet, 1825, in-8, avec figures.

976. Description routière et géographique de l'Empire français, divisé en quatre régions, par R. V*** (Régis-Jean-François Vaysse-Devilliers, inspecteur des postes-relais). *Paris*, Potey, 1813, 6 vol. in-8.

Le succès mérité qu'obtint cet ouvrage, décida l'auteur à publier la suite et à y attacher son nom. Le titre subit aussi un changement, et devint l'*Itinéraire descriptif des routes de France*, etc. Paris, 1813-1830.

977. Désert (Le) de Marlagne, par l'auteur de « *Alfred-Nicolas* » (François-Charles-Joseph Grandgagnage). *Namur*, Wesmal, 1849, in-8 (Ul. C.).

978. Détail sur la navigation aux côtes de Saint-Domingue et dans ses débouquements (par de Chastenet-Puységur). *Paris*, imprimerie Royale, 1717, in-4.

979. Détails particuliers sur la journée du 10 août 1792, par un Bourgeois de Paris, témoin oculaire; suivis de deux notices historiques, l'une sur Son A. S. le duc d'Enghien; l'autre sur

le prince de Conti, par le même (Camille Durand, ancien caissier des vivres de l'armée d'Italie; depuis employé au ministère de l'intérieur). *Paris*, Blaise, 1822, in-8.

980. Deutz, ou Imposture, ingratitude et trahison, par l'auteur de « *La Vendée et Madame.* » *Paris*, Dentu, 1836, in-8.

Cette publication, attribuée au général Dermoncourt, est d'Alexandre DUMAS.

981. Deux à deux, par H. Arnaud (Mme Charles Reybaud). *Paris*, Ladvocat, 1837, 2 vol. in-8.

982. Deux années à Constantinople et en Morée (1825-1826), ou Esquisses historiques sur Mahmoud, les Janissaires, les nouvelles troupes; Ibrahim-Pacha, Soliman-Bey, etc., par M. C. D. (Charles Deval), élève-interprète du roi, à Constantinople. *Paris*, Nepveu, 1827, grand in-8.

983. Deux (Les) apprentis, par Merville (Pierre-François Camus). Ouvrage couronné par l'Institut. *Paris*, Ladvocat, 1826, 4 vol. in-12.

984. Deux (Les). Bassompierre, comédie en un acte, par Fr. L. (Lovenfosse). *Liége*, 1860, in-18 (Ul. C.).

985. Deux capucins poëtes, par N. L. (Jean-François-Nicolas Loumyer). *Bruxelles*, Devroye, 1855, in-8.

986. Deux (Les) Diane. *Paris*, Cadot, 1846-1847, 10 vol. in-8.

Ce roman, publié sous le nom d'Alexandre DUMAS, dans la collection de ses œuvres, est de M. Paul MEURICE seul. C'est ce qui résulte d'une déclaration publique, faite par Alexandre Dumas lui-même, dans une lettre insérée au *Journal des Débats*, du lundi 13 février 1865, à l'occasion du drame intitulé : *Les Deux Diane*, représenté depuis sur le théâtre de l'*Ambigu-comique*.

987. Deux (Les) époques, par l'auteur du « *Manoir de Beaugency* (Mme Clémentine Mame). *Paris*, Mame-Delaunay, 1832, in-8.

988. Deux (Les) filles de Monsieur Plichon, par André Léo (Mme veuve Champceix). *Paris*, Michel Lévy, 1865, in-12.

989. Deux (Les) fous, histoire du temps de François Ier, 1524; par P. L. Jacob (Paul Lacroix), bibliophile, éditeur des « *Soirées de Walter Scott à Paris.* » *Paris*, Eugène Renduel, 1830, in-8.

990. Deux (Les) frères, ou Dieu pardonne, par Mme d'Altenheim (Mme Beuvain, née Gabrielle Soumet). *Paris*, Vermot, 1858, in-12.

991. Deux mots de paix à MM. les ministres protestants de Lyon, avec le relevé de quelques erreurs qui se trouvent dans les Epoques de l'Eglise de Lyon, par un Protestant (par l'abbé Pierre-Simon Jacques). *Lyon* et *Paris*, Rusand, 1827, 64 pages.

992. Deux mots d'un Incroyant aux « Paroles d'un Croyant »

(par Alphonse Viollet). *Paris*, Delaunay, 1835, in-8.

993. Deux mots sur la situation de la Belgique, à l'Association patriotique Liégeoise, par un de ses membres (Charles-P.-M. Moulan, avocat). *Liége*, Jeunehomme, 1835, in-8 (Ul. C.).

994. Deux nouvelles du Berry, par un Maître d'études de l'Université (Adolphe Oudot, maître d'études au collége de Bourges). *Paris*, Bohain, 1838, in-12.

995. Deux Novembre, jour consacré aux morts. Les Cimetières (par Pierre-Etienne Morlanne, chirurgien). *Metz*, Verronnais, 1826, in-12.

996. Deux (Les) paganismes. — L'Antiquité, t. Ier, par Eugène Loudun (Balleyguier). *Paris*, Paul Dupont et Victor Palmé, 1865-1866, 2 vol. in-12.

997. Deux (Les) pages, comédie en deux actes et en prose, par Dezède. *Paris*, 1789, br. in-8.

Voici ce qu'on lit dans les *Mémoires* (apocryphes, publiés par Lafitte) *de Fleury*, de la comédie française : « Dezède n'était que le prête-nom du véritable auteur de cette comédie, due à la plume du jeune baron Ernest de Manteuffel. »

Il reste à savoir quelle foi on doit ajouter à cette révélation.

998. Deux (Les) Phèdre, Mme Ristori et Mlle Rachel. Lettres sur quelques hérésies théâtrales, par l'auteur du « Monde dantesque » (Sébastien Gayet). *Paris*, E. Dentu, 1858, br. in-8.

999. Deux (Les) tuteurs, comédie en deux actes, par M*** (Nicolas Fallet). *Paris*, Brunet, 1784, in-8.

Cette pièce a été imprimée sous le nom de Lachabeaussière.

On raconte que Fallet, ayant assisté à une répétition du *Mariage de Figaro*, prit l'idée de son dénoûment dans la scène où le comte Almaviva trouve Chérubin caché dans le fauteuil sous une robe de la comtesse.

1000. Deuxième et dernière réplique d'un Ami de la vérité, à M. le duc de Rovigo (par le général Kellerman). *Paris*, Rosier, 1828, br. in-12 de 12 pages.

1001. Développements historiques de l'intelligence et du goût, par rapport à l'éloquence, par Edouard Landié, ex-officier. *Paris*, F. Didot, 1813, 1 vol. gr. in-8.

Cet ouvrage, tiré à 100 exemplaires seulement, tous sur papier vélin, ne passe pas avec raison pour être de l'auteur qui se l'est attribué. On le croit sorti de la plume de l'illustre chancelier d'Aguesseau. Renouard a publié, en 1814, une seconde édition de ce livre, sous le titre de : *Histoire morale de l'éloquence*, et il y a introduit plusieurs corrections.

Voir dans la *Bibliothèque de l'amateur*, t. II, p. 55, une note fort curieuse sur cet ouvrage et son prétendu auteur. Consulter aussi, à ce sujet, un article inséré dans le *Mercure de France*, du 15 janvier 1815.

1002. Dévotes (Les), par Diogène (par Arthur-Antoine-Alphonse Péricaud de Gravillon). *Lyon* et *Paris*, 1848, in-18.

Une nouvelle édition (la 4e), parue en 1862, à Paris, chez Ballay, porte au-dessous du titre : par Arthur de Gravillon.

1003. Dialecte en forme de dialogue, entre M. Patet et Mlle Raveur, sa cousine. Par M. A. G. (Guilbert). *Neuchâtel*, 1825, in-4.

1004. Dialogue aux enfers entre Machiavel et Montesquieu, par un ... Contemporain (Maurice Joly, avocat). *Bruxelles*, 1865, in-8.

L'auteur de ce pamphlet politique a été condamné à quinze mois de prison et à 200 francs d'amende.

1005. Dialogue entre Mlle Manon Dubut et M. Eustache Dubois, au sujet de l'inauguration de la statue de Henri IV sur le Pont-Neuf, à Paris, le 25 août 1818, par M. V. L. D. (Henri Valade, imprimeur). *Paris*, in-8, pièce de 4 pages.

1006. Dialogue entre Mercure et Caron sur un des quais du Styx. Imitation du grec de Lucien, en forme de scène et en vers libres. Par Philarmos (Marie de La Fresnaye, professeur de littérature et de mathématiques, à Paris). *Paris*, an XIII (1805), in-8.

1007. Dialogue entre M. Jaiquemar, sai fame et son gaçon, tré tô soneu de l'église Notre Daime de Dijon, etc. Par M. Regreb (Berger). *Dijon*, 1846, in-12.

1008. Dialogue entre Pasquin et Marphorio sur la Société royale de médecine (par Leroux des Tillets). Sans date, in-8 de 16 pages.

1009. Dialogue sur ces mots de Montesquieu : « ..... La vertu est la base des Républiques. » (Par Durand, censeur des études au Lycée de Nancy). Sans nom de lieu, ni date (*Nancy*, vers 1803), Hœnée fils et Delahaye, br. in-8 de 17 pages.

En vers.

1010. Dialogue sur l'état civil des protestants en France (par Guidi). *En France*, 1778, in-8.

1011. Diamant (Le) de Charles-Quint, comédie historique en un acte (par le comte Pierre-Louis Rœderer). *Paris*, Lachevardière fils, 1827, in-8.

1012. Diane de Poitiers, ou le Passage des Alpes, comédie historique en deux actes et en prose, par Mme Olympe (Théophile-Marion du Mersan) et ***. *Paris*, veuve Cavanagh, 1807, br. in-8.

Malgré l'addition de la conjonction et ***, qui laisse supposer un collaborateur, Du Mersan était le seul auteur de cette pièce qui tomba. Avant la première représentation, on fit circuler parmi les spectateurs le couplet suivant :

On a vu nos vaillants guerriers,
Dans leurs immortelles campagnes,
Pour cueillir de nobles lauriers,
Franchir les plus hautes montagnes.
Pour cueillir, petit Du Mersan,
Les petits lauriers que tu palpes,
Par un moyen fort innoçent,
Tu fais tomber les Alpes.

Le libraire Capelle, ami d'Armand Gouffé, avec qui Du Mersan était alors en *délicatesse*, se constitua l'endosseur de ses petites malices. C'est lui qui fit imprimer et distribuer ce couplet dans la salle.

1013. Dictionnaire bibliographique, etc., par M. P*** (Étienne Psaume), membre de plusieurs sociétés savantes. *Paris*, Ponthieu, 1824, 2 vol. in-8.

Charles Nodier a dit quelque part que le libraire fut obligé d'y semer les cartons d'une main prodigue, afin d'en rendre la publication possible. « Un exemplaire, avant les *cartons*, serait, ajoute-t-il, une curieuse rareté.. »

1014. Dictionnaire classique de la langue française, avec des exemples tirés des meilleurs auteurs français et des notes puisées dans les manuscrits de Rivarol. Publié et mis en ordre par quatre professeurs de l'Université (par Victor Verger, ancien professeur). *Paris*, Baudouin frères, 1827, in-8.

Une nouvelle édition a paru, en 1832, chez Pourrat frères, en deux volumes in-8, et sous ce titre : *Dictionnaire abrégé de l'Académie française, avec tous les mots nouveaux*, etc., par une société d'hommes de lettres.

Les éditeurs du premier Dictionnaire, celui qui est intitulé *Dictionnaire universel de la langue française*, publié en collaboration avec Ch. Nodier, 1823, 2 vol. in-8, ayant formé opposition, Victor Verger fut contraint de garder l'anonyme pour son *Dictionnaire classique*, dont quelques rares exemplaires portent seuls son nom.

1015. Dictionnaire critique, littéraire et bibliographique des principaux livres condamnés au feu, supprimés ou censurés; précédé d'un discours sur ces sortes d'ouvrages (par Etienne-Gabriel Peignot). *Paris*, Renouard, 1802, 2 vol. in-8.

1016. Dictionnaire de législation, de jurisprudence et de doctrines, en matière de mines, minières, carrières et forges, etc. Par un Avocat à la Cour d'appel de Liége (Jean Baron del Marmol). *Liége*, Renard, 1857, in-8 (Ul. C.).

1017. Dictionnaire d'épigraphie chrétienne, depuis les premiers temps jusqu'à notre ère, par M. X. (l'abbé Bourassé). *Paris*, V. Palmé, 1852, 2 vol. in-4.

1018. Dictionnaire de la pénalité dans toutes les parties du monde, etc., par M. de Saint-Edme (Edmond-Théodore Bourg). *Paris*, Rousselon, 1824, 5 vol. in-8.

1019. Dictionnaire des Cardinaux, par M. l'abbé C. B. (Berton, ancien vicaire de la cathédrale d'Amiens, aujourd'hui chef d'institution dans la même ville). *Paris*, impr. Migne, 1857, in-4 sur 2 colonnes.

1020. Dictionnaire des communes du département du Rhône (revu, corrigé et augmenté par Antoine Péricaud l'aîné). *Lyon*, impr. de Ve Mougin-Rusand, 1862, in-8.

Extrait de l'*Annuaire* pour 1862, et tiré à 25 exemplaires seulement.

1021. Dictionnaire des définitions morales et philosophiques, extrait analysé de l'Encyclopédie (par Lelouvier). *Paris*, Eymery, 1818, in-8.

1022. Dictionnaire des noms de lieu du département de l'Eure. *Evreux*, Ancelle, 1837, in-12.

Par feu M. Auguste LE PRÉVÔT, savant antiquaire, ancien membre correspondant de l'Institut. — L'Avant-propos est signé L. P.

1023. Dictionnaire des rimes, par Pierre Richelet. *Paris*, Florentin Delaulne, 1700, in-12.

Sans prétendre réfuter l'opinion de Barbier, au sujet de ce livre, nous croyons utile de donner connaissance de ce qu'on lit à son propos dans l'avertissement (dû à Lenglet-Dufresnoy) qui précède l'*Histoire de la Floride*, traduite de Garcilasso de la Vega, par Richelet, édition de 1709 : « M. Richelet y a travaillé aussi bien que M. Fré- « mont d'Ablancourt ; mais ce n'est pas lui qui « l'a mis en état où un certain libraire, nommé « DELAULNE, l'a fait imprimer sous le nom de « M. *Richelet*. Il a été rajusté ou gâté par un « bon vieux poète, nommé LEFÈVRE. »

1024. Dictionnaire des romans anciens et modernes, dédié aux abonnés de tous les cabinets de lecture (par A. Marc). *Paris*, Marc, 1819, in-8.

1025. Dictionnaire des vétérinaires, etc., par Charles de Bussy (Charles Marchal). *Paris*, J. Rothchild, 1865, in-8.

1026. Dictionnaire encyclopédique usuel, par Saint-Laurent (Léon Guilhaud, connu en littérature sous le pseudonyme de Léonce de Lavergne). *Paris*, 1841, gr. in-8.

1027. Dictionnaire facile, ou de poche, allemand-français et français-allemand, etc. (par Schwann, et revu par D.-F. Alexandre Lemarié). *Francfort* et *Liége*, 1814, 2 vol. in-16.

1028. Dictionnaire historique et bibliographique portatif des personnages illustres, célèbres ou fameux, etc., par E.-G. P. (Etienne-Gabriel Peignot, et autres). *Paris*, Prudhomme, 1813, 4 vol. in-8.

Peignot n'a coopéré à cet ouvrage que pour la lettre A.

1029. Dictionnaire historique, ou Histoire abrégée de tous les hommes nés dans les XVII provinces Belgiques, qui se sont fait un nom par le génie, les talents, les vertus, les erreurs, etc., depuis la naissance de J.-C. jusqu'à nos jours. Pour servir de supplément aux *Délices des Pays-Bas*. A *Paris*, et se trouve à *Anvers*, chez C.-M. Spanoche, imprimeur-libraire, sur la place de la Sucrerie, 1786, 2 vol. in-12.

Sur son exemplaire de ce livre, conservé à la bibliothèque royale de Bruxelles, le bibliophile Van Hulthem a inscrit la note qui suit : « Le « présent ouvrage est formé des articles sur les « hommes distingués des Pays-Bas qui sont dans « le Dictionnaire du Père Feller, 1re édition en « 6 vol. in-8. »

1030. Dictionnaire raisonné des onomatopées françaises (par Charles Nodier). *Paris*, 1828, in-8.

1031. Dictionnaire Rouchi-français, ou Notions sur les altérations qu'éprouve la langue française en passant par ce patois, par G.-A.-J. H. (Gabriel-Antoine-Joseph Hécart). 2e édition. *Valenciennes*, 1826, in-12.

1032. Dictionnaire théâtral, ou Douze cent trente-trois vérités sur les directeurs, régisseurs, auteurs, acteurs, etc. (par

F.-A. Harel, Philadelphe-Maurice Alhoy et Auguste Jal). *Paris*, 1824-1825, in-12.

1033. Dictionnaire universel des sciences, des lettres et des arts, par Ch. de Bussy (Charles Marchal). *Paris*, Lebigre-Duquesne, 1859, in-18.

1034. Dictionnaire universel d'histoire, avec la biographie de toutes les personnes célèbres et la mythologie. Par M. Charles de Bussy (le même). *Paris*, Lebigre-Duquesne, 1858, in-18 à deux colonnes.

1035. Didactique de Rome, inventée par Quintilien. *Paris*, Firmin Didot, 1827, br. in-8 de 54 pages.

Cet opuscule, qui est de l'abbé Antide MANGIN, ancien membre de l'Oratoire et ex-professeur à Saint-Cyr, est le même ouvrage que le *Mode* de Quintilien ; mais sous une forme moins sérieuse ; car la *Didactique de Rome*, publiée en 1817, deux ans plus tard que le *Mode*, est destinée à l'éducation de la jeunesse, tandis que ce dernier ne s'adresse qu'aux savants.

1036. Dieu pour tous. De la tolérance religieuse universelle, avec cette épigraphe : *Ama et fac quod vis.* Saint Augustin. (Par Arthur-Antoine-Alphonse Péricaud de Gravillon). *Paris*, Achille Faure, 1865, br. in-8 de 30 pages.

1037. Difficultueux (Le), comédie en un acte et en prose, par M. R. S. C. (Jacques-Antoine Révérony Saint-Cyr). *Paris*, Masson, 1806, in-8.

1038. Dîner gastronomique, poème dédié à tous les cochons du monde et spécialement à ceux qui sont capables d'apprécier et de goûter les charmes de la malpropreté. *Stercopolis* (*Bruxelles*), 1856, pièce in-18 de 9 pages.

Tiré à 23 exemplaires, dont un sur peau de lapin.

Cette facétie de deux cents vers, est attribuée à Guillaume GENSSE, de Bruxelles.

1039. Dîner (Le), le piquet, par un Gastronome Lorrain. *Nancy*, 1842, in-8.

Tiré à 300 exemplaires.

Cette production a paru anonyme ; quelques journaux en ont parlé. Dans un ouvrage gastronomique, dont je ne me rappelle plus le titre, on suppose que M. de GASTALDI, gastronome émérite de Nancy, en est l'auteur.

(Noël. Catalogue des collections Lorraines).

Ce nom emprunté de GASTALDI cache François-Jean-Baptiste NOEL lui-même, ancien notaire et archéologue, né à Nancy, le 7 juillet 1783, mort dans la même ville, le 28 mars 1856.

1040. Dipne, infante d'Irlande, tragédie en cinq actes (par François Daure ou Davre, docteur en théologie). *Montargis*, Bottier, 1668, in-12.

1041. Direction spirituelle pour s'occuper saintement avec Dieu (par Louis-Etienne Rondet). *Paris*, 1774, in-18.

1042. Discernement des ténèbres d'avec la lumière, ou Invitation aux créatures de Dieu d'entrer dans l'arche de grâce qui se bâtit aujourd'hui (par Jean Allut, Elisabeth Charras et Henriette Allut). (Publié par Furly). *Rotterdam*, 1710, in-8.

1043. Discipline de Clergie, traduction de l'ouvrage de Pierre-Alphonse (par l'abbé Jean de La Bouderie). *Paris*, Th. Leclerc, 1820, in-8. En deux parties.

Le titre est imprimé en rouge et en noir. Le titre transcrit ci-dessus est celui de la première partie. Celui de la deuxième est : « *Le Chastoiement d'un père à son fils, traduction en vers français de l'ouvrage de Pierre-Alphonse.* »

1044. Discours ou Sermons apologétiques en faveur des femmes (par Louis Machon). *Paris*, Blaise, 1841, in-8.

1045. Discours de Bullet sur la vérité de la religion chrétienne, extrait de son ouvrage intitulé : *Histoire de l'établissement du christianisme*, tirée des seuls auteurs juifs et païens (publié par l'abbé Viguier, auteur des *Eléments de la langue Turque*). *Paris*, Demonville, 1817, in-12.

1046. Discours de Michel de L'Hôpital sur le sacre de François II, contenant une instruction comme un Roi doit gouverner son Estat ; traduit en vers, par Claude Joly (publié par C. Motteley). *Paris*, Firmin Didot, 1825, in-12.

1047. Discours du massacre des innocents de la religion réformée (par Jean Ricaud, ministre protestant). *Lyon*, 1574, in-12.

1048. Discours du massacre de ceux de la religion réformée fait à Lyon par les catholiques romains, le 28 du mois d'août et jours suivants de l'année 1572, etc. A *Lyon* sur le Rhosne, par Jean Vigon, imprimeur de la ville, in-8.

Réimpression de l'ouvrage précédent, donnée par Pierre-Marie GONON.

1049. Discours en vers sur les poèmes descriptifs (par Marie-Joseph de Chénier). *Paris*, Dabin, 1803, in-8.

1050. Discours, opinions et rapports sur divers sujets de législation, d'instruction publique et de littérature (par le baron Antoine-Isaac Silvestre de Sacy). *Paris*, de Bure frères, 1823, in-8.

1051. Discours pour un mariage (par l'abbé de Sambucy Saint-Estève). *Paris*, Gaume frères, 1833, br. in-8.

1052. Discours prononcé à la fête solsticiale, le dix-huitième jour du dixième mois 5838, à la R.·. L.·. de la parfaite intelligence et de l'étoile réunies, par le F.·. R.·. (le Frère Laurent-Emile Renard). Vallée de *Liége*, Collardin, 5839, br. in-8 de 16 pages.

1053. Discours prononcé à la fête du 1er Vendémiaire de l'An IX (par Jean-Louis Laya). *Melun*, 5e jour complémentaire an VIII, in-4.

1054. Discours prononcé à l'ouverture du lycée de Clermont, par le Préfet du département du Puy-de-Dôme (le baron

Louis-François Ramon de Carbonnières). 8 février 1808, br. in-8.

Le baron Ramon était un savant géologue. Il avait été nommé, en 1802, membre de l'Académie des Sciences.

1055. Discours prononcé à la rentrée de l'Ecole centrale du département (par Jean-Louis Laya). *Melun*, brumaire, an VI, in-4.

1056. Discours prononcé par le Préfet du département de Seine-et-Marne, à la fête du 14 Juillet et de la Concorde (par le même). *Melun*, messidor, an VIII, in-8.

1057. Discours prononcé par le Préfet de Seine-et-Marne, lors de la distribution des prix de l'Ecole centrale établie à Fontainebleau (par le même). *Melun*, an VI, in-4.

1058. Discours prononcé par un Etudiant de l'Académie de Lausanne, sur la tombe de M. le professeur Durand, le 19 avril 1816 (par Alexandre Vinet, ministre du Saint-Evangile et professeur de littérature étrangère à l'Université de Bâle). 1817, br. in-8.

1059. Discours prononcé sur la tombe de M. Dubuc l'aîné, ancien normalien, membre de plusieurs sociétés savantes, le 21 novembre 1837 (par G.-P. Girardin, de l'Académie de Rouen). *Roüen*, N. Périaux, 1837, br. in-8 de 17 pages.

1060. Discours sur la nécessité et les moyens de supprimer les peines capitales, lu dans la séance publique de l'Académie de B*** (Besançon), le 15 décembre 1770, par M*** (Louis Philipon de la Madelaine). 1770, br. in-8 de 60 pages.

1061. Discours sur la révolution opérée dans la monarchie française par la Pucelle d'Orléans, prononcé dans l'église cathédrale, le 8 mai 1764 (par Loiseau, chanoine). *Orléans*, Rouzeau-Montaut, 1764, in-12 de 47 pages.

1062. Discours sur la vie et les ouvrages de Pascal (par l'abbé Charles Bossut, de l'Académie des Sciences). *Paris*, Nyon l'aîné, sans date, in-8 de 119 pages.

Cette édition a 27 pages de moins que la seconde qui parut en 1781, et qui en comporte 146 : ce qui ne prouve pas, néanmoins, que cette dernière renferme des additions aussi considérables que semblerait de prime abord l'indiquer cette différence de 27 pages. La seconde édition a une ligne de plus par page ; mais les mots sont moins serrés.

Il serait difficile d'indiquer toutes les additions, parce qu'il s'agit moins ici de faits que d'analyses d'ouvrages. Il n'y a point de page qui ne présente ou des phrases changées, ou des corrections dans le style, soit pour donner plus de clarté, soit pour offrir sous un point de vue plus exact quelques opinions mathématiques, ou quelque discussion littéraire à laquelle elles ont pu donner lieu.

1063. Discours sur l'esclavage des nègres et sur l'idée de leur affranchissement dans les colonies, par un Colon de Saint-Domingue (David Duval-Sanadon). *Amsterdam* et *Paris*, Hardouin et Gattey, 1786, in-8.

1064. Discussion sur la taxe du sel (par Nicolas-Louis-Marie

Magon, marquis de la Gervaisais). *Paris*, A. Pihan de la Forest, 1833, br. in-8.

1065. Diseur (Le) de vérités, Almanach du Perche et de la Basse-Normandie, dédié à ses compatriotes, par un Ami de son pays, pour l'année 1838. *Mortagne*, Glaçon, in-32.

Par l'abbé FRET, curé de Champs (Orne) ; cet almanach a été continué par lui jusqu'en 1844, dans le même format. Il offre seulement quelques variantes dans le titre, les noms d'imprimeur et lieu d'impression. Les derniers volumes portent l'indication suivante : « *Par un Ermite, voisin de la grande Trappe.* »

Champs est, en effet, très-rapproché de la Trappe.

L'année 1845 doit avoir, en grande partie, été rédigée par l'abbé P.-F. FRET, frère du curé de Champs.

Il y a eu des suites à cet almanach, mais elles n'ont pas eu le même succès.

(Note de M. de la Sicotière).

1066. Dissertation critique et apologétique sur la langue Basque, par un Ecclésiastique du diocèse de Bayonne (l'abbé Darrigol, supérieur du grand Séminaire). *Bayonne*, Duhart-Fauvet, sans date, in-8.

1067. Dissertation critique sur les traductions et éditions de l'Histoire universelle, par une Société de gens de lettres (par l'abbé Théodore-Augustin Mann). *Bruxelles*, Lemoine, 1780, in-8.

1068. Dissertation en forme de lettres sur différents objets de littérature et des beaux-arts (par De Chargey, de Dijon). *Paris*, 1788, in-8.

Opuscule divisé en deux parties.

1069. Dissertation étymologique, historique et critique sur les diverses origines du mot *Cocu*, avec notes et pièces justificatives, par un Membre de l'Académie de Blois (François-Jules de Pétigny). *Blois*, Jahier, sans date (vers 1846), br. in-8 de 18 pages.

Tirée à 71 exemplaires, dont 50 sur papier blanc, et 21 sur papier jaune.

1070. Dissertation historique et dogmatique sur l'indissolubilité absolue du mariage ; du mariage et du divorce, dans leurs rapports avec la loi naturelle et la philosophie (par J.-P. Chrestien de Poly). *Paris*, Hocquart, 1804, in-8.

1071. Dissertation sur l'abolition du culte de Roth, soit par saint Mellon, premier évêque, soit par saint Romain, dix-neuvième évêque de Rouen (par le marquis Le Ver). *Paris*, Tastu, 1829, br. in-8 de 52 pages.

Tirée à 50 exemplaires.

1072. Dissertation sur la comédie (par de Chargéy). 1786, in-12.

1073. Dissertation sur la foi qui est due au témoignage de Pascal dans « *Ses lettres provinciales* » (par Louis Silvy, ancien magistrat de la Cour des aides). *Paris*, sans date, br. in-8.

1074. Dissertation sur la génération, les animalcules spermatiques et ceux d'infusion, avec des observations microscopiques sur le sperme et ses différentes infusions (par le baron de Gleichen). Traduit de l'allemand (par Jean-Charles Laveaux). *Paris*, an VII (1799), in-4.

1075. Dissertation sur le café (par le Père Charles-Pierre-Xavier Tolomas). *Paris*, 1757, in-12.

1076. Dissertation sur le calendrier Liégeois, par N. A. N. D. (Ferdinand-Jules Hénaux). *Liége*, Oudart, 1845, in-8 (Ul. C.).

1077. Dissertation sur l'emplacement du champ de bataille où César défit l'armée des *Nervii* et de leurs alliés, par M. de C*** (Louis-Nicolas-Jean-Joachim de Cayrol, ancien sous-intendant militaire), membre de l'Académie d'Amiens. *Amiens*, Marchand, 1832, br. in-8 de 64 pages.

Tirée à 100 exemplaires seulement, cette brochure n'a pas été mise dans le commerce. Le *Journal des Savants*, de février et d'octobre 1832, en rend compte, en même temps que de la notice sur *Samarobriva*, par le même.

De Cayrol, né à Paris, le 25 juin 1775, mort à Compiègne, le 20 août 1859, dans sa quatre-vingt-cinquième année, alliait à une érudition profonde, un sage esprit de critique et une grande sûreté de goût.

A l'armée, à la Chambre, dans sa retraite, il a constamment occupé ses loisirs à des travaux d'histoire, d'archéologie, de numismatique et de littérature, qui attestaient la variété de ses connaissances.

1078. Dissertation sur le passage du Rhône et des Alpes par Annibal, l'an 218 avant notre ère; 3e édition, accompagnée d'une carte, suivie de nouvelles observations sur les deux dernières campagnes de Louis XIV et d'une dissertation sur le mariage du célèbre Molière (par le marquis de Fortia-d'Urban). *Paris*, Lebègue, 1821, in-8.

1079. Dissertation sur les cérémonies symboliques usitées dans l'ancienne jurisprudence française (par le comte Arthur-Auguste Beugnot). *Paris*, Fain, 1828, in-8.

1080. Dissertation sur les huîtres vertes de Marennes, avec des observations critiques sur l'opinion des naturalistes, touchant la reproduction des huîtres en général et les causes de la couleur verte que ces animaux peuvent acquérir, par M. G. de la B. (Jacques-François Goubeau de la Billennerie, président du tribunal de Marennes). *Rochefort*, Goulard, 1821, in-8.

1081. Dissertation sur les miracles contre les impies (par Jacques Fouillou, diacre). Sans nom de lieu, 1742, in-12.

1082. Dissertation sur l'origine des étrennes, par Jacob Spon. Nouvelle édition, avec des notes, par M*** (Claude Bréghot-du-Lut). *Lyon*, Barret, 1828, in-8.

1083. Dissertation sur l'usage de faire porter la queue, par le Père Ménétrier. Nouvelle édition, avec des notes (par Claude

Bréghot-du-Lut, Duplessis et Antoine Péricaud l'aîné). *Lyon*, Barret, 1829, br. in-8 de 32 pages.

Tirée à 100 exemplaires.

1084. Dissertations où on examine quelques questions appartenant à l'histoire des anciens Egyptiens (par Pierre-Adam d'Origny). 1752, in-12.

La première dissertation est relative à un passage d'Hérodote, qui sert d'autorité à de nouveaux systèmes ; l'autre traite des obélisques d'Egypte, et particulièrement de ceux qui furent transportés à Rome.

1085. Distinction et bornes des deux puissances par rapport à la constitution civile du clergé, par l'auteur de : « *L'Etat des personnes en France, sous les deux premières races de nos rois* » (par l'abbé Paul-Joseph de Gourcy de Mainville). *Paris*, Girouard, 1790, in-8.

1086. Divertissement national en l'honneur de la naissance du Dauphin (par Christophe-Félix-Louis Ventre de La Touloubre, plus connu sous le nom de Montjoie). *Paris*, 1781, in-8.

1087. Divine (La) dramaturgie de l'univers, etc. Traduite du grec, par Philarmos (Marie de La Fresnaye). *Paris*, Sétier, 1826, br. in-8 de 16 pages.

1088. Divines poésies de l'Orient et du Nord, légendes, ballades, etc. Par Sébastien Réal (Sébastien Gayet). *Paris*, Fournier, 1842, in-8.

1089. Dix ans de solitude. Poésies (par Jean-André Reloi). *Rouen*, 1851, br. in-8 de 192 pages.

1090. Dix-huit (Le) brumaire. *Paris*, Garnery, 1799, in-8.

Ce livre, attribué dans le public et par tous les biographes à RŒDERER, est de Vincent LOMBARD, de Langres.

1091. Docteur (Le) amoureux, comédie en cinq actes et en vers (par Le Vert). *Paris*, Augustin Courbé, 1638, in-8.

1092. Docteur (Le) amoureux, pièce (supposée) inédite de Molière, en un acte, en prose. *Paris*, Michel Lévy, 1862, in-12.

Jouée, pour la première fois, au second Théâtre-Français, le 1er mars 1845. Beaucoup de personnes, même parmi les littérateurs de profession, furent dupes de cette plaisanterie un peu forte. Le véritable auteur, qui s'en excuse assez gaîment dans l'*Avis au lecteur*, est M. Ernest DE CALONNE.

1093. Docteur (Le) romain, ou Entretiens sur les démissions (des évêques), recueillis par le citoyen Fridensman, à *** (par l'abbé Guillaume-André-René Baston). *Rouen*, 1802, broch. in-8.

1094. Doctrine catholique sur le mariage, par l'abbé B*** P. D. T. (le même, professeur de théologie). *Rouen*, 1791, in-12.

1095. Doctrines (Les) républicaines absoutes devant le jury Lyonnais, etc. (par Eugène Dufaitelle). *Lyon*, 1832, br. in-8 de 70 pages.

1096. Documents et particularités historiques sur le catalogue du comte de Fortsas : ouvrage dédié aux bibliophiles de tous les pays, (par Emmanuel Hoyois, imprimeur-éditeur). *Mons*, 1857, in-8.

Tiré à 200 exemplaires, numérotés à la presse, dont 6 sur papier fort, 2 sur chine et 192 sur jésus superfin de couleur.

Le catalogue FORTSAS est une œuvre tout-à-fait imaginaire, ne contenant que des indications d'ouvrages qui n'ont jamais existé. L'auteur était parvenu à y insérer les titres de livres qui devaient piquer la curiosité publique et l'envie de tous les bibliophiles. Cette mystification obtint un succès extraordinaire.

(Voir, à ce sujet, dans le *Bulletin du Bibliophile*, de Techener, année 1840, 2e série, une note de M. de Reiffenberg).

1097. Documents historiques sur la Hollande, par le comte de Saint-Leu (Louis-Bonaparte, ex-roi de Hollande). *Londres*, Lackington, 1820, 3 vol. in-8.

1098. Documents historiques sur la vie et les mœurs de Louise Labé, de nouveau mis en lumière, par P.-M. G. (Pierre-Marie Gonon). *Lyon*, L. Boitel, 1841, in-8.

Avec la collaboration de Claude BRÉGHOT-DU-LUT.

1099. Documents inédits relatifs à l'invasion française en Belgique, en 1792, par le colonel G. (Guillaume). *Bruxelles*, 1861, br. gr. in-8 de 11 pages.

Extraits du tome III de la *Revue d'histoire et d'archéologie*.

1100. Documents pour servir à l'histoire du théâtre français sous la Restauration, ou Recueil des écrits publiés de 1815 à 1830, par Pierre-Victor (Lerebours), ancien acteur de l'Odéon, sur ses débats avec l'administration des *Menus-Plaisirs* et sur les abus qui ont le plus contribué pendant cette époque à la dégradation des théâtres. *Paris*, Guillemin, 1835, br. in-8 de 180 pages.

1101. Documents relatifs à l'histoire du pays de Vaud, de 1293 à 1750 (par le baron Grenus-Saladin). *Genève*, Manget et Cherbuliez, 1827, 2 vol. in-8.

1102. Dogme et rituel de la haute magie, par Eliphas Lévy (Alphonse-Louis Constant). *Paris*, 1854-1856, 2 vol. in-8.

Une seconde édition a paru en 1861.

1103. Doigt (Le) de Dieu, drame en un acte et en prose, par MM. Montigny (Adolphe Lemoine) et Meyer. *Paris*, Marchant, 1834, in-8.

C'est par erreur que *La France littéraire* attribue cette pièce, ainsi que celle intitulée : *Une Chanson*, à Louis MONTIGNY.

1104. Doit-on pleurer sa femme ? Par... ??? (Joseph Demoulin). *Liége*, Renard, 1850, in-18 (Ul. C.).

1105. Doléances des peuples du continent (par Herman-Samuel Reimar, médecin à Hambourg). *Hambourg*, 1809, in-8.

1106. Doléances et pétitions des fidèles persécutés dans le diocèse de Lyon, aux honorables membres de la Chambre des Pairs et de celle des Députés (par Louis Silvy, ancien magistrat). *Paris*, Adrien Egron, 1819, in-8.

1107. Dolorès, légende de J. T. Saint-Germain (Jules-Romain Tardieu, libraire). *Paris*, J. Tardieu, 1864, in-18.

1108. Dom (*sic*) Miguel, ses aventures scandaleuses, ses crimes et ses usurpations, par un Portugais de distinction (Marreto-Feio). Traduit par J.-B. Mesnard. *Paris*, Ménard, 1833, in-8.

1109. Domine salvum fac regem, ou coup-d'œil rapide, politique et moral des principaux événements qui ont eu lieu depuis la prescription de ce chant religieux et national, jusqu'au retour de Louis-le-Désiré, par un Patriote (Jayet de Fontenay). *Grenoble*, Baratier, 1814, br. in-8 de 64 pages.

1110. Don-Martin Gill, histoire du temps de Pierre-le-Cruel, par M. Mortonval (Alexandre-Furcy Guesdon). *Paris*, Ambroise Dupont, 1831, 2 vol. in-8.

1111. Dotation et réforme, par E. L. (Emile Laurent). 1840, br. in-8.

1112. Double (La) méprise, par l'auteur du « *Théâtre de Clara Gazul* » (Prosper Mérimée, membre de l'Académie française, etc.). *Paris*, Fournier, 1834, in-8.

1113. Doutes d'un pauvre citoyen (par Edouard-Thomas Charton). *Paris*, 1857, broch. in-8.

1114. Doutes proposés à M. V*** (Verdier), curé de C.-L.-R. (Choisy-le-Roi), sur sa promotion à l'épiscopat (par l'abbé Guillaume-André-René Baston). *Rouen*, 1791, in-8.

1115. Droits (Les) de l'homme dans le vrai sens (par Nicolas-Louis-Marie Magon, m^is de la Gervaisais). *Paris*, A. Pihan de la Forest, sans date, in-8.

1116. Droits du prince dans l'enseignement, par M. R*** (Louis-Vincent Raoul, professeur à l'Université de Gand, membre de l'Académie royale de Belgique). *Gand*, 1827, in-8.

1117. Du bon droit et du bon sens en finances, ou du Projet de remboursement des rentes (par Nicolas-Louis-Marie Magon, m^is de la Gervaisais). *Paris*, chez les libraires du Palais-Royal, sans date (1826), br. in-8.

1118. Du Chemin de fer de Paris à Caen et à Cherbourg, par un Membre du Conseil Municipal de Caen (M. Thomines-Desmazures aîné, avocat et membre, en 1848, des Assemblées *Constituante* et *Législative*). *Caen*, Hardel, 1844, gr. in-8 de 158 pages.

1119. Du choix d'un local pour l'entrepôt de la ville de Paris, par G. de Chamfrey (Antoine-

Maurice Goujon, chef de bureau au ministère des travaux publics). *Paris*, 1832, br. in-8.

1120. Du commandement de la cavalerie et de l'équitation. Deux livres de Xénophon, traduits par un Officier de l'artillerie à cheval (Paul-Louis Courier). *Paris*, Eberhart, 1812, in-8.

Texte grec en regard de la traduction.

1121. Du congrès de Vienne, par l'auteur du « Congrès de Radstadt » (l'abbé Dominique Dufour de Pradt). *Paris*, Déterville, 1815, 2 vol. in-8.

1122. Du déclin de la France en décembre 1842 (par Pierre-François-Xavier Bourguignon d'Herbigny). *Paris*, décembre 1842, br. in-8 de 80 pages.

1123. Du droit des officiers ministériels de présenter leurs successeurs à l'agrément de Sa Majesté (par Dard). *Paris*, Lenormand, 1856, in-8.

1124. Du Flamand, du Wallon et du Français en Belgique, par un Ami des lettres (Charles-François Soudain de Niederwerth). *Liége*, Redouté, janvier 1857, br. in-8 de 27 pages.

1125. Du gouvernement de Saint-Domingue, de Laveaux, de Villate, des agents du Directoire (par Barbault-Royer). *Paris*, Delaunay, an v (1797), br. in-8.

1126. Du gouvernement révolutionnaire, ou du Refus des subsides (par Nicolas-Marie-Magon, m^is^ de la Gervaisais). *Paris*, A. Pihan de la Forest, 1830, br. in-8 de 48 pages.

1127. Du littoral de la France (par Adrien Egron). *Paris*, A. Pihan de la Forest, sans date (1838), in-8.

C'est la réunion de deux articles, précédemment publiés dans les *Nouvelles annales des voyages*.

1128. Du neuf et du vieux. Etrennes aux délicats, par Frère Jean (par M. Vaugan, directeur de l'établissement industriel de M. Wulverick, situé à Blainville-Crevon, près de Rouen). *Rouen*, Brière, 1866, in-12.

1129. Du nombre des délits criminels, comparés à l'état de l'instruction primaire, par un Membre de la Société formée à Paris pour l'amélioration de l'enseignement élémentaire (par Edme-François Jomard). *Paris*, Colas, 1827, br. in-8 de 36 pages.

1130. Du Pape, par Philotée (Francisque Bouvet, consul de France à Port-Maurice). *Paris*, E. Dentu, 1863, in-8.

1131. Du perfectionnement des assolements, combinés avec la culture de la betterave, par Ducroquet aîné, cultivateur. *Paris*, Bouchard, 1840, br. in-8 de 48 pages.

Cet opuscule a été rédigé par M. Charles GABET, d'après des notes fournies par M. Ducroquet.

1132. Du Piémont à la fin de 1821, ou Effets de l'influence des sociétés secrètes (par de Filippi). *Paris*, Pillet aîné, 1822, br. in-8 de 120 gages.

1133. Du pouvoir de saint Pierre dans l'Église, ou Dissertation sur ce passage : « Tu es pierre « et sur cette pierre j'édifierai « mon église. » Par l'auteur de l'écrit intitulé : *Doctrine de l'Ecriture Sainte sur l'adoration de Marie* (M. Bost). *Genève*, veuve Suzanne Guers, 1833, br. in-8.

1134. Du principe d'autorité, depuis 1789 (par M. Troplong, président du Sénat). *Paris*, Plon, 1853, br. in-8 de 72 pages.

1135. Du principe religieux considéré comme base de l'éducation du peuple (par J.-M.-M. Rédarès). *Bruxelles*, N.-F. Houdin, 1839, in-8.

1136. Du progrès de l'enseignement primaire. Justice et liberté (par Mlle J.-V. D. Jenny-Victoire Daubié, institutrice). *Paris*, impr. de Claye, 1863, br. in-8.

1137. Du progrès de l'imprimerie en France et en Italie, au seizième siècle, et de son influence sur la littérature (par G.-A. Crapelet, imprimeur). Sans nom de lieu (*Paris*), 1836, br. in-8 de 56 pages.

1138. Du refus des subsides (par Nicolas-Louis-Marie Magon, marquis de la Gervaisais). *Paris*, A. Pihan de la Forest, 1829, br. in-8 de 52 pages.

1139. Du régime parlementaire, en réponse à M. de Gerlache, par un Paysan (Louis Gillods, de Bruges). *Liége*, Ledoux, 1852, in-8.

C'est la réfutation de la brochure intitulée : *Essai sur le mouvement des partis.*

1140. Du règlement de la dette (par Nicolas-Louis-Marie Magon, m[is] de la Gervaisais). *Paris*, A. Pihan de la Forest, 1834, br. in-8 de 68 pages.

1141. Du règne de Louis XVI mis sous les yeux de l'Europe (par Mignonneau, ancien commissaire des gardes du corps du roi). *Paris*, sans date (juillet 1791), br. in-8.

Cette brochure, dont parle avec éloge Bertrand de Molleville, dans son *Histoire de la Révolution* (tome v, pages 152-155), n'est que la reproduction d'un *Parallèle* publié par le même auteur, en 1788, à la suite d'un écrit politique. C'est à tort qu'une première fois nous avons énoncé cette brochure sous un titre modifié ; nous le rétablissons textuellement ici. Quérard, dans sa *France littéraire*, met en doute son existence. Le catalogue de la Bibliothèque impériale, qui le mentionne, justifie la citation que nous avons faite.

1142. Du remboursement de l'amortissement (par Nicolas-Louis-Marie Magon, marquis de la Gervaisais). *Paris*, A. Pihan de la Forest, sans date, br. in-8.

1143. Du service des postes et de la taxation des lettres au moyen d'un timbre (par M. Piron, chef à la direction g[le] des postes). *Paris*, 1838, br. gr. in-8 de 148 pages.

1144. Du système conservateur. Examen de la politique de M. Guizot, par un Homme d'Etat (Ferdinand Ségoffrin). *Paris*, Amyot, 1843, in-8.

1145. Du système de la loi naturelle considérée comme une hérésie de la religion chrétienne, par M*** (Louis-Philibert Machet), de la Marne. *Paris*, Hivert, 1826, in-18.

1146. Du système des Doctrinaires, ou Observations sur un écrit de M. Guizot, intitulé : *Du gouvernement de la France, depuis la restauration du ministère actuel* (par Anne-Jean-Philippe-Louis Cohen). *Paris*, chez l'auteur, 1820, br. in-8 de 52 pages.

1147. Du système philosophique de M. F. de La Mennais et de quelques écrits publiés en faveur de ce système (par Jean-Baptiste-N. Nolhac). *Lyon*, Boursy, 1825, br. in-8 de 59 pages.

1148. Du tribut de la terre (par Nicolas-Louis-Marie Magon, marquis de la Gervaisais). *Paris*, A. Pihan de la Forest, 1834, br. in-8 de 68 pages.

1149. Du trois pour cent. Premier aperçu (par le même). *Paris*, A. Egron, 1825, broch. in-8.

1150. Du voile des Religieuses et de l'usage qu'on en doit faire selon l'Ecriture, les Conciles et les Saints-Pères. *Lyon*, Laurent Aubin, M.DC.LXXVIII, petit in-12 de 174 pages, non compris une Epître dédicatoire et un avertissement.

« La dédicace de ce livre est signée C. L'exemplaire, appartenant à la Bibliothèque de Lyon, porte sur l'intérieur de la couverture la note suivante, écrite à la main : Philibert COLLET qui était Bressan, de Châtillon-lez-Dombes. »

En 1697, Philibert COLLET publiait à Dijon un petit volume d'*Entretiens sur la clôture religieuse*. Il y a entre ce livre et le précédent quelques points de contact, et quoique son auteur ne fasse nulle mention du *Traité sur le voile*, nous n'inclinons pas moins à présenter ce dernier ouvrage comme étant bien réellement sorti de sa plume.

Note signée : F. Z. C. (Zénon Collombet), extraite de la *Revue du Lyonnais*, année 1835.

1151. D'un nouveau complot contre les industries, par M. de Stendhal (Marie-Henry Beyle). *Paris*, Sautelet, 1825, br. in-8 de 20 pages.

1152. D'une caisse générale de retraites et de pensions pour les travailleurs invalides, par P. C. (Pierre Cazeaux), ancien ingénieur au service de l'Etat. *Paris*, Lecointe, 1842, br. in-8 de 67 pages.

1153. Duc (Le) de Brunswick, avant et après la révolution de Brunswick (par Challas). *Paris*, A. Mesnier, 1832, in-8.

Libelle où tous les faits sont controuvés.

1154. Duc (Le) de Monmouth, comédie historique, en trois actes et en prose (par Nicolas-Marie-Félicité Bodard de Tezay). *Paris*, 1788, in-8.

1155. Duchesse (La) d'Angoulême à Bordeaux, ou Relation circonstanciée des événements politiques dont cette ville a été le théâtre, en mars 1815, etc., par M. A. B. D. P. (Auguste Boscheron Des Portes). *Versailles*, A. Lebel, 1815, br. de 84 pages.

1156. Duchesse (La) de Fontanges, par Mme de *** (le baron Étienne-Léon de la Mothe-Langon), auteur des « Mémoires d'une femme de qualité. » *Paris*, Minard, 1833, 2 vol. in-8.

1157. Duchesse (La) de Marsan, drame en cinq actes et six tableaux, par A. d'Ennery (Adolphe Philippe et Mme Desgranges). *Paris*, Tresse, 1847, in-8.

1158. Duel (Le) jugé au tribunal de la raison et de l'honneur, par Joseph de Lapanouse (l'abbé Pierre-Denis Boyer, l'un des directeurs du séminaire de Saint-Sulpice). *Paris*, 1802, br. in-8.

1159. Dunallan, ou Connaissez ce que vous jugez, par l'auteur de « Décision, » du Père Clément (de miss Clara Kennedy), traduit de l'anglais sur la 2me édition (par Mlle Saladin). *Paris*, A. Dupont, 1827, 4 vol. in-12.

1160. Dupe (La) de son art, opéra comique en un acte et en vers, par Ch. S. (Charles Sapey). *Paris*, 1808, br. in-8.

E

1161. Eau (L') de mille fleurs, comédie-ballet en trois actes (par Barbier, de Lyon). *Lyon*, 1707, in-12.

1162. Ebauche d'un cours préliminaire de droit naturel, ayant pour objet de ramener la morale et la politique à la loi de Dieu et de nature, et aux maximes de l'Evangile. Première partie : Notes analytiques et critiques sur le contrat social de J.-J. Rousseau, par A. de V. (Aimé de Virieu), t. I et IV. *Lyon*, Barret, 1829, 2 vol. in-8.

Il n'a paru que ces deux volumes qui ont été tirés à petit nombre. L'auteur se proposait de donner un grand développement à son système, si la mort ne l'eût surpris au milieu de son travail. Aimé de Virieu, né en 1792, mourut en novembre 1834, à Alger. Il avait exercé avec honneur le commerce à Lyon.

1163. Eccelenza, ou les soirs au Lido, par l'Auteur de « L'Ecolier de Cluny » (Roger de Beauvoir). *Paris*, H. Fournier, 1833, in-8.

1164. Echelle (L') du mal, mœurs du XIXe siècle, par Philippe de Marville (de Létang). *Paris*, G. Roux, 1855, 2 vol. in-8.

1165. Echo (L') de Sainte-Hélène, traduit de l'anglais d'O'

Méara, avec préface (par Auguste-Alexis Baron, professeur de littérature étrangère à l'Université de Liége). *Bruxelles*, Lacrosse, 1824, 3 vol. in-8.

1166. Echos (Les) de Hombourg, par Félix Platel (Etienne Pall). *Paris*, Alphonse Tarride, 1856, 2 vol. in-12.

L'ouvrage avait été annoncé en trois volumes; deux seulement ont paru.

1167. Eclaircissements donnés à M. Charrier de la Roche, sur un écrit intitulé : « *Lettres pastorales de l'évêque de Rouen aux fidèles de son diocèse* » (par l'abbé Guillaume-André-René Baston). (*Rouen*, 1791), in-8.

1168. Eclaircissements demandés à M. N*** (Necker), sur ses principes économiques et sur ses projets de législation (par l'abbé Blondeau). *Paris*, 1775, in-8.

1169. Eclaircissements géographiques sur l'ancienne Gaule. *Paris*, veuve Etienne, 1741, in-12.

Des bibliographes ont attribué à tort à l'abbé Belley cet ouvrage du célèbre d'Anville. Cette erreur, qui tombe devant plusieurs passages de ces mêmes *Eclaircissements* (pages 341, 432 et 439), et de la préface où d'Anville en parle comme de son propre ouvrage, provient, sans doute, de la citation qui se trouve dans les *Mémoires géographiques de quelques antiquités de la Gaule*, par Pasumot, ingénieur-géographe, publiés à Paris, en 1765, 1 vol. in-12. Cet écrivain dit dans une note de ces mémoires (pages 29 et 30) : « Que les *Eclaircissements géographiques* sont de l'abbé Belley, et se trouvent à la suite d'un *Petit traité sur les mesures itinéraires et la lieue Gauloise*, par M. d'Anville. »

Quérard, en reproduisant en substance la note ci-dessus (t. 1er, page 266, de sa *France littéraire*), ajoute : « Un bibliographe a, par erreur, attribué à l'abbé Belley, et feu Barbier d'après lui, etc. »

Au lieu de ce mot *d'après*, Quérard aurait dû écrire : *avant lui*; car, la 1re édition du Dictionnaire de Barbier, où les *Eclaircissements* sont mentionnés comme étant dus à l'abbé Belley, date de 1806, et a précédé de quatre années la publication du *Manuel du libraire* qui n'a paru qu'en 1810.

1170. Eclaircissements sur l'organisation de l'Académie des Beaux-Arts (par Laurent-Emile Renard). *Liége*, Collardin, 1836, pièce in-8 de 6 pages.

1171. Eclaircissements sur un contrat de vente égyptien, en écriture grecque cursive, publié pour la première fois, par M. Boeckh, par M. *** (Edme-François Jomard). *Paris*, Eberhart, 1822, in-4.

Avec deux planches.

1172. Ecole (L') de la mignature, ou l'Art d'apprendre à peindre sans maître et les secrets pour faire les plus belles couleurs (par Claude Boutet). Nouvelle édition, revue, corrigée et augmentée. *Paris*, Musier, 1782, in-12.

La première édition, qui porte le titre de : « *Traité de la mignature,* » fut imprimée à Paris en 1674.

1173. Ecole (L') du Sauveur, ou Bréviaire du chrétien, renfermant une leçon de christianisme pour chaque jour de l'année (par l'abbé Jean-Baptiste Lasausse). *Paris*, Coupart, 1791-1793, 7 vol. in-12.

Barbier présente ce livre comme étant traduit par l'abbé Chomel de *Schola Christi*, ouvrage de Jacques Planat. L'abbé Lasausse l'a pourtant compris dans la liste qu'il a fait imprimer de tous ses ouvrages.

(Note de Quérard, *France littéraire*).

1174. Ecole (L') du scandale. Ces Messieurs, par Eusèbe (Joseph-Adolphe-Ferdinand Langlé). *Paris*, 1860, br. in-8.

1175. Ecole (L') du Val d'Amont (par César-Henri-Abraham Malan, pasteur). *Paris*, Smith, 1820, in-8.

1176. Ecoles primaires de Belgique (par Bernard-Henri Mertens). *Liége*, 1850, in-12 (Ul. C.).

1177. Ecolier (L') de Brienne, ou Le Chambellan indiscret. Mémoires historiques et inédits, publiés par le baron de B*** (Charles Doris, de Bourges). *Paris*, Vauquelin, 1817, 3 vol. in-12.

Attribués longtemps dans le public à M. DE BOURIENNE, cet ouvrage, ainsi que tous ceux du même auteur, qui semble n'avoir été guidé dans ses écrits relatifs à Napoléon, que par une aveugle partialité, n'a dû son succès qu'à cette erreur sur laquelle il avait spéculé.

(Quérard, *Fr. litt.*)

1178. Economie domestique et rurale, par Xénophon; traduction nouvelle, d'après le texte grec, par V. B. (l'abbé Vincent Bourdillon). *Grenoble*, 1863, in-12 de XIX et 108 pag.

1179. Economie et réformes, dès cette année, ou le Cri général sur les dépenses publiques, par un Contribuable sans appointements (Félix Bodin). *Paris*, Delaunay. 1819, br. in-8 de 64 pages.

1180. Economie politique du comte Verri, traduite de l'italien, sur la septième édition (par Chardin, professeur au Prytanée). *Paris*, Ducaurroy, an VIII (1800), in-8.

1181. Ecrivain (L') public, drame en trois actes et en prose, par MM. Merville (Pierre-François Camus) et Gustave Drouineau. *Paris*, Barba, 1828, br. in-8.

1182. Ecrivain (L') public, ou Observations sur les mœurs et les usages du peuple, au commencement du dix-neuvième siècle, recueillies par feu Le Ragois et publiées par Mme S. P*** (Sophie Pannier). *Paris*, Pillet aîné, 1825, 5 vol. in-12.

1183. Edouard (par la duchesse de Duras, née Claire Lechat de Kersaint). *Paris*, Jules Didot, 1825, 2 vol. in-12.

Cet ouvrage n'a été tiré qu'à petit nombre et pour être distribué aux amis de l'auteur.

1184. Education (L') française, ramenée à ses véritables principes, par Ange P*** de la F*** (Ange-Augustin-Thomas Pihan de la Forest, imprimeur). *Paris*, Le Bègue, septembre 1815, br. in-8 de 104 pages.

1185. Edwige de Milvar, par Mme G*** V*** (Mme Grandmaison Van Esbecq), auteur de « Adolphe, ou la Famille malheureuse, » et de « L'Héri tière de Babylone. » *Paris*, Fréchet, 1807, 3 vol. in-12.

1186. Eglise (L') et les Institutions impériales, par un Libre penseur catholique (Jules Le Chevalier). *Paris*, E. Dentu, 1860, br. in-8.

1187. Eglise (L') et les Jésuites (par F. Olivier, pasteur à Lausanne). *Lausanne*, Delille, 1823, in-8.

1188. Eglise (L') Saint-Jacques, à Liége. Plans et coupes mesurés et dessinés, par J.-C. Delvaux, gravés par J. Cours; avec notice historique (par Edouard Lavalleye). *Liége*, Avanzo, 1845, gr. in-fol.

1189. Eglises (Les) gothiques, par Old Book (par M. Schmit, maître des requêtes). *Paris* et *Versailles*, Augé, 1837, in-12.

1190. Egmont (D'), Paris et Saint-Cloud au 18 brumaire (par Philippe Busoni). *Paris*, H. Fournier, 1831, in-8.

1191. Eléments d'algèbre, par Clairaut. Cinquième édition, avec des notes et additions, tirées en partie des leçons données à l'Ecole normale, par Lagrange et Laplace, et précédée d'un Traité élémentaire d'arithmétique (par Théveneau). *Paris*, Duprat, an v (1797), 2 vol. in-8.

1192. Eléments d'économie politique, suivis de quelques vues sur l'application des principes de cette science aux règles administratives (par Alexandre-Maurice La Nautte, comte d'Hauterive). *Paris*, Fantin, 1817, in-8.

1193. Eléments de géographie, précédés d'une introduction en forme de conversation. 5e édition, revue et augmentée par l'auteur (Claude-Ignace Barante). *Riom* et *Clermont*, Landriot et Rousset, 1821, in-12.

La 1re édition date de 1796.

1194. Eléments de géographie, suivant les meilleurs géographes, dédiés aux jeunes pensionnaires des maisons religieuses, par L*** Q*** (Le Queu), D. G. (dessinateur-géographe). (*Paris*), 1782, in-8.

Cet opuscule fut plus tard réuni à une *Description de la Sphère armillaire*, publiée par Le Queu, avec son nom et la qualification de *maître de dessin et de géographie*. Alençon, Poulet-Malassis le jeune, 1784, in-8.

1195. Eléments de grammaire française, par MM. A*** D*** (Dumouchel fils) et P*** (Pichon). *Paris*, Hœnée, 1805, in-12.

1196. Eléments de musique, ou Exposé des principes de cet art, détaillés par ordre, et, pour la facilité des élèves, distribués par demandes et par réponses. Rédigés par le citoyen M*** (Mangin), professeur de musique. *Nancy*, Vincent, an IX (1801), in-8.

1197. Eléments de plain-chant, à l'usage des séminaires, des collèges et des autres maisons d'éducation, par un Prêtre du diocèse de Nancy (l'abbé Lange, curé de St-Nicolas). *Nancy*, Wagner, 1846, in-8.

1198. Eléments de la logique française, par P. D. M. (Du Moulin). *Rouen*, 1623, in-16.

1199. Eléments succincts de la langue et des principes de la botanique, ouvrage orné de 16 planches en taille-douce, avec leur explication (par Aubin). *Paris*, Baudouin, an XI (1803), in-8.

1200. Eléonore de Fioretti, roman historique, par M. de N*** (De Normandie, sous-préfet de Béthune). *Douai*, Wagrez, 1823, 2 vol. in-12.

1201. Eléonore et Monval. Nouvelle, par J. H. (Jean Hubin, de Huy). *Bruxelles*, Stapleaux, an VI (1798), in-18.

1202. Eléphants (Les) détrônés et rétablis, apologue historique indien, dédié à Son Altesse royale Monsieur, frère du roi, lieutenant-général du royaume, par M. A.-L. Le D. (Auguste-Louis Le Drect). *Paris*, L.-G. Michaud, 1814, br. in-8.

1203. Elévations, par Arthur de Gravillon (Arthur-Antoine-Alphonse Péricaud). *Paris*, librairie centrale, 1859, in-18.

1204. Elévations poétiques et religieuses, par Marie Jenna (Céline Renard). *Paris*, Adrien Leclère, 1864, in-12.

1205. Elève (L') de l'Ecole polytechnique, ou la Révolution de 1830, par Hippolyte W*** (Wallée). *Paris*, Lachapelle, 1830, 3 vol. in-12.

1206. Elisa Rivers, ou la Famille de la nature, traduit de l'anglais (de miss Mary Brunton), par Mme S*** (par la comtesse Molé, née de la Briche). *Paris*, Ladvocat, 1825, 5 vol. in-12.

Un romancier, nommé Charles-Frédéric FAYOT, passe pour n'avoir pas été étranger à cette traduction, ainsi qu'à la plupart de celles que Mme Molé a faites de l'anglais.

1207. Elisabeth, ou les Exilés de Sibérie, par Mme Cotin; précédé d'une notice sur l'auteur (par Michaud jeune). *Paris*, Chassignon, 1833, 2 vol. in-18.

La notice est extraite de la *Biographie universelle.*

1208. Elise et Marie, par Mme Jenny Bastide (Marie-Hélène Dufourquet). *Paris*, Dumont, 1838, 2 vol. in-8.

1209. Eliska, ou les Français en pays conquis. Episode de l'histoire contemporaine. Par Mme S. U. Dudrezène (Mlle Sophie Ulliac). *Paris*, Raynal et Person, 1832, 5 vol. in-12.

1210. Ellen-Percy, ou les Leçons de l'adversité; roman traduit de l'anglais, par Mme de M*** (Fourcheux de Mont-Rond). *Paris*, Lelong, 1818, 2 vol. in-12.

1211. Ellival et Caroline, par M. le comte de L*** (Bernard-Germain-Etienne de La Ville, comte de Lacépède). *Paris*, Delaunay, 1816, 2 vol. in-12.

1212. Eloge de Boileau, an XI (extrait d'une brochure intitulée : « *Essais de poésie et d'éloquence* », par J. Pons-Guillaume Viennet). *Paris*, Fuscb, an XIII (1805), br. in-8.

1213. Eloge de Fénelon (par Doigni du Ponceau). *Paris*, 1771, in-8.

1214. Eloge de la folie, par Erasme, traduction nouvelle, par C. B. de Panalbe (Charles Brugnot de Painblanc, de Dijon). *Troyes*, Cardon, 1826, in-8.

1215. Eloge de Georges-Louis de Berghes, évêque et primat de Liége, etc., composé par J.-F. B. (Jean-François Bassompierre, imprimeur). *Liége* et *Bruxelles*, François Bassompierre et Delorme, sans date (vers 1845?), in-12 (Ul. C.).

1216. Eloge de la guerre, ou Réfutation des doctrines des amis de la paix (par le capitaine A. Brialmont). *Bruxelles*, 1850, br. in-8 de 66 pages.

1217. Eloge de Leibnitz, qui a remporté le prix à l'Académie royale des Sciences et Belles-Lettres de Prusse (par Silvain Bailly). *Paris*, 1770, in-8.

1218. Eloge de M. de Thou, proposé par l'Académie française, pour le prix d'éloquence, en 1824 (par l'abbé With.-Casp.-Lineweg O'Egger, vicaire à Notre-Dame). *Paris*, Eberhart, 1824 et 1827, in-12.

1219. Eloge de René Descartes, avec cette épigraphe : « L'Eloge d'un grand homme est mon premier ouvrage », qui a concouru pour le prix de l'Académie française (par Doigni du Ponceau). *Paris*, Lejay, 1769, in-8.

1220. Eloge de saint Jérôme (par Gustave-François Fournier). *Paris*, Delaunay, 1817, in-12.

Ce jeune homme, mort en 1818, à l'âge de 19 ans, était le fils du docteur Fournier de Pescay.

1221. Eloge de Sébastien Le Prestre, chevalier, seigneur de Vauban, par M. Carnot, capitaine au corps royal du génie, ouvrage enrichi d'observations, par un Amateur. Sans date, ni lieu de publication (*Lá Haye*, 1786), in-8.

Cette édition a été donnée par le marquis Marc-René DE MONTALEMBERT, et ce qu'elle offre de singulier, c'est qu'elle est accompagnée des notes les plus injurieuses pour son auteur.

1222. Eloge du cardinal d'Amboise, prononcé, en 1786, dans une séance publique de l'Académie des Sciences et Belles-Lettres d'Angers (par l'abbé Burgevin). *Angers*, Mame, 1736, in-8.

1223. Eloge du luxe effréné des femmes, extrait des Légendes de J. T. Saint-Germain (par Jules-Romain Tardieu). *Paris*, J. Tardieu 1865, in-18.

1224. Eloge du tonnerre, ou Observations physiques sur les orages (attribué à Marchand de Burbure). *Paris*, Quillau, sans date (vers 1782), br. in-8 de 20 pages.

1225. Eloge funèbre de S. A. R. Mgr le duc d'Enghien (par le comte de Dion). *Londres*, Duleau et Cie, juin 1824, br. in-8 de 20 pages.

1226. Eloge funèbre du général Joubert, prononcé à Lyon, le 10 vendémiaire an x (par Louis Piestre, de l'Académie de Lyon). A *Lyon*, de l'imprimerie de Bernard, broch. in-8 de 18 pages.

1227. Eloge historique de feu M. Charles-Louis de Salmon du Châtellier, évêque d'Evreux, par un de ses grands vicaires (l'abbé Pierre-Charles de La Noë). *Evreux*, Canu, 1842, br. in-8 de 30 pages.

1228. Eloge historique de Mme Elisabeth de France, etc. Par Antoine Ferrand, ancien magistrat, etc. *Paris*, Adrien Leclère et Cie, 1861, in-8.

Cette nouvelle édition, augmentée d'un grand nombre de lettres inédites et de *fac-simile*, est due aux soins du duc Aimé-Marie-Gaspard DE CLERMONT-TONNERRE, ancien ministre de la marine et de la guerre, sous la Restauration.

1229. Eloge historique de Pierre Puget (par Théophile Marion du Mersan). *Paris*, 1807, br. in-8.

1230. Eloge sur la vie de très-illustre seigneur messire Pierre Janin, par P. S. S. (Pierre Saumaise, seigneur de Chasans, conseiller au Parlement de Dijon). Sans date, in-4 de 54 pages.

1231. Elomire, c'est-à-dire, Molière hypocondre, ou les Médecins vengez, comédie (par Le Boulanger de Chalussay). *Paris*, 1671, in-12.

Cette pièce, ainsi que le *Portrait du peintre*, par BOURSAULT, est une critique de Molière, dont *Elomire* est l'anagramme.

1232. Eloquence et improvisation, art de la parole oratoire, au barreau, à la tribune, à la chaire, par Gorgias (Eugène Paignon, avocat à Angoulême, depuis avocat au conseil d'Etat). *Paris*, 1847, in-8.

Une deuxième édition, parue en 1854, porte le nom de l'auteur.

1233. Elysée (L') Bourbon (par Jules Janin). *Paris*, Urbain Canel et Adolphe Guyot, 1832, in-16.

1234. Embarras (L') de Godard, ou l'Accouchée (par Jean Donneau de Visé). *Paris*, Ribou, 1688, in-12.

1235. Embellissements (Les) de Paris, pièce en vers qui a concouru pour le prix de poésie proposé par l'Institut impérial; suivie de la traduction du « Songe de Scipion », aussi en vers, par J.-B.-N. Ca*** (Jean-Baptiste-Noël Canet). *Paris*, 1809, in-12.

1236. Emile et Erlach, ou les Heureuses familles suisses ;

traduit de l'allemand d'Auguste Lafontaine, par L. F. (Louis Fuchs). *Paris*, Lecointe et Durey, 1821, 3 vol. in-12.

1237. Emma, ou la Nuit des noces, par Noël Hyeval (Léon Halevy). *Paris*, C.-G. Hubert, 1821, in-12.

1238. Emmanuel, ou Dieu avec nous (par M. de Tristan, d'Orléans). *Paris*, Debécourt, 1842, in-8.

1239. Emmeline et Marie, suivi des *Mémoires de madame Brunton*, traduit de l'anglais (par la comtesse Molé, née de La Briche). *Paris*, Barbezat, 1830, 4 vol. in-12.

1240. Emmerich de Mauroger, par l'auteur des « *Trois Soufflets* », de « *Marguerite Aymon* » (la comtesse Despans de Cubières, née Buffaut). *Paris*, Victor Masson, 1837, in-8.

1241. Empereur (L') Napoléon III et les Principautés Roumaines (par Armand Lévy). *Paris*, E. Dentu, 1858, br. in-8.

1242. Empereur (L'), Rome et le roi d'Italie (par le même). *Paris*, E. Dentu, 1861, br. in-8.

1243. En Ardenne, par quatre Bohémiens (par Félix Delhasse et Théophile Thoré). *Bruxelles*, Vanderauwera, 1856, 2 vol. in-18.

1244. En avant! (par Paul Boiteau). *Paris*, 1858, br. in-8.

Brochure politique, saisie dès son apparition.

1245. Enclume et marteau, par Louis-Emile Vanderbuck (et Honoré Fisquet). *Paris*.

Publié en feuilletons.

1246. Encore quelques arguments contre le zodiaque (par M. C.-G. Schwartz). *Paris*, veuve Migneret, sans date, br. in-8.

1247. Encore quelques mots sur les pensions, par l'auteur d'un écrit intitulé: « Observations sur le travail de la commission instituée par ordonnance royale, le 4 janvier 1832, pour la révision de la législation sur les pensions » (par Félix Lechantre, chef de bureau au ministère de la marine). *Paris*, Bachelier, 1835, br. in-8 de 46 pages.

1248. Encyclopédie de la jeunesse, ou Nouvel essai élémentaire des sciences et des arts, extraits des meilleurs auteurs, par Mme H. T. (Henri Tardieu). *Paris*, H. Tardieu, an VIII (1800), in-12.

Depuis Formey, l'académicien de Berlin, qui a publié le *Petit abrégé des sciences*, une douzaine d'arrangeurs ont remanié cet ouvrage, entre autres le Père LORIQUET; l'abbé DE MANN, inspecteur des études en Belgique; BARTHÉLEMI, de Grenoble; François MATHERON, libraire à Lyon, etc., etc.

1249. Encyclopédie universelle, par Charles de Bussy (Charles Marchal). *Paris*, 1857-1858, gr. in-8 à deux colonnes.

1250. Enfant (L') du crime et du hasard, ou les Erreurs de l'opinion. Mémoires historiques d'un homme retiré du monde, rédigé sur ses manuscrits (par Jean-Armand Charlemagne). *Paris*, Barba, an XI (1803), 4 vol. in-12.

A. CHARLEMAGNE, né au Bourget, en 1759, est mort à Paris, en 1838.

1251. Enfant (L') perdu et retrouvé, poème latin, par son grand-père : *De nepote rapto et recepto, avitum carmen* (par M. Eugène Cauchy, archiviste de l'ancienne Chambre des Pairs). *Paris*, 1865, in-8.

Poème latin, composé à l'occasion de l'enlèvement de son petit-fils.

« Petit chef-d'œuvre de délicatesse et d'érudition », a dit M. S. de Sacy (*Journal des Débats*, du 2 février 1865).

1252. Enfant (L') prodigue, par Raoul de Navery (Mme Marie David). *Paris*, Laroche, 1865, in-12.

1253. Enfants (Les) célèbres chez les peuples anciens et modernes, par P.-J.-B. N. (Pierre-Jean-Baptiste Nougaret). *Paris*, 1810, in-12.

La deuxième édition, la seule mentionnée par Barbier, fut publiée l'année suivante, en 2 vol. in-12, avec une modification dans le titre.

1254. Enfants (Les) de l'atelier, par Michel Masson (Auguste-Michel-Benoît Gaudichot) et Mme Clémence Robert. *Paris*, G. Roux, 1840, 2 vol. in-8.

Hyacinthe l'apprenti, contenu dans le tome premier, forme la part de M. Michel Masson dans cette publication.

1255. Enfer (L') dévoilé, par M. B. de L. V. (Bayard de La Vingtrie). *Paris*, L. Hivert, 1834, br. in-8 de 36 pages.

1256. Enseigne (L'), conte en vers, dédié à son ami V. D. Z. Van Den Zande), par J.-G. H. (Jean-Guillaume Hillemacher, directeur de la compagnie des Quatre-Canaux), avec une vignette gravée par son fils. *Paris*, Fournier et Cie, 1839, br. in-8 de 24 pages.

1257. Entrée (L') dans le monde, par miss Jane Porter ; traduit de l'anglais, par Mme *** (la comtesse Molé, née de La Briche). *Paris*, Mame-Delaunay, 1829, 4 vol. in-12.

1258. Entretien sur le caractère que doivent avoir les hommes appelés à la Représentation nationale, par l'auteur du « Voyage d'un étranger en France » et du « Paysan et le Gentilhomme » (René-Théophile Châtelain, ancien rédacteur en chef du *Courrier français*). *Paris*, Lhuillier, 1818, br. in-8 de 100 pages.

1259. Entretiens de Marc-Aurèle, Lycurgue, Brutus, Aristide, Épictète, aux Champs-Élysées, par Philalète, Philarète et Philadelphe (par C.-R. Féburier). *Paris*, Truchy, 1830, in-8.

1260. Entretiens d'un électeur avec lui-même (par Benjamin Constant de Rebecque). *Paris*, Delaunay, 1817, br. in-8 de 16 pages.

1261. Entretiens instructifs et

pieux sur la communion, le saint sacrifice de la messe et la confession, par l'auteur de l'*Explication du nouveau catéchisme* (l'abbé Jean-Baptiste Lasausse), à l'usage des maisons d'éducation de jeunes demoiselles. *Paris*, veuve Nyon (*Lyon* et *Paris*, Rusand), 1808, in-18.

1262. Epagathe, martyr de Lyon, tragédie représentée, le 27 mai 1668..., par les rhétoriciens du collége de la compagnie de Jésus. *Lyon*, Jacques Cuyne, 1668, in-4.

Delandine, page 218 de sa *Bibliothèque dramatique*, donne, comme auteur de cette pièce, le Père Gaspar CHARONIER, qui n'en a fait que le programme, à l'aide duquel les rhétoriciens ont composé les scènes qu'ils ont récitées. Le programme seul a été imprimé. Delandine a, du reste, souvent donné ces programmes pour des pièces complètes.

Voir les *Documents sur Lyon*, d'Antoine Péricaud : *Publications de* 1673, p. 18.

1263. Ephémères (Les), tragi-comédie en trois actes et en prose, par MM. Picard, de l'Académie française, et M*** (Edouard-Joseph-Ennemond Mazères). *Paris*, Barba, 1828, br. in-8.

1264. Ephémérides d'un Solitaire, ou Journal passe-temps de l'année 1853 (par Joseph Dejaer). *Liége*, Noël, 1853, 1 vol. in-8 de 666 pag. (Ul. C.).

1265. Ephémérides lyonnaises, par A. P. (Antoine Péricaud l'aîné) et B.-D.-L. (Claude Bréghot-du-Lut). *Lyon*, Rusand, 1830, br. in-8 de 14 pages.

1266. Ephémérides militaires, ou Anniversaires de la valeur française, depuis 1792 jusqu'en 1815 ; par une Société de gens de lettres et de militaires (Louis-Eugène Albenas, officier supérieur). *Paris*, Pillet aîné, 1818-1820, 12 vol. in-8.

1267. Ephémérides politiques, littéraires et religieuses (par François-Joseph-Michel Noël). *Paris*, Neuville, 1796-1797, 4 vol. in-8.

Dans la 2e et la 3e éditions qui parurent en 1803-1804, en 12 volumes in-8, Joseph PLANCHE, l'helléniste, était devenu le collaborateur de NOËL.

1268. Epicurien (L'), par Thomas Moore (traduit de l'anglais, par Antoine-Augustin Renouard). *Paris*, J. Renouard, 1827, in-12.

1269. Epigrammes anecdotiques (publiées par Sérieys). *Paris*, 1814, in-8.

1270. Epigrammes contre Martial, ou Les mille et une drôleries, sottises et platitudes de ses traducteurs, ainsi que les castrations qu'ils lui ont fait subir, mises en parallèle entre elles avec le texte, par un Ami de Martial (Eloi Johanneau). *Paris*, Hachette, 1835, br. in-8 de 160 pages.

En 1819, E. JOHANNEAU avait publié 214 imitations en vers de Martial, 8 pages in-8, sans titre. 166 de ces *imitations* faisaient déjà partie du *Martial* de feu E.-T. SIMON, publié quelques mois auparavant, par le général SIMON, son fils, et par

Auguis, en 3 vol. in-8 ; mais avec tant d'incorrections qu'il crut devoir en donner une réimpression, augmentée de 48 autres imitations inédites.

1271. Episodes, fragments, faits contemporains, correspondance, pensées et maximes, faisant suite aux : « *Mémoires d'une contemporaine* », par Mme Ida de Saint-Elme (Elzélina Van Aylde Jonghe). *Paris*, Lecointe, 1829, 2 vol. in-8.

1272. Epître à Arnal, par un Sociétaire du Théâtre-Français (Jean-Bernard Brissebarre, dit Joanny). *Paris*, Lacrampe et Cie, 1846, br. in-8 de 24 pag.

Cet opuscule en vers, tiré à petit nombre, n'a pas été mis dans le commerce.

1273. Epître à Corneille, au sujet de la statue qui doit être placée dans la nouvelle salle de spectacle de Rouen (par David Duval-Sanadon). 1775, in-8.

1274. Epître à Damon sur le luxe des femmes de Lyon (par Phérotée de Lacroix), ensemble les nouvelles satires du sieur D***, avec l'art du geste des prédicateurs (par le Père Sanlecque). *Lyon*, 1685, in-12.

1275. Epître à Dieu (par le chevalier de Port de Guy). *Paris*, Chaumerot, 1820, in-8.

1276. Epître à la Chambre des Députés sur la session de 1820 (par le marquis Jean-Charles-Alexandre-François de Mannoury-d'Ectot). *Paris*, Anthelme Boucher, 1820, br. in-8 de 20 pages.

Le mis de Mannoury-d'Ectot, auteur d'un grand nombre de découvertes dans les arts et les sciences hydrauliques, naquit à Saint-Lambert, proche Argentan (Orne), et non à Caen, ainsi que le disent à tort toutes les biographies, le 11 décembre 1777, et est mort à Paris, le 2 mars 1822.

1277. Epître à Mme Techener, par Jean Rigolleur (par Lambert-Ferdinand-Joseph Van den Zande). *Paris*, Guyot et Scribe, 1851, in-12.

Tiré à 25 exemplaires seulement.

L'auteur de ces vers est un Belge qui, depuis 1815, fut attaché au service de la France, où il a rempli des fonctions élevées dans l'administration des Douanes.

1278. Epître à Mlle Mars, par le vicomte H. de V. (Henri de Valory). *Paris*, 1827, broch. in-8.

1279. Epître à Mathon de la Cour (par Claude Bréghot-du-Lut). *Lyon*, Barret, 1827, br. in-8 de 27 pages.

1280. Epître à Molière, par M. A. N. (Jean-Aimé-Nicolas Naudet, officier supérieur d'état-major). *Paris*, Chaumerot, 1818, br. in-8 de 24 pages.

A. Naudet a composé plusieurs pièces de théâtre en collaboration avec Justin Gensoul.

Il est mort général en 1847.

1281. Epître à M. de Châteaubriand, par un Paysan de la vallée aux loups (Hyacinthe Thabaud de Latouche). *Paris*, Ponthieu, 1824, br. in-8 de 24 pages.

1282. Epître à M. le comte de Villèle, précédée d'une notice et suivie de l'hymne à M. de Villèle (par Joseph-Pierre-Agnès Méry). *Paris*, 1825, br. in-8.

1283. Epître à M. le comte François de Neufchâteau (par Hippolyte Bonnelier). *Paris*, Ponthieu, 1825, br. in-8.

1284. Epître (en vers) à M. de Chalabre, administrateur des Jeux publics, par M. B........y (Auguste-Marseille Barthélemy). *Paris*, de la Forest (Morinval), 1817, br. in-8.

1285. Epître (en vers) à M. Van der Noot, ancien ministre de la République Batave, retiré dans une solitude philosophique auprès d'Arnheim, par un Français, ami de la vérité (Marc-Antoine Jullien). *Liége*, Desoër, 1826, br. in-8 (Ul. C.).

1286. Epître à M. le vicomte S. de la Rochefoucauld (par Paul Lacroix). *Paris*, 1826, br. in-8.

1287. Epître à M. Guizot sur ses ouvrages, par H. Fleury (Hippolyte Vallée, ancien libraire). *Paris*, 1830, br. in-8 de 20 pages.

1288. Epître à Nicolas Poussin, par un Jeune peintre. *Paris*, 1819, br. in-8 de 16 pages.

Cette épître que la *Biographie générale* de Didot attribue, par erreur, au peintre Louis DETOUCHE, est du peintre Paul-Emile DETOUCHE, plus connu sous le nom de DESTOUCHES, qu'il a adopté afin de se distinguer de son homonyme.

1289. Epître à tous les preneurs de tabac, par l'auteur de : « l'*Epître à mon nez* » (Desmares, avocat au siége présidial de Caen). *Paris*, Mme Cornet, 1805, in-8.

1290. Epître à tout le monde sur l'esprit de parti, par M. P. D. (Nicolas-Paul Duport). *Paris*, 1818, br. in-8 de 8 pages.

M. Paul DUPORT, devenu, depuis cette époque, un de nos auteurs dramatiques les plus féconds, a signé des seules initiales de ses prénoms de nombreux articles dans les *Ephémérides universelles*, et est auteur des *Commentaires sur Marianne* et sur *le Paysan parvenu*, dans l'édition des œuvres de Marivaux, publiée par Duvicquet, 1825-1826.

1291. Epître à une dame qui allaite son enfant (par Urbain-René-Thomas Le Bouvier des Mortiers, ancien magistrat). *Paris*, Regnard, 1766, in-8.

1292. Epître au général Bonaparte (par T. Rousseau). *Paris*, Deroy, an v (1797), in-8.

1293. Epître au trois pour cent, par C... D... (Cyprien Desmarais). *Paris*, 1825, in-8 de 16 pages.

Une deuxième édition, ou plutôt un second tirage, porte le nom de l'auteur.

1294. Epître aux acteurs du Vaudeville (par E.-D. De Manne). Sans nom de lieu ni date (*Paris*, 1844), br. in-8.

En vers.

1295. Epître aux romantiques, *crue* de Baour-Lormian (par Germeau, sous-préfet dans le département du Nord). *Paris*, sans date, br. in-8.

Le mot *crue* se trouve intercalé à dessein en très-petits caractères sur le titre; ce qui tend à faire croire que BAOUR-LORMIAN est l'auteur.

1296. Epître familière à M. Andrieux, de l'Institut de France, sur sa comédie des *Deux vieillards* et, par occasion, sur la théorie des cabales et des sifflets, par Placide-le-Vieux, boulanger à Gonesse, et membre de l'Athénée du même endroit; suivie de notes essentielles et instructives, à l'usage des littérateurs de Saint-Denis, de Gonesse et d'Argenteuil (par Jean-Armand Charlemagne). A *Gonesse*, et se trouve aussi à *Paris*, chez Brasseur, 1810, br. in-8.

1297. Epître politique à mon père, par D.-A. Ph. (David-Antoine Philippon), garçon boulanger. Orné du portrait de l'auteur. *Paris*, Auffray, 1832, br. in-8.

1298. Epîtres (Les) d'Ovide, translatées de latin en français, par R. P. (Révérend Père) en Dieu, Mgr l'Evesque d'Angoulesme (Octavien de Saint-Gelais). *Paris*, Galliot-Dupré, 1528, in-12.

1299. Eponine et Sabinus (par Jean-Baptiste Leclerc). *Liége*, 1827, in-8.

1300. Epouse (L') modèle. Portrait. Par un témoin oculaire (Jean-Bernard Brissebarre). *Bourg-la-Reine*, 1er septembre 1844, in-8.

En vers.

1301. Epreuves (Les) de Marguerite Lindsay, roman traduit de l'anglais d'Allen Cuningham, par Mme la comtesse M*** (Molé, née de La Briche). Précédé d'une notice par M. de Barante. *Paris*, Ambroise Dupont et Urbain Canel, 1825, 4 vol. in-12.

1302. Erard du Châtelet. Esquisses du temps de Louis XIV, 1661-1664. Par l'auteur du : « *Duc de Guise à Naples* » (le comte, depuis le marquis Amédée de Pastoret). *Paris*, Delloye, 1831, 2 vol. in-8.

Une édition subséquente, publiée chez Paulin, porte le nom de l'auteur.

1303. Ermite (L') au Palais, ou Mœurs judiciaires, par l'Auteur des « *Mémoires d'un page* » (Emile-Marc Hilaire, connu en littérature sous les noms de Marco Saint-Hilaire). *Paris*, Vernay et Guyot, 1832, 2 vol. in-12.

1304. Erreurs des médecins, ou Système Chrono-Thermal, traduit de l'anglais, du docteur Dickson, par Malvins (le marquis Louis-Pierre-François-Adolphe Chesnel de la Charbouclais). *Paris*, Amyot, 1842, in-8.

1305. Escamoteur (L') habile, ou l'Art d'amuser agréablement une soirée, etc., contenant les tours de cartes et de passe-passe les plus nouveaux, etc. (par Galien). *Francfort*, Andréa, 1816, in-18.

1306. Eschole (L') de Salerne, en vers burlesques, et poème macaronique *de Bello Huguenotico*, par L. M. P. (Louis Martin, parisien). *Paris*, J. Hesnaut, 1653, in-4.

1307. Esclave (L') blanc, par l'Auteur des « *Révélations sur la Russie* » (Cyprien Robert). *Paris*, Labitte, 1846, 3 vol. in-12.

1308. Espion (L') de Vienne (par Edouard Eliçagaray). *Paris*, Dureuil, 1829, 2 vol. in-12.

1309. Esprit (L') de parti, comédie en trois actes et en vers (par Onésyme Leroy). *Paris*, Ladvocat, 1817, in-8.

En société avec Bert (Pierre-Nicolas). — Représentée le 22 novembre 1817.

1310. Esprit (L') del tens, ou la Rébouluciou de quatre-binsnaoü. Poème, par maître Jacques, de Pamiers (par le docteur Ourgand). Illustrations de Raffet et tables synchroniques. *Pamiers*, Vergé, 1857, in-12.

1311. Esprit (L') des almanachs, ou Analyse critique de tous les almanachs tant anciens que modernes (par Pierre-Paul d'Orfeuil). *Paris*, veuve Duchesne, 1783, in-12.

1312. Esprit (L') des moralistes. Recueil de pensées, réflexions, maximes et sentences choisies dans les meilleurs auteurs tant sacrés que profanes, par V. de la P. (Valentin de la Pelouze). *Paris*, typ. Renou, 1860, in-8.

1313. Esprit (L') des orateurs chrétiens, ou la Morale évangélique. Extraits des ouvrages de Bossuet, Bourdaloue, Massillon, Fléchier et autres orateurs, par E. L. (Sérieys). 2e édition, augmentée de morceaux choisis des orateurs du second ordre qui ont vécu dans le cours du XVIIe et du XVIIIe siècles. *Paris*, Dentu, 1819, 4 vol. in-12.

Ouvrage souvent réimprimé et dont la 1re édition date de 1807.

1314. Esquisse de Bruxelles, par un Valet de place (par le duc d'Arenberg). *Bruxelles*, veuve Ad. Stapleaux, 1827, in-12.

1315. Esquisse historique sur les langues considérées dans leurs rapports avec la civilisation et la liberté des peuples, par un Belge (Jean-Baptiste Ghislain Plasschaert, ancien maire de Louvain). *Bruxelles*, 1817, in-8.

1316. Esquisse politique (par Antoine Madrolle). *Paris*, Blaise, 1829, broch. in-8 de 120 pages.

1317. Esquisse religieuse du chrétien. Principes généraux de sa conduite (par l'abbé de Mallet). *Paris*, Gaume frères, 1833, in-8 oblong.

1318. Esquisses de la vie d'artistes, par Paul Smith (Guillaume-Edouard-Désiré Monnais). *Paris*, 1844, 2 vol. in-8.

1319. Esquisses et récits, par Jules d'Herbauges (Mlle de Saint-Aignan, de Nantes). *Paris*, Hachette, et *Nantes*, Guiraud, 1857, in-12.

Recueil de Nouvelles, dont deux avaient paru dans la *Revue des Deux-Mondes*.

1320. Esquisses généalogiques, contenant un grand nombre de familles alliées entre elles et remontant jusqu'à saint Louis ; Rodolphe de Habsbourg, Jean-sans-Terre, etc. (par Jean-Charles-Aimé du Hays, employé sup[r] à la division des Haras). *Paris*, J.-B. Dumoulin, 1848, gr. in-8.

M. Maurice du Hays, désigné dans le cours de cet opuscule comme devant en être le continuateur, n'est qu'un être fictif.

1321. Esquisses historiques, ou Marseille depuis 1789 jusqu'en 1815, par un Vieux Marseillais (Laurent Lautard). *Marseille*, Olive, 1844, 2 vol. in-8.

1322. Esquisses historiques sur la ville et le prétendu royaume d'Yvetot, par V., gradué en l'Université (Victor Colombel, depuis inspecteur de l'instruction primaire dans le département de l'Orne). *Yvetot* et *Evreux*, 1844, in-12.

1323. Esquisses morales et politiques, par Daniel Stern (la comtesse d'Agoult, née Marie de Flavigny). *Paris*, Pagnerre, 1849, in-12.

Ces Esquisses se composent, de la page 197 à la page 398, des *Lettres républicaines*, par la même, publiées l'année précédente.

Cet opuscule a été réimprimé, en 1856, sous un titre un peu modifié : « *Esquisses morales, pensées, réflexions et maximes*. Paris, Techener, in-16.

1324. Essai chronologique sur les hivers les plus rigoureux, depuis 398 avant J.-C. jusqu'en 1820 inclusivement ; suivi de quelques recherches sur les effets les plus singuliers de la foudre, depuis 1676 jusqu'en 1821, etc., par G. P. (Etienne-Gabriel Peignot). *Paris*, A.-A. Renouard, et *Dijon*, veuve Lagier, 1821, in-8 de xv et 240 pages.

1325. Essai de chymie méchanique (*sic*) (par Lesage, de Genève). Pièce qui a remporté le prix de l'Académie de Rouen (1759). In-4.

1326. Essai de discussion oratoire sur les bals. Question proposée à la bonne foi de tous les amis de la religion, de la vérité et de la vertu (par l'abbé de Sambucy Saint-Estève). *Paris*, Gaume frères, 1832, br. in-8 de 128 pages.

1327. Essai d'étude bibliographique sur Rabelais (par Pierre-Gustave Brunet). *Paris*, 1841, in-8.

1328. Essai d'explications de deux quatrains de Nostradamus, à l'occasion du livre de M. Bouys, intitulé : « *Nou-*

velles considérations sur les oracles et principalement sur Nostradamus » (par Motret, de Nevers). *Nevers*, Bonnot, 1806, in-8.

1329. Essai de fables, par J.-B.-A. H. D. P. (Jean-Baptiste-Auguste Huart du Parc). *Paris*, Théophile Barrois, 1805, in-12.

1330. Essai de fables (par Jacquemard). *Dijon*, 1820, in-12.

1331. Essai de médecine pratique, suivant la méthode des indications (par le docteur Doé). *Paris*, 1826, br. in-8 de 166 pages.

1332. Essai de morale, ou Fables nouvelles, morales, politiques et philosophiques, par J.-J.-F. de B*** (Jean-Jacques-Félix de Bienvenu, colonel en retraite). *Paris*, Mme Huzard, 1826, in-18.

1333. Essai de morale, à l'usage de l'Eglise Gallicane non assermentée (par l'abbé Guillaume-André-René Baston). *Rouen*, 1792, in-8.

L'auteur fit paraître un supplément peu de temps après.

1334. Essai d'inscription sur la statue de Henri-le-Grand (par l'abbé Pierre Hesmivy d'Auribeau, ancien archidiacre-vicaire de Dijon). *Paris*, septembre 1818, br. in-8 de 157 pages.

1335. Essai d'interprétations d'allégories anciennes et modernes par l'étymologie des noms, la signification des symboles et les noms de nombre (par A.-N. Noizet). *Soissons*, sans date, in-8.

1336. Essai d'un nouveau plan de réforme des ordres religieux. *Lyon* (mars 1780), in-12 de 40 pages.

Cet opuscule est attribué à ADAMOLI, ancien négociant, mort en 1769. Nous croyons que c'est à tort. Ce bibliomane ne savait pas écrire. Il a laissé un catalogue de ses livres qu'il a légués à la Bibliothèque de Lyon ; les fautes de grammaire et même d'orthographe y fourmillent.

(Note de M. A. Péricaud l'aîné).

1337. Essai d'une bibliographie générale du théâtre, ou Catalogue raisonné de la bibliothèque d'un amateur, complétant le catalogue Soleinne (par Joseph de Filippi). *Paris*, Tresse, 1861, in-8.

1338. Essai d'une dissertation sur les lois naturelles et sur les droits qui en dérivent (par G.-J.-L. Pirotte, avocat). *Liége*, 1820, in-8 (Ul. C.).

1339. Essai d'une instruction sur les parties les plus importantes de l'agriculture, par M. L*** (Ledouix), propriétaire. *Nantes*, Mellinet-Malassis, 1829, in-8.

1340. Essai d'une morale relative au militaire français, par M. de C*** (Conti, ancien professeur à l'Ecole militaire). *Paris*, 1771, 1 vol. in-8.

1341. Essai d'une traduction en vers de l'Iliade d'Homère, précédé d'un discours sur Homère (par de Rochefort). *Londres* (Paris, Barbou), 1765, 1 vol. in-8.

1342. Essai historique et philosophique sur les principaux ridicules des différentes nations, par G... Dourx... (Gazon d'Ourxigné), 2e édition, augmentée de plusieurs poésies de l'auteur. *Amsterdam*, Rey, 1766, 1 vol. in-12.

1343. Essai historique sur la Franc-Maçonnerie à Caen, par le F.·. A.·. T.·. O.·. de Caen (Georges Mancel, bibliothécaire de la ville, mort en 1862). *Caen*, Legost-Clérisse, 5860, in-8.

Tiré à 4 exemplaires.

1344. Essai philologique sur les commencements de la typographie à Metz et sur les imprimeurs de cette ville (par Guillaume-Ferdinand Teissier, alors sous-préfet de Thionville; mort préfet de l'Aude). *Metz*, Dosquet, 1828, 1 vol. gr. in-8.

1345. Essai philotechnique. Nouvelle joûte française, ou Tournoi des arts. Moyen d'apprécier les produits des arts par l'analyse (par Louis-Antoine Fouquet). *Paris*, an XI, in-8 de 14 pages.

1346. Essai sur l'administration, par le sous-préfet de Béthune (de Normandie). *Béthune* et *Paris*, 1830, in-8 de 186 pages.

1347. Essai sur l'amour, par D*** (Dreux, ancien secrétaire du comte de Vergennes). *Paris*, 1802, in-8.

1348. Essai sur l'architecture (par Laugier). *Paris*. Duchesne, 1753, in-8.

1349. Essai sur la canne à sucre, par D. C. (Cazeaux). 1781, in-8.

1350. Essai sur la chronologie (par Court de Gébelin). *Londres* et *Paris*, 1751, 3 parties en 1 vol. in-12.

1351. Essai sur la constitution divine de l'Eglise, offert à tous les chrétiens comme préservatif dans les circonstances présentes, par un Vicaire-général (l'abbé Marguet, chanoine de la cathédrale). *Nancy*, Hœnée, et *Paris*, Adrien Leclère, 1831, in-12.

1352. Essai sur la culture des cheveux, suivi de quelques réflexions sur l'art de la coiffure, par L.-J. Duflos, coiffeur (par Martial-Côme-Annibal-Perpétue-Magloire de Guernon-Ranville, depuis ministre sous la Restauration). *Paris*, chez l'auteur, rue St-Honoré, 1812, br. in-8 de 12 pages.

1353. Essai sur la discipline et la subordination, et sur la hiérarchie militaire (par le général de brigade J. de Romanet). *Paris*, 1790, in-8.

1354. Essai sur la légitimité des Rois (par Nicolas-François Bellart). 1815, br. in-8 de 57 pages.

Cette brochure fut composée pendant les Cent-Jours, et probablement imprimée en pays étranger.

1355. Essai sur la liberté, considérée comme principe et fin de l'activité humaine, par Daniel Stern (la comtesse d'Agoult, née Marie de Flavigny). *Paris*, Amyot, 1847, in-8.

1356. Essai sur la Loire. Extrait des « Nouvelles annales des voyages » (par Adrien Egron). *Paris*, A. Pihan de la Forest, 1837, br. in-8.

1357. Essai sur la politique et la législation des Romains, traduit de l'italien (de Beccaria). *Paris*, H. Jansen et Cie, an III (1795), in-12.

Le *Dictionnaire des ouvrages anonymes* de Barbier cite ainsi cet ouvrage : *Essai sur la législation et la politique des Romains*, etc.

Si nous le mentionnons ici, c'est à cause de l'interversion du titre, que nous rétablissons autant dans l'intérêt de l'exactitude, que pour faciliter sa recherche.

Barbier donne à François-Antoine QUÉTANT, seul traducteur de ce livre, Henri JANSEN, pour collaborateur. Voici ce qu'on lit à ce sujet dans la *Biographie universelle* : « Quétant est le seul auteur de cette traduction. Jansen en avait commencé une qu'il abandonna et jeta au feu, dès qu'il connut celle dont s'occupait Quétant. »

1358. Essai sur la Révolution française, depuis 1789 jusqu'à l'avénement au trône de Louis-Philippe d'Orléans, le 7 août 1830, par de Norvins. *Paris*, veuve Béchet, 1832, 2 vol. in-8.

Cet Essai a été refondu presque entièrement et écrit à nouveau, par François MALEPEYRE aîné, avocat.

1359. Essai sur la versification française, par le comte de Saint-Leu (Louis Bonaparte, ex-roi de Hollande). *Paris*, H. Bossange, 1825, 2 vol. in-8.

Cet ouvrage est le développement d'un *Mémoire sur la versification*, composé quelques années auparavant. (Voir ces mots.)

1360. Essai sur la vie de monsieur de Rochemore, vicaire général du diocèse d'Avignon et curé de Notre-Dame, par Mlle de *** (Beaufort). *Nîmes*, Gaude, 1811, br. in-8 de 49 pages.

1361. Essai sur la vie et les éditions de Cazin (par M. Brissart-Binet). *Cazinopolis*, 1863, in-32.

1362. Essai sur le classement chronologique des sculpteurs les plus célèbres (par Toussaint-Benoît Eméric-David, membre de l'Académie des inscriptions et belles-lettres). *Paris*, Firmin Didot, sans date, in-8.

Cet ouvrage a été publié pour la première fois en 1806, et réimprimé en 1807. Réimprimé une troisième fois, il renferme de nombreuses additions.

1363. Essai sur l'éducation des princes dans une monarchie constitutionnelle, par Mlle de F*** (Fragtein). *Paris*, Goujon, 1832, in-8.

1364. Essai sur l'envie (par Jardrinet). *Liége*, Bolten, an IX, in-12 (Ul. C.).

1365. Essai sur l'esprit de conversation et sur quelques moyens de l'acquérir (par Marie-Pierre-

Henry Durzy, avocat). *Paris*, Delaunay, 1821, in-8.

L'auteur de cet opuscule était conseiller à la Cour royale d'Orléans, et est mort à l'âge de trente-quatre ans.

Le titre seul de cette brochure fut réimprimé dans la même année, avec cette addition : « *Seconde édition.* »

1366. Essai sur le gaz animal considéré dans les maladies, ou renouvellement de la doctrine de Galien, concernant l'esprit flatueux ; ouvrage de M. B. Vidal, docteur en médecine (publié par Cl.-Fr. Achard, bibliothécaire de la ville de Marseille). *Marseille*, 1807, in-8.

1367. Essai sur le jeu, considéré sous le rapport de la morale et du droit naturel (par Michel Desgranges, en religion le Père Archange). *Lyon*, Ayné fils, et *Paris*, Pesron, 1835, br. in-8 de 160 pages.

1368. Essai sur le journalisme, depuis 1735 jusqu'à 1800 (par Delisle de Salles). *Paris*, Collas, 1811, in-8.

1369. Essai sur le monopole de l'enseignement aux Pays-Bas, par l'abbé C. R. (Richard-Antoine-Corneille Van Bommel, évêque de Liége). *Anvers*, 1829, br. in-8 de 174 pages.

1370. Essai sur le mouvement des partis en Belgique, depuis 1830 jusqu'à ce jour, par un Ancien membre de la Représentation nationale (le baron Etienne-Constantin de Gerlache). *Bruxelles*, Decq, 1852, br. in-8 (Ul. C.).

1371. Essai sur le salon de 1817, ou Examen critique sur les principaux ouvrages dont l'exposition se compose, accompagné de gravures au trait, par M. M*** (Edme-François-Marie-Antonin Miel). *Paris*, Delaunay, 1817, in-8.

1372. Essai sur les chemins de fer en général et sur le chemin de fer de Paris à Cherbourg en particulier, par un Habitant du département de l'Eure (le duc Aimé-Marie-Gaspard de Clermont-Tonnerre, ancien ministre de la marine, puis de la guerre, sous la Restauration). *Paris*, Crapelet, 1846, br. in-8 de 80 pages.

1373. Essai sur les comtes de Paris, au profit de l'œuvre des familles (par l'abbé Dupré, deuxième vicaire de Saint-Nicolas du Chardonnet). *Paris*, Vaton, 1841, br. in-8 de 134 pages.

Une brochure intitulée : *Les Comtes de Paris*, d'Horace Raisson, avait paru en 1838.

1374. Essai sur les machines en général (par Lazare-Nicolas-Marguerite Carnot). *Dijon*, 1783, br. in-8.

Une nouvelle édition (Dijon, 1786) porte le nom de l'auteur. Cet *Essai* a été réimprimé dans les œuvres mathémathiques de CARNOT, Basle, 1797, in-8. Une nouvelle édition refondue parut en 1813, sous le titre de : « Principes fondamentaux de l'équilibre. »

1375. Essai sur les mystères

d'Eleusis, par le comte Serge Ouvaroff, 3e édition (publiée par les soins de Jean-François Boissonnade de Fontarabie et du baron Silvestre de Sacy). *Paris*, impr. royale, 1816, br. in-8 de 168 pages.

Les deux premières éditions avaient été publiées, en 1812 et en 1815, à Saint-Pétersbourg.

1376. Essai sur les noms des habitants modernes de l'Egypte (par le comte Gilbert-Joseph-Gaspard de Chabrol-Volvic, préfet du département de la Seine). *Paris*, 1826, br. in-8.

1377. Essai sur les publications au XIXe siècle (par Amédée Guiraud). *Paris*, Amyot, 1846, in-8.

1378. Essai sur l'histoire de la Bourbonnoise de Margon, près Nogent-le-Rotrou (par Giroust, ancien membre de la Convention, président du Tribunal de Nogent-le-Rotrou). *Nogent-le-Rotrou*, 1832, in-8.

1379. Essai sur l'histoire de Longwy, par M. C*** (Courtois, ancien officier d'artillerie), suivi de considérations relatives au commerce et à l'industrie de cette ville, et de notices biographiques. *Metz*, Verronnais, 1829, in-8.

1380. Essai sur l'histoire générale de Picardie (par Louis-Alexandre Devérité). *Abbeville*, veuve Devérité, 1776, 2 vol. in-12.

1381. Essai sur l'histoire militaire du bourg de Saint-Loup, chef-lieu de canton au département de la Haute-Saône (par Claude de Sébarrières, maire de la ville). Au Champ-de-Mars, à *Saint-Loup*, 1790, br. in-8 de 43 pages.

1382. Essai sur l'opéra, traduit de l'italien du comte Algarotti, par M*** (le marquis François-Jean de Chastellux). *Pise* et *Paris*, Ruault, 1773, in-8.

On trouve à la suite de cet *Essai* une analyse d'*Enée à Troyes*, opéra en cinq actes, d'*Iphigénie en Aulide*, également en cinq actes, ajoutée par le traducteur à l'ouvrage original.

1383. Essai sur l'origine de Toulon, ou Mémoires pour servir à l'histoire des premiers siècles de cette ville, par H. V. (l'abbé Henri Vidal). *Toulon*, 1827, br. in-8 de 172 pages.

1384. Essai sur l'union douanière de la France et de la Belgique (par Laurent-Emile Renard). *Liége*, Collardin, 1823, br. in-8 de 80 pages.

1385. Essai sur un nouveau plan de réforme concernant les ordres religieux (par Adamoli). *Mars* 1780, in-12 de 40 pages.

Double emploi du n° 1336.

1386. Essai sur un problème de géométrie (la trisection de l'angle) (par Tardi). 1789, in-4.

1387. Essais de palingénésie sociale. Prolégomènes (par Pierre-Simon Ballanche). *Paris*, Didot aîné, 1828 (1827), in-8.

Cet ouvrage, ou du moins cette édition, ne fut point destinée au public. Elle n'a été tirée qu'à petit nombre : toutefois, à plus de cent exemplaires.

1388. Essais divers, lettres et pensées de Madame de Tracy. *Paris*, typographie de Plon fr., 1852-1855, 3 vol. petit in-8.

L'avertissement de l'éditeur est signé : A. T. (Alexandre TEULET).

M. TEULET avait été chargé, par une disposition du testament de Mme de Tracy, de la publication de ce recueil, dont les exemplaires, tirés à petit nombre, ont été distribués comme souvenir aux amis de l'auteur.

Sarah NEWTON, arrière-petite-nièce de l'illustre Isaac Newton, née à Stockport, comté de Chester (Angleterre), le 30 novembre 1789, est morte à Paray-le-Frésil (Allier), dans la nuit du 26 au 27 octobre 1850. Veuve du général Letort, mortellement blessé à la bataille de Ligny, le 15 juin 1815, elle avait épousé l'année suivante Alexandre-César-Victor-Charles DESTUTT DE TRACY, fils du comte de Tracy, pair de France et membre de l'Académie française.

1389. Essais historiques sur la ville de Valence, avec des notes et des pièces justificatives (par Jules Ollivier). *Valence* et *Paris*, Didot, 1831, in-8.

1390. Essais historiques, archéologiques et physiques sur les environs du Hâvre, par M. P*** (Louis-Auguste Pinel). *Le Hâvre*, Stanislas Faure, 1824, br. in-8 de 24 pages.

1391. Essais historiques sur la ville de Reims, par un de Ses habitants (Camus-Daras). *Reims*, 1825, in-8.

1392. Essais historiques sur les modes et les toilettes françaises, par le chevalier de *** (Henri de Villiers). *Paris*, Mongie, 1824, 4 vol. in-12.

1393. Essais poétiques d'un jeune Montagnard (Auguste Demesmay). *Besançon*, Charles Déis, 1828, br. in-8 de 48 pages.

N'a pas été mis dans le commerce.

1394. Essais poétiques d'une jeune Solitaire (par Mlle Angélique Gordon, de Pons). *Paris*, 1826, br. in-8 de 38 pages.

Cette brochure a été publiée sans le consentement, et même à l'insu de l'auteur. Il a paru, en 1835, une seconde édition portant le titre d'*Elégies chrétiennes*, et qui n'est plus anonyme.

1395. Essais sur la musique, par Grétry. *Paris*, impr. nle, 1797, 2 vol in-8.

M. Fétis, en sa nouvelle édition de la *Biographie des musiciens*, affirme que Grétry n'est pas l'auteur des trois volumes qui portent son nom ; et que ce fut un ami de celui-ci, nommé LEGRAND, ancien professeur au collége Du Plessis, qui donna aux idées informes de Grétry la forme qu'elles ont aujourd'hui.

Cette assertion malveillante et inexacte (Legrand était, non *ancien professeur*, mais *avocat*), a dû être réfutée victorieusement par M. Ul. Capitaine, dans un travail inséré dans l'*Annuaire de la Soc. d'émul. de Liége*, d'après les renseignements communiqués par M. Em. REGNARD, ancien maire de Montmorency, l'un des plus érudits collaborateurs de la *Biographie générale*, qui a beaucoup connu dans sa jeunesse l'illustre compositeur Liégeois, intime ami de son père.

1396. Etapes de la Vera-Crux à Mexico (par le marquis Gaston-Alexandre-Auguste de Gallifet). *Paris*, 1865, in-12.

1397. Etat (L'), ou la République de Platon, traduction de

Grou, revue et corrigée sur le texte grec d'Emmanuel Becker (par Henri Trianon, bibliothécaire à Ste-Geneviève). *Paris*, Lefebvre et Charpentier, 1840, 1 vol. in-18 jésus de XI-91 pages.

Nouvelle édition, publiée chez Delloye, en 1842.

1398. Etat (L') actuel de la Savoie; frontières actuelles, nationalité des peuples; en réponse à un livre de MM. d'Herhan et d'Arbier, intitulé: « La Savoie en 1833. » Par A. D. P. (le chevalier Picolet). *Genève*, A. Cherbuliez, 1833, in-8.

Cet écrit a été publié par ordre du gouvernement sarde et imprimé à Genève, afin de mieux donner le change.

1399. Etat actuel du royaume des Pays-Bas et des moyens de l'améliorer (par Van der Straeten). *Bruxelles*, 1819-1820, 3 parties en 2 vol. in-8.

1400. Etat de la question sur l'exploitation de la mine de sel gemme (par Nicolas-Louis-Marie Magon, m[is] de la Gervaisais). *Paris*, A. Egron et Ponthieu, 1825, br. in-8.

1401. Etat (L') de la Provence, contenant ce qu'il y a de plus remarquable dans la police, dans la justice, dans l'Eglise et dans la noblesse de cette province, avec les noms de chaque famille, par M. l'abbé R.-D. B. (Dominique-Robert de Briançon). *Paris*, Aubanel, 1693, 3 vol. in-12.

On lit sur l'exemplaire de la Bibliothèque impériale, *Nota*: Ce nobiliaire parut à la fin de 1692; le privilége est du 5 mars 1689. — Les exemplaires qui s'en distribuèrent d'abord déterminèrent quelques familles à envoyer des mémoires à l'auteur, qui pour les satisfaire et donner un air de nouveauté à son livre, y mit des cartons, en changea le titre et l'épître dédicatoire. Cette deuxième épître est datée du 22 octobre 1693 et signée. Ainsi, la deuxième édition n'est que supposée.

1402. Etats (Les) de Blois, ou la Mort de MM. de Guise, scènes historiques. Décembre 1558. Par l'auteur des « Barricades » (Ludovic Vitet, membre de l'Académie française). *Paris*, Ponthieu et Cie, 1827, in-8.

1403. Etats (Les) généraux des bêtes (par Joseph-Nicolas-Marie Deguerle). 1790, in-8.

1404. Ether (L'), l'électricité et la matière. Deuxième édition de *Quære et invenies* (par Louis Goupy). *Paris*, Ledoyen, 1854, in-8.

1405. Etincelles (Les), le Départ des hirondelles, dédiées à la Société protectrice des animaux, par un Girondin (Henry Gallay, nég[t] à Bord[x]). *Paris*, Librairie internationale, 1864, in-12.

1406. Etrennes aux émigrés, ou les Emigrants en route, dialogues, contes et poésies. *Paris*, de l'imprimerie bibliographique, 1793, in-12 de 76 pages.

Barbier attribue à un sieur JACQUEMART ce petit livre, recueil de contes assez libres encadrés dans un dialogue insignifiant. Ce que le savant bibliographe ne dit pas, c'est que les contes et les poésies dont il se compose se retrouvent dans l'ouvrage intitulé : « *Contes et poésies du citoyen* COLLIER, commandant général des croisades du Bas-Rhin. » *Saverne*, 1792, 2 tomes en 1 vol. in-16, fig.

1407. Etrennes de la liberté, ou le Triomphe de l'égalité, divertissement en un acte et en vaudevilles, adressé aux Liégeois pour le 1er janvier 1793 (par Hyacinthe Christophe). *Liége*, veuve Bolten, 1793, in-8 (Ul. C.).

1408. Etrennes D. J.-J. R. A. F. D. V. (de Jean-Jacques Rousseau à François Arouet de Voltaire) (par Guillaume-François Marion du Mersan, seigneur de Surville). In-8 de 12 pages.

En vers.

Il existe une autre édition augmentée d'un opuscule, qui a pour titre : « Etrennes D. M. D. M. A. M. D. M. (de monsieur du Mersan à madame du Mersan. Selon une variante : A monsieur le duc de Montmorency). »

G.-Fr. du Mersan est mort en 1801.

1409. Etrennes de Mnémosyne, ou Recueil d'épigrammes et de contes en vers (par Mlle Philippe). *Paris*, Knappen et fils, 1739, in-12.

1410. Etrennes libérales pour l'année 1822 (par Louis Du Bois). *Paris*, Raynal, 1822, in-18.

L'avertissement est signé L. D. B.

1411. Etrennes Orléanaises pour l'an XII (rédigées par Huet-Perdoux, imprimeur-libraire). *Orléans*, Huet-Perdoux, 1804, petit in-18.

Avec une carte du département.

1412. Etrennes pour les fidèles dévoués à Jésus, à Marie et aux Saints, par l'auteur des « Dialogues chrétiens » (l'abbé Jean-Baptiste Lasausse). *Paris*, veuve Nyon, 1803, in-18.

1413. Etrennes sans pareilles de Falaise, etc., pour l'année 1832, par B*** l'aîné (Brée, imprimeur). *Falaise*, chez les principaux libraires, 1832, in-32.

1414. Etude biographique sur Guillotin (Joseph-Ignace), signée : R.-P. (Réveillé-Parise). Br. in-8 de 23 pages.

Extraite du *Moniteur universel* du 25 février et du 10 mars 1851.

1415. Etude (L') de la nature. Epître à Mme ***. Pièce qui a concouru pour le prix de l'Académie française, en 1771, par M*** (Mauduit). *Paris*, veuve Regnard, 1771, in-8; pièce de 30 pages.

1416. Etude de législation pénale comparée (par Raux). *Bruxelles*, Méline, 1851, in-8.

1417. Etude historique sur le séjour de l'apôtre saint Pierre à Rome, par Udalric de Saint-Gall. *Bruxelles*, 1845, in-12.

Cet ouvrage a été traduit en anglais, Londres, 1846, in-8, avec le nom de son auteur, M. Jean-Auguste Udalric SCHELER, bibliothécaire particulier du roi des Belges.

1418. Etude sur la réforme administrative (par Edouard Ducpétiaux). *Bruxelles*, 1859, in-18.

1419. Etude sur Lambert Lombard, peintre Liégeois, signée

F. C. (Félix Capitaine). *Liége*, Carmanne, 1848, br. in-8.

1420. Etude sur les maîtres Liégeois dans les musées de l'Allemagne, par J. H. (Jules Helbig). *Liége*, Desoër, 1834, in-8.

1421. Etude sur les œuvres de Napoléon III, par Eugène Loudun (E. Balleyguier). *Paris*, Amyot, 1857, in-8.

Cette étude avait été publiée dans le *Constitutionnel* en novembre 1852, et reproduite dans le *Journal de l'Instruction publique*, les 13 et 17 décembre suivants.

1422. Etudes. Premier cahier, contenant l'appel au public même, du jugement public sur Jean-Jacques Rousseau, etc. (par Clément-Alexandre de Brie-Serrant). *Paris*, Guerbart, an XI (1803), in-8 de 32 pages.

1423. Etudes critiques et biographiques, par Théophraste. 1er cahier, 2e édition. *Paris*, 1853, in-8.

Cette publication, attribuée à M. Jules de Saint-Félix d'Amoreux, et qui avait déjà paru dans l'*Album de la Semaine*, n'a pas été continuée.

1424. Etudes de littérature (par l'abbé Quibel). *Besançon*, Charles Déis, 1836, in-12.

1425. Etudes d'une maison du XVIe siècle à Lisieux, dessinée d'après nature et lithographiée par Challamel, avec une notice historique, par Bruno Galbaccio. *Paris*, Janet (vers 1834), in-fol.

Bruno Galbaccio qui, en tête de la notice, devient M. H., membre de l'Institut historique de France, de la Société des antiquaires de Normandie, etc., est M. H. DE FORMEVILLE, de Lisieux, membre, en effet, de ces sociétés, et conseiller à la Cour impériale de Caen.

1426. Etudes morales et politiques, par René Lefebvre (Edouard Laboulaye, membre de l'Institut). *Paris*, Charpentier, 1862, in-8.

1427. Etudes morales et religieuses (par Mme la comtesse de La Granville, née de Beaufort). *Paris*, Debécourt et Dentu, 1836, in-8.

1428. Etudes poétiques de Jenneval (Louis-Hippolyte-Alexandre Deschez, comédien du théâtre de Bruxelles, tué lors de la Révolution de Belgique). *Bruxelles*, 1831, in-8.

1429. Etudes politiques et historiques, par l'auteur de la « Revue politique de l'Europe en 1825 » (Pierre-François-Xavier Bourguignon d'Herbigny). *Paris*, Ambroise Dupont, 1836, in-8.

1430. Etudes sur l'art théâtral, suivies d'anecdotes inédites sur Talma et de la correspondance de cet artiste avec Ducis, depuis 1792 jusqu'en 1815, par Mme veuve Talma, etc. (précédées d'une notice sur l'auteur et revues par G.-T. Villenave). *Paris*, H. Féret, 1836, in-8.

1431. Etudes sur la marine (par

le prince de Joinville). *Paris*, Michel Lévy, 1859, in-8.

Ce volume est formé de la réunion de plusieurs articles publiés dans la *Revue des Deux-Mondes*.

1432. Etudes sur l'Eglise de Lyon, par un Membre de son clergé (l'abbé Crozet, chanoine de la primatiale de Lyon, ancien curé de N.-D. de Montbrison). *Lyon*, Girard et Josserand, 1860, in-8.

C'est la réfutation d'un opuscule publié sous ce titre : « L'Eglise de Lyon, depuis l'évêque Pothin jusqu'au réformateur P. Viret (152... à 1563), etc. Par Clément DE FAYE, pasteur de l'Eglise réformée et indépendante, établie à Lyon, rue Lanterne. *Lyon*, Denis, 1859, in-8. »

1433. Etudiants (Les) à Paris. Scènes contemporaines, par Em. R. *Paris*, Schwartz et Gagnot, 1836 (1835), in-8.

L'auteur de ce roman est M. Jean-Baptiste-Emile Renard, avocat à la Cour de cassation. Une seconde édition a paru en 1842.

1434. Eudoxe, ou l'Homme du dix-neuvième siècle ramené à la foi de ses pères, par A. de Rieux (Alexandre Carra de Vaux). *Paris*, Vrayet de Surcy, 1840, in-8.

1435. Eudoxe, ou la Jeunesse prémunie contre les erreurs populaires, par B. Allent (Amédée-Eugène Balland). *Paris*, Pierre Blanchard, 1825, 2 vol. in-12.

A.-E. BALLAND naquit, le 29 juin 1796, à Rouen, où son père tenait un cabinet de chirurgien-dentiste, dont un de ses fils prit la suite. Une de ses filles épousa le docteur Blanche. Quant à E. BALLAND, après avoir été libraire, pendant un assez grand nombre d'années, il entra dans les bureaux du ministère de la guerre. Il est mort à Paris, le 6 août 1849.

C'est à tort que Quérard, prétendant que le nom de cet écrivain devait s'écrire BALLENT, nous a contesté l'orthographe que nous avons adoptée et qui est conforme à celle des actes de l'Etat civil de Rouen, que nous avons consultés.

1436. Eugénie et Mathilde, ou Mémoires de la famille du comte de Revel, par l'auteur d' « Adèle de Sénanges » (Mme de Flahaut). *Paris*, F. Schœll, 1811, 3 vol. in-12.

1437. Eulalie de Rochester, vicomtesse de ***. Nouvelle vendéenne (par François-Joseph de Lasserrie). *Paris*, 1801, in-18.

1438. Euphénie, ou les Suites du siége de Lyon, par l'auteur d' « Illyrine » (Suzanne Giroust, dite de Morency). *Paris*, Bertrandet, 1813, 4 vol. in-12.

1439. Europe (L') et la France devant le trône de l'Eternel (par Mignonneau). Suivi « des Moyens d'améliorer les mœurs du peuple ». *Paris*, 1792, in-8.

La seconde partie de cette fiction a paru en 1814. L'auteur en a donné, en 1816, une nouvelle édition sous la forme de drame.

1440. Eustache, histoire imitée de l'allemand, par M. l'abbé H*** (Hunckler). *Paris*, à la Société des bons livres, 1832, in-12.

1441. Eux, pour faire suite à *Elle et Lui*, par Moi (par

Alexis Doinet). *Paris*, 1859, in-12.

1442. Evaireman (L') de lai peste, poème Bourguignon sur les moyens de se préserver des maladies contagieuses, par Aimé Piron, dijonnais; avec une introduction et des notes philosophiques, par M. B*** D.-M. (Bourrée, docteur-médecin). *Châtillon-sur-Seine*, Cornillac, et *Dijon*, V. Lagier, mars 1832, br. in-8 de 52 pages.

1443. Evangile (L') du peuple (par Alphonse Esquiros). *Paris*, Legallois, 1840, in-8.

1444. Evariste de Mauley, par Louise-Evéline (Mme Louise-Françoise-Evéline Désorméry, née Desperrières). *Paris*, 1821, 3 vol. in-12.

1445. Evélina, ou l'Entrée d'une jeune personne dans le monde, par miss Burney (aujourd'hui Mme d'Arblay). Traduit de l'anglais (par Antoine-Gilbert Griffet de La Baume). *Paris*, Maradan, 1816, 2 vol. in-12.

La 1re édition de cette traduction remonte à 1785.

1446. Evénements arrivés en France, depuis la Restauration de 1815, par Hélène-Marie Williams; traduit de l'anglais (par Moreau père). *Paris*, Rosa, 1819, in-8.

Déjà, en 1816, le même écrivain avait publié une relation des *Evénements de 1815*.

1447. Evénements de Lyon, ou les Trois journées de novembre 1831, par J.-F.-R. M*** (Jean-François-René Mazon). *Lyon*, Guyot, 1832, br. in-8 de 48 pages.

1448. Evénements (Les) les plus considérables du règne de Louis-le-Grand, écrits en italien, par M. Marana, et traduits en français, par *** (Pidou de Saint-Olon). Dédié à Monseigneur le cardinal d'Estrées. *Paris*, Martin Jouvenet, 1690, in-12.

Le véritable auteur de ce livre est Jean-Baptiste PRIMI VISCONTI, comte de Saint-Majole.

1449. Evvres de Lovize Labé, Lyonnaise (publiées par Claude Bréghot-du-Lut). *Lyon*, Perrin, 1824, 1 vol. gr. in-8.

1450. Examen critique de l'équilibre social Européen, ou Abrégé de statistique politique et littéraire; accompagné de tableaux statistiques et d'une planche gravée. Par le baron de R***, ancien colonel d'état-major (Jacques-Antoine Révérony Saint-Cyr). *Paris*, Magimel, 1820, in-8.

1451. Examen critique du cours de philosophie de M. Cousin (leçon par leçon). *Paris*, Corréard jeune, 1828-1829, in-8.

Leçons 1 à 20. — L'ouvrage n'est pas terminé. — La sixième leçon porte le nom de l'auteur, Armand MARRAST.

1452. Examen de la Constitution de don Pedro et des droits de don Miguel (par le comte de Bordigné). *Paris*, de la Forest (Morinval), 1827, in-8.

1453. Examen de la critique des Martyrs (de Châteaubriand), insérée dans le *Journal de l'Empire* (par Guy-Marie Deplace). *Lyon*, Ballanche, 1809, br. in-8 de 96 pages.

Extrait des *Bulletins du Rhône*, du 13, 20 et 29 mai; du 14 et 21 juin, et du 5 juillet 1809. C'est une réfutation des articles hostiles, publiés par Hoffman, dans le journal cité.

1454. Examen de la latinité du Père Jouvenci (par l'abbé Vallart). Sans date, in-12 de 26 pages.

1455. Examen de la nouvelle critique des *Martyrs* (par Guy-Marie Deplace). *Lyon*, Ballanche, 1810, br. in-8 de 24 pages.

1456. Examen des budgets de l'administration en France (par Anne-Joseph-Eusèbe Baconnière de Salverte). *Paris*, Dentu, 1818, br. in-8.

1457. Examen des causes destructives du théâtre de l'Opéra et des moyens qu'on pourrait employer pour le rétablir; ouvrage spéculatif, par un Amateur de l'harmonie (Joseph Gabriel, de Bordeaux). *Londres*, (Paris, veuve Duchesne), 1776, br. in-8 de 40 pages.

1458. Examen du christianisme, par Miron (Morin, avocat). *Bruxelles* et *Leipsick*, A. Lacroix, Verboeckoven et Cie, 1862, 3 vol. in-12.

1459. Examen fait par M. Mendes d'un ouvrage ayant pour titre: « Méthode simplifiée de la tenue des livres, en partie simple ou double, » par E. T. Jones. Traduit de l'anglais, par J. G. (Joseph Gabriel). *Paris*, Brassier, an XII, in-8.

1460. Examen littéraire et grammatical des deux dernières traductions de Tacite, par M. Burnouf et par M. C.-L.-F. Panckouke. Par un Membre de l'Université (Jules Pierrot de Selligny, ancien proviseur du collége Louis-le-Grand). Réponse impartiale à un article colporté dans l'Université. *Paris*, Brunot-Labbe, 1834, br. in-8 de 136 pages.

1461. Excursion à l'abbaye d'Altenbourg et au château de Nesselroth, dans le pays de Berg, légendes des XIIIe et XIVe siècles (par le chevalier Fl. Van Etborn). *Paris*, Guyot, 1842, in-8.

1462. Excursions dans l'Amérique méridionale, le nord-ouest des Etats-Unis et des Antilles, dans les années 1812, 1816, 1820 et 1824, par Charles Watterton, écuyer; suivies d'une notice sur les sauvages de l'Amérique septentrionale. Traduit de l'anglais (par Decaze). *Paris*, Lance, 1833, in-8.

La Notice sur les Sauvages, ajoutée à cette traduction, n'est pas de Watterton, mais de WASHINGTON IRVING.

1463. Excursions en Roumélie et en Morée, par Mme Dora d'Istria (la princesse Koltzoff-Masalski, née Hélène Ghika).

Paris, Cherbuliez, 1862-1863, 2 vol. in-18 de XII-1279 pages.

1464. Exercices de méditations, de prières et de stations, pour occuper saintement pendant la Semaine-Sainte (par Mme de Miéry). *Paris*, Warin-Brajeux, 1807, in-18.

1465. Exhortation pour un mariage, faite dans l'église Saint-Paul, à Paris, par M. M*** (Millot, chanoine régulier, bibliothécaire de l'abbaye Saint-Victor). Le 22 janvier 1778, in-8.

1466. Exilée (L') d'Holy-Rood, par le vicomte de Variclèry (le baron Etienne-Léon de Lamothe-Langon). *Paris*, Dentu, 1832, in-8.

Ce livre excita, à son apparition, une assez vive curiosité; mais après lecture on y reconnut moins la vérité historique, qu'une composition romanesque s'écartant même parfois des convenances.

1467. Existence (L') réfléchie, ou Coup-d'œil moral sur le prix de la vie (par Marie-Julie Caron, l'une des sœurs de Beaumarchais). *Paris*, Belin, 1784, in-12.

Barbier (*Dictionnaires des anonymes*), et d'après lui, la *Biographie universelle*, met en doute si ce petit traité est l'œuvre de Julie CARON, ou d'un nommé DEMANDRE. Une note de M. de Loménie (t. 1er, p. 46, de *Beaumarchais et son temps*) fait cesser toute incertitude à cet égard, puisqu'il affirme avoir vu le manuscrit de Julie CARON, tout entier de sa main, et accompagné du *visa* du censeur.

1468. Expédition sentimentale, par E*** D*** (Eugène Dumont), dédié à M. H. D. *Caen*, Manoury, et *Paris*, Brunot-Labbe, 1833, in-32.

Eugène DUMONT, étudiant en droit à Caen, se donna la mort en juin 1833. Il était né à Alençon. Il avait collaboré au *Pilote*, journal de Caen.

1469. Explication de l'énigme du roman intitulé : « Histoire de la conjuration de Louis-Philippe-Joseph d'Orléans » (par Rouzet de Folmont). A *Vérédishtad* (Paris), sans date, 3 vol. in-8.

1470. Explication du zodiaque de Denderah (Tentyris). Observations curieuses sur ce monument précieux et sur sa haute antiquité (par MM. Chabert et Ferlus). *Paris*, Martinet, 1822, br. in-8 de 16 pag.

Une seconde édition porte le nom de M. FERLUS.

1471. Explication familière des principales vérités de la religion, etc. (par Mlle de Lamartine). *Paris*, Périsse, 1840, in-18.

Mlle DE LAMARTINE, femme bienfaisante et pieuse, habitant Mâcon, était la tante de l'illustre poète.

1472. Explications du maréchal Clauzel (rédigées et mises en ordre par son neveu, Frédéric-Melchior Soulié de Lavelanet). *Paris*, Ambr. Dupont, 1837, br. in-8 de 192 pages.

1473. Exposé du système de l'emprunt progressif sur le revenu, précédé d'un examen des diverses bases de l'impôt (par François Mullendorf). *Bruxelles*, Raas, 1848, br. in-8 de 100 pages.

1474. Exposé historique des faits concernant la neutralité de la Suisse envers la France (par Charles-Louis de Haller). 1797, in-8.

1475. Exposé succinct des principes d'un amendement propre à compléter ou à faire tourner au profit de l'agriculture du royaume la loi sur les sucres, par P. C. (Pierre Cazeaux, ingénieur). *Paris*, Ledoyen, 1843, br. in-8 de 46 pages.

1476. Exposition des trois états du pays et comté de Flandres (par de Zaman). Sans nom de lieu, 1711, in-8.

1477. Exposition du sens primitif des psaumes, totalement conservé dans le latin de la Vulgate, et dans une nouvelle traduction française mise en regard du texte et augmentée de notes, par M. V*** (l'abbé Viguier). 2e édition, revue, améliorée et considérablement augmentée. *Paris*, Demonville, 1818-1819, 2 vol. in-8.

1478. Exposition sommaire et sur documents authentiques, de la situation de la Compagnie des Indes et du commerce anglais en 1825, par M. de M*** (Montvéran), auteur de « l'Histoire critique et raisonnée de la situation de l'Angleterre. » *Paris*, 1825, in-8.

1479. Exposition (L') universelle des Beaux-Arts, par Eugène Loudun (Balleyguier). *Paris*, Martinon, 1855, in-8.

C'est la réunion de plusieurs articles parus dans *L'Union*.

1480. Exterminateur (L') des parlements, par l'auteur de l'« Extrait du charnier des innocents », signé, Droiture. *Paris*, de l'imprimerie de la Cour du Parlement, septembre 1789, br. in-8 de 20 pages.

Ce pamphlet est de Pierre-Mathieu Parein, d'abord avocat, puis général de brigade, né au Ménil-Aubry, près Ecouen.

1481. Extrait du charnier des innocents, ou Cri d'un plébéien immolé (par le même). *Bordeaux*, de l'imprimerie de P. B., imprimeur des citoyens, malgré ceux qui ne le veulent pas, sans date, br. in-8 de 24 pages.

1482. Extrait d'un itinéraire de Hhaleb (Alep) à Moussel (Mosul), par la voie du Djeziré (la Mésopotamie), par M. R*** (Jean-François-Xavier Rousseau, consul de France à Alep). *Paris*, Goetschy, 1823, br. in-8 de 52 pages.

Cet extrait a été inséré dans le 50e cahier du *Journal des voyages*, rédigé par Verneur.

1483. Extrait d'un itinéraire en Perse, par la voie de Bagdad (par le même). *Paris*, Sajou, 1813, br. in-8.

1484. Extraits d'un manuel d'ornithologie, ou Histoire naturelle des oiseaux de volière, par F*** (Félix Van Hulst). *Liége*, Oudart, 1847, in-8.

F

1485. Fabiana, par Hippolyte Arnaud (Mme Charles Reybaud). *Paris*, Dumont, 1840, 2 vol. in-8.

1486. Fables (par Victor Délérue). *Lille*, Danet, 1850, in-12.

Elles sont au nombre de 33.

Une seconde édition, publiée en 1852, augmentée de 25 fables, et une troisième, en 1854, augmentée de 42 fables, portent le nom de l'auteur.

1487. Fables (par Lambert-Ferdinand-Joseph Van Denzande). *Paris*, Didot, 1849, in-8.

Ce recueil, dédié à M. le baron de Stassart, n'a été tiré qu'à 200 exemplaires et ne se vendait pas.

L'auteur de ces fables, ainsi que d'un volume de poésies mentionné plus loin, est un Belge, attaché, depuis 1815, au service de la France, où il a rempli des fonctions élevées dans l'administration des Douanes.

1488. Fables choisies de John Gray, traduites en vers français (par Joly, de Salins). *Paris*, Ancelle, 1811, in-8.

1489. Fables choisies de Kriloff, traduites en vers français (par Riffé). *Saint-Pétersbourg*, 1822, in-8 de VIII - 125 pages.

1490. Fables de Kriloff, traduites en français (par J.-B.-M. De Vienne). *Paris*, Firmin Didot, 1828, in-18.

1491. Fables choisies de La Fontaine, précédées de la vie de l'auteur et de celle d'Esope. Nouvelle édition à laquelle on a ajouté des notes explicatives et diverses pièces de poésies du même auteur. A. M. D. G. (*ad majorem Dei gloriam*) (publiée par le Père Jean-Nicolas Loriquet). *Lyon*, Rusand, 1821, in-12.

Le faux-titre porte : *Collection classique à l'usage de la jeunesse*. Poètes français, t. Ier.

1492. Fables complètes de La Fontaine, accompagnées de la vie d'Esope, de Philémon et Baucis, etc. Nouvelle édition, avec le sens moral de l'apologue, par J. M. (Joseph Moronval). *Paris*, Moronval, 1833, in-18.

1493. Fables de La Fontaine, précédées d'une notice biographique, par Saint-Prosper (Auguste-Jean-Charles Cassé de), auteur de « l'Observateur au dix-neuvième siècle ». *Paris*, Mme Lardière, 1830, in-12.

1494. Fables de La Fontaine, avec des notes et 75 figures gravées en bois. *Paris*, Delaunay, 1830, 2 vol. in-32.

L'Avertissement de l'éditeur est signé G.-A.

C. (CRAPELET), et la Notice, C.-A. W. (WALKENAER).

1495. Fables de M. Louis Orry, marquis de Fulvy (attribuées à MONSIEUR, depuis Louis XVIII). *Madrid*, 1798, in-18.

1496. Fables diverses, critiques, politiques et littéraires, faisant suite aux fables pour l'enfance et la jeunesse, par J.-L. G. (le baron Jacques-Louis Grenus, de Genève). *Paris*, Bossange, 1807, in-12.

1497. Fables en vers du dix-huitième siècle, publiées pour la première fois, d'après un manuscrit de la Bibliothèque de Chartres (par Gratet-Duplessis). *Chartres*, 1834, in-8.

Opuscule très-rare, qui n'a été tiré qu'à 48 exemplaires.

1498. Fables et poésies diverses, par M. B*** (Bressier, de Dijon) *Paris*, Firmin Didot, 1828, in-12.

Cette édition, qui est la seconde (la première ayant paru en 1824), a été tirée à 300 exemplaires seulement et n'a pas été mise en vente.

1499. Fables et tragédies, par le marquis de T*** (Marc-Louis de Tardy, adjudant-général et ancien député). *Paris*, Sagnier et Bray, sans date (1847), in-8 de XII-436 pages.

Le marquis DE TARDY a été aussi maire de la ville de Roanne. C'est dans cette localité qu'il a fait imprimer ses œuvres.

1500. Fables inédites de M. E... C... S. *Paris*, Poulet-Malassis et de Broise, 1860, in-8.

Ces fables, au nombre de douze, placées à la fin du volume intitulé : *Fables*, par F.-E.-A. Charpentier, ancien officier supérieur, sont de M. E. COLLAS, d'Alençon, conseiller à la Cour impériale de Caen, et parent de M. Charpentier.

1501. Fables nouvelles en vers (par Daubaine). *Paris*, 1865, in-12.

1502. Fables nouvelles, par P. D. C. (Jean-Baptiste-Vincent Pirault des Chaumes). *Paris*, Ladvocat, 1829, in-18.

1503. Fables nouvelles, suivies de pièces fugitives en vers, par l'abbé G***, de plusieurs sociétés. *Paris*, Arthus Bertrand, 1816, 2 vol. in-12.

Barbier attribue ce recueil à l'abbé GUILLOUTET. Hécart de Valenciennes, qui s'était formé une très-belle collection de fabulistes, et qui était aussi un bibliophile distingué, lui donnait pour auteur l'abbé P. Philibert GUICHELLET, doyen du chapitre de Pont-de-Vaux en Bresse.

1504. Fablier des dames, ou Choix de fables en vers pour les filles, les épouses et les mères, précédées d'un avant-propos et suivies de remarques sur La Fontaine (par Jean-Baptiste Dumas, secrétaire de l'Académie de Lyon). *Lyon*, Jean Targe, et *Paris*, Louis Janet, sans date (1821), imprimerie de Didot l'aîné, titre gravé, in-18.

Ce volume renferme cinq fables de la composition de l'éditeur.

1505. Fabricisme (Le), ou Histoire secrète de la révolution

de Liége, drame en trois actes (par Joseph Lochet). A *Munsterbissen* (*Liége*), chez Le Clairvoyant, imprimeur pacifique, 1791, in-4 (Ul. C.).

1506. Fabulettes, ou Courtes fables (par Claude-Théophile Duchapt, magistrat à Bourges). *Paris*, E. Dentu, 1857, in-12.

L'auteur avait publié, en 1850, un volume de fables qui portait son nom.
Il est mort à Bourges en 1858.

1507. Factum, ou Mémoire qui était destiné à être prononcé dans une affaire contentieuse, où il s'agissait de deux têtes, l'une en plâtre, l'autre en marbre (par Cornelissens). An XI (1803), br. in-8 de 95 pages.

1508. Fagot (Le) d'épines (par Joseph-François Grille). *Angers*, veuve Pavie, 1843, in-8.

1509. Faire l'aumône sans argent, par Mme D'Eltéa (la comtesse de Pambour, née en Angleterre). *Paris*, Douniol, 1865, in-18.

1510. Faits inédits des événements de juin à Paris, par un Détenu politique, échappé aux persécutions (T.-J. Beghin). *Liége*, Charron, 1848, in-8 (Ul. C.).

Presque tous les exemplaires de cette brochure ont été saisis à la frontière française, où l'on cherchait à les introduire, et détruits par ordre du gouvernement.

1511. Famille (La) d'Almer, ou le Souterrain du château de L*** (par Donat). *Paris*, Pigoreau, 1812, 2 vol. in-12.

1512. Famille (La) d'Aubeterre, ou Scènes du seizième siècle ; roman historique, par Mme de *** (de Maraise, depuis Mme de Ville-d'Avray). *Paris*, Ch. Gosselin, 1829, 4 vol. in-12.

1513. Famille (La) de Halden, traduit de l'allemand d'Auguste Lafontaine, par M. V*** (Henri Vilmain et non Vilemain, selon Quérard). 2e édition, revue et corrigée. *Paris*, Maradan, 1805, 4 vol. in-12.

1514. Famille (La) du duc de Popoli. Mémoires de M. de Cantelmo, son frère, par Lady Mary Hamilton. *Paris*, Didot, l'aîné (A.-A. Renouard), 1811, 2 vol. in-12.

Charles NODIER serait encore le rédacteur de cet ouvrage.
Voyez la note de l'article 283.

1515. Famille (La) Saint-Amaranthe, ou le règne de la Terreur ; nouvelle héroïque, ornée de deux portraits, par Mme E. L***, née C. L*** (Mme Eugène La Baume, née Caroline La Place). *Paris*, Corbet aîné, 1827, 2 vol. in-12.

1516. Famille (La) Saint-Julien aux bains de Rockbeack, ou le Faussaire anglais, par M. B...-son de C...ve (Bresson de Cocove). *Paris*, Germain Mathiot, 1812, 4 vol. in-12.

1517. Famille (La) Walther, ou Prudence humaine et confiance en Dieu. Traduit de l'allemand de Baumblatt (par Alphonse Le Roy, professeur à l'Université de Liége). *Liége*, Dessain, 1855, in-8 (Ul. C.).

1518. Fanatisme (Le) anti-catholique (par Nicolas-Louis-Marie Magon, marquis de La Gervaisais). *Paris*, A. Pihan de la Forest, 1826, br. in-8 de 60 pages.

1519. Fanfreluches poétiques, par un Matagraboliseur (Lambert-Ferdinand-Joseph Van Denzande). *Paris*, Firmin Didot, 1845, in-8, avec supplément.

1520. Fantôme (Le) vivant, ou les Napolitains; anecdote extraite d'un manuscrit trouvé sur les bords de la Tamise (composé par Jean-Marcelin Boullault). *Paris*, Marchand, 1801, in-12.

1521. Fatalité (La) de Saint-Cloud, près de Paris (attribué au Père Bernard Guyard). *Paris*, *Le Mans* (1672-1673), in-12.

L'impression de ce livre avait été commencée au Mans ; des circonstauces en ayant nécessité la suspension, elle ne fut reprise et terminée que l'année suivante, mais à Paris.

Le but que l'auteur s'y propose est de prouver que Jacques Clément n'a pas été le meurtrier de Henri III, et que l'auteur de cet exécrable forfait était un seigneur déguisé en religieux. Jean Godefroy a réfuté ce paradoxe, par : la *Véritable fatalité de Saint-Cloud* (Lille), 1715, 1 vol. in-8.

(Biographie universelle).

1522. Fausse (La) communion de la Reine, soutenue au moyen d'un faux. Nouvelle réfutation appuyée sur de nouvelles preuves, par l'autenr des « Mémoires secrets et universels de la Reine de France » (l'abbé Lafont, d'Auxonne). *Paris*, Pélicier, 1824, br. in-8.

1523. Faust, ou les Premiers amours d'un métaphysicien romantique, pièce du théâtre de Gœthe, arrangée pour la scène française, en 4 actes, en prose (par le docteur Rousset). *Paris*, Pélicier et Châtel, 1829, in-8.

1524. Fauteuil (Le) de Molière, par M. *** (par MM. François Astruc et Sabatier). *Pézénas*, Gabriel Bonnet, 1836, in-8.

1525. Faut-il fortifier Bruxelles? Réfutation de quelques idées sur la défense des États, par un Officier du génie (le capitaine A. Brialmont, attaché au cabinet du ministre de la guerre de Belgique). *Bruxelles*, 1850, in-18.

1526. Faut-il une nouvelle constitution? Par M. de S*** (de Sales, juge au tribunal de 1re instance de la Seine; depuis commissaire de police à Paris). (1er mai 1814), in-8, pièce de 8 pages.

1527. Faux (Le) indifférent, ou l'Art de plaire, comédie en un acte et en vers, par M*** (Joseph Landon). Sans date (vers 1751), in-8.

1528. Félicie et Florestine, par l'auteur des « Mémoires d'une émigrée » (Mlle Jeanne-Françoise Polier de Bottens). *Genève et Paris*, Paschoud, 1803, 3 vol. in-12.

1529. Femme (La) du banquier, par la comtesse O... du *** (le baron Etienne-Léon de Lamothe-Langon). *Paris*, Lachapelle, 1832, 2 vol. in-8.

1530. Femme (La) du forçat, roman nouveau, par J.-B.-J. Champagnac. *Paris*, Ménard, 1835, 2 vol. in-8.

Ce roman est de LAMOTHE-LANGON. Le pseudonyme qu'il a pris en cette circonstance est bien le nom d'un écrivain vivant à cette époque, qui a publié lui-même, sous son nom et sous divers pseudonymes, quelques ouvrages de morale juvénile.

(QUÉRARD, *France littéraire*).

1531. Femme (La) jalouse, comédie en cinq actes et en vers français, dédiée à Son A. R. Madame, régente. *Nancy*, Pierre Antoine, 1734, br. in-8 de 124 pages.

Dans le catalogue de la bibliothèque de Pont-de-Veyle, cette pièce est attribuée à Thimothée THIBAUT, dit DE BERNAUD, avocat de Nancy. Le rédacteur du catalogue de la *Bibliothèque dramatique*, de Soleinne, conteste cette paternité, et, d'après La Vallière, désigne comme auteur de cette comédie DESCAZEAUX DES GRANGES.

1532. Femme (La), l'enfant et le pêcheur (par Louis de Fré). *Bruxelles*, 1848, in-12.

1533. Femmes (Les) à l'Académie, par J. S. (Simonet). *Paris*, E. Dentu, 1863, br. in-8 de 32 pages.

1534. Femmes (Les) blondes selon les peintres de l'école de Venise, par Deux Vénitiens (MM. Feuillet de Conches et Armand Baschet). *Paris*, Pincebourde, 1866, gr. in-8.

1535. Femmes (Les) de bonne humeur, ou les Commères de Windsor, comédie de Shakespeare (par Louis-Alexandre de Cézan, docteur-médecin). Sans date, in-12.

Cette pièce est tirée du tome IV, page 135, d'un ouvrage qui est intitulé : *Pièces non traduites de Shakespeare*.

1536. Femmes (Les) en Orient, par Mme Dora-d'Istria (la princesse Koltzoff-Masalski, née Hélène Ghika). *Zurich*, Mayer et Muller, 1860, 2 vol. gr. in-8.

1537. Femmes (Les) vengées, par Ernest Desprez. *Paris*, Leroux, 1834, 2 vol. in-8.

Ce pseudonyme cache les noms d'Eléonor-Mathieu TENAILLE, connu dans la littérature dramatique sous le nom d'Eléonor de Vaulabelle. Né en 1802, à Paris, cet homme de lettres y est mort en octobre 1859.

Son frère Achille DE VAULABELLE, a été ministre de l'instruction publique en 1848.

1538. Femmes (Les) vengées de la sottise d'un philosophe du jour, ou Réponse à un projet de loi de M. S*** M***, portant aux femmes défense d'apprendre à lire (par Mme Clément Himeux). *Paris*, Benoît, 1801, gr. in-8.

1539. Fervent (Le) ecclésiastique, se pénétrant chaque

jour de l'année des devoirs de son état, avec une explication des cérémonies de la messe et des exercices pour la préparation et l'action de grâces (par l'abbé Jean-Baptiste Lasausse). *Paris*, Mame (*Lyon* et *Paris*), Rusand, 1814, in-12.

1540. Festin (Le) joyeux, ou la Cuisine en musique, en vers libres (par Joseph Legras). *Paris*, 1738, in-12.

1541. Fête (ancienne) de l'Ile-Barbe. Extrait d'un Recueil de poésies sur Lyon. A *Lyon*, de l'imprimerie de J.-M. Basset, 1825, br. in-8 de 20 pages.

On y trouve une pièce de vers de Bonaventure DES PÉRIERS.

La préface est signée : C. B. (Claude Bréghot-du-Lut).

1542. Fête (La)-Dieu, Sainte-Julienne et l'église Saint-Martin, à Liége. Esquisses historiques, par un Membre de l'archiconfrérie de Saint-Vincent (Edouard Lavalleye). *Liége*, Dessain, 1846, in-12.

1543. Fête du triomphe de la foi, le second dimanche de janvier, dans l'octave de l'Epiphanie, latin-français (par Claude Marduel, ancien curé de Saint-Roch). *Paris*, Porthman, 1815, in-12.

1544. Fête Solsticale du huitième jour du onzième mois de l'année 5842, etc. Allocution de F.·. R.·. (Laurent-Emile Renard). *Liége*, Collardin, 5843, br. in-8 de 20 pages.

1545. Feu et flamme, par Philotée O'Neddy (Théophile Dondey). *Paris*, Dondey-Dupré, 1833, in-8.

L'auteur était le neveu de l'imprimeur DONDEY-DUPRÉ.

1546. Feu le boulevard du Temple. Résurrection épistolaire, par Charles-Maurice (Ch.-M. Descombes). *Paris*, chez l'auteur, 1863, br. in-8 de 76 pages.

1547. Feu partout! Voilà le ministère Polignac (par M. Léon Vidal et Léon Gozlan). *Paris*, Dureuil, 1829, br. in-8 de 76 pages.

1548. Feuille (La) de coudrier, par J. T. de Saint-Germain (Jules-Romain Tardieu). *Paris*, J. Tardieu, 1859, in-18 de 96 pages.

1549. Feuilletons. *Orléans*, A. Jacob, 1840, in-18.

C'est un recueil formé d'un assez grand nombre d'articles ingénieux et piquants, insérés dans le *Garde national du Loiret*, par F. DUPUIS.

1550. Filet (Le) d'Ariane, pour entrer avec sûreté dans le labyrinthe de la philosophie hermétique (par Gaston Ledoux, dit de Claves). *Paris*, 1695, in-12.

Le véritable nom de l'auteur de ce livre qui est DULCO ou DUCLO (Gaston), en latin, *Casto Claveus*, a été défiguré par certains biographes qui l'ont gauchement traduit par *de Claves*, ou *Du Cloux*, et même par *Gaston, duc de Clèves*.

Il naquit dans le Nivernais, et a composé plusieurs ouvrages sur le même sujet.

1551. Fille (La) au coupeur de paille, par Raoul de Navery (Mme Marie David). *Paris*, Dillet, 1865, in-12.

Réunion de quatre Nouvelles détachées, dont la dernière donne son titre au livre.

1552. Fille (La) bleue, ou la Novice, l'archevêque et l'officier municipal, par Jean-Pierre (Marie Aycard). *Paris*, Lecointe et Pougin, 1832, 4 vol. in-12.

1553. Fille (La) de l'ébéniste du faubourg Saint-Antoine, par M. N. A. (l'abbé Arnault, curé de Saint-Joseph). *Paris*, Charles Douniol, 1856, in-18.

Cette nouvelle fait partie d'une publication intitulée : « Nouvelles morales des faubourgs », dont le succès a décidé depuis l'auteur à lever le voile de l'anonyme.

1554. Fille (La) des cèdres (par Mlle Sophie Gallot). *Paris*, Meyrueis et Cie, 1853, 2 vol. in-12.

1555. Fille (La) du curé, par M. Arsène de C*** (François-Arsène Chaize de Cahagne). *Paris*, Lecointe et Pougin, 1832, 4 vol. in-12.

Cet écrivain est connu dans la littérature sous le pseudonyme d'A. DE CEY.

1556. Fille (La) d'une femme de génie, ouvrage traduit de l'anglais de Mme Hoffland (par Mlle Clémentine Cuvier, fille de l'illustre savant). *Paris*, Barbezat, 1829, 2 vol. in-12.

C'est indûment que Quérard a attribué cette traduction à Mme WOIDEL.

1557. Fille (La) légitime de Buonaparte, l'Université ci-devant impériale et royale, protectrice de la confédération d'instruction, médiatrice des trente-six cantons académiques, par M. C.-J. G. P. D. S. P. (l'abbé Charles-Jean Girod, prêtre de Saint-Paul). *Paris*, Laurent aîné, 1814, br. in-8 de 48 pages.

1558. Fille (La)-mère, par Mme Louise Maignaud, auteur de : « la Femme du monde et la dévote ». Avec une préface, par l'auteur de : l'*Ane mort et la femme guillotinée* (Jules Janin). *Paris*, Eugène Renduel, 1829, 4 vol. in-12.

Cette dame, née à Lyon, mariée aujourd'hui pour la troisième fois, avait épousé en premières noces Charles Maignaud, professeur de grammaire et de géographie, à Lyon, où il est mort encore jeune.

1559. Fille (La)-tambour, scènes en trois parties, par MM. Frédéric (Pierre-Frédéric du Petit-Méré), et Ch*** (Pierre-Joseph Charrin). *Paris*, Mme Masson, 1811, br. in-8.

Pierre-Frédéric DU PETIT-MÉRÉ naquit à Paris, le 10 septembre 1785, et non, comme l'a prétendu à tort Quérard, dans le village dont il se serait attribué le nom. Ce dramaturge est mort à Paris, le 4 juillet 1827.

1560. Fille (La) valet, comédie en un acte (par Abeille, comédien, neveu de l'abbé de ce nom). 1712, in-12.

1561. Filles (Les) de M. Plichon, par André Léo (Mme veuve Champseix). *Paris*, A. Faure, 1864, in-18.

1562. Filles (Les) sans dot, par Max Valrey (Mme Soler, née Eugénie-Marie Gaude). *Paris*, Michel Lévy, 1859, in-12.

Ce roman avait d'abord paru dans la *Revue des Deux-Mondes*.

Mme Soler est morte, à Batignoles, en avril 1865.

1563. Fils (Le) d'Asmodée, suivi de : « Il y a des choses plus extraordinaires, ou Lettres de la marquise de Cézannes à la comtesse de Mirville » (par Mme d'Antraigues). *Paris*, Guillaume, 1811, 3 vol. in-12.

1564. Fils (Le) du fermier, mœurs normandes, épisodes contemporains, par Paul Ben (Paul-Benjamin Chareau). *Paris*, Pétion, 1844, 2 vol. in-8.

1565. Fils (Le) du meunier, 1re partie : « Le Siége de Rouen », par Mortonval (Alexandre-Furcy Guesdon). *Paris*, Ambroise Dupont, 1829, 9 vol. in-12.

1566. Fin (La) de la tyrannie, par A.-Simon C*** (Auguste-Simon Collin, de Plancy), professeur. *Paris*, Tiger, 1815, in-12.

1567. Fin (La) du monde, pour faire suite au jugement dernier (par Louis Dejaer). *Liége*, 1852, in-8.

1568. Flâneur (Le), galerie pittoresque, philosophique et morale de tout ce que Paris offre de curieux et de remarquable dans tous les genres, etc. Par un Habitué du Boulevard de Gand (Jean-Baptiste-Auguste d'Aldéguier). *Paris*, Marchands de nouveautés, 1826, in-12.

1569. Fleurs inconnues. *Cambray*, 1852, in-12.

Ces poésies sont de M. Raymond du Doré, vendéen. Voici ce qu'on lit dans la *Bretagne*, de M. E. Loudun : M. Raymond du Doré avait publié, il y a vingt ans, sans le signer, un volume de poésies ; un jour, dans une ville du Nord, quelqu'un, une âme aimante, sans doute, en rencontra un exemplaire, et il fut si ému par cette poésie douce et tendre, qu'il voulut faire partager à d'autres le charme qu'il avait ressenti. Rendant à l'auteur l'hommage le plus rare et le plus délicat, il le fit imprimer de nouveau, et ne sachant quel nom y inscrire, il lui donna le gracieux titre de *Fleurs inconnues*. »

1570. Florence et Turin, études d'art et de politique, par Daniel Stern (la comtesse Marie d'Agoult, née de Flavigny). *Paris*, Michel Lévy, 1862, in-12.

1571. Florentine (La), drame en cinq actes, par Charles-Edmund (Choiecky). *Paris*, Michel Lévy, 1855, br. in-8.

1572. Flux et reflux, par le comte de Saint-Jean (Mme Eugène Riom), de Nantes. *Paris*, E. Dentu ; *Nantes*, Guéraud, 1859, in-8.

1573. Folie (La) de Jérôme Pointu, ou le Procureur devenu fou, comédie en deux actes et en prose, par Mme Villeneuve (par François Cizos-Duplessis). *Paris*, 1794, in-8.

1574. Folie (La) du jour, ou Dialogue entre un Anglais et un Français sur les actions des eaux de Paris (par Hilliard d'Auberteuil). *Londres*, 1785, br. in-8 de 24 pages.

1575. Folie (La) et l'amour, comédie en un acte et en vers libres (par Yon). *Paris*, veuve Duchesne, 1755, in-12.

1576. Folies (Les) de ce temps-là, ou le Trente-troisième siècle, par T*** (Théophile Marion du Mersan). *Paris*, Fontaine, an XI (1803), 2 vol. in-8.

1577. Folle (La) de Pirna, anecdote, par Mme la baronne Adèle de Ravenstein (Mme la baronne de Reiset, née du Temple de Mézières). *Mamers*, Jules Fleury, 1844, in-16.

Tiré à petit nombre.

Mme DE REISET, dont le nom a été précédemment (voir art. 270) ortographié à tort de *Reizet*, habitait le château de la *Cour-du-Bois*, aux portes de Mamers. Elle a écrit une quantité énorme de nouvelles et de romans, dont la plupart n'ont pas vu le jour.

On connaît encore de cette dame : « *Arthur* ». Morlaix, veuve Guillemer, 1842. — « *Caroline*, ou le *Bal masqué* », Morlaix, veuve Guillemer, 1842 ; tous les deux in-16, qui avaient d'abord paru en feuilletons dans divers journaux.

1578. Follé (La) d'Orléans, histoire du temps de Louis XIV, par le bibliophile Jacob (Paul Lacroix). *Paris*, Eugène Renduel, 1832, in-8.

1579. Folle (La) intrigue, ou le *Quiproquo*, comédie en trois actes et en vers, par Victor (Victor-Henri-Joseph Brahain-Ducange). *Paris*, Fages, 1814, br. in-8.

1580. Fontaine (La) de Médicis, légende, par J. T. de Saint-Germain (Jules-Romain Tardieu). *Paris*, J. Tardieu, 1862, in-18.

1581. Forêt (La) de Saint-Germain, poème, par M. H. V*** (Henri Vilmain). *Paris*, Firmin Didot, 1813, in-12.

1582. Forêt (La) de Montalbano, ou le Fils généreux, par l'auteur des « Visions du château des Pyrénées », traduit de l'anglais, par Mme P*** (Julie Périn). *Paris*, Dentu, 1813, 5 vol. in-12.

Mlle et non madame Julie PÉRIN était sœur de René Périn, homme de lettres et auteur dramatique. Elle est morte, en 1852, à l'âge de 80 ans.

1583. Forêt (La) et le château de Saint-Alpin (par de l'Aubespine). *Paris*, Barba et Pigoreau, an IX (1803), 2 vol. in-12.

1584. Forêt (La) noire, ou les Aventures de M. de Luzy (par Louis-Pierre-Prudent Le Gay). *Paris*, Hubert, 1820, 4 vol. in-12.

1585. Forêt (La) de Woronetz, par Mlle S. U. Dudrezène (Sophie Ulliac-Trémadeure), traduite de la *Petite harpiste*. *Paris*, Hubert, 1821, 4 vol. in-12.

1586. Fou (Le), drame en trois actes et en prose, par Antony (Antoine-Nicolas Béraud), Alexis Decomberousse, et *** (Gustave Drouineau). *Paris*, Barba, 1829, br. in-8.

1587. Fouet (Le) de nos pères, ou l'Education de Louis XII, en 1469, comédie historique en trois actes (par le comte Antoine-Marie Rœderer). *Paris*, Lachevardière fils, 1827, in-8.

1588. Fourvières au XIXe siècle, ou Tableau des événements principaux survenus à Lyon pendant la première moitié de ce siècle... Deuxième édition revue et augmentée, par un serviteur de Marie (G. Meynis, secrétaire de la rédaction au bureau de la Propagation de la Foi). *Lyon*, J.-B. Pélagaud et Cie, 1853, in-12.

Quelques exemplaires de cette même édition offrent une légère modification dans le titre. Ainsi, après ces mots, *Deuxième édition*, on lit : « Augmenté de la relation des fêtes célébrées pour l'inauguration des statues de Notre-Dame. »

1589. Fragment d'un ouvrage inédit intitulé : « Recherches sur la formation du langage politique en France » (par Jean Rey). *Paris*, Dentu (1832), in-8.

1590. Fragment d'une histoire du pays de Liége, par M***, avocat (Charles-P.-M. Moulan). *Liége*, Jeunehomme, 1833, in-8.

1591. Fragment de l'histoire de Maligny (XIVe siècle), Gilles de Maligny (par Léon de Bastard-d'Estang, ancien élève de l'Ecole des Chartes, secrétaire d'ambassade). *Auxerre*, 1857, br. in-8 de 41 pages.

Extrait du *Bulletin de la Société des sciences historiques et naturelles de l'Yonne*.

1592. Fragment d'une histoire du pays de Liége. Histoire d'un évêque de Liége (Henri de Gueldre) et des premiers bourgmestres élus par le peuple de cette ville, par M*** (Charles-P.-M. Moulan, avocat). *Liége*, Jeunehomme, 1833, br. in-8 de 48 pages (Ul. C.).

1593. Fragments biographiques et historiques, extraits des registres du Conseil d'Etat de la république de Genève, de 1535 à 1792 (par le baron Grenus-Saladin). *Genève*, Manget et Cherbuliez, 1815, in-8.

1594. Fragments de poésie en langue d'Oc (par Pierre-Gustave Brunet, de Bordeaux). *Paris*, 1843, broch. in-8 de 40 pages.

1594. Fragments sur les institutions républicaines, ouvrage posthume de Saint-Just (publié par Lemare). *Paris*, Fayolle, 1800, in-8.

1596. Fragoletta, Naples et Paris en 1799 (par Hyacinthe Thabaud de Latouche). *Paris*, Levavasseur, 1829, 2 vol. in-8.

Réimprimé dans le format in-12.

1597. Franc Alleu de Provence. A *Aix*, chez Joseph David, imprimeur-libraire ordinaire du roy, du pays èt de la ville, *au Roy David*, 1732, 1 vol. in-4 de 295 pages.

Joseph-Laurent GENSOLLEN, célèbre et savant avocat au Parlement d'Aix, est l'auteur de ce traité. Né à Solliers vers 1686, il y fut tué d'un coup de fusil, le 9 juillet 1733.

Ce savant jurisconsulte a été oublié dans toutes les biographies générales. Il y a un article assez détaillé sur lui dans le *Dictionnaire des hommes illustres de Provence*, 1786-1787, 2 vol. in-4.

1598. Franc-maçonnerie (La) expliquée, par un Ami de la Vérité, le docteur A. N***. *Metz*, 1844, in-12.

Ce livre est, selon toute probabilité, du docteur A. NEYEN, né à Luxembourg, auteur de la *Biographie Luxembourgeoise* et d'un grand nombre d'autres écrits.

1599. Français (Les) à Cythère, comédie héroïque en un acte et en prose, non représentée (par Louis-Germain Petitain). *Paris*, an VI (1798), in-8.

Au *verso* du titre se lisent les initiales : A. F. J. P. A. S. G. D. D. D. D. N., qui signifient : *A François-Jean-Philibert AUBERT, secrétaire-général du département des Deux-Nèthes*.

1600. France (La) auguste en abrégé... (par Damond). *Utrecht*, R. Van Zyll, 1681, in-12.

1601. France (La) doit-elle conserver Alger? Par un Auditeur au Conseil d'Etat (le comte Agénor-Etienne de Gasparin). *Paris*, Béthune, 1835, br. in-8 de 70 pages.

1602. France (La) en Afrique. *Paris*, 1846, in-8.

Ce livre a été écrit, sous l'inspiration de M. Guizot, par M. LINGAY, son secrétaire.

1603. France (La) en 1829 et 1830, par Lady Morgan ; traduit par le traducteur de « l'Italie » (Mlle Adèle Sobry, fille de Sobry, commissaire de police à Paris, et, lui-même auteur de plusieurs ouvrages, notamment de la *Poétique des arts*). *Paris*, Fournier, 1830, 2 vol. in-8.

Chaque volume se compose de deux parties, qui ont paru à certain intervalle l'une de l'autre. Les deux premières portent seules le nom du traducteur.

1604. France et Turin, par Daniel Stern (la comtesse d'Agoult, née Marie de Flavigny). *Paris*, Michel Lévy fr., 1862, in-12.

1605. France (La) gouvernée par des ordonnances, ou Esprit des Conseils d'Etat sous les principaux règnes des rois de France, par Gustave B*** (Gustave-Napoléon Ballari, imprimeur-compositeur et depuis comédien). *Paris*, Chaigneau, 1829, in-8 de 182 pages.

1606. France (La), le Mexique et les Etats-Unis (attribué à M. Rasetti, de Turin). *Paris*, E. Dentu, 1863, in-8.

1607. France (La) secourant les

incendiés de Salins. Epître en vers (par Trémollières, président du tribunal de 1re instance à Besançon). *Besançon*, Ch. Déis, 1827, br. in-8 de 11 pages.

1608. France (La) toute catholique sous le règne de Louis-le-Grand (par Laurenceau). *Lyon*, Jean Certe, 1684, 3 vol. in-12.

Sur la garde du tome 1er de l'exemplaire de la bibliothèque de Lyon, on lit : « Ce livre a esté composé par M. LAURENCEAU, qui avait été longtemps jésuite dans la province de Guyenne. Il le composa, estant prisonnier à Pierre-Encise, et à cette considération, il obtint sa grâce de Sa Majesté.

Ce livre est dédié à Camille de Neufville, archevêque de Lyon.

L'auteur, dans son avertissement, soutient qu'on ne peut être « bon huguenot et bon français. »

1609. Franche (La)-Comté ancienne et moderne, ou Exposition des principaux changements survenus dans l'Etat ou Comté de Bourgogne, depuis l'antiquité jusqu'à nos jours (par le comte Marie-Joseph-Henri-Paul d'Augicour). *Besançon*, Jacquin, 1857, 2 vol. in-8.

M. d'AUGICOUR était plus connu sous le nom de POLIGNY, qui était celui de sa mère ; mais dont un *jugement intervenu en 1865*, lui en a interdit l'usage.

1610. Franchises (Les) et les paix générales de la nation liégeoise vengées, ou les Cent variétés et anecdotes (par l'abbé T.-J. Jehin). *Au Temple de la vérité* (*Herve*, Urban), 1787, in-16 (Ul. C.).

Herve est une petite ville où s'était établie une imprimerie, spécialement affectée à la publication des ouvrages d'un certain parti politique.

1611. Francine de Plainville, par Mme Camille Bodin (Marie-Hélène Dufourquet). *Paris*, Baudry, 1850, 3 vol. in-8.

1612. Francs-juges (Les), ou les Temps de barbarie, mélodrame historique en quatre actes, du XIIIe siècle, par J.-H.-F. L. (Jean-Henri-Ferdinand Lamartellière). *Paris*, Barba, 1807, br. in-8.

1613. Francs-péteurs (Les), poème en quatre chants, précédé d'un aperçu historique sur la Société des Francs-péteurs, fondée à Caen dans la première moitié du dix-huitième siècle, et suivi de notes historiques, philosophiques et littéraires. *Caen*, Poisson, décembre 1853, in-18 de 60 pages.

L'auteur de cette facétie est M. Julien TRAVERS, bibliothécaire de la ville de Caen.

1614. Francs (Les) Taupins, par le bibliophile Jacob (Paul Lacroix). *Paris*, Eugène Renduel, 1832, 2 vol. in-8.

1615. Fray-Eugénio, ou l'Auto-da-fé de 1680, par Mortonval (Alexandre-Furcy Guesdon). *Paris*, Ambroise Dupont, 1826, 4 vol. in-12.

1616. Frédéric Brack, ou l'Elève des Bohémiens. Roman de J.-G. Muller, traduit de l'allemand sur la deuxième édition, par Mme S. U. Dudrezène (Sophie Ulliac-Trémadeure), auteur de « la Forêt de Woronetz ». *Paris*, Hubert, 1822, 6 vol. in-12.

1617. Frêlons (Les) et les abeilles, apologue à l'occasion du retour de S. M. Louis XVIII et de son rétablissement au trône des Bourbons (par Marie-Jacques-Armand Boïeldieu, ancien avocat au Parlement de Rouen, oncle du célèbre compositeur). *Rouen*, Périaux et Cie; et *Paris*, Petit, 1814, in-8.

C'est à tort que Quérard a prétendu que ce nom devait s'écrire BOYELDIEU. Les signatures apposées au bas de l'acte de naissance, ainsi que celle de mainte lettre autographe, que nous avons eue sous les yeux, prouvent que la véritable orthographe du nom de *Boïeldieu* est conforme à celle que nous avons suivie.

1618. Frères (Les) amis, comédie en deux actes et en prose, par de M. de B*** (Alexandre-Louis-Bertrand de Beaunoir, anagramme de Robineau, nom réel de l'auteur). *Paris*, 1788, in-8.

On a prétendu que c'est dans cette pièce que se trouvait ce vers si connu :

« Un frère est un ami donné par la nature... »

C'est doublement à tort qu'on en a fait honneur à ROBINEAU, puisque sa comédie est en prose; ce vers, d'ailleurs, d'une date plus ancienne que les premiers essais de sa plume, se trouve dans une tragédie de *Démétrius*, composée par un nommé BAUDOUIN, épicier à Saint-Germain-en-Laye, et qui fut jouée en cette ville en 1785.

Arnault père, dans ses *Souvenirs d'un sexagénaire* (t. Ier, p. 411), rapporte, au sujet de Beaunoir, un fait assez plaisant et qui prouve la fécondité de cet auteur médiocre. « Feu Nicolet, dit-il, directeur du spectacle des *Grands danseurs du Roi*, écrivit un jour à Beaunoir la lettre suivante :

« Monsieur,

« L'administration que je préside a décidé qu'à « l'avenir, comme par le passé, vos ouvrages se- « raient reçus à notre théâtre, sans être lus, et « qu'on continuerait à vous les payer dix-huit « livres la pièce ; mais vous êtes prié de n'en pas « présenter plus de trois par semaine. »

1619. Frères (Les) anglais, roman traduit de l'anglais, par Mme Elisabeth de B*** (Bon). *Paris*, Nicole, 1814, 3 vol. in-12.

1620. Frères (Les) rivaux, ou la Prise de tabac, vaudeville en un acte (par Théodore de Benazé, avoué). *Paris*, Fages, 1822, br. in-8.

1621. Frères (Les) Hongrois, roman de Miss Anna-Maria Porter; traduit de l'anglais, par Mme Aline de L*** (Lacoste). *Paris*, Arthus Bertrand, 1817, 3 vol. in-12.

1622. Fruit (Le) de mes lectures, ou Pensées extraites des auteurs profanes, relatives aux différents ordres de la société, accompagnées de quelques réflexions de l'auteur, par Dom (Nicolas) Jamin, religieux de la congrégation de Saint-Maur (nouvelle édition, revue et publiée par les soins de Etienne-Gabriel Peignot, membre de l'Université, qui l'a fait précéder d'une notice sur la vie et les ouvrages de Jamin, signée G. P.). *Dijon* et *Paris*, Victor Lagier, 1825, in-12.

1623. Fuite et arrestation du conspirateur Didier, par A. D.

(Albert du Boys). *Paris*, 1831, br. in-8.

1624. Funérailles de la Reine, faictes au collége Louis-le-Grand, le 26 août 1683 (par le père Charles-François Ménestrier). In-4 de 16 pages.

1625. Funérailles des rois de France et cérémonies anciennement observées pour leurs obsèques, par A. B. de G*** (Alexandre Barginet, de Grenoble). *Paris*, Baudouin frères, 1824, in-8.

1626. Fureteur (Le), ou l'Anti-Minerve (par Frédéric Royou, officier de marine, le major Carrel, Auguste Jal et Louis-François-Théodore Anne). *Paris*, Dentu, 1818, in-8.

Publication interrompue à la 5e livraison.

G

1627. Gabriela. Par Mme la duchesse d'*** (duchesse d'Aumont, née de Piennes), auteur des : « Deux amis ». *Paris*, A. Egron, 1822, 3 vol. in-12.

1628. Galanteries d'une demoiselle du monde, ou Mémoires (supposés) de Mlle Duthé (par le baron Etienne-Léon de Lamothe-Langon). *Paris*, Ménard, 1833, 4 vol. in-8.

1629. Galerie biographique des artistes dramatiques (par Adolphe Laugier et A. Mottet). *Paris*, Béchet aîné, 1826, in-8.

La publication de cet ouvrage a été interrompue après la 3e livraison.

1630. Galerie de l'Université (XIXe siècle). *Paris*, Ducessois, sans date, br. in-8.

Publication qui n'a pas été continuée. Cette brochure renferme treize notices, dont quelques-unes avaient déjà paru dans divers recueils, tels que le *Journal asiatique*, la *Biographie universelle*, sous la signature de Daunou, ou de Charles Durozoir. Les autres, signées des initiales C. R., sont dues à M. Charles Richomme, employé à la rédaction du catalogue de la Bibliothèque impériale.

1631. Galerie des contemporains illustres, par un Homme de rien (Louis-Léonard de Loménie). *Paris*, Dépée, 1840-1847, 10 vol. in-16.

Une contrefaçon, en 2 vol. grand in-8, à deux colonnes, a été publiée à Bruxelles.

1632. Galerie des ducs de Lorraine, au château de Fléville (par Mme la comtesse de Lambel). *Nancy*, Wagner, 1861, in-12.

1633. Galerie des enfants célèbres, etc., depuis le quinzième siècle jusqu'à nos jours (par Louis-François Raban). *Paris*, Corbet, 1835, 2 vol. in-12.

1634. Galerie des hommes illustres de la Révolution, par Alfred *** (Alfred Meilheurat). *Paris*, Desloges, 1847, in-18.

Cette publication, annoncée comme devant

avoir quarante livraisons, s'est arrêtée après la première.

1635. Galerie française, en estampes, des hommes les plus illustres dans tous les genres, avec un texte explicatif, par B. Allent (Amédée-Eugène Balland, libraire). *Paris*, Alexis Eymery, 1824, in-8 oblong.

1636. Garde (La) royale, pendant les événements du 26 juillet au 5 août, par un Officier de l'état-major (Hippolyte Poncet de Bermond). *Paris*, Dentu, 1830, br. in-8 de 132 pages.

1637. Garde (Le) national à l'obélisque de Masséna, anecdote historique, suivi du Renégat, ou la Vierge de Missolonghi, par Mme S. E***, auteur des « Anecdotes du dix-huitième siècle » et des « Mémoires d'une contemporaine » (Elzélina Van Ayde Jonghe). *Paris*, Ladvocat, 1827, br. in-8 de 32 pages.

Les initiales S. E. cachent le pseudonyme de SAINT-ELME, sous lequel cette aventurière s'est fait connaître.

1638. Gémissements (Les) d'un solitaire, ou Elégies sur le sort de la France, par M. L.....r (Lhuillier, vicaire à Saint-Hilaire-en-Voivre). 1793, br. in-8.

1639. Généalogie de la famille de Coloma, par J. F. A. F. de Azevedo.

« Cet ouvrage inachevé est de Pierre-Alphonse LIVIN, comte DE COLOMA, qui le commença en 1750, et qui, entraîné au-delà des bornes qu'il s'était prescrites, fit un recueil généalogique enrichi de documents qu'on chercherait vainement ailleurs. Il s'occupa de ce travail jusques en 1777. A cette époque seulement, il cessa de s'en occuper, à cause de ses infirmités, et les 150 exemplaires qu'il avait fait imprimer et qui furent interrompus à la page 500, demeurèrent incomplets. La partie restée manuscrite est entre les mains de M. Gyseleers-Thys, archiviste de Malines ».

(Extrait de l'introduction de la Chronique de Philippe Mouskes, publiée par Reiffenberg).

1640. Généalogie de la famille Wouters, dite de Rummen (par J.-B. Wolters). *Gand*, Hebbelynck, 1847, gr. in-8.

Avec blasons dans le texte.

1641. Généalogie de la maison de Brouckhoven, sortie de celle de Roovere par la branche des seigneurs de Stakenborch, dressée sur chartes, épitaphes, extraits baptistaires, contrats de mariage, partages, actes de tutelle, transactions, hommages, testaments et autres titres originaux, par M. D S. D. H. (de Vegiano, seigneur de Hoves). *Malines*, 1771, in-fol.

1642. Généalogie de la maison Colins, dressée sur les titres et mémoires de cette maison (par le même). 1773, in-fol.

1643. Généalogie de la maison de Wisches, originaire d'Allemagne, dressée sur les titres et mémoires de cette maison, établie dans les Pays-Bas depuis trois cents ans, par M. D. S. D. H. (le même). Sans nom de lieu (*Malines*), 1775, in-fol.

Rare.

1644. Généalogie des lords Dormer, comtes de Coernavon, vicomtes d'Ascott, baron de Wange, baronnets et pairs d'Angleterre (par le même). 1775, in-8.

1645. Général (Le) Charles Abatucci (notice). Par E. Loudun (Eugène Balleyguier). *Paris*, Amyot, 1854, br. in-8.

1646. Général (Le) d'armée, par Onésander, en grec et en français, suivi du premier chant élégiaque de Tyrtée, en grec et en vers français (traduit par Adamance Coraï). *Paris*, Firmin Didot, 1822, in-8.

1647. Général (Le) d'Autichamps, notice extraite de l'*Union de l'Ouest*. *Angers*, Barassé, sans date, in-8.

Par M. BOUGLER, conseiller à la Cour impériale d'Angers. Réimprimé avec son nom dans la *Revue de l'Anjou*, et dans le tome II de la *Biographie des députés de l'Anjou*.

1648. Génie (Le) de Bossuet, ou Recueil des plus grandes pensées et des plus beaux morceaux d'éloquence répandus dans tous les ouvrages de cet écrivain. Publié par E. L. (Sérieys). *Paris*, Dentu, 1810, in-18.

Beaucoup de fragments de cet ouvrage se trouvaient déjà reproduits dans l'*Esprit des orateurs chrétiens*, du même. Voir ce titre, article 1313.

1649. Gentilhomme (Le) Guespin, ou le Campagnard, comédie en un acte et en vers, avec une préface (par Jean Donneau de Visé). *Paris*, Claude Barbin, 1670, in-12.

A la première représentation de cette pièce, il y avait sur le théâtre beaucoup d'amis de l'auteur qui riaient à chaque passage. Le parterre qui n'était pas de leur avis, sifflait de toutes ses forces. Un des rieurs s'avança sur le bord du théâtre et dit :

« — Si vous n'êtes pas contents, on vous rendra votre argent à la porte ; mais ne nous empêchez pas d'entendre des choses qui nous font plaisir. »

Un plaisant lui répondit :

« — Prince, n'avez-vous rien à nous dire de plus ? »

Un autre ajouta :

« — Non ! d'en avoir tant dit, il est même confus. »

1650. Géographie classique (par l'abbé B. de Saive). *Liége*, Lemarié, 1784, in-12.

L'abbé DE SAIVE, né à Visé, principal collaborateur du *Dictionnaire historique de Feller*, fut, ainsi que ce dernier, l'un des collaborateurs du *Journal historique et littéraire*, qui s'est publié à Liége, de 1788 à 1790, et à Maëstricht, de 1791 à juillet 1794.

1651. Géographie de la province de Hainaut, par V. D. M. (Paul-Arnould-Joseph Van Der Maesen). *Bruxelles*, Gaussens, 1818, in-18.

1652. Géographie de la province de Liége, par V. D. M. (le même). *Bruxelles*, 1843, in-8 (Ul. C.).

1653. Géographie de la province de Limbourg), par V. D. M. (le même). *Bruxelles*, A. Pérès, 1842, in-18.

1654. Géographie de la province de Namur, par V. D. M. (le

même). *Bruxelles*, A. Pérès, 1842, in-18.

1655. Géographie (La) des écoles primaires en 22 leçons, par l'Auteur du « Syllabaire chrétien » (Charles-E.-E. Du Vivier, de Streel, curé de Saint-Jean, à Liége). *Liége*, 1835, in-8 (Ul. C.).

1656. Géographie élémentaire. *Paris*, 1804, 2 vol. in-8.

Cet ouvrage est du baron DE STASSART, qui en a publié une seconde édition, Paris, 1806, 3 vol. in-8.

1657. Géographie physique et politique, ou Introduction à l'histoire de France, par M. Chast... (le général Chastenet) d'Esterre. *Toulouse*, février 1807, 2 vol. in-12.

1658. Géographie universelle du P. Buffier, suivie d'un Traité de la sphère, édition revue par l'abbé D. S. (B. de Saive). *Liége*, Lemarié, 1805, in-12 (Ul. C.).

Réimprimée en 1818.

1659. Géométrie usuelle, dessin géométrique et dessin linéaire sans instruments, en 120 tableaux; dédié à M. le baron Feutrier, préfet de l'Oise, par C. B*** (Charles Boutereau), professeur des cours publics et gratuits de géométrie, de mécanique et de dessin linéaire, à Beauvais. *Beauvais*, Tremblay, et *Paris*, Pigoreau, 1832.

Publiée en cinq livraisons in-4.

1660. Georges, par H. Arnaud (Mme Charles Reybaud). *Paris*, Dumont, 1840, in-8.

1661. Géraldine, ou l'Histoire d'une conscience; traduit de l'anglais, par Mme la marquise de M*** (Moligny). *Paris*, A. Vatton, 1839, 2 vol. in-12.

1662. Gérard de Roussillon, jadis conte (*sic*) de Bourgongne et d'Aquitaine (publié par M. Alfred de Terrebasse). *Lyon*, L. Perrin, 1856, in-8 de XLIX et 149 pages.

1663. Gérocomie (La), ou Code physiologique et philosophique pour conduire les individus des deux sexes à une longue vie, en les dérobant à la douleur et aux infirmités, par une Société de médecins (rédigé par André Millot, accoucheur). *Paris*, Buisson, 1807, in-8.

1664. Gil-Blas (Le) du théâtre, par Michel Morin (Jules Chabot de Bouin et Auguste Dubois). *Paris*, Denain, 1833, 2 vol. in-8.

1665. Girouette (La) française, ou le Despotisme ressuscité, par un Député du Tiers-Etat (Pierre-Mathieu Parein). De l'imprimerie de l'archevêché, 1789, br. in-8 de 31 pages.

1666. Girouettes (Les) du château, par l'auteur de: « Ajoutez à la foi la science » (César-Henri-Abraham Malan, pasteur). *Genève*, 1828, in-12.

1667. Glaces (Les) enlevées, ou

la Rapaxiade, poème héroï-comique, en cinq chants (par le marquis Le Ver). *Paris*, Tastu, 1827, br. in-8 de 78 pages.

1668. Gloires (Les) de Marie, par le Père Alphonse de Liguori. Traduction nouvelle, par D. L. C. (Théodore de La Croix). *Paris*, Gaume frères, 1835, 2 vol. in-8.

1669. Gloires (Les) romantiques, ou Recueil des opinions émises sur les auteurs romantiques contemporains, recueillies et mises en ordre par un Autre Bénédictin (le baron Sirtéma de Grovestins). *Paris*, E. Dentu, 1859, 2 vol. in-18 jésus, de VIII-1059 pages.

M. DE GROVESTINS a publié un grand nombre de brochures et, entre autres, les *Lettres d'un Bénédictin*, au nombre de 24 ou 25, qui ont précédé l'ouvrage ci-dessus mentionné.

1670. Glossaire polyglotte, ou Tableau comparatif d'un grand nombre de mots grecs, latins, français, espagnols, italiens, allemands, irlandais, anglais, etc., qui, pour la forme et le sens, ont encore conservé de nos jours le plus grand rapport avec le celte-breton de l'Armorique et paraissent avoir appartenu primitivement à cette langue.

Facies non omnibus una
Nec diversa tamen, qualèm decet esse sororem.
(OVIDE).

Ce glossaire est de LATOUR D'AUVERGNE-CORRET, qui l'avait fait imprimer pour le placer à la suite de la 1re édition de ses *Origines gauloises* (*) ; mais comme il s'y trouvait un certain nombre de fautes d'impression, l'auteur en arrêta la publication et fit supprimer tous les exemplaires. Cinq à six de ceux-ci se sont retrouvés parmi ses papiers, après sa mort. Ce glossaire est donc excessivement rare, et d'autant plus, qu'il n'a pas été réimprimé dans la nouvelle édition des *Origines gauloises*.

(Note de M. Loumyer, chef de division au ministère des affaires étrangères, en Belgique, qui est possesseur d'un des exemplaires précités).

(*) Ce glossaire commence à la page 101 et finit à la page 164, plus, une page de tables et huit pages de corrections, sans indication de lieu ni de date, naturellement, puisqu'il devait être continué.

1671. Gœthe et Bettina, correspondance inédite, par Sébastien Albin (Mme Hortense Cornu, née Lacroix). *Paris*, Gosselin, 1843, 2 vol. in-8.

Une seconde édition, parue peu de jours après celle-ci, ne présente de différences que dans les titres et faux-titres, où les noms de l'imprimeur et du libraire ne sont plus les mêmes.

1672. Gomez Arias, ou les Maures des Alpujaras, roman historique espagnol, par don Telesforo de Trueba y Cosio, traduit par l'auteur de : « Olesia, ou la Pologne, de Edgar et de Vanina d'Ornano » (Mme Lattimore Clarke, née Rosine Mame). *Paris*, Ch. Gosselin, 1829, 4 vol. in-12.

1673. Gorge (La) de Mirza, Auctore Coræbo-Aristeneto (François-Félix de Nogaret), cum notis et commentariis. Sujet proposé au concours et dont un baiser a été le prix,

Avec cette épigraphe :

« Tibi formosa stant pectore mammæ. »

Parisiis, viâ dictâ : *Mammæ Sonoriantes*, propè Sorbonam. Pluviosa, Saltante Forioso, anno IX (1801), veuve Panckouke, et chez Le Petit, in-12.

Tiré à 200 exemplaires.

1674. Goupillon (Le), poème héroï-comique, traduit du portugais d'Antonio Dynis (par Louis-François Boissonnade de Fontarabie, membre de l'Académie des inscriptions et belles-lettres). *Paris*, Verdière, 1828, in-32.

1675. Gouvernement (Le) de juillet, les partis et les hommes politiques, par l'auteur de l'*Histoire de la Restauration* (Baptiste-Honoré-Raymond Capefigue). *Paris*, Dufey, 1835, 2 vol. in-8.

1676. Grammaire arabe en tableaux, à l'usage des étudiants qui cultivent la langue hébraïque, par P.-G. A*** (Prosper-Gabriel Audran). *Paris*, Méquignon Junior, 1818, in-4.

1677. Grammaire de l'amour, à l'usage des gens du monde, par A. Vémar (Adrien Marx). *Paris*, Tarride, 1857, in-18.

1678. Grammaire hébraïque, en tableaux, par P.-G. A*** (Prosper-Gabriel Audran). *Paris*, Eberhart, 1805, in-4.

Une seconde édition a paru en 1818, presque en même temps que la Grammaire arabe du même.

1679. Grammaire turque, d'une toute nouvelle méthode d'apprendre cette langue, en peu de semaines, avec un vocabulaire enrichi d'anecdotes utiles et agréables (par Joseph de Preindl). *Berlin*, 1790, in-8.

1680. Grammatiste (Le) latin (par M. Joseph-François-Nicolas Loumyer, chef de division au ministère des affaires étrangères, en Belgique). *Bruxelles*, 1843, in-12.

1681. Grammont, son origine et son histoire au Moyen-Age, d'après J. Van Waesberge et autres écrivains (par M. Benoît Jouret). *Grammont*, J. A. Stocquart, 1840, in-12.

1682. Granby, roman fashionable, traduit de l'anglais de lord Normanby, par M. P....s (Pâquis). *Paris*, Boulland, 1829, 4 vol. in-12.

1683. Grand dictionnaire des petits hommes, par un Descendant de Rivarol (Louis-François Raban). *Paris*, Tenon, 1831, in-32.

1684. Grand erratum. Source infinie d'erreurs à noter dans l'histoire du dix-neuvième siècle (la couverture porte ce titre : *Comme quoi Napoléon n'a jamais existé*). *Paris*, Risler, 1836, in-32.

Opuscule réimprimé plusieurs fois.

Cette publication, dont l'auteur anonyme, Jean

Pérès, bibliothécaire d'Agen, s'est proposé pour but de démontrer que les succès et les revers de l'Empereur sont des allusions relatives au cours du soleil, a eu six éditions. Les deux premières sont anonymes.

Beuchot dit, dans le *Journal de la librairie*, n'avoir jamais connu la première. Voyez article 616.

1685. Grand (Le) trésor historique et politique du florissant commerce des Hollandais, dans tous les états et empires de ce ce monde (attribué au célèbre Pierre-Daniel Huet, évêque d'Avranches). *Rouen*, Ruault, 1712, in-12.

Ce qui porte à faire regarder Huet comme auteur de ce livre, c'est que plusieurs ouvrages sur le *Commerce des Hollandais dans les Etats et empires du monde*, qui parurent à peu près vers le même temps, lui ont été attribués, comme faisant une espèce de suite à son *Histoire du commerce et de la navigation des anciens*, qui fut publiée aussi sous le voile de l'anonyme.

1686. Grande (La) dame et le villageois, roman imité de l'allemand d'Auguste Lafontaine, par H. de Châteaulin, ancien colonel (par Mlle Sophie Ulliac-Trémadeure). *Paris*, Mme veuve Lepetit, 1829, 3 vol. in-12.

1687. Grande (La) semaine de juillet 1830, ou le Dernier acte de la Révolution française qui a renversé du trône la branche aînée des Bourbons, etc. Suivie du procès mémorable des ministres de Charles X, par J. L...s (Jean Lions). 1re partie : « Evénements de juillet, ou l'Héroïsme des Parisiens ». *Lyon*, Lions, 1830, in-12.

1688. Grande trahison découverte du comte de Mirabeau. Sans date (1790), br. in-8.

L'auteur de ce pamphlet se nommait Lacroix. Il était fils d'un procureur du Roi au siége de Châlons-sur-Marne.

1689. Grands (Les) corps politiques de l'Etat. Biographie complète des membres du Sénat, du Conseil-d'Etat et du Corps législatif, avec un supplément jusqu'au 1er février 1853. Par un Ancien député (attribué à M. André Borel d'Hauterive). *Paris*, E. Dentu, 1853, in-18.

1690. Grands (Les) souvenirs de l'Eglise de Lyon, par l'Auteur de la *Couronne de Marie, ou Fourvières au* XIXe *siècle* (par G. Meynis). *Lyon*, J.-B. Pélagaud et Cie. 1860, in-12.

1691. Grèce (La) et la France, ou Réflexions sur le tableau de Léonidas, par L. David (par la comtesse Lenoir-Laroche, née Claire Réguis). *Paris*, 1815, br. in-8.

Cette brochure n'a pas été mise dans le commerce.

1692. Grenoblo malhérou. A. M***. *Grenoble*, 1733, petit in-4.

Pièce de poésie en patois de Grenoble, composée par un nommé Blanc, épicier en cette ville, goutteux et âgé de 46 ans, ainsi que nous l'apprend une lettre d'envoi manuscrite (datée d'Iglu, 15 novembre 1733), qui est jointe à un exemplaire que nous avons eu entre les mains.

1693. Grétry (Le) des dames (par Charles Malo). *Paris*

Louis Janet, sans date (vers 1820), in-18 de 152 pages, figures.

C'est un recueil de poésies et de chansons, avec musique notée.

1694. Grisettes (Les) de race (par Jules Renouvier). *Montpellier*, sans date (1851), in-8.

1695. Grosse (La) enuvaraye Messine, ou Devis amoureux d'un gros vertugay de village à sa miens aymée Vazenatte (publié par Pierre-Gustave Brunet, de Bordeaux). *Paris*, sans date, in-8.

1696. Guerre à l'apostasie, Emile de Girardin peint par lui-même, par MM. A. C. et de V. (Aurélien de Courson et de Villeneuve). *Paris*, 1850, br. in-8 de 148 pages.

1697. Guerre (La) de trois jours, poème héroï-comique, par A. B*** de G. (Alexandre Barginet de Grenoble). *Paris*, Ladvocat, 1819, br. in-8 de 40 pages.

1698. Guerre des médecins, poème en quatre chants, par un Malade (Joseph Morlent). *Paris* (*Rouen*), 1829, in-12.

1699. Guerre (La) des Vendéens et des Chouans contre la République française, ou Annales des départements de l'Ouest pendant ces guerres, par un Officier supérieur des armées de la République française (Jean-Julien-Michel Savary, frère de l'orientaliste). *Paris*, Baudouin frères, 1824-1825, 6 vol. in-8.

Cette histoire fait partie de la collection des *Mémoires relatifs à la Révolution française*, 2e série.

1700. Guerre (La) théâtrale, poème en trois chants, dédié à Mlle Duchesnois (par Denis Mater, conseiller à la Cour de cassation). *Paris*, Surosne, an XII (1803), in-18.

1701. Gueux (Le) de mer, ou la Belgique sous le duc d'Albe (par H. G. Moke, professeur de littérature française à l'Université de Gand). *Paris*, Lecointe et Durey, 1827, 2 vol. in-12.

Un autre ouvrage, portant le même titre, a paru en 1839. Il a pour auteur M. VAN HASSELT.

1702. Gueux (Le) des bois, ou les Patriotes belges en 1566, par l'auteur du *Gueux de mer* (le même). *Bruges*, Bouyer-Dumortier, 1828, in-12.

Une nouvelle édition, à laquelle on a ajouté *la Bataille de Navarin*, par le même, a été publiée peu de temps après, à Paris, chez Lecointe et Durey, et n'est pas anonyme.

1703. Guide de Florence et d'autres villes principales de Toscane (par Jean Marenighi). *Florence*, J. Marenighi, 1822, in-18.

1704. Guide des curieux qui visitent les eaux de Spa, ou Indication des lieux où se trouvent les curiosités de l'art et de la nature (par L. J. Wolff).

Vervins, Loxhay, 1814, in-8, cartes.

1705. Guide du bonheur, ou Recueil de pensées, de maximes et prières, dont la lecture peut contribuer à rendre heureux dans cette vie et dans l'autre, choisies dans différents auteurs, par M. B. D. (Benjamin Delessert). *Paris*, Amédée Gratiot, 1846, in-8.

Une édition, publiée depuis celle-ci, porte le nom de l'auteur.

1706. Guide du chemin de fer de Lyon à Seyssel (par le comte de Quinsonnas). *Paris*, 1859, in-18.

1707. Guide du voyageur dans la ville et les environs de Liége (par Charles Teste, frère de J.-B. Teste, ministre sous Louis-Philippe). *Liége*, Collardin, 1830, in-12.

Il n'a paru que 72 pages de ce petit volume, resté inachevé par suite des événements de 1830. (Ul. C.)

1708. Guide du voyageur en Ardenne, ou Excursions d'un touriste Belge en Belgique, par Jérôme Pimpurniaux. Première et deuxième parties (par M. Charles-Joseph-Adolphe Borgnet, professeur d'histoire à l'Université de Liége). *Bruxelles*, 1856-1857, 2 vol. in-12, avec carte (Ul. C.).

1709. Guide du voyageur sur le canal du Midi et ses embranchements, et sur les canaux des étangs de Beaucaire, par le comte G. de C*** (G. Riquet de Caraman). *Toulouse*, Douladoure, 1836, br. in-8 de 176 pages.

1710. Guide du voyageur en Angleterre, par Darcy (par Henri-Marie Martin et Honoré Fisquet). *Paris*, Garnier fr., 1864, in-12.

1711. Guide historique du voyageur à Blois (par M. Jean-François de Paule-Louis Petit de La Saussaye, membre de l'Institut). *Blois*, 1855, in-12.

1712. Guides-itinéraires. De Paris à Orléans et à Corbeil, par Moléri (Hippolyte Demolière). *Paris*, Hachette, 1854, in-16.

1713. Guides-itinéraires. De Paris à Strasbourg, à Reims et à Forbach, par M. Moléri (le même). *Paris*, Hachette, 1854, in-16.

1714. Guignolet, ou la Béatomanie; poëme héroï-comique, en neuf chants, suivi de poésies diverses, par M. B.-A. B. (Brûlebœuf). *Paris*, Lenormand, 1810, in-18.

1715. Guillaume-Frédéric d'Orange-Nassau, avant son avènement au trône des Pays-Bas, sous le nom de Guillaume Ier, par un Belge (M. Lucien-Léopold Jottrand, avocat à la Cour d'appel de Bruxelles, ancien membre du Congrès national de 1830). *Bruxelles*, 1827, in-8.

1716. Guillaume, prêtre dans le

diocèse de Rouen, à M. Louis C. de la R. (Charrier de la Roche), évêque constitutionnel du département de la Seine-Inférieure; salut et retour à l'unité (par l'abbé Guillaume-André-René Baston). *Rouen*, 1791, in-8.

1717. Guillaume Tell, imitation du drame de Schiller (par Th. Fuss). *Liége*, Redouté, 1857, in-16 (Ul. C.)

1718. Guicriff, Scènes de la Terreur, dans une paroisse Bretonne (par Louis de Carné). *Paris*, Dentu, 1835, in-8.

1719. Guizot, par un Homme de rien (Louis-Léonard de Loménie). *Paris*, A. René, 1840, in-18.

1720. Gunima, nouvelle Africaine du dix-huitième siècle, imitée (traduite) de l'allemand (de Van der Welde), par M. Hippolyte C*** (Lazare-Hippolyte Carnot). *Paris*, Barba, 1824, in-12.

1721. Guzla (La), ou Choix de poésies illyriques, recueillies dans la Dalmatie, la Bosnie, la Croatie (par M. Prosper Mérimée). *Paris*, Levrault, 1827, 2 vol. in-18.

Ces poésies n'ont pas une origine plus authentique que le *Théâtre* (apocryphe) de *Clara Gazul*, du même écrivain.

H

1722. H. B. (Henry Beyle). Sans nom de lieu, ni date, in-32.

Par M. P. Mérimée, Sénateur et membre de l'Académie française.

1723. Habitants (Les) de Bellesme au citoyen Delestang, sous-préfet du 4e arrondissement de l'Orne (par le comte de Fontenay, d'Igé près Bellesme). Sans lieu ni date (vers 1804), br. in-8 de 18 pages.

Très-spirituelle brochure.

1724. Haçendilla (L'), conte psychologique, par M. Hippolyte Dalicaré (Auguste Pichard). *Paris*, Dumont, 1832, in-8.

Ce volume est formé de quatre contes, traduits de l'anglais : ce qui n'est énoncé ni sur le titre, ni dans la préface.

1725. Hadji-Baba, traduit de l'anglais (de James Morier), par le traducteur des romans de Walter-Scott (A.-J.-B. Defauconpret). *Paris*, Hautecœur, 1824, 4 vol. in-12.

1726. Ham, août 1829, novembre 1832, par un Ancien attaché à la présidence du Conseil des derniers ministres de la Restauration (Alexandre Mazas). *Paris*, Urbain Canel, 1833, in-8.

1727. Harald, ou les Scandinaves, tragédie en cinq actes et en vers, par Victor (Pierre-Victor Le Rebours, artiste dramatique). *Paris*, Barba, 1825, br. in-8.

1728. Haras (Les), ce qu'ils n'ont pas fait, ce qu'ils pourraient faire, par un Ancien membre du Jockei-Club. Signé D. éleveur (Raymond Daniel, m[is] d'Eurville de Grangues), à M. le général Fleury. *Paris*, E. Dentu, 1857, br. in-8 de 16 pages.

1729. Harengue faicte au nom de l'Université de Paris, devant le roy Charles sixiesme et tout le Conseil, en 1495, contenant les remontrances touchant le gouvernement du roy et du royaume; par maître Jehan Gerson (Jean Charlier), chancelier de l'église de Paris. Cette harangue est connue sous le titre de : « Vivat Rex ! Vive le Roi ! » Cri de dévouement par lequel elle commence. Troisième édition, éditée par M. A.-M.-H. B. (Antoine-Marie-Henri Boulard). *Paris*, De Bausseaux, 1824, br. in-8.

BOULARD croyait, lorsqu'il fit imprimer son travail, que l'édition qu'il publiait était la première, et ce ne fut pas sans une surprise pénible qu'il apprit, lorsque déjà il était trop avancé pour s'arrêter, qu'il existait une édition plus ancienne et qui remontait au quinzième siècle.

On lui a reproché avec raison d'avoir voulu rajeunir certaines expressions, qu'il aurait dû maintenir textuelles, en les expliquant par un glossaire, s'il craignait qu'elles ne fussent point comprises.

1730. Harmonies du cœur, ou doux épanchements de l'amour, par E. P. (Polet, de Verviers). *Paris*, F. Didot, 1847, in-8. (Ul. C.)

1731. Harold, le dernier des rois Saxons; traduit de l'anglais, de sir E. L. Bulwer, auteur du « Dernier des barons », de « Zannoni » (par le baron de Cools). *Paris*, 1852, 2 vol. in-8.

1732. Hasard et folie, comédie en trois actes, par Victor (Victor-Henri-Joseph Brahain Ducange). *Paris*, Fages, 1819, br. in-8.

1733. Hasards (Les) de la guerre, comédie en un acte, mêlée d'ariettes, par Maurice S*** (le baron Armand-Louis-Maurice Séguier). *Paris*, Mme Masson, 1802, br. in-8.

1734. Héléna, la Somnambule; la Fille de Jephté, poèmes (par le comte Alfred de Vigny). *Paris*, Pélicier, 1822, in-8.

1735. Hélène, comtesse de Castle-Howell, traduit de l'anglais (de mistriss Ellen Bennet), par le traducteur des œuvres de Walter-Scott (A.-J.-B. Defauconpret). *Paris*, Ch. Gosselin, 1822, 4 vol. in-12.

1736. Henri, ou l'Amitié; traduit de l'Allemand d'Auguste Lafontaine, par Mme de *** (Mlle de Fontenay, depuis comtesse de Ruolz). *Paris*, Maradan, 1810, 2 vol. in-12.

1737. Henry, ou l'Homme silencieux, par Mme S. U. Dudrezène (Sophie Ulliac-Trémadeure). *Paris*, Hubert, 1824, 4 vol. in-12.

1738. Henri de Bavière, opéra en trois actes, par MM. (Pierre-Auguste-François) Léger, et D.....y (Du Tremblay). *Paris*, Masson, 1804, br. in-8.

1739. Henri de La Rochejacquelein, général en chef de l'armée d'Anjou, ou Suite de la guerre de la Vendée, par M. de Vouziers (P.-J. Moithey). *Paris*, Tiger, 1817, in-18.

1740. Henri, duc de Bordeaux, ou Choix d'anecdotes sur la vie de ce prince. 2e édition ornée des signatures de Madame et de ses enfants (par M. Thomassin. *Paris*, Dentu, 1832, in-8.

Ce livre n'est qu'un recueil d'anecdotes disséminées dans les journaux.

1741. Henri l'exilé, par le vicomte de B*** (Auguste-Henri de Bonald). *Paris*, Dentu, 1832, in-8.

1742. Henriette, drame en trois actes et en prose, par Mlle Raucourt (Françoise-Marie-Antoinette Clairien, dite Saucerotte). *Paris*, 1782, in-8.

Selon La Harpe *(Correspondance littéraire)*, le véritable auteur de cette pièce est MONVEL.

1743. Henriette, ou le Triomphe de l'amour sur la fatuité (par Jean-Baptiste Ansart, ex-gendarme). *Paris*, 1769, in-8.

1744. Herbier élémentaire, ou Recueil de gravures au trait ombré, contenant la collection complète des plantes qui croissent aux environs de Paris; par Mme *** (Menu-Benoist). *Paris*, Clament frères, 1811, in-8.

Il n'a paru qu'une livraison de cet ouvrage.

1745. Hermès dévoilé à la postérité (par Cyliani). *Paris*, br. in-8 de 64 pages.

L'auteur rapporte, dans sa brochure, par quelles circonstances il a été amené à diriger tous ses efforts vers la recherche de la *Pierre philosophale*, qu'il prétend avoir trouvée.

1746. Hermès, ou le Génie des colonies. Essai politique contenant les principes fondamentaux en matière de colonisation, par M. A. R. (Auguste Rogniat, neveu du général de ce nom). *Paris*, Hivert, 1832, in-8.

1747. Hermione Sénéchal, par Paul Ferney (Louis-Alexandre Mesnier, ancien libraire). *Paris*, Passard, 1852, 2 vol. in-8.

Publication du Journal *le Siècle*.

1748. Hermite (L') de Belleville, ou Choix d'opuscules politiques, littéraires et satiriques de Charles Colnet, précédé d'une notice sur sa vie (attribuée à André-René-Balthazard Alissan de Chazet). Nouvelle édition ornée du portrait de l'auteur. *Paris*, Lenormant, 1834, 2 vol. in-8.

1749. Hermite (L') de la tombe mystérieuse, ou le Fantôme du vieux château. Anecdote extraite des Annales du treizième siècle, par Mme Anne Radcliffe, et traduite sur le manuscrit anglais, par M. E.-L. D. L. (Etienne-Léon de Lamothe), baron de Langon. *Paris*, Ménard et Desenne, 1815, 3 vol. in-12.

1750. Hermite (L') en province, ou Observations sur les mœurs et les usages français au commencement du XIXe siècle, par M. Etienne Jouy (Victor-Joseph Etienne, dit de Jouy, né à Jouy), membre de l'Académie française. *Paris*, Pillet aîné, 1818-1827, 14 vol. in-12.

Réimprimés plusieurs fois dans le format in-12 et in-8.

Un exemplaire unique, sur papier *Feuille-morte,* format in-8, avec gravures tirées sur papier de Chine, du volume de cet ouvrage qui traite de la *Haute-Normandie,* compris dans la vente faite en 1830 des livres de la bibliothèque de M. Riaux, archiviste de la Chambre du commerce de Rouen, porte l'annotation suivante, écrite à la main : « Offert à Monsieur Riaux par l'auteur, M. LEFEBVRE-DURUFLÉ ».

Le volume qui comprend la *Basse-Normandie* est dû à la collaboration de M. CLOGENSON, bibliothécaire et depuis préfet à Alençon, et aujourd'hui conseiller honoraire à la cour impériale de Rouen, et à diverses autres personnes du département de l'Orne.

C'est un fait avéré que JOUY n'a, pour ainsi dire, que prêté son nom à cette publication, où il s'est contenté seulement de revoir quelques articles.

1751. Hermite (L') en Suisse, ou Observations sur les mœurs et usages Suisses au commencement du XIXe siècle, faisant suite à la collection des mœurs françaises, anglaises, etc. (par Alexandre Martin). *Paris*, Pillet aîné, 1829-1830, 4 vol. in-12.

1752. Hermites (Les) en prison, par Etienne, Jouy et A. Jay. 6e édition, ornée du portrait des auteurs. *Paris*, Ladvocat, 1826, 2 vol. in-12.

La première édition est de 1823. La *Biographie des contemporains* attribue cet ouvrage à Jean-Denis MACALON et à Alexandre BARGINET, de Grenoble.

1753. Héro et Léandre, poème héroï-comique en cinq chants, en vers (par Laurenceau). *Paris*, 1807, in-8.

1754. Héroïne (L') de la charité chrétienne, ou Vie de Jeanne Biscot (par l'abbé François-Marie Tresvaux, chanoine de l'Eglise métropolitaine). *Lille*, Lefort, 185..., in-18.

Collection de la *Bibliothèque de Lille.*

L'abbé TRESVAUX, chanoine titulaire et vicaire-général de Paris, était né à Londéal (Côtes-du-Nord), le 15 décembre 1782. Il est auteur de plusieurs publications, notamment de l'*Histoire de la persécution révolutionnaire de Bretagne, à la fin du dix-huitième siècle. Paris,* 1815, 2 vol. in-8. — Et de l'*Histoire de l'Eglise et du diocèse d'Angers. Angers,* 1859, 2 vol. in-8.

L'abbé TRESVAUX est mort à Paris, en août 1862.

1755. Heures choisies, ou Recueil de prières pour tous les besoins de la vie, etc., par Mme la marquise D*** (d'Andelarre). *Dijon*, Lagier, 1830, in-12.

Une épître dédicatoire, placée en tête, est signée par la fille de l'auteur, la comtesse d'Andelarre, *chanoinesse, qui a donné* cette édition après la mort de sa mère.

1756. Heures de Solitude. Poésies, par Mme Fanny Denoix (Mme de Lavergnat, née Marie-

Françoise Descampeaux). *Paris*, Ebrard, 1827, in-8.

1757. Heures (Les) françaises, ou les Vêpres de Sicile et les Matines de la Saint-Barthélemy, suivant la copie publiée à Amsterdam.... 1590. *Paris*, Hachette, 1852, petit in-12.

Cette publication est due à feu M. CHENU, employé de la maison Hachette, qui en a écrit la préface.

1758. Heures sérieuses d'un jeune homme, par Charles Sainte-Foi (Eloi Jourdain). *Paris*, Debécourt, 1840, in-32.

Réimprimé plusieurs fois.

1759. Heures sérieuses d'une jeune femme, par Charles Sainte-Foi (le même). *Paris*, Poussielgue-Rusand, 1847, in-18.

1760. Heures sérieuses d'une jeune personne, par Charles Sainte-Foi (le même). *Paris*, Poussielgue-Rusand, 1852, in-18.

1761. Heureuse (L') rencontre, comédie en un acte et en prose, par Mmes R*** et *** (Rozet et Chaumont). *Paris*, veuve Duchesne, 1771, in-8.

1762. Heureuse (L') rencontre, ou le Pouvoir d'un bon exemple, comédie en deux actes et en prose, par Mme B. L. P. (Anne-Charlotte-Honorée Bellot, femme Le Prieur de Blainvilliers). *Paris*, Maldan, 1806, br. in-8.

1763 Heureux (L') retour, en un acte et en vers, au sujet du retour du Roi (par Charles-François Pannard et Christophe Barthélemy Fagan). *Paris*, Prault fils, 1744, in-8.

1764. Hierusalem (La) délivrée du Tasse, traduite en vers françois (par Vincent Sablon). *Paris*, Denis Thierry, 1671, 2 vol. in-12.

Cette traduction avait paru, pour la première fois, en 1659, dans le format in-4°, et sous ce titre : *Le Godefroy*, ou *la Hiérusalem deslivrée*, etc. *Paris*, Claude Barbin.

1765. La même (traduite par Michel Leclerc). *Paris*, Claude Barbin, sans date (1666), in-4.

Cette traduction ne comprend que les cinq premiers chants. Leclerc s'était imposé la tâche de rendre l'original vers pour vers.

1766. Hippolyte Porte-couronne, drame antique, traduit sur un plan neuf, avec les chœurs et rites primitifs. Préliminaires historiques sur les pièces grecques et le théâtre historique au XIXe siècle, etc. Par Sébastien Rhéal (Amédée Gayet, dit de Céséna). *Paris*, E. Dentu, 1860, in-12.

1767. Histoire abrégée de la littérature grecque, sacrée et ecclésiastique, par l'auteur de « la Littérature grecque profane, » de celle de « la Littérature romaine, » et du « Cours d'histoire des Etats européens » (Frédéric Schœll). *Paris*, Gide, 1832, in-8.

Une deuxième édition a paru, dans la même

année, chez le même libraire; mais cette prétendue *deuxième édition* n'est que la réimpression du second volume de l'*Histoire de la littérature grecque, depuis son origine jusqu'à la prise de Constantinople par les Turcs*, en 2 vol. in-8, publiés en 1813, et auxquels l'auteur a mis son nom.

1768. Histoire abrégée de l'église de Jésus-Christ, principalement pendant les siècles du moyen âge, rattachés aux grands traits de la prophétie (par M. Guers). *Genève*, Mme Suzanne Guers, 1832-1833, 2 vol. in-8.

1769. Histoire abrégée des priviléges des habitants de la Lande de Gul (par l'abbé Jean-Jacques Gautier). 1789, br. in-8 de 31 pages.

1770. Histoire abrégée et chronologique du rétablissement des gouvernements renversés par des sujets révoltés ou par des usurpateurs, etc. (par le baron de Rouvrou). *Paris*, A. Pihan de la Forest, 1827, br. in-8 de 64 pages.

1771. Histoire anecdotique du duel, par Emile Colombey (Emile Laurent, bibliothécaire au Corps législatif, né à Colombey (Meuse). *Paris*, J. Hetzel, 1861, in-18.

1772. Histoire authentique et morale d'une fille de marbre, par un Adorateur du Soleil (M. Roisselet de Sauclière). *Paris*, 1858, in-18.

1773. Histoire civile, religieuse et littéraire de l'Abbaye de La Trappe, par M. L. D. B. (Louis Du Bois, de Lisieux), membre de plusieurs académies de Paris, des Départements et de l'Etranger, ancien bibliothécaire (à Alençon), etc. *Paris*, Raynal, 1825, in-8.

1774. Histoire complète des voyages et découvertes en Afrique, depuis les siècles les plus reculés jusqu'à nos jours; traduite de l'anglais et augmentée par M. A. C. S. du S. de F. (A. Cuvillier, secrétaire du Sceau de France). *Paris*, Arthus Bertrand, 1821, 4 vol. in-8, avec atlas in-4.

1775. Histoire complète et méthodique des théâtres de Rouen, depuis leur origine jusqu'à nos jours, par J. E. B. (Jules-Edouard Bouteiller fils, docteur en médecine). *Rouen*, Giroux et Renoux, 1860-1866, 3 vol. in-8.

Cette histoire doit avoir volumes.

1776. Histoire critique des théâtres de Paris, pendant 1821, pièces nouvelles, reprises, débuts, rentrées, etc., par M*** A*** (Philibert-Auguste Châlons-d'Argé). *Paris*, Lelong, 1822, in-8.

L'auteur avait d'abord eu le dessein de mettre son nom à son livre; mais l'éditeur (Ragueneau de la Chesnaye), à qui il l'avait confié, s'étant permis de le tronquer à son gré et d'une façon peu heureuse, en un mot, de le rendre à peu près méconnaissable, M. Châlons-d'Argé exigea la suppression de son nom qui fut remplacé par l'initiale M : ce qui fit à tort attribuer dans le public, lors de sa publication, ce livre à Merle, homme de lettres, connu surtout par des travaux relatifs au théâtre.

C'est par erreur que la *Biographie universelle*, à l'article *Beaunoir* (page 415 du Supplément), présente celui-ci comme collaborateur de M. Châlons-d'Argé pour cet ouvrage. Elle a également commis une bévue en écrivant ce dernier nom comme s'il désignait deux écrivains distincts.

Quérard a prétendu que le nom de cet homme de lettres devait s'écrire, non *Châlons*, ainsi que nous l'avons fait, mais bien *Chaalons*. A ce reproche, voici notre réponse : elle est extraite d'une lettre que nous adressait M. CHALONS-D'ARGÉ, le 8 juillet 1861 : « Notre nom s'écrivait, dans une origine reculée, avec deux A. Avec le temps, nous les avons remplacés par un seul, surmonté d'un accent circonflexe... » etc. Signé :

Auguste-Philibert CHÂLONS-D'ARGÉ.

1777. Histoire critique du catholicisme, par A. Miron (Achille Morin, avocat à la Cour de cassation). *Bruxelles*, 1862, in-12.

1778. Histoire d'Albert et d'Isabelle, par C. D. (Charles Dubois). *Bruxelles*, Walhen, 1847, in-18. (Ul. C.)

1779. Histoire d'Alençon. *Alençon*, Malassis, 1805, in-8.

Suivant Barbier, l'auteur de ce livre serait l'abbé GAUTIER, ancien curé de cette ville. Mais M. Léon de la Sicotière, savant très-versé, comme on sait, dans l'histoire de son pays, l'attribue positivement à Louis DU BOIS, de Lisieux, alors Bibliothécaire à Alençon.

1780. Histoire de Florence, de Machiavel, traduction de J. V. Périès, revue et corrigée (par Antoine de Latour). *Paris*, Charpentier, 1842, in-12.

1781. Histoire de Hainault, par Jacques de Guyse, traduite en français, avec le texte latin en regard, et accompagnée de notes. *Paris*, Paulin et chez l'auteur; *Bruxelles*, A. Lacrosse, 1826-1832, 14 vol. in-8.

Le texte est publié, pour la première fois, d'après un manuscrit de la Bibliothèque impériale, par le marquis de FORTIA-D'URBAN. Les annotations ajoutées à cette édition sont de feu B. GUÉRARD.

1782. Histoire d'Hélène Gillet, ou Relation d'un événement extraordinaire survenu à Dijon, dans le dix-septième siècle, suivie d'une notice sur des lettres de grâce singulières, expédiées au quinzième siècle, avec des notes. Par un ancien avocat (Etienne-Gabriel Peignot). *Dijon*, Victor Lagier, 1829, br. in-8 de 72 pages.

1783. Histoire de Jean VI, roi de Portugal, depuis sa naissance jusqu'à sa mort, en 1826 (par Lenormand). *Paris*, Ponthieu et Cie, 1827, br. in-8 de 130 pages.

1784. Histoire de Lyon sous la Restauration, à l'aide des chansons de cette époque. *Lyon*, Boitel, 1848, in-12, grd papier.

L'auteur de ces chansons est Paul-François CASTELLAN, né à Carpentras, le 8 janvier 1787, mort à Lyon, le 1er mars 1853. L'éditeur est M. Léon BOITEL, qui a fait la préface et les notes.

1785. Histoire de Mme de Palastro, par Adèle Chemin (Isabelle-Adélaïde-Jeanne, comtesse Rochelle de Brécy, née Deschampsy), auteur de « l'Origine de la Chouannerie, du Courrier russe et de l'Homme sans caractère. » *Paris*, Lerouge, 1812, 3 vol. in-12.

1786. Histoire de Manon Lescaut et du chevalier Desgrieux, par l'abbé Prévôt, etc. Précédée d'une notice, par Jules Janin. *Paris*, Garnier frères, 1858, in-12.

Cette édition, collationnée avec le plus grand soin sur celle de 1753, a été publiée par M. Paul CHÉRON, de la Bibliothèque impériale.

1787. Histoire de Murger, pour servir à l'histoire de la vraie Bohême, par trois Buveurs d'eau (Adrien Lelioux, Félix Tournachon, dit Nadar, et Léon Noël). *Paris*, J. Hetzel et chez Yung-Treuttel, 1862, in-12.

1788. Histoire de Napoléon, par M. de Norvins. *Paris*, Ambroise Dupont, 1827, 4 vol. in-8.

Le manuscrit original de cet ouvrage, qui a eu tant de succès et d'éclat, a été entièrement refondu et écrit à nouveau, par P.-F. TISSOT, de l'Académie française.

1789. Histoire de Napoléon Bonaparte, depuis sa naissance jusqu'à sa dernière abdication, par C*** (Pierre Colau, cordonnier). *Paris*, Vauquelin, 1816, in-16.

1790. Histoire de Normandie, contenant les faits et gestes des ducs et princes dudit pays, etc. Revue et augmentée en la pluspart, outre les précédentes impressions, et remise tout de nouveau en la langue françoise (publiée par Martin Le Mégissier, libraire). *Rouen*, chez M. Le Mégissier, 1558, in-8.

Quelques bibliographes ont à tort regardé ce libraire, d'ailleurs fort instruit, comme l'auteur de cette histoire, dont il n'a fait que rajeunir le style. Il a paru, en 1578, une nouvelle édition qui n'est que la réimpression de celle-ci ; l'orthographe seule de certains mots a subi quelques changements. On y trouve aussi deux cartes gravées sur bois, et qui, bien que d'un travail grossier, ajoutent cependant du prix à l'ouvrage. (*Curiosités littéraires de la Normandie*, par Fréd. Pluquet.)

Pluquet pense que Barbier s'est trompé en attribuant l'*Histoire et chronique de Normandie* (Dict[re] des anonymes, n° 8145), à l'abbé Jean NOGARET, auteur d'une *Description du pays et duché de Normandie, anciennement appelé Neustrie*, etc., que l'on trouve à la suite de l'édition de 1578 de l'*Histoire*, publiée par Martin Le Mégissier.

1791. Histoire de N. S. Jésus-Christ, de Frédéric-Léopold, comte de Stolberg. Traduit de l'allemand, par P. D. (Parent-Desbarres), ancien professeur à l'institution des Chevaliers de Saint-Louis. *Paris*, Vrayet de Surcy, 1838-1847, 2 vol. in-8.

1792. Histoire d'Olivier Cromwell (par l'abbé François Raguenet, de Rouen). *Paris*, Claude Barbin, 1691, in-8.

1793. Histoire de saint François d'Assises, par J. M. S. Daurignac (Mlle Orliac). *Paris*, A. Bray, 1861, in-18.

1794. Histoire de saint Ignace de Loyola, fondateur de la compagnie de Jésus, par J. M. S. Daurignac (la même). *Paris*, A. Bray, 1859, 2 vol. in-8.

Un extrait de cette histoire a été publié en 1861. Nouvelle édition en 1865.

1795. Histoire de sainte Odile, chronique Alsacienne, par

Mme la baronne Adèle de Ravenstein (Adèle de Reiset). *Morlaix*, veuve Guillemer, 1842, in-16.

Tiré à petit nombre.

1796. Histoire de saint Saturnin, martyr et premier évêque de Toulouse, etc., par l'abbé A. S. (Saurimont), chanoine honoraire de la métropole de Toulouse. *Toulouse*, Montaubin, 1841, in-8.

1797. Histoire de Samuel, inventeur du sacre des rois, fragment d'un voyageur américain, traduit sur le manuscrit anglais (par Constantin-François de Chassebœuf, comte de Volney). Seconde édition, augmentée de nouveaux éclaircissements. *Paris*, Bossange fr., 1820, in-12.

Barbier n'a cité que l'édition de 1819, dont il a eu tort d'abréger le titre.

1798. Histoire de tout le monde, par Emile de Palman (Hippolyte-François Regnier Destourbet et Charles Rabou). *Paris*, Dureuil, 1829, 3 vol. in-12.

H.-F. Regnier Destourbet, né à Langres, avait débuté dans la magistrature. Il donna bientôt sa démission pour se livrer à la vie et à l'exercice des lettres. Il ne tarda pas à s'en dégoûter, entra au Séminaire de Saint-Sulpice; mais, esprit inquiet et rêveur, il jeta, peu de temps après, sa robe aux orties, rentra dans le monde qui l'avait oublié, et mourut ignoré, en 1832, à Paris.

1799. Histoire de l'administration du royaume d'Italie, pendant la domination française, précédée : 1° d'un index chronologique des principaux événements concernant l'Italie, depuis 1792, jusques en 1814; 2° d'un catalogue alphabétique des Italiens et des Français au service de ce royaume, etc. Par M. Frédéric Corracini. *Paris*, Audin, 1823, in-8.

Cet ouvrage original et non traduit de l'italien, a été composé par Charles-Jean La Folie, conservateur des monuments publics de Paris, quoiqu'il l'ait désavoué par une lettre insérée dans les journaux. Une critique de ce livre parut à Turin, dans l'année même de sa publication.

Cette histoire, sans avoir été réimprimée, a été reproduite en 1824, avec ce nouveau titre : *Mémoires sur la Cour du prince Eugène et sur le royaume d'Italie.*

1800. Histoire de l'Ambigu-Comique, depuis sa fondation jusqu'à ce jour (par Eugène Deligny). *Paris*, 1841, in-32.

1801. Histoire de l'art par les monuments, depuis sa décadence, au quatrième siècle, jusqu'à son renouvellement au seizième; par J.-B.-L.-G. Séroux d'Agincourt. Ouvrage enrichi de 325 planches. *Paris*, Treuttell et Würtz, 1823, 6 vol. in-f°.

Cet important ouvrage est terminé par une table des matières pour les trois sections de l'architecture, de la peinture et de la sculpture, qui est due à la rédaction éclairée de J.-B.-M. G. (Jean-Baptiste-Modeste Gence).

1802. Histoire de l'Assemblée constituante, par J.-B. Degalmer (Jean-Benoît Pélagaud). *Lyon*, 1848, 2 vol. in-8.

1803. Histoire de la Belgique, depuis son origine jusqu'à nos jours, par Emile de Wroncourt (Emile Colliot). *Bruxelles*, 1848, grd in-8.

1804. Histoire de la captivité, du jugement et de l'exécution de Louis XVI, par le Juif-Errant (par M. Roisselet de Saulières). *Paris*. 1858, in-18.

1805. Histoire de la chute de l'Empire grec (1400 à 1480), par l'auteur du « Duc de Guise à Naples » (le comte Amédée de Pastoret). *Paris*, Levavasseur, 1829, in-8.

1806. Histoire de la Compagnie de Jésus, depuis sa fondation jusqu'à nos jours, par J. M. S. Daurignac (Mlle Orliac). *Paris*, Raffet, 1862, 2 vol. in-12.

1807. Histoire de la conjuration du général Malet, avec des détails sur cette affaire, etc., par l'abbé (J. B. Hyacinthe) Lafon. *Paris*, Maugeret et Béraud, 1814, in-8.

C'est le docteur GUILLIÉ, directeur-général de l'Institut des jeunes aveugles, qui a rédigé cet ouvrage sur des notes recueillies par Lafon. — GUILLIÉ est mort à Asnières, en 1865.

1808. Histoire de la conquête de Grenade, tirée de la chronique manuscrite de Fray Antonio Agapida, par Washington Irving, traduite de l'anglais, par Jean Cohen.

Le nom de l'auteur espagnol est un masque pris par le véritable auteur, W. Irving.

1809. Histoire de la dentelle, par M. De *** (par François Fertiault). *Paris*, au dépôt Belge, 1843, in-12.

1810. Histoire de la guerre de Russie en 1812, par M. Mortonval (Alexandre-Furcy Guesdon). *Paris*, Ambroise Dupont, 1829, in-8.

Ce volume forme la huitième livraison de l'*Histoire militaire des Français*, 2 vol. in-12, même année, chez Ambroise Dupont.

1811. Histoire de la guerre d'Italie, documents et rapports officiels, relation des faits, etc., ouvrage rédigé d'après les rapports des officiers supérieurs, par M. Charles de Bussy (Charles Marchal). Orné de gravures. *Paris*, Gaittet, 1859, in-8.

1812. Histoire de la magie, avec une exposition claire de ses procédés, de ses rites et de ses mystères, par Eliphas Lévi (Alphonse-Louis Constant). *Paris*, Germer-Baillière, 1861, in-8.

Ce livre explique les assertions contenues dans un autre ouvrage du même auteur, intitulé : *Dogme et rituel de la magie*.

1813. Histoire de la mémorable semaine de Juillet 1830, avec les principaux traits de courage, de patriotisme, d'humanité qui ont brillé au milieu de ces graves événements, et un appendice de ce qui s'est passé jusqu'à la proclamation de Louis-Philippe Ier, par Charles L*** (Charles-Lazare Laumier). *Paris*, Pierre Blanchard, 1830, in-18.

Réimprimé plusieurs fois avec le nom de l'auteur.

1814. Histoire de la naissance et du progrès de la dévotion à l'endroit de Notre-Dame de Bonne-Espérance, près la ville de Valenciennes, par un Père de la Compagnie de Jésus (Pierre Bouille). *Valenciennes*, Jean Vérulliet, 1630, petit in-8.

1815. Histoire de la petite vérole, avec les moyens d'en préserver les enfants, etc. Suivie d'une traduction française du « Traité de la petite vérole de Rhasès » (par Jean-Jacques Paulet), médecin, mort à Fontainebleau). *Paris*, 1763, 2 vol. in-12.

1816. Histoire de la réforme politique et religieuse, par l'Auteur du « Duc de Guise à Naples » (le marquis Amédée de Pastoret). *Paris*, Levavasseur, 1829, in-8.

1817. Histoire de la Restauration et des causes qni ont amené la chûte de la branche aînée des Bourbons. Par un Homme d'Etat (rédigé par Jean-Baptiste-Honoré-Raymond Capefigue). *Paris*, Dufey et Vézard, 1831-1832, 4 vol. in-8.

C'est induement qu'on a attribué dans le public cet ouvrage à Armand MALITOURNE, comme l'ayant rédigé sous la direction du duc Decazes, ancien ministre de Louis XVIII. Les éditions subséquentes portent le nom de l'auteur et la suppression de ces mots: *Par un Homme d'Etat.*

1818. Histoire de la révolution d'Espagne, de 1820 à 1823, par un Espagnol, témoin oculaire. *Paris*, Dentu, 1824, 2 vol. in-8.

L'ouvrage a été écrit en espagnol (par don Sébastien Miñano). Les 361 premières pages du tome Ier sont traduites (par MM. MEISSONNIER DE VALCROISSANT, et le marquis Ernest P. DE BLOSSEVILLE); la dernière partie (par don André MURIEL). La majeure partie du second volume a été empruntée par Miñano, presque textuellement, à l'*Annuaire historique* de Lesur.

1819. Histoire de la révolution d'Espagne en 1820, précédée d'un aperçu du règne de Ferdinand VII, depuis 1814, et d'un précis de la révolution de l'Amérique du Sud, par Charles L. (Charles-Lazare Laumier). *Paris*, Plancher, 1820, in-8.

Cette histoire a été traduite en espagnol.

1820. Histoire de la révolution de Février 1848, par Daniel Stern (la comtesse d'Agoult, née Marie de Flavigny). *Paris*, 1850, in-8.

Avec un *Fac-simile.*

1821. Histoire de la révolution de Février, jusques et compris le siége de Rome, par Jules Du Camp (Jules Lecomte). *Paris*, E. Dentu, 1851, in-8.

1822. Histoire de la révolution de France, par Montjoie (Christophe-Félix-Louis Ventre de La Touloubre). 1797, 2 vol. in-8.

1823. Histoire de la révolution de Juillet 1830, par Alfred Dubuc (Alfred-Jean Letellier, aujourd'hui sténographe au Corps législatif). *Paris*, 1833, in-18.

Fait partie de la *Bibliothèque des villes et des*

campagnes, publication interrompue presque dès son début.

1824. Histoire de la révolution de Naples, par l'Auteur du « Voyage de Platon en Italie » (Vincent Cuoco). Traduite de l'italien, sur la deuxième édition (par Barrère de Vieuzac). *Paris*, Collin, 1807, in-8.

La deuxième édition du livre de V. Cuoco avait paru à Milan, l'année précédente.

1825. Histoire de la Saint-Barthélemy, d'après les chroniques, mémoires et manuscrits du seizième siècle (par Jean-Marie-Vincent Audin, libraire). *Paris*, Urbain Canel, 1826, in-8.

La deuxième édition de cet ouvrage, fort estimé, porte le nom de son auteur.

1826. Histoire de la sœur Inès, ou Dix années de ma jeunesse. *Paris*, Dupont, 1832, in-18.

Ce volume, qui paraît traiter le même sujet que celui intitulé : « Mes douze premières années », (voir ces mots) est de la comtesse Merlin (de Thionville).

Née à la Havane, en 1788, Mercedès JARUCO épousa le général Christophe-Antoine Merlin, frère de Merlin (de Thionville).

Elle est morte, à Paris, en Février 1852.

1827. Histoire de la ville de Leuze, depuis la fondation de son abbaye jusqu'à l'an 1838, par J.-B. F. (Jean-Baptiste Flamen). *Tournay*, J.-A. Blanquet, 1838, broch. in-8 de 88 pages.

1828. Histoire de la ville de Rouen, par un Solitaire, et revue par plusieurs personnes de mérite (par Louis Dusouillet, libraire, aidé de sa fille, d'après une note manuscrite sur un exemplaire appartenant à M. le m[is] de Blosseville). *Rouen*, Dusouillet, 1731, 2 vol. in-4, ou 6 vol. in-12.

1829. Histoire de la ville et du comté de Dalhem, depuis les temps les plus reculés jusqu'à nos jours, par Charles Rahl (Rahlenbeck). *Bruxelles*, 1852, in-4, fig.

1830. Histoire de l'expédition de trois vaisseaux envoyés par la compagnies des Indes-Orientales des Provinces-Unies aux terres Australes; par M. de B. (Charles-Frédéric de Behrens, sergent-major des troupes de l'expédition). *La Haye*, 1739, 2 vol. in-12.

C'est la traduction de la relation du voyage de l'amiral Rogewen, que l'auteur avait publiée en allemand en 1738.

1831. Histoire de l'inondation de Lyon et de ses environs en 1840, publiée par C.-J. C. (Charles-Joseph Chambet). *Lyon*, L. Chambet, in-8.

1832. Histoire de l'invention de l'imprimerie, par les monuments (par Duverger, imprimeur). *Paris*, E. Duverger, 1840, gr. in-8.

Tirée à 150 exemplaires.

1833. Histoire de l'origine de la royauté et du premier établissement de la grandeur royale (par Pelisseri). *Paris*, de Jercy, 1684, in-12.

1834. Histoire des campagnes d'Allemagne, depuis 1807 jusqu'en 1809, par M. Mortonval (Alexandre-Furcy Guesdon). *Paris*, Ambroise Dupont, 1826, in-18.

1835. Histoire des campagnes de France, en 1814 et 1815. Par M. Mortonval (le même). *Paris*, Ambroise Dupont, 1826, in-8.

1836. Histoire des cardinaux illustres qui ont été employés dans les affaires de l'Etat. *Paris*, 1653, in-4.

Le privilége désigne comme auteur de ce livre le Père Henry ALBY.

1837. Histoire des chiens célèbres, par A.-J.-P. Fréville (Auguste-J.-P. Frieswinckel). *Paris*, Louis, 1808, 2 vol. in-12.

1838. Histoire des Délassements comiques (par MM. Jules Prével et Emile Cardon). *Paris*, librairie centrale, 1862, in-18.

1839. Histoire des empereurs romains, bysantins et latins, depuis Auguste jusqu'à la prise de Constantinople par les Turcs, en 1453, par Th. B... (Théodore Burette), professeur d'histoire au collége Stanislas. *Paris*, F. Didot, 1832, in-18.

Publication faisant partie de la *Bibliothèque populaire*.

1840. Histoire des empereurs romains, écrite en latin, par Suétone, et nouvellement traduite (par M. Du Teil), enrichie de notes, etc. *Lyon*, Antoine et Horace Molin, 1689, 2 vol. in-12.

On a ajouté sur le titre du deuxième volume: *Augmentée de la vie des illustres grammairiens*, traduite par J. B. M. D. E. T. — Ces trois dernières lettres signifient évidemment: *Docteur en théologie;* mais quel est le nom que les trois premières cachent? Barbier n'en dit rien. Peut-être faut-il y voir un chanoine de Saint-Dizier, BÉDIEN MORANGE, mort en 1703, qui fut un des grands vicaires de Camille de Neufville, et dont on a quelques ouvrages de théologie et un *Factum* contre Philibert Collet.

La traduction de Du Teil a eu plusieurs éditions. Voici ce qu'en dit Bayle, dans son *Dictionnaire*, article Suétone: « Je n'ai point vu la version française qui fut imprimée à Lyon, en 1556, in-4; je ne saurais dire si Georges de la Boutière, qui en est l'auteur, a eu les mêmes égards que M. Du Teil; celui-ci a supprimé des chapitres tout entiers et énervé en plusieurs rencontres; car, il voyait bien que notre langue ne pouvait souffrir la vivacité et la force des portraits que l'auteur nous donne de la débauche des empereurs. »

Une note de Beuchot, sur ce passage, nous apprend que Du Teil mourut à la fin de 1663; mais quand il ajoute: *avant la Boutière*, il s'est trompé, puisqu'il mourut après et même longtemps après. On lit encore dans la note de Beuchot, « que l'auteur des *Observations* insérées dans le tome 30 de la *Bibliothèque française*, dit que La Boutière n'a pas eu la même délicatesse que Du Teil, comme on peut le voir entre autres par les chapitres 28 et 29 de la *Vie de Néron*, qui sont traduits sans ménagements. »

On a encore de Du Teil une traduction des *Déclamations du fameux orateur Quintilien*. Paris, 1659, in-12. Elle est dédiée à Mgr Fouquet, conseiller du roy en tous ses conseils et chancelier de ses ordres. On y lit: « Pour moy, Monseigneur, comme vous eûtes autrefois la bonté de me présenter à M. le Procureur-général, votre frère, lorsque je lui dédiai la traduction des *Instituts de Justinien*, j'ay cru que vous en auriez assez pour accepter celle-cy..... »

Cette traduction des Instituts, citée dans la Bibliothèque de Camus et Dupin, a été imprimée à Paris, en 1664, et à Lyon, en 1670, 2 vol. in-12.

Suétone est l'un des trois écrivains auxquels on attribue le dialogue *de causis corruptæ eloquentiæ;* les deux autres sont Quintilien et Tacite, et le plus grand nombre des critiques penchent pour ce dernier. M. Félix Olivier, à qui l'on doit une traduction, non moins fidèle qu'élégante, des *Annales et des histoires de Tacite,* a publié récemment celle des *Mœurs des Germains* et de la *Vie d'Agricola;* il y a joint le *Dialogue sur les orateurs* (Lyon, Louis Perrin, gr. in-8). Dans son Avant-propos, il a rapproché un grand nombre de mots et d'expressions extraites de ce dialogue et qui se retrouvent dans les quatre ouvrages de Tacite, et il a revendiqué pour ce dernier la paternité d'une production sur l'excellence de laquelle on est généralement d'accord; toutefois, malgré les bonnes raisons qui militent en faveur de son opinion, et il en convient lui-même, la question n'en restera pas moins un problème difficile à résoudre.

(Note fournie par M. A. Péricaud l'aîné, de Lyon).

1841. Histoire des guerres de la Vendée, depuis 1792 jusqu'en 1796. Par M. Mortonval (Alexandre-Furcy Guesdon). *Paris*, Ambroise Dupont, 1828, in-8.

Une première édition, dans le format in-8, avait paru l'année précédente.

1842. Histoire des guerres excitées dans le comté Venaissin et dans les environs, par les calvinistes du seizième siècle (par P. Justin). *Carpentras*, 1782, 2 vol. in-12.

1843. Histoire et description des îles Ioniennes, depuis les temps héroïques et fabuleux jusqu'à ce jour (par le général Antoine-Virgile Schneider). *Paris*, Dondey-Dupré, 1823, in-8, avec atlas.

(Biographie générale).

1844. Histoire des Mongols, depuis Tchinguiz-Khan jusqu'à Timour-Lanc, avec une carte de l'Asie au treizième siècle (par Mouradja-d'Ohsson fils). *Paris*, Firmin Didot, 1824, in-8.

1845. Histoire des quarante fauteuils de l'Académie française, par Tyrtée Tastet. *Paris*, Lacroix-Comon, 1855, 4 vol. in-8.

Le dernier volume a été rédigé par M. Renard, bibliothécaire du dépôt de la marine.

1846. Histoire des quatre fils Aymon, les nobles et très-puissants chevaliers. Nouvelle édition complète (précédée d'une Introduction historique, par Mathieu-Lambert Polain). *Liége*, Jeunehomme, 1842, in-8.

1847. Histoire des révolutions de la barbe des Français, depuis l'origine de la monarchie (publiée par Charles Motteley). *Paris*, Ponthieu, 1826, in-12.

Prise en grande partie dans l'*Histoire des modes,* de Molé.

1848. Histoire des révolutions des Pays-Bas, traduit de l'allemand de Schiller, par A. D...y (Louis-François L'Héritier, dit de l'Ain). *Paris*, G. Barba, 1833, in-8.

1849. Histoire (L') des vases de Bernay, à propos de ce qui se passe à la Bibliothèque royale, par L. P. (Louis Pâris), ancien bibliothécaire (à Reims). *Paris*, 1847, br. in-8.

1850. Histoire du barreau de Paris, dans le cours de la Révolution (par Jean-François Fournel). *Paris*, Maradan, 1816, in-8.

1851. Histoire du bienheureux Claver, de la compagnie de Jésus, apôtre des nègres catholiques et des Indes occidentales, etc. Par J. M. S. Daurignac (Mlle Orliac). *Paris*, A. Bray, 1859, 2 vol. in-8.

1852. Histoire du bienheureux Pierre Canisius, apôtre de l'Allemagne, par J. M. S. Daurignac (la même). *Paris*, Douniol, 1866, in-18 de IV-427 pages.

1853. Histoire du clergé de France, pendant la Révolution, par M. R. (Hippolyte-François Regnier Destourbet). *Paris*, Edouard Bricon, 1828-1829, 3 vol. in-12.

1854. Histoire du congrès de Vienne, par l'auteur de: « La Diplomatie française » (Gaëtan de R. de Flassan). *Paris*, Treuttell et Würtz, 1829, 3 vol. in-8.

1855. Histoire du général Abatucci, par Eugène Loudun (E. Balleyguier). *Paris*, 1854, in-8.

1856. Histoire du marquisat de Franchimont, et particulièrement de la ville de Verviers et de ses fabriques (par R. J. de Trooz). *Liége*, Bassompierre, 1809, 2 vol. in-8.

1857. Histoire du ministère Georges Canning, par l'auteur du: « Précis des événements de la révolution espagnole » (Louis-Pierre-Pascal de Jullian). *Paris*, Moutardier, 1828, 2 vol. in-8.

1858. Histoire du Mont-Valérien, par M. D. L. C. (Edouard Mercier de La Combe). *Paris*, Gaume, 1834, in-18.

Il est dit, page 9 de ce volume, que : « C'est sur le penchant de ce mont que croissent les vignes de Surêne, si célèbres par la prédilection du bon roi Henri IV et par la réprobation injurieuse dont elles sont aujourd'hui frappées. »

L'auteur partage ici l'erreur générale, dont voici la rectification, d'après la *Bibliographie agronomique* (de Musset-Pathay), où on lit, page 459: « Il y a aux environs de Vendôme, dans l'ancien patrimoine de Henri IV, une espèce de raisin qu'on appelle *Suren*, qui produit un vin blanc très-agréable à boire. Henri IV faisait venir de ce vin à la Cour; il le trouvait très-bon, et ce fut assez pour qu'il parût délicieux aux courtisans, et que l'on bût pendant le règne de ce monarque du vin de *Suren*. Il y a encore (1810), dans le Vendômois, un clos de vignes que l'on appelle le *Clos de Henri IV*. Louis XIII, n'ayant pas pour le *Suren* la prédilection du roi son père, ce vin passa de mode et perdit sa renommée. Dans la suite, on crut que c'était le village de *Surêne (sic)*, près de Paris, qui avait produit le vin qu'on buvait à la cour; la ressemblance des noms avait produit cette erreur. »

(*Journal de la librairie*).

1859. Histoire du noble et vaillant chevalier Pâris et de la belle Vienne, fille du dauphin de Viennois, publiée d'après les manuscrits de la Bibliothèque royale et précédée de préliminaires bibliographiques (par Alfred de Terrebasse). *Lyon*, L. Perrin, 1835, gr. in-8.

Tiré à cent exemplaires.

1860. Histoire du pays de Vaud, par un Suisse (M. Dellient, ministre protestant). *Lausanne*, 1809, in-8.

1861. Histoire du premier conseil œcuménique de Nicée contre l'arianisme, par le Juif-Errant (Roisselet de Sauclières). *Paris*, 1859, in-18.

1862. Histoire du prince de Timor, contenant ce qui lui est arrivé pendant ses voyages dans les différentes parties du monde et particulièrement en France, après l'abandon de son gouvernement, etc. (Par le m[is] Denis-Jean-Florimond Langlois du Bouchet, de Clermont en Auvergne, mort lieutenant-général). *Paris*, Lerouge, 1812, 4 vol. in-12, avec figures.

Son fils, le marquis César DU BOUCHET, est auteur de divers opuscules; notamment de vers adressés et dédiés à la duchesse d'Angoulême. Il avait épousé la nièce de M. de Quélen, archevêque de Paris; devenue depuis, en secondes noces, Mme Elie de Beaumont.

1863. Histoire du règne de Louis XV, roi de France, par le Juif-Errant (Roisselet de Sauclières). *Paris*, 1859, in-18.

1864. Histoire du roi de Bohême et de ses sept châteaux (par Charles Nodier). *Paris*, Delangle, 1830, in-8.

1865. Histoire du romantisme en France, par L. R. de Toreinx (Eugène Ronteix). *Paris*, Dureuil, 1829, in-8.

1866. Histoire du seizième siècle en France, par Paul L. Jacob (Lacroix, conservateur à la bibliothèque de l'Arsenal). *Paris*, Mame, 1834-1835, 4 vol. in-8.

1867. Histoire du théâtre de l'Opéra en France, depuis l'établissement de l'Académie royale de musique jusqu'à présent (attribuée à Travenol). *Paris*, Barbou, 1753, in-8.

Cette histoire n'est pas de TRAVENOL, mais de Jacques DUREY DE NOINVILLE, maître des requêtes honoraire, membre de plusieurs académies, mort le 19 juillet 1768. — Une deuxième édition, divisée en deux parties, parut en 1757, chez Duchesne. Elle n'était point entièrement nouvelle, puisqu'on y employa une grande quantité de feuilles de la première de 1753. Ce sont celles, première partie : De l'*Epître dédicatoire*, signée D***; de l'Avant-propos, de la table des principales matières. De l'histoire de l'Opéra, des noms des directeurs, règlements, etc., page 1 à 172. — De l'abrégé de la vie des poètes, page 179 à 256.

Deuxième partie : de la liste des musiciens, page 3 à 44, 49 à 50. — Des acteurs et actrices, page 55 à 136. — Du catalogue chronologique des opéras, page 145 à 158. — Du catalogue alphabétique, page 171 à 201. — De la table générale des matières, page 202 à 220.

(Note de Beffara).

1868. Histoire d'un bouton, par Piotre Artamov (le comte de La Fite). 3e édition. *Paris*, Michel Lévy, 1862, in-12.

1869. Histoire d'un chien naufragé, par E. de M. (Edmond

de Manne), élève au collége royal de Henri IV. *Paris*, sans date (1821), in-8.

Extrait du *Journal des voyages*.

1870. Histoire d'un prince, par J. Stahl (J. Hetzel). *Paris*, 1857, in-32.

1871. Histoire d'une salle d'asile. Lettres de deux dames inspectrices (par Mme Doubet, inspectrice, et Mme Pellat, sa sœur ; toutes deux filles de M. A. Rendu, conseiller de l'Université). *Paris*, 1852, in-12.

1872. Histoire d'une souris, racontée par elle-même, par Alfred Frédol (le docteur Horace-Bénédict-Alfred Moquin-Tandon). *Paris*, 185., in-18.

Douteux.

1873. Histoire ecclésiastique et politique de l'Etat de Liége, ou Tableau des révolutions qui y sont survenues depuis son origine jusqu'à nos jours, par M. le comte de *** (par Nicolas-Germain Léonard, né à la Guadeloupe, en 1744 ; mort en 1794). *Paris*, 1801, in-8.

Pendant longtemps on a ignoré le véritable auteur de ce livre, qui fut attribué à MIRABEAU, par quelques-uns ; à SÉRYÈS, par Barbier.

M. Ferdinand Hénaux, dans le *Bibliophile belge*, fait connaître, pour la première fois, le nom de l'écrivain auquel il est dû.

1874. Histoire et discours au vrai du siége qui fut mis devant la ville d'Orléans par les Anglais, le mardi douzième jour d'octobre 1428, avec la venue de Jeanne-la-Pucelle (éditée par Léon Trippault, conseiller au présidial d'Orléans). *Orléans*, Hotot, 1576, in-4.

Edition fort rare.

1875. Histoire et géographie de Madagascar, depuis la découverte de l'île, en 1506, jusqu'au récit des événements de Tamatave, par Macé Desportes (Henry D'Escamps). *Paris*, Bertrand, 1846, in-8.

L'auteur a pris le nom de sa mère.

1876. Histoire et procès complet des prévenus de l'assassinat de M. de Fualdès, accompagnée d'une notice historique sur tous les personnages qui ont figuré dans cette affaire. Par le Sténographe parisien (Hyacinthe Thabaud de Latouche). *Paris*, Pillet aîné, 1818, in-8.

L'Editeur parisien s'est amplement servi du travail de P.-J. Gavand, de Lyon, qui s'était rendu à Alby pour recueillir les débats de cette mémorable affaire.

1877. Histoire et répertoire du socialisme, depuis l'Antiquité jusqu'à nos jours, par Charles de Bussy (Charles Marchal). *Paris*, 1859, in-18.

1878. Histoire généalogique de la maison de Raigecourt, avec un supplément contenant les preuves (par l'abbé Lionnois). *Nancy*, Leclerc, 1777, in-fol.

1879. Histoire généalogique de la maison des Salles, originaire du Béarn, depuis son établissement en Lorraine jusqu'à présent, avec les preuves de la généalogie, etc. *Nancy*, Cusson, 1716, petit in-fol.

Ce livre, rare et recherché, n'est pas, ainsi que l'ont avancé le Père Lelong et Barbier, l'œuvre de dom Calmet, mais bien celle du Père Louis HUGO, abbé d'Estival. Voy. *Bibliothèque héraldique*, par Guigard ; voyez aussi le *Bibliophile français*, page 33, 1re année.

1880. Histoire généalogique de la maison de Villeneuve (par Jean-Baptiste de Villeneuve). *Avignon*, François Séguin, 1789, in-4.

J.-B. DE VILLENEUVE, né en 1723, était fils de Joseph de Villeneuve, seigneur de Bargemont.

1881. Histoire héroïque et universelle de la noblesse de Provence, par Artefeuil. *Avignon*, 1757-1759, 2 vol. in-4.

Voici ce qu'on lit dans l'ouvrage intitulé : *Les Rues d'Aix*, par Roux-Alphéran : « Pierre-Laurent-Joseph DE GAILLARD-LONJUMEAU, seigneur de Ventabren et conseiller en la Cour des comptes, était un savant magistrat, né à Aix. Il eut la plus grande part dans la rédaction de l'ouvrage ayant pour titre : *Histoire héroïque et universelle de la noblesse de Provence*, et fut aidé par Louis-Charles-Marie d'Arnaud DE ROUSSET, son ami, conseiller au Parlement.

1882. Histoire impartiale des Jésuites (par Horace-Napoléon Raisson et Honoré de Balzac). *Paris*, Delongchamps, 1824, in-18.

1883. Histoire littéraire de Fénelon, par M*** (l'abbé Jean-Edme-Auguste Gosselin), directeur du séminaire de Saint-Sulpice. *Lyon* et *Paris*, Périsse, 1843, in-8.

1884. Histoire métallique de Napoléon, ou Recueil des médailles et monnaies qui ont été frappées depuis sa première campagne en Italie, jusqu'à son abdication en 1815 (par James Millingen). *Londres*, Treuttell et Würtz, 1819, in-4.

Un supplément, également in-4, a paru, en 1821, chez les mêmes libraires, à Londres.

1885. Histoire militaire des Français par campagnes, depuis le commencement de la Révolution jusqu'à la fin du règne de Napoléon. Guerre de Russie, avec deux portraits et trois cartes. Par M. Mortonval (Alexandre-Furcy Guesdon). *Paris*, Ambroise Dupont, Treuttell et Würtz, 1829, 2 vol. in-18.

1886. Histoire morale, civile, politique et littéraire du charivari, depuis son origine vers le quatrième siècle, par le docteur Calybariat de Saint-Flour, suivie du complément de l'histoire des charivaris jusqu'à l'an de grâce 1833. Par Eloi-Christophe Bassinet, sous-maître à l'Ecole primaire de Saint-Flour et aide-chantre à la cathédrale (attribuée à Etienne-Gabriel Peignot). *Paris*, Delaunay, 1833, in-8.

1887. Histoire naturelle et morale des Antilles, avec un Dictionnaire caraïbe (par César de Rochefort et non Louis de Pointis). *Rotterdam*, 1658, in-4, figures.

1888. Histoire numismatique de la Révolution française, ou Description raisonnée des médailles, monnaies et autres monuments numismatiques, relatifs aux affaires de la France, depuis l'ouverture des Etats-généraux jusqu'à l'établissement du gouvernement consulaire. Par M. H. (Michel Hennin). 1789-1799. *Paris*, Merlin, 1825, in-4, avec planches.

1889. Histoire peu française de lord Guizot, organe des intérêts anglais et ministre des étrangers en France, etc. Par un Locataire de Sainte-Pélagie (Georges-Marie-Mathieu Dairnwaell). *Paris*, 1842, br. in-8 de 32 pages.

1890. Histoire pittoresque de la Convention nationale et de ses principaux membres, par M. L***, conventionnel (par le baron Etienne-Léon de Lamothe-Langon). *Paris*, Ménard, 1833, 2 vol. in-8.

1891. Histoire politique et critique de la révolution de 1830 (par Ferdinand Flocon). *Paris*, Levavasseur, 1834, br. in-8 de 36 pages.

Ferdinand Flocon est mort en Suisse, en mai 1866.

1892. Histoire sacrée et profane en tableaux, avec leur explication et quelques remarques chronologiques (par Oronce Fine). *Paris*, Charles de Sercy, 1670-1675, 3 vol. in-12, avec figures estimées de Sébastien Leclerc.

Cette histoire a été réimprimée en 1693; mais cette dernière édition est moins estimée.

MM. Colomb de Batines et Jules Ollivier, dans leurs *Mélanges biographiques et bibliographiques, relatifs à l'histoire du Dauphiné*, affirment qu'il faut écrire FINE et non FINÉ. M. Rochas, dauphinois, collaborateur de la *Biographie générale*, et auteur d'une *Biographie* spéciale du Dauphiné, est du même avis, dans son article FINE (Oronce), professeur au collége de France, dans le seizième siècle, et qui appartenait à la famille de l'abbé FINE DE BRIANVILLE. Nous avons adopté leur orthographe.

1893. Histoire secrète du Directoire (attribuée au comte Fabre de l'Aude, et rédigée sur ses notes). *Paris*, Ménard, 1832, 4 vol. in-8.

1894. Histoire véritable de Vernier, maître tripier du Champi, et désigné pour être échevin de la paroisse Saint-Eucaire, dialogue patois, messin et français, à cinq personnages (par l'abbé Georgen). *Metz*, Lorette, 1844, in-8.

Poème inédit en vers, composé en 1798.

1895. Histoire véritable des martyrs de quelques religieux de Saint-François, advenus à Gorcum, l'an 1572, et ailleurs en Hollande, l'an 1573, en quatre livres, traduite du latin de Guillaume Estius, par D. L. B. (David Long Haye). *Cambray*, Jean de la Rivière, 1618, in-12.

Une édition in-8 avait été publiée, deux ans auparavant, à Douai, chez Balthasard Bellère.

1896. Histoires à l'envers, par

Mme Fernande de Lysle (Mlle Vandertaëlen). *Paris*, Michel Lévy, 1855, in-12.

1897. Historiettes baguenaudières, par un Normand (le mis de Chennevières-Pointel). *Aix*, Aubin, et chez les libraires de Normandie, 1845, in-8.

1898. Historiettes d'un voyageur, par Geoffroy Crayon, gentleman (Washington Irving). Traduites de l'anglais (par Lebègue). *Paris*, Hubert, 1825, 4 vol. in-12.

Cet ouvrage de W. Irving (*Tales of traveller*) avait déjà été traduit sous le titre de : *Contes d'un voyageur*, par Mme Adèle de Beauregard. Paris, Lecointe et Durey, 1825.

1899. Historique de la loi proposée en faveur de la mine de sel gemme (par Nicolas-Louis-Marie Magon, mis de la Gerversais). *Paris*, Ad. Egron, 1825, br. in-8 de 32 pages.

1900. Hommage à la Société d'émulation, à l'occasion de sa renaissance, sous l'olivier de la paix, ou Galerie d'auteurs et d'artistes Liégeois (par Dieudonné Malherbe). *Liége*, Bourguignon, 1802, in-8 (Ul. C.).

1901. Hommage à une belle action, petit poëme sur le courage de François Remi l'aîné, qui sauva quarante-deux militaires français, blessés à bord d'un bâtiment, sur le Danube (attribué à Marie-Joseph de Chénier). *Paris*, Dalin, 1809, in-16.

1902. Hommage académique, en vers français, aux cardinaux Tomasi, Gerdil et Borgia (par l'abbé Pierre Hesmivy d'Auribeau, ancien archidiacre-vicaire de Dijon). *Rome*, 1805, br. in-8.

1903. Hommage aux Dames, par C.-L. D. (Charles-Louis Ducollet, maître de pension). *Paris*, Barba, 1831, br. in-8 de 16 pages.

1904. Hommage de la Neustrie au grand Corneille (par David Duval-Sanadon). *Rouen*, 1811, in-8.

1905. Homme (L') à la longue barbe, précis sur la vie et les aventures de Chodruc-Duclos. Par MM. E. et A. (Edouard Eliçagaray et Auguste Amic). *Paris*, Gueffier, 1829, br. in-8.

1906. Homme (L') à tout, ou l'Agence universelle, comédie épisodique en un acte, mêlée de couplets, par MM. A*** (Desprez Saint-Clair et Huron). *Paris*, Barba, 1813, br. in-8.

1907. Homme (L') au masque de fer, par Paul L*** (Lacroix), Jacob, bibliophile. *Paris*, Magen, 1836, in-8.

1908. Homme (L') singulier, ou Emile dans le monde, imité de l'allemand, par J.-B.-J. Breton (et A.-J.-P. Frieswinkel, connu littérairement sous le nom de Fréville). *Paris*, Dufour, 1810, 2 vol. in-12.

1909. Hommes (Les) d'un mérite supérieur calomniés et persécutés, par Courthe (Rouchet). *Bruxelles*, 1851, in-8 (Ul. C.).

M. Rouchet doit encore avoir publié, vers la même époque, un petit poème intitulé : *Les Cuirassiers.*

1910. Hommes et doctrines du parti catholique. Première partie : Maximes catholiques, à l'usage du père de famille, par Joseph Boniface (Louis de Fré, avocat à la Cour d'appel). 3e édition. *Bruxelles*, 1857, in-12 de 37 pages.

1911. Hommes et doctrines du parti catholique. Deuxième partie : De la charité ecclésiastique. Troisième lettre à M. de Decker, ministre de l'intérieur, par Joseph Boniface (Louis de Fré). *Bruxelles*, 1857, in-12 de 63 pages.

1912. Le même ouvrage. Troisième partie. Première lettre : l'Evêque de Bruges (par le même). *Bruxelles*, 1857, in-12 de 59 pages.

1913. Le même ouvrage. Le Frère quêteur (par le même). *Bruxelles*, 1857, in-12 de 68 pages.

1914. Honneurs funèbres rendus par la R.·. L.·. de la Parfaite intelligence, à la mémoire du T.·. R.·. F.·. Saint-Martin (par P. G. Destriveaux). *Liége*, Desoër, 1808, in-8 (Ul. C.).

1915. Honni soit qui mal y pense, ou le Cheval de Caligula fait consul de Rome, en vers burlesques, par un Plaisant (François-Marie Mayeur). Sans date (1782), in-8.

Mayeur, à la fois acteur et auteur, naquit à Paris le 6 juin 1758, sur la paroisse Saint-Paul, dont il accola le nom au sien, lorsqu'il se fit comédien. Après une existence fort agitée, il est mort à Paris, le 12 décembre 1818.

1916. Honni soit qui mal y pense, contes et autres poésies, par V. M. (Victor Mangin). *Paris*, an XIII (1805), in-12.

1917. Honorine, ou Mes vingt-deux ans, histoire véritable de Mlle D***, publiée sur ses mémoires, par un Homme de lettres (Jacques-André Jacquelin). *Paris*, Marchant, 1803, 3 vol. in-12.

1918. Horæ biblicæ, ou Recherches littéraires sur la Bible, traduit de l'anglais de Charles Butler (par Antoine-Marie-Henri Boulard). *Paris*, Maradan, 1810, 1 vol. in-8.

1919. Horizons (Les) célestes (par la vicomtesse Agénor de Gasparin, née Valérie Boissier). *Paris*, Michel Lévy, 1859, in-18.

1920. Horizons (Les) prochains (par la même). *Paris*, Michel Lévy, 1859, in-18.

1921. Horlogéographie pratique, ou la Manière de faire des horloges à poids. Par le P. B., religieux Augustin (le Père Beuriot, profès du couvent des Augustins de Rouen, sis rue Malpalu, mort à Carhaix, en

Basse-Bretagne, en 1739). *Rouen*, Ph. P. Cabut, 1719, in-8.

1922. Hôtel (L') de Cluny au moyen-Age, suivi des *Confidences de table* et autres poésies inédites des XVe et XVIe siècles, par Mme de Saint-Surin (Mme de Monmerqué, née Marie-Caroline-Rosalie de Cendrecourt). *Paris*, Techener, 1835, in-12.

1923. Humbles requestes et remontrances faictes au Roy (Charles IX), pour le clergé de France, tenant ses estats (par François-Jehan Quintin, de l'ordre de Hiérusalem, en janvier 1560). *Paris*, Pierre Guéon, 1588, in-8.

1924. Humoristes (Les), ou le Château de Bracebridge, traduit de l'anglais de Washington Irving, par Gustave de Grandpré (Auguste-Julien-Marie Lorieux). *Paris*, Corbet, 1826, 2 vol. in-12.

1925. Hyacinthe, poème de Guillaume Leblanc, évêque de Grasse et de Vence; traduit pour la première fois et précédé d'une préface sur la vie et les ouvrages de l'auteur, par le traducteur des poèmes de *Vida*, de *Sannazar* et de *Céva* (l'abbé Guillaume-Jean-François Souquet de La Tour, curé de Saint-Thomas-d'Aquin). *Paris*, A. Vaton, 1846, in-8.

1926. Hymne à l'Etre suprême, à l'occasion de l'heureuse naissance du roi de Rome, composée en portugais, par Louis-Raphaël Soyé, avec la traduction en vers français, par T. S. *Paris*, Moreau 1811, in-8.

Cette traduction est, vraisemblablement, d'Edouard-Thomas SIMON, qui avait précédemment traduit, en 1808, du portugais en français, une ode du même SOYÉ, intitulée : *Napoléon-le-Grand*.

1927. Hymnes de Sainte-Geneviève, patronne de la ville de Paris, par A. G. E. D. G. (Antoine Godeau, évêque de Grasse). *Paris*, P. Le Petit, 1652, in-4.

1928. Hymnes français (par Denis Mater, conseiller à la Cour de cassation). *Paris*, 1815, in-12.

1929. Hymnes patriotiques. Avant, pendant et après la grande semaine de juillet 1830. Par Philarmos (Marie de La Fresnaye, professeur). *Paris*, chez l'auteur, 1830, br. in-8 de 32 pages.

1930. Hypnérotomachie, ou Discours du songe de Poliphile, déduysant comme amour le combat à l'occasion de Polia, soubz la fiction de quoy l'auteur monstrant que toutes choses terrestres ne sont que vanité, traite de plusieurs matières profitables. Nouvellement traduit du langage italien (de François Colonna, religieux dominicain) en français. (Edition revue et publiée par Jean Martin, secrétaire du cardinal de Lénoncourt). *Paris*, Jacques Kerver, 1546, in-fol.

Ce livre bizarre, qui parut pour la première fois en 1499, et non en 1501, comme l'ont pensé plusieurs auteurs, à Venise, chez Alde Manuce, a été plusieurs fois traduit en notre langue, sans être devenu plus intelligible. Prosper Marchand, dans son *Dictionnaire historique*, dit que ne pouvant découvrir d'une manière certaine le vrai but de l'auteur, plusieurs savants, qui se sont attachés à le pénétrer, lui ont prêté des motifs peu naturels, souvent même ridicules. Ainsi, les uns en ont fait un ouvrage historique; d'autres ne l'ont regardé que comme un roman; quelques-uns, enfin, ont cru y voir les mystères les plus sublimes de la religion, cachés sous des figures emblématiques. Tout ce qu'on a pu conjecturer de plus raisonnable, c'est que son auteur, gentilhomme d'une illustre naissance, avait été épris d'une jeune personne dont le nom de *Polia* n'est que l'abrégé d'*Ippolita*, et qu'il était déjà moine lorsqu'il composa cet ouvrage; car, on remarquera que les lettres initiales des différents chapitres qui composent son livre, donnent la phrase latine suivante : *Poliam Frater Franciscus Columna per amavit. Frère François Colonna a aimé Polia.*

Beuchot, à qui nous empruntons ces détails, prétend que c'est à tort que l'on a attribué à Jean Martin la traduction que nous indiquons, et qu'il n'en fut que le réviseur et l'éditeur. Il l'aurait reçu des mains de Jacques Gohorry, ami du traducteur, qui était un chevalier de Malte dont le nom est resté inconnu. Il est certain que, dans sa dédicace, Jean Martin ne prend pas d'autre qualité. Jacques Gohorry donna lui-même, quelques années plus tard, une édition du *Songe de Poliphile*, et dans un avertissement en latin, mis en tête, il y confirme ce qu'avait dit précédemment Jean Martin. Béroalde de Verville la reproduisit en 1600, avec quelques changements et des additions maladroites, si l'on en excepte une table des matières qui soit le seul travail à citer. Prosper Marchand nous apprend encore que, près d'un demi-siècle après, en 1657, on vit paraître cette *révision* de Béroalde de Verville, annoncée comme une nouvelle édition, ce qu'on doit se garder de croire; car, ce n'est que la même dont on a changé le titre et le frontispice, en lui en substituant un autre, afin de lui donner un air de nouveauté. On peut juger par là que ce charlatanisme de librairie, fort usité de notre temps, remonte à une date assez élevée, et que certains libraires actuels ne pourraient, sous ce rapport, réclamer un brevet d'invention.

I

1931. Idée (L') fixe, par l'Auteur des « Aventures de la fille d'un roi » (Jean Vatout, bibliothécaire de Son A. R. le duc d'Orléans, depuis Louis-Philippe Ier). *Paris*, Paul Dupont, 1830, 3 vol. in-8.

1932. Idées anti-proudhonniennes sur l'amour, la femme et le mariage, par Mme Juliette La Messine (Juliette Lamber). *Paris*, Tarride, 1838, in-12.

1933. Idées d'un citoyen sur les chemins (par le comte de Thélis). 1771, in-12.

1934. Idées d'un citoyen sur un système possible de finances, par un Alençonnais (par Dufriche Des Genettes des Madelaines, avocat à Alençon, frère de Valazé). Sans nom d'imprimeur ni de lieu (*Alençon*), 1789, in-8.

1935. Idées générales et physisur la nature des tremblements de terre, précédées de la description des calamités de Lisbonne, par un Spectateur de ce désastre (G. Rapin). *Liége* (1757), in-12 (Ul. C.).

1936. Idylles. Par D... L. *Lyon*, Horace Molin, 1697, in-12.

On lit dans le privilége : « Permis à notre bien aimé..... d'imprimer un livre contenant deux parties : la première, les *Idylles de Bion et Moschus*, traduites du grec. — La seconde, intitulée : *Idylles*, ouvrage de M. D*** L*** (Bernard de Longepierre). »

1937. Idylles et pièces fugitives, trouvées dans un hermitage, au pied du mont Saint-Odèle (par Dufresnes). *Paris*, Durand (et *Strasbourg*, les frères Lejay), 1781, in-8, fig.

1938. Il n'est pas mort ! Par un Citoyen, ami de la patrie (Vibaille). *Paris*, Brasseur, 1821, br. in-8 de 8 pages.

1939. Il vaut mieux prévenir le mal que d'être réduit à le punir (par Edouard Cordier, inspecteur du Lycée de la jeunesse française). *Paris*, Jombert, 1814, br. in-8 de 36 pages.

1940. Il y a des pauvres à Paris et ailleurs (par la vicomtesse Agénor de Gasparin, née Valérie Boissier). *Paris*, Debay, 1848, in-18.

1941. Iliade (L') travestie, par une Société de gens de lettres, de savants, de magistrats, etc. (par Louis Dumoulin, avoué, Abel Goujon, imprimeur, et Charles-Martin-Armand Rousselet, avocat). *Saint-Germain-en-Laye*, Abel Goujon, et *Paris*, Ledoyen, 1831, in-32.

Cette parodie avait été d'abord commencée par un nommé GROMELIN. Celui-ci étant mort sur ces entrefaites, elle fut reprise et continuée par les collaborateurs susnommés, qui s'étaient ainsi divisé leur besogne : DUMOULIN parodiait en prose; A. GOUJON mettait en vers, et Armand ROUSSELET s'était chargé des corrections et de donner l'ensemble à cet opuscule.

1942. Illégalité (L') du remboursement, précédée d'une supplique à la Chambre (par Nicolas-Louis-Marie Magon, m^ts de la Gervaisais). *Paris*, avril 1824, br. in-8.

1943. Illustre (L') Jacquemart de Dijon. Détails historiques, instructifs et amusants sur ce haut personnage, etc. Par P. Bérigal (Etienne-Gabriel Peignot). *Dijon*, Victor Lagier, 1832, in-8, fig.

1944. Illustres (Les) Lilliputiens en 1818, ou Trois grains d'encens à tous nos demi-dieux. Deuxième satire, par Sphodrétis (Pierre Lasgneau-Duronceray, ancien avocat à Alençon). *Paris*, Petit, 1818, br. in-8 de 32 pages.

1945. Illyrine, ou l'Ecueil de l'inexpérience, par G..... De Morency. *Paris*, Rainville, an VII, in-8.

L'auteur de cette production plus que libre, est Barbe-Suzanne-Amable GIROUST, née le 11 novembre 1770, à Paris ; morte à Chailly, près Melun.

1946. Imitateur (L') des Saints, contenant une sentence pour chaque jour de l'année (par l'abbé Jean-Baptiste Lasausse). *Paris*, 1797, in-8.

1947. Imitation de la très-sainte Vierge, sur le modèle de l'Imitation de Jésus-Christ, par l'abbé*** (d'Hérouville). *Lyon*, Périsse, 1833, in-32.

La première édition de cet ouvrage, souvent réimprimé, remonte à 1768.

1948. Impatient (L'), comédie en un acte et en vers (par Etienne-François de Lantier). 1778, in-8.

1949. Impressions d'enfance, ou Récits du temps passé. Episode tiré de l'histoire manuscrite de la maison Favre, à partir du XIVe siècle (par Jean-Marie Favre, ancien juge de paix). *Lyon*, Louis Perrin, 1861, br. gr. in-8 de 36 pages.

1950. Impromptu (L'). Lettre à Mme la comtesse de ***, Dame du Palais. Vers faits dans le jardin de M. le duc de Montmorency, près le bois de Boulogne, au moment où madame la Dauphine passait. Par D. M. S. D. S. (Guillaume-François Marion Du Mersan, seigneur de Surville). Sans date (vers 1774), in-8, pièce de 7 pages.

1951. Impromptu sur le rétablissement des Bourbons, ou Dialogues villageois, etc. (par Etienne-Gabriel Peignot). *Paris*, avril 1814, in-8, pièce de 8 pages.

Opuscule imprimé à Dijon, chez Frantin.

1952. Inconnu (L'). Fragments (par De Syon). *Paris*, Sautelet, 1829, 2 vol. in-12.

1953. Inconstant (L') ramené. *Paris*, 1781, in-8.

L'épître dédicatoire, adressée à la marquise de Luchet, est signée B. (Pierre-François Cantin Baugin).

1954. Inconvénients de voyage sur un chemin de fer, par un Ex-chef de train (M. Lan). *Paris*, Amyot, 1862, in-12.

1955. Indépendant (L') à M. le comte Decazes, Ire et IIe lettres (par Michel Pichat). *Paris*, Lhuillier, 1818, br. in-8 de 80 pages.

1956. Indiscret (L') conteur des aventures de la garde nationale de Paris, par le chevalier H...y G...t (Henry Guyot). *Paris*, Delaunay, 1816, in-12.

1957. Indiscrétions, souvenirs anecdotiques et politiques de 1789 à 1820, tirées du portefeuille d'un fonctionnaire de l'Empire. *Paris*, Dufey, 1835, 2 vol. in-8.

Ces anecdotes ont été recueillies par le comte Pierre-François Réal, ancien conseiller d'Etat sous l'Empire, et mises en ordre par Musnier-Desclozeaux.

Voici ce qu'on lit, à propos de cet ouvrage, dans la *Biographie générale* : « Un an après la mort du comte Réal, arrivée subitement le 7 mai 1834, on publia, sous le titre d'*Indiscrétions*, deux volumes de souvenirs et d'anecdotes, dont le caractère a passablement embarrassé plusieurs bibliographes. Beuchot a pensé que Réal avait bien pu fournir des renseignements et des fragments. Suivant Villenave, on peut lui attribuer, en grande partie, le premier volume de ces *souvenirs*.

« Nous n'hésitons pas à le dire, l'ayant su de bonne source, que Réal avait rédigé des *Mémoires* étendus et complets sur sa vie politique pendant la Révolution, le Consulat et l'Empire ; il s'y exprimait avec franchise sur plusieurs personnages, et donnait des preuves secrètes à l'appui. Après la Révolution de juillet, le plus éminent de tous se préoccupa vivement de certaines révélations qui le touchaient de près, et que des propositions furent faites pour obtenir ces curieux mémoires où tant de choses étaient révélées ; un demi-million de francs fut le prix de la cession. Les *Indiscrétions* parues depuis, ne sont que des bribes des mémoires originaux, qu'on dit avoir été discrètement brûlés. »

1958. Industrie agricole et manufacturière. Mémoire sur la Société anonyme de la Savonnerie, ses produits et les avantages qu'elle présente à l'agriculture et aux manufacturiers (par Jean Rey, fabricant). *Paris*, 1827, in-8.

Cette brochure est extraite des Annales mensuelles de l'industrie manufacturière et des beaux-arts.

1959. Infiniment (Les) petits de la littérature, ou Huitains, quatrains, etc. Avec un grand nombre de notes historiques sur les hommes les plus marquants de la France, etc. (par Dieudonné Malherbe). *Liége*, 1803, in-8 (Ul. C.).

1960. Infortunes (Les) de plusieurs victimes de la tyrannie de N. Buonaparte, ou Tableau des malheurs de soixante et onze français déportés sans jugement, etc., à l'occasion de la machine infernale, par l'Une des deux seules victimes qui aient survécu à la déportation (par Le Franc). *Paris*, veuve Lepetit, 1816, in-8.

1961. Ingénieux (L') chevalier don Quichotte de la Manche, traduction nouvelle (par Charles Furne). *Paris*, Ch. Furne, 1858, 2 vol. in-8.

1962. Inscriptions du nouveau et magnifique reliquaire de la Sainte-Ampoule dans le trésor de l'église métropolitaine de Reims, suivies d'inscriptions pour les médailles du sacre et du couronnement de Charles X, roi de France (par l'abbé Pierre Hesmivy d'Auribeau). *Paris*, Beaucé-Rusand, 1825, in-4 de 25 pages.

1963. Inscriptions et distiques qui sont sur les cloches de la paroisse Notre-Dame du Hâvre, nommées par leurs majestés (par Jean-Baptiste-Jacques Laignel, avocat). *Le Hâvre*, Faure, sans date (1777), in-4 de 3 pages.

1964. Inscriptions pour deux médailles gravées par Cahier, en l'honneur de la maison de Bourbon (par l'abbé Pierre Hesmivy d'Auribeau). *Paris*, 1820, br. in-8.

1965. Institutions pour améliorer le caractère moral du peuple, etc. Par Robert Owen. Traduit de l'anglais sur la troisième édition, par M. le comte de L*** (Alexandre de La Borde), membre de plusieurs sociétés savantes et philanthropiques. *Paris*, Louis Collas, 1819, br. in-8.

1966. Instruction du commerce général, dont on n'a pas eu de pareille, pour se conduire dans le commerce aux quatre parties du monde, par J. B. A. (Jean-Baptiste Andriessens). *Liége*, veuve Procureur (1727), in-fol. de 119 pages (Ul. C.).

1967. Instruction pour les mères-nourrices, par Rast de Maupas (et Colomb). *Lyon*, 1785, in-12.

1968. Instruction pour les sous-préfets (par Jean-Louis Laya). *Melun*, germinal an VIII (mai 1800), in-4.

1969. Instruction sociale de la jeunesse (par Alexandre Olivier). *Au Mans*, Fleuriot, 1818, in-16, pièce de 14 pages.

Alexandre OLIVIER, né à Alençon, le 6 janvier 1778, exerça la profession de médecin au Mans, où il est mort en 1825. Il est auteur du *Trépied étymologique*, dont il n'a paru qu'une seule livraison (la lettre A), et dont la suite se retrouve dans le volume in-4, manuscrit, intitulé : l'*Etymologique français-grec-latin*, dont l'auteur a fait don à la Bibliothèque du roi, le 20 octobre 1818, afin d'être déposé à côté du Dictionnaire de l'Académie : « Condition expresse ».

1970. Instruction sur la constitution civile du clergé, prononcée par un Curé de Paris dans son église, au moment de la prestation du serment. *Paris*, 1791, br. in-8.

Barbier, et d'après lui Quérard, attribuent cette publication à un ecclésiastique nommé GÉRARD. Le vrai nom de celui-ci était François GIRARD, curé de Saint-Landry et chanoine de Notre-Dame, qui fut l'un des vicaires de l'évêque assermenté Gobel, et comme tel, désigné par la Convention pour assister la reine Marie-Antoinette dans ses derniers moments.

1971. Instructions choisies des grands prédicateurs sur les épîtres et les évangiles des dimanches et fêtes, Bossuet, Bourdaloue, Massillon, Fléchier, etc. Ouvrage approuvé par Mgr l'archevêque de Paris et par plusieurs évêques de France. *Paris*, Le Sort, 1862, 4 vol. in-12.

Ce choix, fait avec beaucoup de discernement et de goût, est dû à la collaboration de Mgr Charles-Frédéric ROUSSELET, évêque de Séez, et de Mme DE BARBERET.

1972. Instructions historiques, dogmatiques et morales sur les principales fêtes de l'Eglise, par un Directeur de séminaire (l'abbé Jean-Edme-Auguste Gosselin, directeur du séminaire d'Issy). Nouvelle édition, augmentée de plusieurs instructions et d'une méditation pour chaque jour de fête. *Paris*, Lecoffre, 1850, 3 vol. in-12.

La première édition, parue en 1848, n'a que 2 vol. in-12.

1973. Interdiction (L') projetée, comédie en un acte et en vers (par Lenthère). *Paris*, Léopold Collin, fructidor an XII (juin 1804), in-8.

1974. Intimes (Les), par Michel Raymond (Louis-Raymond Brucker). *Paris*, Eugène Renduel, 1831, 2 vol. in-8.

1975. Intolérance religieuse des payens (par le baron de Rouvrou). *Paris*, A. Pihan de la Forest, 1829, br. in-8 de 16 pages.

1976. Intrigue (L') à l'auberge, ou les Deux Elisa, comédie-vaudeville en un acte, par Alexandre (Alexandre Barginet, de Grenoble). *Paris*, Fages, 1820, br. in-8.

1977. Intrigue (L') des carrosses à cinq sols, comédie en trois actes et en vers (par Chevalier, comédien). *Paris*, 1663, in-12.

Les carrosses à cinq sols par place furent établis à Paris en 1650, et durèrent jusqu'en 1657, époque où commença l'établissement des carrosses loués à l'heure.

1978. Introduction de la géographie, par un Instituteur (Antoine Monestier, ministre du Saint-Evangile). *Lausanne*, 1825, in-12.

1979. Introduction à l'office des notaires, avec des formules de toute espèce d'actes (par Simonon, et non Simon, ainsi que l'a cru Barbier). *Liége*, Desoër, 1764, in-12 (Ul. C.).

1980. Inventaire analytique et chronologique des archives des chambres du clergé, de la noblesse et du tiers-état du Hainaut, accómpagné de notes et d'éclaircissements (par Augustin Lacroix, ex-archiviste du Hainaut). *Mons*, Hoyois, 1852, gr. in-4, planches de blason.

1981. Inventaire des titres recueillis par Samuel Guichenon, précédé de la table de *Lugdunum sacro-prophanum* du père Bullioud; publié d'après les manuscrits de la Bibliothèque de la Faculté de médecine de Montpellier, etc. (par Paul Allut). *Lyon*, 1851, in-8.

Tiré à petit nombre.

1982. Invocation aux autorités, relativement au système diffamatoire signalé en deux énormes volumes, suivi du texte de la dénonciation, réduit et mis au net (par Nicolas-Louis-Marie Magon de la Gervaisais). *Paris*, Hivert, 1826; br. in-8 de 20 pages.

1983. Iolanda Fitz-Alton, ou Les malheurs d'une jeune Irlandaise. Par l'auteur de « Ladouski et Floriska » (Jean-Louis Lacroix de Niré). *Paris*, Nicolle, 1810, 3 vol. in-12.

Jean-Louis Lacroix de Niré, chef-adjoint à l'administration générale des Douanes, fut le père de deux littérateurs distingués, Paul et Jules Lacroix, dont le premier, aujourd'hui conservateur en chef de la bibliothèque de l'Arsenal, a publié un grand nombre d'ouvrages fort répandus, sous le pseudonyme du *Bibliophile Jacob*.

Né à Paris, le 19 août 1760, Lacroix de Niré y est mort, le 19 avril 1813.

1984. Iolande, ou l'Orgueil au quinzième siècle. Galerie du Moyen-Age. Par Mme la baronne Adèle de R. (Reiset), auteur d' « Atale de Montbard, ou Ma campagne d'Alger. » *Paris*, J. Mercklein, 1834, 2 vol. in-8.

1985. Iphis et Aglaë, par Mme *** (Charlotte-Marie Charbonnier de la Guesnerie). *Londres* et *Paris*, 1768, 2 vol. in-12.

1986. Isabelle de Taillefer, comtesse d'Angoulême, reine d'Angleterre. Par Mme de Saint-Surin (Mme de Monmerqué, née Marie-Caroline-Rosalie de Cendrecourt). *Paris*, L. Janet, 1831, in-18.

Le nom de Saint-Surin, pris par Mme DE MONMERQUÉ, était celui de son premier mari.

1987. Isaure, drame en trois actes, mêlé de chants, par MM. Théodore N*** (Nezel), Benjamin (Antier Chevrillon) et Francis *** (Cornu). *Paris*, Bréauté, 1829, br. in-8.

1988. Isaure, ou le Château de Montano, traduit du Languedocien (par Louis-Pierre-Prudent Le Gay). *Paris*, Chaumerot, 1816, 3 vol. in-12.

1989. Isaure, ou l'Inconstant dans l'embarras, comédie-vaudeville en un acte, mêlée de couplets, par Maurice S*** (le baron Armand-Louis-Maurice Séguier). *Paris*, Mme Masson, 1806, br. in-8.

1990. Isographie des hommes célèbres, ou Collection de *facsimile*, de lettres autographes et de signatures (éditée par M. Bérard, ancien maître des requêtes, le marquis de Châteaugiron, Jean Duchesne, alors employé et depuis conservateur du cabinet des estampes de la Bibliothèque impériale, et Trémisot, chef de bureau à la préfecture de la Seine). *Paris*, Alexandre Mesnier, 1828-1830, 4 vol. in-4.

1991. Italie (L') confortable. Manuel du touriste. Appendice aux voyages historiques et artistiques de l'Italie, par M. Valery (Claude-Antoine Pasquin), auteur de ces voyages. *Paris*, Renouard, 1841, in-12.

1992. Italie (L') conquise, ou Napoléon aux champs de Marengo, par A. Norgiat (Auguste Rogniat). *Paris*, Delaunay, 1838, 2 vol. in-18.

1993. Itha, comtesse de Toggenbourg (par l'abbé Hunckler). *Paris*, Gaume, 1834, in-18.

1994. Itinéraire de l'artiste et de l'étranger dans les églises de Paris, etc. (par Amable Grégoire, ancien sous-chef de bureau à la préfecture de la Seine). *Paris*, chez l'auteur, 1833, br. in-8 de 60 pages.

1995. Itinéraire de Paris à Rouen, par la route d'en haut, par F. G. de Malvoisine (Joseph-François Grille). *Paris*, Hector Bossange, 1828, in-18.

1996. Itinéraire de Paris à Rouen, par Mantes, Vernon, Louviers, etc. (par le même). *Paris*, Hector Bossange, 1828, in-18.

1997. Itinéraire des bateaux à vapeur de Paris à Rouen et de Rouen au Hâvre, avec une description des bords de la Seine, par B. Saint-Edme (Edme-Théodore Bourg). *Paris*, Ernest Bourdin, 1836 et 1841, in-18.

1998. Itinéraire en Bretagne, par E. D. V. (Emile Ducrest de Villeneuve, neveu de l'amiral de ce nom). *Rennes*, 1837, in-8.

1999. Itinéraire et souvenirs d'Angleterre et d'Ecosse, 1814-

1826 (par Ducos). *Paris*, Dondey-Dupré, 1834, in-8.

Ce livre n'a pas été mis dans le commerce.

2000. Itinéraire maritime d'Antonin, par M. T. (Toulouzan, de Marseille). Sans date (1827), in-8.

Cet opuscule est formé de la réunion de huit articles, extraits du Journal périodique intitulé : *l'Ami du bien*, qui parut à Marseille, de 1826 à 1828.

J

2001. Jacotins (Les) et leur antagoniste. Satire, par ***, initié (M. Jean-Sylvain Van de Weyer, ancien membre du gouvernement provisoire de Belgique, ministre plénipotentiaire à Londres, etc.). *Gand*, 1823, br. in-8.

2002. Jacques Galéron, par André Léo (Mme veuve Champseix). *Paris*, Achille Faure, 1865, in-12.

2003. Jacques Fignolet sortant de la représentation du Vampire, pot-pourri, par M. A. R. (Auguste Rousseau). *Paris*, Martinet, 1820, br. in-8 de 16 pages.

2004. J'aime les morts, par Arthur de Gravillon (Arthur-Antoine-Alphonse Péricaud de Gravillon). *Paris*, Librairie nouvelle, 1861, in-12.

2005. Jambe (La) de bois, ou le Rimailleur, poème burlesque en six chants, œuvre postume (*sic*) de M. A. D***, mise au jour par M. Alexandre P***. *Paris*, Baillet, Delaunay, 1813, in-12.

Ce poème, publié sous les initiales A. D. (Armand Domergue), est l'œuvre de Mme Aurore Bursay, sa sœur. La gaillardise qui y règne lui a fait juger convenable de ne pas s'en déclarer l'auteur.

Cette dame, fille de Domergue, peintre assez connu, naquit à Montpellier, en 1762. Tour-à-tour musicienne, actrice, directrice de spectacle et femme de lettres, elle a publié un grand nombre d'ouvrages, dont quelques-uns ne sont pas dénués de mérite. Sa vie est un mélange d'événements bizarres.

Elle est morte à Venise, en 1825, dans une profonde misère.

2006. Jane Eyre, ou Mémoires d'une gouvernante, de Curret-Bell, imités par Old Nick (Emile Dauran-Forgues). *Paris*, Hachette, 1846, in-16.

2007. Jane-la-Pâle, par Horace de Saint-Aubin (Honoré Balzac). *Paris*, Souverain, 1836, 2 vol. in-8.

2008. Jacquerie (La), scènes féodales, suivies de « La famille Carvajal, » par l'auteur du *Théâtre de Clara Gazul* (Prosper Mérimée). *Paris*, Brissot-Thivars, 1828, in-8.

2009. Jardin (Le) Anglais, formé de productions diverses et de sites variés (par le baron H.-

J. de Trappé). *Paris*, 1815, br. in-8 (Ul. C.)

2010. Jardin (Le) des plantes de Rouen (par le docteur Jules-Edouard Bouteiller fils). *Rouen*, E. Julien, 1856, in-18.

Notice réimprimée dans la même année.

2011. Je cherche un dîner, vaudeville en un acte et en prose, par MM. Merle et *** (Auguste-Marie Coster). *Paris*, Mme Masson, 1810, br. in-8.

2012. Jean de Nivelle, ou les Oreilles et les perdrix, folie-vaudeville, en un acte, par MM. Georges Duval et *** (Théophile Marion du Mersan). *Paris*, Cavanagh, 1807, in-8.

2013. Jean et Julien, ou les Petits colporteurs, histoire morale, instructive et amusante, à l'usage de la jeunesse, par A. Desaintes (Alexis Eymery, libraire). *Paris*, Eymery, 1830, in-12.

L'auteur avait déjà publié, en 1829, un livre d'éducation, sous ce même pseudonyme; mais avec la particule détachée.

2014. Jean le bon apôtre, roman de mœurs, par M. Arsène de C*** (Cey, pseudonyme littéraire de François-Arsène Chaize de Cahagne). *Paris*, Pigoreau, 1833, 4 vol. in-12.

2015. Jean-le-Rond à ses amis les ouvriers (par Chemin-Dupontès). *Paris*, 1839, br. in-8.

2016. Jean-sans-Peur, duc de Bourgogne, scènes historiques. Première partie: La Mort du duc d'Orléans, novembre 1407 (par M. Théophile-Sébastien Lavallée). *Paris*, Lecointe, 1829, in-8.

2017. Jeanne, par Mme Camille Bodin (Marie-Hélène Dufourquet). *Paris*, Dumont, 1841, 2 vol. in-8.

2018. Jeanne d'Arc, poëme (en douze chants), par Mme de *** (la comtesse de Choiseul-Gouffier, née princesse de Beauffrémont). *Paris*, de la Forest-Morinval, 1828, in-8.

2019. Jeanne d'Arc, par Anna-Marie (la comtesse d'Hautefeuille). *Paris*, Debécourt, 1841, 2 vol. in-8.

2020. Jeanne d'Arc, ou le Récit d'un preux chevalier. Chronique française du quinzième siècle. Par M. Max. de M*** (Clément-Melchior-Justin-Maxime Fourcheux de Mont-Rond). *Paris*, Société des bons livres, 1833, in-8.

2021. Jeanne-Marie, par Raoul de Navery (Mme Marie David). *Paris*, E. Dillet, 1865, in-18.

2022. Jérusalem (La) délivrée, poème héroïque du Tasse, traduit en français (par Jean-Baptiste de Mirabaud). Nouvelle édition revue et corrigée. *Amsterdam*, J. Rickhoff, 1755, 2 tomes en 1 vol. in-12.

Cette traduction qui parut, pour la première fois, en 1724, obtint un succès prodigieux et valut à son auteur les éloges les plus ampoulés, et, pour le dire, assez peu justifiés. Parmi plusieurs pièces de vers qui lui furent adressées à cette occasion, nous citerons des fragments de celle qui lui fut envoyée par Moncrif, et qui donnera un échantillon de l'engouement qu'excita la traduction de MIRABAUD.

« Quelle muse, dis-moi, t'a donné des leçons?
Est-ce le Tasse ou toi que nous applaudissons?
Marchant d'un pas égal, lorsqu'il te sert de guide,
Tu sais nous égarer dans le palais d'Armide.
Ton style heureux, plus fort que ses enchantements,
De tes lecteurs charmés lui fait de vrais amants.

. . . .

. . . Pour toi, dédaignant la science stérile,
Tu parcours Epictète et médites Virgile;
Vois, pour prix de la course où tu t'es engagé,
Entre le Tasse et toi, le laurier partagé. »

Et ainsi du reste. Mirabaud attribua ces vers à Coypel, qui lui fit connaître, par le quatrain suivant, qu'il n'en était pas l'auteur :

« Amy, de ces beaux vers je ne suis point l'auteur,
Ma plume est moins fidèle à seconder mon cœur;
Et pour te dire plus, loin de vouloir t'écrire,
Ayant ton livre en main, je n'ai songé qu'à lire. »

Cependant, du sein de ces éloges, il s'éleva quelques critiques, justes au fond, qui remirent les choses à leur place. Ainsi, la lettre de Mme Riccoboni sur cette nouvelle traduction, quoique trop sévère, peut-être, par la forme, vint un peu diminuer les fumées de l'enceus dont on environnait Mirabaud. Voici le dernier paragraphe de cette lettre : « Je vois avec peine les François si honteusement trompez, qu'ils prennent pour une bonne traduction un ouvrage qui peut être un bon livre françois, mais qui est la plus mauvaise traduction qui ait jamais paru au monde. »

On a publié, en 1836, une nouvelle édition de cette traduction.

2023. Jérusalem et la Terre-Sainte, par M. l'abbé G. (Georges Darboy, archevêque de Paris). Nouvelle édition. *Paris*, Morissot, 1864, gr. in-8.

2024. Jessy Allan, nouvelle anglaise. Par l'auteur de « Anna Ross, du Bon choix, des Deux amis » etc. (miss Grâce Kennedy). (Traduit de l'anglais, par Alfred-Jean Letellier). *Paris*, Henri Servier, 1829, in-8.

2025. Jésus-Christ, par un Conseiller (M. Thomassy, ancien conseiller à la Cour royale). *Paris*, Plon, 1863, in-8.

2026. Jésus enfant, poème épique du R. P. Thomas Ceva, traduit pour la première fois du latin en français, par le traducteur de Sannazar et Vida, et précédé d'une préface sur la vie et les ouvrages de l'auteur (par l'abbé Guillaume-Jean-François Soucquet de la Tour, curé de Saint-Thomas-d'Aquin). *Paris*, Merlin, 1843, in-8.

2027. Jésus parlant au cœur de ses disciples, et Marie parlant au cœur de ses enfants (par l'abbé Jean-Baptiste Lasausse). 2e édition. *Paris*, Adrien Leclère, 1818, in-18.

2028. Jeu (Le) des échecs, avec son invention, science pratique, etc. Traduit d'espagnol en français (par Delessand). *Paris*, Jean Nicard, 1609, in-4.

2029. Jeune (La) artiste et l'étranger, nouvelle extraite des mémoires inédits d'un voyageur français en Italie. Traduit de l'italien (de *Giannina e Ludomir*, roman) par J.-J. P. (Jean-Jacques Pacaud, bibliothécaire à la bibliothèque Sainte-Geneviève). *Paris*, Crapelet, 1824, 2 vol. in-12.

PACAUD est mort en 1845.

2030. Jeune (La) Marie, ou Conversion d'une famille protestante, par M. l'abbé B*** (Boullangier, chanoine de Saint-Dié). *Tours*, Mame, 1840, in-18.

2031. Jeune (La) Rachel et la vieille Comédie-Française (par le baron Etienne-Léon de Lamothe-Langon). *Paris*, Marchands de nouveautés, 1838, in-12.

2032. Jeune (La) régente, par Michel Masson (Auguste-Michel-Benoît Gaudichot et Frédéric Thomas). *Paris*, 1845, 3 vol. in-8.

2033. Jeune (Le) botaniste, ou Dialogues familiers sur les plantes (par Mme Julie Miéville). *Paris*, Risler 1835, 2 vol. in-12.

2034. Jeune (Le) homme, comédie en cinq actes et en vers (par Bastide). *Amsterdam*, Marc-Michel Rey, 1765, in-12.

Représentée le 17 mai 1764.

2035. Jeune (Le) Irlandais, par Mathurin. Traduit de l'anglais, par Mme la comtesse *** (Molé, née de la Briche). *Paris*, Mame et Delaunay-Vallée, 1828, 4 vol. in-12.

2036. Jeune (Le) Loys, prince des Francs, ou les Malheurs d'une auguste famille, par Mme Augustine de Gottis, auteur de : « François Ier et Mme de Châteaubriand. » *Paris*, Alexis Eymery, 1817, 4 vol. in-8.

Quérard a dit, dans la *France littéraire*, qu'une personne digne de foi lui a assuré que ce roman, qui fait allusion aux malheurs de Louis XVI et des siens, ainsi que *Marie de Clèves*, autre roman portant aussi le nom de Mme de Gottis, n'était pas d'elle ; mais bien de Jean-Pierre BRÈS, ancien avocat et homme de lettres, avec qui cette dame avait été très-liée, et qui mourut à Paris, au commencement de 1817, en la laissant héritière de tous ses manuscrits, au nombre desquels la personne de qui Quérard tenait ce fait, prétendait avoir vu les deux ouvrages dont il vient d'être parlé.

2037. Jeune (Le) prince, ou la Constitution de ***, comédie en trois actes et en prose, par M. Merville (Pierre-François Camus et Alexandre Martin). *Paris*, Barba; 1831, br. in-8.

2038. Jeune (Le) romantique (par Joseph-François Grille). *Paris*, 1844, br. in-8.

2039. Jeunes (Les) femmes, par le vicomte de Bourbon-Genestous (Alexandre de Saillet). *Paris*, 1857, in-12.

2040. Jeunesse et maturité, par Roch-Pèdre (Roch-Pierre Paillard, chef d'escadron d'artillerie et membre de la Société des gens de lettres). *Paris*, Dentu, 1851, in-18.

2041. Jeux (Les) de l'amour, contes en vers, par M. G. R. (Regnier, homme d'affaires, à

Alençon). *Paphos* (Alençon), 1785, in-12.

2042. Joies (Les) dédaignées, par Manuel (Emile Lépine, secrétaire du duc de Morny). *Paris*, E. Dentu, 1862, in-12.

Poésies.

2043. Joli (Le) temple de Flore, ou Choix de compliments et de chansons pour le jour de l'an et les fêtes, par Mr D. G. M. (Du Grand-Mesnil) *Paris*, veuve Bouquet-Quillau, 1807, in-32.

2044. Jolisine, ou la Fée du château de Brionne, conte moral, par Henri H*** (Hüe). *Rouen*, Nicolas Périaux, 1829, in-12.

2045. Joseph Boniface à P.-J. Proudhon. Deuxième réponse (par Louis de Fré). *Bruxelles*, 1862, in-12.

Opuscule où l'on remarque un tableau fort piquant des contradictions de l'écrivain socialiste.

2046. Jour (Le) de l'an, ou Chacun ses étrennes. Proverbe en manière de vaudeville. Par Alphonse de B*** (de Boissieux). *Lyon*, Barret, 1833, br. in-8.

Ce vaudeville fait partie de la 24e livraison des *Nouvelles archives statistiques, historiques et littéraires du département du Rhône.*

2047. Jour (Le) des prières publiques en Néerlande, vers de M. de Tollens, traduit par un Ami de la Hollande (Charles Durand). *Rotterdam*, Jacob, sans date (20 décembre 1832), in-8, pièce de 10 pages.

Tiré à 400 exemplaires, dont 50 sur papier vélin et 2 sur satin.

2048. Journal anecdotique de la ville de Castelnaudary (par Jacques-Pierre-Auguste de Labouisse-Rochefort), depuis le 5 août 1821 jusqu'au 24 mars 1824 inclusivement. *Castelnaudary*, Labadie, 1825, in-8.

2049. Journal de ce qui s'est fait à Metz au passage de la reine, (par Auburtin de Bionville, maître échevin de la ville de Metz, mort vers le mois de septembre 1738). Avec un recueil de plusieurs pièces sur le même sujet, par L. Gardien de la F., poète médiocre et peu accommodé des biens de la fortune. *Metz*, Jean Collignon, 1725, in-4.

2050. Journal de ce qui s'est passé à la Tour du Temple, pendant la captivité de Louis XVI, roi de France, par M. Cléry, valet de chambre du roi (rédigé par un nommé Mariala, avec *fac-simile* de deux billets, l'un, de la main de la reine et signé de M. le Dauphin, de Madame royale et de madame Elisabeth ; l'autre, également de la main de la reine et de madame Elisabeth). *Londres*, Baylys, 1798, gr. in-8.

Barbier a été induit en erreur, en attribuant à Mme de Schomberg la rédaction de ce journal, s'il faut en croire une note de M. Hüe, insérée dans un exemplaire de son ouvrage *(Dernières années du règne et de la vie de Louis XVI)*, imprimé à Londres, en 1806, et auquel étaient ajoutées deux lettres autographes de Louis XVIII et de Madame, duchesse d'Angoulême. On y lit: « Il me coûte de dire qu'un sieur MARIALA, homme d'affaires de M. le duc d'Aremberg, qui rédigea le journal de Cléry, abusa, lors de ce travail, de la confiance avec laquelle je lui avais prêté, à Vienne en Autriche, le manuscrit de mon ouvrage. »

D'après une autre révélation, Sauveur LEGROS, français retiré en Belgique, où il fut secrétaire du prince de Ligne, aurait été le rédacteur de ce journal attribué à Cléry. Voici ce qu'il écrivait, le 9 avril 1821, dans une lettre qui nous a été communiquée par la personne à qui elle avait été adressée: M. Hillemacher père, directeur de la compagnie des Quatre-Canaux; lettre dans laquelle il énumérait tous ses titres à la croix d'honneur, qu'il sollicitait alors: « ..... Enfin, j'ai rédigé le « *Journal de Cléry*, où j'ai été assez heureux « pour ne rien gâter par l'enflure du style, que la « douleur ne peut pas toujours éviter. J'en ai fait « des lectures dans les plus grandes sociétés de « Vienne, et j'ose dire que le lecteur eut aussi « son mérite. »

Sauveur LEGROS, né à Versailles, en 1754, est mort à Enghien (Belgique), en 1834.

On trouve des détails circonstanciés sur Cléry et son journal, dans une notice publiée par Eckard, et insérée dans la deuxième édition de « l'Histoire de la captivité de Louis XVI et de la Famille royale, tant à la tour du Temple qu'à la Conciergerie. » Paris, Michaud, 1825, in-8.

On réfute dans cette notice ceux qui ont voulu contester à Cléry le mérite d'avoir rédigé lui-même le journal qui porte son nom.

2051. Journal (Le) de l'anarchie (par N. de l'Espinasse, chevalier de Langeac). *Paris*, Delaunay, 1821, 3 vol. in-8.

La pagination n'est pas interrompue.

2052. Journal de Dijon et de la préfecture de la Côte-d'Or, du 30 vendémiaire an IX au 10 frimaire an X (rédigé par Guiraudet, préfet). Sans date, in-4.

2053. Journal de l'expédition anglaise en Egypte, dans l'année 1800; traduit de l'anglais du capitaine Th. Walls, par M. A. T*** (Alfred Thiéry, capitaine d'artillerie), avec quatre plans de bataille et quatre figures coloriées. *Paris*, Collin de Plancy, 1823, in-8.

A. THIÉRY devint par la suite aide-de-camp du duc de Montpensier. Il est mort général de division, après la révolution de Février 1848.

2054. Journal (Le) de Jean Migault, ou Malheurs d'une famille protestante du Poitou, à l'époque de la révocation de l'édit de Nantes, d'après un manuscrit récemment trouvé entre les mains d'un des descendants de l'auteur (par Jean-Jacques Pacaud, de la Bibliothèque Sainte-Geneviève). *Paris*, Servier, 1825, in-12.

2055. Journal de médecine pratique, ou De tout ce qui peut servir à la conservation de la santé et à la guérison des maladies, par une Société de médecins (rédigé par le docteur Simon-Charles-François Giraudy), d'août 1806 à juillet 1808, in-8.

2056. Journal de voyage d'un ambassadeur anglais, traduit et accompagné de quelques éclaircissements, par M. G. B. (Pierre-Gustave Brunet). *Paris*, 1842, in-8.

Tiré à petit nombre.

2057. Journal du règne d'Henri III, composé par M. S. A. G. A. P. D. P. (Louis Servin, avocat-général au Parlement de

Paris). Inséré dans le *Recueil de diverses pièces servant à l'histoire de Henri III, roi de France et de Pologne*. *Cologne*, Pierre Marteau, 1660, petit in-12.

2058. Journal d'un Boulonnais à Paris, pendant les mois de mars et d'avril, par F. M. (M. François Morand, juge au tribunal civil). *Boulogne-sur-Mer*, 1835, br. in-8.

M. François MORAND est un homme de savoir, auteur de l'*Année historique de Boulogne-sur-Mer, Recueil de faits et d'événements intéressant l'histoire de cette ville*, etc. Boulogne-sur-Mer, 1859, in-12, qui contient énormément de choses utiles, écrites finement, et surtout exactement, par un homme d'esprit et de science.

2059. Journal d'un déporté non jugé, etc. (par le comte François Barbé-Marbois). *Paris*, Châtel, 1835, 2 vol. in-8.

Une première édition, parue l'année précédente, n'a pas été mise dans le commerce.

2060. Journal d'un officier de l'armée d'Afrique (par le lieutenant-général Desprez, chef d'état-major). *Paris*, Anselin, 1831, in-8.

2061. Journal d'un voyage dans le Levant (par la comtesse Agénor de Gasparin, née Valérie Boissier). *Paris*, Marc Ducloux et Cie, 1848, 3 vol. in-8.

2062. Journal d'un voyage en Italie et en Suisse, pendant l'année 1828, par M. R. C. (Colon). *Paris*, Verdière, 1833, in-8.

2063. Journal général de l'Europe. Politique, commerce, agriculture. 1788-1790, 18 vol. in-8.

Ce journal, plus connu sous le nom de *Journal d'Herve*, parce qu'il y fut imprimé d'abord, renferme l'histoire de la révolution belge, liégeoise et française, depuis le 1er janvier 1788 jusqu'au 17 avril 1790.

Ce journal, fait avec beaucoup de talent et dans les principes d'une sage liberté, était rédigé par Pierre-Henri-Hélène-Marie LEBRUN-TONDU, ministre des affaires étrangères, en 1792 ; guillotiné à Paris, le 27 décembre 1793.

2064. Journal historique du blocus de Thionville, en 1814, et de Thionville, Sierck et Rodemack, en 1815, contenant quelques détails sur le siége de Longwy, rédigés sur des rapports et mémoires communiqués par M. A. An. Alm..., ancien officier d'état-major au gouvernement de Madrid (par le comte Joseph-Léopold-Sigisbert Hugo, lieutenant-général). *Blois*, Verdier, 1819, in-8.

Ce *Journal* a été reproduit à la suite des *Mémoires* de l'auteur, 3 vol. in-8, publiés chez Ladvocat, en 1823.

2065. Journaux des siéges entrepris par les alliés en Espagne, pendant les années 1811 et 1812 ; suivis de deux discours sur l'organisation des armées anglaises et sur les moyens de la perfectionner, avec notes ; par John T. Jones, lieutenant-colonel. Traduit de l'anglais, par M. G*** (Gosselin). *Paris*, Anselin et Pochard, 1821, in-8.

2066. Journée (La) des madrigaux, suivie de la *Gazette de Tendre*, avec la carte et le carnaval des Précieuses. Par Emile Colombey (E. Laurent). *Paris*, Aubry, 1853, in-12.

2067. Journée (La) d'un rentier, ou la Restitution, comédie en prose (par Jean-Louis Gabiot, de Salins). *Paris*, 1796, in-8.

2068. Journée (La) galante, ballet-héroïque en trois actes (par Pierre Laujon). 1750, in-8.

2069. Journées mémorables de la Révolution française (par Charles-François Marchand-Dubreuil). *Paris*, Audin, 1826-1827, in-32.

Une seconde édition, Paris, Vergne, 1828, 2 vol. in-8, est augmentée d'une table inédite des noms des membres de la Convention.

2070. Jours (Les) heureux, ou Tablettes d'une grisette et d'un étourdi, par A. Delcour et Gustave de B*** (Bonnet). *Paris*, Malot, 1830, 3 vol. in-12.

2071. Jovial en prison, comédie-vaudeville en deux actes, par MM. Théaulon et Gabriel (et Louis-François-Théodore Anne). *Paris*, Barba, 1829, br. in-8.

2072. Joyeuses (Les) recherches de la langue Tolosaine, par Claude Odde de Triors (nouvelle édition due aux soins de M. Pierre-Gustave Brunet). *Paris*, 1847, gr. in-8.

Claude Odde de Triors était un gentilhomme dauphinois, s'occupant de littérature. Il est auteur de quatrains moraux. Colletet, parlant de ceux-ci dans son *Discours de la poésie morale*, critique la qualification de *beaux* qu'Odde leur attribue naïvement : « Que ce soient des quatrains, dit-il, « j'en demeure d'accord ; mais qu'ils soient aussi « beaux que le promet leur titre, c'est de quoi je « doute fort et avec raison. »

2073. Joyeux (Le) moribond, comédie, par E. B. (Etienne Billard). 1779, in-8.

Billard, auteur dramatique fort médiocre, avait reçu de la nature une imagination qui ne put s'assujétir à aucun frein et qui l'entraîna dans des écarts de conduite auxquels il dut le malheur de sa vie. Les mémoires du temps rapportent une anecdote assez plaisante au sujet de sa comédie du *Suborneur*, anecdote dont M. Paul Lacroix a fait une nouvelle.

2074. Jugement (Le) d'une demoiselle de quatorze ans sur le Sallon (*sic*) de 1777 (par Lesuire). *Paris*, Guillau, 1777, avec autorisation et permission, in-12 de 26 pages.

2075. Juifs (Les) d'Europe et de Palestine, etc. Traduit de l'anglais, par le Traducteur de « La vie et les ouvrages de J. Newton, etc. » (Mlle de Chabaud-Latour). *Paris*, Debay, 1844, in-8.

2076. Juifs (Les) de la Bohême, par Léopold Kompert. Traduit de l'allemand, par Daniel Stauben (Auguste Vidal). *Paris*, Michel Lévy, 1860, in-12.

2077. Jules, par M*** (Edouard Bergounioux). *Paris*, Magen, 1835, 2 vol. in-12.

2078. Jules de Blosseville (par le m^is^ Bénigue-Ernest Porret de Blosseville). *Evreux*, A. Héricey., 1854, br. in-8 de 194 pages.

2079. Jules et Marie, ou le Joli vase de fleurs, par Albert-Louis Grimm, traduit de l'allemand, par M. B*** (Beuvain) d'Altenheym (inspecteur de l'instruction primaire). *Limoges*, Barbou, 1850, in-18.

2080. Jules Vanard (par Evrard). *Liége*, Ledoux, 1839, 2 vol. in-12 (Ul. C.).

2081. Julie, par Mme de Stolz (Mlle Fanny de Begon). *Paris*, Laort, 1863, in-8.

2082. Julie, ou J'ai sauvé ma rose, avec cette épigraphe : *La mère en défendra la lecture à sa fille. Hambourg* et *Paris*, Léopold Collin, 1807, 2 vol. in-12.

Pendant longtemps ce roman fut attribué, dans le public, à la comtesse Félicité DE CHOISEUL-MEUSE, et ce bruit prit d'autant plus de consistance, que cette dame ne réclama point contre une supposition qui aurait dû blesser sa délicatesse. Mais depuis, on a su positivement que Mme GUYOT était l'auteur de ce livre qui a été revu par B. de Rougemont, auteur dramatique, connu par de nombreuses productions.

2083. Julie, ou le Bon père, comédie en trois actes et en prose (par Dominique-Vivant Denon). *Paris*, Delalain, 1769, in-12.

2084. Julie, ou le Pot de fleurs, comédie en un acte et en prose, mêlée de chants, de M. A. J. (Jars, ancien capitaine du génie), auteur des « Confidences. » *Paris*, Marjon, 1805, br. in-8.

A. JARS avait également composé la musique des morceaux de chant intercalés dans sa pièce.

2085. Juliette Grenville, ou Histoire du cœur humain, traduit de l'anglais de Brooke (par Gilbert Garnier). *Paris*, Lavilette, 1801, 2 vol. in-12.

2086. Jury (Le) d'examen, par un Professeur (Alphonse Leroy, professeur à l'Université de Liége). *Tournay*, 1845, in-8.

2087. Jury (Le) d'examen organisé au point de vue des intérêts sociaux et scientifiques, et simplifié dans son exécution (par J.-H. Bormans). *Gand*, Annoot, 1849, in-8 (Ul. C.).

2088. Justification de l'état de siége (par Auguste-Marseille Barthélemy). *Paris*, Marchands de nouveautés, 1832, br. in-8 de 32 pages.

2089. Juste (La) et saincte défense de la ville de Lyon, etc. *Lyon*, Nigon, 1848, in-8.

Réimpression faite par les soins de Pierre-Marie GONON.

2090. Justification de la doctrine de M. H. Denis, ancien professeur au séminaire de Liége, divisée en quatre parties (par P. Quesnel). Sans nom de ville, 1700, in-4 (Ul. C.).

L

2091. La Bruyère et La Rochefoucauld. — Mme de La Fayette et Mme de Longueville (par M. Charles-Augustin Sainte-Beuve, de l'Académie française). *Paris*, H. Fournier, 1842, in-12.

2092. Lacenaire après sa condamnation (par Jacques-Etienne-Victor Arago). *Paris*, Martinet, 1836, in-8.

Voyez ci-après : les *Mémoires de Lacenaire.*

2093. Ladouski et Floreska, par L*** (Jean-Louis-Lacroix de Niré). *Paris*, Dentu, an IX, 4 vol. in-12.

2094. Lady Clare, légende, par J. de Saint-Germain (Jules-Romain Tardieu). *Paris*, Tardieu, 1858, in-12.

2095. La Fontaine (Le) des enfants, ou Choix de fables de La Fontaine, les plus simples et les plus morales, avec des expressions à la portée de l'enfance (publié par Pierre Blanchard). Cinquième édition. *Paris*, Pierre Blanchard, 1823, in-18.

La première édition est de 1810.

2096. Lai d'Havelok le Danois. Treizième siècle (publié par Francisque-Xavier Michel). *Paris*, Silvestre, 1833, gr. in-8.

Tiré à 100 exemplaires, savoir : 4 sur papier de Chine ; 24 sur papier de Hollande ; 72 sur papier vélin.

2097. Lanterne (La) magique. Recueil de contes et de nouvelles (par Philibert-Auguste Châlons-d'Argé). *Paris*, Castel de Courval, 1826, 1 vol. oblong, avec figures.

2098. Lassone, ou la Séance de la Société royale de médecine, comédie en trois actes et en vers (par A.-F. Thomas Le Vacher De La Feutrie). *Paris*, 1779, in-8.

Et non par Le Preux.

2099. Laure de Montreville, ou l'Empire sur soi-même, traduit de l'anglais, de Mme Brunton, par Mme M*** (la comtesse Molé de Champlâtreux, née de La Briche), traducteur des « Epreuves de Marguerite Lindsay, etc. », précédé d'une préface, par M. V...n, de l'Académie française. *Paris*, Mame et Delaunay-Vallée, 1829, 5 vol. in-12.

M. Villemain, auquel on attribua, avec une apparence de raison, cette préface, réclama contre cette interprétation toute naturelle. Elle est, en effet, de Charles Brifaut, membre de l'Académie française.

2100. Laurence, par Mme Camille Bodin (Marie-Hélène Dufourquet), *Paris*, Dumont, 1842, 2 vol. in-12.

2101. Lay (Le) de paix (publié par Durand de Lançon, membre de la Société des bibliophiles français). *Paris*, Jules Didot, sans date, in-4 de 16 pages.

2102. Léa Cornelia, par Anna Marie (la comtesse d'Hautefeuille). *Paris*, F. Didot, 1837, 3 vol. in-8.

2103 Leçons choisies de littérature française et de morale, par Charles-André. *Bruxelles*, Bruyset, Christophe et Cie, 1861, gr. in-8, à deux colonnes.

Cet ouvrage, le meilleur de tous ceux du même genre, est de M. André VAN HASSELT, membre de l'Académie royale de Belgique.

2104. Leçons élémentaires sur la mythologie, suivies d'un Traité sommaire sur l'apologue (par Henri Engrand). *Reims*, Lebâtard, 1798, in-12.

2105. Leçons quotidiennes, données par J. C. et par le Saint du jour. Par l'auteur de « l'Ecole du Sauveur et de la Vie de M. de Cormeaux » (l'abbé Jean-Baptiste Lasausse). *Paris*, Adr. Leclère, 1798, 2 v. in-12.

2106. Lecture littérale des hiéroglyphes et des cunéïformes, par l'auteur de la « Dactylologie » (Joseph Barrois). *Paris*, Didot et veuve Tilliard, 1853, in-4 de 61 pages.

2107. Lectures chrétiennes, en forme d'instructions familières sur les épîtres et les évangiles du dimanche (par L.-J.-J. Gardon). Deuxième édition augmentée. *Paris*, Adrien Leclère, 1807, 3 vol. in-12.

Il y a eu une troisième édition en 1819.

2108. Légende dorée, de Jacques de Voragine (par Pierre-Gustave Brunet). *Paris*, 1843, 2 vol. in-12.

2109. Légende (La) surdorée, ou Supplément au Martyrologe de Lyon, à l'usage de ceux qui ne récitent pas le bréviaire (par François Billiemaz, greffier de la sénéchaussée de Lyon). *Lyon*, 1790, in-8.

2110. Légendes d'autrefois et légendes d'aujourd'hui. Gare l'avalanche (par Louis de Tricaud, d'Ambérieux). *Lyon*, Aimé Vingtrinier, 1863, in-8.

2111. Légendes, fables et fabliaux, par M. Baour-Lormian. *Paris*, Delangle, 1829, 2 vol. in-12.

Bien que le frontispice de cet ouvrage ne porte que le nom de BAOUR-LORMIAN, celui-ci a eu pour collaborateur LAMOTHE-LANGON. Ainsi, les pièces suivantes : la *Sylphide*, le *Follet*, la *Jeune fée*, l'*Oiseau vert*, le *Templier* et le *Sorcier*, composent la part de ce dernier dans ce recueil. Il en est deux autres, la *Nuit des Morts* et la *Fiancée de la tombe*, auxquelles il n'a coopéré que pour moitié.

(*France littéraire* de Quérard).

2112. Légendes Namuroises, par Jérôme Pimpurniaux (par Charles-Joseph-Adolphe Borgnet, professeur à l'Université de Liége). *Namur*, 1837, in-18.

2113. Légitimité portugaise (par le comte de Bordigné). *Paris*, De la Forest-Morinval, 1829, in-8.

Il existe une autre édition in-4.

2114. Legs à la Société et spécialement à la Belgique, par un Cosmopolite (Louis Dejaer). (*Liége*, 1851), br. in-8 de 73 pages (Ul. C.).

2115. Léonce et Clémence, ou la Confession du crime, par l'auteur des « Lettres sur le Bosphore » (la comtesse de la Ferté-Meun). *Paris*, Firmin Didot, 1824, 2 vol. in-12.

2116. Léontine et la Grotte allemande, faits historiques qui se sont passés en Allemagne, par Mme de F*** (Frasure). *Paris*, 1803, 2 vol. in-12.

2117. Léontine et la religieuse, ou les Passions du duc de Malter, par Mlle Fleury (Catherine-Sophie Aubert). *Paris*, Hubert, 1822, 4 vol. in-12.

2118. Lettre à l'Académie de Lisbonne, sur le tèxte des Lusiades (par M. Mablin, bibliothécaire à la Sorbonne). *Paris*, Treuttel et Würtz, 1826, in-8.

Le but de M. MABLIN, dans son excellente brochure, est de prouver la supériorité de l'édition de 1572 sur toutes les autres du Camoëns.

2119. Lettre à l'auteur des « Observations sur le commerce des grains » (par Simon-Nicolas-Henri Linguet, avocat). *Amsterdam* (*Paris*), 1775, in-8.

2120. Lettre à M. de *** sur le duc de Reichstadt, par un Ami de ce prince (le chevalier de Prakesh). *Fribourg*, Herder, 1832, br. in-8, de 32 pages.

Cette lettre, écrite par un homme que sa position avait mis, mieux que personne, à même de tracer un tableau fidèle de la vie du duc de Reichstadt, dont il fut l'ami le plus dévoué, renferme, quoique peu étendue, une quantité de faits intéressants et curieux.

2121. Lettre à M. A***, au sujet de la tragédie de Mahomet II (par l'abbé Pierre-François Guyot-Desfontaines). Sans date (vers 1742), in-8.

2122. Lettre à M. C. N. A*** (Claude-Nicolas Amanton), sur un ouvrage français, intitulé : « Les poètes français depuis le onzième siècle jusqu'à Malherbe », avec une notice historique et littéraire sur chaque poète et une notice sur la nouvelle édition des *Evvres de Lovise Labé Lionnaize*. Par M. C. N. A***. *Paris*, A. A. Renouard, 1824, br. in-8 de 20 pages.

Signée : G. P*** (Etienne-Gabriel Peignot), cette lettre, qui n'a été tirée qu'à 50 exemplaires, est extraite du *Journal de la Côte-d'Or et de Dijon*, 13, 16 et 23 octobre 1824.

2123. Lettre à M. d'Alembert,

sur la deuxième édition de ses « Eléments de musique » (par De Chargey). 1762, in-12.

2124. Lettre à M. de Decker, par Jean Van Damme. *Bruxelles*, Labroue, 1852, in-8.

Ce pamphlet virulent est l'œuvre de M. Hubert-Joseph-Walthère FRÈRE-ORBAN, d'abord ministre des travaux publics, et ensuite, ministre des finances de la Belgique (Ul. C.).

2125. Lettre (du Père Germon, jésuite, à M. l'abbé Leblanc, qui est le Père Serry, jacobin), sur la nouvelle histoire des disputes « *De auxiliis* » qu'il prépare. *Liége*, sans date (1698), in-12 de 60 pages.

2126. Lettre à M. de Lassone, fondateur et président de la Société de médecine (par Georges-Frédéric Bacher), suivie d'un canevas du discours à faire, pour être prononcé par M. de Lassone, dans la dernière séance de cette Société (par le docteur Le Preux). Sans date, in-8, pièce de 8 pages.

2127. Lettre à M. le baron de Reiffenberg, sur les bibliothèques et sur un article de M. Louandre (par Joseph-François Grille). *Angers*, Cosnier et Lachèze ; *Paris*, Techener, 1846, in-8, pièce de 8 pages.

2128. Lettre à M. le baron d'Eckstein, sur l'existence d'une langue, d'une science et d'une religion primitives, avec quelques observations sur quelques passages du premier numéro du *Catholique*, par N. M*** (le baron Nicolas Massias). *Paris*, Johanneau, 1826, br. in-8 de 40 pages.

2129. Lettre à M. le chevalier de Born, sur la tounaline du Tyrol, par M. Müller, conseiller au département des mines et des monnaies en Transylvanie. Traduction de l'allemand, augmentée de plusieurs notes de l'éditeur. Avec figures. *Bruxelles*, 1779, 1 vol. in-4.

Le traducteur DE LAUNAY n'a pas mis son nom à *cette traduction ; mais il a signé* la lettre de l'éditeur à M. de Born, qui se trouve en tête de cet opuscule.

Jean-Louis-Wenceslas DE LAUNAY, né à Vienne en Autriche, mort dans cette ville, le 14 avril 1817, était un savant distingué. D'abord avocat au Conseil Souverain de Brabant, greffier au conseil des domaines et finances des Pays-Bas, *il devint plus tard membre* de l'Académie des Sciences et Belles-Lettres de Bruxelles, et membre de la Société zélandaise de Flessingue.

Quérard (Tome II, page 443, et Tome VI, page 616, de *la France littéraire),* cite quelques-uns des ouvrages de ce savant ; mais *il* fait du même individu deux personnages distincts : l'un, suivant lui, DELAUNAY, médecin et minéralogiste ; l'autre, DE LAUNAY, *avocat* au Conseil de Brabant et membre de l'Académie des Sciences de Bruxelles.

2130. Lettre à M. le comte de ***, sur les épitaphes de leurs éminences les cardinaux de Bausset et de La Luzerne ; suivie d'une Notice sur la Sorbonne et sur le cardinal de Richelieu (par l'abbé Pierre Hesmivy-d'Auribeau). *Paris*, A. Pihan de la Forest, 1826, in-4 de 50 pages.

2131. Lettre à M. le comte de Lanjuinais, pair de France, sur son ouvrage intitulé : « Appréciation du projet de loi relatif aux trois concordats », par un Ami de la concorde (Joseph-Eléazar-Dominique Bernardi). *Paris*, Adrien Leclère, 1818, br. in-8 de 48 pages.

2132. Lettre à M. de ***, sur les ouvrages écrits en patois (par Pierre-Gustave Brunet). *Bordeaux*, 1839, in-8 de 48 pages.

2133. Lettre à M. de Lamennais, par un Homme-potence (par Claude-Théophile Duchapt, magistrat). *Bourges*, 1850, br. in-8.

2134. Lettre à M. de Marmontel, sur les spectacles (par De Chargey). *Rouen*, 1762, in-8.

2135. Lettre à M. Pagès, ou Observations modestes à l'auteur d'une « Nouvelle dissertation sur le prêt à intérêts ». Par le traducteur de « l'Exposition de la morale chrétienne » (A. M. Faivre). *Lyon*, Rusand, 1821, br. in-8 de 20 pages.

2136. Lettre à M. L. M. de V. (Louis Morel de Voleine), sur l'étymologie de la Guillotière. *Lyon*, veuve Mougin-Rusand, in-8.

Cette lettre, signée V. de V., est de M. VITAL DE VALOUS, conservateur-adjoint de la bibliothèque du palais Saint-Pierre, et membre de la Société littéraire de Lyon.

2137. Lettre à M. le docteur Bard, sur Vienne en Dauphiné, par Joseph B... (Bard, membre de plusieurs académies). *Lyon*, Perrin, 1832, br. in-8 de 28 pages.

2138 Lettre à M. le rédacteur du *Globe*, au sujet de la prétendue ambassade en Russie de Charles de Talleyrand (par le prince Alexandre de Labanoff de Rostoff). *Paris*, Didot, 1828, gr in-8.

Trente exemplaires ont été tirés sur papier vélin.

2139. Lettre à M. Rousseau (par De Chargey). *Rennes*, 1765, in-8.

2140. Lettre à M. de V*** (Voltaire), sur la tragédie de *Mahomet* (par Claude Villaret). 1742, in-12.

2141. Lettre à M. de Voltaire, sur son histoire de la guerre de 1741 (par De Chargey). Août 1756, in-8.

2142. Lettre à Mgr l'évêque de Troyes (M. de Boulogne), au sujet de l'oraison funèbre de Louis XVI (signée N. N.) (par l'abbé Théophile Jarry, docteur en théologie, ancien chanoine tréfoncier de Liége, pendant l'émigration). *Paris*, P. Gueffier, 1817, br. in-8 de 16 pages.

L'abbé T. JARRY naquit à Saint-Pierre-sur-Dives, en 1764.

2143. Lettre à Sa Seigneurie le lord comte de Moira, extraite d'un ouvrage, en ce moment sous presse, et dont Sa Seigneurie a accepté l'hommage, contenant la démonstration d'une opération également utile aux pauvres et aux riches, par un Homme depuis vingt ans cosmopolite (La Rocque). *Londres*, Schulz et Dean, 1813, in-8.

2144. Lettre au citoyen Creuzé-Latouche, sur l'administration civile et financière de la République française (par James-Edouard Hamilton). *Paris*, Armand Kœnig, le 1er prairial an VIII, br. in-8 de 54 pages

2145. Lettre au prince Léopold de Saxe-Cobourg, par l'auteur de « la *Revue de l'Europe en* 1825 » (Pierre-François-Xavier Bourguignon d'Herbigny). *Lille*, Bonner-Bauwens, 1831, br. in-8 de 36 pages.

2146. Lettre au rédacteur du Journal périodique de la Société de médecine, séante au Louvre (par J.-Ch.-F. Caron, docteur en chirurgie). *Paris*, an X, in-8.

Le but de cette lettre est de réfuter la critique faite par ce journal, d'une brochure, publiée quelque temps auparavant, par le docteur CARON sur cette question : *La chirurgie peut-elle retirer quelque avantage de sa réunion à la médecine ?*

2147. Lettre au roi sur la situation présente (par Chauvin-Belliard, avocat). *Paris*, Coniam, 1829, in-4 de 16 pages.

2148. Lettre au sujet de l'arrest du Conseil d'Etat du 22 mai 1720 (par l'abbé Pierre Guérin de Tencin). 1720, in-4.

2149. Lettre aux critiques de mon ouvrage intitulé : « Des Femmes et de leurs différents caractères », par A.-Alexandre F*** (Antoine-Alexandre Fauqueux), simple particulier. *Paris*, Delaunay, 1818, br. in-8.

Cette lettre ne se vend pas séparément ; elle se joint à l'ouvrage dont elle est une défense. Voir l'article 940.

2150. Lettre aux prédicateurs de la doctrine dite Saint-Simonienne (mission de l'Est) (par Ponsot). *Paris*, Bricon ; *Dijon*, Popelain, 1831, br. in-8 de 68 pages.

2151. Lettre circulaire à MM. les évêques de France, sur la solution de la Question romaine (par Armand Lévy). *Paris*, E. Dentu, 1861, br. gr. in-8 de 31 pages.

2152. Lettre confidentielle, écrite par un Chasseur involontaire de la garde nationale parisienne, à Louis-Philippe, roi des barricades (par Louis de la Chassagne). *Paris*, 1833, br. in-8.

2153. Lettre critique à M. S***, sur la tragédie de *Tancrède* (attribuée à Jean Sauvé, dit De La Noue, comédien du roi). 25 septembre 1760, in-12.

2154. Lettre critique de M. C.-G. S*** (Schwartz), à un ami, en Angleterre, sur la Zodiacomanie d'un journaliste anglais, avec la traduction de l'article de ce même journaliste, insérée dans le *British review*, de février 1817, sur la *Sphère caucasienne* de C.-G. S***, (Schwartz). *Paris*, impr. de Migneret, 1817, br. in-8 de 42 pages.

2155. Lettre critique sur Rossini (par Auguste-Henri Papillon). *Paris*, Trouvé, 1823, in-8, pièce de 8 pages.

2156. Lettre d'Eustache Lefranc (Laurent-Emile Renard), à Mgr Corneille-Richard-Antoine Van Bommel, évêque de Liége, pour la plus grande utilité du Saint-Siége, pour la mortification et le châtiment du clergé wallon, etc. *Liége*, 1838, br. in-8 de 107 pages (Ul. C.).

Réimprimée plusieurs fois.

2157. Lettre de la logique à la puissance, etc. Par les membres d'une opposition qui trouva criminelles les ordonnances de Juillet (par Antoine Madrolle). *Paris*, 14 décembre 1830, br. in-8 de 40 pages.

2158. Lettre de l'abbé Lebeuf (par Léon de Bastard d'Estang). *Auxerre*, 1859, br. in-8 de 46 pages.

Extrait du *Bulletin de l'Yonne*.

2159. Lettre de Louis XIV à Louis XV (1733). In-4 de 18 pages.

L'auteur de ce pamphlet, répandu clandestinement dans le public et condamné au feu le 26 mars de la même année, par arrêt du parlement, est Claude-Guillaume-Robert d'ESPEVILLE, qui fut détenu à la Bastille pour ce fait.

(*Journal de* Barbier.)

2160. Lettre de M*** (Le Picquier) à M. Brissot de Warville. *Le Hâvre*, 25 février 1790, br. in-4 de 15 pages.

2161. Lettre de M. d'A*** (d'Alembert) à M. le m^is de C***, sur Mme Geoffrin. Sans date, in-8 de 16 pages.

2162. Lettre de M*** à M. De ***, membre de la Chambre des députés, du département de ***, sur le système électif le plus convenable à la monarchie française (par le baron Nicolas Damas-Marchant). *Metz*, 26 décembre 1815, br. in-8 de 22 pages.

2163. Lettre de M*** à M*** (sur le Sacre de Louis XVI), (par Honoré-Gabriel de Riquetti, comte de Mirabeau). 1776, br in-8 de 14 pages.

Une faute d'impression, qui s'était glissée dans les *Lettres écrites du donjon de Vincennes*, produisit une singulière erreur de la part d'un journaliste du temps, qui crut que Mirabeau avait écrit une lettre sur le *sucre*.

2164. Lettre de M. André à M. Le Vacher de La Feutrie, doyen de la Faculté de médecine de Paris (par Leroux des Tillets). Sans date (vers 1780), br. in-8 de 39 pages.

2165. Lettre de M. B*** de L*** (le comte Louis-Léon-Félicité

Brancas de Lauragnois), à M. Dupont, auteur éphémériste. Sans date (1770), in-12 de 72 pages.

2166. Lettre de messieurs les curés du diocèse d'Anjou à Monseigneur l'évêque d'Angers (par l'abbé Chatisel, curé de Soulaines, près Angers). Sans nom de lieu (La Flèche), 1785, in-12.

2167. Lettre de Nicolas Boileau, à M. Etienne, auteur des *Deux Gendres*, en lui envoyant sa septième épître à Racine, sur le profit à tirer des critiques (par Noël-Jacques Lefebvre Durullé, alors étudiant, depuis ministre et sénateur, sous Napoléon III). *Paris*, Lenormant, 1812, br. in-8 de 48 pages.

2168. Lettre de Tutundju-Oglou-Moustafa Aga (M. Senkousky), traduit du russe et publié avec un savant commentaire, par Koutlouc-Fouladi. *Saint-Pétersbourg*, N. Gretsch, 1828, in-8.

L'objet de cette lettre est de critiquer l'ouvrage de M. J. de Hammer, intitulé : *Sur les origines russes*. Extraits de manuscrits orientaux. Saint-Pétersbourg, 1825, in-4.

M. Charmoy, professeur, a pris, dans une lettre publiée en 1830, la défense du livre de M. de Hammer.

2169. Lettre du docteur Miracoloso Fiorentini, à M. Paulet, docteur vindébonien, membre de la Société de médecine, auteur de l'admirable et inimitable gazette de Santé (par le docteur Le Preux). *Paris*, sans date, in-8, pièce.

2170. Lettre du général Condorcet O'Connor au général La Fayette, sur les causes qui ont privé la France des avantages de la Révolution de Juillet 1830. *Paris*, Alexandre Mesnier, 1831, br. in-8 de 136 pages.

Cette lettre, composée d'abord en anglais, par le général O'Connor, gendre de Condorcet, a été traduite en français, par M. Ossian LA RÉVELLIÈRE DE LÉPEAUX, fils unique du membre du Directoire exécutif.

D'après son acte de naissance, ce dernier se nommait de La Révellière. Ses parents, pour le distinguer de son frère aîné, lui donnèrent, selon l'usage du temps, le nom de *Lépeaux*, qui était celui d'un petit domaine de sa famille. A partir de la Révolution, il signa LAREVELLIÈRE-LÉPEAUX.

(Note de M. Em. Regnard, dans la *Biogr. générale*).

2171. Lettre d'un amateur à un médecin de province, aspirant à l'honneur d'être correspondant de la Société royale de médecine (par le docteur Le Preux). Sans date, in-8, pièce.

2172. Lettre d'un Allemand à un Français, ou Considérations sur la noblesse, par M. M*** (Martineau). *Paris*, Testu, 1808, in-8.

2173. Lettre d'un Anglais, à son retour en Angleterre d'un voyage en Italie, etc. Traduction de l'anglais, augmentée de notes pour servir à l'histoire du général Murat (par le comte Frédéric Dubourg-Butler). *Londres* (*Paris*), 1814, in-8.

2174. Lettre d'un bibliothécaire de province à son ami G***, sur les Suppressions à faire dans les établissements de Paris (par Joly, avocat). Première et dernière lettre. *Paris*, Tilliard, 1833, br. in-8 de 64 pages.

2175. Lettre d'un Chinois à un Belge. Réponse à M. Frère-Orban (par Eugène Hubert, ancien notaire à Alençon). *Bruxelles*, Delavigne, 1857, in-8.

2176. Lettre d'un curé de Paris à un de ses amis, sur les vertus de Jean Bessard, paysan de Stains, près St-Denis (par Jean Bruté, curé de Saint-Benoît). *Paris*, Guillaume Desprez, 1753, in-12.

2177. Lettre d'un curé Franc-comtois à MM. les gallicans du Rouergue et de la nouvelle Sorbonne, sur les affaires présentes; juillet 1826 (par l'abbé Pelier De La Croix, aumônier du duc de Bourbon). *Paris*, Lasneau, 1826, br. in-8 de 40 pages.

2178. Lettre d'un disciple de la Science nouvelle aux religionnaires prétendus Saint-Simoniens, etc. Par P.-C. R..x (Prosper-Charles Roux). *Paris*, 1831, br. in-8 de 134 pages.

2179. Lettre d'un docteur en théologie (le Père Le Tellier, jésuite) à un missionnaire de la Chine. *Paris*, Etienne Michallet, 1686, in-12.

2180. Lettre d'un électeur Liégeois (Théodore Fléchet) à M. Verhaegen aîné, membre de la Chambre des représentants, à propos de la révision des listes électorales. *Liége*, Desoër, 1847, in-8 (Ul. C.).

2181. Lettre d'un laboureur des environs d'Alençon, en Normandie, à tous ses confrères du royaume (par Vieilh, devenu plus tard maire de la ville d'Alençon). *Alençon*, Malassis, 1790, in-8.

Il y eut plusieurs éditions, toutes anonymes, de cette lettre, qui fut suivie de trois autres. La quatrième, datée du 20 août 1793, est signée : Vieilh, maire de la commune.

2182. Lettre d'un médecin de la Faculté de Paris à un de ses confrères, au sujet de la Société royale de médecine (par Barbeu du Bourg). Sans date, in-8, pièce.

2183. Lettre d'un médecin de province à un médecin de Paris (par Michel-Philippe Bouvart). *Châlons*, 1758, br. in-8 de 16 pages.

Diatribe dirigée contre l'inoculation, dont Tronchin cherchait alors à propager l'usage, et que Bouvart, malgré tout son mérite, combattit de toutes ses forces.

2184. Lettre d'un Normand à M. Persil (par Frédéric Dollé). *Thorigny*, le 20 janvier 1834; *Paris*, Paul Smith, br. in-8 de 20 pages.

2185. Lettre d'un officier à M. D***, maréchal des camps et armées du roi, ci-devant commandant-général des îles de F..... et de B.....; 10 juin. *Blois*, Masson, sans date, in-8.

Par Pierre-Roch JURIEN LAGRAVIÈRE, d'après une note manuscrite de l'abbé Grégoire.

(Nouveau Catalogue de la Bibliothèque impériale.)

2186. Lettre d'un Rémois à un Parisien, sur ce qui doit payer les corvées en France (par Jean-Antoine Hédoin de Ponsludon). *Paris*, 1776, in-8.

2187. Lettre d'un Sociétaire non pensionné à un correspondant de province, sur la Société royale de médecine (par Pajon de Moncets). Sans date, in-8, pièce.

2188. Lettre d'un Sociétaire pensionné à un correspondant de province, écrite le même jour de l'installation de la Société royale de médecine (par le docteur Le Preux). *Paris*, 1778, br. in-8 de 16 pages.

2189. Lettre d'un théologien en faveur des spectacles (par le Père Caffaro, théatin). *Lille*, Leleux, 1826, br. in-8 de 76 pages.

Cette lettre fut imprimée, pour la première fois, en 1694. Elle était adressée à Boursault, qui la fit imprimer en tête de son théâtre. Les rigoristes s'élevèrent contre les principes qu'elle renfermait, principes favorables aux spectacles. Bossuet écrivit au Père Caffaro une longue lettre, pour lui montrer le danger de ses doctrines, qu'il ne tarda pas à désavouer. Voyez l'article CAFFARO, dans l'examen des *Dictionnaires historiques*, par Barbier *(France littéraire)*.

2190. Lettre écrite de Pékin sur le génie de la langue chinoise, et la nature de son écriture symbolique (publiée par Jean Turbervil Needham). *Bruxelles*, 1773, in-4, avec 28 planches.

Cette lettre curieuse, que l'on croit du Père Martial CIBOT, missionnaire français, mort à Pékin en 1780, avait déjà paru dans les *Transactions philosophiques*, et fut reproduite, en 1776, sous le nom du Père Amiot, autre savant missionnaire, avec de nouvelles planches, et une partie de l'Avis préliminaire de Needham, dans le tome 1er des *Mémoires sur les Chinois*.

2191. Lettre pastorale de M. l'évêque de Nancy, aux catholiques de la ville de Nancy (par l'abbé Anne-Louis-Henri de la Fare, depuis cardinal). *Trèves*, 5 mai 1792, in-12.

2192. Lettre signée : le Père François d'Oraison, très-révérend Père capucin du couvent de Liége, à M. Aubert de La Chesnaie, au sujet de la critique des « Songes philosophiques » (par le marquis d'Argens). *Liége*, P. Broncard, 1747, in-12 de 23 pages.

2193. Lettre sur la musique moderne, à MM. les rédacteurs du *Journal général d'annonces de musique*, etc. Par M. D.....gs (Désétangs, sous-chef du bureau des gravures et de la musique, au ministère de l'intérieur). *Paris*, Migneret, 1832, br. in-8.

2194. Lettre sur la tolérance de Genève, etc., adressée à M.***, membre du Conseil souverain, par M. Nachon, curé de Divonne (par Guy-Marie Deplace). *Lyon*, Périsse, 1823, br. in-8 de 126 pages.

2195. Lettre sur le Magnétisme animal, par Montjoie (Christophe-Félix-Louis Ventre de La Touloubre). 1784, in-8.

2196. Lettre sur l'Exposition des ouvrages de peinture, de sculpture, etc., de l'année 1747 (par Lafont de Saint-Yenne). *Paris*, 1747, in-12.

2197. Lettre sur les Archives de la ville de Strasbourg (par M. Paul Ristelhuber). Sans date (1865), gr. in-8.

2198. Lettre sur les premières livraisons de l'Israélite français, adressée à M. Villenave par M. B... (Michel Beer). *Paris*, Delaunay, 1818, br. in-8 de 31 pages.

2199. Lettre sur l'Hortensia, contenant sa culture dans les villes et sa propagation (par Antoine-Nicolas Duchesne, professeur à l'Ecole centrale de Versailles; plus tard, censeur des études au lycée de cette même ville). *Paris*, Mérigot, 1805, in-12 de 24 pages.

2200. Lettre sur un point d'histoire littéraire, par Launoy (par Antoine Péricaud l'aîné). *Lyon*, Barret, 1828, in-8, pièce de 8 pages.

2201. Lettre à Jennie sur Montmorency, l'Hermitage, Andilly, Saint-Leu, Chantilly, Ermenonville, etc. Par M. F. L*** (Félix Lenormand, avocat). *Paris*, Nicolle, 1818, in-12.

2202. Lettre à MM. les députés composant la Commission du budget, sur la permanence du système de crédit public, et sur la nécessité de renoncer à toute espèce de remboursement des créances sur l'Etat, par M. G. D. E. (Gustave d'Eichtal). *Paris*, Locquin, 1829, br. in-8 de 88 pages.

2203. Lettres à M. l'abbé de P... (H.-J. de Paix), chanoine de la cathédrale de Liége, contenant quelques observations sur les affaires du pays (par N. Bassenge). *Liége*, 1787-1789, in-8.

Ces lettres, au nombre de vingt-deux, forment 2,548 pages. Quelques-unes portent le nom de leur auteur (Ul. C.).

2204. Lettres (au nombre de trois) à M. le curé de *** (sur la légitimité de ce qui s'est passé en juillet 1830), par J. L. (l'abbé Jean De La Bouderie, vicaire de Notre-Dame de Paris). *Paris*, Plassan (1830), br. in-8 de 16 pages.

2205. Lettres à M. Faivre, précédées d'une analyse critique de sa réponse à M. Pagès, etc. (par l'abbé Villecourt, de Lyon). *Lyon*, Darnaud-Cutty, 1821, in-8.

Voyez le n° 2135.

2206. Lettres à M. le rédacteur du *Progrès*, sur l'histoire complète de la province du Maine, par A. Lepelletier de la Sarthe, ou quelques leçons d'histoire à l'usage de l'auteur (par Bondu, ancien libraire au Mans). *Le Mans*, Beauvais, imprimeur (1862), br. in-8 de 72 pages.

Il y a eu une seconde édition.

2207. Lettres bordelaises, ou Lettres à un maire des environs de Bordeaux, concernant le parti libéral et ses doctrines. Par M.***, auteur de différents écrits religieux et politiques. Première et deuxième lettre. *Paris*, Ledentu, 1829, br. in-8 de 96 pages.

Ces lettres ont pour auteur l'abbé Jean-Augustin JUIN, et non JOUIN, comme le porte le titre de la deuxième édition, qui n'est plus anonyme. Cet abbé JUIN est le même qui, depuis, a pris une part active à la Révolution de 1848, et qui a été frappé par la justice.

2208. Lettres circulaires adressées aux curés, vicaires et autres ecclésiastiques du diocèse de la Meurthe, par le soussigné, délégué de l'évêque métropolitain de Reims, au gouvernement spirituel du diocèse, pendant la vacance du Siége épiscopal (par l'abbé Barrail). Avril 1796, in-8.

2209. Lettres critiques où l'on voit les sentiments de M. Simon sur plusieurs ouvrages nouveaux, publiés par un gentilhomme Allemand. *Basle (Rouen)*, chez Wackermann, 1699, in-12.

Les cinq lettres, J. S. C. D. B., qui sont au bas de quelques-unes de ces lettres critiques, doivent désigner Jacques SIMON, curé de Belleville, qui paraît écrire pour son oncle Richard SIMON, ci-devant oratorien. Des onze lettres dont se compose ce petit volume, extrêmement rare, trois avaient paru en 1694, sous le titre de : *Critique du livre publié par les Moines Bénédictins de Saint-Maur*, qui, lui-même, était intitulé : *Bibliothèque divine de Saint-Jérôme*, et contenait environ 66 pages in-12. On peut consulter, à ce sujet, dans le Dictionnaire de Bayle, l'article *Gallonius* (note B), qui a rapport à ces lettres critiques, dont il est aussi question dans l'article *Fontevrauld*, à la fin de la note P.

Les huit autres lettres concernent le second volume de Saint-Jérôme, et elles ne se trouvent dans aucune collection des autres écrits de Simon. Page 185, ligne 12, les mots : *à un savant homme*, désignent le Père HARDOUIN, jésuite.

2210. Lettres de Colombine. *Paris*, E. Dentu, 1864, in-12.

Ces lettres, qui ont d'abord paru avec succès, dans le *Figaro*, à des époques indéterminées, sont attribuées à Mlle PEYRAT, fille d'un des rédacteurs du journal *La Presse*.

2211. Lettres d'Hortense de Valois à Eugénie de Saint-Firmin (par Jeanne-Françoise Polier de Bottens). *Paris*, de Bure l'aîné, 1788, 2 vol. in-12.

2212. Lettres de Jean Newton à Thomas Scott, suivies de quelques lettres de Thomas Scott et d'une lettre de William Cooper. Extraites de « Cardiphonia, » et traduites de l'anglais (par Mlle de Chabaud-Latour). *Paris*, Rissler, 1832, in-18.

Cardiphonia, ou Correspondance du R.-J. Newton, traduite de l'anglais, par le traducteur d'*Omicron* (Mlle de Chabaud-Latour). *Paris*, Rissler, 1831-1832, 2 vol. in-18.

2213. Lettres de Léandre à Théophile, sur la manière de remplir chrétiennement ses devoirs dans le monde (par Richard-Antoine-Corneille Van Bommel, évêque de Liége). *Lille*, Lefort, 1832, in-12 (Ul. C.)

2214. Lettres de M. Desp... de B*** (Charles Desprez de Boissy), sur les Spectacles, avec une histoire des livres pour et contre les théâtres. 7e édition, revue, corrigée et augmentée par l'auteur. *Paris*, 1781, 2 tomes en 1 vol. in-12.

Cet ouvrage, peu exact, et dans lequel les jugements de l'auteur ne sont pas toujours dictés par l'impartialité, obtint cependant, à son apparition en 1759, une espèce de vogue. Le deuxième volume, qui n'est qu'un catalogue raisonné de tous les livres qui ont été publiés, tant contre qu'en faveur du théâtre, avait paru séparément, et pour la première fois, en 1771, sous le titre de : *Histoire de tous les ouvrages pour et contre les théâtres*.

2215. Lettres de Mme la comtesse de Mal... à Mme la marquise d'A... (à propos du différend survenu entre Mlles Vestris et Saint-Val aînée, de la Comédie-Française), (par Claire-Marie Mazarelli, marquise de la Vieuville de Saint-Chamond). *Paris*, 10 mai 1779, in-8.

2216. Lettres de milady Juliette Catesby à milady Henriette Campley, son amie, par Marie de M*** (Mézières). 3e édition. *Paris*, Humblot, 1760, in-12.

2217. Lettres de Rocheville sur l'Esprit du siècle et ses conséquences (par Philippe-Irénée Boistel d'Exauvillez). *Paris*, Gaume frères, 1832, in-18.

2218. Lettres de Saint-Bernard, traduites en français sur l'édition des Bénédictins de 1690, par M. l'abbé P*** (Jean-Marie Peyronnet), prêtre du diocèse de Lyon. *Lyon*, imprimerie de François Guyot, 1838, 3 vol. in-8.

L'abbé PEYRONNET, chapelain de Fourvières, est mort à Lyon, le 9 mars 1862, à l'âge de 74 ans. On a de lui un grand nombre d'ouvrages.

2219. Lettres de Saint-François-Xavier, apôtre des Indes et du Japon, traduite sur l'édition latine de Bologne de 1795, et précédées d'une notice historique sur la vie de ce saint et sur l'établissement de la Compagnie de Jésus, par A.-M. F*** (Faivre). Tome Ier. *Lyon* et *Paris*, Périsse, 1828, in-8.

Le tome II, quoique annoncé, n'a pas paru.

2220. Lettres de Sidi-Mahmoud, à son ami Hassan (par René-Théophile Châtelain). *Paris*, Ladvocat, 1825, in-12.

2221. Lettres de Sophronius (par l'abbé Bernard, chanoine du chapitre de Versailles). *Paris*, E. Dentu ; *Lyon*, Vingtrinier, 1864, br. in-8.

Ces lettres ont été publiées séparément ; elles sont au nombre de cinq. Elles ont été mises à l'*index*, et ont valu à leur auteur un interdit qui n'a été levé que le 31 octobre 1865.

2222. Lettres de Voltaire à Mme du Deffand, au sujet du jeune de Rebecque, devenu depuis célèbre, sous le nom de Benjamin Constant. *Paris* et *Genève*, Cherbuliez, 1838, br. in-8 de 28 pages.

Ces lettres, au nombre de quatre, sont apocryphes, quoique l'éditeur ait tout fait pour faire croire à leur authenticité. Après avoir feint d'avoir eu lui-même quelques doutes, à cause de leur date (1774), qui ne pouvait s'accorder avec la *Biographie universelle*, où il prétend avoir lu que Benjamin Constant est né en 1766 (la *Biographie universelle* dit même 1767), ce qui n'aurait donné à son héros que 6 ou 7 ans lorsqu'il demanda des lettres de recommandation pour se présenter chez Mme du Deffand; l'éditeur ajoute, que s'étant adressé à la famille de Benjamin Constant, deux de ses membres ont bien voulu l'assurer que c'est la *Biographie universelle* qui se trompe, et que Benjamin Constant est bien réellement né en 1759. Afin de lever tous les doutes, il annonce que ceux qui voudront bien vérifier, trouveront les originaux chez M. Chevillard père, notaire, rue du Bac, n° 15. Or, nonseulement, il n'y a jamais eu de notaire de ce nom rue du Bac; mais la maison rue du Bac, n° 15, a son entrée rue de Verneuil.

Enfin, d'après l'extrait de naissance de notre grand publiciste, j'ai vu qu'il était né le 25 octobre 1767. Tirez les conclusions.

(Note de Beuchot, *Journal de la librairie*).

Quérard, dans sa *Bibliothèque voltairienne*, donne le nom de l'auteur de ces lettres supposées: il se nommait Nicolas CHATELAIN.

2223. Lettres du citoyen Zarillo au citoyen Millin (par P.-R. Auguis). *Paris*, 1802, br. in-8.

2224. Lettres du docteur Assemani, Arménien, sur divers sujets de géologie, de physique et de médecine, à M. le docteur Usca, Arménien, à Padoue (par Gabriel-Grégoire Lafont-Gouzy, docteur en médecine de la Faculté de Montpellier). *Toulouse*, Bellegarigue, 1807, in-8.

2225. Lettres du révérend J. Newton à ses amis. Traduites de l'anglais par le traducteur de la vie et des ouvrages de J. Newton (Mlle de Chabaud-Latour). *Paris*, Delay, 1842, in-18.

2226. Lettres d'un Allemand à un Français, ou Considérations sur la noblesse, par M. M*** (Martineau). *Paris*, Tastu, 1808, in-8.

2227. Lettres d'un Bénédictin sur le romantisme (par le baron Sirtema de Grovestins). *Paris*, E. Dentu, 1859-1861, in-8.

2228. Lettres d'un curé du diocèse de Rouen, à M. Charrier de la Roche, élu évêque du département de la Seine-Inférieure (par l'abbé Guillaume-André-René Baston). *Paris*, (1791), in-8.

2229. Lettres d'un frère à sa Sœur sur l'histoire ancienne (en prose mêlée de vers), (par Charles Romagny). *Paris*, Selligue, 1829, 2 vol. in-18.

2230. Lettres d'un officier allemand sur la guerre, par D*** (par l'abbé Dominique Dufour De Pradt).

Ces lettres ont été insérées dans le *Spectateur du Nord*, en mars 1797.

2231. Lettres d'un rapin de Lyon à un rapin de Paris, par Ernest B*** (par Mlle Jeanne Du Buisson). *Lyon*, impr. de Deleuze, 1837, br. in-8 de 20 pages.

2232. Lettres d'un touriste sur les combats de taureaux (par

René de Semallé). *Versailles*, 1863, br. in-8.

2233. Lettres familières sur la Carinthie et la Styrie, adressées à Mme Bianchi, de Bologne, par un Officier-général français, prisonnier de guerre en Autriche, en 1799. *Paris*, 1800, in-8.

Ces lettres sont du général de brigade MEYER, né à Lucerne, en 1765; mort à Saint-Domingue, en janvier 1802.

2234. Lettres historiques et critiques sur les Andelys, par B.-T. M... (Benoît-Théodore Mesteil, avocat). *Les Andelys*, Mouton, 1835-1836, in-8.

Ces lettres, au nombre de douze, ont chacune une pagination particulière.

2235. Lettres inédites de Mme de Sévigné (publiées par Claude-Xavier Girault, jurisconsulte). *Paris*, Klosterman, 1814, in-8.

2236. Lettres inédites de Mme de Sévigné (publiées par M. Auguste Vallet de Viriville). 1844, br. gr. in-8.

Extrait de la *Revue de Paris*.

2237. Lettres inédites de Malherbe, ornées d'un *fac-simile* de son écriture, dédiées à la ville de Caen (par Jean-Jacques Blaise). *Paris*, J.-J. Blaise, 1822, gr. in-8.

2238. Lettres lyonnaises, ou Correspondance sur divers points d'histoire et de littérature, par C. B.-D.-L. (Claude Bréghot-du-Lut), des académies de Lyon et de Dijon. *Lyon*, J.-M. Barret, 1826, in-8.

Ces lettres sont extraites des quatre premiers volumes des « *Archives historiques et statistiques du département du Rhône*. »

2239. Lettres normandes, ou Petite chronique de Paris, morale, littéraire et politique (par Eugène-Amédée Balland, Léon Thiessé et Foulon, libraire). *Paris*, Delaunay et Foulon, septembre 1817 à septembre 1829, in-8.

A partir du 4e volume, le titre fut ainsi modifié : *Lettres normandes, ou Correspondance politique et littéraire*.

2240. Lettres philosophiques sur la fin prochaine, par Timon de Tulle. *Tulle*, Drapeau, 1841, in-8.

Ces lettres sont de M. Antoine ROUSSARIC, ancien professeur au Collége de Tulle, et depuis, professeur à l'Ecole normale primaire de la même ville. Il exerçait encore ces fonctions à l'époque de sa mort, arrivée, il y a environ quatorze ans.

2241. Lettres philosophiques sur la magie, édition corrigée et augmentée (par l'abbé Fiard, prêtre du diocèse de Dijon). *Paris*, Grégoire, 1803, in-8.

La 1re édition avait paru deux ans auparavant.

2242. Lettres républicaines, par Daniel Stern (la comtesse d'Agoult, née Marie de Flavigny), auteur de : « l'Essai sur la liberté. » *Paris* (1848?), in-8.

Ces lettres, au nombre de seize, ont paru par livraisons.

2243. Lettres saxonnes (par Chapuy). *Berlin*, impr. de la Cie, 1738, in-12.

2244. Lettres sur la Pasigraphie (par Deshayes). *Paris*, 1806, br. in-8.

Maimieux avait, en 1797, traité le même sujet.

2245. Lettres sur la situation des finances en Angleterre, par G*** (l'abbé Louis-Dominique Louis, depuis ministre des finances sous la Restauration).

Le *Spectateur du Nord* a publié ces mêmes lettres, en mars 1797.

2246. Lettres sur la ville de Rouen, ou Précis de son histoire topographique, civile, ecclésiastique et politique, depuis son origine jusqu'en 1826. Par M. Al. L*** (Alexandre Lesguillez). *Rouen*, Frère, 1826, in-8.

2247. Lettres sur le Bosphore, ou Relation d'un voyage à Constantinople et en différentes parties de l'Asie, pendant les années 1816, 1817, 1818 et 1819 (par la comtesse de la Ferté-Meun). 1re édition. *Paris*, Domère, 1821, in-8. — 2e édition. *Paris*, Locard et Davy, 1822, in-8.

Cette deuxième édition n'est que le restant de la première, dont on a changé le frontispice, et à laquelle on a ajouté *Deux lettres* et *la Chapelle de la dernière heure*, nouvelle grecque. Il est facile d'y remarquer une quinzaine de cartons.

On croit que le comte de BEAUREPAIRE DE LOUVAGNY n'a pas été étranger à la rédaction de ce livre.

2248. Lettres sur le Caucase et la Géorgie, suivies d'une Relation d'un voyage en Perse, en 1812 (par Guillaume de Freygang, et son épouse Frédéricke de Kédiasfki). *Hambourg*, Perthès, 1816, in-8.

2249. Lettres sur les écrivains français, par Van Engelgom, de Bruxelles (Jules Lecomte). *Bruxelles*, 1857, in-8.

Ces lettres, qui ont obtenu beaucoup de succès, avaient d'abord paru en feuilletons dans l'*Indépendance Belge*, et furent reproduites plus tard dans le *Cabinet de lecture*.

2250. Lettres sur les Etats-Unis d'Amérique, écrites en 1832 et 1833, et adressées à M. le comte O'Mahony. Par J.-M. B...de *** (Jacques-Maximilien Bins de Saint-Victor). *Paris* et *Lyon*, Périsse, 1835, in-8.

2251. Lettres sur les élections anglaises et sur la situation de l'Irlande, par M. P. D... (Prosper Duvergier de Hauranne fils). *Paris*, Sautelet, 1827, in-8.

Publiées antérieurement dans le *Globe*.

2252. Lettres sur les Iles-Marquises, ou Mémoires pour servir à l'étude religieuse, morale, politique, et statistique des îles Marquises et de l'Océanie orientale, etc. Par le P. J. G... (le Père Jean Gracia), prêtre de la Société des missions de l'Océanie. *Paris*, Gaume frères, 1843, in-8.

2253. Lettres sur l'histoire de la réforme en Angleterre et en Irlande. Par William Cobbet. Traduction nouvelle (par MM. Hivers et Douquet). 4e édition. *Paris*, Gaume frères, 1829, in-12.

La première édition a paru en 1824, en quatre livraisons ; la seconde, en 1825, en deux volumes in-18 ; et la troisième, en 1827, aussi en deux volumes in-18. La quatrième et dernière, qui a subi de nombreuses corrections, est, sans contredit, la meilleure.

2254. Libéralisme (Le) jugé par la *Civilta catolica* (vers 1862).

La traduction et l'analyse de cet ouvrage du Père CRUCCI, jésuite, résidant à Rome, ont été faites par Léonce DE LA RALLAYE, rédacteur du *Monde*.

2255. Liberté (La) commerciale, ou Examen critique de ce système appliqué aux denrées alimentaires (par J. Rouchet). *Bruxelles*, Slingeneyer, 1857, br. in-8.

2256. Liguriennes (Les), poésies de M. Jacques Durand, publiées par Théodore Véron. *Paris*, Charpentier, 1854, in-18.

C'est l'auteur lui-même, M. Théodore VÉRON, peintre et poète, qui se cache sous le pseudonyme de Jacques Durand.

2257. Limbes (Les). Poésies intimes de Jacques Durand ; recueillies et publiées par son ami Théodore Véron. *Poitiers*, N. Bernard, 1842, in-8.

Comme pour l'ouvrage précédent, M. Th. VÉRON est le véritable auteur de ce livre.

2258. Lion (Le) amoureux, comédie-vaudeville en un acte, par M. Théaulon (et Louis-François-Théodore Anne). *Paris*, Barba, 1836, br. in-8.

2259. Lionnes (Les) de Paris, par feu le prince de *** (par la comtesse Merlin, née Mercedès Jaruco). *Paris*, 1845, 2 vol. in-8.

2260. Lise, ou les Hermites du Mont-Blanc, roman nouveau, faisant suite à *Illyrine* et à *Rosaline*, par Mme G*** (Barbe-Suzanne-Amable Giroust). *Paris*, Et. Charles, an IX (1801), in-12.

2261. Liste alphabétique des auteurs morts jusqu'en 1805 (par Dujardin-Sailly). *Paris*, 1805, in-8.

2262. Liste chronologique des édits et ordonnances de la principauté de Liége, de 1684 à 1794 (par Mathieu-Lambert Polain, administrateur de l'Université, etc.). *Bruxelles*, Devroye, 1851, in-8 (Ul. C.).

2263. Liste générale des ôtages de Louis XVI et de sa famille (par Boulage). *Paris*, Pillet aîné, 1816, br. in-8.

2264. Liste des titres de noblesse, chevalerie et autres marques d'honneur accordées par les souverains des Pays-Bas, depuis 1659 jusqu'à 1794 ; précédée d'une notice historique (par Théodore de Jonghe). *Bruxelles*, Vandale, 1847, in-8 de LIV et 376 pages.

L'auteur de ce livre est mort en 1859.

2265. Lit (Le) de camp, scènes militaires. Par l'auteur de : « La Prima Donna et le Garçon boucher » (par Clément et Edmond Burat-Gurgy frères). *Paris*, veuve Béchet, 1833, 2 vol. in-8.

2266. Litanies (Les) de la littérature, dédiées aux auteurs du jour. Par un Docteur en chirurgie, académicien de Montmartre (le baron Etienne-Léon de Lamothe-Langon). *Paris*, 1809, in-8.

2267. Littérature des offices divins, ou les Offices divins considérés sous le rapport des beautés littéraires, par l'auteur de : « La Littérature des Hébreux » (par Jacques-Barthélemy Salgues). *Paris*, Dentu, 1829, in-8.

2268. Liturgie (La) de la sainte Eglise de Lyon (par l'abbé Jean Roux). *Lyon*, 1864, gr. in-8.

Livre mis à l'*index*.

L'abbé Roux, chapelain de la Primatiale et archiviste de l'Archevêché de Lyon, est né en cette ville, le 16 décembre 1813 ; il est membre du Comité archéologique de la Société littéraire de Lyon.

2269. Livre d'amour, ou Folastreries du vieux temps (publié par Charles Malo). *Paris*, Louis Janet, 1821, in-12 oblong.

2270. Livre de comptes, nécessaire à chaque ménage, pour pouvoir compter sans risque de perdre le linge, avec les personnes chargées de le blanchir (par L.-J. Groizard). *Paris*, Quillau, sans date (1785), in-4.

2271. Livre (Le) de la première communion, etc. Par un Prêtre du diocèse de Liége (l'abbé N.-J. Carpentier, directeur de l'Ecole moyenne catholique). *Liége*, Lardinois, sans date, gr. in-12 (Ul. C.).

2272. Livre (Le) de Marie, conçue sans péché, pour implorer son assistance, etc. (par l'abbé Le Guillou, prêtre du diocèse de Quimper). *Paris*, Louis Janet, 1835, in-18.

2273. Livre (Le) de la famille, par M. Ch. de Bussy (Charles Marchal). *Paris*, Guillaume, 1859, in-12.

2274. Livre (Le) des âmes, par Charles Sainte-Foi (Eloi Jourdain). *Paris*, Poussielgue-Rusand, 1840, in-18.

2275. Livre (Le) des hirondelles. Poésies. *Caen*, Dourin, 1858, in-16 de VIII-46 pages.

Publié par Guillaume-Stanislas TRÉBUTIEN, bibliothécaire à Caen.

2276. Livre (Le) des jeunes personnes, ou Tableau moral de la femme, fille, sœur, épouse et mère, par Alfred de Nore (le marquis Louis-Pierre-Adolphe de Chesnel de la Charbouclais). *Paris*, de la Haye, 1845, in-12.

2277. Livre (Le) des patiences, par madame de F*** (la marquise de Fortia). Douzième édition. *Paris*, Martinon, 1858, in-18.

2278. Livre des peuples et des rois, par Charles Sainte-Foi (Eloi Jourdain). *Paris*, Poussielgue-Rusand, 1839, in-8.

Il y a eu depuis une autre édition en 2 vol. in-18.

2279. Livre (Le) d'or, révélations de l'archange Saint-Michel (du 6 août 1839 au 10 juin 1840). Publié par M. Alexandre Ch. (Charvoz), l'un des nombreux témoins. *Paris*, Ledoyen et Duminerais, 1849 (1848), in-8.

2280. Livre du très-chevaleresque comte d'Artois et de sa femme, fille du comte de Boulogne, publié d'après les manuscrits et pour la première fois (avec une introduction, par Jean-Baptiste Barrois). *Paris* (Crapelet), 1837, in-4, gothique.

Tiré à petit nombre et enrichi de planches gravées d'après les miniatures du manuscrit.

2181. Livre Mignard, ou la Fleur des fabliaux (par Charles Malo). *Paris*, Louis Janet, sans date (1826), in-12.

2282. Livres (Les) de Cicéron, de la vieillesse, de l'amitié, des paradoxes, le Songe de Scipion, etc. Traduction nouvelle avec le latin en regard, par M. de Barrett. 6e édition, corrigée d'après un manuscrit de l'auteur, et augmentée de la *Lettre de Quintus*, etc., traduite par J.-F. A. O. (Jean-Félissime Adry, oratorien). *Paris*, Delalain, 1809, in-12.

2283. Loi civile en France (par Jérôme Morin). *Lyon*, 1860, in-12.

Ce livre fait partie de la collection connue sous le nom de : *Bibliothèque utile*.

2284. Loi de liberté, épître à Mr. Raspail, par Michel Raymond (Lous-Raymond Brucker). *Paris*, 1839, br. in-8 de 89 pages.

En vers.

2285. Loi de justice et d'amour jugée par ses pères (par MM. Meissonnier de Valcroissant et le Mis Bénigne-Ernest Porret de Blosseville). *Paris*, Trouvé, 1827, br. in-8 de 26 pages.

2286. Loi morale en France (par Jérôme Morin). *Lyon*, 1860, in-12.

2287. Loi (La) sans motifs, ou Etat de la discussion sur l'exploitation de la mine de Vic (par Nicolas-Louis-Marie Magon, mis de La Gervaisais). *Paris*, A. Egron et Ponthieu, 1825, br. in-8 de 56 pages.

2288. Lois, décrets et règlements relatifs à l'administration des cultes (par MM. Jacques-Hippolyte-Sylvestre Blanc et Adolphe Tardif). *Paris*, Durand, 1853, in-8.

Une première édition, parue en 1852, portait ce titre : *Petit manuel d'administration pour les affaires du culte catholique*.

2289. Lois (Les) de Platon, traduction de Grou, revue et corrigée sur le texte grec d'Emmanuel Becker (par Henri Trianon, bibliothécaire à la bibliothèque Ste-Geneviève). *Paris*, Lefebvre, 1842, in-18.

2290. Lois (Les) de la galanterie, avec introduction, par Ludovic L. (Lalanne). *Paris*, 1855, in-8.

Tiré à 250 exemplaires.

2291. Loisirs (Les) de ma solitude, ou Mélanges de poésies diverses, par J.-L.-C. D. V. (Jean-Louis-Conrad de Verdalle). An IX (1801). *Paris*, in-8.

2292. Loisirs de trois amis, ou Opuscules de A.-B. Regnier, N. Bassenge et P.-J. Henkart, de Liége. *Liége*, A. Haleng, sans date (1823), 2 vol. in-8.

La notice sur *Regnier* est de Hyacinthe FABRY; celle sur *Bassenge*, de M.-P. DESTRIVEAUX, et celle sur *Henkart*, d'ANSIAUX.

2293. Loisirs d'un vieux curé (par l'abbé Hunckler). *Paris*, Debécourt, 1833, in-12.

2294. Lord Guizot, chanson élégiaque, par Francisque L*** (Antoine-François Lallemant, dit Francisque, comédien attaché au théâtre royal français de Berlin). *Paris*, Le Guillois, 1846, in-8.

2295. Lorgnon (Le) (par Mme de Girardin, née Delphine Gay). *Paris*, Charles Gosselin, 1832, in-8.

2296. Louis XVI dans sa prison, pièce de vers (par Etienne-Léon de Lamothe Houdancour).

Signature autographe.

Il n'a été tiré de cet opuscule, composé seulement de 8 pages in-8, qu'un seul exemplaire, que possède la Bibliothèque impériale.

Le nom d'HOUDANCOUR qu'on y lit, accouplé au nom de LAMOTHE, a été plus tard remplacé par celui de LANGON, sous lequel l'auteur a toujours été connu depuis lors.

Cette pièce semble avoir été imprimée vers l'année 1806, peu de temps après le couronnement de Napoléon Ier.

2297. Louis XVIII et Napoléon dans les Champs-Elysées (par Mme Fanny Mongellaz, née Burnier). *Paris*, Ponthieu, 1825, in-8.

Cette dame, née à Chambéry, en 1798, est morte à Paris, le 30 juin 1830.

2298. Louis XVIII, sa vie, ses derniers moments et sa mort. Suivi du détail de ses funérailles, d'un recueil d'anecdotes sur ce prince, etc. Par M. E. M. de S. H. (Philibert-Louis Orry, marquis de Fulvy). Seconde édition. *Paris*, Peytieux, 1825, in-12.

C'est la réimpression de la *Relation d'un voyage à Bruxelles*, en 1791, suivie de poésies diverses, qui parut en mai 1823, chez Urbain Canel. Contrairement à l'énoncé du titre, ce sont les poésies qui précèdent *la relation*. A la suite de celle-ci, il n'y a qu'une seule pièce de vers.

Le Voyage est de Louis XVIII, ainsi que les deux pièces de vers intitulées, l'une : *Boutade improvisée pour la fête de Madame* ; l'autre : *Les Mouchoirs blancs*, anecdote historique.

2299. Louis-Philippe à Valenciennes, ou les Trois séjours, par un Garde national à che- Antoine Hécart). *Valenciennes*, val (attribué à Gabriel-Joseph-Prignet, 1833, br. in-8 de 40 pages.

Récit en prose, tiré à 50 exemplaires.

2300. Louisa, ou les Douleurs d'une fille de joie, par l'abbé Tiberge (Hippolyte-François Regnier Destourbet). *Paris*, Delangle, 1830, 2 vol. in-12.

Réimprimé en 1866.

2301. Louise, par Madame la duchesse de G*** (de Gontaut). *Paris*, Urbain Canel et Adolphe Guyot; et *Edimbourg*, Blackwood, 1832, in-12.

2302. Louise, ou le Père juge, mélodrame en trois actes, par MM. Saint-Hilaire (Vilain de) Hyacinthe (Decomberousse), et *** (Michel Pichat). *Paris*, Pollet, 1823, br. in-8.

2303. Louise et Cécile, par Mme S*** (Siret, née Marie-Jeanne-Catherine de Lasteyrie du Saillant). *Paris*, Niogret, 1822, 2 vol. in-12.

2304. Louise et Volsan, drame en prose et en trois actes (par Jean-Claude Bédéne-Dejaure). *Paris*, 1791, in-8.

2305. Love, par Adrien Delaville (Adrien Viguier). *Paris*, Challamel, 1823, in-12.

2306. Lucie et Victor, nouvelle, par J. H. (Jean Hubin, de Huy). *Bruxelles*, Stapleaux, 1797, in-12 (Ul. C.).

2307. Lucien en bonne humeur, ou Choix de ses dialogues les plus gais, en forme de scènes et de vers libres, par Philarmos (Marie de La Fresnaye). *Paris*, Lerouge jeune, 1806, in-8.

Le travail de La Fresnaye consiste à avoir mis en vers la prose de Monpleinchamps, *Nouvelles conversations des morts* (Amsterdam, 1701).

2308. Lucile, ou les Archives d'une jolie femme, par A. Athier (Garnier). *Paris*, Hesse et Cie, 1825, 2 vol. in-12.

2309. Lucinde, ou la Vallée de Vic, par M. D*** de V. (Denis de Villeron). *Paris*, Lenormand, 1810, 2 vol. in-12.

2310. Luth (Le) des Alpes. Essai poétique, historique et descriptif, sur les eaux d'Aix, en Savoie. Ouvrage couronné par la royale Académie de Savoie. Décembre 1833. Par Mlle Jenny B. (Bernard). *Paris*, Dufart, 1834, in-18.

2311. Luthomonographie historique et raisonnée. Essai sur l'histoire du violon et sur les ouvrages des anciens luthiers, par un Amateur (le prince Nicolas Yousoupoff). *Francfort-sur-le-Mein*, Jugel, 1856, in-8.

2312. Lycidas, ou la Feinte maladie, comédie en trois actes, d'après Molière, arrangée pour un divertissement et adaptée au collége de Cambray (par Alteyrac, professeur à ce collége). *Cambray*, Hurez, 1806, in-12.

2313. Lycée, ou Cours de littérature ancienne et moderne de La Harpe, précédé de : « Recherches historiques, littéraires et bibliographiques sur la vie et les ouvrages de La Harpe » (par Etienne-Gabriel Peignot). *Dijon*, Victor Lagier et Frantin, 1820-1821, 18 vol. in-12.

Cette édition peut être regardée comme une des meilleures et des plus correctes.

2314. Lyon en 1840. Récit des inondations qui ont frappé cette ville et le département du Rhône. Par un Témoin oculaire (Hugues-Marie Humbert Bocon de Lamerlière). *Lyon*, L. Perrin, 1840, br. in-8 de 64 pages.

2315. Lyon en 1793. Procès-verbaux inédits et authentiques du Comité de surveillance des *Droits de l'homme* (par Pierre-Marie Gonon). *Lyon*, A. Mothon, 1847, in-8.

2316. Lyon tel qu'il était et tel qu'il est. Par A. G. (l'abbé Aimé Guillon de Montléon). *Paris*, 1797, in-8.

2317. Lys (Le) d'Israël, par Anna-Marie (la comtesse d'Hautefeuille). *Paris*, Debécourt, 1839, 2 vol. in-8.

M

2318. Ma Bibliothèque, ou le Cauchemar, chanson faite en 1795, à l'occasion de la chute des assignats (par Etienne Despréaux). In-16.

2319. Ma Bibliothèque française (par M. Hippolyte Cocheris, de la Bibliothèque mazarine). *Paris*, Bossange, 1855, in-12.

2320. Ma Confession (par Jean-Bernard Brissebarre). *Paris*, Lacrampe, 1846, in-8.

En vers. Cet opuscule, tiré à petit nombre, n'a pas été mis dans le commerce.

2121. Ma république, par P. L. Jacob (Paul Lacroix), bibliophile. *Paris*, 1862, in-12.

2322 Macbeth, tragédie lyrique en trois actes, représentée le 29 juin 1827, à l'Académie royale de musique (par Claude-Joseph Rouget de Lisle). *Paris*, Duvernois, 1827, br. in-8.

Le nom de DE LISLE est une addition bénévole faite par Claude Rouget, afin de se distinguer de son père, le général Rouget.

Claude-Joseph, né à Lons-le-Saunier, le 10 mars, et non le 10 mai 1760, est mort à Choisy-le-Roi, le 27, et non le 30 juin 1836.

2323. Macédoine (par J.-B. Mazade, marquis d'Avèze). *Paris*, Béthune, 1832, br. in-8.

2324. Maçon (Le). Mœurs populaires. par Michel Raymond (par MM. Auguste-Michel-Benoît Gaudichot, connu en littérature sous le pseudonyme de Michel Masson, et Louis-Raymond Brucker). *Paris*, Ambroise Dupont, 1828, 4 vol. in-12.

2325. Madame Billy, ou les Bourgeois de Paris, par l'auteur « d'Irma » (Elisabeth Guénard, baronne Brossin de Méré). *Paris*, Lerouge, 1808, 4 vol. in-12.

2326. Madame Bloc, ou l'Intrigante, par l'auteur du « Page de la reine Marguerite, des Forges mystérieuses, etc. » (la même). *Paris*, Locard et Davy, 1817, 4 vol. in-12.

Ces deux derniers romans avaient paru, en 1801, sous le nom collectif de GUÉNARD DE FAVEROLLES, ancien capitaine de dragons.

Ce nom de FAVEROLLES appartenait réellement à un ancien officier, vivant encore en 1813, et qui se donnait comme auteur de quelques romans que Mme Guénard avait publiés sous son nom.

2327. Madame la duchesse d'Orléans, Hélène de Mecklembourg-Schwerin (par Mme la duchesse d'Harcourt). *Paris*, Michel Lévy, 1859, in-8.

Réimprimé dans le format in-12.

2328. Madame Herbert (par Philippe-Irénée Boistel d'Exauvillez). *Paris*, Gaume frères, 1834, in-18.

2329. Madame Hilaire, précédé d'une Réponse à *l'Amour*, de M. Michelet, par Mme Louise Vallory (Mme veuve Mesnier, née Louise Boullay-Vallory, d'Alençon). *Paris*, E. Dentu, 1859, in-12.

2330. Madame Howard, traduit de l'anglais de miss Charlotte Bury, par l'auteur du « Mariage dans le grand monde » (la comtesse Molé de Champlâtreux, née de La Briche). *Paris*, Dumont, 1836, 2 vol. in-8.

2331. Madame de Lamartine (par Dargaud). *Paris*, E. Dentu, 1863, in-8.

2332. Madame de Vatan, par Mme de M... (Maussion), pour faire suite aux « Quatre Saisons, ou les Ages de la femme », du même auteur. *Paris*, Grimbert, 1826, 2 vol. in-12.

2333. Mademoiselle de Chevreuse, épisode de la Fronde (par Victor Foucher, depuis conseiller à la Cour de cassation). *Rennes*, 1841, in-8.

M. Victor Foucher est mort presque subitement en 1866.

Cet opuscule, tiré à quarante exemplaires, n'a *pas été mis dans le commerce.*

2334. Mademoiselle Rachel et l'avenir du Tréâtre-Français, par A. B. (Auguste Bolot, ancien professeur au collége de Sorrèze). *Paris*, Rousseau, 1839, in-16.

Le bonhomme BOLOT, peu heureux sur la fin de sa vie, n'avait qu'une réponse qu'il faisait invariablement à tous ceux qui lui demandaient des nouvelles de sa santé :

« La santé, Dieu merci, n'est pas ce qui me manque;
« Ce dont j'aurais besoin, on le trouve à la Banque. »

2335. Mademoiselle Rachel, ses

succès, ses défauts ; par C.-A. de C*** (Chambrun). *Paris*, 1838, in-16.

2336. Magasin pour la littérature ancienne et principalement la littérature biblique (par Samuel-Frédéric Gunther Wahl). *Cassel*, Cramer, 1787-1789 ; et *Halle*, chez la veuve de Curt, 1790, in-8.

2337. Mahomet, drame en trois actes, par J. de Laborie (Fourdrin aîné). *Liége*, Redouté, 1847, br. in-8 (Ul. C.).

M. Fourdrin s'est servi indifféremment du pseudonyme LABORIE, ou LABOVERIE.

2338. Magistrats (Les) les plus célèbres de la France, par l'auteur des « Guerriers les plus célèbres » (Louis-Joseph Le Fort, imprimeur-libraire). *Lille*, Le Fort, 1842, in-12.

2339. Main-morte (La) et la charité. Deuxième partie. Par Jean Van Damme (Hubert-Joseph-Walthère Frère-Orban). *Bruxelles*, 1827, br. in-8.

2340. Maire et Curé. Derniers conseils d'un maire à son fils, par Philarète Stanz (l'abbé Michaud, vicaire à Nîmes). *Paris*, Lesort (1864), br. in-12.

2341. Maïs (Le), sa culture, son emploi, sa récolte, avec une notice sur le nouveau maïs quarantin, par W. Keene. Traduit de l'anglais et annoté par un Campagnard (de Thier-Neuville). *Liége*, Renard, 1850, in-12 (Ul. C.).

2342. Maison de Polignac, précis historique, par le baron de R*** (Roujoux, ex-préfet). *Paris*, Hivert, 1830, in-8.

2343. Maison (La) des Bois, ou le Remords et la vertu, anecdote du règne de Marie-Thérèse. Par Mme Adrienne P*** (Prignot). *Paris*, Pigoreau, 1821, 2 vol. in-12.

2344. Maison d'Orléans. Précis généalogique, historique et littéraire de la maison d'Orléans, etc. (par Etienne-Gabriel Peignot). Avec un beau portrait de Louis-Philippe Ier. *Paris*, Crapelet, 1830, in-8.

2345. Maison (La) du rempart, ou une Journée de la Fronde, comédie en trois actes, mêlée de chant, par M. Mélesville (Anne-Honoré-Joseph Du Veyrier). *Paris*, Bezou, 1828, br. in-8.

2346. Maître Etienne, ou les fermiers et les châtelains. Par le baron de L*** (Etienne-Léon de Lamothe-Langon). *Paris*, Hubert, 1819, 4 vol. in-12.

2347. Mal (Le) et le remède, ou les Pensées consolantes d'un citoyen français touchant la béatitude et la réprobation éternelle (par Janne). *Paris*, Vente, an IX (1801), in-8.

2348. Maldeghem-la-Loyale. Mémoires et archives publiés par Mme la comtesse de Lalaing, née comtesse de Maldeghem.

Bruxelles, Wouters, 1849, in-8 de VIII et 469 pages.

« Les recherches que ce volume contient, la ›rme dont elles sont revêtues, appartiennent à [. Gachet, qui s'est mis à merveille à l'unisson ›ec une femme spirituelle et d'excellente com- agnie, sans rien perdre de ses avantages d'écri- ›in instruit et de critique exercé. »

(Reiffenberg).

Gachet (Emile-Léonard-Jean-Baptiste), chef u bureau paléographique, à Bruxelles, né à ille, le 5 novembre 1809, est mort à Ixelles, près e Bruxelles, le 23 février 1859.

Le *Bulletin du bibliophile* belge, tome XVI, ›ntient une notice de M. Loumyer sur Gachet.

2349. Malédiction (La) paternelle, ou l'Ombre de mon père, traduit de l'anglais (de mistriss Ellis Bennet), par Mme P*** (Julie Périn). *Paris*, Dentu, 1809, 5 vol. in-12.

2350. Malherbe, comédie en un acte, mêlée de vaudevilles, par MM. Georges Duval et V*** (Pierre-Ange Vieillard). *Paris*, Lecouvreur, 1809, br. in-8.

2351. Malheurs (Les) de l'amour, ou Mémoires d'une femme (par Jean-Baptiste d'Alban). *Paris*, Lenormant, 1817, br. in-8 de 96 pages.

2352. Malice et bonté, ou la Petite Léontine, historiette amusante et morale, par B. Allent (Amédée-Eugène Balland). *Paris*, Lecerf, 1824, in-8.

2353. Mandarin (Le) Kinchifun, histoire (conte) chinoise, par M. de *** (le marquis de Bonnac), gentilhomme de la chambre du Preste-Jean. *Dieppe*, veuve de Lormois, sans date, in-12 de 30 pages.

2354. Mangeurs (Les) de peuples au diable! Motion faite aux citoyens du Palais-Royal, le 22 mai, à neuf heures et demie du soir. Au sujet du décret de l'Assemblée nationale qui porte que le droit de décider de la paix ou de la guerre appartient à la nation (par Baillio). *Paris*, Girardin, sans date, in-8.

2355. Manière de bien vivre pour bien mourir et se préparer à la mort jusques au dernier soupir, avec ce qui suit après la mort, etc. (par Joseph Delacroix). *Valenciennes*, Jean Boucher, 1664, in-8.

2356. Manière de parler la langue française (par André Renaud). *Lyon*, Claude Rey, 1697, in-12.

Barbier lui donne induement le prénom d'*Antoine*.

2357. Manifeste des catholiques français, sur le devoir de soumission aux puissances, ou Traité des devoirs catholiques dans les révolutions (par Antoine Madrolle). *Paris*, Dentu, 1831, br. in-8 de 120 pages.

2358. Manifeste du gouvernement Américain (10 février 1815), ou Causes et caractère de la dernière guerre de l'Amérique avec l'Angleterre. Par James Madisson, président des Etats-Unis; et traduit sur la 11e édition anglaise, par l'Auteur de « La décadence de l'Angleterre » (Charles Malo). *Paris*, Delaunay, 1816, br. in-8 de 156 pages.

2359. Manoir (Le) de Beaugency, ou la Vengeance (par Mlle Clémentine Mame). *Paris*, Mame et Delaunay-Vallée, 1833, in-8.

2360. Manon Lescaut et le chevalier Desgrieux, mélodrame en trois actes, de M. *** (Etienne Gosse). *Paris*, Barba, 1821, br. in-8.

2361. Mans (Le) ancien et moderne (par Richelet). *Au Mans*, Belon, et *Paris*, Desauges et Cie, 1830, in-18.

2362. Manuel bibliographique du photographe français, ou Nomenclature des ouvrages publiés en France, depuis la découverte du *Daguéréotype* jusqu'à nos jours. Par E. B. de L. (Emile Bellier de la Chavignerie). *Paris*, 1862, br. in-8 de 22 pages.

2363. Manuel de dévotion à la Sainte-Vierge (par Mme la comtesse de Semallé). *Paris*, Pochard, 1826, gr. in-16.

2364. Manuel de l'amateur de café, ou l'Art de prendre toujours du bon café. Ouvrage contenant plusieurs procédés nouveaux, faciles et économiques, pour préparer le café et et en rendre la boisson plus claire et plus agréable. Dédié aux amateurs, aux bonnes ménagères, etc. Par M. H***, doyen des habitués du café de Foi (par Alexandre Martin). *Paris*, Audot, 1828, in-18.

Ce petit volume fait partie d'un recueil publié sous le titre de : *Petite bibliothèque utile et amusante*, qui a été interrompu après le cinquième volume.

2365. Manuel de l'archisodalité de la sainte famille de Jésus, Marie, Joseph, canoniquement érigée dans l'église des Pères rédemptoristes, à Liége (par le Père Lhoir, rédemptoriste). Nouvelle édition. *Liége*, Dessain, 1855, in-12 (Ul. C.).

2366. Manuel de l'électeur, par Ludovic de Marsay (Albert-André Patin de La Fizelière et Louis Giraudeau). *Paris*, 1849, in-8.

Réimprimé dans le format in-12 et très-augmenté.

2367. Manuel de morale pratique et religieuse, livre du maître, par MM. Al. Barbier et Ch*** (Chenêt). *Paris*, Langlois, 1840, in-12.

2368. Manuel des adorateurs du Saint-Sacrement, par un Prêtre de la très-sainte Congrégation du très-saint Rédempteur (le Père Lefèvre). *Liége*, Dessain, 1846, in-8 (Ul. C.).

2369. Manuel des amateurs d'estampes, par J.-C.-L. M. (Musseau). *Paris*, Foucaud, 1820, in-12.

2370. Manuel des contrôleurs, receveurs et essayeurs des bureaux de garantie d'or et d'argent (par Montchrétien). *Paris*, Logeret, an VI (1798), in-18.

2371. Manuel des coulisses, ou Guide de l'amateur (attribué à Théophile Marion du Mersan). *Paris*, Bezou, 1826, in-18.

2372. Manuel des oisifs (par l'abbé Sémillard des Ovillers, curé de Tremblay). *Paris*, impr. des Quinze-Vingts, 1786, in-8.

2373. Manuel des jeux de hasard, par T*** (Jean-Antoine-Paul-Etienne Teysseyre, ancien élève de l'Ecole polytechnique). *Paris*, Béchet, 1826, in-18.

2374. Manuel des religieuses hospitalières (par Nicolas Henrotte, chanoine honoraire). *Liége*, Grandmont, 1849, in-8 (Ul. C.).

2375. Manuel du citoyen (par Louis Giraudeau et Albert-André Patin de La Fizelière). *Paris*, 1848, in-18.

2376. Manuel du chasseur, etc. Par J.-B.-F. de G*** (Géradon). *Liége*, Desoër, 1846, in-18.

2377. Manuel du destructeur d'animaux nuisibles, par M. Vérardi, propriétaire et cultivateur (par Boitard). *Paris*, Roret, 1827, in-18.

2378. Manuel du fashionnable, ou Guide de l'élégant, par Eugène R...x (Ronteix). *Paris*, Audot, 1829, in-18.

2379. Manuel du pénitent, ou Motifs de contrition, etc. Par M. l'abbé de S*** (Sambucy Saint-Estève). *Nîmes*, Gaude, 1827, in-18.

2380. Manuel du pétitionnaire, etc. Par F.-M. M. (François-Marie Marchand de Beaumont). 3e édit. *Paris*, Moronval, 1826, in-18.

La première édition est de 1814.

2381. Manuel du sapeur-pompier, contenant la description des machines en usage contre les incendies, etc. (par François Schmitz le jeune, capitaine des pompiers de la ville). *Nancy*, Hissette, mars 1824, br. in-4° de 56 pages. Planches.

2382. Manuel du spéculateur à la Bourse (par Pierre-Joseph Proudhon). *Paris*, Garnier frères, 1854-1855, in-12.

Ce n'est qu'à la troisième édition, parue en 1856, que l'auteur consentit à mettre son nom sur le livre.

2383. Manuel du vrai sage, ou Recherches sur le bonheur de l'homme et sur ses devoirs, par M. C. (Martin-Pierre Crussaire). *Paris*, Leclère et Lenormant, 1803, in-12.

2384. Manuel électoral de l'habitant des villes, par l'auteur du « Manuel électoral des campagnes » (Charles Rogier). *Liége*, Collardin, 1830, in-12 (Ul. C.).

2385. Manuel électoral des campagnes, etc. (par le même).

Liége, Lebeau, 1829, in-18 (Ul. C.).

2386. Manuel élémentaire de l'art héraldique, mis à la por- de tout le monde, traduit de l'anglais, par Mme M*** (Morren, née Verrassel). *Bruxelles*, Deprez-Parent, 1840, in-12 (Ul. C.).

2387. Manuel élémentaire de littérature française (par l'abbé C. Louis). *Liége*, Grandmont, 1836, in-18 (Ul. C.).

2388. Manuel populaire, ou Résumé des principes et connaissances utiles aux classes inférieures de la société, etc. Par Alphonse C*** (Alphonse-Théodore Cerfbeer), ancien élève de l'Ecole polytechnique. *Paris*, Lecointe, 1828, in-18.

2389. Manuel populaire de la méthode Jacotot, ou application simple et facile de cette méthode à la lecture, l'écriture, l'orthographe, les langues, etc., ouvrage dédié aux pères de famille, par le docteur Reter de Brighton (par Hippolyte-François Regnier Destourbet). *Paris*, Delangle, 1821, in-8.

2390. Manuel universel et raisonné du canotier, ouvrage illustré de cinquante gravures sur bois et renfermant des recherches historiques sur l'origine et le développement du canotage, par un Loup d'eau douce. *Paris*, 1845, in-12.

Ce badinage est dû à la plume de M. Jules JACQUIN, curé de Saint-Gratien, près de Montmorency. M. l'abbé J. JACQUIN est auteur de plusieurs ouvrages estimés auxquels il a mis son nom. Nous connaissons de lui : *Le Dictionnaire usuel des curés*, in-8 ; *Le Dictionnaire d'antiquités chrétiennes*, in-8, et *Rueil et la Malmaison*, in-8.

2391. Manuscrit (Le) de 1905, ou Explication des salons de Curtius, au XXe siècle, par Gabriel Pictor (Auguste Jal). *Paris*, Ambroise Dupont, 1827, 2 vol. in-12.

2392. Manuscrit (Le) de ma grând'tante. *Paris*, impr. de Brière, 1841, in-8.

C'est un extrait des poésies de Mme D'HOUDETOT. Ce livre, qui ne se vend pas, est un chapitre détaché d'un ouvrage de Mme D'ARBOUVILLE, née Sophie de Bazancourt, arrière petite-fille de la comtesse d'Houdetot, illustrée par Jean-Jacques.

Mme D'ARBOUVILLE, née le 29 août 1810, est morte le 22 mars 1850.

(Note communiquée par M. Adolphe d'Houdetot, arrière-petit-neveu de la comtesse).

2393. Manuscrit (Le) de M. Jérôme, contenant son œuvre inédite, une notice sur sa personne, un *fac-simile* et le portrait de cet illustre contemporain (par le comte Antoine Français, de Nantes). *Paris* et *Leipsick*, Bossange frères, 1825, in-8.

Le vrai nom était FRANÇOIS.

2394. Manuscrits de l'ancienne abbaye de Saint-Julien de Brioude (publiés par Auguste Trognon). *Paris*, 1826, in-8.

2395. Manuscrits de Marie-Joseph Chénier, 1816, in-4.

Ce mémoire, signé D.-F. Chénier, et maître Mollion, avoué, publié à l'occasion d'un procès qui avait lieu entre les héritiers de Chénier et une dame de Lesparda, qui se prétendait légataire de la majeure partie des manuscrits de ce poète, a été rédigé par Pierre-Claude-François DAUNOU.

2396. Maréchal (Le) Marmont devant l'histoire (par M. Ducasse, référendaire). *Paris*, E. Dentu, 1857, in-8.

2397. Marchands (Les) de miracles, histoire de la superstition humaine, par Alfred de Caston (F.-L.-Antoine Aurifeuille, élève de l'Ecole polytechnique en 1841). *Paris*, E. Dentu, 1864, in-12.

2398. Marguerite, par Anna-Marie (la comtesse d'Hautefeuille). *Paris*, Cassard, 1847, in-8.

2399. Marguerites (Les) de France, suivies des Nouvelles filiales », par Mme d'Altenheym (Mme Beuvain, née Gabrielle Soumet). *Paris*, Vermot, 1859, in-12.

2400. Mari (Le) de la veuve, comédie en un acte et en prose, par MM. *** (Xavier Durrieu et Alexandre Dumas père). *Paris*, Auffray, 1832, br. in-8.

2401. Maria, ou l'Enfant de l'infortune (par Mme Villeneuve d'Abaucourt). *Paris*, Renaud, 1847-1848, 3 vol. in-12.

2402. Maria, ou Soir et matin, par Mme de Saint-Surin (Mme de Monmerqué, née de Cendrecourt). *Paris*, Bellin-Mandar, 1837, 2 vol. in-8.

2403. Mariage (Le) au point de vue chrétien (par la comtesse Agénor de Gasparin, née Valérie Boissier). *Paris*, Debay, 1842-43, 3 vol. in-8.

2404. Marianne Aubry, par Mlle Louise d'Aulnay (Mlle Léonie Gouraud). *Paris*, Débécourt, 1841 (1840), in-12.

2405. Marie (par Julien-Auguste-Pélage Brizeux). *Paris*, Auffray, 1832, in-12.

En vers. — Les éditions subséquentes portent le nom de l'auteur.

Ce poète, dont toute la vie se composa, selon l'expression de M. Alfred Nettement (*Semaine*, 9 octobre 1858) « d'une idylle et d'une élégie », naquit à Lorient, au commencement du siècle et mourut au mois de mai 1858, à Montpellier, où il était allé pour chercher le rétablissement de sa santé.

2406. Marie, ou l'Initiation, par Francis d'Azur (Mlle Sophie Mazure). *Paris*, Charles Gosselin, 1833, in-8.

2407. Marie Aubert, par Paul Ferney (Louis-Alexandre Mesnier, ancien libraire). *Paris*, Voisvenel, 1855, in-8.

Publication du *Siècle*.

2408. Marie de Boulogne, ou l'Excommunication, nouvelle historique (par M. Pierre-François-Nicolas Hédouin, avocat). *Paris*, Baudouin, 1824, in-12.

2409. Marie de Clèves, princesse de Condé, etc. Par Mme Augustine de Gottis (attribué à Jean-Pierre Brès). *Paris*, Lecointe et Durey, 1830, 3 vol. in-12.

Voyez la note placée à la suite de l'article le *Jeune Loys*, art. 2036.

2410. Marie Menzikoff, ou la Fiancée de Pierre II, roman historique, par Auguste Lafontaine ; traduit de l'allemand, par J.-P. M.-D. (Jean-Pierre Méniathon-Duperche), traducteur du « Bal masqué », du même auteur. *Paris*, Lerouge, 1817, 2 vol. in-12.

2411. Marie Stuart, tragédie en cinq actes, par Frédéric Schiller ; traduction de l'allemand, publiée par M. de Latouche, précédée de quelques réflexions sur *Schiller*, *Marie Stuart* et les deux pièces allemande et française. *Paris*, Bataille, 1820, in-8.

Quérard s'est trompé en attribuant la traduction de cette tragédie au baron DE REDERN. Le véritable traducteur est DIELITZ, prussien, que les événements politiques avaient conduit en France, et qui, vers la fin du premier Empire, était employé dans les bureaux de l'administration de la guerre. De Latouche ne savait pas la langue allemande, et il n'a fait que retoucher le travail de DIELITZ, qui écrivait le français avec quelque difficulté.

2412. Marie sur le trône du ciel, ou Recueillements consolants pour servir pendant le mois de Marie, par le R. P. Joseph-Nev. Stoger, de la compagnie de Jésus. Traduit de l'allemand, par Joseph Grontier et Daurignac (Mlle J.-M.-S. Orliac). 4e édition. *Lyon*, Pélagaud et Cie, 1856, in-32.

2413. Marquis (Le) de Valmer, comédie de salon, suivie de six morceaux de déclamation pour salon, par Mlle de Grandpré (Mlle Chevalier). *Paris*, E. Dentu, 1863, in-12.

2414. Marquise (La) aura mauvais temps, par Mme la marquise de Noisiel (Mme Pellaprat). *Paris*, Chappe, 1856, 3 vol. in-8.

Mme Pellaprat, fille de M. Amable Leroy, imprimeur à Lyon, et mère de Mme de Brigode, n'était pas sans esprit, ni sans lecture ; mais elle ajoutait volontiers au sien l'esprit des autres.

2415. Marquise (La) de Châtillard, par P. L. Jacob (Paul Lacroix). *Paris*, Ambroise Dupont, 1839, 2 vol. in-8.

2416. Marquise (La) de Gange (par le m^is de Sade). *Paris*, Béchet, 1813, 2 vol. in-8.

2417. Marquise et pêcheur, par Mlle Anna Edianez (Zénaïde Fleuriot). *Paris*, Ambroise Bray, 1862, in-18.

2418. Marseille sauvée, tragédie nouvelle en cinq actes et en vers, lue et reçue à la Comédie-Française (et non représentée), par M. F*** D*** L*** T*** (Fécois de La Tour). *Paris*, Cailleau, 1782, br. in-8.

2419. Marthe de Montbrun, par Max Valrey (Mme Soler, née Eugénie-Marie Gaude). *Paris*, Michel Lévy, 1858, in-12.

Ce roman avait d'abord paru dans la *Revue des Deux-Mondes*.

2420. Martyrologe du clergé français, pendant la Révolution (par l'abbé Carron). *Paris*, au bureau du *Journal des Villes et des Campagnes*, 1840, in-12.

2421. Martyrs (Les) Lyonnais, ou la Ligue de 1829, à-propos en vers, enrichi de notes contemporaines à l'usage de la congrégation. Dédié aux Jésuites, par un Jésuite défroqué (Hugues-Marie-Humbert Bocon de Lamerlière). *Lyon*, Bonnet, 1829, in-8.

On donnait dans le public pour collaborateurs à Lamerlière, César BERTHELON et Sébastien KAUFFMAN.

2422. Massacre (Le) des Innocents, par l'Auteur de « l'Extrait du charnier des innocents », signé : De Droiture, avocat au Parlement (par Pierre-Mathieu Parein). *Paris*, de l'imprimerie de P. P., 1789, br. in-8 de 20 pages.

2423. Massacre (Le) des magistrats de Louvain, en 1379, par Léon Van der Wuylen (Mathieu-Lambert Polain). *Liége*, Jeunehomme, 1837, in-8 (Ul. C.).

2424. Massillon Jacobin !... Discours prononcé par Mgr de S*** (De Saussol), évêque de Séez, dans la chapelle du collége d'Alençon, le 6 novembre 1821. *Paris*, A. Belin, 1822, in-8, pièce.

2425. Matanasiennes, lettres suivies de notes sur des riens philosophiques, par un Petit-neveu du prieur Ogier (Pierre Rostain, ancien notaire à Lyon). *Lyon*, imprimerie de Charvin, 1837, gr. in-8.

2426. Mathilde, voyage en Normandie au douzième siècle, par un Normand (Théodore de Grébeauval). *Rouen*, Frère, 1825, in-12.

2427. Mathilde, ou les Anglaises en Italie, roman du jour, traduit de l'anglais, par le traducteur « d'Elisa Rivers d'Osmond » (Mme la comtesse Molé, née de la Briche). *Paris*, Denain, 1826, 4 vol. in-12.

2428. Maugrabin (Le), drame mêlé de chants, par MM. Saint-Yves (Edourd Déaddé), Xavier (Vérat) et *** (Charles Ménétrier). *Paris*, Marchant, 1836, in-18.

2429. Maurice Pierret, épisode de 1789, par M. Mortonval (Alexandre-Furcy Guesdon). *Paris*, Eugène Renduel, 1829, 5 vol. in-12.

2430. Mauvais (Le) langage corrigé, ou Vocabulaire des locutions vicieuses les plus répandues. Contenant plus de douze cents mots impropres, altérés, forcés, etc. (par J. Rouchet). *Bruxelles*, Mortier frères, 1845, in-8 de 72 pages.

2431. Mauvais (Les) garçons (par MM. Alphonse Royer et Auguste Barbier). *Paris*, Eugène Renduel, 1830, 2 vol. in-8.

2432. Mauvais (Les) livres, les mauvais journaux et les mauvais romans, 3e édition (par le Père Boone, de la société des Bollandistes). *Bruxelles*, 1842, in-18.

Liste qui n'est pas toujours faite avec discernement.

2433. Maximes spirituelles et diverses instructions très-utiles pour les personnes consacrées à Dieu, etc. Par le R. P. Pergmayer; traduit de l'allemand, par un Prêtre du diocèse de Liége (l'abbé Burgers, de Visé). *Liége*, Lardinois, 1856, in-12 (Ul. C.).

2434. Maximilien de Baillet, comte de Latour (par Charles Soudain de Niederweth). *Bruxelles*, sans date, gr. in-8.

2435. Mazzini jugé par lui-même et par les siens, par Jules Bréval (Albert Clerc). *Paris*, 1853, in-12.

2436. Médecin (Le) des campagnes, par Ag... (Agier), docteur-médecin, membre de plusieurs sociétés savantes, scientifiques et médicales. *Paris*, Crochard, 1832, in-12.

2437. Médecin (Le) du cœur, par Anna Prévost (Mme Martin, née Marie-Joséphine-Anna Bourgeois). *Paris*, 1854, in-12.

2438. Médecins (Les) de Paris jugés par leurs œuvres, ou Statistique scientifique et morale des médecins de Paris, etc., par C. Sachaile (Claude Lachaise, docteur en médecine). *Paris*, chez l'auteur, 1843-1844, in-8.

2439. Médianoches, par Paul Jacob (Paul Lacroix), bibliophile. *Paris*, Dumont, 1835, 2 vol. in-8.

2440. Méditations en chemin de fer, des destinées de la poésie dans ses rapports avec l'industrie, par Arthur de Gravillon (A.-Antoine-Alphonse Péricaud de Gravillon). *Paris*, E. Dentu, sans date (1847), in-18.

2441. Méditations en prose, par une Dame indienne (Mme Alina Deldir, femme Mercier). Ornées du portrait de l'auteur. 2e édition. *Paris*, Pichard, 1828, in-8.

Ces mots : *Deuxième édition*, ne sont qu'une duperie. Il n'y a de changé que les faux-titre et titre qui sont sur papier différent du reste du volume. La seule date vraie de cet ouvrage est 1827.

2442. Méditations politiques (par Antoine Madrolle). *Paris*, Blaise, 1829, br. in-8 de 96 pages.

Pour faire suite à l'*Esquisse politique*, du même.

2443. Méditations sur les sept dons du Saint-Esprit, par le R. P. Pergmayer, de la Société de Jésus; traduit de l'allemand, par un Prêtre du diocèse de Liége (l'abbé Burgers, de Visé). *Liége*, Lardinois, 1855, in-12 (Ul. C.).

2444. Méditations sur l'existence et les conditions d'un enseignement supérieur donné en Belgique aux frais de l'Etat, par un Professeur de l'Université (Adolphe Roussel, d'Anvers, avocat et professeur à l'Université de Bruxelles). *Bruxelles*, Buthot, 1835, br. gr. in-8 de 59 pages.

2445. Mélanges (par Alphonse Le Roy, professeur à l'Université de Liége, et A. Picard). *Liége*, Carmanne, 1859, in-8 (Ul. C.).

2446. Mélanges d'agriculture sur les mûriers et l'éducation des vers à soie (par De la Brousse). *Nîmes*, C. Belle, 1789, 2 vol. in-8, fig.

Le second volume porte, à la suite du titre : *Nouvelle édition augmentée*, tandis que sur le premier on lit : *Première édition*.

2447. Mélanges biographiques pour servir à l'histoire de Lyon, par M*** (Claude Bréghot-du-Lut), de l'Académie et du cercle littéraire de cette ville, etc. *Lyon*, J.-M. Barret, 1828, in-8.

Volume composé de *tirés à part* d'articles insérés dans les sept premiers tomes des *Archives historiques et statistiques du Rhône*.

2448. Mélanges d'économie sociale (par Auguste Barbet). *Rouen*, Brive, 1832, in-8.

En tête de ces mélanges se trouvent deux mémoires qui, déjà, avaient été publiés séparément. L'un, traite de la *Suppression de la mendicité*; l'autre, de l'*Organisation du régime des prisons*.

2449. Mélanges de littérature, de philosophie, de morale, etc., par H.-A. L. P. (Henri-Augustin Le Pileur). *Leyde*, Cyfacer, 1808, 3 vol. in-8.

2450. Mélanges d'histoire et de littérature orientales, par M*** (François-Xavier Rousseau, consul de France à Alep). *Paris*, Al. Eymery, 1817, in-8.

2451. Mélanges historiques et littéraires (par Claude Bréghot-du-Lut). *Lyon*, Barret, t. Ier. 1830, tome II, 1831.

Ces deux volumes sont formés de *tirés à part* d'articles insérés dans les *Archives historiques et statistiques du Rhône*, comme les *Mélanges biographiques*. Voyez le n° 2447.

2452. Mélanges philosophiques, par de T*** (le baron Hermann-Jean De Trappé). *Paris* (*Liége*), 1818, br. in-8 de 96 pages.

Le baron de TRAPPÉ, dernier rejeton mâle d'une famille noble connue depuis le 13e siècle, naquit à Liége, vers 1762, et est mort à La Plante, près de Namur, le 4 septembre 1832.

2453. Mélanges religieux, par Mme Natalie P*** (Pitois). *Paris*, Blaise aîné, 1827, in-12.

2454. Melchior, par Mme Camille Bodin (Marie-Hélène Dufourquet). *Paris*, Dumont, 1839, 2 vol. in-8.

2455. Mélodrame (Le) aux boulevards, facétie littéraire, historique et dramatique, par Placide-Le-Vieux, habitant de Gonesse, de l'Athénée du même endroit et des sociétés littéraires de Saint-Denis et d'Argenteuil, avec des notes plus longues que le texte pour en faciliter l'intelligence (par Jean-Armand Charlemagne). *Paris*, 1809, in-8.

2456. Mémoire à consulter et consultation pour S. A. le duc Charles de Brunswick, sur les droits garantis aux étrangers par les lois françaises (par Charles Comte, rédacteur du *Censeur européen*). *Paris*, Dezauche, 1832, in-8.

2457. Mémoire à consulter pour Jean-Baptiste Jauret contre le nommé Bricard, employé des fermes (par Honoré-Gabriel Riquetti, comte de Mirabeau). Délibéré à Pontarlier, le 16 décembre 1775, et signé Bricard, avocat. (Imprimé à Neufchâtel), in-12 de 20 pages.

2458. Mémoire adressé à la chambre des Représentants, le 28 juin 1815 (par le marquis Jean-Charles-Alexandre-François de Mannoury d'Ectot, ancien membre du collége électoral du département de l'Orne). *Paris*, Dentu, 1815, br. in-8.

De Mannoury d'Ectot, ingénieur, naquit le 11 décembre 1777, à Saint-Lambert, arrondissement d'Argenton (Orne), et non à Caen, comme le disent indûment tous les biographes. C'est également à tort qu'ils le font maire de cette ville.

Il est mort à Paris, le 2 mars 1822.

2459. Mémoire au Conseil du roi, sur la véritable situation de la France et sur l'urgence d'un gouvernement contraire à la Révolution (par Antoine Madrolle et Henrion, avocat). *Paris*, 1830, in-4.

2460. Mémoire au roi pour Demiannay aîné, ancien banquier (par Odilon Barrot). *Paris*, Malteste et Cie, 1836, in-4.

2461. Mémoire au roi, sur l'imposture et le faux matériel de la conciergerie, par l'auteur des « Mémoires secrets et universels de la reine de France » (par l'abbé Lafont d'Auxonne). *Paris*, Dentu, 1825, br. in-8 de 32 pages.

2462. Mémoire concernant les droits respectifs des auteurs dramatiques et des entrepreneurs de spectacles (par François-Benoît Hoffman). Sans nom de lieu, ni date. (*Paris*, vers 1790), in-4.

2463. Mémoire contenant des explications *théoriques* et pratiques sur une carte trigonométrique servant à déduire la distance apparente de la lune au soleil, ou une étoile en distance vraie, et à résoudre d'autres questions de pilotage (par Maingon, de Brest). *Paris*, imprimerie de la République, an VII (24 mars 1799), in-4.

2464. Mémoire contre Louis Prudhomme (journaliste et historien, né à Lyon). Sans date (vers 1800), in-4.

Ce factum est attribué, dans le catalogue de la Bibliographie lyonnaise de Coste, au banquier FULCHIRON, membre du Corps législatif, sous le Consulat.

2465. Mémoire et consultation pour Claude-Xavier Girault (ancien magistrat), contre dame A. Cl. Petit, son épouse (par Claude-Nicolas Amanton). *Dijon*, Causse, 1792, in-8.

2466. Mémoires et pièces justificatives pour Mme A. M. R. Lusignan de Champignolles, veuve de M. Louis-Joseph de Douhault (par Pierre-Antoine Laloy). 1807, in-8.

2467. Mémoire historique concernant les droits du roi sur les bourgs de Fumay et de Revin. Sans nom de lieu, 1772, in-f° de CXVI et 151 pages.

Ce savant travail, sorti des presses de l'imprimerie royale, et dont la Bibliothèque impériale possède un exemplaire, est de PFEFFEL (Chrétien-Frédéric), jurisconsulte du roi, attaché au ministère des affaires étrangères. C'était le frère aîné du fabuliste Pfeffel.

2468. Mémoire historique sur l'ancienne et illustre maison de Bazentin, de Montauban, de Hervilly, de Malapart, d'après des documents anciens et les crayons généalogiques de P. d'Hozier, seigneur de la Garde, chevalier de l'Ordre du roi, juge général des armes de France, en 1642. *Mons*, Manceaux-Hoyois ; *Anvers*, Henri Manceaux, 1860, 1 vol. in-4, avec huit planches d'écussons.

L'auteur de ce *Mémoire*, qui porte le numéro 3 des publications éditées sous le patronage du cercle archéologique de Mons, est le Père ROLAND, de la Compagnie de Jésus.

2469. Mémoire pour servir à l'histoire de la campagne de 1796, contenant les opérations de l'armée de Sambre et Meuse, sous les ordres du général en chef Jourdan (par le comte Jean-Baptiste Jourdan, maréchal de France). *Paris*, Magimel, 1818, in-8.

2470. Mémoire pour la ville de Belley, où sont exposés les droits de cette ville à la résidence de l'Evêque, etc. (attribué à Jean-Humbert Monier, avocat-général à la Cour de Lyon). *Lyon*, Rusand, 1826, in-4.

Ce magistrat était né à Belley. Le mémoire cité n'est pas compris dans le recueil de ses œuvres, en vers et en prose, publié depuis sa mort, en un mince in-8, tiré à petit nombre.

2471. Mémoire pour le baron de Pontet, conseiller au parlement de Metz, en réponse à celui de M. de Custines (par l'abbé Thouvenel, curé à Metz). *Metz*, 1789, in-4.

2472. Mémoire présenté au gouvernement belge, au nom du commerce et de l'industrie de la province de Liége, à l'appui de nos relations avec la Hollande (par Laurent-Emile Renard). *Liége*, Collardin, sans date, in-4 de 64 pages (Ul. C.).

2473. Mémoire qui a remporté le prix à l'Académie des sciences, agriculture, commerce, belles-lettres et arts du département de la Somme, le 16 août 1807, sur la question suivante, proposée par cette compagnie : « Quelle est l'origine de la langue picarde ? A-t-elle des caractères qui lui soient propres ? etc. » Par L.-A.-J. Grégoire d'Essigny fils, de Roye. *Paris*, Sajou, 1811, in-12 de 74 pages.

Ce mémoire n'est pas de L.-A.-J. Grégoire d'Essigny, mais bien d'un nommé CHICOT, son parent. Ce dernier avait composé ce *mémoire* qui était resté inédit. Après sa mort, Grégoire d'Essigny s'en empara et l'envoya au concours de la Société en 1811. Il fut couronné.

(*Magasin encyclopédique*, septembre 1811).

2474. Mémoire sur la carrière politique et militaire de M. le comte de Boigne, suivi de notes historiques et accompagné d'une carte de l'Inde, divisée et coloriée conformément aux possessions territoriales relatives aux époques dont il s'agit. Imprimé par l'ordre de la Société académique de Savoie (par Raymond, auteur d'un *Eloge de Pascal*, couronné par l'Académie des Jeux floraux). *Chambéry*, Rettit, 1829, br. in-8 de 150 pages.

2475. Mémoire sur la constitution politique de la ville et cité de Périgneux, etc. (Rédigé par Jacob-Nicolas Moreau, d'après le travail de M. Pierre de Laubanie, seigneur de Sudrat, député de la cité). *Paris*, Quillon, 1775, in-4.

(Note manuscrite de Chérin).

2476. Mémoire sur la fabrication des eaux-de-vie de sucre et particulièrement sur celle de la guildive et du tafia, avec des appendices sur le vin de cannes et sur la fabrication du sucre (par Joseph-François de Charpentier-Cossigny). *Ile-de-France*, imprimerie royale, 1781-1782, 2 vol. in-4.

2477. Mémoire sur la fortification perpendiculaire, présenté à l'Académie des Sciences (1786).

Cet ouvrage, annoncé comme ayant été rédigé par plusieurs officiers du Génie, avait effectivement pour auteur FOURCROY, qui fut aidé dans son travail par le major GRANIER, en retraite depuis longtemps, et par DE FRANCHEVILLE, officier beaucoup plus jeune, qui fut chargé des calculs et des dessins.

2478. Mémoire sur la guerre de la Vendée en 1815, par le baron S. Canuel, lieutenant-général des armées du roi. *Paris*, Dentu, 1817, in-8.

Ce *Mémoire* paraît avoir été écrit par Guy-Marie DEPLACE.

2479. Mémoire sur la situation des catholiques dans les Pays-Bas, depuis leur émancipation en 1798 jusqu'à nos jours, par un électeur hollandais (attribué à de Cramer). *Bruxelles*, Greise, 1849, in-12 (Ul. C.).

2480. Mémoire sur la spiritualité de l'âme (par Faure, professeur au collége de Gap). *Paris*, Adrien Leclère, 1828, in-8.

2481. Mémoire sur la versification française, adressé et dédié à l'Académie française, par le comte de Saint-Leu (Louis-Bonaparte, ex-roi de Hollande). Imprimé à Rome, par de Romanis, 1819, in-4.

L'auteur reproduisit, quelques années plus tard, ce même ouvrage sous un autre titre. Voyez le n° 1359.

2482. Mémoire sur l'éducation

classique des jeunes médecins, considérée sous le seul point de vue de la bonne littérature et pratique médicale, pour servir de complément aux précédents mémoires, etc. Par le docteur *** (le chevalier François-Christophe-Florimond de Mercy). *Paris*, Cosson, 1827, br. in-8 de 72 pages.

2483. Mémoire sur le calendrier arabe avant l'islamisme et sur la naissance et l'âge du prophète Mohammed, par Mahmoud Effendi, astronome égyptien (traduit en français, par Edme-François Jomard). *Paris*, impr. imp[le], 1858, in-8.

2484. Mémoire sur le choléra, par L.-B. M. (le docteur Malaise). *Liége*, 1832, in-12 (Ul. C.).

2485. Mémoire sur le dieu Morystagus et l'inscription trouvée en 1652, parmi les ruines d'Aliza, etc., par C.-H. M. D. C. (Charles-Hippolyte Maillard de Chambure). *Saumur*, 1822, br. in-8 de 24 pages.

2486. Mémoire sur le mariage des protestants en 1785 (par Joly de Fleury, ancien procureur-général au parlement de Paris). *Paris*, sans date (1785), in-8.

2487. Mémoire sur le système à adopter par une nouvelle administration. Octobre 1827 (par le comte Hugues-Bernard Maret, duc de Bassano). *Paris*, Fain, 1830, br. in-8 de 32 pages.

2488. Mémoire sur les antiquités, monuments et curiosités qui existent dans l'église cathédrale d'Aix, sous le titre de Saint-Sauveur (par Jules-Antoine-Alphonse Fauris de S[t]. Vincens fils, président à la Cour royale d'Aix). *Aix*, Poutier, 1818, br. in-8.

2489. Mémoire sur les avantages de la mouture économique et du commerce de France, par M. B. (E. Béguillet), de la Société d'agriculture de Lyon. *Dijon*, Frantin, 1769, in-8.

2490. Mémoire sur les avantages qui résulteraient de la cession à forfait ou en location de la main-d'œuvre dans les dépôts de mendicité (par F.-J. Bulens). *Bruxelles*, 1844, br. in-8 de 28 pages.

2491. Mémoire sur les contributions indirectes relatives aux boissons, soumis à la chambre des Pairs, par des propriétaires et des délégués de propriétaires de vignes de divers départements réunis à Paris (rédigé par le comte J.-A.-M. Agar de Mosbourg). *Paris*, Dondey-Dupré, 1828, br. in-8.

2492. Mémoire sur l'espèce de gouvernement établi à Berne, le 25 décembre 1813 (par le général Frédéric-César de La Harpe, l'ancien instituteur de l'empereur de Russie, Alexandre Ier). *Paris*, 1814, br. in-8.

2493. Mémoire sur les fonds ruraux du département de l'Escaut (par J.-F. de Lichtervelde). *Gand*, 1815, in-8.

2494. Mémoire sur les grandes routes, les chemins de fer et les canaux de navigation, traduit de l'allemand, de F. de Gerstner (par Olry Terquem), et précédé d'une introduction, par P. S. Girard, membre de l'Institut. *Paris*, Bachelier, 1827, in-8.

L'introduction forme, à elle seule, plus de la moitié du volume.

2495. Mémoire sur les ressources que présente le commerce pour affermir son crédit, etc. Avec des additions importantes, etc. Par P. J. Ch., membre du Conseil général du commerce de France (Pierre-Joseph Chédeaux, depuis maire de Metz). *Metz*, Collignon, 1814, br. in-8 de 48 pages.

2496. Mémoire sur mon existence conjugale, depuis l'époque de mon mariage jusqu'à ce jour, 1er décembre 1846. Dédié à mes enfants (par Poulain). *Paris*, 1847, in-12.

2497. Memoires à leurs hautes puissances, nos Seigneurs les Etats-Généraux des Pays-Bas catholiques, sur le rétablissement des Jésuites (par De Villégas d'Estimbourg, chancelier au Conseil souverain de Brabant). Sans nom de lieu, 1790, in-8 (Ul. C.).

2498. Mémoires authentiques de Maximilien de Robespierre, ornés de son portrait et du *facsimile* de son écriture, extraits de ses mémoires (par Moreau-Rosier). *Paris*, Moreau-Rosier, 1830, 2 vol. in-8.

Cette publication qui, en dépit de son titre, est apocryphe, avait été annoncée en quatre volumes, et n'a pas été continuée.

2499. Mémoires biographiques, littéraires et politiques de Mirabeau, écrits par lui-même, son père, son oncle et son fils adoptif (Lucas-Montigny). *Paris*, A. Guyot, 1834, 8 vol. in-8.

Ces mémoires, publiés sur les documents dont était en possession feu LUCAS-MONTIGNY, fils naturel de Mirabeau, ont donné lieu à des réclamations de la part du comte Horace de Vieil-Castel, qui en contestait l'authenticité. La production en justice des papiers originaux mit à néant ces prétentions mal fondées.

2500. Mémoires, contes et autres œuvres de Charles Perrault, précédés d'une notice, par P. L. Jacob (Paul-Lacroix). *Paris*, Charles Gosselin, 1842, in-12.

2501. Mémoires de Brissot-Warville sur ses contemporains, sur la fin du dix-huitième siècle et sur la Révolution française (publiés par F. de Montrol). *Paris*, Ladvocat, 1830, 4 vol. in-8.

Lorsque ces mémoires parurent, on leur reprocha d'être apocryphes ; mais la famille même de Brissot réclama contre cette allégation, en fournissant des preuves de leur authenticité, et prétendant qu'on n'avait ajouté à ces mémoires *autographes* que les lettres originales de plusieurs personnages célèbres avec qui Brissot-Warville avait été en correspondance.

Malgré cette déclaration, dans l'opinion générale, il n'est pas moins établi que ces mémoires sont apocryphes.

2502. Mémoires (apocryphes) de Condorcet sur la Révolution française, extraits de sa correspondance et de celle de ses amis (par le marquis Frédéric-Gaëtan de La Rochefoucauld-Liancourt). *Paris*, Ponthieu, 1824, 2 vol. in-8.

2503. Mémoires (supposés) de Fleury (Abraham-Joseph Laute de Fleury, dit Bénard), de la Comédie française. 1757-1820. *Paris*, Ambroise Dupont, 1835-1837, 6 volumes in-8.

Réimprimés en 2 vol. in-12.

Mémoires entièrement apocryphes. Pour quiconque a connu Fleury, ceci ne saurait faire l'objet d'un doute. Fleury était l'homme qui écrivait le moins ; il redoutait même jusqu'à un certain point de parler, et ne s'occupait que de ses rôles, de ses plaisirs, de sa santé. Pour cette triple affaire, il n'avait jamais assez de temps, et il n'y a nulle apparence qu'il se fût avisé de jeter des notes sur le papier ; encore moins de les rédiger, pour consigner des observations qui n'étaient ni dans son caractère, ni dans les habitudes de son esprit.

Cette publication reste donc l'œuvre entière de M. Jean-Baptiste-Pierre Lafite, ex-comédien français, homme de lettres et auteur dramatique. Ces mémoires sont précédés d'une *Introduction sur le théâtre en France*, morceau bien pensé et remarquablement écrit.

2504. Mémoires de Flore, artiste du théâtre des Variétés. *Paris*, chez les imprimeurs réunis, 1846, 3 vol. in-8.

Ces mémoires apocryphes, où quelques traits seulement, relatifs à cette actrice, ont un cachet de vérité, sont le produit de l'association littéraire de deux auteurs féconds des scènes de genre, T. Marion du Mersan et Jules-Joseph Gabriel.

Ce dernier est le neveu de l'architecte Gabriel, et il eut pour frère utérin le peintre Thomas, *aujourd'hui décédé*, qui fut un des premiers grands prix de Rome.

2505. Mémoires de J.-P. D. (Jean-Pierre Desferrières), écrit par lui-même dans son dernier voyage en Italie. *Paris*, 1806, in-8.

2506. Mémoires de l'Académie de chirurgie (par La Peyronnie). *Paris*, Charles Osmont fils, 1743, 5 vol. in-4.

2507. Mémoires de la Cour d'Espagne, sous le règne de Charles II, 1678-1682, par le marquis de Villars (publiés par M. William Sterling). *Londres*, 1861, in-8.

Publication de la *Société des bibliophiles de Londres (Philobiblon Society)*, tiré à cent exemplaires seulement pour le commerce. Portrait photographié.

2508. Mémoires de la jeune Pauline, par Mme D***. *Mons*, Monjot, 1806, 2 vol. in-12.

L'auteur de cette œuvre posthume est Mlle Bonne-Philippine-Joséphine-Hubertine Dumont, morte à Mons, le 29 janvier 1805.

2509. Mémoires de la vie privée d'un homme de bien, écrits par lui-même, dans la 81e année de son âge (le vicomte Gauthier de Brécy). *Paris*, 1834, in-8.

2510. Mémoires (supposés) de l'exécuteur des hautes-œuvres, pour servir à l'histoire de Paris pendant la Terreur, par A. Grégoire (par Vincent Lombard, de Langres). *Paris*, 1830, in-8.

2511. Mémoires de H. Masers de Latude, prisonnier pendant 35 ans, à la Bastille, à Vincennes, à Charenton, à Bicêtre (par Thierry). *Paris*, A. Ledoux, 1835, 2 vol. in-8.

2512. Mémoires d'Hippolyte Clairon (Claire-Joseph Léris Scanapiecq, dite), publiés par elle-même. *Paris*, Buisson, an VII (1799), in-8.

Plusieurs fois réimprimés.

2513. Mémoires (supposés) de Lola Montès (par Papon). *Genève*, 1849, 2 vol. in-8.

2514. Mémoires (supposés) de Louis XVIII, par le duc de*** (par le baron Etienne-Léon de Lamothe-Langon). *Paris*, Thoisnier-Desplaces, 1831-1832, 14 vol. in-8.

2515. Mémoires (supposés) de Mme la comtesse du Barry (par MM. Et.-Léon de Lamothe-Langon, Damas-Hinard, aujourd'hui secrétaire des commandements de S. M. l'Impératrice, et Amédée Pichot). *Paris*, Mame et Delaunay-Vallée, 1829, 4 vol. in-8.

Dans cette publication, dont le premier jet est dû à Lamothe-Langon, comme dans presque toutes celles auxquelles il a pris part, M. Damas-Hinard a été le metteur en œuvre, et c'est M. Amédée Pichot qui s'est chargé de la révision générale.

2516. Mémoires (supposés) de madame Saqui (par Vanet). *Paris*, E. Dentu, 1861, in-12.

2517. Mémoires (supposés) de Mme de la Vallière (par Julien-Auguste-Pélage Brizeux). *Paris*, Mame et Delaunay-Vallée, 1829, 2 vol. in-8.

2518. Mémoires (supposés) de Mme la marquise de Montespan (par l'abbé Lafont d'Auxonne). *Paris*, Mame et Delaunay-Vallée, 1829, 2 vol. in-8.

Voyez ses *Lettres anecdotiques sur les deux départs de la famille royale, en 1815 et 1830*, page 202 et suivantes.

2519. Mémoires (supposés) de Mlle Avrillon, femme de chambre de la reine Hortense (attribués à Maxime Catherinet de Villemarest). *Paris*, Ladvocat, 1833, 2 vol. in-8.

2520. Mémoires de Mlle Boury, écrits par elle-même et ornés d'un portrait fort ressemblant. *Paris*, Vincent, 1833, in-8.

Ouvrage entièrement apocryphe, attribué au même écrivain.

2521. Mémoires (supposés) de Mlle Quinault l'aînée, etc. (par Etienne-Léon de Lamothe-Langon). *Paris*, Allardin, 1836, 2 vol. in-8.

Publication non-achevée.

2522. Mémoires de M. le duc de Lauzun (Armand-Louis de Gontaut) (publiés par Charles-Jean Barrois). *Paris*, Barrois l'aîné, 1821, in-8.

Une seconde édition, en 2 vol. in-18, parut l'année suivante. Cette publication souleva beaucoup de réclamations de la part des familles attaquées. Les passages supprimés ont été rétablis dans la *Revue rétrospective, 1re série*. La réimpression complète de ces mémoires fut faite, en 1860, par M. Louis Lacour, et donna lieu à des poursuites et à une condamnation contre les éditeurs. — Cette édition a eu deux tirages distincts.

2523. Mémoires de M. Gisquet, ancien préfet de police, écrit par lui-même (revus et corrigés par Horace-Napoléon Raisson). *Paris*, Marchant, 1840, 4 vol. in-8.

Une contrefaçon parut à Bruxelles, en 6 vol. in-12.

2524. Mémoires de M. R*** (Rigade), chevalier de la Légion-d'Honneur, ancien officier supérieur de cavalerie et grand prévôt de Dalmatie. *Agen*, Prosper Noubel, 1828, in-8.

2525. Mémoires de mes créanciers, mœurs parisiennes, par Maxime James (Maxime Catherinet de Villemarest et Auguste Rousseau). *Paris*, Dufay et Vézard, 1832, 2 vol. in-8.

2526. Mémoires d'Olivier Cromwell et de ses enfants, écrits par lui-même, Ouvrage traduits de l'anglais (par Charles Malo). *Paris*, Delaunay, 1816, 4 vol. in-12.

2527. Mémoires de R. Levasseur (de la Sarthe), ex-conventionnel. *Paris*, Rapilly, 1829, 2 vol. in-8.

R. LEVASSEUR, exilé à Bruxelles et déjà avancé en âge, remit à son fils un cahier de notes relatives à son rôle personnel pendant la Révolution. L'éditeur n'ayant voulu s'en charger qu'à la condition d'en tirer une affaire, livra le manuscrit à un homme de lettres, Achille ROCHE, qui étendit assez la matière pour en faire deux volumes.

2528. Mémoires de Silvio Pellico, ou Mes prisons, traduit de l'italien par Octave B*** (Boistel d'Exauvillez). 2e édition, revue et corrigée. *Paris*, Gaume frères, 1834, 2 vol. in-8.

2529. Mémoires (apocryphes) de Thérésa (par Housseau). *Paris*, E. Dentu, 1865, in-12.

2530. Mémoires de Vidocq (par Louis-François L'Héritier, de l'Ain). *Paris*, Tenon, 1828-1829, 4 vol. in-8.

C'est à tort que Quérard a donné, comme collaborateur de L'Héritier, Charles-Maurice DESCOMBES, qui est resté parfaitement étranger à la composition de ces mémoires. C'est feu Maurice ALHOY qui a coopéré à la publication de cette œuvre malsaine.

2531. Mémoires (apocryphes) du cardinal Dubois (par Paul Lacroix). *Paris*, Mame et Delaunay-Vallée, 1829, 4 vol. in-8.

Une nouvelle édition, ornée d'illustrations, a paru en 1855, 1 vol. gr. in-8. Elle comporte de nombreuses suppressions.

De Sévelinges avait déjà fait paraître en 1814, chez Pillet, deux volumes intitulés : *Mémoires secrets et correspondance inédite du cardinal Dubois*.

2532. Mémoires du comte de M*** (Moré), précédés de cinq lettres, ou considérations sur les mémoires particuliers (par le comte de Salaberry). *Paris*, Thiercelin, 1827, in-8.

2533. Mémoires du comte Alexandre de Tilly, pour servir à

l'histoire du dix-huitième siècle. *Paris*, Lenormand, 1828, 3 vol. in-8.

Ces mémoires sont interrompus au milieu du tome IIIe. Ils ont été continués jusqu'à la mort de de Tilly, sur les notes trouvées dans ses papiers, par Hyacinthe-Auguste CAVÉ, depuis chef de division au ministère des Beaux-Arts, sous le règne de Louis-Philippe.

2534. Mémoires du comte de Verdac. *Paris*, 1730, 2 vol. in-12.

Barbier attribue le tome 1er de ces *Mémoires* à l'abbé CAVARD, sans doute, d'après le catalogue Falconet, où, au lieu de *Cavard*, on lit *Couard*; et le 2e, à un abbé OLIVIER, ex-cordelier.

Bayle, en parlant d'une *Vie de Turenne*, imprimée en 1685, et faussement attribuée à M. DU BUISSON, dit qu'il y a tant de conformité entre la manière de l'auteur de cette vie et celle de l'écrivain qui a composé les *Mémoires du comte de Vordac* (imprimés à Paris, en 1702; supprimés peu après et aussitôt réimprimés en Hollande), « qu'on ne saurait trouver étrange qu'il y ait des gens qui conjecturent que ces deux livres sont frères. »

(Œuvres diverses, t. 3, page 551, de l'édition de 1737).

(Note communiquée par M. A. Péricaud).

2535. Mémoires du duc de Rovigo, pour servir à l'histoire de l'empereur Napoléon (rédigé par St-Germain-Leduc). *Paris*, Ad. Bossange, 1828, 8 vol. in-8.

2536. Mémoires du général Morillo, comte de Cathagène, marquis de la Puerta, relatifs aux principaux événements de ses campagnes en Amérique, de 1815 à 1821, suivis de deux précis de don Jose Domingo Diaz, secrétaire de la junte de Caracas et du général don Miguel de la Torre. Traduit de l'espagnol (par MM. Meissonnier de Valcroissant et Bénigne-Ernest Porret, m^is de Blosseville). *Paris*, Dufort, 1826, in-8.

Les *deux Précis* sont traduits par M. de Blosseville, ainsi que la notice préliminaire qui est signée de ses initiales.

Ces mémoires ont été désavoués par le général Morillo.

La notice préliminaire expose sincèrement tous les faits de la publication; elle a seulement omis de constater que les deux résumés historiques, véritables rapports officiels, intercalés dans le mémoire publié à Caracas et à Madrid, ont été communiqués aux deux traducteurs par le général Morillo lui-même, qui les avait fait venir exprès de Madrid, ainsi que les deux précis. Cette réticence avait été demandée par le général.

2537. Mémoires (apocryphes) du général Rapp, écrits par lui-même et publiés par sa famille. *Paris*, Bossange frères, 1823, in-8.

Ces mémoires ont été rédigés par M. A. BULOZ, à l'aide de quelques notes laissées par le général.

2538. Mémoires d'un apothicaire sur la guerre d'Espagne, pendant les années 1808 à 1814 (par Sébastien Blaze). *Paris*, Ladvocat, 1828, 2 vol. in-8.

C'est à tort que la *Biographie générale* attribue cet ouvrage à feu Léon Gozlan.

2539. Mémoires d'un bourgeois de province, par A. G. de Mériclet (A. Guitton, de Lyon, l'un des collaborateurs du journal le *Progrès*). *Paris*, Giraud, 1854, in-18.

Cet écrivain a publié plusieurs ouvrages sous le même pseudonyme.

Il est mort à Lyon, le 9 janvier 1861.

2540. Mémoires d'un claqueur, contenant la théorie et la pratique de l'art des succès, etc. Par Robert, ancien chef de la compagnie des assurances dramatiques, etc. (par Castel, ancien rédacteur de la *Pandore*). *Paris*, Levasseur, 1829, in-8.

2541. Mémoires d'un confesseur, par Mme Camille Bodin (Marie-Hélène Dufourquet). *Paris*, Dumont, 1845, 2 vol. in-8.

2542. Mémoires d'un émigré (par Etienne-Léon de Lamothe-Langon). *Paris*, veuve Lepetit, 1830, 2 vol. in-8.

2543. Mémoires d'un forçat, ou Vidocq dévoilé (par Jean-François Raban et Emile-Marc Hilaire, dit Marco St-Hilaire). *Paris*, Rapilly, 1828-1829, 2 vol. in-8.

2544. Mémoires d'un jeune Grec sur la prise de Tripolizza, pour servir à l'histoire de la régénération de la Grèce (par Mme Castel de Courval). *Paris*, Corbet, 1825, br. in-8.

2545. Mémoires d'un Lyonnais à la fin du XVIIIe siècle. Précis de la vie de l'auteur. Par R. C. (Richard Carbonnel). *Lyon*, Deleuze, 1838, 2 vol. in-8.

R. CARBONNEL, à qui ces mémoires sont attribués, ancien négociant à Lyon, où il est mort en déconfiture, était, d'ailleurs, un personnage fort peu littéraire ; mais jouissant dans le monde des joueurs d'une certaine notoriété. Il est probable que la rédaction de ses mémoires est due à une main étrangère.

2546. Mémoires d'un médecin, par le docteur Harrison, membre de plusieurs sociétés savantes ; traduits de l'anglais sur la troisième édition (par M. Philarète Chasles). *Paris*, Dumont, 1833, 2 vol. in-8.

Avant d'être réunis en un corps d'ouvrage, ces mémoires avaient paru par fragments dans la *Revue britannique*.

2547. Mémoires d'un pauvre hère (par A. Delcour et Gustave de Bonnet). *Paris*, Combal, 1829, 4 vol. in-12.

Ce roman a donné lieu à un procès en police correctionnelle, intenté aux auteurs par le général Desfourneaux, qui avait cru y découvrir des passages attentatoires à son honneur. Les auteurs, convaincus de diffamation, furent condamnés à remplacer par des cartons les passages incriminés.

2548. Mémoires d'un père sur la vie et la mort de son fils (par M. Auguste Nicolas, ancien directeur des Cultes. *Paris*, A. Vaton, 1865, in-8.

2549. Mémoires d'un prêtre régicide (par Alexandre Martin). *Paris*, Charles Mary, 1829, 2 vol. in-8.

Malgré la mention énoncée sur le titre que Merlin (de Thionville) a revu la dernière partie de ces prétendus *Mémoires*, il n'en est rien. Sa participation se borne à avoir fourni à l'auteur une simple note.

C'est bien à tort que l'on a attribué cette publication au docteur MONNEL, qui y est complètement étranger.

Telle est la prétention de l'éditeur. Nous devons maintenant mettre en regard la note suivante, extraite des *Mémoires de Merlin de Thionville*, publiés par Jean Reynaud.

« Les mémoires du conventionnel Monnel, publiés sous la Restauration, ont subi à peu près le même traitement que ceux de Levasseur ; mais tombés en de moins bonnes mains, ils s'en sont cruellement ressentis. Le manuscrit de Monnel a été remanié par un homme de lettres, nommé Alexandre MARTIN, auteur d'une multitude d'ouvrages de pacotille, qui, pour augmenter l'intérêt de celui-ci, l'a décoré d'une préface romanesque, et pour surcroît, en vue du débit, l'éditeur a exigé que les mémoires du malheureux homme fussent présentés au public sous un titre à effet : *Mémoires d'un prêtre régicide* ; ce qui leur a assuré, effectivement, une place dans tous les cabinets de lecture. Merlin qui était en relations avec cet éditeur, lui avait donné sur le 9 thermidor des notes qui ont été utilisées par le metteur en œuvre, et l'histoire de cette célèbre journée est, en effet, retracée dans l'ouvrage, avec des particularités que l'on chercherait vainement ailleurs. »

Monnel (Edme-Simon), ancien curé de Vadeloncourt (diocèse de Langres), est mort à Constance (duché de Bade), en novembre 1822, après avoir fait, quelques jours auparavant (le 20 octobre), une rétractation écrite et rendue publique.

2550. Mémoires d'un vicaire de campagne (l'abbé Epineau). *Paris*, Lachapelle, 1861, in-8.

Plusieurs fois réimprimé.

2551. Mémoires d'un vieillard de vingt-cinq ans, par Louis-Jacques Rochemont (le baron Etienne-Léon de Lamothe-Langon). *Hambourg* (*Paris*), 1809, 5 vol. in-18.

2552. Mémoires d'une célèbre courtisane des environs du Palais-Royal, etc. (par Emile-Marc Hilaire, dit Marco Saint-Hilaire, et Edouard Eliçagaray). *Paris*, Terry, 1833, in-18.

2553. Mémoires d'une contemporaine, etc. (par Elzelina Van Aylde Jonghe, plus connue sous les noms d'Ida Saint-Elme). *Paris*, Ladvocat, 1828, 8 vol. in-8.

Les matériaux ont été fournis par la *Contemporaine*, et mis en œuvre par Pierre-Armand MALITOURNE.

2554. Mémoires d'une femme de chambre, par Raoul de Navery (Mme Marie David). *Paris*, E. Dentu, 1864, in-12.

2555. Mémoires d'une femme de qualité, depuis la mort de Louis XVIII jusqu'à la fin de 1829 (par MM. Damas-Hinard, Armand Malitourne et Maxime Catherinet de Villemarest). *Paris*, Mame et Delaunay-Vallée, 1830, 2 vol. in-8.

2556. Mémoires d'une femme de qualité sur Louis XVIII, sa cour et son règne (par MM. Etienne-Léon de Lamothe-Langon, Damas-Hinard, Pierre-Armand Malitourne et Maxime Catherinet de Villemarest). *Paris*, Mame et Delaunay-Vallée. 1829, 4 vol. in-8.

2557. Mémoires d'une mouche, mis en ordre et rédigés par Bono-Ilhury (de Brouilhony). *Paris*, Dondey-Dupré fils, 1828, br. in-8 de 56 pages.

2558. Mémoires d'une poupée, contes dédiés aux petites filles, par Mme Louise d'Aulnay (Mlle Julie Gouraud). 5e édition. *Paris*, Béchet, 1857, in-8.

2559. Mémoires et correspondance littéraire et dramatique, etc., de C. S. Favart, précédés d'une notice historique (publiés sur les documents fournis par le petit-fils de Favart, par Henri-François-Elisabeth Orcel-Dumolard, homme de lettres). *Paris*, Léopold Collin, 1808, 3 vol. in-8.

C'est, sans doute, par induction, qu'on aura attribué faussement à cet écrivain une édition des *Œuvres choisies de Favart*, publiée en 1813, et dont AUGER, depuis membre de l'Académie française, a été l'éditeur.

2560. Mémorial et prophéties du Petit homme rouge, par une Sybille (par Eugène Bareste), depuis la Saint-Barthélemy jusqu'à la nuit des temps. *Paris*, 1843, in-18.

2561. Mémoires et rapports de la Commission chargée par M. le Maire de Marseille de surveiller les fouilles du bassin de Carénage et de recueillir les objets d'antiquité. *Marseille*, Feissat, 1831, br. in-8 de 52 pages.

Cette brochure est signée : *Le Secrétaire de la Commission*, TOULOUZAN. — C'est le véritable et seul auteur de cet opuscule.

2562. Mémoires et révélations d'un page de la Cour impériale, de 1802 à 1815 (par Emile-Marc Hilaire). *Paris*, Charles Malo, 1830, 2 vol. in-8.

2563. Mémoires et souvenirs de la Cour de Bruxelles et sur la Société Belge, depuis Marie-Thérèse jusqu'à nos jours; publiés par P. (Paul) Roger (ancien sous-préfet de Ploërmel), et Ch. de Ch. (Charles de Chênedollé). *Bruxelles*, 1856, in-8 (Ul. C.).

M. Charles de Chênedollé, fils du poète français de ce nom, est ancien directeur du *Bibliophile belge*, et professeur émérite de rhétorique.

2564. Mémoires et souvenirs d'un pair de France, ex-membre du Sénat conservateur (par Etienne-Léon de Lamothe-Langon). *Paris*, Tenon, 1829, 2 vol. in-8.

2565. Mémoires et souvenirs d'une femme de qualité sur le Consulat et l'Empire (par le même). *Paris*, Mame et Delaunay-Vallée, 1830, 4 vol. in-8.

2566. Mémoires et voyages d'une famille émigrée, publiés par J. N. Belin de Ballu (par Mlle Jeanne-Françoise Polier de Bottens). *Paris*, Maradan, 1811, 3 vol. in-12.

2567. Mémoires (supposés) historiques et anecdotiques du duc de Richelieu (par le baron Etienne-Léon de Lamothe-Langon). *Paris*, Mame et Delaunay-Vallée, 1829, 6 vol. in-8.

Ces mémoires sont une compilation d'anecdotes et de faits controuvés.

On avait publié, en 1790, les *Mémoires du Maréchal de Richelieu*, en 9 vol. in-8, qui, de même qu'une autre publication, intitulée : *Vie privée du maréchal de Richelieu*, sont également apocryphes.

2568. Mémoires militaires, historiques et politiques de Rochambeau, ancien maréchal de France et grand officier de la Légion d'honneur. *Paris*, 1809, 2 vol. in-8.

Ces mémoires ont reparu chez Pillet aîné, en 1824, 2 vol. in-8. Ce n'est point une réimpression ; mais le restant de l'édition de 1809, à laquelle on a fait mettre de nouveaux titres.

Ces mémoires ont été rédigés par Jean-Charles-Julien LUCE DE LANCIVAL, avec les documents qui lui ont été fournis par la famille de Rochambeau.

2569. Mémoires posthumes, lettres et pièces authentiques, touchant la vie et la mort de Charles-François, duc de Rivière (par Antoine-René-Balthazar-Alissan de Chazet). *Paris*, Ladvocat, 1829, in-8.

2570. Mémoires pour la France, ou système de négociation générale, conforme à l'état actuel de la civilisation, etc. 1er mémoire : « Où sommes-nous ? — Où allons-nous ? — Que faut-il faire ? » (par M. Félix Barthe, professeur à l'Ecole militaire de St-Cyr). *Paris*, Delaunay, février 1833, br. in-8 de 104 pages.

2571. Mémoires pour servir à l'histoire de la vie et des ouvrages de Diderot (par Mme de Vandeul, sa fille). *Paris*, Paulin, 1843, in-8.

2572. Mémoires secrets sur Napoléon Bonaparte, écrits par un Homme qui ne l'a pas quitté depuis quinze ans (par Charles Doris, de Bourges), faisant suite au « Précis historique », publié par le même. *Paris*, Germain Mathiot, 1814, 2 vol. in-12.

Réimprimés plusieurs fois, ces mémoires, entièrement apocryphes, ont, à chaque nouvelle édition, subi de légères modifications dans le titre. Les dernières éditions portent : *Par M. le baron de B****.

2573. Mémoires sur l'abbaye de Faverny, qui contiennent en abrégé l'histoire de cette ville, par un Bénédictin de la congrégation de Saint-Vanne, etc. (le Père B. Pétremant). *Besançon*, El. Joseph Daclin, 1771, in-8.

2574. Mémoires sur Clermont (Oise) (par Le Moine). *Amiens*, 1838, in-8.

2575. Mémoires sur la cour de Louis-Napoléon et sur la Hollande (par Louis Garnier, chef du garde-meuble de Louis Bonaparte). *Paris*, Ladvocat, 1828, in-8.

2576. Mémoires sur la Grèce et l'Albanie, pendant le gouvernement d'Ali-Pacha, par Ibrahim Manzour Effendi (Alphonse-Théodore Cerfbeer). *Paris*, Lequien, 1827, in-8.

2577. Mémoires sur la jeune Italie et sur les derniers événements de Savoie, par un Témoin oculaire (Harro-Paul Harring, ex-porte-drapeau dans l'armée russe). *Paris*, Dérivaux. 1834, in-8.

2578. Mémoires sur la Révolution de Pologne, trouvés à Berlin (par de Beauvernet, employé au Sénat). *Paris*, Galland, 1807, in-8.

2579. Mémoires sur la vie du philosophe Héraclite (extraits des œuvres posthumes de Gabriel de Glatigny, avocat-général en la cour des Monnaies de Lyon). *Paris*, sans date (1759), in-8.

2580. Mémoires sur la vie et le siècle de Salvator Rosa, par lady Morgan, traduits par le traducteur de « l'Italie », du même auteur (Mlle Adèle Sobry), et par M*** (Pierhuc). *Paris*, A. Eymery, 1824, 2 vol. in-8.

La seconde édition, publiée quatre mois après, est en 2 vol. in-12.

2581. Mémoires sur la voie romaine du Mans à Orléans, à partir de cette première ville jusqu'aux bords de la Braye, près Sargé, département de Loir-et-Cher. *Saint-Calais*, Peltier-Voisin, 1843, in-8.

Le premier de ces deux mémoires est par l'abbé VOISIN ; le second est de M. DIARD.

2582. Mémoires sur les moyens de suppléer à la traite des Nègres, par des individus libres, et d'une manière qui garantisse pour l'avenir la sûreté des colons et la dépendance des colonies, par Genty (le comte Léopold-Joseph-Sigisbert Hugo, lieutenant-général). *Paris*, Verdier, 1818, in-8.

2583. Mémoires sur les moyens pour pouvoir parvenir promptement, sans bouleversement et sans commentaires, à fonder la perfection dont le militaire de France est susceptible (par François-Joseph Darut, baron de Grandpré). 1787, in-8.

La seconde édition, augmentée du « Récit de la Campagne de Joseph de Bourbon, prince de Condé (1762) », parut en 1789, en 3 vol. in-8.

2584. Mémoires sur l'état des Israélites, dédiés et présentés à leurs majestés impériales et royales, réunies aux congrès d'Aix-la-Chapelle (par Lewis Way). *Paris*, Firmin Didot, 1819, br. in-8 de 79 pages.

2585. Mémoires sur l'impératrice Joséphine, ses contemporains, la cour de Navarre et la Malmaison (par Mme Georgette Ducrest). *Paris*, Ladvocat, 1828, 3 vol. in-8.

2586. Mémoires tirés des papiers d'un homme d'Etat. *Paris*, Ponthieu et G. Michaud, 1828-1837, 13 vol. in-8.

On prétend que des parties détachées des mémoires, encore inédits, du prince Charles-Auguste de HARDENBERG, ont servi à composer cet ouvrage anonyme. *Les Mémoires de Hardenberg* sont déposés aux archives du royaume à Berlin.

2587. Mémorial de Sir Hudson Lowe, relatifs à la captivité de

Napoléon (par Léon Vidal et Alphonse Signol). Avec le portrait de l'auteur et une vue de Longwood. *Paris*, Dureuil, 1830, in-18.

2588. Mémorial de chronologie, d'histoire industrielle, d'économie politique, etc. (par le comte Emmanuel de l'Aubépin). *Paris*, Verdière, 1829, 2 vol. in-12.

2589. Mémorial de la confrérie instituée en l'honneur des saints martyrs de Lyon (par G. Meyruis). *Lyon*, J.-B. Pélagaud et Cie, 1863, in-18.

L'appendice au chapitre V contient les inscriptions conservées dans le vestibule du couloir septentrional, qui conduit à l'église basse de Saint-Irénée.

2590. Mémorial dramatique, ou Almanach théâtral, etc. (par Pierre-Joseph Charrin). *Paris*, Hocquart et Cie, 1807-1819, 13 vol. pet. in-18.

Recueil devenu assez rare.

2591. Mémorial religieux et biblique, ou choix de pensées sur la religion et l'Ecriture-Sainte, par G. P. (Etienne-Gabriel Peignot). *Dijon*, Lagier, 1824, in-18.

2592. Mensonges et calomnies pour la baronne de Feuchères, par les avocats du Suicide. 2e partie de l'*Assassinat du dernier des Condé* (par l'abbé Pelier De La Croix, ancien aumônier du prince). *Paris*, Levavasseur, 1832 (fin novembre), br. in-8 de 208 pages.

L'*Assassinat du dernier des Condé*, paru le 10 novembre précédent, n'est point anonyme.

2593. Mentor (Le) des campagnes, ou Soirées instructives et amusantes (par Clément-Melchior-Justin-Maxime de Mont-Rond). *Paris*, Bricon, 1832, in-12.

2594. Menus propos sur l'amour des femmes pour les sots (par MM. N. Peetermans, G. Frédéric et Léon Jacques). *Liége*, Renard, 1859, in-18 (Ul. C.).

2595. Mercure aux Champs-Elisées, pièce épisodique, en un acte et en vers, précédée d'un prologue et suivie d'une épilogue, etc. Par l'auteur de : *La fausse mère* et d'*Astyanax* (par Richerolles, d'Avalon). *Paris*, Haut-Cœur-Martinet, 1833, br. in-8.

2596. Mère (La) intrigante, roman traduit de l'anglais, de miss Edgeworth (par Joseph-Joly). *Paris*, Galignani, 1811, 2 vol. in-12.

2597. Mère (La) mariée par ses enfants, roman historique, par D*** (Jean-Baptiste Dognon). *Paris*, Mme Masson, 1808, in-12.

2598. Mers (Les) polaires. Drame en cinq actes, avec un prologue, par Charles-Edmond (Choieçky). *Paris*, Michel Lévy frères, 1856, br. in-4.

2599. Mes amis, voici comment tout irait bien (par Nicolas-Louis-Marie Magon, m^is De La Gervaisais). Sans nom de lieu, avril 1790, br. in-8.

Quelque temps auparavant, il avait paru un pamphlet portant pour titre : *Mes amis, voici pourquoi tout va mal !* Nous ignorons si la brochure du marquis de la Gervaisais est une réponse, mais, à coup sûr, le titre de l'une a inspiré celui de l'autre.

2600. Mes amours à Nanterre, ou le Diable n'est pas toujours à la porte d'un pauvre homme, par l'auteur de « La Mendiante de qualité » (Marcelin-Jean Boullault). *Paris*, Pigoreau, 1801, in-18.

2601. Mes doutes et problèmes à résoudre sans algèbre et à l'aide du sens commun, etc. Par l'auteur d'un « Cours d'histoire » (le Père Jean-Nicolas Loriquet, jésuite). 2e édition. *Paris*, Poussielgue-Rusand, 1839, 2 vol. in-32.

La première édition, publiée l'année précédente, n'avait qu'un volume.

2602. Mes douze premières années (par la comtesse Merlin, née Maria Mercédès Jaruco Santa-Crux). *Paris*, Gauthier Laguionie, 1831, in-8.

Cet ouvrage, destiné par l'auteur à ses amis seuls, n'a pas été mis en vente.

2603. Mes enfants, ou Moins que rien, poésies fugitives (par Lombard de La Neuville, ancien officier de la marine, attaché au service des Etats-Unis d'Amérique). *Paris*, A. G. Debray, an XII (1804), in-8.

2604. Mes loisirs, nouvelles morales, par Mme de Stolz (la comtesse Fanny de Bégon). *Paris*, Barbou frères, 1865, in-8.

2605. Mes loisirs, opuscules en vers, par Hilaire L. S. (Le Sorbier). *Paris*, Pélicier, 1823, in-8.

2606. Mes loisirs, ou Poésies d'un inconnu (par Damis). *Paris*, chez les marchands de nouveautés, 1807, in-12 de 72 pages.

2607. Mes pensées, ou Petites idées d'un cerveau étroit, par H. D. (Henri-Florent Delmotte, notaire à Mons). *Mons*, 1819, in-8.

Tiré à 500 exemplaires, dont un seul sur papier vélin.

2608. Mes prisons, par Silvio Pellico, traduites en français, par C. Dalause (Georges-Jacques-Amédée de Clausade). *Paris*, Vimont, 1833, 2 vol. in-12.

2609. Mes rapsodies, par Levens (Jeanin). *Alger*, 1858, in-32.

2610. Mes récréations, ou Mélanges de pièces fugitives en vers ; suivies de *Virginie* ou *Le Décemvirat*, tragédie en cinq actes et en vers, par M. S. D*** (Doigni Du Ponceau). *La*

Haye et *Paris*, Harduin, 1777, in-8.

2611. Mes rêveries, 1er janvier 1832 (par Ernest Juglet de Lormaye) *Paris*, Fournier, 1832, br. in-8.

En vers.

Le même écrivain a publié, en 1852, un livre intitulé : *Mémoires concernant notre famille et contenant quelques essais historiques, biographiques et littéraires.*

Son nom, qui ne figure pas sur le frontispice, est plusieurs fois répété dans le cours de l'ouvrage.

2612. Mesdemoiselles Duguesclin, ou Tiphaine et Laurence, roman historique, par l'auteur des « Lettres sur le Bosphore » (la comtesse de La Ferté-Meun). *Paris*, Locard et Davy, 1821, 3 vol. in-12.

2613. Messager (Le) de Paris, almanach populaire pour l'an de grâce 1829 (par Emile de La Palme). *Paris*, Baudouin frères, décembre 1828, in-12.

Cet almanach, dont le but était de répandre dans les classes peu aisées des notions utiles, a cessé de paraître en 1830.

2614. Métamorphoses (Les), poëme héroï-comique, traduit de l'allemand de M. Zacharie, par M*** (de Muller, secrétaire des commandements du prince de Lambesc). *Paris*, Fournier, 1764, in-16.

2615. Métempsicose (*sic*) (La), pièce en vers libres et en un acte, telle qu'elle est restée au théâtre (par Yon). *Paris*, veuve Duchesne, 1753, in-12.

2616. Méthode courte et facile pour se convaincre de la vérité de la religion catholique, d'après les écrits de Bossuet, Fénelon, Pascal et Bullet. Par un Supérieur de Séminaire (l'abbé Jean-Edme-Auguste Gosselin, directeur du Séminaire d'Issy). *Paris*, Méquignon Junior, 1822, in-12.

Réimprimé en 1824 et en 1833, dans le format in-18 ; en 1840 et 1842, dans le format in-32.

2617. Méthode de Carstairs, faussement appelée *Méthode Américaine*, ou l'Art d'apprendre à écrire en peu de temps, traduite de l'anglais, sous la direction de l'auteur (par Stanislas Julien, depuis administrateur du Collége de France) et accompagnée d'un atlas in-4 de 48 planches. 3e édition, augmentée de divers morceaux inédits, etc. *Paris*, Théophile Barrois père, 1828, br. in-8 de 120 pages.

Les deux premières éditions avaient paru au commencement de la même année, et la quatrième, revue par M. Carstairs lui-même, et augmentée d'une *Notice sur son système*, suivit de près ses aînées.

2618. Méthode d'élimination par le plus grand commun diviseur (par Labbatie, de Douai). *Paris*, Bachelier, 1832, br. in-8.

2619. Méthode pour enseigner les instructions du premier âge et le catéchisme de Liége (par Richard-Antoine-Corneille Van Bommel, évêque de Liége). *Liége*, Dessain, 1847, br. in-8 de LII et 112 pages.

2620. Méthode pour se former en peu de temps et sans étude, à une prononciation facile et correcte des langues étrangères, extraite d'un ouvrage inédit sur l'étude des langues, par le comte D'H*** (Alexandre-Maurice Blanc La Nautte, comte d'Hauterive). *Paris*, Filleul, 1827, br. in-8 de 24 pages.

2621. Méthode simple pour apprendre de soi-même la topographie, par L. D. (Jean-Baptiste Le Doux), officier de santé au 8e régiment du corps impérial de l'artillerie à pied. *Lille*, 1808, in-8, pièce de 6 pages.

2622. Meurtre (Le) de la vieille rue du Temple (par Cassagnaux, d'Amiens). *Paris*, Audin, 1832, in-8.

2623. Meuse (La) Belge, légendes, sites et monuments, industrie; Dinant, Namur, Liége. Par le docteur Freunder (par Auguste Morel). *Liége*, Renard, 1859, grand in-18, avec cartes et plans (Ul. C.).

2624. Mézélie, par H. Arnaud (Mme Charles Reybaud). *Paris*, Ladvocat, 1839, 2 vol. in-8.

2625. Midi, ou Le Coup-d'Œil sur l'an VIII, vaudeville épisodique en un acte, par Frédéric-Gaëtan (le marquis De La Rochefoucauld-Liancourt), et Georges Duval. *Paris*, an XI (1805), br. in-8.

2626. Midi (Le) en 1815. Tome Ier : *Le Tourneur de chaises*; tome II : *Les Jumeaux de la Réole*. Par C. Feuillide (Jean-Gabriel Cappot, dit Capo de Feuillide). *Paris*, Souverain, 1836, 2 vol. in-8.

2627. Miettes d'amour, par Fernand Belligera (Ferdinand Tandou, libraire). *Paris*, 1857, in-16.

2628. Miettes (Les) du festin de la jeunesse, par Gaston d'Argy (Charles Deale). *Paris*, Poulet-Malassis, 1862, in-12.

2629. Mignardises littéraires, ou Les Etincelles d'une muse Lilloise, par un Anonyme très-connu (Jean-Baptiste Popelard, fabricant de jalousies). *Lille*, E. Durieux, 1841, in-16 de 68 pages.

2630. Mignon, légende, par J. T. de Saint-Germain (Jules-Romain Tardieu). *Paris*, J. Tardieu, 1857, in-18.

2631. Mimili, ou Souvenirs d'un officier français dans une vallée suisse, 1814-1815, imité de Clauren (par Guillaume-Edouard-Désiré Monnais). *Paris*, Corby, 1827, in-12.

2632. Ministère (Le) de M. Thiers, les Chambres et l'Opposition de M. Guizot, par l'auteur de « l'Histoire de la Restauration » (Baptiste-Honoré Raymond Capefigue). *Paris*, Dufey, 1836, in-8.

2633. Ministère (Le) public et le Barreau, leurs droits et leurs rapports, avec une introduction de M. Berryer (par Henri Moreau, avocat). *Paris*, Lecoffré, 1860, in-8.

2634. Ministre (Le) (par Nicolas-Louis-Marie Magon, marquis De La Gervaisais). *Paris*, Hivert, 1826, br. in-8 de 64 pages.

2635. Ministres (Les) anciens et ceux de l'époque actuelle, jugés d'après leurs œuvres, par H.-A K. S. (Henri-Alexis Cahaisse). *Paris*, Lebègue, 1826, br. in-8 de 48 pages.

2636. Minuit, par Claude Vignon (Mme Alphonse-Noémi Constant). *Paris*, Amyot, 1856, in-18.

2637. Miracle (Le) des Roses, par J. T. de Saint-Germain (Jules-Romain Tardieu). *Paris*, J. Tardieu, 1862, in-18. Pièce.

2638. Mirkilan, poème héroï-comique, en neuf chants, traduit ou imité de l'arabe, par Placide-Le-Vieux, membre de l'institut de Gonesse (Jean-Armand Charlemagne). *Paris*, Brasseur, 1819, in-12.

2639. Miroir (Le) de l'art et de la nature qui représente par des planches en taille-douce presque tous les ouvrages de l'art et de la nature, des sciences et des métiers. En trois langues : français, latin et allemand, par N. L. J. (Nicolas Le Jeune), seigneur de Franqueville. *Paris*, 1691, in-8.

2640. Miroir (Le) de la tante Marguerite et la Chambre tapissée, contes, par sir Walter Scott ; précédés de : « Essai sur l'emploi du merveilleux dans le roman » et suivis de : « Clorinda, ou le Collier de perles ». Traduit de l'anglais, par l'auteur de : « Olésia, ou la Pologne » (Mme Lattimore-Clarke). *Paris*, Ch. Gosselin, 1829, in-12.

2641. Miroir des Salons, Scènes du monde, par Mme de Saint-Surin, auteur de « l'Opinion et l'amour, Le Bal des élections, etc. » *Paris*, veuve Maignaud, 1830, in-8.

Ce roman, publié sous le nom de son premier mari, est de Mme de Monmerqué, née Marie-Caroline-Rosalie de Cendrecourt.

2642. Misanthropie et repentir, drame en cinq actes et en prose, traduit de l'allemand de Kotzbuë, par Mme Julie Molé. *Paris*, 1798, br. in-8.

Ce drame avait été traduit en français par un comédien du théâtre de Bruxelles, nommé Bursay. Julie Molé, alors actrice dans la même ville, jouait dans cet ouvrage. Elle acheta de son camarade la propriété de sa traduction, et après y avoir introduit de légers changements, elle le fit représenter quelques années plus tard à Paris, où ce drame obtint à l'Odéon un succès colossal.

Depuis lors, cette pièce, imprimée sous le nom de Mme Molé, a toujours passé pour être d'elle.

Julie Molé, qui avait d'abord épousé Molé-Dalinville, restée veuve, devint, par la suite, femme du comte de Vallivon. Elle est morte le 18 février 1832, à l'âge de 76 ans.

2643. Mission (La) à Grenoble, par J.-F. (Jayet-Fontenay). *Grenoble*, Baratier, 1818, br. in-8 de 32 pages.

2644. Missionnaire de la terre maudite, par Raoul de Navery (Mme Marie David). *Paris*, Lethilleux, 1866, *in-12*.

2645. Missionide (La), suivie d'une épître aux amis des missionnaires, par un Rouennais, témoin oculaire des événements (Joseph Cahaigne). *Rouen* (*Paris*, Béraud), 1826, in-32 de 27 pages.

2546. Missions autour de nous, ou les Chrétiens sans christianisme. Récit authentique, par l'auteur des : « Païens à la porte » (César-Henri-Abraham Malan, pasteur). *Genève*, Barbezat et Cie, 1829, in-12.

2647. Mode (Le) de Quintilien, par l'auteur de « la théorie des ellipses » (l'abbé Antide Mangin). *Paris*, F. Didot, 1816, br. in-8 de 72 pages.

Voyez art. 1035.

2648. Mœurs du hérisson et son utilité, par Legrand Saint-Romain (Courrier de cabinet, sous le premier Empire). *Versailles*, 1817, br. in-8 de 13 pages.

Cet opuscule a été rédigé par DUCHESNE-TAUZIN, depuis conservateur-adjoint au département des estampes de la Bibliothèque impériale, et beau-frère de l'auteur.

2649. Mois de Marie, ou Nouvelle imitation de la Sainte-Vierge, par Madame *** (Tarbé des Sablons). *Paris*, Olivier Fulgence, 1841, in-18.

Première édition, 1840, in-24.

2650. Mois (Le) de Marie au village (par Mme de Saint-Maur et Mlle Recurt). *Paris*, Lesort, 1863, in-18.

2651. Mois de Marie, ou Vie glorieuse de la Sainte-Vierge (par l'abbé C. Le Guillou, prêtre du diocèse de Quimper). *Paris*, Louis Janet, 1835, in-18.

Souvent réimprimé.

2652. Molière, comédie épisodique en un acte et en vers, par Dercy (Alphonse François, aujourd'hui maître des requêtes au Conseil d'Etat). *Paris*, chez les marchands de nouveautés, 1826, br. in-8.

2653. Molière et son Tartuffe, études en trois époques et en vers, par F. Alphonse (Le même). *Paris*, Ledoyen, 1839, in-8.

2654. Mon ami Norbert, par M. Mortonval (Alexandre-Furcy Guesdon). *Paris*, Ambr. Dupont, 1834, in-8.

2655. Mon appel, par la Contemporaine (Elzélina Van Aylde Jonghe). *Paris*, chez l'auteur, 1832, br. in-8 de 64 pages.

Brochure relative au procès en diffamation qui fut intenté à la Contemporaine, par M. de Touchebœuf.

2656. Mon grand fauteuil, par

P. L. Jacob (Paul Lacroix), bibliophile. *Paris*, E. Renduel, 1836, 2 vol. in-8.

2657. Mon histoire, ou la tienne, avec des notes historiques et géographiques (par Jean-Frédéric Lemierre de Bermont, dit de Corvey, et Hyacinthe Dorvo). *Paris*, André, 1802, 3 vol. in-8.

2658. Mon opinion sur l'organisation des manufactures, etc., par un Commerçant (Ménard). *Paris*, Morisset, 1809, br. in-8 de 52 pages.

2659. Mon théâtre (par le baron Thomas-Charles-Gaston Boissel de Monville). *Paris*, F. Didot, 1828, gr. in-8.

L'édition venait à peine d'être livrée à l'auteur, qu'il s'est hâté de la détruire. Peu d'exemplaires ont échappé à cette destruction.

2660. Mon voyage à la Chambre législative, par un Habitant de Château-Thierry (Fernand Giraudeau). *Paris*, 1861, in-8.

2661. Monde (Le) de la mer, (par Alfred Frédol (Horace-Bénédict-Alfred Moquin-Tandon). *Paris*, Hachette, 1864, in-8.

2662. Monde (Le) des voleurs, leur esprit et leur langue, par Emile Colombey (Emile Laurent, bibliothécaire au Corps législatif). *Paris*, Jules Hetzel, 1862, in-12.

2663. Monde (Le) maritime, ou Tableau géographique et historique de l'archipel d'Orient, de la Polynésie et de l'Australie, par M. W.....r (Charles-Athanase Walkenaër, membre de l'Académie des inscriptions et belles-lettres). *Paris*, Nepveu, 1813, 3 vol. in-18.

Le tome Ier renferme l'*Introduction*, l'*Archipel d'Orient*, *Sumatra*. — Les tomes IIe et IIIe donnent la description de l'*Ile de Java*. Un grand nombre de planches coloriées sont jointes au texte.

2664. Monde (Le) tel qu'il est, par Mme la comtesse de Bassanville (Anaïs Lebrun). *Paris*, Alphonse Dessessarts, 1853, in-8.

2665. Monique, par Raoul de Navery (Mme Marie David). *Paris*, Dillet, 1865, in-12.

2666. Monétaire des rois mérovingiens, recueil de 920 monnaies en 62 planches, avec leur explication (par Guillaume Conbrouse). *Paris*, 1843, in-4.

2667. Monnaies inconnues des évêques des innocents, des foux et de quelques autres associations singulières du même temps, par M. R*** (Marc-Antoine Rigollot, docteur en médecine), d'Amiens, etc. *Paris*, Malin, 1837, in-8.

C'est à tort que certains bibliographes, en citant ce titre, ont placé une virgule après le mot *Evêques*, ce qui dénature le sens.

(Biogr. univ. Weiss).

2668. Monopole (Le), cause de

tous les maux. *Paris*, F. Didot, 1849-1850, 3 vol. gr. in-8.

Cet ouvrage, composé en anglais, par le général Arthur O'CONNOR, gendre de Condorcet, a été mis en français par M. Ossian LA RÉVELLIÈRE-LÉPEAUX, fils de Louis-Marie La Révellière-Lépeaux, membre du Directoire exécutif.

2669. Mons et ses environs (par Ad. Mathieu, membre de l'Académie de Belgique et conservateur de la Bibliothèque royale). *Mons*, Piercert, 1842, br. in-12.

2670. M. le ministre de la justice défendu devant la magistrature belge, par Joseph Boniface (par Louis De Fré). *Bruxelles*, 1855, in-12 de 22 pages.

2671. Monsieur Alfred et madame Elisa, par Philippe-Marville (Philippe-Eléonor Létang). *Paris*, E. Dentu, 1859, in-12.

2672. Monsieur Bonassin, ou les Espérances trompées. Dédié à MM. les gardes nationaux de toute la France, par un Chasseur de la garde nationale de Paris, avec cette épigraphe : « Que faire, quand on n'a rien à faire ? » (par Philippe-Irénée Boistel d'Exauvillez). *Paris*, Gaume frères, 1832, in-18.

2673. Monsieur Botte, ou le Négociant anglais, comédie en trois actes et en prose, imitée du roman de Pigault-Lebrun (par Joseph Servières et Ernest de Clonard). *Paris*, Barba, an XI, br. in-8.

2674. Monsieur Canning (par le baron de Rouvrou). *Paris*, A. Pihan de la Forest, sans date (1827), br. in-8.

2675. Monsieur Chose, ou la Foire de Pantin, folie-vaudeville en un acte (par Georges Duval et Théophile Marion du Mersan). *Paris*, Barba, 1803, br. in-8.

2676. Monsieur Dorguemont, drame en cinq actes et en prose, par P.-P.-C. M. C. (Pierre-Prosper-Constant Maillé-Cochaise). *Paris*, Chaigneau jeune, 1815, in-4.

2677. Monsieur Gratien invité à revoir ses assertions sur le mariage (par l'abbé Guillaume-André-Réné Baston). Sans nom de lieu ni date (*Rouen*, 1792), in-8.

2678. Monsieur Guizot (par P. Lorrain). *Paris*, F. Didot 1838, br. in-8.

2679. Monsieur Guizot, par un Homme du peuple (Victor Verneuil). Dédié aux Electeurs. *Paris*, Fain, 1846, br. in-8 de 16 pages.

2680. Monsieur Hoc, ou le Méfiant, comédie en trois actes et en vers (par le comte Pierre-Louis Rœderer). Sans nom de lieu (Dinant), et sans date, in-8.

Cette pièce a été réimprimée dans les œuvres complètes de l'auteur.

2681. Monsieur T. D'O..... (Thomas d'Onglée), à monsieur le doyen et à ses respectables confrères (par Leroux des Tillets). *Paris*, sans date, in-8, pièce de 7 pages.

Cette pièce est un persiflage dirigé contre la Société de médecine.

2682. Monsieur Talleyrand (par Maxime Catherinet de Villemarest). *Paris*, Roret, 1834-1835, 4 vol. in-8.

Avec cette épigraphe : « Ni pamphlet, ni panégyrique. »

2683. Monstre (Le). Par l'auteur du « Damné » (Hugues-Marie-Humbert Bocon, plus connu sous le nom d'Eugène Lamerlière). *Paris*, Urbain Canel, 1824, 2 vol. in-8.

2684. Mont (Le) Dore, poésies descriptives et religieuses, au profit des pauvres, par Mlle S*** B*** (Sophie-Claudine Ballyat, de Lons-le-Saunier). *Paris*, Beck, 1851, in-18.

2685. Mont (Le) Saint-Michel au péril de la mer (par Guillaume-Stanislas Trébutien, bibliothécaire à Caen). *Caen*, Hardel, 1841, br. in-8 de 26 pages.

Extrait de la *Revue du Calvados*.

2686. Mont (Le) Valérien, ou Histoire de la Croix, des lieux saints et du Calvaire, établi au mont Valérien, etc. Suivi du Manuel du pèlerin (par Lebert). *Paris*, Dentu, 1826, in-18.

2687. Mont (Le) Valérien, ou Pèlerinage et amitié. Par M. Maxime de M*** Charles-Melchior-Justin-Maxime Fourcheux de Mont-Rond). *Paris*, Société des bons livres, 1834, in-18.

2688. Montaigne aux Champs-Elysées, dialogues en vers, et les soirées de campagne, contes en vers (par le baron de Balainvilliers, ancien intendant du Languedoc). *Paris*, Delaunay, 1822, in-8.

2689. Monthermé (par le baron Antoine Rœderer, pair de France). Sans nom de lieu, 1823, in-16.

2690. Montmorency, voyages, anecdotes, etc. (par Hyacinthe Thabaud de Latouche). *Paris*, Audot, 1823, in-18.

2691. Montoni, ou le Château d'Udolphe, drame en cinq actes et en prose, imité du roman, par le C. Al. D. (Le citoyen Alexandre-Vincent Pineux). *Paris*, Migneret, an VI, br. in-8.

2692. Monuments antiques. Description d'une tombe trouvée dans les décombres de l'église des ci-devant religieuses de Sainte-Claire, à Amiens, en avril 1812 (par Antoine-Joseph Levrier, correspondant de l'Institut). Sans date, pièce in-4.

2693. Monuments de la famille de Laittres, dans l'église de Saint-Mard, près de Virton (Luxembourg) (par Eugène de Gerlache). *Bruxelles*, 1800, grand in-4. Planches.

Cet ouvrage n'a pas été mis dans le commerce.

2694. Monuments (Les) des arts existant à Dijon, par C.-X. G*** (Claude-Xavier Girault). *Dijon*, Bernard Defay, 1818, in-16.

2695. Monuments inédits sur l'apostolat de Sainte Marie-Madeleine, en Provence, et sur les autres apôtres de cette contrée, etc. Par l'auteur de la « dernière Vie de M. Olier » (l'abbé Faillon). *Montrouge*, 1848, in-4.

Cet ouvrage fait partie de la collection publiée par M. l'abbé Migne.

2696. Morale (La), par l'auteur de la « Clef des sciences et des beaux-arts » (l'abbé Jean Cochet). *Paris*, Cl.-J.-B. Hérissant, 1765, in-12.

2697. Morale (La) de l'enfance, ou Collection de quatrains moraux, mis à la portée des enfants, et rangés par ordre méthodique, par Ch.-G. Morel (le comte Charles-Gilbert Morel de Vindé, pair de France). Nouvelle édition corrigée et augmentée. *Paris*, Nîmes, Gaude, 1815, in-16.

Cet ouvrage avait paru pour la première fois en 1790. Il a été traduit en vers latins, par Joseph-Victor Leclerc, professeur de l'Université et doyen de la Faculté des lettres.

2698. Morale (La) du christianisme, offerte à la jeunesse, par M. de S..... (Saboulin). *Lille*, Lefort, 1841, 2 vol. in-18.

2699. Moraliste (Le) mesmérien, ou Lettres philosophiques sur l'influence du magnétisme (par Salaville). *Londres* (*Paris*), Belin, 1784, in-8.

2700. Moreau, général en chef de l'armée française, sa vie, ses exploits militaires, etc. Par M. de Vouziers (P.-J. Moithey). *Paris*, Tiger, 1817, in-18.

2701. Mort (La) de Coligny, ou la Nuit de la Saint-Barthélemy, 1372. Scènes historiques (par Saint-Esteben). *Paris*, Fournier, 1830, in-8.

2702. Mort (La) de Danton, drame en trois actes et en vers, par M. Pierre, de Lyon (Alexis Rousset). *Lyon*, Barret, 1839, br. in-8.

2703. Mort (La) de Louis XVI, scènes historiques de juin 1792 à janvier 1793 (par Armand Duchâtellier). *Paris*, Moutardier, 1828, in-8.

2704. Mort (La) de Mirabeau, par l'auteur de « la Mort de Danton » (Alexis Rousset). *Lyon*, Barret, 1841, br. in-8.

Tirée à cent exemplaires.

2705. Mort (La) du duc d'Enghien. Tragédie, br. in-8.

Article écrit à propos d'une tragédie inédite,

composée sur cet événement, par le bailli TEXIER D'HAUTEFEUILLE, qui résidait à la Cour de Bruxelles, en 1790. Des considérations politiques n'ont pas permis l'insertion, dans le *Bulletin du Bibliophile belge*, de ce curieux morceau qui est de M. J.-F.-N. LOUMYER, de Bruxelles.

La Bibliothèque impériale possède un exemplaire donné par l'auteur.

2706. Mort du général Lamarque, par Barthélemy (et Joseph-Pierre-Agnès Méry). *Paris*, Perrotin, 1832, br. in-8.

En vers.

2707. Morts (Les) enterrant leurs morts. Esquisse d'après nature. Par l'auteur du « Fils aîné » (César-Henri-Abraham Malan). *Genève*, 1827, br. in-8.

2708. Mosaïque. Par l'auteur du « Théâtre de Clara Gazul » (M. Prosper Mérimée). *Paris*, Fournier, 1833, in-8.

2709. Mosaïque (La). Anecdotes et propos comiques, traits de satire et moralités (par M. Arthur Ménier, archiviste-paléographe). *Paris*, Gaume frères, 1862, in-12.

M. A. Ménier est gendre d'un des MM. Gaume.

2710. Mosaïque (La), ou le Code du bien, du bonheur et de l'intelligence, par A. B. (Adolphe Brachelet). *Douai*, Vincent-Adam, 1842, in-8.

2711. Motifs de la réclamation de la Faculté de médecine de Paris, contre l'établissement de la Société royale de médecine (par A.-F.-Thomas Le Vacher de La Feutrie). *Paris*, sans date, in-8, pièce de 8 pages.

2712. Mouchoir (Le), ou l'Odalisque volontaire, comédie en trois actes, par MM. Louis et D*** (Louis-François de Bilderberck, conseiller intime de légation, et Jean-Pierre Méniathon-Duperche). *Paris*, Barba, 1817, br. in-8.

2713. Moulin (Le) des étangs, mélodrame en quatre actes, par MM. Frédéric (Pierre-Frédéric Du Petit-Méré), et Lacqueyrie (Jean-Baptiste Pélissier, employé au ministère de l'intérieur). *Paris*, Duvernois, 1826, br. in-8.

2714. Moulins (Les) en deuil. Roman historique, par Mme Mélanie Waldor (et Eugène Balleyguier, dit Loudun). *Paris*, 1853, 2 vol. in-12.

Ce roman avait d'abord paru, sous la forme de feuilletons, dans le journal *La Patrie*.

2715. Mousse (Le), par Augusta Kernoc (Auguste-Romieu, préfet du département de la Dordogne). *Paris*, Perrotin, 1833, in-8.

2716. Moyen court et facile de connaître le bon maître à danser, signé : M....l (Manuel). *Alençon*, Malassis le jeune, 1767, in-12.

Ce MANUEL, dit ERNOUF, fut le père du général de ce nom. On croit que, très-jeune encore, celui-ci a coopéré à la rédaction de ce volume.

2717. Moyen de commerce pour faire fortune, quoique l'on soit pauvre (par Mourguyo). *Paris*, an IX, br. in-8.

2718. Moyen de parvenir à fabriquer des livres avec les idées et le style d'autrui, entrelardées de billevesées personnelles, par Henri Lejugeneutre, étudiant en mosaïque (Eugène Hubert, ancien notaire à Alençon). *Pékin et Bruxelles*, 1858, in-8.

2719. Moyen (Le) de parvenir, œuvre contenant la raison de tout ce qui a été, est et sera, par Béroalde de Verville (nouvelle édition) publié par P. L. Jacob (Paul Lacroix). *Paris*, Techener, 1831, 2 vol. petit in-8.

2720. Moyen infaillible d'assurer le sort des actionnaires des pompes à feu de Chaillot, quelle que soit leur position actuelle (par le chevalier De Forges, ancien écuyer de main du roi). (Avril 1786), br. in-8 de 44 pages.

2721. Multiplions les hôpitaux et les secours, par un Homme depuis vingt ans cosmopolite (La Rocque). *Londres*, 1813, in-8.

Avec un supplément de quatre pages in-8, imprimé à Londres, chez Schulze et Dean, en 1816.

2722. Muse (La) nouvelle, recueil de poésies (par Jean-Baptiste-Pierre Dalban). *Grenoble*, 1832, in-8.

2723. Musée moral, ou Préceptes, conseils et exemples recueillis chez les anciens moralistes et divers autres personnages célèbres de l'antiquité, par M. Ch. S... de L... (Charles Sambucy de Lusançon). 1re livraison, contenant les neuf derniers siècles avant Jésus-Christ. *Paris*, Carilian-Gœury, 1828, in-8.

Cette publication n'a pas été continuée.

2724. Musée royal de Naples, peintures, bronzes et statues érotiques du cabinet secret, avec leur explication, par M. C. F. (César Famin). *Paris*, Abel Ledoux, 1836, gr. in-4, avec figures coloriées.

2725. Muselière (La). Fragments sur cette question : « La protection accordée à l'industrie n'est-elle pas le meilleur moyen de gouverner le peuple et d'en devenir maître ? » Par l'auteur des « Lettres de Livry » (Nicolas Châtelain). *Paris* (*Genève*), Cherbuliez, 1839, br. in-8.

2726. Muséum (Le) Pindarique, par Philarmos (Marie de la Fresnaye). *Paris*, Sétier, 1816, br. in-8 de 32 pages.

2727. Myrtil et Mélicerte, pastorale historique, en vers et en trois actes, précédée d'un prologue (par Nicolas-Armand-Martial Guérin d'Etriché). *Paris*, Trabouillet, 1699, in-12.

C'est la *Mélicerte* de Molière, arrangée par le

fils que la veuve de cet illustre auteur eut de son second mariage avec Guérin.

2728. Mystères de l'agiotage dévoilés, ou Lettres à M. Jacques Lafitte (par Charles-Joseph Coubé, ancien député). *Paris*, chez l'auteur, 1829, br. in-8 de 160 pages.

2729. Mystères de la création et de la destinée de l'homme, suivant Jésus-Christ et les philosophes de l'antiquité. Par un Ami de la vérité (Poncet, de Mâcon, suicidé au Hâvre). *Paris*, juin 1830, br. in-8 de 35 pages.

2730. Mystères (Les) de la Salle Lyrique (par Félix Savart). *Paris*, E. Dentu, 1861, in-16.

2731. Mystères (Les) des théâtres de Paris, observations, indiscrétions, révélations !!! Par un Vieux comparse (Jean-Baptiste-Salvador Tuffet, ex-comédien). *Paris*, Marchand, 1844, in-12, fig.

2732. Mystificateurs (Les) mystifiés, ou Rira bien qui rira le dernier, proverbe, par M. V. (Henri Valade, imprimeur). *Paris*, Delaunay, 1827, br. in-8 de 37 pages.

2733. Mystique (La) divine, naturelle et diabolique, ouvrage traduit de l'allemand, par Charles Sainte-Foi (Eloi Jourdain). *Paris*, Poussielgue-Rusand, 1854-1855, 5 vol. in-8.

2734. Mythologie (La) des demoiselles, d'après les objets de la nature, par Mme de N... (Lory de Narp). *Paris*, Louis, 1809, in-12.

La première édition est de 1805.

N

2735. Naples et Venise (par la baronne de Montaran, née Marie-Constance-Albertine Moisson de Vaux). *Paris*, Delloye, 1836, in-8.

2736. Naples, histoire, monuments, beaux-arts et littérature, par L. L. F. (Louis-Joseph Le Fort). *Lille*, Le Fort, 1857, in-8.

Cet intéressant jeune homme, mort prématurément à l'âge de 24 ans, était le fils de M. Le Fort, imprimeur-libraire à Lille.

2737. Napoléon, poème en dix chants (par M. Hubert-Louis de Lorguet). *Bruxelles*, Lacrosse, 1824, in-8.

On attribue au feu roi Joseph Bonaparte une part de collaboration dans cet ouvrage.

2738. Napoléon et la conquête du monde, 1812 à 1832. Histoire de la monarchie universelle (par Louis-Napoléon Geoffroy-Château, juge au tribunal civil de la Seine). *Paris*, Delloye, 1830, in-8.

Ce livre a reparu en 1841, avec le nom de l'auteur, sous le titre modifié de : « *Napoléon apocryphe ; histoire de la conquête du monde et monarchie universelle,* » 1812-1832. *Paris*, Paulin, in-8.

2739. Napoléon et la France, élégies nationales, par Gérard L*** (Gérard Labrunie, plus connu sous le nom de Gérard de Nerval). *Paris*, Ladvocat, 1826, br. in-8 de 32 pages.

2740. Napoléon et son époque (par Adrien Jarry de Mancy). 3e édition. *Paris*, Fain, sans date (1831), grand in-plano.

2741. Napoléontine, par Mme Jenny D*** (Marie-Hélène Dufourquet). *Paris*, marchands de nouveautés, 1821, br. in-8.

2742. Narration de la mort de Louis XVI (par Charles-Joseph Lacretelle), traduite en toutes les langues et répandue dans toute l'Europe (1793), in-8.

Quelque temps après la publication de cette brochure, le courageux écrivain reçut la visite de l'abbé Edgeworth, qui lui apporta des félicitations et lui témoigna l'émotion qu'il avait éprouvée à la lecture de cette narration éloquente. Il affirma que ce qui l'avait le plus touché, c'était ces paroles : « Fils de Saint-Louis, montez au ciel ! » — « *Cela est bien tourné, dit-il*, c'est solennel, religieux ; mais, ajouta-t-il modestement, j'étais incapable de rencontrer aussi bien. Mon émotion était si grande, que je n'ai pu ouvrir la bouche et n'ai rien proféré. »

(*Moniteur universel*, 25 mai 1860).

2743. Natalie, par Mme de ***. Publié par N.-A. de Salvandy. *Paris*, Gustave Barba, 1833, in-8.

Une seconde édition, en deux volumes in-12, a paru dans le cours de la même année.

On a pendant longtemps attribué dans le public ce roman à Salvandy lui-même, bien qu'il ne s'en fût déclaré que l'éditeur. On sait aujourd'hui qu'il est l'œuvre de Mme Charles DE MONTPEZAT.

2744. Natalie reconnue, ou Voyage aux eaux de Charbonnières, près Lyon (par J.-B. Mazade, marquis d'Avèze). 3e édition. *Paris*, Béthune, 1833, br. in-8 de 56 pages.

2745. Naufrage (Le), ou l'Ile déserte. Imité de l'anglais. *Lille*, Le Fort, 1840, in-16.

Ce livre a été traduit de l'anglais par M. BLANCHARD ; mais sa traduction ayant subi quelques modifications de la part d'un écrivain anonyme, on a substitué le mot *imité* au mot *traduit*.

2746. Naufrage (Le), ou la Pompe funèbre de Crispin, comédie, par M. D. L. F. (Joseph De La Font). *Paris*, Ribou, 1711, in-12.

Pièce en un acte et en vers, qui fut jouée pour la première fois, à la Comédie française, le 14 juin 1710.

2747. Ne touchez pas à la reine, par Michel Masson (Auguste-Michel-Benoît Gaudichot). *Paris*, Ambroise Dupont, 1837, in-8.

2748. Nécrologe Liégeois (par Ulysse Capitaine). *Liège*, F. Renard, 1851-1865, 15 vol. in-12.

Publication commencée en 1851.

2749. Nécrologe Lyonnais. 1826-

1835. Par M. Péricaud l'aîné (et Claude Bréghot-du-Luth). *Lyon*, Rusand, 1836, in-8.

2750. Nécrologe (Le) de 1832, ou Notices historiques sur les hommes les plus marquants, tant en France que dans l'étranger, morts pendant l'année 1832 (par Pierre-Charles Desrochers). *Paris*, chez l'auteur, 1833, in-8.

2751. Nécrologie de M. Cozon, ancien magistrat à Lyon. Par Onuphre (Onuphre-Benoît-Claude Moulin, ancien avoué). *Lyon*, 1832, br. in-8 de 20 pages.

2752. Négociant (Le) anglais, comédie en trois actes et en prose, par MM. de Servières et Ernest (Joseph-François Grille). *Paris*, Cavanagh, 1803, br. in-8.

2753. Nélida (par la comtesse d'Agoult, née Marie de Flavigny). *Paris*, 1846, in-8.

Publié sans frontispice et sans titre.

2754. Nelly, ou la Fille bannie, mélodrame en trois actes, par M. Lacqueyrie (Jean-Baptiste Pélissier). *Paris*, Duvernois, 1827, br. in-8.

2755. N'en parlons plus et parlons en toujours, par l'auteur de « la Lanterne magique de la rue Impériale » (Antoine Caillot). (*Paris*), Cellot (1814), br. in-8 de 18 pages.

2756. Nerviens (Les), anciens habitants de l'arrondissement d'Avesnes, avant et pendant la conquête des Gaules par César, par I. L. (I. Lebeau d'Avesnes). *Avesnes*, Charles Viroux, 1843, in-12.

2757. Neuf jours d'hymen, ou la Cour en 1610, roman historique, par l'auteur de « l'Aide de camp » (Alfred-Emmanuel Roergas de Serviez). *Paris*, Lachapelle, 1834, 2 vol. in-8.

2758. Neuvaine sur les mystères de Jésus-Christ (par l'abbé Jean-Baptiste Lasausse). *Paris*, 1793, 2 vol. in-12.

Cet ouvrage sert de complément à l'*Ecole du Sauveur*, par le même.

2759. Neveu (Le) du chanoine, ou les Confessions de l'abbé Guignard (par Jules Servan de Sugny). *Paris*, Werdet, 1821, 4 vol. in-12.

2760. Nice et ses environs, ou Vingt vues dessinées d'après nature en 1812, dans les Alpes maritimes, par A. de L. (Auguste de Louvois). *Paris*, Remoissenet, 1814, 2 vol. in-8 oblong.

2761. Nicolas Flamel. Nouvelle historique, par Henri Simon (Dautreville). *Paris*, 1846, in-12.

2762. Nicolas Gogol. Nouvelles russes. Traduction française, publiée par Louis Viardot. *Paris*, Paulin, 1825, in-12.

M. Louis Viardot déclare dans sa préface qu'il

ignore la langue russe, et que la traduction qui porte son nom n'est pas de lui : « Il n'a fait, dit-il, qu'en retoucher les mots et les phrases. »

Le traducteur est son ami, M. Yvan TOURGUENEFF, bien connu maintenant lui-même des lecteurs français, par les *Mémoires d'un chasseur*, les *Scènes de la vie russe*, et qui occupe aujourd'hui dans la littérature de son pays la place qu'y tenait Gogol, c'est-à-dire, la première.

2763. Nina, ou la Mitaine enchantée, comédie en trois actes et en vers, par ***. *Paris*, 1758, in-8.

On lit dans le *Journal de Collé* : « L'Abbé de VOISENON (Fusée de) désavoue cette pièce ; mais elle est de lui. Je le sais à n'en pouvoir douter. »

2764. Ninka, nouvelle indienne, par Mme *** (Victorine Collin des Gimées). *Paris*, Mongie, 1826, in-12.

2765. Ninon de Lenclos, par Emile Colombey (Emile Laurent). *Paris*, A. Delahays, 1838, in-12.

2766. Nobiliaire (Le) de Ponthieu et de Vimeu, par R. de B... (René de Belleval). *Amiens*, Lecourt aîné, 1861, in-8.

2767. Nobiliaire des Pays-Bas et du comté de Bourgogne, contenant les villes, terres et seigneuries érigées en titre de principauté, duché, marquisat, comté, vicomté et baronnie, etc., etc. ; rapporté par ordre chronologique, par M. D. S. D. H. (De Veziano, seigneur de Hovas). *Louvain*, Jean Jacobs, 1760, 2 parties in-12.

2768. Noblesse (La), ou le Corps équestre considéré comme institution (par Pirson). Sans nom de lieu, ni date, in-8.

2769. Noblesse (La) et le commerce, ouvrage dédié à la noblesse de province, par le fils d'un commerçant (Léopold Bougarre). *Paris*, Renard, 1837, br. in-8 de 102 pages.

2770. Noblesse (La) française en 1861, par un Maire de village (le marquis de Belbeuf, sénateur). *Paris*, Lahure, 1861, br. in-8 de 48 pages.

Cette brochure ne se vend pas.

2771. Noce (La) piémontaise, ou Voyage à Cassino, par César-Auguste (Auguste Lambert). *Paris*, L. Collin, 1807, in-16.

2772. Noémie, comédie-vaudeville en deux actes et en prose, par MM. A. Dennery et Clément (Mme Desgranges). *Paris*, Tresse, 1845, br. in-8.

2773. Normands (Les) en Italie, ou Salerne délivrée, poème en quatre chants (par le comte Amédée de Pastoret). *Paris*, Delaunay, 1818, in-8.

2774. Note sur l'établissement formé à Paris, sous le nom de Dépôt des laines, par M. C. M. D. V. P. D. F. (par le comte Charles-Gilbert Morel de Vindé, pair de France). *Paris*, Mme Huzard, 1816, br. in-8 de 28 pages.

2775. Note sur le projet d'impôt soumis au Conseil d'Etat en ce qui concerne les compagnies d'assurances à primes fixes contre l'incendie (par Thomas, de Colmar). *Paris*, Chaix, 1864, in-8.

2776. Notes d'un voyage fait dans le Levant en 1816 et 1817 (par Ambroise-Firmin Didot). *Paris*, F. Didot, 1826, in-8.

Ces notes, que l'auteur n'a fait imprimer que pour ses amis, ont été recueillies pendant qu'il était attaché à l'ambassade de France, à Constantinople. Elles comprennent *Constantinople*, l'*Egypte*, la *Terre-Sainte*, la *Syrie* et l'*Asie-Mineure*. La seconde partie, qui devait avoir rapport à la Grèce, n'a point été publiée ; mais Pouqueville en a intercalé quelques fragments dans les deux éditions de son *Voyage en Grèce*.

2777. Notes, fragments et documents pour servir à l'histoire de la ville d'Evreux, etc. Par Th. B. (Théodose Bonnin). *Evreux*, Cornemillot et Régimbert, 1847, in-12.

2778. Notes et documents pour servir à l'histoire locale. Le duc de Guise dans l'Auxerrois (1593) (par Léon de Bastard d'Estang). *Auxerre*, 1859, br. in-8 de 27 pages.

2779. Notes historiques relatives au Conseil d'Artois (par Pierre-Antoine-Samuel-Joseph Plouvain). *Douai*, 1809, in-4.

Une nouvelle édition a paru en 1823.

2780. Notes historiques relatives aux offices et aux officiers de la gouvernance de Douay, ou Souvenirs du bailliage de Douay à Orchies (par le même). *Lille*, 1810, in-4.

2781. Notes historiques relatives aux offices et aux officiers du Parlement de Flandres (par le même). *Douai*, 1809, in-4.

2782. Notes historiques relatives aux offices et aux officiers du Conseil provincial d'Artois (par le même). *Douai*, Wagrez, 1824, in-4.

2783. Notes statistiques sur les communes du ressort de la Cour de Douai (par le même). *Douai*, Wagrez, 1824, br. in-8.

2784. Notes sur l'ancien imprimeur de la liste civile de Louis XVI (par son fils Henri Valade, imprimeur de S. M. Louis XVIII). *Paris*, sans date, 1822, br. in-8.

2785. Notes sur les intérêts agricoles à l'occasion des remontes de la cavalerie française, par P. C. (Pierre Cazeaux, ancien ingénieur au service de l'Etat). *Paris*, Lecointe, 1842, br. in-8 de 40 pages.

2786. Notes sur ce qu'on voit dans le monde social (par Jean Blondel, mort, en 1810, président à la Cour impériale de Paris). *Paris*, 1757, in-12.

2787. Notice abrégée sur la vie, le caractère et les crimes des principaux assassins aux gages de l'Angleterre (par Maurice-Jacques Roynes de Montgaillard). *Paris*, an XII, br. in-8.

2788. Notice abrégée sur la vie et les ouvrages de M. de Laporte du Theil, insérée dans le catalogue de sa bibliothèque (par le baron Antoine-Isaac Silvestre de Sacy). Sans date (1815), br. in-8 de 11 pages.

Laporte du Theil est mort le 28 mai 1815.

2789. Notice bibliographique sur les cartes à jouer (par Pierre-Gustave Brunet). *Paris*, 1842, in-8.

2790. Notice bibliographique sur un traité manuscrit du xve siècle, jusqu'ici inédit, avec une copie figurée de l'original, par J. S. S. (John Spencer Smith). *Caen*, 1840, gr. in-8.

Titre, portrait de Jean Gerson et vingt feuillets de *fac simile*, d'après un manuscrit de cet auteur.

2791. Notice bibliographique et critique sur les écrits de M. le comte Ortofilo Ausonico. *Paris*, Ant. Bailleul, 1820, br. in-8.

Cette brochure est du comte Charles PASERO DE CORNELIANO, qui, dans plusieurs de ses ouvrages, s'est caché sous le pseudonyme précité.

2792. Notice biographique sur messire Overlant Beauvelaere, par le comte de Fortsas (par M. Rénier Chalon, de Mons). *Bruxelles*, 1846, br. in-8 de 23 pages.

2793. Notice biographique concernant M. Rœderer. *Paris*, Bossange, 1825, br. in-8.

Cet opuscule, extrait de la *Biographie nouvelle des contemporains*, est, en réalité, l'œuvre de M. RŒDERER lui-même.

2794. Notice biographique sur le curé Mérino, publiée par don Mariano-Rodriguez de Abajo... *Caen*, Poisson, et *Paris*, De Varennes, 1846, in-8.

Le véritable rédacteur est M. Edmond LE VASSEUR-BAUDRY, de Lisieux, avocat à Alençon.

2795. Notice biographique sur Guiot (par Etienne-Théodore Pinard, greffier au tribunal civil de Vassy). *Rouen*, 1843, br. in-8.

Tirée à 30 exemplaires.

2796. Notice biographique sur M. G.-A.-R. Baston (par Duputel). *Rouen*, 1826, br. in-8 de 40 pages.

Tirée à 50 exemplaires, dont 2 sur papier de couleur.

2797. Notice biographique sur Thierry Martens (imprimeur belge du quinzième siècle) (par Théodore Juste). *Bruxelles*, 1849, in-8.

2798. Notice des estampes exposées à la bibliothèque du roi, contenant des recherches historiques et critiques sur ces estampes et leurs auteurs; précédée d'un essai sur l'origine, l'accroissement et la disposition méthodique du cabinet des estampes (par Jean Duchesne aîné, alors premier employé, et, depuis, conservateur du cabinet des estampes). *Paris*, De Bure, 1823, in-12.

2799. Notice des ouvrages de bibliologie, d'histoire, de philosophie, d'antiquités et de littérature, tant imprimés que manuscrits, de Gabriel P*** (Etienne-Gabriel Peignot), avec cette épigraphe : *Opusculum amicorum gratia tantum, amici prælo subjectum. Paris*, Crapelet, 1830, br. in-8 de 44 pages.

Cette notice est attribuée à PEIGNOT lui-même.

2800. Notice des ouvrages de D'Anville, premier géographe du roi, membre de l'Académie des inscriptions et belles-lettres, etc. (par Louis-Charles-Joseph De Manne, et Barbié du Bocage), précédée de son éloge (par Dacier). *Paris*, Fuchs, 1802, br. in-8 de 130 pages.

2801. Notice des principaux événements qui se sont passés à Beaucaire depuis l'assemblée des notables, en 1788. *Avignon*, Séguin, 1836, 1 vol. in-8.

Cette notice se termine à l'année 1815 exclusivement; elle est le complément d'un opuscule du même auteur, le chevalier DE FORTON, intitulé : « Nouvelles recherches pour servir à l'histoire de la ville de Beaucaire. »

Voyez le n° 2057.

2802. Notice des tableaux exposés dans la galerie de peinture de Boulogne-sur-Mer (par M. François Morand). *Boulogne-sur-Mer*, C. Le Roy, 1860, in-12.

2803. Notice géographique sur le pays de Nedjd, ou Arabie centrale, accompagnée d'une carte; suivie de notes sur l'histoire d'Egypte sous Mohammed-Aly. Par M. E. J. D. L. (Edme-François Jomard, de l'Institut). *Paris*, 1824, br. in-8 de 68 pages.

Cette notice est extraite de l'*Histoire d'Egypte sous Mohammed-Aly*, par M. Félix MENGIN, qui a paru en 1823. Elle a été tirée à part, au nombre de 100 exemplaires, et n'a point été destinée au commerce.

2804. Notice historique concernant la sonnerie ancienne de l'église cathédrale de Chartres (par Mgr Pie, évêque de Poitiers, alors vicaire-général à Chartres). *Chartres*, Garnier, 1842, in-12.

2805. Notice historique sur Falaise, par l'auteur de la « Nouvelle histoire de Normandie » (le baron André De La Fresnaye). *Falaise*, Brie l'aîné, 1816, br. in-8 de 48 pages.

Aucun lien de parenté n'existe entre l'auteur de cette *notice* et Marie DE LA FRESNAYE, dont le nom est reproduit plusieurs fois dans le cours de ce volume.

2806. Notice historique sur l'ancien chapitre impérial des chanoinesses, à Thorn (par Mathias-Joseph Wolters). *Gand*, F. et E. Gyselinck, 1848, in-8, fig.

M.-J. Wolters, ingénieur en chef de la Flandre orientale (Belgique), auteur d'un grand nombre de publications hydrographiques et historiques, né à Ruremonde, le 17 mars 1795, est mort à Gand, le 21 avril 1859.

2807. Notice historique sur l'ancien comté impérial de Reckeim, dans la province de Limbourg (par le même). *Gand*, F. et E. Gyselinck, 1848, in-8, fig.

2808. Notice historique sur l'ancienne abbaye d'Averboden (par le même). *Gand*, 1849, br. in-8 de 175 pages.

2809. Notice historique sur l'ancienne abbaye de Herkenrode, dans la province actuelle de Limbourg (par le même). *Gand*, F. et E. Gyselinck, 1849, in-8.

2810. Notice historique sur l'ancienne abbaye noble de Milen, près de Saint-Irond (par le même). *Gand*, F. et E. Gyselinck, 1853, in-8.

2811. Notice historique sur l'ancienne commanderie des chevaliers de l'ordre Teutonique, dite des *Vieux-Joncs*, dans la province actuelle de Limbourg (par le même). *Gand*, F. et E. Gyselinck, 1849, br. in-8 de 60 pages et 3 planches.

2812. Notice historique sur la cathédrale d'Evreux (par l'abbé Pierre-Charles De La Noë, grand-vicaire). *Evreux*, Canu, 1844, br. in-8.

2813. Notice historique sur la province de Rummen et sur les anciens fiefs de Grasen, Vilre, Binderwelt et Weyer, en Hesbaye (par Mathias-Joseph Wolters). *Gand*, Hebbelynck, 1846, in-8 de VI et 405 pages, sans la table, avec une carte et 19 planches.

2814. Notice historique sur la vie de Molière, par A. Bazin (Anaïs Bazin de Raucou), auteur de « l'Histoire de Louis XIII. » 2e édition, revue par l'auteur et considérablement augmentée. *Paris*, Techener, 1851, in-12.

Cette seconde édition, d'un travail remarquable et plein d'intérêt, a été publiée après la mort de l'auteur, par les soins de son ami, M. Paulin Pâris, de l'Institut.

2815. Notice historique sur la ville de Mariembourg, contenant une relation détaillée et un plan des attaques faites en 1815 par les Prussiens, par F. S*** (Frédéric Schollaert, capitaine du génie). *Liége*, Oudart, 1843, opuscule de 48 pages (Ul. C.).

2816. Notice historique sur le général Auguste Caffarelli (par Ulysse Trélat). *Paris*, 1850, br. in-8.

Extraite du *Moniteur universel* des 4 et 5 décembre 1849.

2817. Notice historique sur le monument érigé par la commune d'Oysonville à son bienfaiteur, M. le marquis de la Roussière (par Marcel Dramard). *Paris*, J. Didot, 1829, br. in-8 de 92 pages.

2818. Notice historique sur les anciens seigneurs de Steyn et de Pietersheim, grands vassaux de l'ancien comté de Looz, par M.-J. W. (Mathias-Joseph Wolters). *Gand*, F. et E. Gyselinck, 1854, in-8 de 182 pages avec 2 planches.

2819. Notice historique sur les armoiries de la ville de Versailles, par S. G. (Sainte-James Gaucourt). *Versailles*, Montalant-Bougleux, 1842, in-8.

2820. Notice historique sur les évêques, leur origine, leurs prérogatives, etc. (par Charles de Chênedollé). *Liége*, Desoër, 1829, in-8 (Ul. C).

2821. Notice historique sur l'origine et les effets de la nouvelle médaille frappée en l'honneur de l'immaculée conception de la très-sainte Vierge, et généralement connue sous le nom de la médaille miraculeuse, suivie d'une Neuvaine, par M*** (Aladol, lazariste). 5e édition, considérablement augmentée. *Paris*, Bailly, 1835, in-18.

2822. Notice historique sur Madame, duchesse d'Angoulême, et Tableau des principaux faits de la révolution du 20 mars 1815, par M. De Vouziers (P.-J. Mothey). *Paris*, Tiger, 1816, in-18.

2823. Notice historique sur Notre-Dame de Bethléem, vulgairement appelée Notre-Dame-la-Noire (statue byzantine vénérée à Pézénas, depuis le XIVe siècle). Par l'abbé J.-P. (Paulinier, chanoine honoraire, curé de Sainte-Ursule, à Pézénas), membre de la Société française pour la conservation des monuments historiques. *Pézénas*, Eug. Richard, 1860, in-18 de 107 pages.

2824. Notice historique sur Son Altesse royale le prince Eugène, vice-roi d'Italie, duc de Leuchtenberg, etc. (par le baron d'Arnay, secrétaire intime du cabinet du vice-roi, conseiller d'Etat, etc.). *Paris*, David, 1830, in-8.

2825. Notice historique et abrégée des anciens états de Provence (par Charles-François Bouche, avocat au parlement d'Aix). *Genève* (Aix), 1787, in-4.

2826. Notice historique et archéologique sur l'église Saint-Martin d'Argentan, par T. L*** (Théodore Le Cerf, avoué à la Cour impériale de Caen). *Caen*, Delos, 1857, br. in-8 de 24 pages.

Publiée d'abord dans l'*Ordre et la Liberté*, journal de Caen. M. Th. Le Cerf a, depuis cette publication, fait paraître un bon livre sur l'*Archipel normand*.

2827. Notice historique et archéologique sur les églises des villes du Brabant et sur quelques monuments gothiques de cette province (par A.-J. Stercks). *Bruxelles*, veuve Wauters, 1850, br. in-8 de 84 pages.

Edition tirée à cent exemplaires ; plus, quatre sur papier vélin.

2828. Notice historique et généalogique sur la branche aînée des ducs et comtes de Ponthieu, d'origine royale, et sur celle des princes et comtes de Vismes, de la branche de Ponthieu (par Antoine-Guillaume-Bernard Schayes). *Bruxelles*, imp. de Devroye, 1843, gr. in-8, avec blasons coloriés.

A.-G.-B. SCHAYES, membre de l'Académie royale de Belgique, né à Louvain, le 4 janvier 1808, est mort à Ixelles, près de Bruxelles, le 8 janvier 1859.

2829. Notice littéraire sur quelques écrivains de Liége, par Herman (H.-J. baron de Trappé). *Liége*, Lemarié, 1803, in-12 (Ul. C).

2830. Notice nécrologique pour servir à l'éloge de M. Jean-François-Armand Riolz, ancien jurisconsulte, etc., suivie d'une dissertation sur le célèbre M. Prost de Royer (de Lyon) et le fameux Merlin (de Douai) relativement à leurs caractères particuliers et à leurs ouvrages, par Onuphre (Onuphre-Benoît-Claude Moulin). *Lyon*, Boursy, 1817, br. in-8 de VIII et 47 pages.

2831. Notice nécrologique sur le docteur T. D. Sauveur, professeur émérite de médecine, de la Faculté de Liége, etc. Par L.-E. R....d (Laurent-Emile Renard). *Liége*, Collardin, 1838, br. in-8 de 56 pages.

Cette notice avait d'abord été insérée dans la *Revue belge*.

2832. Notice nécrologique sur M. Etienne, pair de France (par Emile Hannotin). *Bar-le-Duc*, 1845, br. in-8.

2833. Notice sur Aimé Leroy, bibliothécaire de la ville de Valenciennes (par Arthur Dinaux). Publiée par la Société des bibliophiles de Mons. *Mons*, Hoyois, 1849, br. in-8.

2834. Notice sur Anne de Bretagne, reine de France (par Anne-Marie-Joseph Trébuchet). *Nantes*, Mellinet-Malassis, 1822, in-4 de 12 pages.

Réimprimée, l'année suivante, dans le format in-8, avec le nom de l'auteur.

2835. Notice sur Chalier, extraite de la *Revue de Lyon*, par César B. (Bordelon). *Lyon*, Boitel, août 1835, br. in-8 de 24 pages.

2836. Notice sur Colard Mansion, libraire et imprimeur de la ville de Bruges, en Flandres, dans le quinzième siècle (par Van Praët). *Paris*, Crapelet, 1829, gr. in-8.

2837. Notice sur deux anciens romans intitulés : les « Chroniques de Gargantua », par l'auteur des « Nouvelles recherches bibliographiques » (J. Charles Brunet). *Paris*, Silvestre, décembre 1834, br. in-8 de 32 pages.

2838. Notice sur J.-B.-F. Bayard, avocat, par A.-L.-M. (Aubin-Louis Millin). Sans date (1800), br. in-8.

Cette notice a été insérée dans le tome III de la sixième année du *Magasin encyclopédique*, an VIII.

2839. Notice sur Emile Gachet (par M. Jean-François-Nicolas

Loumyer), publiée par la Société des bibliophiles belges, séant à Mons. *Mons*, Masquiller et Duchesne, imprimeurs de la Société des bibliophiles, 1861, in-8.

Tirée à cent exemplaires numérotés.

Emile-Léonard-Jean-Baptiste GACHET, chef du bureau paléographique, à Bruxelles, né à Lille, département du Nord, le 5 novembre 1809, est mort à Ixelles, le 20 février 1857. Il n'a d'article dans aucune biographie française, où il aurait dû, cependant, trouver sa place comme littérateur.

2840. Notice sur Gilion de Trasignyes, roman français du quinzième siècle. Suivie de quelques autres fragments (par Pierre-Gustave Brunet). *Paris*, Techener, 1839, br. in-8 de 32 pages.

2841. Notice sur Henri Delloye, troubadour Liégeois, par un Anonyme (M. Ulysse Capitaine). *Liége*, 1849, in-18 de 60 pages.

2842. Notice sur Jules-Basile Féron de la Ferronays, évêque et comte de Lisieux (par Auguste Bordeaux de Prestreville). *Lisieux*, 1840, br. in-8.

2843. Notice sur Hippolyte Guillery, ingénieur des ponts et chaussées (par le colonel Chapelié). *Bruxelles*, Van Dooren, 1849, in-8 (Ul. C.).

2844. Notice sur Henri-Joseph Hoyois, imprimeur à Mons (par Ad. Mathieu). Publiée par la Société des bibliophiles de Mons. *Mons*, sans date, in-8.

2845. Notice sur Hyacinthe Fabry, par Ul. C. (Ulysse Capitaine). *Liége*, 1851, br. in-12 de 81 pages.

2846. Notice sur l'abbaye de Solesmes (par le R. P. Dom Prosper Guéranger, abbé de Solesmes). *Le Mans*, Fleuriot, 1839, br. in-8 de 32 pages.

2847. Notice sur l'Académie royale de Belgique (par Mathieu-Lambert Polain). *Liége*, Carmanne, 1857, in-12 (Ul. C.).

2848. Notice sur l'acteur Baron (par Pierre-David Lemazurier, secrétaire de la Comédie-Française). Sans nom de lieu ni date (vers 1825), br. in-8.

2849. Notice sur la bibliothèque de la ville de Lyon, extraite des « Archives historiques et statistiques du département du Rhône », tome VI (par Claude Bréghot-du-Lut, membre des Académies de Lyon et de Dijon). Nouvelle édition, revue et corrigée. *Lyon*, Barret, 1828, br. in-8.

Cette notice a eu deux tirages. Le premier, en 16 pages seulement, est rigoureusement conforme au texte des *Archives*, etc. Le deuxième, en 24 pages, mentionné ci-dessus, contient des corrections et additions qu'on trouve rapportées dans le tome VII du même ouvrage.

(*Journal de la Librairie.*)

Cette notice a été réimprimée en décembre 1834.

2850. Notice sur la chapelle du pensionnat des frères, à Béziers, par M. l'abbé*** (Brioust, et par le frère Samuel). *Béziers*, Millet, 1856, br. in-8.

2851. Notice sur la personne et les ouvrages du comte Vittorio Alfieri (par De Fallette-Barrol). 1804, br. in-8.

2852. Notice sur la révérende mère Joseph de Jésus (Anne Capitaine), religieuse carmélite (par Pierre Kestern). *Liége*, Desoër, 1848, in-8 (Ul. C.).

2853. Notice sur la rue *Belle Cordière*, à Lyon, contenant quelques renseignements sur Louise Labé et Charles Bordes (par Claude Bréghot-du-Lut). *Lyon*, Barret, 1828, br. in-8 de 16 pages.

2854. Notice sur la vie, la mort et les funérailles de Mgr Jean-Nicolas Gros, évêque de Versailles, par un Prêtre du diocèse (l'abbé Chauvet). *Versailles*, Dagneau, décembre 1857, br. in-8 de 15 pages.

2855. Notice sur la vie et la mort de M. L. de Courson, supérieur général de Saint-Sulpice, par un de ses anciens élèves (M. Aurélien de Courson, conservateur à la Bibliothèque impériale du Louvre). *Paris*, 1850, br. in-8.

2856. Notice sur la vie et le pontificat de Grégoire XVI, par A. M. (Adolphe Mortemart). *Lyon* et *Paris*, Périsse, 1856, br. in-8 de 72 pages.

2857. Notice sur la vie et les œuvres de M. l'abbé Prévost, chanoine de la métropole de Rouen, d'après des documents inédits et authentiques (par Paul Vavasseur). *Rouen*, Fleury, 1854, in-12.

2858. Notice sur la ville de Dijon, ses environs et quelques autres villes de l'ancienne Bourgogne, à l'usage des voyageurs qui visitent ces contrées, avec 32 planches représentant des sites et des monuments (par Fyot de Mimûre). *Dijon*, Gaulard-Marin, 1817, br. in-8 de 112 pages.

2859. Notice sur le célèbre violon Paganini, par Imbert de La Phalèque (Louis-François L'Héritier, de l'Ain). *Paris*, Guyot, 1830, br. in-8 de 74 pages.

Cette notice avait paru, l'année précédente, dans la *Revue de Paris*.

2860. Notice sur le baron de Reiffenberg, conservateur de la bibliothèque royale de Belgique (par Ad. Mathieu). *Mons*, L. Hoyois, 1850, br. in-8.

2861. Notice sur le collège de Juilly, par un Ancien élève de cette Académie (J. Clo). *Paris*, 1807, br. in-8.

La femme de l'auteur de cette notice a publié quelques romans, sous le voile de l'anonyme.

2862. Notice sur Lemontey (par Jean-Baptiste Passeron, de Lyon). Sans lieu ni date (*Lyon*, 1827), br. in-8.

Extraite des *Archives historiques du Rhône*.

2863. Notice sur le palais de la Chambre des pairs de France, anciennement appelé Palais du Luxembourg ou d'Orléans, par M. G. de la V. (Claude-Madeleine Grivaud de La Vincelle, sous-chef à la comptabilité de la chambre des pairs). *Paris*, Nepveu, 1818, in-12.

2864. Notice sur le poëme des *Jeux de mains* (de Rulhière) (par le comte Louis-Léon-Félicité de Lauraguais, duc de Brancas). Sans date (1818), pièce in-8.

2865. Notice sur le roman en vers des « Sept Sages de Rome » (par M. Pierre-Gustave Brunet). *Paris*, Techener, 1839, br. in-8 de 40 pages.

Tirée à 65 exemplaires.

2866. Notice sur le séjour à Marseille du roi d'Espagne Charles IV, depuis la fin de 1808 jusqu'au printemps de 1812 (par Laurent Lautard). *Marseille*, Achard, 1826, br. in-8 de 66 pages.

Cette notice a été reproduite dans un ouvrage du même auteur, publié depuis. Voyez le n° 1321.

2867. Notice sur le vicomte de Bonald, par M. Henri de B. (Bonald, son fils). *Paris*, Le Clerc, 1841, et *Avignon*, 1844, br. in-8 de 112 pages.

2868. Notice sur l'état actuel de l'arc d'Orange et des théâtres antiques d'Orange et d'Arles (par Auguste Caristie, architecte). *Paris*, F. Didot, 1839, in-4.

2869. Notice sur l'Université de Liége (par J.-B.-Ph. Lesbroussart). *Liége*, Desoër, 1841, in-8 (Ul. C.).

2870. Notice sur l'usage des chambres obscures et des chambres claires, etc., documents utiles à tous ceux qui s'occupent du dessin d'après nature, recueillis et publiés par C. Chevalier.

« Cet ouvrage appartient entièrement à M. Nicolas BOQUILLON. La conduite tenue à son égard par le sieur Chevalier, auquel il avait, par obligeance, laissé usurper son nom, l'autorise à revendiquer aujourd'hui cette production, l'une de celles auxquelles il a mis le plus de soin. »

(Lettre adressée le 23 août 1830, par Boquillon, au rédacteur de la *Biographie de la Moselle*.)

2871. Notice sur les graveurs qui ont laissé des estampes marquées de monogrammes, chiffres, rébus, etc. (par l'abbé Raverel et par Malpé). *Besançon*, 1807, 2 vol. in-8.

2872. Notice sur les poids, mesures et monnaies de Tunis, et sur leurs rapports avec ceux de France et d'Angleterre (par R. Dugaste). *Paris*, Barrois l'aîné, 1832, in-8.

2873. Notice sur les principaux tableaux de l'exposition de 1859. Peintres français (par Auguste-Philibert Châlons-d'Argé). *Paris*, H. Plon, 1859, br. in-8 de 72 pages.

2874. Notice sur les tableaux des

artistes étrangers et les principaux ouvrages de sculpture, gravure, architecture, dessin, aquarelle, miniature, numismatique, chromo-lithographie, photographie de l'exposition de 1859 (par le même). *Paris*, H. Plon, 1859, in-8.

2875. Notice sur Louis Garon et la fête du Cheval fol, suivie des stances sur l'ancienne confrérie du Saint-Esprit, fondée en la chapellé du Pont-du-Rhône, à Lyon, et de l'hymne pour le jour de la Pentecôte, par Louis Garon (publiée par MM. A. Péricaud l'aîné et Coste). *Lyon*, Boitel, 1837, br. in-8 de 32 pages.

Tirée à 25 exemplaires seulement.

2876. Notice sur les traductions françaises du *Manuel d'Epictète* (suivie d'un fragment d'un *Epictetana*). Par G.-A-J. H. l'Anagramme d'Archet (Gabriel-Antoine-Joseph Hécart, de la Société royale des antiquaires de France). *Valenciennes*, Prignet, 1826, in-18.

Tirée à 62 exemplaires, dont 12 sur papier vélin.

2877. Notice sur Mlle Rachel, par M. Védel (Poulet, ancien D^r adm^r de la Comédie Fr^{se}). *Paris*, Chaix, 1859, br. in-8 de 79 pages.

2878. Notice sur M. d'Anthoine, baron de Saint-Joseph, ancien maire de Marseille, par un des membres du Conseil général du département du Rhône, son adjoint à la mairie (Dessoliers). *Paris*, veuve Agasse, 1826, br. in-8.

2879. Notice sur M. Houdon (par Antoine-Chrysostôme Quatremère de Quincy). *Paris*, 1828, in-8.

2880. Notice sur M. Rodet (jurisconsulte), ancien député. Par E. M. (Etienne Millet). *Bourg*, 1838, br. in-8.

Tirée à 50 exemplaires.

2881. Notice sur Madame Guizot (née Pauline de Meulan), par M. O*** (François-Jean Guizot, son fils). *Paris* (vers 1835), br. in-8.

2882. Notice sur Rivarol, par H. L. (Hippolyte Laporte). *Paris*, J. Fournier, 1829, br. in-8 de 52 pages.

2883. Notice sur Sainte-Céronne (dans l'arrondissement de Mortagne, Orne), (par M. l'abbé Hoyau). Sans date, in-12.

2884. Notice sur Thomassin, chef de division au gouvernement provincial de Liége, par M. E. L. A. A. L. D. L. (Edouard Lavalleye, agrégé à l'Université de Liége). *Liége*, Redouté, 1837, in-8 (Ul. C.).

2885. Notice sur Viotti, par C*** d'Ey... (Claude D'Eymar), préfet du Léman. *Genève*, 1800, br. in-8.

2886. Notice sur un monument funéraire, connu sous le nom

de Pendentif de Valence (par Jules Ollivier). *Valence*, Borel, 1833, br. in-8.

2887. Notice topographique sur la ville de Lyon (par Antoine Péricaud l'aîné et Claude Bréghot-du-Lut). *Lyon*, Rusand, 1832, br. in-8.

Une nouvelle édition, grand in-8, a été publiée en 1838.

2888. Notices biographiques et littéraires sur la vie et les ouvrages de Jean Vauquelin De La Fresnaye et Nicolas Vauquelin Des Yveteaux, gentilshommes et poëtes normands. 1536-1649 (par le baron Jérôme Pichon, président de la Société des bibliophiles français). *Paris*, Techener, 1846, br. in-8.

Tirée à petit nombre.

2889. Notices et extraits de quelques ouvrages inédits en patois du midi de la France. Variétés bibliographiques (par Pierre-Gustave Brunet). *Paris*, 1840, in-12.

2890. Notices explicatives, historiques, biographiques, sur les principaux ouvrages de peinture et de sculpture exposés au palais des Champs-Elysées, avec un appendice sur la gravure, la lithographie et la photographie (par Auguste-Philibert Châlons-d'Argé). *Paris*, H. Plon, 1861, in-8.

2891. Notices généalogiques. In-8.

L'exemplaire de cet ouvrage que possède la Bibliothèque impériale, n'offre ni faux titre, ni titre, ni indication de lieu, ni date. On y lit seulement la note manuscrite qui suit : « Par la circonstance où j'ai acquis ce volume de 320 feuilles, qui étaient divisées en deux parties, je suis porté à croire qu'il vient de la vente de M. le duc de SAINT-AIGNAN ; que ce seigneur, qui était grand généalogiste, en est lui-même l'auteur ; et qu'il a été imprimé par demi-feuilles, peut-être en très-petit nombre d'exemplaires, car elles étaient toutes séparées. Personne, que je sache, ne connait cet ouvrage, et n'en a vu d'annonce nulle part dans les journaux. Le nom de LABOULLAYE, qu'on trouve pages 67 et 121, est peut-être celui d'un de ses secrétaires, qui a été mis là pour dérouter les curieux.

2892. Notices statistiques sur les colonies françaises, imprimées par ordre de M. le vice-amiral de Rosamel, ministre de la marine. 1re partie : Notice préliminaire, Martinique, Guadeloupe et dépendances (rédigées par M. Filleau Saint-Hilaire, directeur du bureau des Colonies). *Paris*, imprimerie royale, 1838, in-8.

2893. Notions élémentaires d'économie politique à l'usage des jeunes gens, etc. (par le comte Alexandre-Maurice Blanc La Nautte, comte d'Hauterive). *Paris*, Thoisnier-Desplaces, 1825, in-8.

Cet opuscule est le même que celui que l'auteur avait publié en 1817, sous le titre de : *Eléments d'économie politique*, etc. Cette réimpression est augmentée des *Considérations générales sur la théorie de l'impôt et des dettes* qui lui servent d'introduction.

2894. Notre-Dame de France, ou Histoire du culte de la sainte Vierge en France, depuis l'origine du christianisme jusqu'à nos jours, etc. Par M. le curé de Saint-Sulpice (l'abbé André-Jean-Marie Hamon). *Paris*, H. Plon, 1861, in-8.

2895. Notre-Dame de la délivrance. Notice historique sur la chapelle, par M. l'abbé Eug... L****** (Eugène Laurent). *Caen*, Hardel, 1840, in-12.

2896. Notre histoire (Récit des premiers mois de la république de 1848) (par William Hughes). *Paris*, 1848, in-16.

2897. Nouveau (Le) cri de la vérité, ou Il était temps! Par M. C. de S.-E. (Colmet de Saint-Elne). *Paris*, Dondey-Dupré, 1829, br. in-8.

2898. Nouveau (Le) dictionnaire de poche, par un Homme de lettres (Emmanuel Antoine). Revu et corrigé par M. Jannet, professeur de l'Université. 5e édition. *Paris*, Thériot, 1833, in-8.

Cette 5e édition comporte un grand nombre de mots nouveaux; et, de plus que les précédentes, elle offre en regard la prononciation de ceux qui présentent de l'incertitude. La première édition est de 1828.

2899. Nouveau choix des lettres de Mme de Sévigné, spécialement destiné aux petits séminaires, par M. l'abbé A*** (Allemand), directeur des études dans un petit séminaire. *Valence*, Jaucourt, 1817, 3 vol. in-18.

2900. Nouveau (Le) collége de Liége (par Laurent-Emile Renard). *Liége*, Desoër, 1843, in-8.

2901. Nouveau dictionnaire portatif de la langue française, composé d'après les ouvrages les plus nouveaux en ce genre, auquel on a ajouté, entr'autres choses, tous les mots récemment adoptés dans la chimie, la botanique et les différents arts, par le Cen C*** (Colette), homme de lettres. *Metz*, Brice Antoine, an XI (1803), in-8.

COLETTE avait été prieur de l'ancienne abbaye de Saint-Symphorien de Metz. Il est mort en 1827.

2902. Nouveau (Le) Farçadin, ou Aventures comiques et plaisantes, etc., par C... d'Aval... (Charles-Yves Cousin, d'Avalon). *Paris*, Chassaignon, 1826, in-18.

2903. Nouveau guide du voyageur dans Liége, dans Spa, etc., et les environs (par M. Rigo fils). *Liége*, Philippart, 1848, in-18 (Ul. C.).

2904. Nouveau guide du voyageur en Angleterre, en Ecosse et en Irlande, par William Darcy (par MM. Hector Fisquet et Henri-Marie Martin, l'un des rédacteurs du *Constitutionnel*). *Paris*, sans date (1865), gr. in-18.

Cet ouvrage a été indiqué précédemment (voir le no 1710) avec un titre tronqué que nous rétablissons ici dans son intégrité.

2905. Nouveau guide du voyageur en France, par Amédée de Céséna (Sébastien Gayet).

Paris, Garnier frères, 1862, in-12.

2906. Nouveau (Le) maître de grammaire allemande, ou méthode nouvelle, facile et amusante pour apprendre l'allemand, par J.-V. Meidinger; nouvelle édition revue, corrigée avec soin et augmentée considérablement par des professeurs des deux langues (notamment par D.-F.-A. Lemarié). A *Vienne* et à *Liége*, F. Lemarié, 1853, in-8.

Voyez le n° 2936.

2907. Nouveau recueil de cantiques sur les principales vérités de la foi et de la morale. Nouvelle édition, considérablement augmentée, par J.-B. M. (Jean-Baptiste Marduel), prêtre, auteur de ce recueil, avec les airs notés des cantiques. *Lyon*, Rusand et Cie, 1805, in-12, de VIII et 448 pages; plus, de 94 pages pour le chant des cantiques et l'*errata*.

C'est à la page 24 que se trouve le curieux cantique de l'*Angelus*, que l'on chante encore dans les villages des diocèses de Lyon et de Belley.

L'abbé MARDUEL, né à Lyon, est mort à Paris.

2908. Nouveau recueil de poésies, contenant « la Suite du Lutrin », en cinq chants (par Louis Bonaparte, ex-roi de Hollande). *Florence*, 1827, in-12.

Tiré à un petit nombre d'exemplaires.

2909. Nouveau (Le) riche et le bourgeois de Paris, ou l'Election d'un remplaçant en 1820, 1830 ou 1840. Roman politique, à l'usage de MM. les électeurs du département de la Seine. Par C. Matheus (le vicomte Emmanuel d'Harcourt). *Paris*, Deschamps, 1828, br. in-8.

2910. Nouveau (Le) siècle de Louis XIV, ou Choix de chansons historiques et satiriques, presque toujours inédites, de 1634 à 1712, accompagnées de notes, par le Traducteur de la *Correspondance de madame la duchesse d'Orléans* (Pierre-Gustave Brunet). *Paris*, Garnier frères, 1856, grand in-18 de XX et 367 pages.

2911. Nouveau (Le) Sobrino, ou Grammaire espagnole simplifiée, par Martinez, corrigée par P. B. (Pierre Beaume). *Bordeaux*, Beaume, 1809, in-12.

2912. Nouveau (Le) Spon, ou Recueil du bibliophile et de l'archéologue lyonnais (par Jean-Baptiste Montfalcon, bibliothécaire de la ville). *Lyon*, Scheuring, 1856, grand in-8 de XLIV et 372 pages.

Ce volume est orné de fleurons, marques d'imprimeurs, fac-simile de titres d'éditions lyonnaises et de planches d'antiquités, médaillons, inscriptions, etc., etc. Il n'en a été tiré que 112 exemplaires, dont 62 sur papier ordinaire, 25 en papier fort et 25 en papier de Hollande.

2913. Nouveau système de répartition de la contribution foncière. *Douai*, 1802, in-4.

Ce livre, que Quérard a attribué à tort à J.-E.

Michel, administrateur du département des Bouches-du-Rhône, est de Claude-Louis-Samson Michel, ancien procureur impérial de la cour de Douai, où il est mort, le 16 janvier 1814.

2914. Nouveau théâtre d'éducation (par Anne-Adrien-Firmin Pillon-Duchemin). *Paris*, Maire-Nyon, 1836, in-12.

3915. Nouveau (Le) théâtre de Séraphin, ou Entretiens instructifs, amusants et moraux d'une mère de famille avec ses enfants, par P. B. (André-Joseph Grétry, neveu du célèbre compositeur). *Paris*, Philippe, 1810, 2 vol. in-18.

2916. Nouveau traité d'arithmétique décimale, contenant toutes les opérations préliminaires du calcul, etc. 25e édition, enrichie de 1316 problèmes à résoudre pour servir d'exercices aux élèves, par F. P. (Philippe Bransiet, supérieur des Ecoles chrétiennes, et Claude-Louis Constantin). *Paris*, Moronval, 1830, in-12.

La première édition avait paru l'année précédente.

2917. Nouveau traité des œillets, où l'on explique la meilleure méthode de les cultiver (par Goube, de Valenciennes). *Cambray*, Samuel Berthoud, 1769, in-12.

2918. Nouveau traité sur l'art de fabriquer la bière, par M. C. C. V*** (Charles Caboche-Virenne, ancien brasseur à Stenwood). *Douai*, André Vinoi, 1820, in-8.

2919. Nouveau vocabulaire du dictionnaire portatif de la langue française, etc. Par J.-F. Roland, imprimeur, 14e édition, revue (par Antoine Péricaud l'aîné). Lyon, Périsse, 1840, in-8.

La 1re édition date de 1812.

Roland était un bonhomme d'imprimeur qui ne parlait pas français. Son *Vocabulaire* est copié, à peu de chose près, sur le vocabulaire publié par Demonville, en 1800, à Paris.

2920. Nouveau (Le) vrai supplément aux deux volumes du Nobiliaire des Pays-Pas et de Bourgogne, ou mélanges de généalogie et de chronologie, avec le blason des armoiries. *La Haye*, 1774, in-8.

Ce livre est attribué à Joseph-Ferdinand Ghistain, comte de Cuypers et d'Alsingen.

L'auteur nous apprend dans une note que, « malgré l'approbation, le *Nobiliaire des Pays-Bas* fut supprimé par le gouvernement, parce qu'il contenait la noblesse de l'Empire et les concessions irrégulières. »

2921. Nouveaux (Les) contes excentriques (par Adrien-Charles-Alexandre Basset). *Paris*, Hachette, 1858, in-16.

2922. Nouveaux loisirs d'un curé, par M. l'abbé H*** (Hunckler). *Paris*, Béthune, 1832, in-12.

Publication de la *Société des bons livres*.

2923. Nouveaux mélanges historiques (par Pierre-Louis Baudot aîné). *Dijon*, Frantin, 1810, 2 vol. in-8.

Ces volumes sont formés de la réunion de divers opuscules publiés successivement pendant plusieurs années par M. BAUDOT. Le premier volume renferme une adresse à ses amis, une table des pièces contenues dans le volume et une table des matières. Pareille chose reste à faire pour le second, et le fils de l'auteur se propose de s'en occuper.

(Note de M. Amanton.)

2924. Nouveaux mémoires, ou Observations sur l'Italie et sur les Italiens, par deux gentilshommes suédois; traduits du Suédois; (composés par Jean Grosley). *Londres*, Jean Nourse, et *Paris*, 1764, 3 vol. in-12.

Une nouvelle édition, en 4 volumes in-12, parut en 1770, également sous la rubrique de Londres. L'éditeur, pour former ce quatrième volume, a réuni la *Discussion sur la conjuration de Venise*, qui avait été publiée quelques années auparavant, à un *Parallèle de l'Italie et de la France*. Cette nouvelle édition est intitulée : *Observations sur l'Italie et les Italiens*. Thomas Nugent avait traduit cet ouvrage en anglais, en 1769. Londres, 2 vol. in-8.

2925. Nouveaux (Les) Montanistes au collége de France, par André Jacoby (M. Symphorien Vaudoré, représentant de l'Orne à la Constituante et à l'Assemblée législative). *Paris*, Sirou, 1844, in-8.

M. S. VAUDORÉ a publié, en 1846, à la même librairie et dans le même format, *De la liberté de l'Eglise à propos de la liberté d'enseignement*, sous le même pseudonyme; mais en y joignant l'indication de son véritable nom.

(Note de M. L. de La Sicotière).

2926. Nouveaux souvenirs d'Holy-Rood (par le comte Etienne-Romain de Sèze). *Paris*, Dentu, 1832, in-16.

2927. Nouveaux trappistes de la Suisse et de l'Angleterre, ou Etablissement des monastères de la Trappe, établis depuis le commencement de la Révolution. On y trouve un discours très-frappant sur l'amour de Dieu, par un excellent ecclésiastique qui est mort religieux de la Trappe (par l'abbé Jean-Baptiste Lasausse). *Paris*, juillet 1797, br. in-8.

2928. Nouvel abrégé du droit dans lequel on suit, autant que possible, l'ordre du code français, publié par Napoléon Ier, par J.-A. C*** (Commaille), ancien jurisconsulte, à l'usage des Ecoles de droit. *Paris*, 1806-1808, 3 vol. in-8.

2929. Nouvel Anacharsis dans la nouvelle Grèce, ou l'Ermite d'Epidaure (par Pierre Dupuy). *Paris*, Pillet aîné, 1828, 2 vol. in-12.

2930. Nouvel examen de l'inscription grecque déposée dans le temple de Talmis en Nubie, par le roi Silco (par Jean-Antoine Letronne). *Paris*, impr. royale, 1825, in-4.

2931. Nouvelle (La) Arcadie, ou l'Intérieur de deux familles, par Auguste Lafontaine; traduit de l'allemand, par L. F*** (Louis Fuchs). Nouvelle édition. *Paris*, Dentu, 1829, 4 vol. in-12.

2932. Nouvelle bibliothèque des familles. Les grands hommes de l'Eglise en biographies (par Grenier). *Paris*, Meyrueis, 1859, in-12.

2933. Nouvelle cacographie dont les exemples sont tirés tant de l'Ecriture sainte que des saints pères et autres bons auteurs, suivie d'un grand nombre de modèles d'actes, par F. P. (Frère Philippe Bransiet, et Claude-Louis Constantin). 4e édition, revue, corrigée et rendue plus méthodique. *Lille*, Lefort, 1832, in-12.

La première édition est de 1827.

2934. Nouvelle chimie du goût et de l'odorat, etc. Par M. G*** (Gauthier), professeur de chimie. *Paris*, Dentu, 1829, 2 vol. in-8.

2935. Nouvelle chronique de la ville de Bayonne, par un Bayonnais (Jean-Baptiste Bailac, ancien sous-intendant militaire). *Bayonne*, 1829, 2 vol. in-8.

La pagination des deux volumes se suit.

2936. Nouvelle grammaire allemande pratique, ou Méthode nouvelle, facile et amusante pour apprendre l'allemand, par J.-V. Meidinger. Nouvelle édition, revue, corrigée avec soin et augmentée considérablement par des professeurs des deux langues (notamment par D.-F.-Alexandre Lemarié). *Liége*, Lemarié, 1797, in-8.

Cette grammaire a eu deux nouvelles éditions : l'une, en 1814 ; l'autre, en 1853.

Voyez le n° 2906.

2937. Nouvelle méthode pour apprendre facilement la langue latine, avec un traité de la poésie latine et des règles pour la poésie française (par dom Claude Lancelot). 10e édition, revue, corrigée et augmentée de nouveau. *Paris*, Denys Mariette, 1709, in-8.

La première édition date de 1644 ; la seconde, de 1650. La cinquième parut en 1656, avec des augmentations considérables ; une autre, avec un *index* général des mots latins, en 1761. Enfin, en 1819, le libraire Delalain en a donné une nouvelle édition, avec de courtes notes par Joseph-Victor Leclerc, professeur de rhétorique ; depuis, doyen de la Faculté des lettres.

2938. Nouvelle (La) révolution ministérielle en Angleterre (par Prosper Duvergier de Hauranne fils). *Paris*, Guiraudet, 1826, br. in-8 de 27 pages.

2939. Nouvelle (La) salle de l'opéra (par Jolimont). *Paris*, Vente, 1821, in-8.

2940. Nouvelle source de richesses pour la France, ou les deux Indes reconquises, par un Propriétaire qui a habité douze ans les Antilles (Antoine-Joseph Rey de Morande). *Paris*, Ambroise Dupont, 1831, br. in-8 de 31 pages.

2941. Nouvelle traduction de l'Iliade (par Louis-Guillaume-René Cordier de Launay de Valery). *Paris*, Th. Barrois, 1782, 2 vol. in-12.

Une réimpression est intitulée : *Traduction de l'Iliade*. Paris, 1785, 2 vol. in-8. Des exemplaires en furent tirés dans le format in-4 ; sur le premier volume, on lit seulement : *Traduction de l'Iliade*, tandis que sur le second volume, à la suite du titre de l'ouvrage, on lit : *par M. de Launay de Valery*, M. D. R. (maître des requêtes). *Nouvelle édition, revue, corri-*

gée et augmentée de plusieurs notes de l'auteur et précédées de recherches historiques. Paris, Laurent. Une autre singularité qu'on remarque, c'est que le premier volume porte la date de 1785, et que le deuxième indique celle de 1784; enfin, il existe aussi des exemplaires in-4 sans millésime. Barbier, dans son *Dictionnaire des anonymes*, attribue à tort la traduction de 1782, à M. de Marcadé. Ce qui a pu l'induire en erreur, c'est que en effet le libraire chargé de la vente en recevait les exemplaires par l'intermédiaire de ce M. de Marcadé.

(Bibliographie de la France.)

2942. Nouvelle traduction des satyres de Perse, par Philarmos (Marie de la Fresnaye). *Paris*, Sétier, 1816, br. in-8 de 40 pages.

La première satire et le commencement de la seconde sont traduits en vers; le reste de celle-ci et les quatre suivantes en prose.

2943. Nouvelle traite des blancs, ou Traité sur un gouvernement *ilotocratique*, par A. O*** (Annibal Ollivier, de Séez). *Paris*, chez les marchands de nouveautés, 1826, in-32.

2944. Nouvelles archives statistiques, historiques et littéraires du département du Rhône (publiées par François-Charles-Frédéric-Auguste Savagner, professeur d'histoire au collége impérial de Lyon, et par Alphonse de Boissieu, de la Société littéraire de cette ville). *Lyon*, J.-M. Barret, 18.., 2 vol. in-8.

2945. Nouvelles bases d'élections (par le comte Pierre-Louis Rœderer). *Paris*, Firmin Didot, 1830, in-8.

2946. Nouvelles chrétiennes; suivies de la légende de saint Véran, évêque de Cavaillon (par Louis-Joseph d'Ortigues). *Paris*, 1837, in-12.

D'Ortigues est mort subitement, le 20 novembre 1865.

2947. Nouvelles et esquisses de mœurs (par Henri Corne). *Douai*, Derégnaucourt, 1838, in-8.

2948. Nouvelles filiales, par Mme d'Altenheim (Beuvain, née Gabrielle Soumet). *Paris*, G. Barbas, Molard et Cie, 1838, in-8.

2949. Nouvelles (Les) françaises, ou Les divertissements de la princesse Aurélie (par Jean-Renard de Ségrais). *Paris*, A. de Sommaville, 1656, 5 parties en 1 vol. in-8.

Première édition. — Ségrais, ainsi qu'il le déclare lui-même dans la préface, n'a été que le rédacteur de ces nouvelles qui furent racontées à la cour de *Mademoiselle*, désignée ici sous le nom de la *princesse Aurélie*.

2950. Nouvelles leçons de grammaire française et d'orthographe, par demandes et par réponses, etc., classées suivant la méthode adoptée par MM. Restaud et Lhomond (par D'Auphigny-Beauvais). *Paris*, 1809, in-18.

2951. Nouvelles lettres provinciales, ou Lettres écrites par un provincial à un de ses amis, par l'auteur de la « Revue politique de l'Europe en 1825 » (Pierre-François-Xavier Bourguignon d'Herbigny). *Paris*, Bossange, 1825, in-8.

Pamphlet virulent qui fit condamner l'auteur à trois mois de prison.

2952. Nouvelles morales des faubourgs, par M. N. A*** (l'abbé Arnault, curé de Saint-Joseph). *Paris*, Dumont, 1855, in-32.

2953. Nouvelles observations sur différentes méthodes de prêcher, avec un Recueil de tous les prédicateurs qui ont préché (*sic*) l'Avent et le Carême devant leurs Majestés Louis XIV et Louis XV, etc. (par l'abbé Antoine Albert). *Lyon*, Pierre Bruyset-Ponthus, 1757, in-12.

2954. Nouvelles (Les) pensées de Galilée, etc., traduites de l'italien en français (par le père Marin Mersenne). *Paris*, Henri Gamon, 1639, in-8.

Barbier, dans une note ajoutée à la suite de ce titre (*Dictionnaire des anonymes*, n° 12839), dit : « Cet ouvrage est probablement le même que les *Méchaniques de Galilée.* » Le savant bibliographe n'a-t-il pas été induit en erreur ? L'ouvrage de Galilée, dont ces pensées sont une traduction, a pour titre : *Discorsi e dimostrazioni matematiche*, etc. Leyde, appresso gli Elsevirii, 1638, in-4.

On trouve des détails très-curieux sur le père Mersenne, dans la *Vie de Descartes*, par Baillet. Paris, 1690, in-4. Le père Hilarion de Coste a aussi publié une vie de Mersenne, mais elle offre peu d'intérêt.

2955. Nouvelles piémontaises. Egilsa, par Silvio Pellico. — Imilda, par M. le comte de B*** (Balbe). — Sœur Marguerite, par M. de B*** (Barante). *Paris*, Ladvocat, 1835, in-8.

2956. Nouvelles pour le jeune âge, par Mme de S*** (Sénilhes, née Saint-Brice, auteur de plusieurs romans). *Paris*, Ch. Gosselin et H. Bossange, 1831, in-12.

2957. Nouvelles recherches pour servir à l'histoire de la ville de Beaucaire, par M*** (le chevalier de Forton). *Avignon*, Séguin, 1836, in-12.

Voyez le n° 2801.

2958. Nouvelles religieuses, par Mme *** (Tarbé des Sablons). *Paris*, Gaume frères, 1840, 2 vol. in-18.

2959. Nouvelles remarques (par l'abbé Bordelon). *Lyon*, J. Lyons, 1695, in-12.

C'est une suite aux *Réflexions critiques* du même auteur. Lyon, J. Lyons, 1693, in-12.

2960. Nouvelles stations poétiques. *Les messidoriennes*. Par Sébastien Rhéal (Amédée Gayet, dit de Céséna). *Paris*, E. Dentu, 1860, in-12.

2961. Nouvelliste (Le) des campagnes, ou Entretiens villageois sur les bruits qui courent les champs, par Jacques Rambler (Etienne-Gabriel Peignot). A la campagne (*Dijon*, Frantin), 1816, br. in-8 de 24 pages.

Dans la même année, il y eut à Beauvais une réimpression de 4000 exemplaires.

2962. Nuits (Les) de la conciergerie, rêveries mélancoliques et pièces d'un proscrit. Fragments échappés au vandalisme (par Claude-François-Xavier Mercier, de Compiègne). *Paris*, chez la veuve Girouard, l'an III (1795), petit in-12.

2963. Nuits (Les) Elyséennes, par J.-A. G. (Jean-Antoine Gleizes, dit Gleïzès, et non Glaize). *Paris*, an IX, in-8.

L'auteur a donné une nouvelle édition, en 1838, sous le titre de : *Séléna.*

2964. Nuits (Les) poétiques, par F.-C. P. (Périn). *Besançon*, Ch. Déis, 1835, in-8.

2965. Nymphe (La) Echo. *Paris*, Delaunay et Pélissier, 1820, in-12 de 32 pages, avec cette épigraphe :

Quis caneret Nymphas? Quis humum floren-
[tibus herbis
Spargeret, aut viridi fontes induceret umbra?
(VIRG. Egl. 9.)

Cet opuscule est d'Alphonse-Alexandre Niquevert, peintre d'histoire, né à Paris, le 22 septembre 1776.

O

2966. Observations adressées au Conseil de la Société royale asiatique (par Marie-Félicité Brosset, membre résidant de l'Académie impériale des sciences de St-Pétersbourg, conseiller de Cour, etc.), sur un vocabulaire géorgien et sur une grammaire géorgienne (publiées par Jules Klaproth). *Paris*, novembre 1829, br. in-8.

2967. Observations adressées aux Chambres législatives par les fabricants de tabac de Liége, etc. (par Laurent-Emile Renard). *Liége*, Collardin, 1844, br. in-8.

2968. Observations concernant le projet de loi du 2 décembre 1848, sur la compétence et la contrainte par corps en matière commerciale (par Félix Capitaine). *Liége*, Desoër, 1848, in-8 (Ul. C.).

2969. Observations critiques sur la tragédie de « Hérode et Marianne » de M. de V*** (Voltaire) (par l'abbé Augustin Nadal). *Paris*, Pierre Ribou, 1725, in-8 de 38 pages.

2970. Observations de quelques théologiens sur un écrit intitulé : « Adresse des amis de la Constitution à Rouen, à tous les citoyens du département de la Seine-Inférieure, sur le serment que doivent prêter les ecclésiastiques fonctionnaires publics » (par l'abbé Guillaume-André-René Baston). *Rouen*, 1791, br. in-8.

2971. Observations d'un amateur non dilettante, au sujet du *Stabat* de M. Rossini, avec des exemples notés, d'après les procédés de M. Duverger, par J.-A. D. (Jacques-Auguste Delaire). *Paris*, 1842, br. in-8 de 40 pages.

2972. Observations et pièces relatives à la convention d'El Arish (par Devise). *Paris*, Agasse, an IX, in-8.

2973. Observations générales sur la Guyanne (*sic*) française, et projets d'amélioration de cette importante colonie, par M. B. R. (Rivière). *Bordeaux*, 1827, br. in-8 de 88 pages.

2974. Observations modestes d'un citoyen sur les opérations de finance de M. Necker et sur son compte-rendu (par Robert de Saint-Vincent). Sans date, br. in-8 de 88 pages.

2975. Observations morales et politiques sur les journaux détracteurs du XVIIIe siècle, de la philosophie et de la Révolution (par le comte Pierre-Louis Rœderer). Sans nom de lieu ni date, in-8.

Extrait du *Journal de Paris*.

2976. Observations relatives au despotisme militaire exercé en France, pendant la trop longue domination de Napoléon Buonaparté (par J.-J. de Cousso, colonel d'état-major). *Paris*, Ponthieu, 1821, br. in-8 de 15 pages.

2977. Observations sur la campagne de Jules César en Espagne, contre les lieutenants de Pompée et sur l'histoire détaillée que M. Guischard en a faite. *Milan*, Moutard, 1782, in-8.

« Cet écrit est de M. DE PÉCIS, *militaire qui passait pour instruit*. Cet écrivain n'est pas toujours de l'avis de M. de Guischard, quoiqu'il le regarde comme très-habile et très-instruit. »

(Note manuscrite qui se trouve sur un exemplaire provenant de la vente, faite en 1856, de la bibliothèque de M. Lenoir, qui inscrivait en tête de ses livres la date de leur achat.)

2978. Observations sur la littérature (par Georges Butel-Dumont), à M. *** (Antoine Sabatier). *Paris*, 1774, in-8.

2979. Observations sur la ressemblance frappante que l'on découvre entre la langue des russes et celle des romains (par Joseph Hager). *Milan*, 1817, in-8.

2980. Observations sur la traduction en vers de « la Jérusalem délivrée », par M. Baour-Lormian, signées G. G. (Grangeret de La Grange). 8 pages in-8.

Ces observations avaient d'abord paru dans le n° 13 du *Mercure de France*.

2981. Observations sur le cumul des emplois littéraires (par Abel Rémusat). *Paris*, Ambroise-Firmin Didot, 1830, in-8.

2982. Observations sur le gouvernement représentatif, suivi d'un aperçu succinct sur l'origine et les principes de la souveraineté (par Pierre Mancel de Bacilly, ancien directeur d'un journal belge). *Paris*, E. Dentu, 1854, br. in-8 de 97 pages.

Une seconde édition, corrigée et très-augmentée, a paru chez Henri Plon, en 1857, br. in-8 de 157 pages.

Cet opuscule est le complément d'un ouvrage du même auteur, intitulé : « Du pouvoir et de la liberté », publié, en 1852, avec son nom.

2983. Observations sur le projet de loi relatif aux droits civils et politiques des hommes de couleur des colonies françaises (par Mondésir-Richard). *Paris*, Mie, 1833, in-8.

2984. Observations sur le projet de loi relatif à la liberté de la presse, par M. C*** (Antoine-Simon Coffinières, avocat). *Paris*, Mongie, 1817, br. in-8.

2985. Observations sur le projet de loi sur les sucres (par Laurent-Emile Renard). *Bruxelles*, Jorez Hoebrechts, 1842, br. in-8 de 42 pages.

2986. Observations sur le titre III du projet de loi relatif à l'instruction publique et sur le rapport de la section centrale (par Adolphe Roussel, avocat et professeur de l'Université à Bruxelles). *Bruxelles*, Berthot, 1835, gr. in-8.

2987. Observations sur le travail de la commission instituée par ordonnance royale du 4 janvier 1832, pour la révision de la législation sur les pensions (par Félix Lechantre, chef de bureau au ministère de la marine). *Paris*, mars 1834, br. in-8.

2988. Observations sur les effets et l'application avantageuse du bélier hydraulique. Ouvrage traduit de l'allemand de M. J.-A. Eytelwein (par Charles Daclin). Publié par P.-S. G. (Pierre-Simon Girard, membre de l'académie des sciences). *Paris*, F. Didot, 1822, in-4.

2989. Observations sur les routes qui conduisent du Danube à Constantinople, à travers le Balkan ou mont Hœmus, par le lieutenant-général, comte de T*** (Tromelin). *Paris*, Pélicier et Châtet, 1828, br. in-8 de 36 pages.

2990. Observations sur « les trois siècles de la littérature française », à M. S*** (l'abbé Sabathier), (par Jacques Duparc-Lenoir). *Amsterdam* (*Paris*), 1774, in-12.

2991. Observations sur un coup de tonnerre, adressées aux habitants de Pagny-Château, (canton de Seurre, département de la Côte-d'Or), par un Propriétaire demeurant dans cette commune (Pierre-Louis Baudot aîné). *Dijon*, Frantin, 1807, in-8.

2992. Observations sur un passage du troisième rapport fait par M. Bottin à la Société royale des antiquaires de France, par un Habitant de Valenciennes (Gabriel-Antoine-Joseph Hécart). *Valenciennes*, Henri, 1823, br. in-8.

Tirée à 25 exemplaires seulement.

2993. Obstacle (L') imprévu, ou l'Obstacle sans obstacle, réduite de cinq actes en trois (par Louis

Barizain, dit Monrose fils, sociétaire de la Comédie-Française, et Hippolyte-Louis-Jules Hostein). *Paris*, Barba, 1839, br. in-8.

2994. Ode à la nation russe sur l'affranchissement et l'indépendance de la Grèce (par Payot de Beaumont). *Nancy*, Bachot, 1828, br. in-8 de 20 pages.

2995. Ode à Léopold Ier, sur son avénement au trône de Belgique, par M. M*** (Jean-Georges Modave). *Liége*, A. Lemarié, 1831, in-4.

2996. Ode à Son Eminence Mgr le cardinal de La Rochefoucauld, archevêque de Rouen. *Rouen*, 1778, br. in-8 de 10 pages.

Cet opuscule est de Marie-Jacques-Armand Boïeldieu, oncle du célèbre compositeur de ce nom.

Quérard nous a reproché l'orthographe du nom de Boïeldieu, qui, suivant lui, doit s'écrire par *y*. Voici notre réponse : « . . . Comment va « Madame ? Présentez-lui mes respects pour ma « femme et pour moi. Nous irons la voir à votre « retour de la campagne.

« Votre tout dévoué,

« Boïeldieu. »

(Autographe faisant partie de la collection de M. Charles Maurice).

2997. Ode sur la mort du général Lannes, maréchal de France, duc de Montebello, par M. Théodore de L*** (Le Becq). 1809, br. in-8.

2998. Ode sur le passage des Alpes, par l'armée de réserve, en 1800, par M. Antoine-Charles, membre de la Société des Bonnes lettres et auteur des odes intitulées : « Laocoon, Apollon vengeur, la Religion » (le baron de Perrin-Brichambault, colonel du génie). *Paris*, C. Trouvé, 1822, br. in-8.

2999. Ode sur les conquêtes du roi (par Mlle Anne de la Vigne). *Paris*, S. Cramoisi, 1663, in-8 de 21 pages.

3000. Ode sur l'expédition d'Alger par les Français, par Philarmos (Marie de La Fresnaye). *Paris*, 1830, br. in-8 de 8 pages.

3001. Odes, par Antoine-Charles (le baron de Perrin Brichambault). *Paris*, F. Didot, 1821, br. in-8 de 32 pages.

L'exemplaire que nous tenons de l'auteur, porte de nombreuses corrections, faites en 1826, à Montpellier.

3002. Odes d'Anacréon, traduites en vers français par J. D. (Joseph Dauteville). *Paris*, Michaud, 1811, in-18.

3003. Odes d'Anacréon, traduites en vers français, par S. D. (Simon Dastarat). *Paris*, Michaud, 1811, in-18.

3004. Odes d'Horace, traduites en vers français, avec le texte en regard et des notes, par un ancien général de division de la grande armée (le baron L. Delort). *Paris*, Lecointe et Pougin; et *Arbois*, Auguste Javel, 1831, in-8.

3005. Odes d'Horace, traduites en vers par B. L. C***, ancien élève à l'Ecole polytechnique (Bon Le Camus, receveur des finances, à Mont-de-Marsan). *Paris*, Hachette, 1836, gr. in-8.

3006. Odes (Les) d'Horace, traduites en vers, par un Lieutenant-général (texte en regard). *Paris*, Ch. Gosselin, 1836, in-8.

Le traducteur est le général Pierre DUPONT DE LÉTANG, ancien ministre de la guerre en 1814, et que la capitulation de Baylen a rendu tristement célèbre.

3007. Odes (Les) pénitentes du moins que rien (par Nicole Bargède). *Paris*, Vincent Sertenas, 1550, in-8.

3008. Odes sacrées tirées des psaumes de David. Ouvrage traduit par les plus grands poëtes de la France (publié par Garcin de Cottens). *Yverdon*, 1781, in-12.

Les psaumes marqués d'un astérique, dans la table générale, ont été traduits par l'éditeur.

3009. Odyssée (L') d'Antoine, par Raoul de Navery (Mme Marie David). *Paris*, Dillet, 1865, in-12.

3010. Œdipe roi, tragédie de Sophocle, traduite en vers (par Guillon, ancien recteur des académies de Clermont et d'Amiens). *Nantes*, Macé, 1838, in-8.

3011. Œuvres choisies de Grécourt, précédées de considérations historiques et critiques sur le genre de poésie auquel elles appartiennent (par Louis-François L'Héritier, de l'Ain), (avec des gravures obscènes, par Champion). *Paris*, Paulin (Renault), 1833, in-8.

L'Editeur, nommé au bas de cette coupable publication, non-seulement réclama dans tous les journaux contre cette espèce de diffamation, mais encore, poursuivit devant les tribunaux les vrais éditeurs qui n'avaient pas craint d'abuser de son nom.

3012. Œuvres choisies de Milton : Comus, l'Allegro, il Penseroso, Samson agoniste, Lycidas, Sonnets, poésie latine. Traduction nouvelle, avec le texte en regard. *Paris*, Ch. Gosselin, 1839, in-8.

Cette traduction anonyme est de M. KERVYN DE LETTENHOVE, membre de l'Académie royale de Belgique, dont l'Académie française a couronné, en 1856, une *Etude sur les chroniques de Froissart.*

3013. Œuvres choisies de Parny, augmentées de variantes en texte et de notes (par Jean-François Boissonade de Fontarabie). *Paris*, Lefèvre, 1827, in-8.

3014. Œuvres choisies de Quinault, précédées d'une nouvelle notice sur sa vie et ses ouvrages (par A.-G. Crapelet). *Paris*, Crapelet, 1824, 2 vol. in-8.

3015. Œuvres choisies du baron de Walef, gentilhomme liégeois, revues et précédées d'un discours préliminaire sur sa vie, etc. (par le baron de

Villenfagne d'Ingihoul). *Liége*, Lemarié, 1779, in-12 (Ul. C.).

3016. Œuvres complètes de Bertin, avec des notes et variantes, précédées d'une notice historique sur sa vie (par Jean-François Boissonade de Fontarabie). *Paris*, Roux, Dufort aîné, 1824, in-8.

3017. Œuvres complètes de lord Byron, traduites de l'anglais, par M. A. P*** (Amédée Pichot). *Paris*, Ladvocat, 1821, 8 vol. in-8.

3018. Œuvres complètes de Paul-Louis Courier (avec un Essai sur sa vie et ses ouvrages, par Armand Carrel). *Paris*, Sautelet et Cie, 1829, 4 vol. in-8.

3019. Œuvres complètes de Josué Reynolds, traduites de l'anglais (par Henri Jansen). *Paris*, 1806, 2 vol. in-8.

Jansen avait précédemment traduit en 1788 la collection des discours du célèbre peintre anglais; il les reproduisit avec ses œuvres traduites d'après l'édition publiée en 1797 (3 vol. in-8), qui contient une notice biographique par Malone.

3020. Œuvres complètes de Mme la princesse Constance de Salm (mises en ordre par Mathieu-Guillaume-Thérèse Villenave père). *Paris*, Firmin Didot, 1842, 4 vol. in-8, portrait.

3021. Œuvres complètes de Shakespeare, traduites de l'anglais par Letourneur, et revues par F. Guizot et A. P*** (Amédée Pichot). *Paris*, Rapilly, 1829-1830, 13 vol. in-8.

3022. Œuvres complètes de Tabarin, avec les rencontres, fantaisies, coq-à-l'âne facétieux du baron de Gratelard, etc. Le tout précédé d'une introduction et d'une bibliographie tabarinique, par Gustave Aventin (A.-Auguste Veinant, alors employé des contributions indirectes). *Paris*, 1858, 2 vol. in-8.

A.-A. Veinant, bibliophile distingué, est mort à Paris, le 4 mars 1859.

3023. Œuvres complètes de Virgile, avec la traduction en français (par Augustin Nisard). *Paris*, 1845, in-12.

Cette traduction a été reproduite dans la collection des classiques de Désiré Nisard.

3024. Œuvres complètes de Walter Scott, traduction nouvelle de M. A.-J.-B. Defauconpret. *Liége*, 1827-1829, 94 vol. in-12.

Cette importante collection, publiée d'après l'édition originale de Paris, donnée par Gosselin, renferme de nombreuses notes, et notamment celles de *Quentin Durward*, qui sont de MM. Charles de Chênedollé et Félix Capitaine. Les notes de la *Vie de Napoléon* ont été rédigées par A. Lemarié, ainsi que le prospectus de cette collection (Ul C.).

3025. Œuvres de Du Cerceau (Le père J.-Antoine), contenant son théâtre et ses poésies; nouvelle édition, avec des notes, précédée d'un essai sur la vie et les écrits de l'auteur (par Antoine Péricaud l'aîné). *Lyon*, Péziaux, 1828, 2 vol. in-8.

3026. Œuvres de F. Hoffman, précédées d'une notice sur sa vie (par Louis Castel). *Paris*, Lavigne et Ducollet, 1834, 10 vol. in-8, portrait.

3027. Œuvres de Louise Charly, Lyonnaise, dite Labé, surnommée *la belle Cordière*. Nouvelle édition, précédée de recherches sur sa vie (par Ruolz). *Lyon*, Duplain, 1762, in-8.

3028. Œuvres de Louise Labé, Lyonnaise (précédées de notices sur Louise Labé, sur Jean de Tournes et sur les éditions de Louise Labé, par J.-B. Montfalcon). *Paris*, 1853, petit in-8.

Tirées à 125 exemplaires.

3029. Œuvres de Louise Labé, Lionnoize (publiées par M. Zénon Collombet). *Lyon*, Boitel, 1844, in-12.

3030. Œuvres de Malfilâtre. 2e édition. *Paris*, Lemoine, 1829, in-8.

La notice placée en tête et signée J. R. est de M. Jules-Amédée-Désiré Ravenel, conservateur, sous-directeur à la Bibliothèque impériale.

3031. Œuvres de Mathurin Regnier, avec les commentaires, revus, corrigés et augmentés; précédées de l'histoire de la Satire en France, pour servir de préliminaire (par Viollet-Leduc). *Paris*, Desoër, 1823, in-8.

Une édition in-18 avait paru l'année précédente.

3032. Œuvres de J.-J. Rousseau (publiées par Victor-Donatien de Musset-Pathay). *Paris*, Firmin Didot, 1823, 21 vol. in-8.

Dans le tome 11 de la *Correspondance*, on trouve sous le n° 379, une lettre du 17 mars 1763, adressée à M. K... — Musset-Pathay a supposé par erreur que cette initiale désignait le nom de M. Keit, tandis qu'il s'agit ici de M. Kirch-Berger (Nicolas-Antoine), né à Berne en 1799, et dont Rousseau parle dans ses *Confessions*. C'est ce qu'a prouvé d'une manière incontestable le savant Gence, dans son article sur Kirch-Berger de la *Biographie universelle*.

Le tome XXI et dernier de cette édition renferme, entre autres choses, quinze lettres nouvelles, dont quelques-unes, adressées à la baronne d'Houdetot, ont été communiquées à l'éditeur par A. Barbier.

3033. Œuvres diverses de M. le baron Auguste de Staël, précédées d'une notice sur sa vie (par la duchesse de Broglie, sa sœur), et suivi de quelques lettres inédites sur l'Angleterre. *Paris*, Treutel et Würtz, 1829, 4 vol. in-12.

3034. Œuvres dramatiques de M. A. F*** (le comte Antoine Ferrand, pair de France, auteur de « l'Esprit de l'histoire », de la « Théorie des révolutions », etc., etc.). *Paris*, impr. royale, 1818, in-8.

Ce recueil n'a été tiré qu'à 200 exemplaires, dont 25 sur papier vélin.

3035. Œuvres d'un désœuvré. — Promenades militaires de 1793 à 1815. — De la France et de ses gouvernements, 1789 à 1835. — Episodes sérieux et comiques de l'histoire de France, de 1793 à 1836. — Tribulations dramatiques, ou

Voyages d'un comédien pendant les années 1834 et 1835, par A. Neuville, artiste (Auguste-Félix Dubourg). *Bordeaux*, sans date (1836), br. in-8 de 36 pages.

3036. Œuvres d'un travailleur dans ses moments de repos (par Jean-Charles Defosse, compositeur typographe). *Rouen*, 1860, gr. in-8.

3037. Œuvres posthumes de M. le président De N., contenant la réforme du Conseil des domaines et des finances des Pays-Bas. Neufchâtel, Fauche, 1784, in-8.

Ces œuvres, que Barbier attribue à Néni (lisez Nény), sont non de lui, mais de Brambilla. C'est ce que signale le baron Fr. de Reiffenberg dans une lettre adressée à Barbier, et insérée dans le tome 1er, page 171 (livraison de mars 1826), des *Archives philosophiques*. . . . . Le président de Nény était un homme sensé, d'une extrême circonspection, plein de respect pour les anciennes coutumes. Rien ne rappelle moins l'esprit qui respire dans ses *Mémoires sur les Pays-Bas* (Neufchâtel, 1784), que les *Œuvres posthumes*. A cette preuve, fondée sur l'analogie et le caractère connu de l'auteur, vient se joindre le témoignage de son fils qui, pendant la Révolution française, échappa à la proscription en levant une boutique de libraire dans les maisons du Palais de l'Institut, et qui affirma à M. Van Hulthem que cette rapsodie économico-politique ne pouvait être sans injustice imputée au président du conseil privé. Le libraire Fauche, de Neufchâtel, qui avait imprimé les *Mémoires*, l'année même de la mort de Nény, crut en vendre plus facilement une prétendue continuation en la décorant des initiales de l'auteur. De pareilles mystifications, qu'on pourrait appeler d'un nom plus sévère, se renouvellent tous les jours chez les marchands de papier noirci. »

3038. Offrande à la liberté et à la paix, ou Idées de conciliation adressées à M. J.-A. De Luc, en réfutation du mémoire qu'il remit le 21 août à M. de Vergennes (par Francis Ivernois). *Genève*, 1781, in-8.

3039. Og (par Victor Vignon de La Bretonne). *Paris*, Clouard et Hubert, 1824, in-12.

3040. Oiseleur (L'), par Mlle S. U. Dudrezène (Sophie Ulliac-Trémadeure). *Paris*, Boullard, 1825, 3 vol. in-12.

3041. Olive (L') et Marthon, ou la Prisonnière, comédie en trois actes et en vers, par Auguste L. de B*** (Auguste-Louis de Beaulieu). *Chartres*, Noury, et *Paris*, Michel Lévy frères, 1857, br. in-8.

Représentée sur le théâtre de Chartres, le 15 janvier 1857.

3042. Olivier. *Paris*, Urbain Canel, 1826, in-12.

Il reste avéré aujourd'hui que ce roman, que quelques-uns ont attribué à M. Germeau, s.-préfet, est l'œuvre de Thabaud de Latouche, qui s'était arrangé de façon à ce que cette Nouvelle, des plus scandaleuses, quant au fond, circulât sous le nom de la duchesse de Duras. Voici comment M. Sainte-Beuve, dans ses *Causeries*, raconte ce coupable subterfuge : « Après le succès d'*Ourika* et d'*Édouard*, la duchesse de Duras avait lu, à quelques personnes de sa société, une Nouvelle intitulée : *Olivier*, dont on parlait assez mystérieusement. Les personnes qui ne l'ont jamais entendu, savent que ce petit roman, qui n'a jamais été publié, était plein de pureté, de délicatesse. Mais des imaginations moqueuses se mirent en frais et et en campagne.

« La Touche *(sic)* fut un des premiers ; il fit plus : il composa, en secret, un petit roman qu'il fit paraître sous le titre d'*Olivier*, sans nom d'auteur, et dans une forme d'impression exactement la même que celle des autres romans de Mme de Duras. Plus d'un lecteur y fut pris, et se demanda, avec étonnement, comment une femme du monde était allée choisir une semblable donnée? Cependant La Touche riait et se frottait les mains ?.... »

Malgré le plein succès de cette indélicate manœuvre, il fut soupçonné par quelques personnes d'être le véritable auteur ; mais il protesta publiquement, par une lettre insérée dans le *Journal des Débats* (26 janvier 1826), et le lendemain, dans le *Moniteur*.

3043. Ombre (L') de Colardeau aux Champs-Elysées, et autres choses venant de l'autre monde, mises au jour par l'auteur du : « Théâtre de famille » (Alexandre-Jacques Chevalier, dit Du Coudray). *Paris*, Lejay, 1776, in-8 de 18 pages.

3044. Ombre (L') de la marquise de Créquy aux lecteurs des « Souvenirs, » publiés sous le nom de cette Dame ; suivie d'une Notice historique sur Mme de Créquy et sur sa famille, et orné d'un fac-simile de son écriture. *Paris*, 1836, in-8.

L'auteur de cet Opuscule est Mme Louise Brager de Saint-Léon, née dans le département de l'Indre, morte à Vauxbuin (Aisne).

3045. Ombre (L') du baron de Batz, à M. P. de M... (Prousteau de Montlouis), au sujet d'une brochure intitulée: « Quelques Souvenirs du fils de Louis XVI » (par Jean Eckard, avocat). *Paris*, Dentu, 1832, br. in-8.

3046. Omicron, ou Quarante et une lettres sur des sujets religieux. Traduit de l'anglais (par Mlle de Chabaud-Latour). *Paris*, Servier, 1829 et 1830, in-18.

Ce livre a eu une nouvelle édition en 1838.

3047. Omnibus (Les) du langage (par Lévi), 4e édition revue, corrigée et augmentée d'un grand nombre de locutions, etc. *Paris*, Garnier, 1832, in-18.

3048. Omnibus (Les) Liégeois, ou Recueil des locutions vicieuses les plus répandues dans les provinces Wallonnes (par Néoclès Hennequin), 2e édition. *Liége*, Collardin, 1829, in-12 (Ul. C.).

3049. Oncle (L') rival, comédie en un acte et en prose, par Mme Adélaïde de Lesparat (Anne-Honoré-Joseph Du Veyrier, connu en littérature théâtrale sous le pseudonyme de *Mélesville*). *Paris*, Barba, 1811, br. in-8.

3050. Onésie, ou les Soirées de l'abbaye, par Mme *** (Tarbé des Sablons). *Paris*, Pigoreau, 1833, 2 vol. in-12.

3051. Opéra (L'), le Trésor et la Bibliothèque du roi (par Jean Duchesne, de la Bibliothèque royale). *Paris*, Delaunay, 1819, br. in-8.

3052. Opérations de l'armée du roi (de France) dans les Pays-Bas, en 1748. *La Haye*, J.-B. Scheurleer (*Gand*, P. de Goesin), 1749, in-8 de 148 pages, non compris la préface.

L'auteur de cet écrit est le marquis J.-F. Chastenet de Puységur, aide-de-camp du maréchal de Saxe.

Peu d'exemplaires sont restés dans la circulation. Ce mémoire ayant été retiré et brûlé, sans que les motifs d'une mesure aussi rigoureuse aient été rendus publics.

3053 Ophtalmiste (L'), ou l'Ami de l'œil ; suivi du « Mérite des femmes » (par Delemer, imprimeur). *Bruxelles,* 1820, br. in-8 de 10 pages.

Ce mémoire a pour but de prouver l'avantage, pour la vue, du papier *bleu* sur le *blanc*.

3054 Opinion du Diable sur le Révérend Père Lacordaire, la Faculté de philosophie et le Sénat académique de l'Université de Liége ; sur le *Jubilé* de 1846, etc. (par E. Dufau). *Liége*, Lardinois, 1847, in-8 (Ul. C.).

3055 Opinion impartiale d'un capitaliste sur le projet de la réduction des rentes, etc. (par Régis-Jean-François Vaysse-Devilliers, ancien inspecteur des postes-relais). *Paris*, Lenormant fils, sans date (1826), br. in-8.

3056 Opinion (L') publique sur le procès du général Moreau, par un Citoyen (Charles-Jean Lafolie). Dédiée à Napoléon Bonaparte. *Paris*, 1804, br. in-8.

3057 Opinion sur le nouveau mode d'appellation de nos consonnes, considéré dans son application à l'enseignement de la lecture, par M. D. de V... (Dutertre de Valnay). *Paris*, 1816, br. in-8 de 72 pages.

3058 Opinions (Les) de mon ami Jacques. L'Esprit des femmes et les Femmes d'esprit, par P.-J. Stahl (P.-Jules Hetzel). *Paris*, Victor Lecou, 1855, in-32.

3059 Opinions de Napoléon sur divers sujets de politique et d'administration, recueillies par un membre de son Conseil d'Etat (le comte Jean Pelet de la Lozère), et récit de quelques événements de l'époque. *Paris*, Firmin Didot, 1833, in-8.

3060 Opinions d'un bibliophile sur l'estampe de 1418, conservée à la Bibliothèque royale de Bruxelles, par J.-A. L... (Luthereau), rédacteur de la *Renaissance*, membre de la Société belge et de la Société française pour la conservation des monuments historiques. *Bruxelles*, de Wasmes, 1846, br. gr. in-4 de 20 pages, avec trois planches de *fac-simile*.

3061 Opuscules (par le comte Pierre-Louis Rœderer) (Recueil d'articles publiés dans le *Journal de Paris*). *Paris*, de l'imprimerie du *Journal de Paris*, in-8.

Tiré à cinquante exemplaires.

3062 Opuscules, ou Pensées d'une âme de foi sur la religion chrétienne, pratiquée en esprit et en vérité (par Louise-Marie-Thérèse-Bathilde d'Orléans, duchesse de Bourbon). *Barcelonne*, 1812, 2 vol. in-4.

3063 Opuscules Bretons : monnaies celtiques, armoricaines,

Canne de Montfort, Brocéliande (par Aimé-Marie-Rodolphe Baron du Taya, ancien conseiller à la cour royale de Rennes). *Rennes*, Vatar, 1836, br. in-8 de 88 pages.

La Nouvelle intitulée: *Brocéliande*, quoique annoncée sur le titre, ne fut publiée qu'en 1839. Voyez le n° 416.

3064 Opuscules divers, en prose et en vers, par D*** L*** (Darrodes-Lillebonne). *Paris*, Pillet jeune, 1805, in-8.

On trouve, à la suite de ces Opuscules, une réponse à une critique du *Journal des Débats*, du 28 prairial an XIII.

3065. Opuscules d'un amateur, imprimés par lui-même (par J. Castaing, receveur des tailles), tome Ier. *Alençon*, 1785, in-8.

Le premier volume seul parut. Il fut réimprimé par l'auteur lui-même, en 1790; mais, cette fois, avec son nom sur le frontispice.

3066. Opuscules et Mélanges historiques sur la ville d'Évreux et le département de l'Eure (par Théodose Bonnin, ex-notaire). *Evreux*, Cornémillot et Régimbert, 1845, in-16.

C'est tout simplement une compilation annotée.

3067. Oracles (Les) de Flore, par C.-F.-P. Del*** (Charles-François-Paul Delanglard, employé au contentieux de la Direction des droits-réunis). *Paris*, Janet, sans date (1816), in-18.

3068. Oracles de tous les temps, avec des illustrations, etc. (par Mme Tarin). *Paris*, Tarin, 1844, in-4 oblong.

3069. Oraison funèbre de Claude Bouhier, deuxième évêque de Dijon, par un Bénédictin (dom Claude Jourdain). *Dijon*, 1755, in-4.

Cette oraison funèbre n'a point été prononcée.

3070. Oraison funèbre de François - Charles, des comtes de Velbruck, évêque, prince de Liége, par le Père L. S. A. (Simon, Augustin), préfet du collége des Augustins, de Huy. (*Liége*), 1784, in-8 (Ul. C.).

3071. Oraison funèbre de M. Pierre-René Huard, curé de Notre-Dame-de-la-Couture, et chanoine honoraire du chapitre royal de Saint-Denis, prononcée le 2 février 1835 (par l'abbé Moreau, fondateur de la congrégation de l'abbé de Sainte-Croix). *Au Mans*, 1835, br. in-8 de 32 pages.

3072. Oraison funèbre de très-hauts et très-puissants seigneurs, en leur vivant, les gens tenant les Conseils supérieurs de France, prononcée dans la grande salle de l'Hôtel-de-Ville de Caen, le 28 novembre 1774 (par Desmares, avocat au siége présidial de Caen). En *Normandie*, 1776, br. in-8 de 37 pages.

3073. Oraison funèbre du cardinal duc de Joyeuse, archevêque de Rouen (par Jean de Montereul, avocat au Parlement). *Paris*, Cramoisy, 1616, in-8.

3074. Ordenansas (Las) et coustumas del libre blanc, etc. *Toulouse*, 1855, in-8.

Réimpression faite par les soins de M. Pierre-Gustave Brunet, d'un poème en vers languedociens de la plus grande rareté. *Paris* et *Toulouse*, 1846, in-8.

3075. Ordres de chevalerie et marques d'honneur, publiés par Auguste Walhen (Joseph-François-Nicolas Loumyer). *Bruxelles*, 1845, in-8.

3076. Orgueil, poème, par M. Bernard M... (Mangin). *Paris*, Sanson, 1819, in-8.

3077. Original (L') multiplié, ou Portraits de Jean Buslé, namurois (Buslé de Montpleinchant) (par L.-J. Douxfils). *Liége*, 1712, in-8, fig.

Satire mordante.

3078. Originaux (Les) de la dernière heure, par Emile Colombey (Emile Laurent). *Paris*, A. Delahays, 1862, in-12.

3079. Origine (L') de l'Eglise de Lyon, et les bienfaits qu'elle a répandus dans le pays (par l'abbé Simon-Pierre Jacques). *Lyon*, 1826, in-8.

L'abbé Jacques, né à Lyon en 1789, est mort à Saint-Etienne.

3080. Origine des dignitez, magistrats, offices et estats du royaume de France (par Vincent De La Loupe). *Paris*, Nicolas Bonfons, 1573, in-24.

3081. Origine (L') et la chute de Rome papale, par Robert Fleming; traduit de l'anglais par Mme Girod (née E.-C. Potillon), avec une préface et des notes de M. G. (Girod). *Liége*, Desoër, 1829, in-12 (Ul. C.).

3082. Origine et Progrès de la ville de Verviers (par Detrooz). *Liége*, Collette, 1765, in-12.

3083. Origines (Les) de quelques coutumes anciennes, et de plusieurs façons de parler triviales, avec un vieux manuscrit en vers, touchant l'origine des chevaliers bannerets (par Jacques Moisant de Brieux). *Caen*, 1672, in-12.

3084. Orphelin (L') anglais, drame en trois actes et en prose (par le marquis de Longueil, et non par de Bongal). *Paris*, Lejay, 1769, in-8.

3085. Orphelin (L') de la Westphalie, par Auguste Lafontaine; traduit de l'allemand, par le traducteur du « Bal Masqué, etc. » (Jean-Pierre Méniathon-Duperche). *Paris*, Lerouge, 1820, 2 vol. in-12.

3086. Orpheline (L') du Presbytère, ou Fiction et Vérité, traduit de l'anglais (de mistress Ellis Bennet) (par A.-J.-B. Defauconpret). *Paris*, H. Nicolle (Charles Gosselin), 1816, 5 vol. in-12.

3087. Osmond, par l'auteur d'*Elisa Rivers*, traduit de l'anglais (de miss Mary Brunton), sur la deuxième édition (par Mme la comtesse Molé de Champlâtreux, née de la Briche). *Paris*, Trouvé, 1824, 4 vol. in-12.

3088. Où allons-nous et que voulons-nous ? ou la vérité à tous les partis, par un ancien membre de la Chambre des députés (le baron Antoine-Isaac Silvestre de Sacy). *Paris*, Petit, 1827, br. in-8 de 88 pages.

3089. Où en sommes-nous? Lettre à M. Véron (par le comte d'Avigdor). *Paris*, 1857, br. in-8.

3090. Ouest (L'). Almanach agricole pour 1853 (par M. Gravelle-Désulis, archiviste du département de l'Orne). *(Alençon)*, in-12.

3091. Oui (Le) et le Non des femmes, par Mathilde Stev (Mme Steven). *Paris*, Michel Levi frères, 1862, gr. in-18.

3092. Ouslad, ou le Bois de Marie, nouvelle russe, imitée de B. Joukowsky, par Charles H*** (Héguin-Deguerle). *Paris*, Dalibon, 1824, in-12.

P

3093. Pacha (Le), ou les Coups du sort et de la fortune (par Simonot). *Paris*, 1799, in-12.

Ce roman philosophique a été publié par MM. Bizet et Hector Chaussier.

3094. Panache (Le) blanc, ou la Fête de la Reconnaissance, vaudeville en un acte (par Mme Dinaux mère, de Valenciennes). *Valenciennes*, H. Prignot, 1824, br. in-8.

3095. Panégyrique (Le) de la Mère de Dieu, par messire J.-P. C... (Jean-Pierre Camus), nommé par Sa Majesté à l'évêché de B... (Belley). *Paris*, Claude Chappelet, 1608, in-12.

Première production imprimée de l'auteur, qui l'a insérée depuis au Xe tome de ses *Diversitez*, page 390.

3096. Panier (Le) d'argenterie, mélodrame anecdotique, en trois actes, par MM. Ruben (Naigeon) et Leroy. *Paris*, Bezou, 1829, in-8.

3097. Papillons (Les), leur histoire, la manière de leur faire la chasse; ouvrage amusant et instructif, orné de figures représentant un choix des plus beaux papillons d'Europe (par Amédée-Eugène Balland, libraire). *Paris*, P. Blanchard et Lecerf, 1823, in-8.

3098. Papillons d'Europe, peints d'après nature, par Ernst, gravés et coloriés sous sa direction (et sous celle de Gigot-d'Orcy); décrits par Engramelle. *Paris*, Ernst, 1779-1792, 8 vol. in-4.

Le texte de cette importante publication fut soigné de la manière la plus désintéressée, par Jean-Chrétien *Gerning*, banquier et naturaliste allemand, né en 1746, mort en 1802.

3099 Papillotes (Les). Scènes de cœur, de tête et d'épigastre, par Jean-Louis (Auguste Audibert). *Paris*, Hippolyte Souverain, 1831, in-8.

Quérard a confondu l'auteur de ce roman avec son homonyme, Louis-François-Hilarion AUDIBERT, ex-maître des requêtes, et non content d'attribuer à l'un les ouvrages de l'autre, et *vice versâ*; il a fait, de son chef, mourir ce dernier, comme poitrinaire, à l'âge de 35 ans.

« Les gens que vous tuez se portent assez bien. »

L.-F.-H. AUDIBERT, neveu du comédien Dazincourt, naquit à Marseille, en 1785; il est mort à Paris, le 12 octobre 1861, à l'âge de 75 ans.

3100. Par ma faute. Par l'auteur de la « Famille d'un condamné » (Hippolyte Vallée). *Paris*, Bousquet et Vimont, 1833, 2 vol. in-8.

3101. Parabole de l'Efon proudigue, en patois de nahrte ouvergna, par M. J. L... (l'abbé Jean de La Bouderie). *Paris*, Firmin Didot, 1823, in-8.

Le texte hébreu se trouve en regard de la traduction en patois auvergnat.

3102. Paraboles. Par le docteur F.-A. Krummacher. Traduction littérale de l'allemand (par Albert-André Patin de La Fizelière). *Metz*, Collignon, 1834, in-12.

3103. Parallèle de Bonaparte et de Charlemagne (par Pierre Chas). An x (1802), br. in-8 de 16 pages.

3104. Parallèle de Talma et de Joanny (par Edmond de Manne). *Paris*, sans date (1823), in-8, pièce.

3105. Parallèle des Juifs qui ont crucifié Jésus-Christ, avec les Français qui ont exécuté leur roi (par Charles-Louis Richard, dominicain). *Mons*, 1794, in-8.

Le Père Richard, né en avril 1711, à Blainville-sur-l'Eau (Lorraine), fut fusillé à Mons, le 7 août 1794. Il se trouvait dans cette ville, lors de la seconde invasion des Français. Son grand âge l'empêchant de fuir, il s'y tint caché pendant quelque temps; mais, ayant été découvert, on le traduisit devant une Commission militaire, qui le condamna à être fusillé. Son crime, ainsi qu'il résulte des termes de son jugement, était d'avoir publié, avant l'entrée des Français, l'opuscule que nous avons cité plus haut, et non, comme le prétend Barbier, l'ouvrage intitulé : *Des Droits de la maison d'Autriche sur la Belgique. Mons*, 1794.

(Biographie générale).

3106. Parallèle (Le) du Soleil en faveur de Monseigneur le Prince, à sa bienvenue dans la ville de Bourges (par Nicolas Faret). *Bourges*, Maurice Lovez, 1620, pièce in-8.

C'est de ce poète que Boileau a dit :

« Ainsi, tel autrefois qu'on vit, avec Faret,
« Charbonner de ses vers les murs d'un cabaret. »

3107. Parallèle entre le Capucin et l'Avocat, quant à l'utilité publique (par de Puisieux). *Rome (Liége)*, 1783, in-12 de 60 pages (Ul. C.).

3108. Parallèle entre Talma et Lekain, par Firmin aîné (Charles-Jean-Noël Becquerelle). *Paris*, 1826, br. in-8 de 48 pages.

3109. Paravoleur (Le), ou l'Art de se conduire prudemment, etc., par Vidocq (par Charles-Lazare Laumier). *Paris*, 1830, in-18.

3110. Parc (Le) de Mansfield, ou les Trois cousines, par l'auteur de « Raison et Sensibilité ! » Traduit de l'anglais, par Henri V*** (Vilmain). *Paris*, Dentu, 1806, 4 vol. in-12.

3111. Pardon (Le) du Jubilé, ou les Armes du Christianisme, ouvrage adressé aux gens du monde, par C.-F. N... (l'abbé C.-F. Nicod), curé de Saint-Cyr-au-Mont-d'Or, près Lyon). *Paris* et *Lyon*, Périsse frères, in-8 de x-420 pages.

L'auteur est mort vers 1854. C'était le confesseur du faux Louis XVII (baron de Richemont), et l'éditeur de ses *Mémoires*.

3112. Parfait (Le) missionnaire, Vie du révérend père Julien Maunoir, de la Compagnie de Jésus, missionnaire en Bretagne, par le Révérend Père Beschot, de la même Compagnie. Seconde édition, revue et corrigée (par l'abbé F.-M. Tresvaux). *Lyon*, Périsse frères, 1834, in-12.

3113. Parfaits (Les) amis, ou le Triomphe de l'amitié, tragi-comédie (par Samuel Chappuzeau de Baugé). *Lyon*, G. Girin et B. Rivière, 1672, in-12.

Voyez les *Notes et Documents sur Lyon*, par Antoine Péricaud. *Publications de 1672*.

3114. Parfumeuse (La) de la Cour, comédie-vaudeville en un acte, par MM. Dupin et... (Jean-Baptiste-Bonaventure Viollet d'Épagny). *Paris*, Barba, 1832, br. in-8.

3115. Paris au treizième siècle, par A. Springer; traduit de l'allemand, par un Membre de l'édilité parisienne (Victor Foucher, conseiller à la Cour de Cassation). *Paris*, 1860, in-8.

Victor Foucher est mort en 1866.

3116. Paris effronté, par Mané (Henri de Pène). *Paris*, E. Dentu, 1863, in-12.

3117. Paris en Amérique, par le docteur René Lefebvre. *Paris*, Charpentier, 1863, in-12.

Le *Journal des Débats* du 21 février 1863, caractérise ainsi ce livre : « Plaidoyer plein d'esprit et rempli d'idées élevées et judicieuses, auxquelles de piquantes situations servent de prétexte. » Le 10 mars suivant, le même journal annonçait la mise en vente de la troisième édition.

Le *docteur René Lefebvre*, est le masque de M. Edouard Laboulaye, professeur au Collége de France, membre de l'Institut, et l'un des rédacteurs de la feuille citée ci-dessus.

3118. Paris littéraire (Revue rétrospective de Paris), 1re année. *Paris*, 1843-1844, in-8.

Ce Recueil, qui méritait une plus longue existence, par le bon goût qui présidait au choix des matériaux, était rédigé par M. Charles Romey. C'est cet homme de lettres qui a colligé les glanes qui terminent ce volume.

3119. Paris port de mer, par l'auteur de la « Revue politique de l'Europe, en 1825 » (Pierre-François-Xavier Bourguignon d'Herbigny). *Paris*, Delaunay, 1826, br. in-8 de 84 pages.

3120. Paris port de mer et gare de Saint-Ouen. Documents authentiques pour servir à l'intelligence de cette spéculation (par le même). *Paris*, Delaunay, 1828, br. in-8 de 77 pages.

3121. Paris qui danse. Bal des Folies-Robert, par Tony Fantan (Antonio Watripon). Dessins d'Albert Leclerc. *Paris*, chez tous les libraires, 1861, in-16.

3122. Paris ridicule et burlesque, au XVIIe siècle, par P.-L. Jacob (Paul Lacroix), bibliophile. *Paris*, A. Delahays, 1859, in-12.

3123. Parnassiculet (Le) contemporain, recueil de vers, précédé de : « l'Hôtel du Dragon-Rouge » (par MM. Paul Arène, Alphonse Daudet, Alfred Delvau et Jean Du Boys). *Paris*, Librairie centrale (J. Lemer), 1867 (1866), in-18.

3124. Parodie (La) au Parnasse, opéra-comique en un acte. *Paris*, 1759, in-8.

On lit dans le *Journal de Collé* (T. III, page 271), que cette pièce fut attribuée, par les uns, au marquis DE XIMENÈS ; par les autres, à l'abbé DE VOISENON, qu'on surnommait alors l'archevêque de la Comédie-Italienne.

3125. Paroissien à l'usage du diocèse de Lyon, approuvé par Son Em. le cardinal de Bonald, archevêque de Lyon ; contenant les offices du matin et du soir, notés en plain-chant (et revus par l'abbé Fichet, chapelain de la Primatiale). *Lyon*, J.-B. Pélagaud, 1826, in-8.

3126. Paroles de justice et de raison (par le marquis Nicolas-Louis-Marie Magon De La Gervaisais). *Paris*, 10 mai 1824, br. in-8 de 72 pages.

3127. Paroles d'un voyageur. (Monstruosité littéraire). Par Charles O*** (le comte Charles O'Keily). *Paris*, Dentu, 1835, in-12.

3128. Parti (Le) libéral joué par le parti catholique, dans la question de l'Enseignement supérieur ; ou ce que coûte aux contribuables l'Université cléricale de Louvain. Epître à Monseigneur de Ram, chanoine et recteur magnifique, par Maurice Voituron, docteur en droit (par Louis De Fré). *Bruxelles*, 1850, in-8 de 40 pages. 2e édition, *ibid.*, 1851, br. in-8.

3129. Particule (La) nobiliaire, réplique à quelques magistrats (par Jules de Tardy). *Paris*, Ledoyen, 1861, in-8, pièce.

3130. Partie (La) de chasse des écoliers, comédie en un acte et en prose (par Alexis-Toussaint Gaigne). *Paris*, Deray, 1801, br. in-8.

3131. Partie (La) d'échecs, poëme par M. C*** (l'abbé Joseph-Antoine-Joachim Cérutti). Réimprimé par les soins d'un amateur d'échecs, en réponse à la Revanche de Waterloo. *Nantua*, 1836, br. in-8 de 16 pages.

L'éditeur déclare avoir entrepris cette réimpression pour répondre à ce que l'auteur de la brochure, mentionnée ci-dessus, avait dit : « Que nul, avant lui, n'avait pu surmonter les difficultés de ce sujet. »

La *Revanche de Waterloo* est une pièce de 300 vers, composée à propos d'une partie d'échecs gagnée par M. de Labourdonnais sur M. Mac-Donnel.

3132. Partis (Les) en Belgique, à-propos des prochaines élections. Lettres adressées au Journal de Bruxelles, par un Minoriste de 1830 (par Edouard Ducpétiaux, membre de l'Académie royale). *Bruxelles*, 1860, br. in-8 de 22 pages.

3133. Partis (Les) en France (par Rouchet). *Bruxelles*, Janssens, 1851, in-8 (Ul. C.).

3134. Pas (Le) d'armes de Villers-sur-Lesse (par E.-C.-G. De La Coste, ancien gouverneur de la province de Liége). *Bruxelles*, Wahlen, 1840, in-8 (Ul. C.).

3135. Passage (Le) à Stranglomini ; orné du Séjour de dix années, publié par la trompette du Seigneur. Simple ébauche, par Mme Sophie T...(Tamisier). *Nîmes*, 1846, br. in-8.

En vers.

3136. Passage du grand Saint-Bernard par l'armée française, au mois de mai de l'année 1800. Ode (par Antoine-Charles de Perrin-Brichambault). Sans date (1801), in-8.

3137. Pascaline, par Mme Jenny Bastide (Marie-Hélène Dufourquet). *Paris*, Vimont, 1835, 2 vol. in-8.

3138. Passe (Le) temps de la jeunesse, ou Recueil moral, instructif et amusant, publié par A. E. de Saintes (Alexis Eymery). *Paris*, Eynoux, Fruger et Cie, 1833, in-12.

3139. Pastorale (La) héroïque, chantée à la fête donnée par les ambassadeurs d'Espagne, au nom de Sa Majesté catholique, en l'hôtel de Bouillon ; en réjouissance de la naissance de Monseigneur le Dauphin, et représentée sur le théâtre de l'Opéra, le lundi et le mardi-gras de l'année 1730 (par Jean-Louis-Ignace de la Serre). *Paris*, Ballard, 1730, in-4.

3140. Paul Briolat, par Merville (Pierre-François Camus). *Paris*, Renault, 1831, in-8.

Il y a eu une autre édition en trois volumes in-12.

2141. Paulin, ou les Aventures du comte de Walter (par Charles-François Grandin). *Paris*, Desenne, 1792, 2 vol. in-12.

Ch.-Fr. GRANDIN, depuis comédien sous le nom de GRANVILLE. Il a fait partie de la Comédie-Française de 1821 à 1834.

3142. Pauline et Valmont, comédie en deux actes et en prose (par Nicolas-Marie-Félicité Bodard de Tezay). *Paris*, Cailleau, 1787, in-8.

3143. Pauline, ou les Hasards des voyages, par M. M*** (Moylin-Fleury). *Paris*, Maradan, 1820, 4 vol. in-12.

3144. Paysan (Le) et le Gentilhomme, anecdote récente (par

René-Théophile Châtelain, rédacteur en chef du Courrier Français). *Paris*, Lhuillier, 1816, br. in-8.

3145. Pêcheurs et Pécheresses, par Jules de Cénar (Louis de Carné). *Paris*, Michel Lévy frères, 1862, in-18.

3146. Peinture (La) rajeunie (par De Revel fils). 1754, in-12.

Pièce de poësie ayant remporté le prix aux *Jeux Floraux* de cette année.

3147. Pèlerinage (Le) de Childe-Harold, poëme romantique de lord Byron; traduit en vers français, par l'auteur des : « Helléniennes et des Mélodies poétiques » (publiées en 1825) (par G. Pauthier, de Besançon). *Paris*, Dupont, 1828, in-18.

3148. Pèlerinage de Notre-Dame-de-Bon-Secours. Notice historique et descriptive. Neuvaine (par l'abbé Godefroy). *Nancy*, 1816, in-16 de 108 pages.

3149. Pèlerinage (Le) de Saint-Charles-Borromée, à Rosny (par Amable Grégoire, ancien sous-chef de bureau à la Préfecture de la Seine). *Paris*, chez l'auteur, 1833, br. in-8.

3150. Pèlerinage (Le) de Sainte-Julienne, à Colombes, par Neuilly, près Paris (par le même). *Paris*, Adrien Leclere, 1830, in-18.

3151. Pèlerinage (Le) d'Holy-Rood, par M. P. D. G... (Pourret Des Gauds). *Paris*, Dentu, 1832, br. in-8 de 70 pages, avec un portrait et un *fac-simile*.

Cette courte relation est un récit simple et touchant de ce que l'auteur a vu lui-même, et que les témoignages les plus authentiques ont confirmé. Une seconde édition, augmentée du compte-rendu du procès intenté à l'auteur, a été publiée quelques mois après, et porte son nom.

3152. Pélisson, ou c'est le Diable! comédie anecdotique, etc. (par MM. Philidor-Henri Flacon-Rochelle, depuis avocat à la Cour de cassation, mort en 1834, et Jacques-André Jacquelin). *Paris*, Mme Masson, 1807, br. in-8.

Flacon-Rochelle essaya de mettre le Code civil en vers. Il s'arrêta après le premier livre devant la difficulté et l'aridité de l'entreprise.

3153. Pensées (par Mme Yéméniz, née Rubichon). *Lyon*, Boitel, 1848, in-12.

Femme du célèbre bibliophile lyonnais, cette Dame, de beaucoup de mérite elle-même, correspondait avec un grand nombre de savants. Elle est morte au commencement d'avril 1860.

3154. Pensées de Louis XIV, extraites de ses ouvrages et de ses lettres manuscrites (par la duchesse de Duras). *Paris*, F. Didot, 1827, in-18.

3155. Pensées d'un Français en 1814 (par le marquis Frédéric-Gaëtan de Larochefoucauld-Liancourt). *Paris*, Delaunay, 1814, br. in-8.

3156. Pensées et considérations morales et religieuses, avec cette épigraphe : « Soyons sans dol » (par Auguste Prunelle

De Lierre). *Paris*, Migneret, 1826, in-8.

Une première édition avait paru en 1824, sous un *titre* un peu modifié, et ne formait qu'une brochure de 112 pages.

3157. Pensées philosophiques, mêlées de maximes morales, avec quelques réflexions à un ami sur l'éducation de son fils (par Bauny). *Paris*, Nyon jeune, 1800, in-8.

3158. Pensées pieuses en forme d'élévations. Ouvrage posthume d'une Dame de charité de la paroisse (par Louis Silvy). *Paris*, Adrien Leclere, 1809, in-18.

3159. Pensées, réflexions et maximes, par Daniel Stern (la comtesse d'Agoult, née Marie de Flavigny). *Paris*, Techener, 1856, in-12.

3160. Pensées sur la philosophie de la foi, ou le Système du christianisme considéré dans son analogie avec les idées naturelles de l'entendement humain (par l'abbé Adrien Lamourette). *Paris*, Berton, 1786, in-8.

3161. Pensées sur la philosophie de l'incrédulité, ou Réflexions sur l'esprit et le dessein des philosophes irréligieux de ce siècle (par le même). *Paris*, Berton, 1789, in-8.

3162. Pensées sur les fins dernières de l'homme; traduit de l'italien de Liguori, par l'abbé M*** (Marguet, vicaire-général de Nancy). *Lille*, Lefort; *Paris*, Adrien Leclere, 1834, 2 vol. in-18.

Ouvrage faisant partie de la nouvelle Bibliothèque catholique.

3163. Pensées théologiques, relatives aux erreurs du temps, par Dom Nicolas Jamin, religieux bénédictin de la Congrégation de Saint-Maur, précédées d'une Notice sur sa vie et ses ouvrages (par Etienne-Gabriel Peignot). *Paris*, Dijon, Lagier, 1825, in-18.

3164. Percy-Mallory, ou Orgueil, honneur, infamie, par l'auteur de : « Pen Owen » (Théodore Hook). Traduit de l'anglais, par Dusaulchoy. *Paris*, Bouquin de La Souche, 1824, 4 vol. in-12.

3165. Père (Le) Clément, ou le Jésuite confesseur, par l'auteur de : « Décision ; » traduit de l'anglais (de miss Grace Kennedy), sur la 4e édition (par Mlle Saladin). *Paris*, Smith, 1825, in-12.

3166. Père (Le) et la fille (par Félix Bodin et Philarète Chasles). *Paris*, Lecointe et Durey, 1824, in-12.

3167. Père (Le) Thomas, ami des diseurs de vérités. Almanach Percheron pour 1847, par A. F.-D. (A. Foucault-Duparc). *Rouen*, Mégard, in-32.

Le même, pour 1848 et 1849, avec cette légère modification dans le titre : « Le Nouveau diseur de vérités. »

3168. Pères (Les) de l'Eglise, choix de lectures morales; précédé d'une introduction et accompagné de notes, par Eugène Loudun (Balleyguier). *Paris*, Paul Dupont, 1861, in-12.

3169. Péricla (par Mlle Sophie Gallot). *Paris*, Meyrueis et Cie, 1858, in-8.

3170. Périls (Les) de la loi, ou Derniers termes de la discussion sur l'exploitation de la mine de Vic (par Nicolas-Louis-Marie Magon, marquis de La Gervaisais). *Paris*, A. Egron et Ponthieu, 1825, br. in-8 de 24 pages.

3171. Perle (La), ou les Femmes littéraires; choix de morceaux en vers et en prose, composés par des femmes; précédé d'un aperçu historique sur les femmes littéraires de la France, par P. L. Jacob, bibliophile (Paul Lacroix). *Paris*, L. Janet, 1832, in-18.

3172. Pérolla, tragédie en trois actes (et en vers), par M*** (Camille Boniver, avocat à Lyon). *Lyon*, Barret, 1827, br. in-8.

Camille BONIVER cultivait la poésie par délassement; il s'était exercé sur les hymnes de Santeul. L'abbé Paul Boniver, son frère, qui lui a survécu peu de temps, avait eu le dessein de faire imprimer une partie de ses imitations. Elles n'ont pas vu le jour.

3173. Perspective (La) pratique; nécessaire à tous peintres, graveurs, sculpteurs, architectes, orfèvres, brodeurs, etc., et autres se servant du dessin, par un Parisien, religieux de la Compagnie de Jésus (par le Père Jean Dubreuil). *Paris*, Melchior Tavernier, 1642-1647-1649, 3 vol. in-4.

On lit dans la *Biographie universelle*, que le libraire Langlois publia, en 1651, une nouvelle *édition, augmentée par l'auteur* en plusieurs endroits, notamment d'un : *Traité de la perspective militaire, ou Méthode pour élever sur des plans géométraux*, 3 vol. in-4; et dans une note, que quelques bibliographes ont prétendu que ce n'est que l'édition de 1642, dont on a renouvelé le frontispice. Le *Manuel du libraire* parle de cette *perspective*, comme d'un ouvrage estimé, et dont il n'y a eu qu'une seule édition; quoique plusieurs exemplaires portent une date différente.

3174. Peste (La) de Barcelone, poème élégiaque (par le chevalier Alphonse Péronneau). *Paris*, Hubert, 1821, br. in-8 de 32 pages.

3175. Petit abrégé de la Vie et des Dernières heures de Joséphine Hautié, etc. (par Mme Falle, née Estelle Chabrand). *Toulouse*, Corne, 1825, in-12.

3176. Petit almanach de la grande ville de Gand, utile à tous ceux qui n'ont rien à faire, et contenant tout ce que peut contenir un petit almanach, le tout pour l'an XIV (1805); par M. A. B. C. D..., membre de toutes les Sociétés savantes d'Europe, et même de la Société littéraire de Gand. In-18.

L'auteur est M. FERRARY, alors receveur du canton d'Everghem, près de Gand. Cet Almanach renferme une esquisse descriptive, en vers et en prose, de la ville de Gand, et en style satyrique.

3177. Petit Berquin en miniature; théâtre d'éducation du premier âge, par MM. A. I*** (Jean-Baptiste-Auguste Imbert), et J.-B. Fléché. *Paris*, Imbert, 1825, in-18.

3178. Petit catéchisme, avec les prières du matin et du soir, que les missionnaires font et enseignent aux néophites et catéchumènes de l'île de Madagascar. Le tout en français et en cette langue (par Etienne de Flacourt). *Paris*, Josse, 1665, in-8.

3179. Petit Code de politesse, à l'usage des Séminaires (par Richard-Antoine-Corneille Van Bommel, évêque de Liége). *Liége*, Kestern, 1831, in-18.

Opuscule qui n'a pas été mis dans le commerce, et est devenu rare.

3180. Petit cours de littérature française. Choix de morceaux en prose et en vers, extraits des principaux écrivains français; accompagné d'exercices sur les synonymes, les homonymes, les gallicismes, les étymologies, la ponctuation et les licences poétiques, etc. Classes élémentaires, par Charles-André (par M. Van Hasselt, membre de l'Académie royale de Belgique). *Bruxelles*, 1860, in-12.

3181. Petit dictionnaire des grandes girouettes (par Napoléon Gallois). *Paris*, 1842, in-18.

3182. Petit dictionnaire ministériel (par Jean-Denis Magalon). *Paris*, 1826, in-32.

3183. Petit dictionnaire topographique, historique, statistique, civil, judiciaire, commercial, littéraire, religieux et militaire de l'arrondissement de Caen (par Joseph-Jacques Odolant-Desnos, petit-fils de l'historien). *Caen*, Auguste Ollivier, 1829, in-18.

3184. Petit-Jacques (Le), opéra en un acte et en prose, par Alexandre (Alexandre-Furcy Guesdon, connu depuis sous le pseudonyme de Mortonval). *Paris*, Mme Masson, an IX, br. in-8.

3185. Petit (Le) Maître en province, comédie en un acte et en vers, avec des ariettes (par Harny de Guerville). *Paris*, Veuve Duchesne, 1763, in-12.

3186. Petit Manuel d'administration, pour les affaires du culte catholique (par Jacques-Hippolyte-Sylvestre Blanc et Adolphe Tardif). *Paris*, Plon, 1852, in-18.

3187. Petit (Le) neveu du compère Mathieu, par Charles Dulorny (J. Bidard-Hayère, professeur au collége de Nemours). *Paris*, Lecointe et Pougin, 1832, 5 vol. in-12.

3188. Petit-Pierre et Michelette, ou les Deux orphelins, par A. E. de Saintes (Alexis Eymery). 3e édition, revue et corrigée. *Paris*, Désirée Eymery, 1839, in-12.

3189. Petit (Le) portefeuille d'un anonyme, ouvert à ses amis (par Pierre-Joseph Fessin). *Paris*, Rignoux, 1828, in-8 de CXI et 118 pages.

Cet Opuscule, mêlé de vers et de prose, a été tiré à petit nombre, sur papier vélin, et n'a pas été mis dans le commerce.

Son auteur, né à Paris, le 15 septembre 1774, y est mort, le 20 avril 1852. L'imprimerie lui doit l'invention des *filets mixtes*, qui lui valut une médaille de bronze à l'Exposition de 1839.

3190. Petit Sermon, ou Explication simple et familière du symbole des Apôtres, de l'oraison dominicale, etc. Par un Prêtre du diocèse de Liége (J.H. Thomas, Doyen de Saint-Jacques, à Liége). *Liége*, Lardinois, 1847, in-8 de 500 pages (Ul.C.).

3191. Petit théâtre de l'enfance, par l'auteur des : « Œufs de Pâques » (le chanoine Schmid). *Paris*, Levrault, 1833, in-18.

3192. Petite bibliothèque amusante, ou Recueil de pièces choisies (par Jean-François Los Rios). *London* (*Lyon*), 1781, 2 parties in-12, texte encadré.

A la page 167 de la première partie, commence un *Mémoire* pour un ambassadeur contre une actrice de l'Opéra.

Une seconde édition, publiée en 1789, sous la rubrique de *Londres*, porte le titre de : *Œuvres complètes*, de Los Rios.

Libraire à Lyon, celui-ci était un grotesque personnage, que le commerce des livres n'avait pas enrichi, et qui seul était convaincu de son érudition bibliographique. Il se croyait fait pour être auteur, et tout le monde riait de sa prétention à ce sujet. Un jour, le poète Vasselier, ayant aperçu, sur l'étalage du libraire, un des livres faits par Los Rios, avec son portrait, que couronnait cette inscription : « Jean-François Los Rios, né à Anvers, » mit plaisamment un L avec une apostrophe, devant Anvers, et fit ainsi de cet original, un homme né *à l'Envers*. Le fait est que Los Rios était issu d'une branche bâtarde de l'illustre famille de ce nom.

(Bréghot-du-Lut. — *Nouveaux Mélanges*.)

3193. Petite (La) Cendrillon, ou Histoire d'une jeune orpheline, par l'auteur du : « Coin du feu de la bonne maman » (Mme Marie-Aglaé Baudouin, née Carouge). *Paris*, Billois, 1813, 2 vol. in-18.

3194. Petite chronique du royaume de Tatoïaba, par Wieland ; traduit de l'allemand (par Jean-Nicolas-Etienne baron de Bock). *Metz*, Behmer, an VI (1798), 3 vol. in-18.

3195. Petite dissertation sur la liste des chanoines de la cathédrale de Liége, en 1131 ; par M. E. L. A. A. L. D. L., (Edouard Lavalleye, agrégé à l'Université de Liége). *Liége*, Redouté, 1830, in-8 (Ul. C.).

3196. Petite encyclopédie des proverbes français, recueillis et annotés par Hilaire-le-Gai (Gratet-Duplessis). *Paris*, 1852, in-12.

3197. Petite excursion pittoresque dans le monde de l'enseignement. Les institutions de Paris (par H. Robin). *Paris*, E. Dentu, 1838, in-18.

3198. Petite géographie méthodique de la France, en vers artificiels, comprenant les 86 départements, sur 86 rimes différentes, avec des notes explicatives, etc. Par un Professeur au petit-séminaire de Chartres (l'abbé Flèche). *Lyon*, Périsse, 1828, in-12.

Seconde édition. *Paris*, Lecoffre, 1832, in-8.

3199. Petite (La) harpiste, ou l'Amour au Mont-Géant, roman d'Auguste Lafontaine; traduit par *** (Mlle Sophie Ulliac-Trémadeure), avec deux romances imitées du texte allemand, par Mme Victoire Babois. *Paris*, Gide, 1815, 2 vol. in-12.

3200. Petite lettre sur un grand sujet. *Paris*, 1812, in-8.

Cette lettre, relative à la polémique que fit naître la comédie des *Deux Gendres*, est attribuée à Pierre GRANIÉ, ancien avocat à la Cour de cassation, né à Béziers, en 1755.

3201. Petite (La) princesse Ilsée, imitée de l'allemand, par J. Stahl (P.-Jules Hetzel). *Paris*, 1864, gr. in-8, avec illustrations de Froment.

« La *petite princesse Ilsée* est un chef-d'œuvre anonyme, emprunté à l'Allemagne, et approprié avec un rare bonheur au goût français. »

(Journal des Débats.)

3202. Petites chroniques de la Science, par le docteur Sam (Samuel-Henri Berthoud). *Paris*, E. Dentu, 1865, in-12.

3203. Pétition du général Crewe à la Chambre des communes, ou Exposé des faits et procédures qui ont accompagné et suivi sa détention en France, en 1817, à la requête d'un ex-valet de pied du duc de Bourbon (par Félix Van Hulst, avocat). *Liége*, Collardin, 1824, br. in-8 de 94 pages (Ul. C.).

3204. Pétition du sieur Mattheus à MM. de la Chambre des Députés; faisant suite à la pétition de la dame Matthea. *Paris*, Delaunay, 1814, br. in-8.

Le vicomte Emmanuel D'HARCOURT, député sous la Restauration, est l'auteur de cette brochure. Il est mort en 1840, après avoir consacré toute sa vie aux études politiques et économiques.

3205. Petits almanachs des Spectacles, des années 1800 à 1810, par Anagramme d'Auneur (Armand Ragueneau de La Chesnaye). *Paris*, Mme Huet-Masson, 1800-1810, 10 vol. in-18.

3206. Petits (Les) appartements des Tuileries, de Saint-Cloud et de la Malmaison, etc. Publié par l'auteur des « Mémoires d'un Page » (Emile-Marc Hilaire, dit Marco Saint-Hilaire). *Paris*, Urbain Canel, 1831, in-8.

3207. Petits (Les) marchands de figures de plâtre (par César-Henri-Abraham Malan). *Paris*, Smith, 1825, in-12.

3208. Petits (Les) Orphelins du hameau, par J.-H.-Fr. Geller (Mme Elisabeth Guénard, baronne Brossin de Méré). *Paris*, Chassaignon, 1833, 2 vol. in-18.

Ducray-Duminil est auteur d'un roman portant le même titre, dont celui-ci n'est vraisemblablement qu'une imitation ou qu'un abrégé. — Même observation pour *Victor*.

3209. Peuple (Le) de Ville-Affranchie à la Commune nationale (nivose an II) (par Pierre-Marie Gonon). *Lyon*, Marle, 1846, in-8.

3210. Pharamond, ou l'Entrée des Francs dans les Gaules, drame en trois actes, par Victor (Victor-Henri-Joseph Brahain Ducange). *Paris*, Barba, 1813, in-8.

3211. Philosophe (Le) soi-disant, comédie en trois actes et en prose, tirée des Contes de Marmontel, par Mlle A.-C. de K... (Amélie-Caroline de Kinschof). *Maestricht*, Jacques Lekens, 1767, in-8.

3212. Philosophes (Les) au pilori, étude historique, par M. Charles de Bussy (Charles Marchal). *Paris*, Lebigre-Duquesne, 1858, in-18.

3213. Philosophie chrétienne, ou Extraits tirés de Mme de Genlis (par Dumonceau). *Paris*, 1802, in-12.

3214. Philosophie de l'exil (par le baron Lemercher d'Haussez). *Paris*, Pinard, 1833, in-12.

3215. Philosophie de la Guerre, ou les Français en Catalogne, sous le règne de l'Empereur Napoléon, par F. G. Malvoisine (Joseph-François Grille). *Angers*, Cosnier, 1839, in-8.

3216. Philosophie (La) en défaut, vaudeville en un acte (par Henri Dancourt, comédien de province). Sans lieu ni date (*Paris*, vers 1800), in-8.

3217. Philosophie (La) naturelle, civile et morale; traduction libre de l'anglais (de Francis Hutcheson, philosophe anglais au XVIIIe siècle) (par Marc-Antoine Eidous). *Lyon*, Renard, 1770, 2 vol. in-12.

3218. Philosophie (La) occulte. Fables et Symboles, avec les explications, par Eliphas Lévi (Alphonse-Louis Constant). *Paris*, Germer-Baillière, 1863 (1862), 2 vol. in-8.

3219. Physiologie (La), ou les Règles de la grammaire italienne, mises dans un nouvel ordre (par Gaetano Carcàni). *Nantes*, an XI (1803), in-8.

3220. Physiologie de l'étudiant belge (par Edmond Van den Corput). *Bruxelles*, 1845, in-12.

3221. Physiologie de la foire Saint-Romain (à Rouen), par le patriarche Abraham (Henri Vauquier, avocat). *Rouen*, Plantard, 1846, br. in-8 de 66 pages.

3222. Physiologie de la poire, par Louis-Benoît, jardinier (attribuée à Sébastien-Benoît Peytel, notaire). *Paris*, 1832, in-8.

Ce PEYTEL, condamné à mort par la Cour de Bourg, pour crime d'assassinat, fut exécuté dans cette ville, le 28 octobre 1839.

3223. Physiologie de l'esprit, par A. G. de Mériclet (A. Guitton). *Paris*, Vrayet de Surcy, 1847, in-18.

3224. Physiologie (La) du goût, ou Méditations de gastronomie transcendante, par un Professeur, membre de plusieurs sociétés littéraires (Jean-Anthelme Brillat-Savarin, conseiller à la Cour de cassation). *Paris*, Sautelet, 1825, 2 vol. in-8.

3225. Physiologie du fumeur (par Théodose Burette). *Paris*, Bourdin, 1840, in-32.

3226. Physiologie du mariage, ou Méditations de philosophie éclectique, sur le bonheur et le malheur conjugal, publiées par un Jeune célibataire (Honoré de Balzac). *Paris*, Levavasseur, 1830, 2 vol. in-8.

3227. Physiologie du parrain (par Emmanuel-Augustin Lepeintre jeune). *Paris*, 1834, in-24.

3228. Physiologie du ridicule, ou Suite d'observations, par une Société de gens ridicules (par Marie-Françoise-Sophie Gay, née Nichault de Lavalette). *Paris*, Vimont, 1833, 2 vol. in-8.

3229. Physiologie du sentiment, par Georges Rœder (Armand Barenton). *Paris*, 1853, in-18.

3230 Pichegru, général en chef de l'armée française. Sa vie, ses talents militaires, etc., par M. de Vouziers (P.-J. Moithey). *Paris*, Tiger, 1817, in-18.

3231. Pie IX dans la voie du Calvaire, ou les XIV Stations du Chemin de la Croix, appliquées à N. T. S. P. le Pape, par l'abbé H. S. M. A. (Henri Sauvé, missionnaire apostolique). *Liége*, Lardinois, 1860, in-12 (Ul. C.).

3232. Pièce (La) sans A, comédie en un acte et en prose; précédée d'un prologue, par J.-R. R... (Joseph-Raoul Rondin). *Paris*, Chaumont, 1821, br. in-8.

Cette pièce tomba dès la première scène, parce que un des acteurs, qui avait à dire : « *Le voici !* » s'écria maladroitement : « *Ah ! le voilà !* »

3233. Pièces judiciaires et historiques relatives au procès du duc d'Enghien, avec le journal de ce prince depuis l'instant de son arrestation; précédées de la discussion des actes de l'autorité militaire, etc., par l'auteur de *La libre défense des accusés* (Dupin aîné). *Paris*, Baudouin, 1823, in-8.

3234. Pierre, par A. G. de Mériclet (A. Guitton). *Paris*, Lecointe et Pougin, 1832, 2 vol. in-12.

3235. Pierre (La) de touche (par la marquise Sophie-Caroline-Hortense d'Epinay). *Paris*, Levavasseur, 1836, 2 vol. in-8.

Elle avait épousé son cousin, le marquis d'Epinay, colonel. Cette union ne fut pas heureuse et une séparation intervint au bout de trois années de mariage. Mme D'EPINAY fut alors établir sa résidence dans une villa, située près des Eaux minérales de Bagnoles (Orne), où elle se singularisa par son affectation à porter des vêtements d'homme. Sa chambre particulière présentait l'assemblage le plus bizarre d'armes de combat, disposées en panoplie, et entremêlées d'ossements et de têtes de mort; ce qui n'empêchait pas sa demeure d'être le centre des rendez-vous les plus bruyants et les plus mondains.

La marquise d'Epinay, atteinte depuis plusieurs années d'une maladie nerveuse, est morte en 1862.

3236. Pierre et Thomas Corneille, à-propos en un acte et en prose, par Auguste Romieu et Monnières (J.-Abel Hugo). *Paris*, Baudouin frères, 1823, br. in-8.

3237. Pieux sentiments d'une ame qui veut être tout à Jésus-Christ, par le Père Alphonse de Liguori. Ouvrage traduit en partie de l'italien, par M. l'abbé D. P. (Pinard), et précédé d'une notice sur la Vie du bienheureux. *Paris*, Poussielgue, 1834, in-8.

3238. Pignerol. Histoire du temps de Louis XIV, par P. L. Jacob (Paul Lacroix), bibliophile. *Paris*, Eugène Renduel, 1836, 2 vol. in-8.

3239. Pile (La) de Volta, recueil d'anecdotes violentes, publié par un Partisan de la littérature galvanique (par Victor-Louis-Amédée Pommier). *Paris*, Abel Ledoux, 1831, in-16.

3240. Piron chez Procope, vaudeville en un acte, par Th. Pélicier et Mlle Minette (Marie-Jeanne Ménétrier). *Paris*, 1810, br. in-8.

3241. Plaideurs (Les), comédie en trois actes, d'après Racine; arrangée pour un divertissement de jeunes gens (par Alteyrac, professeur de rhétorique au collége de Cambray). *Cambray*, Hurez, an XIII (1805), in-12.

2342. Plaintes de la Bibliothèque nationale au Peuple français et à ses Représentants (par Alexandre-Jean-Baptiste Pillon, conservateur-adjoint; et, depuis, conservateur à la Bibliothèque du Louvre). *Paris*, 1848, br. in-8 de 32 pages.

En vers.

3243. Plaisantes recherches d'un homme grave sur un farceur. Prologue tabarinique pour servir à l'histoire littéraire et bouffonne de Tabarin, par C. L. *Paris*, 1835, gr. in-16.

Tiré à cinquante exemplaires.

Jean-Michel-Constant Leber, ancien chef de bureau au ministère de l'Intérieur, est l'auteur de cet Opuscule, qui a été réimprimé en 1856, par Tachener, libraire-éditeur, à Paris.

3244. Plaisirs (Les) de Marimont, pastorale représentée devant Son Altesse électorale de Bavière, à Mons; mise en musique, par le sieur Vaillant, etc. (par Foucquier). *Mons*, G.-F. Henry, 1708, in-4.

3245. Plaisirs (Les) de Mars et de l'amour, recueil de chansons, par M. B... (Bogé). *Lille*, Blocquet, 1813, in-18.

3246. Plan d'éducation présenté à l'Assemblée nationale, au nom des instituteurs publics de l'Oratoire (par Claude-Pierre-François Daunou). *Paris*, 1790, br. in-8.

3247. Plan de l'Etablissement d'un répertoire général des notaires de France, pour l'annonce des ventes, acquisitions, etc., par M. B.-A. H.-D.

(Benoît-André Houard-Dallier). *Paris*, sans date (1804), br.-in-8, avec plan, carte et tableau.

3248. Plan de Paris, avec le détail des nouveaux embellissements projetés et en partie exécutés sous le règne de Napoléon Ier, par M. B.-A. H.-D. (le même). *Paris*, Demoraine, 1807, in-4.

3249. Plan d'un cours d'études sur les trois périodes historiques désignées pour l'examen d'élève universitaire (par Auguste Morel). *Liége*, Redouté, 1853, in-8.

3250. Plan et description de la scie mécanique, ou Machine pour recéper et couper les pieux au fond de l'eau, par M. B.-A. H.-D. (Benoît-André Houard-Dallier). *Paris*, Demoraine, 1806, in-8.

3251. Plan sur la manière et les moyens d'augmenter les forces militaires et les revenus de l'Etat (par le marquis du Hallay). Sans date (1787), in-4 de 16 pages.

3252. Plans d'instruction sur les principaux sujets de morale chrétienne, etc., par un Curé du diocèse de Liége (l'abbé J.-J. Beuwens, curé de Latinne). *Liége*, Lardinois, 185..., 2 vol. in-12 (Ul. C.).

3253. Plantation de l'arbre de la liberté par les élèves du Prytanée français, à la maison de Vanvres, le 16 ventôse an VII de la République française (par Jean-François Champagne, directeur du Prytanée). *Paris*, Bertrand-Quinquet, 1799, br. in-8 de 39 pages.

3254. Planton (Le) de la Marquise, comédie en un acte, par Ward (Mlle Van Deursen) et Henri Vannoix. *Paris*, Marchant, 1855, br. in-8.

3255. Platon Polichinelle, ou la Sagesse devenue folle, pour se mettre à la portée du siècle, par un Solitaire Auvergnat (l'abbé A. Martinet). *Lyon*, Pélagaud, 1841, in-12.

Souvent réimprimé.

3256. Plus de mélodrames. Leurs dangers considérés sous le rapport de la religion, des mœurs, de l'instruction publique et de l'art dramatique. Numéro 1er (par Jean-Baptiste-Augustin Hapdé). *Paris*, Dentu, 1814, br. in-8 de 40 pages.

Ce qu'il y a de singulier dans cette publication, qui n'a pas eu la suite qu'elle semblait promettre, c'est que son auteur était et n'a pas cessé d'être un des dramaturges les plus accrédités aux Boulevards.

3257. Plus (Les) grandes matières dans le plus petit des traités, ou Essai sur la destinée des mondes, etc., par Lucrèce Junior (par Déal). *Paris*, Bachelier, 1836, br. in-8 de 40 pages.

3258. Plus heureux que sage. Proverbe en trois actes et en vers (par le marquis Henri-Lambert d'Herbigny de Thibouville). *Paris*, 1772, in-8.

3259. Pneumatologie. Des Esprits et de leurs manifestations fluidiques. Mémoire adressé à MM. les membres de l'Académie des sciences morales et politiques, sur un grand nombre de phénomènes merveilleux, intéressant également la religion, la science et les hommes du monde, par le marquis Eudes de M*** (Mirville). *Paris*, Vrayet de Surcy, 1853, in-8.

Réimprimé dans la même année.

3260. Poëme séculaire d'Horace, traduit en vers français (par le chevalier de Langeac). *Paris*, sans date (1780), in-8 de 7 pages.

3261. Poëme sur l'Assemblée des notables (par Marie-Joseph de Chénier). Nouvelle édition, 1787, in-8.

3262. Poésie à Sophie Cruvelli (par A. Réaucreux). *Paris*, N. Chaix, 1852, in-8.

3263. Poésie Sacrée pour la célébration de l'Office divin et des Saints Mystères, ou Heures nouvelles selon le rit parisien, par C.-A.D... (Claude-Antoine Dujardin). *Dijon*, Douiller, 1823, in-12.

3264. Poésie sacrée pour la célébration des Saints Mystères et des Fêtes de la Vierge, etc., par C.-A. D... (le même). *Dijon*, Douiller, 1824, in-12.

3265. Poésies, par Jean Polonius (Frédéric-Xavier Labenski, longtemps attaché à la Légation russe, à Londres; plus tard, à la Chancellerie de Pétersbourg). *Paris*, A. André, 1827, in-8.

3266. Poésies choisies de J.-H. Hubin (éditées par J.-François-Nicolas Loumyer, et précédées d'une Notice, par le même). *Bruxelles*, Stapleaux, 1852, in-12.

3267. Poésies choisies de Sauveur Le Gros (éditées et précédées d'une Notice, par le même). *Bruxelles*, 1827, in-8.

3268. Poésies chrétiennes et morales, par P. M. D. E. D. (Pierre Masson, docteur en droit, de Saint-Germain-en-Laye). *Paris*, Gaume frères, et Saint-Germain-en-Laye, veuve Dupré, 1852, in-18.

3269. Poésies d'André de Chénier (publiées par Hyacinthe Thabaud de Latouche). *Paris*, 1820, gr. in-18.

Le même éditeur avait publié, chez Baudouin, l'année précédente, une première édition in-8, plus complète que celle-ci. Béranger appelait DE LATOUCHE un véritable poète, et prétendait avoir la certitude qu'une très-noble partie des vers mis en circulation, sous le nom d'André Chénier, pouvait être revendiquée par son éditeur.

3270. Poésies de Jean Journet (avec une Notice historique, placée en tête de M. Jean Rousseau). *Paris*, Joubert, 1857, in-8.

3271. Poësies dramatiques de

Ch.-T. H*** (Charles-Théodore d'Hurtuby). *Paris*, Trouvé, 1823, br. in-8.

3272. Poésies de Malherbe, ornées de son portrait et d'un *fac simile* de son écriture. Nouvelle édition publiée et dédiée à la ville de Caen, patrie de l'auteur (par Jean-Jacques Blaise). *Paris*, Blaise, 1822, gr. in-8.

Cette édition, ainsi que celle des *Lettres inédites de Malherbe*, publiées par le même, est exécutée avec soin et luxe.

3273. Poésies de Pernette du Guillet, lyonnoise (publiées par Claude Bréghot-du-Lut). *Lyon*, Louis Perrin, 1830, in-8.

Tirées à cent exemplaires numérotés, dont plusieurs sur papier de Hollande, et d'autres sur papier de différentes couleurs.

3274. Poésies de P.-C. Rodolphe, jeune dessinatrice, recueillies par un Homme de lettres (Jean-François Guichard). *Paris*, Sageret, 1799, in-12.

3275. Poésies de Tibulle, traduites en vers français, par Valamont (Jean-Jacques Porchat). *Paris*, Delaunay, 1830, in-8.

3276. Poésies diverses (par R.-A. Frébourg, docteur-médecin, professeur). *Paris*, Belin, 1837, in-8.

3277. Poésies du chevalier de l'Isle, capitaine de dragons, mort à Paris, en 1783. *Bruxelles* (imprimerie du prince Charles de Ligne), 1782, in-12.

Réimpression, d'après l'unique exemplaire des Poésies du prince DE LIGNE, appartenant à M. Ad. Matthieu.

3278. Poésies d'une femme (par Mme Marie Delbenne). *Paris*, Ch. Gosselin, 1829, in-18.

3279. Poésies d'une jeune aveugle (par Alphonse Le Flaguais, ancien bibliothécaire de la ville de Caen). *Paris*, Deroche; et *Caen*, Avonde, 1839, in-18.

Réimprimées dans ses Œuvres complètes.

3280. Poësies et mémoires de Marie Ravenel (Mme Lecorps, fermière à Fermanville). *Cherbourg*, Fenardont, 1852, in-12.

3281. Poésies fugitives, érotiques et philosophiques (par Auguste Gilles, plus connu sous le nom de Saint-Gilles). *Genève* (*Paris*), 1806, in-18.

3282. Poésies fugitives, érotiques et philosophiques, par Auguste Gallistines (anagramme de Saint-Gilles) (par le même). *Paris*, Leblanc, 1815, in-18.

On y retrouve une partie des pièces du précédent Recueil.

3283. Poésies lyriques, par un Etudiant suisse (Charles-François Recordon). *Lauzanne*, 1823, in-12.

3284. Poésies lyriques de l'Anacréon moderne, Athanase Christopoulos; publiées et corrigées par G. Theocaropoulos de Patras, avec la traduction française en regard. *Strasbourg*, imprimerie de Leroux, 1831, in-18.

Cette publication apocryphe a été faite par M. Charles-Marie-Wladimir BRUNET DE PRESLES, membre de l'Institut, en collaboration avec M. DEHÈQUE.

3285. Poësies sur l'Ecriture-sainte et sur plusieurs autres sujets de piété (par l'abbé Geminiani, curé de Saint-Maurice-de-Beynost, en Bresse). *Lyon*, Léonard Plaignard, 1715, in-8.

3286. Poètes du XVIe siècle, en Belgique (par H. Kuborn, docteur en chirurgie). *Bruxelles* (Lelong), 1859, in-8.

Ce travail a paru d'abord dans la *Revue trimestrielle*, avec le nom de l'auteur.

3287. Poètes (Les) en voyage, ou le Bouquet impromptu, vaudeville en un acte (par Marc-Antoine-Madeleine Désaugiers et André-René-Balthasar Alissan de Chazet); représenté à Rouen, le 13 septembre 1813, à l'occasion du passage de S. M. l'Impératrice, reine et régente, et en sa présence. *Rouen*, 1813, in-8.

Cette pièce n'a pas été mise dans le commerce. On raconte que Marie-Louise fut si mécontente de ce ramassis des plus fades éloges, qu'elle annonça qu'elle allait se retirer immédiatement, s'il y avait un seul couplet de plus. « Je suis très-content de tout ce qui a été fait, dit le ministre de la marine aux auteurs, excepté de votre pièce. » Ceux-ci n'en obtinrent pas moins une gratification de 1,500 fr. chacun.

3288. Poètes (Les) français, depuis le XIIe siècle jusqu'à Malherbe; avec une notice historique et littéraire sur chaque poète, etc., par P.-R. Auguis. *Paris*, Renouard, 1824, 6 vol. in-8.

On a ajouté à la fin du 6e volume : « Lettre à M. C.-N. A... (Claude-Nicolas Amanton), à Dijon (par Etienne-Gabriel Peignot), sur un ouvrage intitulé : « *Les Poètes français depuis le XIIe siècle, etc.*; » avec une Notice sur la nouvelle édition des *Euvres de Lovize Labé. Lyon*, 1824), par C.-N. A... (Amanton). » *Dijon*, Frantin, 1824, in-8.

Ce Recueil passe pour ne pas être d'AUGUIS, bien que son nom soit placé au bas du discours préliminaire. Voici ce que nous avons entendu raconter à ce sujet : « Crapelet, qui fut l'imprimeur de cette publication, avait, à la suite de sa mention sur ses registres, consigné cette annotation : « Donné d'avance à M. Auguis, mille francs par chaque volume dudit ouvrage, *quoiqu'il n'y ait rien fait.* »

3289. Poïata, ou la Lithuanie au XIVe siècle; imité du polonais, par A.-G.-P.-François Letourneur. *Paris*, Bousquet, 1832, 2 vol. in-8.

Ce roman a été traduit en français, par MM. BERTANOWIEZ et ***. Le pseudonyme de *Letourneur* cache les noms d'AJASSON DE GRANDSAGNE et d'Eugène PIROLLE, qui ont été les réviseurs de l'ouvrage.

3290. Point de croix, point de couronne, ou Traité sur la nature et la discipline de la Sainte-Croix de Christ, etc., par Guillaume Penn, historien anglais du XVIIe siècle. Traduit de l'anglais (par C. Gay). *Paris*, 1746, in-8.

3291. Point de réplique au solitaire (par l'abbé Guillaume-André-René Baston). Sans indication de lieu ni de date (Rouen, 1791), in-8.

3292. Police (La) dévoilée sous

la Restauration, et notamment sous MM. Franchet et Delavau, par M. Froment, ex-chef de brigade du cabinet particulier du préfet. *Paris*, Lecointe, 1829, 3 vol. in-8.

Le véritable auteur de ce livre se nomme Louis GUYON.

3293. Polichinelle, drame en trois actes, publié par Olivier et Tanneguy de Penhoët, et illustré par Georges Cruishanck. *Paris*, 1835, in-18.

Cette facétie est due à la collaboration de MM. Alfred MAINGUET, connu depuis par des travaux sérieux, et Anatole CHABOUILLET, aujourd'hui conservateur-sous-directeur au département des Médailles de la Bibliothèque impériale, que la *Littérature française contemporaine* a omis de mentionner comme l'un des auteurs, tandis qu'elle attribue à M. MAINGUET, à qui elle donne à tort le prénom d'Olivier, la qualification de neveu de feu du Mersan, qui appartient à M. CHABOUILLET.

3294. Politico-Manie (La). Chanson, par le chevalier Agis de S. D. (Saint-Denis), garde de Monsieur (depuis questeur à la Chambre des Députés, jusqu'en 1848). *Paris*, sans date (1822), pièce in-8.

3295. Politique des intérêts, ou Essai sur le moyen d'améliorer le sort des travailleurs, etc., par un Travailleur devenu propriétaire (Jean-Baptiste-Firmin Marbeau). *Paris*, Nève, 1834, in-8.

3296. Pologne (La) (par Nicolas-Louis-Marie Magon de La Gervaisais). *Paris*, A. Pihan de la Forest, 18..., br. in-8.

3297. Pologne (La); son passé, son avenir (par M. Tittascheff). *Paris*, E. Dentu, 1862, br. in-8.

3298. Polygonométrie (par François Quesnay, médecin du roi). Sans indication de lieu ni de date (décembre 1770), in-4.

L'auteur publia, en février 1771, un second Mémoire sur le même sujet.

3299. Pont d'Arcole (Le) et la police Gisquet, ou Deux ans après la Révolution de 1830 (par Prosper Barthélemy). *Paris*, Guillemin fils, 1833, br. in-8.

3300. Pont-de-l'Arche. Tradition normande, par A. B. (Alfred Blanche). *Rouen*, Frère, 1833, br. in-8.

Notice insérée dans la *Revue Normande*.

3301. Pont (Le) des Arches, à Liége (par Edouard Lavalleye). *Liége*, Demarteau, 1859, in-18 (Ul. C.).

3302. Portefeuille d'un Amateur (par Victor Lagoguée). Contes, chansons, saynètes. *Paris*, 1855, in-12.

3303. Portefeuille d'un Comédien de province. Scènes de la vie des palais, des camps et des théâtres, par A. Neuville (Félix-Auguste Dubourg). *Amiens*, 1840, br. in-8.

Poésies.

3304. Portefeuille d'un Inconnu qui a été trouvé par une jolie femme à la promenade Bonaparte; précédé d'un précis historique de la ville de Marseille. Rédigé par A. B***, chef de la Société universelle des *Gobe-Mouches* (par Joseph Chardon, libraire à Marseille). *Marseille*, 1809, in-18.

3305. Portefeuille d'un Penseur (par Mme De Manne). *Lyon*, Scheuring, 1861, in-18.

Tiré à petit nombre. N'a pas été mis dans le commerce.

3306. Portefeuille (Le) d'une Cantatrice, par Paul Smith Edouard - Guillaume - Désiré Monnais). *Paris*, Maurice Schlesinger, 1846, in-8.

3307. Portefeuille (Le) Lyonnais, ou Bigarrures provinciales, trouvées par un Q..., ni cuirassé, ni mitré, ni botté (par Bruyset de Mannevieu). Nos 1 et 2. *Minorque (Lyon)*, 1779-1780, in-8.

3308. Portrait (Le). Nouvelle traduite de l'allemand, d'Auguste Lafontaine, par l'éditeur de: « Ida » et du: « Missionnaire » (Pierre-Louis Dubuc). *Paris*, Nicolle, 1812, in-12.

3309. Portraits contemporains, par Jacques Reynaud). *Paris*, Amyot, 1859, 2 vol. in-12.

C'est la réunion d'une série d'articles parus et très-remarqués dans le *Figaro*, et qui sont dus à la vicomtesse de Saint-Mars, connue dans la littérature contemporaine sous le nom de comtesse Dash.

3310. Portraits d'auteurs Foréziens; pièces et documents, publiés par Guide la Grye (François-Régis Chantelauze, neveu de l'ancien ministre du roi Charles X). *Lyon*, 1856, in-8.

3311. Postillon (Le) et la Diligence, fable (par Edme Héreau). *Paris*, Tastu, 1823, in-8, pièce de 4 pages.

3312. Pot-Pourri national, ou Matériaux pour servir à l'Histoire de la Révolution. Dédié à M. Servan, par un Ami de la liberté (Félix Faulcon). *Paris*, septembre 1790, br. in-8 de 84 pages.

3313. Pour Parvenir, par J. T. de Saint-Germain (Jules-Romain Tardieu). Légende, 4e édition. *Paris*, J. Tardieu, 1865, in-18.

3314. Pour une Epingle, par J. T. de Saint-Germain (Jules-Romain Tardieu). Légende, 11e édition. *Paris*, J. Tardieu, 1867, in-18.

3315. Pouvoir du Pape sur les souverains au moyen-âge, ou Recherches historiques sur le droit public de cette époque, relativement à la déposition des princes, par l'abbé ***, directeur du Séminaire de Saint-Sulpice (l'abbé Jean-Edme-Auguste Gosselin). *Paris*, Périsse, 1839, in-8.

La seconde édition, considérablement augmentée (1 vol. in-8 de 52 feuilles), a paru en 1844; l'abbé Gosselin est mort en 1858, directeur de la Maison d'Issy.

3316. Pratique de l'Agriculture,

20

ou Recueil d'essais et d'expériences dont le succès est constaté, par Douette-Richardot. *Paris*, 1808, in-8.

Selon la *Biographie générale*, le véritable auteur est Pierre-Antoine LALOY.

3317. Préambule de la discussion sur le projet de loi relatif à la mine de sel gemme (par Nicolas-Louis-Marie Magon de la Gervaisais). *Paris*, Ponthieu, 1825, br. in-8 de 20 pages.

3318. Préceptes pour la Première enfance, par Mme C. M. Mme Yéméniz, née Rubichon). *Lyon*, Périsse frères, 1847, in-12.

C'est un Recueil de quatrains moraux, en vers de différentes mesures.

3319. Précis abrégé des vérités qui distinguent les catholiques de toutes les sectes chrétiennes avouées par l'Eglise de France, par M. D. (Michel Desgranges), ancien professeur de théologie. *Lyon*, Rusand, 1817, in-8. — V. le n° 210.

3320. Précis analytique et raisonné du système du docteur Gall, etc. Rédigé sur les indications fournies par le docteur Gall lui-même, à l'auteur (M. Hottin); 4e édition, considérablement augmentée et améliorée. *Paris*, 1829, in-18.

Les trois premières éditions sont in-plano, avec figures.

3321. Précis d'Arithmétique, par demandes et par réponses, à l'usage des écoles primaires (par Simon Lhuillier, professeur de mathématiques). *Genève*, 1797, in-12.

3322. Précis de Thérapeutique des maladies chroniques, par Ch.-Fr.-S. G... (Charles-François-Simon Giraudy), docteur-médecin. *Paris*, Crochard, 1805, in-12.

3323. Précis de la Révolution de Liége et des Vexations exercées par les commissaires impériaux et le Comité des prêtres, à la tête duquel se trouvait l'évêque (par Mathias de Lassence, ancien bourgmestre de Liége). *Liége*, 1794), in-12.

3324. Précis de l'Histoire d'Espagne, depuis l'origine de cette puissance jusqu'à 1814, par M. de Boissy; et continuation depuis 1814 jusqu'à ce jour, par M. le comte de Barrins. *Paris*, Sanson, 1824, in-18.

Ces deux pseudonymes cachent le nom de Louis-François RABAN.

3325. Précis de l'Histoire de l'Art, par Charles Deleutre. *Bruxelles*, Jamar, sans date (1854), 4 vol. in-12.

Cette *Histoire de l'Art*, recommandable à plusieurs égards, avait paru en 1854, dans l'*Encyclopédie populaire*, recueil créé par le libraire Jamar. Son auteur putatif, connu déjà par de nombreux articles d'art et de littérature, dans l'*Observateur belge*, avait un talent incontesté; cette publication obtint donc du succès. M. Théophile THORÉ, critique parisien, bien connu lui-même, vint à Spa, et tomba par hasard sur la livre de Ch. Deleutre. Il y reconnut sans peine des articles sortis de sa plume (publiés dans le *Revue des Deux-Mondes*), et presque reproduits mot à mot. Il en parla à M. F. Delhasse, bibliophile distingué; celui-ci fit de cette triste découverte l'objet de plusieurs feuilletons, qui donnèrent à cette affaire un tel retentissement, qu'il est hors de doute qu'elle influa sur la résolution de Ch. Deleutre, qui, peu après, quitta le pays et vint en France, où il prit le nom de PAUL D'IVOY. Cet écrivain est mort à Paris, au commencement de 1861.

3326. Précis de l'Histoire générale des Jésuites, depuis la fondation de leur ordre, le 5 septembre 1540, jusqu'en 1826, par A.-J.-B. B... (Auguste-Jean-Baptiste Bouvet de Cressé), membre des ancienne et nouvelle université de France. *Paris*, A. Pagon, 1826, 2 vol. in-18.

Il y a une deuxième (fausse) édition, dont les itres, avis de l'éditeur, et les pages 397, 398 du tome Iᵉʳ, ont été remplacés par un carton, en vertu d'un jugement du Tribunal de 1ʳᵉ instance. Les faux-titres et titres du tome II, ont seuls été réimprimés.

3327. Précis de l'Histoire du Brabant (par Jean-Jacques Altmeyer). *Bruxelles*, 1847, in-8.

3328. Précis de l'Histoire du Moyen-Age, par un Professeur d'histoire (Adam-Charles-Jules Libert). *Paris*, 1852, in-12.

L'auteur de cet ouvrage, né à Isigny (Yonne), le 18 novembre 1827, est mort vers 1858.

3329. Précis des ordonnances, édits, etc. (avec des notes) (par Disson). *Dijon*, Capel, 1781, in-8.

3330. Précis élémentaires de physique et de Chimie, par A. S. (Alexandre-André-Victor Sarrazin), de Montferrier. *Paris*, 1839, in-8 de 860 pages.

3331. Précis historique de l'établissement de la Société royale de médecine, de sa conduite, etc. (par le docteur Bourry). Sans date, br. in-8 de 32 pages.

3332. Précis historique de l'établissement et des progrés de la compagnie anglaise aux Indes occidentales ; suivi d'un tableau de sa situation à l'époque actuelle, et des derniers actes rendus par le parlement servant à complèter sa législation politique et commerciale. Traduit de l'anglais de M. Colquhoun, par M. R. (par MM. Rodouan et Bertrand). *Paris*, Nicolle, 1815, in-8.

Ce précis offre des détails positifs sur toutes les opérations de la Compagnie, depuis son origine ; mais l'auteur n'y a joint aucune réflexion.

3333. Précis historique de l'Ordre de la Franc-Maçonnerie, depuis son introduction en France, jusqu'en 1829 ; suivi d'une biographie des membres de l'Ordre, et d'un choix de discours et de poésies, par J.-C. B... (Bésuchet, docteur-médecin). *Paris*, Rapilly, 1829, 2 vol. in-8.

3334. Précis historique de l'origine et du progrès de la rebellion d'Espagne, de M. Corpas ; traduit de l'espagnol, par M. de M*** (Nicolas-Gérard Garrez de Mésière, attaché au service de l'Espagne). *Paris*, Dentu, 1823, in-8.

3335. Précis historique de la Vie du général Mina, publié par lui-même (traduit de l'espagnol, par Amédée-Théodore

Davesiès de Pontès, aujourd'hui général de brigade). *Paris*, Pinard, 1825, in-8.

Le texte est en regard de la traduction.

3336. Précis historique de la Vie de S. A. R. le Sérénissime duc Charles-Alexandre de Lorraine et de Bar, gouverneur des Pays-Bas Autrichiens, par P.-J. B... (Pierre-Joseph Brunelle). *Bruxelles*, 1835, in-12.

3337. Précis historique de la Vie et du Procès du maréchal Ney, etc., par F.-F. C... (Cotterel), membre de plusieurs Académies. *Paris*, Dentu, 1816, br. in-8.

3338. Précis historique des Evénements de l'année 1832, par un Ancien magistrat (Auguste-Julien-Marie Lorieux). *Paris*, A. Dupont, 1833, br. in-8 de 96 pages.

3339. Précis historique et Anecdotes diverses sur l'ancienne Abbaye de Vézelay et ses alentours, au département de l'Yonne, par feu M... (Nicolas-Léonard Martin, ancien curé de Vézelay) (publié par Mlle Ed. Martin, sa nièce). *Auxerre*, Gallot-Fournier, 1833, in-8.

3340. Précis historique et fabuleux sur les Statues qui ornent le jardin des Tuileries (par Blondeau). *Paris*, Chandrillé, an VI (1798), br. in-8 de 19 pages.

3341. Précis historique, généalogique et littéraire de la Maison d'Orléans, avec notes, tables et tableaux, par un Membre de l'université (Etienne-Gabriel Peignot). *Paris*, Crapelet, 1830, in-8.

3342. Précis historique et statistique sur la ville de Valenciennes (par Desfontaines de Preux) ; suivi d'un coup-d'œil sur les usages anciens et modernes de la même ville (par Gabriel-Antoine-Joseph Hécart). *Valenciennes*, Henry, 1825, in-8.

3343. Précis sur l'usure, attribuée aux prêts de commerce, par M. B... (Guillaume-André-René Baston). Suivi de l'opinion analogue de l'abbé Bergier, comparée à celle que lui prête un éditeur de Toulouse. *Paris*, Aimé André, 1825, in-8.

3344. Précis sur la ville d'Exmes (par l'abbé Jean-Jacques Gautier, curé de La Lande de Goult). 1789, br. in-8 de 55 pages.

3345. Précurseurs (Les) de l'Ante-Christ, histoire prophétique des plus fameux impies qui ont paru depuis l'établissement de l'Eglise jusqu'à l'an 1816, ou la Révolution française prédite par saint Jean l'Évangéliste ; suivie d'une dissertation sur l'arrivée et le règne futur de l'*Ante-Christ*, 5e édition, revue et considérablement augmentée. Dédiée aux amis de la religion et de la vérité (par l'abbé Jean Wendel-Würtz). *Lyon*, Rusand, 1816, in-8.

Voyez le n° 215.

3346. Prédiction de Platon, en date de l'an de la création du monde 3621 ; revue, augmentée et démontrée accomplie en l'an de grâce 1821, par M. A. P... (Anne-Adrien-Firmin Pillon père). *Paris*, 1821, br. in-8 de 32 pages.

*3347. Préludes, poésies, par B. Florville (Bauduin-Gaviniès). *Paris*, Bohaire, 1835, in-12.

Une nouvelle édition, in-18, a été imprimée à Lyon, chez Perrin, en 1855.

3348. Premier cahier des mystères de la nature. Avis à mes enfants, par A*** Q*** (Alexandre-Marie Quesnay, ancien fonctionnaire public). *Paris*, Gauthier et Bertin, sans date (1809), in-16 de 48 pages.

3349. Premier établissement de la foi dans la Nouvelle-France ; contenant la publication de l'Evangile, l'histoire des colonies françaises, etc., etc. Dédié à M. le comte de Frontenac, gouverneur et lieutenant-général de la Nouvelle-France, par le Père Chrétien-Leclerq, missionnaire-récollet. *Paris*, Amable Auroy, 1691, 2 vol. in-12.

« Cet ouvrage est assez bien écrit, quoiqu'il y règne un goût de déclamation qui ne prévient pas en faveur de l'auteur. On a lieu de croire que le comte de FRONTENAC y a mis la main. »

(Charlevoix, *Histoire de la Nouvelle-France*, tome VI, page 497).

3350. Premier (Le) livre des mignardises et gayes poésies de A. D. C. A M. (Antoine de Cotel, ancien magistrat) ; avec quelques traductions, imitations et inventions, par le même auteur. *Paris*, Gilles Robinot, 1578, in-8.

On lit sur l'exemplaire que possède la Bibliothèque impériale, ce quatrain, écrit à la main et en caractères gothiques :

Tel se moque et reprend ce livre,
Qui, ignorant ou curieux,
Ne sçaurait, de cent ans, pas le suivre :
Mais (qui le pourra) face *(sic)* mieux !

3351. Première lettre à M. le comte de Cazes, en réponse à son discours sur la liberté individuelle, par A.-F.-T. C. (Chevalier). *Paris*, Dentu, 1817, br. in-8 de 78 pages.

3352. Première liste des chrétiens mis à mort et égorgés à Lyon par les catholiques romains, à l'époque de la Saint-Barthélemy (réimprimé par les soins de Pierre-Marie Gonon). *A Lyon sur le Rhosne*, par J. Nigon, 1847, in-8.

3353. Premières connaissances (par A. Desprez). *Paris*, Dupont, 1835, in-18.

3354. Premières études de philosophie (par J. Wallon). *Paris*, Ladrange, 1833, in-12.

3355. Prérogatives (Les) de la robe, par M. de F***, conseiller au parlement (François Berthaud et non Bertrand de Fréauville). *Paris*, Jacques Lefebvre, 1701, in-12.

3356. Presbytère (Le) de Cideville (Seine-Inférieure), ou les Esprits au village. *Paris*, Vrayet de Surcy, 1851, br. in-8.

C'est un fragment d'un ouvrage encore inédit, intitulé : « *Pneumatologie des Esprits.* » (Voyez ces mots), composé par le marquis Eudes de M*** (MIRVILLE), à l'occasion d'un procès de sorcellerie, jugé à Yerville, près d'Yvetot.

3357. Presbytère (Le) au bord de la mer; traduit de l'allemand d'Auguste Lafontaine, par MM. G*** et S*** (J.-J. Guizot, frère de l'ancien ministre, et Jean-Baptiste-Balthasar Sauvan). *Paris*, Arthus Bertrand, 1816, 4 vol. in-12.

3358. Préservatif contre la fumée, ou Moyens de construire les nouvelles cheminées et de réparer les anciennes, par L.-A. M. G. (Miroir). *Paris*, Gœury, sans date (an IX, 1801), br. in-8 de 24 pages.

3359. Présidence (La) du Conseil de M. Guizot, et la majorité de 1847, par un Homme d'Etat (Baptiste-Honoré-Raymond Capefigue). *Paris*, Amyot, sans date (1847), in-8.

Cette publication a eu trois tirages dans le mois même de son apparition.

3360. Prestiges (Les) de la grandeur, par J. T. de Saint-Germain (Jules-Romain Tardieu). *Limoges*, Barbou, 1859, in-12.

3361. Prétendue (La) religion réformée démasquée; ses difformités, ses faussetés et ses impiétés dévoilées, et les vérités catholiques prouvées et avérées (par Binard; augmentées par le Père Arnould de Linot, gardien du couvent des Récollets de Durbuy), avec quelques annotations sur chaque chapitre. Par un Récollet de l'Ordre de Saint-François (Barthélemy d'Astroy). *Liége*, Hoyoux, 1676, in-8 (Ul. C.).

3362. Prêtre (Le) (par E. Loyau, d'Amboise, dit plus tard de Lacy). *Paris*, Ygonette, 1830, in-12.

3363. Preux (Les) Chevaliers, ou la Reine des remparts et et sa cour, comédie-vaudeville en deux tableaux, par le chansonnier des Quarteronnes (Vincent Nolte) représentée, pour la première fois à Canton, sur le théâtre des *Bambocheurs*, le 1er novembre 1828. Edition seconde, avec des notes. *Canton*, Boivin, Boileau et Rikiki; et *Paris*, Bellemain, 1839, br. in-8.

La première édition est de 1828.

3364. Prière de Céline (par Marie-Joseph de Chénier). *Paris*, Dabin, 1807, in-8.

3365. Prière sur le désir du ciel (attribuée à l'abbé Vianey, curé d'Ars). *Lyon*, Périsse, 1857, in-32.

3366. Prière pour l'aurore des jours que nous attendons depuis longtemps, par un Jeune citoyen d'Alençon (Leconte-Laverrerie fils). (*Alençon*, 1790 ou 1791), in-8.

3367. Prières du matin et du soir, avec des réflexions saintes pour tous les jours du mois, de Monseigneur l'Archevêque, duc de Cambray. 3e édition, augmentée de quelques instructions sur les sacrements. *Cambray*, N.-J. Douillig, 1718, in-12.

Ces prières sont de FÉNELON. Cette édition fut faite après sa mort, arrivée à Cambray, le 7 janvier 1715. Les belles *Réflexions pour tous les jours du mois*, qu'on trouve dans ce précieux volume, avaient été très-longtemps dans les mains du public sans nom d'auteur. Ce ne fut que dans la deuxième édition, en 1715, qu'elles parurent avec le nom de M. de Cambray, qui, les avouant pour son ouvrage, dans les derniers temps de sa vie, les fit joindre aux *Prières du matin et du soir*, qu'on imprimait alors par son ordre ; mais qu'il ne devait point voir achever.

(*Bibliographie cambrésienne*, d'Arthur Dinaux, in-8. Page 260 des *Mémoires de la Société de Cambray*, 1822.)

3368. Prières en l'honneur des saintes et bienheureuses vierges, madame Sainte-Ursule et ses compagnes, par H. B. (Henri Bex). *Liége*, Danthez, 1680, in-12 (Ul. C.).

3369. Prima (La) Donna et le Garçon boucher (par Clément et Edmond Burat-Gurgy). *Paris*, Hippolyte Souverain, 1831, in-8.

3370. Primeurs (Les) de la Vie, ou Plaisirs, Joies et Douleurs de la Jeunesse; par Mme la comtesse de Bassanville (Mlle Anaïs Lebrun). *Paris*, Lehuby, 1854, in-8.

3371. Prince (Le) Albert, sa vie et ses ouvrages. Traduit de l'anglais, par Mme de W... (de Witt, fille de M. Guizot). *Paris*, E. Dentu, 1863, in-8.

3372. Prince (Le) de Norvége, ou la Bague de fer, drame héroïque, en trois actes, par Victor (Victor-Henri-Joseph Brahain-Ducange). *Paris*, Barba, 1818, br. in-8.

3373. Princesse (La) Borghèse. Episode de l'Empire, par J.-F. M... (Jean-François Maire). *Paris*, Lachapelle, 1833, 2 vol. in-8.

3374. Princesse (La) de Chypre (par Mlle Mélanie Boileau). *Paris*, Freschet, 1803, 5 vol. in-12.

3375. Princesse (La) fugitive, ou Vie de Sainte Rolende, vierge royale; enrichie de belles moralités, par F. Z... (François Zutman). *Liége*, Ancion (1667), in-12 (Ul. C.).

3376. Principe (Le) et les faits (par Boblet, graveur). *Paris*, 1832, br. in-8 de 68 pages.

3377. Principes abrégés et raisonnés de Musique ; ouvrage destiné à faciliter et à simplifier l'étude de cette science, par Eus. P. D. L. (Eusèbe Prieur De Lacombe, ancien conventionnel). *Melun*, Michelin, 1809, in-4.

3378. Principes de théologie morale, par le docteur Henri Klac. Traduit de l'allemand, par un Prêtre du diocèse de Liége (l'abbé Mathieu Bodson). *Liége*, Lardinois, 1834, in-8 (Ul. C.).

3379. Principes de la langue française, rappelés à leurs plus simples éléments ; suivis d'un

Traitéd'orthographe(parHenri Engrand). *Reims*, Le Bâtard, 1802, 2 vol. in-12.

Ouvrage réimprimé plus tard, avec le nom de l'auteur, et quelques modifications dans le titre.

3380. Principes de la Monarchie française, etc., par Montjoie (Christophe-Félix-Louis Ventre de La Touloubre). 1781, 2 vol. in-8.

3381. Principes généraux de Littérature, par W. Meiners (Louis-François L'Héritier, de l'Ain). *Paris*, Raymond, 1826, in-12.

3382. Principes raisonnés du paysage, à l'usage des écoles des départements de l'Empire français (publiés par Antoine Boudeville). *Paris*, 1808, gr. in-folio.

3383. Prisonniers (Les) d'Abdel-Kader, par A. Defrance, enseigne de vaisseau (Ernest Alby). *Paris*, Desessarts, 1837, 2 vol. in-8.

3384. Prisons (Les) de Paris, par un Ancien détenu (Pierre Joigneaux). *Paris*, chez l'auteur, 1841, in-12.

3385. Prix (Le) de la beauté, ou les Couronnes, pastorale en trois actes et un prologue, avec des divertissements sur des airs choisis et nouveaux. Signé à la dédicace G.-(Pierre-Thomas Gondot, et non Goudot, commissaire des guerres, secrétaire des maréchaux de France, de M. de Biron et des gardes-françaises). *Paris*, Delormel, 1760, in-4 de 63 pages, avec airs notés à la fin.

3386. Prix (Le) des talents, parodie du 3e acte des: « Fêtes de l'Hymen et de l'Amour, » par MM. S*** et H*** (Sabine et Harny de Guerville). *Paris*, Duchesne, 1775, in-8.

3387. Prix (Les) Monthyon, recueil de Traits de vertu, et indication analytique des ouvrages qui ont obtenu les prix fondés par M. de Monthyon; nouvelle morale en action, précédée d'une notice sur ce vertueux philanthrope et ses diverses fondations (par Alfred-Jean Letellier). *Paris*, chez l'auteur, 1833, in-18.

3388. Problème de la jeunesse, par Henri Christiern (C. Leblanc, professeur). *Dieppe*, 1861, in-8.

3389. Procès de Bonaparte, ou Adresse à tous les souverains de l'Europe, par Lewis Goldsmith, suivie des proclamation *(sic)*, lettres, réflexions, écrits, enfin, de tous les débats survenus jusqu'à ce jour en Angleterre, sur la destination de Napoléon Bonaparte. Traduit de l'anglais par un Volontaire royal (Charles Malo), avec des notes et des réflexions du traducteur. *Paris*, Moronval, 1815, in-8.

C'est le même ouvrage qui avait paru au commencement de cette année, sous un titre modifié. Voyez le n° 51.

3390. Procès de dix-neuf citoyens

accusés de complot tendant à remplacer le gouvernement royal par la république (avec une introduction, par Achille Roche). *Paris*, Prévot, 1831, in-8.

3391. Procès d'Etienne Dolet (1543-1546) (publié par M. Alphonse-Honoré Taillandier, conseiller à la Cour de cassation). *Paris*, Techener, 1836, br. in-8 de 32 pages.

3392. Procès des Bourbons, contenant des détails historiques sur la journée du 10 août 1792; les événements qui ont précédé, accompagné et suivi le jugement de Louis XVI; le procès de Marie-Antoinette, de Louis-Philippe d'Orléans, d'Elisabeth, et de plusieurs particularités sur la vie et la mort de Louis-Charles, fils de Louis XVI; l'échange de Marie-Charlotte et le départ de tous les membres de la famille pour l'Espagne. Nouvelle édition revue, corrigée et augmentée d'un grand nombre de pièces importantes qui n'ont point encore été imprimées, avec figures (par Turbat, du Mans, mort à Alençon, en 1815). *Hambourg (Paris)*, 1798, in-8.

3393. Procès d'outre-tombe. Joseph Lesurques contre le comte Siméon (par Henri d'Audigier). *Paris*, E. Dentu, 1861, br. in-8.

3394. Procès d'outre-tombe. Joseph Lesurques devant la Chambre des pairs et devant le Sénat (par Louis Méquillet). *Paris*, E. Dentu, 1862, br. in-8.

3395. Procès pour rire, ou le Chapitre de l'église cathédrale d'Evreux, traduit devant les grandes assises du Courrier de l'Eure) par MM. les chanoines Cauchie, Haudebert et Roussel). *Paris*, Schneider, 1844, br. in-8 de 47 pages.

3396. Procession (La) dansante d'Esternach (par le docteur Auguste Neyen). *Luxembourg*, Lamort, 1846, br. in-12 de 13 pages (Ul. C.)

3397. Proclamation des fédérés du Rhône, au mois de mai 1815 (par Guy-Marie Deplace). *Lyon*, 1815, in-8.

3398. Proclamation du camp de Jalès, par M. le marquis d'Arnay (Joseph-Nicolas-Marie Deguerle). 1791, br. in-8.

3399. Procureur (Le) impérial, par M. Merville (Pierre-François Camus). *Paris*, Ambroise Dupont, 1832, 2 vol. in-8.

3400. Procuste (Le) parlementaire, etc. Session de 1844, par Fortunatus (Fortuné Mesuré). *Paris*, Garnier frères, 1844, in-12.

3401. Programme de la fête de Cambrai, an XII (1804, 11 août) (par Fary, secrétaire perpétuel de la Société d'émulation de Cambrai). *Cambrai*, Hurez, br. in-8 de 21 pages.

3402. Programme de la leçon de

bibliographie et d'histoire littéraire qui se donne à l'Ecole centrale du département de l'Escaut (par Charles Van Hulthem). *Gand*, Goesin, an IX, in-4 de 8 pages.

Pièce très-rare.

3403. Programme pour la fête de la Concorde et celle du 14 Juillet, qui sera célébrée le 25 messidor an VIII, jour où seront élevées les colonnes départementales (par Jean-Louis Laya). *Melun*, messidor an VIII, in-8.

3404. Progrès de la collection géographique de la Bibliothèque royale. Neuvième rapport (pour l'année 1847) (par Edme-François Jomard). *Paris*, br. in-8 de 11 pages.

Extrait du *Bulletin de la Société de géographie*.

3405. Progrès (Le) des lumières, considéré dans ses effets. Poème, par M. L. de S... (Legras de Sécheval). *Paris*, 1838, in-8.

3406. Progrès (Le) et le Soldat, ou le Premier et le dernier écrit du capitaine Bayonnette. « Qui aime bien, châtie bien. Honte à l'écrivain militaire qui sacrifie son opinion à l'ambition ou à la fortune. » (Guibert) (par Théodore Weimerskirch, capitaine d'infanterie). *Gand*, typographie d'A. Neut, 1861, br. in-8 de 38 pages.

3407. Projet concernant les gardes nationales de France, en temps de paix et de guerre, et notamment la garde nationale de Paris, etc., par un Ancien grenadier de la garde nationale de Paris (le chevalier Augustin d'Aulnois). *Paris*, Ladvocat, 6 octobre 1829, br. in-8 de 48 pages.

3408. Projet d'adresse de la Chambre des députés, en réponse au discours de la couronne (par Nicolas-Louis-Marie Magon, marquis de La Gervaisais). *Paris*, Delaunay, 1824, br. in-8.

3409. Projet de réorganisation de la marine militaire belge, par un Ancien officier du génie, avec cette épigraphe : « Bien ou rien » (par le capitaine A. Brialmont). *Anvers*, 1855, in-8.

3410. Projet d'établissement d'une correspondance publique en matière d'hypothèques (par Louis-Nicolas Everat, imprimeur). *Paris*, 1805, in-4.

3411. Projet d'une Académie asiatique (par le comte Serge Ouvaroff). *Saint-Pétersbourg*, Pluchart, 1810, in-4.

3412. Projet éventuel de réduction, sans remboursement de capital, tendant à concilier les intérêts des rentiers avec ceux de l'Etat, etc., etc., par *** (Jean-Baptiste Juvigny). *Paris*, Delaunay, 1824, br. in-8 de 86 pages.

3413. Projet pour extirper les Corsaires de Barbarie.

Ce Mémoire, qui fait partie du recueil intitulé :

Ouvrages de politique de M. l'abbé de Saint-Pierre, imprimé à Rotterdam, en 1738, 14 vol. in-12, n'est pas l'œuvre de celui-ci. Il a été composé par le chevalier DE SAINT-PIERRE, son frère, capitaine des vaisseaux du roi de France.

(Note extraite de l'*Histoire de Malte*, de Vertot.)

3414. Projet pour faciliter l'avancement et les retraites dans le corps royal du génie, par le capitaine S...y (Savary). *Paris*, Rolland, 1831, br. in-8 de 32 pages.

3415. Projets (Les) de sagesse, comédie en un acte et en vers (par Hyacinthe Thabaud de Latouche). *Paris*, Barba, 1811, in-8.

3416. Prologue pour le quatrième acte de Douglas-le-Noir, par Arthur F*** (Fleury). *Saint-Denis*, Leclaire, 1834, br. in-8.

En vers.

3417. Prologue sur l'inauguration de la nouvelle salle de spectacle de Liége, suivi de l'apothéose de Grétry, etc., par M. M*** (Jean-Georges Modave), de Liége. *Liége*, Latour, 1820, in-8.

3418. Promenade à Reims, ou Journal des fêtes et cérémonies du Sacre, etc., par un Témoin oculaire (Alexandre Martin). *Paris*, Boucquin de la Souche, 1825, in-18.

3419. Promenade au Croisic, suivie d'*Iseul et Almanzor*, ou la *Grotte à Madame*, par Gustave de Grandpré (Auguste-Julien-Marie Lorieux). *Paris*, Corbet, 1828, 3 vol. in-8.

3420. Promenade au Monastère de la Trappe, avec le plan figuré. *Paris*, chez les Marchands de nouveautés, 1822, in-12.

Par M. Louis LE BOUYER DE SAINT-GERVAIS, de Mortagne; en collaboration, croit-on, avec M. BRAULT DE LA BAZOCHE-GOUET, ancien sous-préfet, mort à Paris, le 4 mars 1829.

3421. Promenade au Parc de Wespelaer, ou Description de ce jardin célèbre, par A.-G.-B. S...s (Schayes). *Louvain*, Cuelens, sans date, in-12.

3422. Promenade de Saint-Pétersbourg à Saratoff, et retour, passant par Novogorod, Twer, Moskow, etc. (Depuis le 19 août jusqu'au 10 décembre 1822), par A. de C... (Adolphe de Courville). *Paris*, J. Smith, 1823, br. in-8 de 40 pages.

3423. Promenade d'un flâneur au Salon d'exposition de Liége (par F.-J.-L. Bernard). *Liége*, Redouté, 1850, br. in-8 (Ul. C.).

3424. Promenades alsaciennes, par P. M... (le chevalier Paul Merlin). *Paris*, Treuttell et Würtz, 1824, in-8, avec pl.

La seconde partie de ce livre a pour titre : *Promenades au Ban de la Roche*. Elle est le résultat d'observations faites en 1818 et en 1822. On y trouve les portraits lithographiés du célèbre pasteur Oberlin et de sa ménagère Louise, par Vigneron ; de plus, une carte du comté du Ban de la Roche.

3425. Promenades autour de Dieppe ; vallée d'Arques, le

Bourg, le château, le champ de bataille (par Pierre-Jacques Féret, archéologue). *Dieppe*, Barrier, 1838, in-18.

3426. Promenades autour du monde, ou Extraits des voyages de MM. Caillié, Mollien et Durville; publiés par J. O.-D. (Joseph Odolant-Desnos). *Paris*, Lavigne, 1834, in-12.

3427. Promenades historiques dans le pays de Liége, par le docteur B...y (J.-J.-P. Bovy). *Liége*, Collardin et Jeunehomme, 1841, 3 vol. in-12 (Ul. C.).

Le dernier volume, formé de tirés à parts de la *Revue belge*, n'a été tiré qu'à cent exemplaires, réservés pour les amis de l'auteur.

3428. Promenades nocturnes dans une ville de province. Panorama sentimental, par Eugène..... (Bouly). *Valenciennes*, Prignet, 1832, in-12.

3429. Prophéties de la nouvelle Sybille, par Mlle Lelièvre. *Paris*, 1848, in-18.

Livre composé par Marc-François GUILLOIS, gendre du poète Roucher, et ancien rédacteur du *Moniteur universel*.

3430. Prophéties perpétuelles, depuis 1821 jusqu'à la fin du monde; données à M. le marquis de Louvois, ministre secrétaire d'Etat, par l'Académie des Sciences (par Mme veuve Lebrun). *Versailles* et *Paris*, 1807, in-12.

3431. Propriété (La) intellectuelle est un droit, par M. J. T. de Saint-Germain (Jules-Romain Tardieu). *Paris*, Tardieu, 1858, br. in-8.

M. Curmer, libraire, a répondu à cette brochure de son confrère pseudonyme, par une brochure signée, intitulée : « *Le Droit de propriété*. »

3432. Propriétés religieuses, inviolables et sacrées dans tous les temps, chez tous les peuples, dans toutes les religions; chez les juifs, les païens, et chez les chrétiens des diverses communions (par le baron de Rouvrou). *Paris*, A. Pihan de la Forest, 1827, br. in-8 de 37 pages.

3433. Proscription (La) de la Saint-Barthélemy. Fragment d'histoire dialoguée (par le baron Pierre-Louis Rœderer). *Paris*, Bossange, 1830, in-8.

Ce morceau forme le tome II de son théâtre historique.

3434. Prose et vers, de M*** (Charles-Joseph Mathon de la Cour, et non Alexis Maton). *Amsterdam*, veuve Joly, 1759, in-12.

3435. Protégée (La) de Joséphine Beauharnais, par M. le baron de *** (par Charles Doris, de Bourges). *Paris*, Lemonnier, 1820, 2 vol. in-12.

3436. Protestantisme (Le) belge, avant, pendant et après les troubles du XVIe siècle. Considérations historiques, par un Belge (Constant Vander Elst), avec cette épigraphe : « On peut tuer des nations entières, on ne peut pas tuer des idées » (Ballanche, Hébal, IX). *Bruxelles*, Desterne-Walker; *Amsterdam*, R. C. Meyer, 1856, in-12.

3437. Protestantisme (Le) dévoilé, ou le Culte catholique et le protestantisme mis en parallèle, par un Curé du canton de Genève (l'abbé Gavairon), 2e édition. *Paris*, Vaton, 1840, in-12.

3438. Protestation ultérieure de par Son Altesse l'évêque et prince de Liége (Georges-Louis de Berghes), touchant Herstal (par G. de Louvrex). *Liége*, Veuve Procureur (1733), in-4 (Ul. C.).

3439. Prouesses (Les) de la bande du Jura (par la comtesse Agénor de Gasparin). *Paris*, Michel Lévy, 1865, in-12.

3440. Proverbes, Charades (par le marquis de Louvois). *Paris*, Barba, 1838, in-8.

Tiré à cent exemplaires.

3441. Prusse (La) et les traités de Vienne (par M. Lasserre). *Paris*. E. Dentu, 1861, br. in-8 de 47 pages.

3442. Prusse (La) galante, ou Voyage d'un jeune français à Berlin; traduit de l'allemand, par le docteur A. Kerlis. *Coïtopolis*, 1801, in-12.

Cette production, très-libre, est de Charles HÉGUIN DE GUERLE, qui ne l'a pas avouée.

3443. Psaume imité de Jérémie (par l'abbé Guillaume-André-René Baston). (*Rouen*, 1792), in-8.

En vers.

3444. Pseaumes de David, traduits en français selon l'hébreu (par Lemaistre de Sacy). A *Loudun*, chez René Billaut, imprimeur du roi et de la ville, par ordre de Mme de Montespan. M.DC.XCVII, in-8 de 624 pages, non compris le titre, sur lequel sont les armes de la maison de Rochechouart, caractères Saint-Augustin, de 17 lignes à la page. Point de préface, point de privilége, ni de table.

M. l'abbé Fleury, premier aumônier du grand Hôtel-Dieu de Lyon, possède un exemplaire de ce livre, divisé en sept parties, et relié en maroquin rouge, avec lesdites armes sur le plat. Sur la garde de chacune de ces plaquettes, on lit : « Ce livre appartient à Mlle de Mesgrigny de Vivonne. A Paris, le 20 avril 1713. »

Il est à croire que cet exemplaire, peut-être l'unique de cette édition, ainsi relié, était celui de Mme de Montespan, et qu'après sa mort, arrivée le 20 avril 1707, il aura été donné, par ses héritiers, à Mlle de Vivonne, sa parente.

La première édition de la traduction de SACY parut en 1665, date du privilége, chez Pierre Le Petit, qui, en 1672, en donna une nouvelle, revue et corrigée, petit in-8, sur trois colonnes, avec une double version française; l'une, selon l'hébreu; l'autre, selon la Vulgate, le latin entre deux. En regard du titre est une figure représentant David pinçant de la harpe; au bas est le nom de Champaigne, qui a fait le dessin, et celui de Pillau, qui l'a gravé. Ces deux éditions ont été inconnues à Barbier, qui n'a cité que celles de Paris. Josset, 1788, in-12.

(Note communiquée par M. A. Péricaud, de Lyon.)

3445. Psyché des Jeunes personnes, par A. E. de Saintes (Alexis Eymery). *Paris*, A.

Eymery, Fruger et Cie, 1835, 2 vol. in-12.

3446. Publication complète des nouvelles découvertes de sir John Herschell, dans le ciel austral et dans la lune. *Paris*, Marion ; et *Strasbourg*, G. Silbermann, 1836, br. in-8 de 160 pages.

Cette brochure, qui fit une certaine sensation, n'est qu'une facétie qu'on a généralement attribuée à MM. Victor CONSIDÉRANT et Joseph-Nicolas NICOLLET, astronome.

3447. Pucelle (La) d'Orléans. Tragédie en prose. *Paris*, Targe, 1643, in-8.

Samuel Chappuzeau, dans son *Théâtre français*, mit cette mauvaise pièce sous le nom d'un sieur Jules-Hippolyte PILET DE LA MESNARDIÈRE ; et Paul Boyer, dans sa *Bibliothèque universelle*, l'attribue à BENSERADE. Tous les dictionnaires de pièces de théâtre sont muets sur le nom de l'auteur ; mais ce qui pourrait décider la question en faveur de LA MESNARDIÈRE, c'est qu'il avait fait paraître, peu de temps auparavant, une lettre sur le poème épique, et notamment sur celui de la *Pucelle*.

3448. Pucelle (La) d'Orléans, poème héroïque, dédié aux Orléanais (par Jean-Michel-Constant Leber, membre de l'Académie des inscriptions et belles-lettres). *Orléans*, 1804, in-12.

3449. Puissance politique et militaire de la Russie, en 1817; attribué à sir Robert Wilson, général au service de l'Angleterre (traduit de l'anglais, par Charles Malo). *Paris*, Delaunay, 1817, in-8.

3450. Puritain (Le) de Seine-et-Marne, par Michel Raymond (Louis-Raymond Brucker). *Paris*, Eugène Renduel, 1835, in-8.

3451. Pythie (La) des Higlands, roman inédit, par sir Walter Scott. Traduit en français. *Paris*, de Potter, 1844, 2 vol. in-12.

Ce roman, faussement attribué au célèbre romancier anglais, est de M. CALAIS. M. Théodore Anne, à qui on a aussi attribué une part dans cette publication, y a été absolument étranger.

Q

3452. Quære et invenies (par Louis Goupy). *Paris*, Ledoyen, 1853, in-8.

A propos des tables tournantes.

3453. Quand j'étais jeune, Souvenirs d'un vieux, par Paul L. Jacob, bibliophile (Paul Lacroix). *Paris*, Eugène Renduel, 1833, 2 vol. in-8.

3454. Quand serons-nous gouvernés (par Fournier-Verneuil). *Paris*, 1830, br. in-8 de 24 pages.

3455. Quart (Le) d'heure du Diable (par Joseph Demoulin). *Liége*, Renard, 1860, in-18 (Ul. C.).

3456. Quartier-général des Jésuites, ou la Ligue à Marseille et à Aix (par MM. Auguste-Marseille Barthélemy et Joseph-Pierre-Agnès Méry). *Marseille*, Anfonce; et *Paris*, Denain, br. in-8 de 44 pages.

3457. Quatre époques de la Vie de Son A. R. Madame, duchesse de Berry, suivies des protestations et adresses de toutes les villes de France, en faveur de Son Altesse Royale (rédigé par Auguste-Benoît Gaudichot, dit Michel Masson). *Paris*, Dentu, 1833, in-8.

Cet opuscule forme la réunion de tous les articles publiés dans les journaux légitimistes pendant la captivité de la princesse.

3458. Quatre femmes au temps de la Révolution, esquisses historiques, par l'auteur des: « *Souvenirs de Mme Récamier* » (Mme veuve Charles Lenormant). *Paris*, Didier, 1866, in-12.

3459. Quatre jours dans Orléans, par D. T. Emmanuel (l'abbé E. de Torquat). *Orléans*, 1845, in-12.

3460. Quatre lettres sur le magnétisme, par un Croyant (François-Servais-Auguste Gathy). *Paris* et *Leipsig*, 1848, br. in-8 (Ul. C.).

3461. Quatre mois dans les Pays-Bas; voyage épisodique et critique dans la Belgique et la Hollande, par M. De... (Pierre-Marie-Michel Lepeintre-Desroches). *Paris*, Delaunay, 1829, 3 vol. in-8.

3462. Quatre (Les) Saisons, ou les Femmes à tout âge, par Mme de M***n (de Maussion). *Paris*, Maradan, 1822, 3 vol. in-12.

3463. Quatre (Les) saisons de l'année, ou la Botanique, la zoologie, l'astronomie et la physique, mises à la portée de l'adolescent (par A. Pascault). *Moscou*, 1828, 4 vol. in-12.

En 1832, un certain nombre d'exemplaires de cet ouvrage furent mis en vente à la librairie de Charles Gossselin, à Paris.

3464. Quatre (Les) siècles littéraires, récits d'histoire et de littérature, sous Périclès, Auguste, Léon X et Louis XIV, par Mme d'Altenheim (Mme Beuvain, née Gabrielle Soumet). *Paris*, 1849, Ducrocq, in-8.

Il y a eu, dans la même année, une édition in-12.

3465. Quelques choses et beaucoup de riens, ou mes Pensées (par Alexandre-Louis-François Guyot, comte d'Etateville, ancien capitaine au régiment Royal-Lorraine, cavalerie). *Paris*, Dentu, 1822, in-18.

3466. Quelques conseils à un jeune voyageur (par Alexandre-Maurice Blanc La Nautte, comte d'Hauterive). *Paris*, Imprimerie royale, 1826, in-8.

3467. Quelques défauts des chrétiens d'aujourd'hui (par la comtesse Agénor de Gasparin). *Paris*, Gressart, 1853, in-12.

3468. Quelques fragments extraits du portefeuille politique de Buonaparte, ou Mémoires sur les intérêts politiques de l'Italie et sur ceux de la France (par Marc-Antoine Jullien, sous-inspecteur aux revues). Sans nom de lieu *(Paris)*, 1814, br. in-8 de 62 pages.

3469. Quelques mots aux Déistes, par un Homme du monde (M. Desgeorges, de Lyon). *Paris*, Lecoffre; *Lyon*, 1853, br. in-8 de 72 pages.

3470. Quelques mots de la Contemporaine, sur M. le comte de Châteaubriand (par Elzélina Van Aylde Jonghe). *Paris*, Moutardier, 1831, br. in-8 de 34 pages.

3471. Quelques mots sur la brochure intitulée : Complément de l'œuvre de 1830 (par Félix Capitaine). *Liége*, De Thier, 1860, in-12 (*Ul. C.*).

3472. Quelques mots sur la découverte de la houille dans l'ancien pays de Liége, par E. L. A. L. D. L. (Edouard Lavalleye, agrégé à l'université de Liége). *Liége*, Redouté, 1837, in-8.

3473. Quelques mots sur les derniers événements de la Pologne, par un Slave impartial (le comte Narcisse Olizar, sénateur polonais). *Paris*, Jules Renouard, 1846, in-8.

3474. Quelques mots sur les expositions de tableaux en général, etc., par R...d (Laurent-Emile Renard). *Liége*, Jeunehomme, 1846, br. in-8 de 15 pages.

3475. Quelques observations sur l'histoire des comètes, à-propos de celle qui nous est apparue (par Alphonse Le Roy). *Liége*, Desoër, 1843, in-12 (Ul. C.).

3476. Quelques observations sur le dernier écrit de M. de Lamennais, par un Ancien grand-vicaire (l'abbé Clausel de Coussergues). *Paris*, Leclere, 1826, br. in-8 de 20 pages.

C'est une réponse à l'ouvrage intitulé : « *De la religion considérée dans ses rapports avec l'ordre politique et moral.* »

3477. Quelques observations sur le projet de loi relatif aux successions, présenté à la Chambre des pairs, dans la séance du 10 février 1826 (par Jean-Antoine-François Massabiau, conservateur à la Bibliothèque Sainte-Geneviève). *Paris*, 1826, br. in-8 de 20 pages.

3478. Quelques pensées sur l'éducation des femmes, avec supplément (par Mme A.-M. de Molin, née Huber). *Lausanne*, 1830, br. in-8.

3479. Quelques pensées sur les mœurs, par J. S.-D. (Joseph Sanial-Dubay). *Paris*, 1808, br. in-8 de 16 pages.

Le même a publié, en 1813, des *Pensées sur l'homme*, qui portent son nom.

3480. Quelques préjugés populaires des habitants de Valenciennes et des communes environnantes. Ouvrage posthume d'un auteur vivant (Gabriel-Antoine-Joseph Hécart). *Valenciennes*, Prignet, 1813, in-12.

3481. Quelques réflexions sur les doctrines du jour, par M. L. D. G. (Loison de Guinaumont), membre de la Chambre des Députés. *Paris*, Béthune, 1826, br. in-8 de 40 pages.

3482. Quelques réflexions sur l'inutilité de la défense des capitales, par un Ancien militaire (le comte Armand de Durfort). *Paris*, Anselin, 1832, br. in-8 de 68 pages.

Cette brochure a trouvé un antogoniste ardent chez le général Haxo, qui en a combattu les principes dans un article du *Spectateur militaire*, le 15 octobre 1832. Le marquis Georges de Chambray, connu par son excellente histoire de l'*Expédition de Russie*, et par un autre ouvrage estimé, sur la *Philosophie de la guerre*, a pris à son tour fait et cause pour le comte de Durfort.

3483. Quelques scènes françaises, avec allégories, pantomimes, danses et chœurs, par Cizos (François Cizos-Duplessis). *Paris*, Cordier, 1804, in-8.

3484. Quelques souvenirs sur le pays de Liége, suivis d'un précis statistique du département de l'Ourthe (par Gaillard, secrétaire-général de la préfecture). *Liége*, Desoër, 1804, in-8 (Ul. C.).

3485. Quelques-unes des principales causes qui ont amené la Révolution de 1830, par un Ancien membre de la Chambre des Députés (le comte Duhamel). *Paris*, Dentu, 1831, br. in-8 de 94 pages.

3486. Quelques vers d'un écolier (Ludovic de Vauzelles, conseiller à la Cour impériale d'Orléans). *Orléans*, 1843, in-8.

3487. Quelques vues pratiques pour l'amélioration du sort de la population rurale, par H. K. (Henri Kervyn). *Gand*, 1845, in-8.

3488. Quelques vues sur l'Opéra et sur les moyens de l'administrer sans qu'il en coûte un sou au gouvernement (par J.-B. Mazade, marquis d'Avèze, l'un des administrateurs). *Paris*, Picart, an v (1797), in-8.

3489. Qu'est-ce que le Zodiaque? En a-t-il jamais existé un vraiment astronomique (par C.-G. Schwartz). *Paris*, sans date, br. in-8 de 20 pages.

Schwartz est mort à Paris, en 1824.

3490. Question des sucres. Note sur la taxe officielle de provenance (par G. Imhaus), délégué de l'île de la Réunion. *Paris*, 1841, in-4.

3491. Question (La) du Slesvig, traité sous un point de vue historique et politique à la Chambre des communes d'Angleterre. Traduction par L.-E. B... (Laurent-Etienne Borring). *Paris*, 1848, br. in-8 de 21 pages.

3492. Questions importantes (par le Père Germon, jésuite), à l'occasion de la nouvelle histoire des Congrégations *de auxiliis*. *Liége*, H. Streel, sans date (1701), in-8.

3493. Questions scandaleuses d'un Jacobin, au sujet d'une dotation, par Timon (par Louis-Marie Lahaye, vicomte de Cormenin). *Paris*, Pagnerre, 1840, in-32.

3494. Questions sur les Colléges et l'Académie du canton de Vaud (par Charles Monnard, recteur de l'Académie de Lausanne). *Lausanne*, 1835, br. in-8.

3495. Quiberon, nouvelle morbihanaise, par V*** L*** (César Pradier, ancien secrétaire de la préfecture). *Vannes*, V. Galles, 1830 (novembre 1829), in-8.

3496. Qui ne risque rien n'a rien, proverbe en vers et en trois actes (par Henri-Lambert d'Herbigny, marquis de Thibouville). *Paris*, Vente, 1772, in-8.

3497. Quinze ans à Paris. 1832-1848. Paris et les Parisiens, par Charles de Forster (Charles Milkowski). *Paris*, Firmin Didot, 1848, 2 vol. in-8.

3498. Quinze cent soixante et douze. Chronique du temps de Charles IX, par l'auteur du « *Théâtre de Clara Gazul* » (M. Prosper Mérimée). *Paris*, Alexandre Mesnier, 1829, in-8.

Dans la seconde édition, publiée en 1832, on a substitué le mot *règne* au mot *temps*, qui faisait pléonasme.

3499. Quinze (Les) effusions du sang de Jésus-Christ, et un dizin *(sic)* sur les deux mots : « *Ecce homo.* » Avec la vie de Madame Sainte Marguerite, vierge et martyre (par François Grandin). *Paris*, Nicolas Chéreau, 1582, in-8.

3500. Quinze jours à Prague (par Gabriel de Montigny). *Paris*, Dentu, 1833, br. in-8 de 72 pages.

3501. Quitte-à-quitte, ou les Jeunes vieillards, comédie en un acte et en prose, mêlée de vaudevilles, par Ourry et V*** (le marquis Henri de Valory). *Paris*, Barba, 1807, in-8.

R

3502. Rachel, par Mme la comtesse *** (Molé de Champlâtreux, née de La Briche). *Paris*, Moutardier, 1828, in-12.

3503. Raisons de Droit contre les décrets de M. l'Official de Cambray, portées mal-à-propos, les 26 de février et 19 de mars dernier, à la charge de M. l'abbé de Liossies (par Nicolas Dubois, théologien et jurisconsulte). *Cambray*, Pierre Laurent, 1670, in-8.

3504. Rampe (La) et les coulisses. Esquisses biographiques de tous les directeurs et acteurs des théâtres de Paris. Par Léonard de Géréon (Eugène Ronteix). *Paris*, Bréauté, 1832, in-8.

Pamphlet diffamatoire.

3505. Rapport fait par Saint-Just au comité de Salut public, à Paris, au mois de mai 1794, relativement aux dépenses faites par les puissances neutres (par d'Entraigues). Mai, 1794, in-8 de IV et 47 pages.

3506. Rapport sur l'administration de la province de Namur (par le baron de Stassart, gouverneur). *Namur*, Lesire (1834), br. in-8 de 106 pages.

3507. Rapport sur le Siége de Lyon, par le citoyen Doppet (publié par Pierre-Marie Gonon). *Lyon*, Marle, 1846, br. in-8 de 16 pages.

3508. Rapports au roi sur la situation au 31 mars 1827, des canaux et autres ouvrages (par Becquey). *Paris*, 1827 et 1828, in-4.

3509. Rapports de la Chambre de commerce de Liége, sur la question des droits différentiels (par Félix Capitaine). *Liége*, Desoër, 1844, in-8 (Ul. C.).

3510. Rareté (La), ou les Insermentés défendus et pleinement justifiés, par M. Gratien (par l'abbé Guillaume-André-René Baston). Sans nom de ville et sans date (Rouen, 1792), in-8.

3511. Ravissement (Le) d'Orithie, composé par B. Tag... (Tagereau). *Paris*, André Wechel, 1558, in-8.

3512. Recherche (La) du bien (par Dunod de Charnage). *Paris*, E. Dentu, 1860, br. in-8.

3513. Recherches et considérations sur l'enlèvement et l'emploi des chevaux morts, etc. (par Alexis-Jean-Baptiste Parent-Duchâtelet, médecin). *Paris*, Bachelier, 1827, in-4, planches.

3514. Recherches historiques, bibliographiques, critiques et littéraires, sur le théâtre de Valenciennes. Par G.-A.-J. H*** (Gabriel-Antoine-Joseph Hécart), de l'Académie celtique, et de plusieurs sociétés savantes et littéraires. *Valenciennes*, Prignet, 1816, in-8.

Quarante exemplaires, destinés à être donnés, ont été tirés sur vélin.

3515. Recherches historiques, biographiques et littéraires, sur le peintre Lantara, par Emile B... (Bellier) de la Chavignerie. *Paris*, 1852, br. in-8 de 54 pages.

3516. Recherches historiques et statistiques sur Auxerre, ses monuments et ses environs, par M. L*** (Léon Leblanc), ingénieur au corps royal des ponts et chaussées. *Auxerre*, Gallot-Fournier, 1830, 2 vol. in-12.

Le même auteur avait précédemment publié : « *Notice sur les principaux monuments antiques de la ville et de l'arrondissement d'Auxerre*, » et une « *Notice sur le temple d'Apollon à Auxerre*, » insérées toutes deux dans les *Mémoires de la Société des antiquaires de France*, tome Ier et tome X.

3517. Recherches historiques et critiques sur Jean Le Hennuyer, évêque et comte de Lisieux (par Auguste Bordeaux de Prestreville). *Lisieux*, 1842, br. in-8 de 88 pages.

3518. Recherches historiques sur la personne de Jésus-Christ, sur celle de Marie, sur les deux généalogies du Sauveur et sur sa famille, etc., par un Ancien bibliothécaire (Etienne-Gabriel Peignot). *Dijon*, Lagier, 1829, in-18.

3519. Recherches historiques sur les anciennes assemblées du pays de Vaud (par Nicolas-Marie-Frédéric de Mulinen). *Berne*, 1797, br. in-8.

3520. Recherches historiques sur les cartes à jouer, avec des notes critiques (par l'abbé Jean-Baptiste Bullet). *Lyon*, Deville, 1757, in-8.

3521. Recherches historiques sur une famille du Poitou (par M. Gaston de Maynard, attaché au ministère des affaires étrangères). *Poitiers*, 1857, in-8.

3522. Recherches sur l'ancien comté de Gronsveld et sur les anciennes seigneuries d'Esloo et de Rendenraedt, par J. W. (Mathias-Joseph Wolters). *Gand*, F. et E. Gyselinck, 1854, in-8, planches.

3523. Recherches sur l'ancien comté de Kessel et sur l'ancienne seigneurie de Geysteren, par J. W. (par le même). *Gand*, F. et E. Gyselinck, 1854, in-8, avec deux planches.

3524. Recherches sur l'ancienne commune de Montfort, comprenant les communes de Saint-Odilienberg, Lanne et Resteren (par le même). *Gand*, F. et E. Gyselinck, 1852, in-8.

3525. Recherches sur la constitution du pays de Liége (par Noël-Joseph Levoz). *Liége*, 1788, in-4 de XXIV et 226 pages.

N.-J. Levoz publia ce travail en collaboration avec son frère, J.-J. Levoz, publiciste et jurisconsulte, mort à Liége en 1816.

3526. Recherches sur la construction du sabot du cheval, et suite d'expériences sur les effets de la ferrure, avec une dissertation sur quelques moyens que les anciens employaient, etc., par M. Bracy-Clark, vétérinaire. Ouvrage traduit de l'anglais (par J.-B. Huzard, médecin-vétérinaire). *Paris*, Mme Huzard, sans date (1817), in-8.

3527. Recherches sur la position probable de *Beneharnum* ou *Benarnum*, ancienne capitale du Béarn (par A. Perret). *Pau*, Vignancourt, 1846, in-8.

3528. Recherches sur la vie et les ouvrages de Claude-François Ménétrier, de la Compagnie de Jésus, etc. (par Paul Allut). *Lyon*, Scheuring, 1857 (1856), in-8.

3529. Recherches sur la vraie religion, par M. l'abbé X*** (Michaud, de Nîmes), licencié en théologie. *Paris*, Lesort, 1864, in-18.

3530. Recherches sur le commerce, ou Idées relatives aux intérêts des différents peuples de l'Europe (par Oudermeulen). *Amsterdam*, Marc-Michel Rey, 1778, 2 vol. in-8.

Une seconde édition a paru en 1791.

3531. Recherches sur le pouls, par rapport aux crises (par Théophile de Bordeu). *Paris*, de Bure, 1756, in-12.

Les éditions suivantes ne sont plus anonymes. L'auteur avait donné dans l'Encyclopédie, dès 1753, des *Recherches sur les crises*.

3532. Recherches sur les costumes et sur le théâtre de toutes les nations, tant anciens que modernes (par Charles Le Vacher de Charnois). *Paris*, Drouhin, 1802, 2 vol. in-4.

Né à Paris, le 14 mars 1749, cet homme de lettres périt dans les massacres de septembre 1792.

3533. Recherches sur les couvents du XIVe siècle, par P. L. Jacob, bibliophile (Paul Lacroix). *Paris*, Fournier jeune, 1829, in-8.

Ces *Recherches* sont extraites d'un ouvrage du même auteur, intitulé : « *Le couvent de Baïano*, » auquel elles servent d'introduction. Voir le n° 766.

3534. Recherches sur les effets et le mode d'action des bains de mer (par le docteur Charles-Louis Mourgué, inspecteur des bains de Dieppe). *Paris*, Desauche, 1830, br. in-8.

Brochure vendue au profit des indigents de la ville.

3535. Recherches sur les fonctions providentielles des dates et des noms dans les annales de tous les peuples (par De La Villerouet). *Paris*, Dumoulin; et *Nantes*, Guiraud, 1852, in-8.

3536. Recherches sur les journaux et écrits périodiques liégeois (par M. Ulysse Capitaine). *Liége*, 1850, in-18.

3537. Recherches sur les monnaies des évêques de Metz (par M. Louis-Félicien-Joseph Caignart de Saulcy, sénateur). *Metz*, Lamort, 1835, br. in-8 de 96 pages, 3 planches.

3538. Recherches sur les moyens de préserver la France des guerres civiles (par H. Viard, chef de bataillon du génie). *Paris*, Treuttel et Würtz, 1839, in-8.

Ce recueil, qui a paru sous la forme de numéros périodiques, a cessé d'être anonyme à partir du n°. 3.

3539. Recherches sur les origines et antiquités de Remiremont (Vosges), par Ch. Fr*** (Charles Friry), membre correspondant du ministère de l'instruction publique pour les recherches historiques. *Remiremont*, veuve Dubiez, 1835, in-8.

3540. Recherches sur l'histoire de la ci-devant principauté de Liége; contenant l'origine, la formation, les accroissements successifs de ce grand Etat de l'ancien empire germanique, le tableau de sa constitution, etc., par l'auteur de : « *L'Histoire de Spa* (le baron de Villenfagne d'Ingihoul). *Liége*, Collardin, 1817, 2 vol. in-8.

La Société d'émulation de Liége décerna la médaille d'or à l'auteur de cet ouvrage, dans sa séance du mois de décembre 1816.

3541. Recherches sur Louis de Bruges, seigneur de la Gruthuyse, suivies de la notice des manuscrits qui lui ont appartenu, et dont la plus grande partie se conserve à la Bibliothèque du roi (par Joseph-Basile-Bernard Van Praët). *Paris*, de Bure, 1831, in-8.

3542. Recherches sur l'origine et la signification des constellations de la sphère grecque, par C.-G. S... Traduit du suédois. *Paris*, 1807, in-8.

Barbier attribue ce livre à SCHWARTZ; l'exemplaire que nous possédons porte une note manuscrite qui lui assigne pour auteur STÉPHENS.

3543. Récit authentique de la vie et des ouvrages de J. Newton, écrit par lui-même dans une suite de lettres adressées au docteur Herweil, et suivi d'une courte notice sur son caractère, etc. Traduit de l'anglais (par Mlle de Chabaud Latour), 2e édition. *Valence*, Marc Aurel, 1838, in-12.

3544. Récit de la perte du bâtiment de la Compagnie des Indes, le *Kent* (par le major Mac Grégor, un des officiers qui se trouvaient à bord). Traduit de l'anglais (par le baron Auguste de Staël-Holstein). *Paris*, Servier, 1826, in-12.

3545. Récit de quelques faits concernant la guerre de Vendée, relatifs seulement aux habitants de l'Anjou, etc., faisant partie des mémoires publiés sous le titre de : « Souvenirs d'un officier royaliste, » par M. de R*** (le comte de Romain), ancien colonel d'artillerie. *Paris*, A. Pihan de la Forest, sans date (1827), in-8.

3546. Récit des campagnes des armées républicaines (par le général Dominique-René Vandamme). *Hazebrouck*, Debaaker, sans date, in-4.

Cette pièce est devenue fort rare. Il paraît que l'auteur fit détruire l'ouvrage aussitôt après l'impression. Une nouvelle édition, faite sur une copie du *Journal* manuscrit du général VANDAMME, a été donnée en 1838 à Courtray.

(Note extraite du catalogue des livres et manuscrits de la bibliothèque de J.-B.-T.-H. de Jonghes, t. III. *Bruxelles*, 1860, in-8).

3547. Récit des principales circonstances de la maladie de feu Mgr le Dauphin (par l'abbé Pierre Collet, son confesseur).

Paris, A. L. Regnard, 1766, in-4.

3548. Récit exact des derniers moments de captivité de la Reine, depuis le 11 septembre 1793 jusqu'au 14 octobre suivant. Par la dame Bault, veuve de son dernier concierge. *Paris*, Belland, 1817, br. in-8 de 20 pages.

Rédigé d'après les renseignements exacts fournis par la dame Bault, par Charles-Edouard BOSCHERON-DESPORTES, président à la Cour royale d'Orléans. Il y a eu deux réimpressions dans la même année.

3549. Récit fidèle, non publié jusqu'à ce jour, de la prise de la Bastille, le 14 juillet 1789, etc. Par un Ancien officier au régiment des gardes françaises (le marquis de Sainte-Père). *Paris*, Potey, sans date (1833), br. in-8 de 40 pages.

3550. Récit impartial des événements qui se sont passés dans les derniers jours de juillet 1830 (par André-Adolphe Sala, officier au 6e régiment de la garde royale). *Paris*, Dentu, 1830, in-8.

3551. Récit sommaire des opérations du siége de Lyon, en 1793, suivi d'une carte des environs de *Commune affranchie*, etc. (par Pierre-Marie Gonon). *Lyon*, 1846, in-8.

Extrait de la *Revue lyonnaise*.

3552. Récits de la vie réelle, par Claude Vignon (Mme Alphonse-Noëmi Constant). *Paris*, J. Hetzel, 1861, in-18.

3553. Récits (Les) d'un vieux gentilhomme polonais (par le comte Rzewewsky), traduits par Ladislas Mickiewicz. *Paris*, Vasseur, 1866, in-12.

3554. Récits historiques (par le comte Amédée de Pastoret). *Paris*, Crapelet, 1826, br. in-8 de 64 pages.

Cette brochure, relative à des événements de la Révolution et de la Restauration, n'a été tirée qu'à cent exemplaires, qui n'ont point été mis dans le *commerce*.

3555. Réclamation de MM. les directeurs des théâtres de Paris, au sujet de l'impôt établi sous le nom de droit des pauvres (rédigé par Philippe Dupin jeune, avocat). *Paris*, sans date (1833), br. in-8 de 20 pages.

3556. Récréations (Les) litérales *(sic)* et mystérieuses, pour le divertissement des savants et amateurs de lettres. Par E. T. (Antoine Dobert, de l'ordre des minimes), ecclésiastique dauphinois. *Lyon*, Antoine Valençot, 1646, in-8.

Une nouvelle édition, augmentée du double, a paru avec le nom de l'auteur, à *Lyon*, chez Fr. de Massé, en 1650, in-8.

Ce livre fait, en quelque sorte, double emploi avec les *Bigarrures de Tabourot*.

3557. Récréations solitaires d'une parisienne. Nouvelles anecdotes semi-historiques, ornées de 2 gravures. Par Mme E.-C. P*** (Emilie-Caroline Philibert). *Paris*, Béraud, 1823, 2 vol. in-12.

3558. Recrutement de l'armée et

remplacement. Par le chevalier de M*** (de Montbrun, ancien officier de la maison du roi). *Paris*, Hardy, 1830, in-4 de 12 pages.

3559. Rectification du plan de la bataille de Nancy, en 1477, publié par le congrès scientifique de l'an 1850, par F.-J.-B. N.A.N.H. (François-Jean-Baptiste Noël, avocat, notaire honoraire et archéologue). *Nancy*, 1850, 1 feuille in-plano, tirée à 200 exemplaires.

F.-G.-B. NOEL, né à Nancy, le 7 juillet 1783, y est mort le 28 mars 1856.

3560. Recueil d'anciennes ordonnances, statuts et coutumes de Belgique, touchant l'administration de la justice. *Liége*, Dauvrain, 1828, 2 vol. in-8.

Ce recueil, composé avec peu de soin et dénué de toute critique, a été publié par J.-Fr. DAUVRAIN, qui exerçait à la fois la profession d'avoué et l'état d'imprimeur (Ul. C.).

3561. Recueil de cantiques pour le jubilé et autres fêtes de l'année, par Mme S***. *Lyon*, Barret, 1826, in-16.

L'auteur de ce livre est Mlle Sophie GRANGÉ, fille d'un fabricant de Lyon, qui, artiste-amateur, jouait la comédie de société avec un talent remarquable. Ayant renoncé au commerce, il devint, par la suite, receveur des droits de navigation au bureau de Serin.

Sa fille, personne assez originale, voyageait avec son père, et toujours sous des vêtements d'homme. Ayant penché vers le Saint-Simonisme et les idées républicaines, elle inséra de temps en temps des vers où il y était fait allusion, dans la *Glaneuse* et le *Papillon*, recueil de l'époque.

On a prétendu, avec quelque vraisemblance, que ces pièces étaient au moins retouchées par N. BERTHAULT, auteur de quelques pamphlets rimés.

3562. Recueil de chansons patriotiques et autres poésies, publiées au profit des veuves et des orphelins des immortelles journées de juillet. Dédié à la garde nationale de Rouen, par un Invalide (Bénigne-Claude Délorier). *Rouen*, Baudry, 1830, in-18.

Réimprimé en 1831 et en 1846.
Cette dernière édition est très-augmentée.

3563. Recueil de dissertations sur différents sujets d'histoire et de littérature, avec introduction, notice, sur l'abbé Lebeuf, et des notes par M. J. P. C. G. (le baron Jérôme Pichon). *Paris*, Techener, 1843, in-12.

Ces dissertations étaient dispersées dans le *Mercure*. Elles ont été tirées à deux cents exemplaires sur papier ordinaire, et à cinq sur papier de Hollande. La notice est signée *Claude Gauchet*, pseudonyme de M. Jérôme PICHON.

3564. Recueil de diverses poësies et harangues faictes en latin et en italien, sur le couronnement du sérénissime Alexandre Justinian, en l'an 1611, et traduit en Français, par J. G. (Jean Guerrier). *Paris*, 1630, in-4.

3565. Recueil de Fables, par J. J. Valamont. *Paris*, Fortic, 1826, in-12.

L'auteur de ce livre est M. Jean-Jacques PORCHAT, professeur de droit romain et de droit criminel à l'Académie de Lausanne.

3566. Recueil de fragments de

sculpture antique, en terre cuite (par Jean-Baptiste-Georges Séroux d'Agincourt). Orné de 37 planches. *Paris*, Treuttel et Würtz, 1814, in-4.

Ouvrage posthume.

3567. Recueil de la chevauchée faicte en la ville de Lyon, le dix-septième de novembre de 1578. *Lyon*, avec tout l'ordre tenu en icelle, par les *trois supposts* (publié par M. Antoine Péricaud, bibliothécaire honoraire). *Lyon*, Barret, 1830, in-8 de 32 pages.

Tiré à cent exemplaires. Ne se vend pas.

C. Bréghot-du-Lut et Gratet-Duplessis avaient d'abord publié la *Chevauchée de 1578*, dans les *Archives historiques du Rhône*, où ils avaient précédemment reproduit la *Chevauchée de 1566*.

Voir plus loin, n° 3592, une publication semblable des mêmes éditeurs.

3568. Recueil de maximes et de réflexions morales qui peuvent contribuer à la rectitude de nos actions (par Antoine Carlet). *Paris*, Baudouin frères, 1823, in-12.

3569. Recueil de nouveaux contes de fées (par Mme de Saint-Venant). *Paris*, veuve Bouquet-Quillau, 1808, 2 vol. in-12.

3570. Recueil de nouveaux tours de Société et de secrets utiles, etc. (par Jacques Marotte). *Lyon*, Barret, 1820, in-12.

3571. Recueil de pensées choisies (publié par Claude-Adrien Dornier, de Pontarlier). *Besançon*, 1816, in-8.

Tiré à vingt exemplaires, qui n'ont pas été mis dans le commerce.

3572. Recueil de poësies (par Denis Mater, conseiller à la Cour de cassation). *Paris*, 1803, in-18.

3573. Recueil de poësies, par Mme de T... (Thélusson). *Paris*, Pillet, 1818, in-12.

3574. Recueil de poësies, ou Pièces fugitives de M. le chevalier de C*** (Jean de Cours), ancien capitaine de cavalerie, pensionné par Louis XVI, le 25 août 1789, avec une collection de lettres, etc. Dédié à Charles X, modèle des chevaliers français. *Aurillac*, Ferrary, 1828, br. in-8 de 70 pages.

3575. Recueil de poésies à l'usage des jeunes personnes (publié par Mme Charles Lenormant). *Paris*, 1839, in-12.

3576. Recueil de poésies diverses, par D*** (A. Ducret). *Lausanne*, 1824, in-8.

3577. Recueil de poësies fugitives (par Charles-Théodore d'Hurtuby). *Paris*, Trouvé, 1822, in-8.

3578. Recueil de poësies fugitives, par M. E. B*** (Emile Boulanger, alors procureur du roi près le tribunal de St-Pol; aujourd'hui juge au tribunal de Valenciennes). *Valenciennes*,

B. Henry, 1831, in-16 de 44 pages.

3579. Recueil de poësies fugitives, par Mme la comtesse de G...x (Anne-Marie Dubreuil de Sainte-Croix, comtesse de Girieux). *Lyon*, Bohaire, 1817, in-8.

3580. Recueil de poésies religieuses (par Charles de Commequiers). *Paris*, Blaise, 1833, in-8.

3581. Recueil de pièces choisies à l'usage des âmes pieuses (par Mme Casimir Périer). *Lyon*, Rusand, 1831, in-8.

3582. Recueil de quatre lettres critiques, historiques et numismatiques, sur une inscription trouvée à Rosette, pendant le séjour des armées françaises en Egypte (par Cousinéry). *Paris*, Sajou, 1810, in-8.

Ces lettres avaient été publiées précédemment et à diverses époques (mai et septembre 1807; mai 1808 et février 1810), dans le *Magasin encyclopédique*.

3583. Recueil de quelques pièces pour servir à la continuation des fastes académiques de l'Université de Louvain (par Josse Le Plat). *Lille*, 1783, in-4.

Ce recueil est principalement dirigé contre le professeur de théologie Van de Velde, mort à Beveren, en 1823. On y trouve une curieuse lettre écrite de Rome, par Albert Pighius, aux docteurs de Louvain, en faveur d'Erasme.

3584. Recueil de traits historiques, tirés de l'Histoire de France, et mis en ordre suivant les jours des mois dans lesquels ils se sont passés, par un Ancien conseiller municipal (par le baron Antoine-Melchior Vattier). *Boulogne*, Leroy-Mabille, 1840, in-12.

A.-M. Vattier, contre-amiral honoraire, ayant pris sa retraite vers 1827, était né à Charenton (Seine), le 25 avril 1776; il est mort à Boulogne-sur-Mer, le 24 mars 1842. Il avait été créé baron par l'Empereur Napoléon Ier. Il est auteur de plusieurs publications, dont quelques-unes anonymes, que nous mentionnons à la table générale des auteurs, faute d'avoir pu leur donner place dans ce volume.

3585. Recueil des lois et actes généraux du gouvernement des Pays-Bas, et publiés depuis le 10 juillet 1794; avec une notice des principales lois publiées pendant la réunion des diverses parties du royaume à la France, et des changements survenus dans cette partie de la législation (par Drault). *Bruxelles*, 1819-1831, 42 vol. in-8.

3586. Recueil des morts funestes des impies les plus célèbres, depuis le commencement du monde jusqu'à nos jours (par Philippe-Irénée Boistel d'Exauvillez), 3e édition. *Paris*, Gaume frères, 1830, in-18.

3587. Recueil des Sceaux du moyen-âge, dits sceaux gothiques (par le marquis de Migieu). *Paris*, Boudet, 1779, in-4, fig.

Suivant Barbier, par l'abbé Boullemier.

3588. Recueil d'inscriptions et pièces de vers faites à l'occasion du voyage du premier Consul dans le département de l'Escaut (par Norbert de Cornélissen). *Gand*, Steven, an XI, br. in-8 de 66 pages.

Lorsque Bonaparte, premier consul, vint à Gand, au mois de juillet 1803, la réception fut magnifique. Les inscriptions flamandes, françaises, latines et même italiennes, se lisaient à chaque coin de rue. Cornélissen avait été, dans cette circonstance, largement mis à contribution. Il avait composé des inscriptions pour tout le monde. Dans quelques-unes perçait, sous une apparente simplicité, cet esprit malin et frondeur qui ne le quittait jamais ; pas même dans les circonstances les plus solennelles. On lui avait demandé une inscription pour un immense transparent, destiné à orner le portail de la *Petite Boucherie*. Il conseilla d'y inscrire, tout bonnement, disait-il, ce distique :

« Les petits bouchers de Gand,
A Napoléon-le-Grand. »

Ainsi fut-il fait ; mais le transparant ne tarda pas à être enlevé par ordre.

3589. Recueil des arrêtés, réglements et instructions concernant les prisons de Belgique; précédé d'une table chronologique, et suivi d'une liste des auteurs qui ont écrit sur cette matière (par Charles-François Soudain de Niederwerth). *Bruxelles*, Société typographique belge, 1840, in-8 de VI et 205 pages.

Un appendice à ce recueil, par le même, a paru à Bruxelles, chez Weissembruck père, en 1845, in-8 de VII et 158 pages.

3590. Recueil d'opuscules et de fragments en vers patois, extraits d'ouvrages devenus fort rares (par Pierre-Gustave Brunet). *Paris*, 1829, in-16.

3591. Recueil dramatique, contenant *Paul et Virginie*, drame; *Werther*, drame ; *l'Amour et l'Amitié*, pantomime, par B.-C. G... (Gournay). *Paris*, Barba, 1829, in-8.

3592. Recueil faict au vray de la Chevauchée de l'asne faicte en la ville de Lyon, et commencée le premier jour du moys de septembre mil cinq cent soixante-et-six, avec tout l'ordre tenu en icelle. *Lyon*, Barret, 1er avril 1829, br. in-8 de 56 pages.

L'avis des éditeurs est signé : B.-D.-P. (Claude-Bréghot-du-Lut, Gratet-Duplessis et Péricaud l'aîné).

Il y a eu un tirage à part de cette pièce, qu'on retrouve insérée dans les *Archives historiques du Rhône*, tome X, pages 398-423. On peut la réunir à la pièce du même genre (*la Chevauchée de 1566*), qui a été également tirée à part, au même nombre d'exemplaires. Elle est précédée d'un avertissement des mêmes éditeurs, et comme la première, accompagnée d'un glossaire et de quelques notes sur les anciens usages et sur l'histoire de Lyon.

Voir le n° 3567.

3593. Recueil polytechnique des ponts et chaussées, etc. (par Houart, architecte, et ***). *Paris*, Garnier, sans date (1805), 2 vol. in-4.

Voyez le n° 187.

3594. Reflets (Les) de lumière, par le comte de Saint-Jean (par Mme Eugène Riom, de Nantes). *Paris*, E. Dentu ; et *Nantes*, Guiraud, 1857, in-8.

En vers.

3595. Réflexion d'un vrai patriote sur la formation de la garde nationale liégeoise (par Jacques - Hyacinthe Fabry). *Liége*, Smits et Lebrun, 1790, br. in-8 de 16 pages.

Jacques-Hyacinthe FABRY, né à Liége, le 13 décembre 1758, mort dans la même ville, le 13 février 1851, fut successivement administrateur du département de l'Ourthe, député au Conseil des Cinq-Cents, puis au Corps législatif, où il siégea jusqu'en 1802, et enfin, conseiller à la Cour d'appel de Liége, dont il fit partie de 1807 à 1830.

(Notice nécronologique sur Hyacinthe Fabry, par Ulysse Capitaine.)

3596. Réflexions d'un ami du roi, par M***, ex-député (attribué au baron Lemercher d'Haussez). *Paris*, Porthmann, 1816, br. in-8 de 16 pages.

3597. Réflexions d'un instituteur sur un roman intitulé: « Adèle et Théodore, ou Lettres sur l'éducation » par (Basville). *Philadelphie* (*Paris*, Fr.-Ambroise Didot l'aîné), 1782, br. in-8 de 24 pages.

3598. Réflexions d'un membre du conseil d'arrondissement d'Evreux, sur l'intérêt d'une prompte détermination à prendre relativement à la route dite de Honfleur à Chartres (par Bernard Fouquet, négociant à Rugles). Sans date (1831), avec un plan lithographié.

3599. Réflexions d'un Solitaire sur le prêtre catholique, le célibat, etc. Par l'auteur de: « Platon polichinelle » (l'abbé A. Martinet). *Tours*, Mame, 1846, in-12.

3600. Réflexions d'un vieux théologien sur les discussions de la deuxième chambre des Etats-Généraux (par Antoine-Joseph Barthélemy, ancien jurisconsulte). *Bruxelles*, 1826, br. in-8 de 27 pages.

3601. Réflexions d'une républicaine (Mme Adèle Miguet). *Paris*, 1er juin 1832, br. in-8.

3602. Réflexions historiques et politiques sur l'empire ottoman, suivies de notes du père Sicard, missionnaire, sur les antiquités de l'Egypte. Par C.-L. D. (Charles-Louis Daix), interprète de la langue française pour les langues orientales. *Paris*, Belin, 1802, in-8.

3603. Réflexions importantes adressées à MM. les députés du Tiers-Etat, du grand bailliage d'Alençon, à l'assemblée du 16 mars 1789, par un Citoyen d'Alençon (Leconte-Laverrerie père). Sans indication de lieu ni de date (*Alençon*, 1789), in-8.

3604. Réflexions morales et politiques, ou Esquisse des progrès de la civilisation au XIXe siècle, par M. B. des Ol...res (Des Olvires). *Paris*, A. René, 1848, in-8.

3605. Réflexions morales et religieuses sur l'Ecclésiaste, à l'usage de MM. les séminaristes, par A.-A.-F. P***-D. (Anne-Adrien-Firmin Pillon-Duchemin). *Paris*, E. Bricon, 1834, in-18.

3606. Réflexions nocturnes, par M. L. D. L. T. (l'abbé Gabriel-Charles de Lattaignant). *Paris*, veuve Duchesne, 1769, in-8.

3607. Réflexions politiques par lesquelles on fait voir que la persécution des réformés est contre les véritables intérêts de la France. (*Cologne*, Pierre Marteau), 1686, in-12.

Ce livre, composé à l'occasion de la révocation de l'édit de Nantes, a été attribué à tort à Charles Ancillon. C'est ce que démontre un article (*) de M. François Morand, archiviste de la ville de Boulogne-sur-Mer, qui prouve victorieusement qu'il doit être restitué à l'un des compilateurs les plus féconds de cette époque, Gatien DE COURTILZ DE SANDRAS.

(Note extraite du *Bibliophile belge*).

(*) *Bulletin du bibliophile*, 1851, J. VIII.

3608. Réflexions pratiques sur le chant figuré, traduit de l'italien de Mancini (par de Rayneval). *Paris*, 1796, in-8.

3609. Réflexions sur différents articles du *Journal des Débats*, relatifs aux affaires d'Espagne (par Pêche). *Paris*, Trouvé, décembre 1822, br. in-8.

3610. Réflexions sur la liberté des théâtres, soumises à MM. les membres de la commission dramatique, par M. Dormeuil (Jean-Jacques Contat-Desfontaines, alors acteur et régisseur au Gymnase-Dramatique). *Paris*, Riga, 1830, br. in-8 de 36 pages.

3611. Réflexions sur la miséricorde de Dieu, par une Dame pénitente. Première édition (lyonnaise). *Lyon*, Claude Martin, 1690, in-12.

On attribue ce livre à Mlle DE LA VALLIÈRE ; mais suivant Beuchot, on n'a pas la preuve certaine qu'il soit d'elle (Biogr. Michaud, t. 48).

Consultez, à ce sujet, un article de la *Revue bibliographique littéraire*, de M. V. de Surcy, numéro de juillet 1865.

3612. Réflexions sur la personne et les ouvrages de M. l'abbé Terrasson (par Jean Lerond, dit d'Alembert). Sans date, in-8 de 15 pages.

Ces *Réflexions* ont été imprimées avec le nom de leur auteur, à la tête de l'ouvrage de cet abbé, intitulé : « *La Philosophie applicable à tous les objets de l'esprit et de la raison.* »

3613. Réflexions sur la philosophie de M. Cousin, par un Elève des écoles de Paris (Jean-Baptiste-M. Nolhac). 1re et 2me partie. *Paris* et *Lyon*, 1828-1829, in-8.

3614. Réflexions sur la poésie en général, et sur la poésie latine en particulier (par Jean-Baptiste Milliet). *Paris*, sans date (1772), in-18.

3615. Réflexion sur la situation actuelle du chœur et de l'autel de l'église cathédrale de Lyon (par l'abbé Antoine Caille). *Lyon*, Rusand, 1824, br. in-8 de 73 pages, y compris 7 pages d'addition.

C'est par erreur que la *Biographie lyonnaise* donne à l'abbé CAILLE le prénom d'*André*.

3616. Réflexions sur le choix des députés (par Antoine-Didier-Jean-Baptiste de Challan, professeur de géométrie). *Paris*, sans date (août 1815), br. in-8 de 16 pages.

3617. Réflexions sur le commerce, la navigation et les colonies (par Foache). 1790, in-4 de 70 pages.

3618. Réflexions sur le grand Corneille (par Cubières-Palmézeaux). Sans date, br. in-8 de 27 pages.

3619. Réflexions sur le rachat par annuités des prêts sur hypothèque foncière, par G.-P. D... (Dandelin). *Liége*, Desoër, 1843, in-12 (Ul. C.).

3620. Réflexions sur le raffinage des sucres et sur la fabrication du sucre de betteraves, par M. Edouard... (Huart), ancien raffineur. *Paris*, Vilbert, 1829, in-12 de 24 pages.

3621. Réflexions sur les causes des tremblements de terre, avec les principes qu'on doit suivre pour dissiper les orages, tant sur terre que sur mer (par Anne-Henriette de Bricqueville, comtesse de Colombières). 1756, in-12.

3622. Réflexions sur les fabriques nationales et sur celles de gaze en particulier, par M. R.. (Antoine - Augustin Renouard). Sans date, 1790, br. in-8.

3623. Réflexions sur les majorats et sur les subsistances, par M. H... de M... (Huillard de Montigny, conseiller à la Cour impériale de Bourges). *Paris*, Rondonneau et Dècle, 1821, in-8.

3624. Réflexions sur l'état des affaires politiques en 1778, adressées aux personnes craintives (en français). *Berlin*, 1778, in-8.

Ces *Réflexions* ont été attribuées à la reine ELISABETH-CHRISTINE, femme du grand Frédéric.

3625. Réflexions sur l'ordonnance concernant les petits séminaires (par l'abbé Jean-Jacques Fayet, depuis évêque d'Orléans). *Paris*, 1828, br. in-8.

3626. Réflexions sur quelques vérités utiles, dédiées aux hommes (par la comtesse La Saumais, fille unique de l'illustre avocat Gerbier). *Paris*, Trouvé, sans date, br. in-8.

3627. Réflexions sur un article du *Moniteur*, du 26 février, relatif à MADAME, duchesse de Berry (par Mme V.-T. B. De Manne). *Paris*, sans date (1833), in-8.

3628. Réflexions sur un libelle intitulé : « Lettre critique de Sextus le salien à Euxenus le marseillais, touchant le discours sur les arcs triomphaux dressés en la ville d'Aix, à l'heureuse arrivée de monseigneur le duc de Bourgogne et de Monseigneur de Berry. *Cologne (Aix)*, 1702, in-12 de 96 pages.

C'est une réponse aux attaques dirigées par Ruffi et Haitze contre la description des arcs de triomphe, publiée in-folio, en 1701, par Pierre Galaup de Chasteuil.

L'auteur des *Réflexions* est Joseph-François DE RÉMERVILLE, sieur de Saint-Quentin, historien et antiquaire français, né à Apt, vers 1656, mort au même lieu, le 4 juillet 1730.

3629. Réflexions sur une pétition de la Chambre de commerce de Strasbourg, relative à l'impôt du tabac (par Louis Hubert). *Paris*, Smith, 1819, br. in-8.

3630. Réflexions utiles sur la question de savoir si, lors de la tenue des Etats-Généraux, les voix des députés doivent être recueillies par *ordres* ou par *têtes* (par Charles-Eléonore Du Friche de Valazé). Sans nom de lieu ni date (*Alençon*, 1789), br. de 14 pages in-8.

3631. Réforme (La) des théâtres, ou Vues d'un amateur sur les moyens d'avoir toujours des acteurs à grands talents sur les théâtres, par M*** (Jacques-Thomas Mague, dit Saint-Aubin, comédien). *Paris*, Guillet, 1787, in-8.

3632. Réforme du jury supérieur de l'enseignement, par Louis Duperron (Trasenster, professeur à l'Université). *Liége*, Oudart, 1848, in-8 (Ul. C.).

3633. Réforme (La) électorale en Belgique (par Edouard Ducpétiaux, membre de l'Académie royale). *Bruxelles*, 1860, br. in-8 de 40 pages.

3634. Réforme (La) en Italie au XVIe siècle, ses progrès et son extinction, par Charles Maccrée; traduit de l'anglais (par Frédéric Lullin de Châteauvieux). *Paris* et *Genève*, A. Cherbuliez, 1834, in-8.

3635. Réforme (La) théâtrale. *Paris*, impr. de Delcambre, 1845, br. in-8.

Cette brochure, qui n'est qu'une diatribe dirigée contre Auguste Cavé, alors directeur des Beaux-Arts, a été attribuée à un nommé Louis-Philippe TROYEAU, qui prétendit n'être que l'intermédiaire d'un individu de Saint-Denis, appelé *Renon*. N'ayant pu faire constater l'identité de ce dernier, TROYEAU fut condamné à trois mois de prison, comme diffamateur.

3636. Réforme universitaire. Plus de colléges communaux! Plus de bourses à la charge de l'Etat et des villes, etc. Par un Ancien inspecteur des études (Léon Chauvin). *Paris*, A. Appert, 1841, br. in-8 de 136 pages.

3637. Refus de sépulture (par Laurent-Emile Renard). *Liége*, Collardin, 1841, br. in-8.

3638. Réfutation de la dénonciation au roi de M. Méhée de la Touche; suivie de notes, par un Baron sans baronnie et non sans épée (le baron d'Icher-Villefort). *Paris*, Desenne, 1814, br. in-8 de 112 pages.

3639. Réfutation de la vie de Napoléon, par sir Walter Scott (par le lieutenant-général Gaspard Gourgaud). *Paris*, Locard et Davy, 1827, in-8.

3640. Réfutation de M. le duc de Rovigo, ou la Vérité sur la bataille de Marengo (par François-Etienne Kellermann, duc de Valmy). *Paris*, Lefebvre, 1828, br. in-8.

Voir le nº 1000.

3641. Réfutation des erreurs contenues au présent livret, par un Escolier en chirurgie (Gabriel Bertrand, chirurgien français du XVIIe siècle). *Paris*, 1613, in-8.

L'ouvrage que réfute celui-ci est intitulé : « *Histoire de tous les muscles du corps humain,* » par Charles Guillermeau, parisien, chirurgien ordinaire du roy. *Paris*, 1612, in-8.

3642. Réfutation du discours du citoyen de Genève, qui a remporté les prix à l'Académie de Dijon, en l'année 1750, par un Académicien de la même ville (Claude-Nicolas Lecat, secrétaire de l'Académie des sciences de Rouen). Nouvelle édition. *Londres (Rouen)*, Ed. Kelmarneck, 1751, in-8.

3643. Régicides (Les), étude historique, par Charles de Bussy (Marchal), auteur de l'*Encyclopédie universelle*. *Paris*, Léon Bady, 1858, in-18 de VIII et 351 pages.

3644. Régine, par Adrien Delaville (Adrien Viguier). *Paris*, au comptoir des imprimeurs unis, 1845, in-8.

3645. Règle des associés à l'enfance de Jésus. *Lyon*, Antoine Briasson, sans indication de lieu ni de format.

Attribué à DE BERNIÈRES.

3646. Régulateur (Le) des marchés dans le département de la Moselle (par Manguet, de Metz). *Metz*, Pierret, an X, petit in-8.

3647. Régulateur (Le) du maçon, pour les grades d'apprenti, de compagnon et maître (par Prosper Moutier). *Hérédan*, l'an de la G. L. 5801, in-4.

3648. Réhabilitation d'Etienne Dolet, célèbre imprimeur de Lyon, brûlé à Paris, le 3 août 1546, jour de l'Invention de Saint-Etienne, son patron (par Louis-Aimé Martin). *Paris*, Tastu, 1830, in-8 de 16 pages.

3649. Réimpression d'un poëme en vers languedociens, de la plus grande rareté (par Pierre-Gustave Brunet). (*Paris* et *Toulouse*, 1846), in-8.

3650. Reine (La) Marie Leczinska, par Mme la baronne de *** (d'Armaillé, née de Ségur). *Paris*, Didier, 1864, in-12.

3651. Relation commémorative du blocus de Maubeuge et de la bataille de Wattignies (par Piérart, directeur de l'Ecole primaire supérieure de Maubeuge). *Avesnes*, Ch. Viroux, 1844, in-12 de 52 pages.

3652. Relation concernant les événements qui sont arrivés au sieur Martin, laboureur à Gallardon, en Beauce, dans les premiers mois de 1816. Nouvelle édition, revue et augmentée, par M. S*** (Louis Silvy, ancien magistrat à la

Cour des aides). *Paris*, Hivert, novembre 1830, br. in-8 de 108 pages.

Réimprimée en 1832, avec un changement dans le titre.

3653. Relation des événements mémorables arrivés dans les exploitations de Beaujonc et de Horloz (par Micoud d'Umons, préfet de l'Ourthe). *Liége*, Latour, 1812, in-8.

3654. Relation des événements qui ont précédé et suivi le licenciement de la garde nationale (par F. de Montrol). *Paris*, Ponthieu, 1827, br. in-8 de 88 pages.

3655. Relation du sixième jubilé séculaire de l'institution de la Fête-Dieu, célébré au mois de juin 1846, par l'auteur des : « Esquisses historiques sur la Fête-Dieu » (Edouard Lavalleye). *Liége*, Dessain, 1846, in-12 (Ul. C.).

3656. Relation du voyage de Son Altesse royale Mgr le duc de Berry, depuis son débarquement à Cherbourg jusqu'à son entrée à Paris (par Adrien Peltier). *Paris*, Lenormant, 1814, br. in-8 de 60 pages.

3657. Relation d'un séjour à Alger (par Pananti ; traduit en français, par H. de La Salle). *Paris*, Lenormant, 1830, in-8.

3658. Relation fidèle du voyage de Charles X, depuis son départ de Saint-Cloud jusqu'à son embarquement, par un Garde-du-Corps (le vicomte Joseph-Jacques de Naylies). *Paris*, Dentu, 1830, br. in-8 de 56 pages.

Réimprimée dans la même année. Br. in-8 de 32 pages.

3659. Relation fidèle et détaillée de l'arrestation de S. A. R. Madame, duchesse de Berry (par Guibourg). Ornée de lithographies. *Paris*, Dentu, 1832, br. in-8.

M. Guibourg fut au nombre des personnes arrêtées à Nantes, avec la princesse.

3660. Relation historique des journées mémorables des 27, 28 et 29 juillet 1830, en l'honneur des Parisiens, ornée d'un plan de Paris, etc. (par A.-M. Perrot). *Paris*, H. Langlois fils, 1830, in-8.

3661. Relation historique des obsèques de Manuel, ancien député de la Vendée (décédé le 20 août, à Maisons, prés Paris) (par MM. Mignet, membre de l'Académie française, Jacques Lafitte, député, et Manuel, frère du défunt). *Paris*, Gaultier-La-Guionie (1827), br. in-8 de 30 pages.

3662. Religieuses (Les), par Raoul de Navery (Mme Marie David). *Paris*, Dillet, 1864, in-12.

3663. Religion (La) constatée universellement à l'aide des sciences et de l'érudition moderne (par Louis-Philibert Machet). *Paris*, Hivert ; *Lyon*, Rusand, 1833, 2 vol. in-8.

3664. Religion (La) de Dieu et la religion du diable, précédée du sermon civique aux gardes nationales (par Antoine Gabet, dit Dorfeuille, comédien). Sans nom de ville, 1791, in-8.

3665. Religion (La) du cœur, exposée dans les sentiments qu'une tendre piété inspire, etc., par M. le chevalier de *** (Lasne d'Aiguebelles). *Paris* et *Lyon*, Périsse, 1826, in-12.

Ce livre a paru pour la première fois en 1767.

3666. Religion (La) est le fondement de la société, par un Curé de la banlieue (l'abbé Colonna, curé d'Asnières). *Paris*, Delaunay, 1834, in-8.

3667. Religion (La) expliquée catholiquement et défendue contre les erreurs, etc., par Louis-Philibert Machet). *Paris*, Hivert, 1837, 2 vol. in-8.

3668. Remarques sur la lettre circulaire de M. Charrier de la Roche, en date du 18 mai 1791 (par l'abbé Guillaume-André-René Baston). (*Rouen*, 1791), in-8.

3669. Remarques sur la noblesse (par Antoine Maugard). *Paris*, Proust, 1787, in-8.

Ces *Remarques* furent réimprimées l'année suivante, avec de nombreuses augmentations et le nom de l'auteur.

3670. Remarques sur le patois (de l'arrondissement de Douai), suivi du vocabulaire latin-français de Guillaume Briton xive siècle), par E.-A. E... (Escallier). *Douai*, Adam d'Aubers, 1851, grand in-8 de 135 pages.

Cette curieuse publication contient d'ingénieuses recherches sur le patois de Douai, et des conjectures fort heureuses sur l'origine de certaines locutions. Le vocabulaire de Briton est plein d'intérêt pour l'histoire de notre ancienne langue.

(Note manuscrite de Gratet-Duplessis, placée sur un exemplaire de cet ouvrage lui ayant appartenu.)

3671. Remarques sur un ouvrage intitulé : « Antiquités grecques du Bosphore cimmérien » (de feu Raoul Rochette) (par Henri-Charles-Ernest de Kœhler). *Saint-Pétersbourg*, 1823, in-8.

3672. Remboursement des rentes 5 p. °/o, 4 1/2 et 4 p. °/o, (par Léon Faucher). Sans date, petite brochure in-8 de 21 pages.

3673. Remèdes (Les) charitables de Mme Fouquet (et de Delescure, médecin à Agde), 4e édition augmentée. *Lyon*, J. Certe, 1688, in-12.

Le privilége est du 16 mars 1680. La vénérable mère de Fouquet, alors prisonnier à Pignerol, et qui mourut en cette même année, avait consacré sa fortune et sa vie à des œuvres de charité chrétienne.

3674. Remensiana. Historiettes, légendes et traditions du pays de Reims (par Louis Pâris, ancien bibliothécaire). *Reims*, Jacquet, 1845, in-32.

3675. Réminiscences d'Horace Walpole, ou Histoire anecdotique de la cour d'Angleterre. Traduction libre de l'anglais (par Delattre). *Paris*, Mongie, 1826, 1 vol. in-12.

3676. Remontrance au peuple (par l'abbé Guillaume-André-René Baston). (*Rouen*, 1771), in-8.

3677. Renards de Samson. — Mâchoire d'âne. — Corbeaux d'Elie. — Les quatre monarchies. — L'Ante-Christ. *Helmstadt*, Henri Hesse, 1707, in-8 de 133 pages.

Barbier attribue cet ouvrage à Van der Hardt, qu'il aurait fallu d'ailleurs écrire Von der Hardt; et il fonde cette hypothèse sur une note manuscrite. Ce livre, qui est fort rare, est de LEIBNITZ.

Dans le *Manuel du libraire*, on l'indique sous le format in-12. Voir, pour de plus amples détails, *les Mélanges tirés d'une petite bibliothèque*, par Charles Nodier, ch. II, p. 33.

3678. Rencontre (La) imprévue, ou la Surprise des amants, comédie en trois actes et en prose (attribuée à Thomas Laffichard). *Paris*, veuve Cailleau, 1753, in-12.

3679. Rencontre extraordinaire, par Philarmos (Marie de La Fresnaye). *Paris*, Sétier, 1816, in-8, pièce.

Imitation de la *Colombe*, d'Anacréon.

3680. Rentiers, Agioteurs, Millionnaires, l'Argent, par un Homme de lettres devenu homme de Bourse (Jules Vallès). *Paris*, Ledoyen, 1857, in-12.

3681. Répartie du corps de la cité de Liége, à certain manifeste imprimé sous le nom de S. A. S., en date du 27 mars 1636 (par Sébastien de La Ruelle). *Liége*, 1636, in-4 (Ul. C.).

Le 16 avril 1637, par l'ordre de Ferdinand de Bavière, prince-évêque de Liége, le comte de Warfuzée fit assassiner Sébastien de La Ruelle, bourgmestre de la ville de Liége, dans un banquet auquel il avait invité ce magistrat.

Il a été publié à Liége, en l'an VII, une brochure de 44 pages, intitulée : « *Histoire tragique, ou Relation véritable de l'assassinat commis en la personne de feu le bourgmestre La Ruelle, de glorieuse mémoire.* » M. Mathieu Polain a fait paraître, en 1836, une brochure sur le même sujet.

3682. Repentir et miséricorde, ou le Retour du prodigue, drame en trois actes, dédié au pensionnat de l'Hôtel-Dieu de Bayeux, par Mme Lucie Couessin (née Pigache), et (par Mlle Elisa Le Cieux, en religion sœur Thaïs, religieuse de l'Hôtel-Dieu de cette ville). *Bayeux*, Nicolle, 1847, br. in-8 de 44 pages.

En vers.

3683. Répertoire de la littérature biblique et orientale (par Jean-Godefroy Eichhorn). *Leipsig*, 1777-86, 18 cahiers ou 9 vol. in-8.

Eichhorn donna, de 1787 à 1801, un nouvel ouvrage, sous le titre de : « *Bibliothèque universelle de la littérature biblique,* » en 10 vol. in-8, qui sert de continuation au *Répertoire*.

3684. Réponse à la lettre de M. Michelet sur les épopées du moyen-âge, insérée dans la « Revue des Deux-Mondes » (par M. Alexis-Paulin Paris). *Paris*, Techener, 1831, in-12.

3685. Réponse à la lettre du sieur Pierre Renotte, apostat de la foy catholique, écrite au magistrat de Soumagne (par Jean Jacoby, récollet). *Liége*, Grison, 1683, in-12 (Ul. C.).

3686. Réponse à la lettre pastorale de Mgr R. A. C. Van Bommel, par la miséricorde divine, etc., évêque de Liége. Par un Laïc (attribuée à Laurent-Emile Renard). (*Liége*, Collardin, 1830), br. in-8 de 27 pages.

3687. Réponse (de Caron de Beaumarchais) à l'ouvrage qui à pour titre : « Sur les actions de la Compagnie des eaux de Paris, » par M. le comte de Mirabeau. *Paris*, Ph.-D. Pierres, 1785, in-8 de 29 pages.

3688. Réponse à l'auteur : « De l'amour des femmes pour les sots, » par la comtesse Mathilde de Ellocnol-Vilanja, ancienne lectrice de S. M. l'Impératrice de Russie (par A.-J. Alvin, lieutenant-colonel commandant la place de Liége). *Liége*, Ledoux, 1859, in-18.

J.-A. Alvin est décédé le 23 janvier 1862. Il était frère de M. Louis Alvin (Ul. C.).

3689. Réponse à sir Walter Scott sur son histoire de Napoléon (par Louis Bonaparte, comte de Saint-Leu). *Paris*, Trouvé, 1829 (novembre 1828), in-8.

3690. Réponse à un ami sur une célèbre académie qu'il avait vu à Malines au XIIe siècle et sur l'époque des constitutions des chambres de rhétorique, etc. (par de Vivario). Sans nom de lieu, 1787, in-8.

3691. Réponse à une lettre adressée par Henri Simon, à MM. les ouvriers, par Antoine Nantua (G.-A. Crapelet père, imprimeur). *Paris*, Crapelet, 1821, br. in-8 de 12 pages.

3692. Réponse au Coup-d'œil du Solitaire, qui avait pris pour devise : *Abyssus, abyssum invocat* (par Guy-Marie Deplace). *Lyon*, Pitrat, 1825, br. in-8 de 24 pages.

Le *Coup-d'œil du Solitaire* était un pamphlet dirigé contre M. de Pins, alors archevêque de Lyon.

3693. Réponse au Mémoire et à la consultation de M. Linguet, touchant l'indissolubilité du mariage (par l'abbé Guillaume-André-René Baston). *Paris*, 1772, in-12.

3694. Réponse aux calomnies des clubistes de Rouen, consignées dans leur pétition à l'Assemblée nationale, sur la destruction des maisons religieuses (par le même). (*Rouen*, 1791), in-8.

3695. Réponse aux doutes d'un philosophe, par M de T*** (le baron H.-J. de Trappé), de Namur. *Namur*, Gérard, 1825, br. in-8 de 16 pages.

3696. Réponse de M. l'évêque du

département des Vosges, à diverses questions qui lui ont été faites par des ecclésiastiques et des fidèles de son diocèse, dans le cours de ses visites, sur les principaux points de la nouvelle constitution (par l'abbé Jean-Antoine Maudru, évêque constitutionnel). *Saint-Dié*, Joseph Charlot (vers 1800), in-8.

3697. Réponse des auteurs du *Journal étranger* à la feuille des *Nouvelles ecclésiastiques*, du 3 juillet 1754 (par François-Vincent Toussaint). *Paris*, 1754, in-12 de 9 pages.

3698. Réponse du général des Jésuites à un Père (attribuée au baron Frédéric-Auguste-Ferdinand-Thomas de Reiffenberg). *Bruxelles*, 1825, br. in-8 de 12 pages.

3699. Réponse du P*** (père) D*** (Daniel, jésuite) à la lettre que le R. F. Serry luy a écrite. 1705, in-12 de 57 pages.

Un ouvrage intitulé : « *La véritable tradition de l'Eglise sur la prédestination et la grâce*, » attribué au père Launay, et qui parut en 1702, donna lieu à cette discussion polémique, entre Daniel et Serry, qui avait entrepris de le réfuter, et de venger saint Augustin des attaques dont il l'y croyait l'objet.

3700. Réponse d'un jeune poëte qui veut abandonner les muses, à un ami qui lui écrit pour l'en détourner (par Chabanon de Maugris, le cadet). *Paris*, Lacombe, 1774, in-8.

3701. Réponse et solution des 1316 questions et problèmes contenus dans le nouveau traité d'arithmétique décimale, par P. F. (Philippe Bransiet et Claude-Louis Constantin), à l'usage des écoles chrétiennes. *Paris*, Moronval, 1830, in-8.

3702. Réponse faite à un curieux sur le sentiment de la musique d'Italie ; écrite à Rome, le 1er octobre 1639 (par André Maugars, prieur d'Enac et interprète de langue anglaise). In-8 de 32 pages.

3703. Républicains (Les) et les monarchistes, par Courthe (Rouchet). *Bruxelles*, Cræff (1850 ?), in-12 (Ul. C.).

3704. République (La), ou le Livre de Sang (par Victor-Louis-Amédée Pommier). *Paris*, Dentu, 1836, in-8.

Les mots : *Livre de Sang* sont imprimés en encre rouge. Ce volume contient quatorze pièces de vers.

3705. République (La) des Hébreux (traduite du latin de Pierre Cuneus), augmentée de deux volumes, par Hugues-Guillaume Gœrée. *Amsterdam*, P. Mortier, 1705, 3 vol. in-12.

Voici ce qu'on lit dans le *Journal des savants*, année 1707 :

« Le premier de ces trois tomes est le livre de Cunœus, *de Republicâ Hebræorum*, traduit en français, et les deux autres en sont la continuation... Comme ce n'est pas un ouvrage complet, le dessein de l'auteur était digne d'un homme de lettres. Le traducteur a quelquefois mêlé ses pensées et ses recherches aux pensées et aux recherches de Cunœus ; mais il a toujours pris soin de distinguer ce qui est de luy d'avec les paroles de l'original. Du reste, l'auteur de cette traduction ne se nomme point.

« . . . .

« Le second et le troisième tome sont de M. Gœrée, lequel a mis en ordre les matériaux que son père, habile médecin, avait ramassés, dans le dessein de faire un jour un cours complet d'antiquités judaïques. Comme les recueils de Gœrée père ont fourni à son fils moins de matière pour le 3e volume, il y a inséré presque tout ce que le savant Outram a écrit sur *les Sacrifices des Hébreux*, dans un livre fait exprès.

« . . . . . On peut dire, en général, du livre de M. Gœrée, qu'il contient des choses fort recherchées, et que, soit pour le fond, soit pour la disposition des matières, il mérite d'être lu, et est très-capable de plaire en instruisant. »

Ce livre parut pour la première fois en 1617. Il a été souvent réimprimé et traduit en plusieurs langues. Basnage de Beauval donna, en 1713, ses *Antiquités judaïques*, en 2 vol. in-12, qui sont comme le supplément de l'ouvrage original.

3706. République (La) sous les formes de la monarchie, ou Nouveaux éléments de la liberté politique, sommairement exposés selon la méthode des géomètres (par Jean-Antoine-Massabiau, conservateur à la Bibliothèque Sainte-Geneviève). *Paris*, 1832, br. in-8 de 48 pages.

3707. Requête au Roi sur l'Institution de Sainte-Périne de Chaillot, par le baron du Chayla. *Paris*, 1814, br. in-8.

Cet opuscule est de Nicolas Bergasse, célèbre publiciste, mort en 1830, à Paris, à l'âge de 82 ans.

3708. Résolution (La) inutile, ou les Déguisements amoureux, comédie en un acte et en prose, mêlée de vaudevilles (par Joseph Patrat et non par Dorvigny). *Paris*, A. Cailleau, 1783, br. in-8.

3709. Response à l'avertissement donné par les pasteurs de l'église protestante de Castre, touchant ceux qui sont sollicitez à s'en retirer et se rendre à la religion catholique. *Toulouse*, 1618, in-18.

Cet ouvrage anonyme est de Pierre Girardel, religieux de l'ordre de Saint-Dominique, mort à Rome, le 8 février 1633.

3710. Responce à quelques difficultés proposées à un théologien sur la publication qui a été faite d'un jubilé particulier à l'église de Saint-Jean, de Lyon, etc. *Lyon*, Antoine Julliéron, 1666, in-4.

La dédicace de l'auteur à MM. du chapitre de Saint-Jean, est signée de ces initiales : F. D. L. C. J., c'est-à-dire : François De La Chaise, jésuite.

3711. Résumé biographique sur Simon Stévin, par un Brugeois (Octave Delepierre). *Bruges*, 1840, in-8.

Tiré à petit nombre.

3712. Résumé d'études sur les principes généraux de la fortification des grands pivots stratégiques. Application à la place d'Anvers (par le capitaine A. Brialmont). *Bruxelles*, 1856, br. in-8.

3713. Résumé de l'Histoire d'Alsace, par M. V*** (Vinaty). *Paris*, Lecointe et Durey, 1825, in-12.

3714. Résumé de l'histoire de Bretagne jusqu'à nos jours, par M. D*** B*** (Louis-Rose-Désiré Bernard, avocat). *Paris*, Lecointe et Durey, 1826, in-18.

3715. Résumé de l'histoire de la littérature française, etc. (par Adolphe Loève-Weimars, depuis agent diplomatique). *Paris*, L. Janet, 1825, in-18.

3716. Résumé de l'histoire des traditions morales et religieuses chez les divers peuples, par M. de S*** (Etienne-Pierre Pivert de Sénancour). *Paris*, Lecointe et Durey, 1825, in-18.

3717. Résumé de l'histoire générale, par Voltaire, précédé d'une introduction signée F...x B*** (Félix Bodin). *Paris*, Lecointe et Durey, 1826, in-18.

3718. Résumé des vues économiques de M. de La Gervaisais, par M. F*** (Thédore Fix). *Paris*, A. Pihan de La Forest, 1835, in-8.

3719. Retour (Le), à-propos vaudeville, à l'occasion du retour de Son Altesse Mgr le duc d'Angoulême, par MM. A. Martin, de Saint-Georges et Saint-Léon (Léon-Octave Cavalhero). *Paris*, H. Huet, 1823, br. in-8.

3720. Retour (Le) de tendresse, ou la Feinte véritable; petite comédie représentée au Théâtre-Italien, en 1728. Par (Louis) Fuzelier. *Paris*, Briasson, 1729, in-8.

Cette pièce, qui eut du succès, fut donnée comme le coup d'essai de l'auteur, quoiqu'elle ne fût pas de celui qui y avait attaché son nom ; mais bien de Jean-Antoine ROMAGNÉSI, comédien italien.

3721. Retour des Pyrénées, suivi de Fragments et de Pensées diverses, par l'auteur du : « Voyage aux Pyrénées » (la comtesse de la Grandville, née de Beaufort). *Lille*, Lefort, 1858, in-8.

3722. Retour (Le) du conscrit, ou le Rétablissement de Louis XVIII sur le trône de ses ancêtres, par M. D*** (Alexandre Delannoy). *Boulogne*, 1814, br. in-8.

3723. Retour (Le) d'un auteur, vaudeville en un acte, par Mme Olympe et M. *** (par Th.-M. Du Mersan, seul). *Paris*, Mme Masson, 1801, br. in-8.

3724. Retraite (La), petit poëme (par Marie-Joseph de Chénier). *Paris* (juin 1806), Dabin, in-24.

Une autre édition in-18 a été publiée en 1809, par le même libraire.

3725. Retrouverons-nous (Les) dans un monde meilleur? ou Espérances de notre réunion future aux êtres que nous avons perdus. Présentées aux chrétiens affligés (par César-Henri-Abraham Malan). *Genève*, L. Genicoud, 1829, in-8.

3726. Réussite de la culture de la canne à sucre en France, démontrée infaillible, ou Précis sur la canne à sucre, sa culture, ses produits, etc., par un Propriétaire qui a habité douze ans les Antilles (Antoine-Joseph Rey de Morande). 1831, br. in-8 de 16 pages.

3727. Revanche (La) de Waterloo. Les Napoléon et l'Angleterre (par Charles Romey). *Paris*, E. Dentu, 1861, br. in-8 de 32 pages.

3728. Réveil (Le). Signé : un Belge (Henri-Florent Delmotte). *Mons*, Hoyois-Dorely, 1830, br. in-8 de 8 pages.

3729. Revenons à l'Evangile (par Pierre-Marie-Alfred Sirven), *Paris*, Marpon, 1862, br. in-8.

Pamphlet dont l'auteur a été condamné par les tribunaux, le 25 août 1862.

3730. Revenu de deux millions pour l'Etat, par une répartition égale de l'impôt-patente (par A. Godin). *Liége*, Redouté, 1847, in-8 (Ul. C.).

3731. Rêveries, dixain, par un Luxembourgeois (J.-F. Poncin, juge de paix). *Arlon*, Bourgeois, 1843, in-8 (Ul. C.).

3732. Rêveries maternelles, par Mme (Pollonnais). *Paris*, Plon, 1865, in-16.

3733. Rêveries poétiques, par Florville Bauduin (Bauduin-Gaviniès, artiste). *Paris*, Chaumerot, 1831, 1 vol. in-12.

3734. Rêves de la jeunesse. Poësies, par Mlle Jenny Sabatier (Jenny-Caroline Thircuir), précédées de deux lettres de M. de Lamartine et de M. Méry. *Paris*, E. Dentu, 1863, in-16.

3735. Révision de la Constitution (par Louis-Napoléon Bonaparte, depuis Empereur des Français). *Paris*, Plon, 1851, br. in-8 de 47 pages.

3736. Révision du procès du maréchal Ney (par Dupin aîné). *Paris*, Pihan de la Forest, 1831, in-8.

3737. Révoltés (Les) contre l'Eglise et l'ordre social, par M. de Bussy (Charles Marchal). *Paris*, Martin Beaupré, 1864, 2 vol. in-12.

3738. Révolution de juillet 1830. Caractère légal et politique du nouvel établissement fondé par la Charte constitutionnelle, acceptée et jurée par Louis-Philippe Ier, roi des Français, auprès des deux Chambres, le 9 août 1830, avec cette épigraphe : *Quoique Bourbon* (par André-Marc-Jean-Jacques Dupin aîné, président de la Chambre des députés, depuis sénateur). *Paris*, Fanjat, 1833, br. in-8 de 172 pages.

3739. Révolution de Malte en 1798 ; gouvernement, principes, lois, statuts de l'ordre. Réponse au manifeste du prieuré de Russie. Par M. le chevalier de M*** (Meyer). 1799, in-4.

3740. Révolution (La) française et Bonaparte, ou Les Guise du dix-huitième siècle ; tragédie en cinq actes et en vers (par le marquis Frédéric-Gaëtan de la Rochefoucauld-Liancourt). *Paris*, Locard et Davy, 1818, in-8.

3741. Révolution (La) vengée, ou Considérations politiques sur les causes et les suites de la révolution Belge, par un Patriote catholique de Bouillon (par l'abbé C. Louis). *Louvain*, 1852, in-8 (Ul. C.).

3742. Révolutions de Liége sous Louis de Bourbon (par le baron de Gerlache). *Bruxelles*, Henri Hoyez, imprimeur de l'Académie royale, 1831, br. in-8.

3743. Révolutions (Les) du théâtre musical en Italie, depuis son origine jusqu'à nos jours; traduites et abrégées de l'italien de dom Artéaga (par le baron de Rouvrou, et non de Rouvron, lieutenant-général). *Paris*, Nardini, 1802, in-8 de 100 pages.

3744. Revue de diverses parties de la ville de Liége, à l'occasion des fêtes royales de 1860, par Rambler (A. Cralle, avocat). *Liége*, de Thier, 1860, in-18 (Ul. C.).

3745. Revue de l'histoire universelle moderne, ou Tableau sommaire et chronologique des principaux événements arrivés depuis les premiers siècles de l'ère chrétienne jusqu'à nos jours, etc. (par le comte Emmanuel de l'Aubépin). *Paris*, Verdière, 1823, 2 vol. in-12.

Cette *Revue* peut servir de complément au *Mémorial portatif de chronologie*, etc., publié l'année précédente. M. de l'Aubépin a été aidé, dans la composition de ces deux ouvrages, par M. Batelle. *(France littéraire.)*

3746. Revue des romans, par Eusèbe G*** (Girault de Saint-Fargeau). *Paris*, Didot, 1839, 2 vol. in-8.

3747. Revue française (publiée par M. Guizot, depuis ministre sous Louis-Philippe). *Paris*, Sautelet, 1828, in-8.

Cette *Revue*, consacrée aux *Sciences morales et politiques, à la littérature et aux arts*, n'a eu que six numéros formant chacun un volume.

3748. Revue politique de l'Europe en 1825 (par Pierre-Louis-François-Xavier Bourguignon d'Herbigny). *Paris*, Bossange, 1825, br. in-8 de 96 pages.

Cet opuscule obtint un très-grand succès et fut réimprimé plusieurs fois dans la même année.

3749. Revue politique de la France, en 1826, par l'auteur de : « La Revue de l'Europe, en 1815 » (par le même), 2e édition. *Paris*, A. Dupont, 1827, br. in-8 de 200 pages.

Voir, à ce sujet, le tome V des *Archives historiques et littéraires du Nord de la France et du Midi de la Belgique*.

3750. Revue trimestrielle (publiée par Jean-Alexandre Buchon). *Paris*, Ambroise Dupont, 1827, in-8.

3751. Rhodienne (La), ou La Cruauté de Solyman, tragédie en cinq actes et en vers, par un Poète de la ville de Rouen

(Pierre Mainfray). *Rouen*, David Dupetitval, 1621, in-18.

Ce poète est encore auteur d'une autre tragédie, également anonyme : « *Cyrus triomphant*, ou la *Fureur d'Astiages*, » donnée en 1618.

3752. Ribauds, truands et femmes cordelières de la noble cité de Liége, par André Meuret (Ferdinand-Jules Hénaux). *Paris* et *Liége*, 1846, in-12.

3753. Richard Cobden, roi des Belges, par un Ex-colonel de la garde civique (M. Sylvain Van de Weyer). Dédié aux blessés de septembre. *Bruxelles*, Alexandre Jamar, 1862, br. in-8.

3754. Ridicule (Le) du moment. A nos seigneurs, nos très-honorables et très-puissants jeunes gens, nos seigneurs ! les élèves de l'Ecole polytechnique, droit, médecine, etc. (chanson en sept couplets, par le baron Antoine-Elisabeth Mallet de Trumilly, ancien officier supérieur). Sans date (1830), in-8.

3755. Rime (La), par D... (Auguste-Prosper-François Guerrier de Dumast). *Paris*, Patris, 1819, in-8.

En vers.

3756. Robert de Francon, ou une Conversion au XVIe siècle (par Albert Du Boys), *Paris*, E. Renduel, 1855, in-8.

Albert Du Boys avait été pendant longtemps rédacteur en chef de l'*Album du Dauphiné*. Il est mort en avril 1861, à l'âge de 83 ans.

3757. Robert Emmet (par Mme la comtesse d'Haussonville, née de Broglie). *Paris*, Michel Lévy, 1857, in-12.

3758. Robertmont-les-Liége. Pittoresque, historique et moral, par J.-B. Delbez (Ferdinand-Jules Hénaux). *Liége*, Oudart, 1840, in-8 (Ul. C.).

3759. Robespierre (par Edouard Bergounioux, de Séez, Orne). *Paris*, Gerdes, 1847, br. in-8 de 15 pages.

Extrait de l'*Artiste*, du 6 juin 1847.

3760. Robinson (Le) chinois, ou Mémoires d'un sauvage trouvé dans une île inconnue, écrits par lui-même en chinois et traduits en français, par A*** R****** (André Rabrouin). *Paris*, Pigoreau, 1830, 2 vol. in-12.

Les initiales A. R., avec un nombre d'astérisques calculé à dessein, avaient pour but de faire attribuer cette traduction supposée au célèbre sinologue Abel Rémusat.

3761. Robinson (Le) suisse, ou Histoire d'une famille suisse jetée par un naufrage dans une île déserte, par M. Wyss ; avec la suite donnée par l'auteur lui-même. Nouvelle traduction de l'allemand, par M. Victor J... (Pierre-Victor Jaillant). *Besançon*, Déis, 1836, 2 vol. in-12.

2762. Rodolphe de France, ou une Conversion au seizième siècle (par Dubois). *Paris*, Eugène Renduel, 1835, 1 vol. in-8.

3763. Rodolphe et Marie, ou la Société secrète, roman historique, par Auguste Lafontaine. Traduit de l'allemand sur la 3e édition, par Mme S. U. Dudrezène (Mlle Sophie Ulliac-Trémadeure), traducteur de : « *La Petite Harpiste*, etc. » *Paris*, Domère, 1819, 4 vol. in-12.

3764. Roger, roman, par Adrien Delaville (Adrien Viguier). *Paris*, H. Souverain, 1842, in-8.

3765. Roi (Le) Audren, Monseigneur de Saint-Yves, légendes. *Rennes*, Vatar, 1841, in-12.

L'auteur de cet opuscule et de plusieurs autres sur l'idiome breton, est feu Aimé-Marie-Rodolphe BARON DU TAYA, ancien conseiller à la Cour de Rennes.

3766. Roi (Le) des ribauds, histoire du temps de Louis XII, par P.-L. Jacob (Paul Lacroix), bibliophile, membre de toutes les académies. *Paris*, Eugène Renduel, 1831, 2 vol. in-8.

3767. Roi (Le) et la grisette, par l'auteur des : « Mémoires de Mme Dubarry » (le baron Etienne-Léon de Lamothe-Langon). *Paris*, Lachapelle, 1836, 2 vol. in-8.

3768. Roi et non tyran, ou Ce que doit être l'homme dans ses relations avec les animaux, par M. l'abbé G. C... (l'abbé Guillaume Chardon). *Paris*, 1862, in-12.

3769. Roi (Le) règne et peut gouverner, par H. Bl... (par L.-Fr. Lhéritier, dit de l'Ain). *Paris*, chez l'auteur, 1838, br. in-8 de 80 pages.

L'auteur voulant se cacher sous le pseudonyme de H. Bl... (Hippolyte BLONDET), écrivit au *Constitutionnel* une lettre, pour déclarer que cette brochure était bien l'œuvre dudit H. Blondet.

3770. Roman (Le) d'une femme laide, par Camille Henry (la marquise Della Rocca). *Paris*, Michel Lévy, 1861, in-12.

3771. Romances et poésies diverses, par Mlle S*** (Sophie Grangé). *Lyon*, Barret, 1826, in-8.

3772. Romans (Les) de la famille, par Michel Masson (Auguste-Michel-Benoît Gaudichot). *Paris*, Werdet, 1838, 5 vol. in-12.

3773. Rome (La) des Papes. *Bâle*, 1859, 3 vol. in-18.

L'auteur de cet ouvrage est M. Louis PINCIANI, docteur en droit, ancien administrateur des douanes dans les Etats romains.

3774. Rome et Florence, par l'auteur de : « Naples et Venise » (la baronne de Montaran, née Marie-Constance-Albertine de Moisson de Vaux). *Paris*, Delloye, 1836, in-8.

3775. Rome et la liberté de l'Italie (par Charles Romey). *Paris*, E. Dentu, 1860, br. in-8 de 32 pages.

3776. Rome et Lorette, par l'auteur du : « Pèlerinage en Suisse » (M. Louis Veuillot). *Paris*, Ol. Fulgence, 1842, 2 vol. in-12.

Souvent réimprimé.

3777. Rome et ses papes, histoire succincte du grand pontificat, par M. F. G. (François Gaume). *Paris*, Brière, 1829, in-8.

Une prétendue seconde édition a paru peu de mois après ; mais les titres seuls étaient changés, et l'on avait ajouté aux exemplaires restés de la première édition, un avant-propos et une table des matières.

8778. Rome sous Néron. Etude historique. Par A. M. (Arthur Mangin). *Tours*, Mame, 1856, in-8.

Collection de la bibliothèque des écoles chrétiennes.

3779. Roméo et Paquette, parodie en cinq actes et en vers burlesques de « Roméo et Juliette, » par M. R*** (Rosirecci). *Vérone (Paris)*, 1773, in-8.

Rosirecci est l'anagramme de C. Croisier, auteur de cette insipide parodie, dont les deux alexandrins suivants peuvent donner une idée :
« Je crains de ce couteau qu'il me coupe la gorge ;
Pour notre procureur, prenons Jacques Desloge. »

3780. Rosa mystica, poésies, par un Missionnaire (l'abbé Léon Barbey d'Aurevilly). *Caen*, Hardrel, 1856, in-18.

3781. Rosane, crime, désordre et vertu, par Anatole Gerber (Berger). *Paris*, Eugène Renduel, 1832, 2 vol. in-8.

3782. Rosaura de Viralva, ou l'Homicide, par Maria Charlton ; traduit de l'anglais sur la troisième édition, par Mme de S***y (Sartory, née de Wimpfen). *Paris*, Dentu, 1817, 3 vol. in-12.

3783. Rosaure, ou l'Arrêt du destin ; traduit de l'allemand d'Auguste Lafontaine, par Mme la comtesse de M*** (Elise de Montholon). *Paris*, A. Eymery, 1818, 3 vol. in-12.

3784. Roseline, ou la Nécessité de l'éducation dans les femmes (par Mme Tarbé des Sablons). *Paris*, Jeanthon, 1835, 2 vol. in-12.

3785. Roses (Les) de Noël, dernières fleurs, par J. T. de Saint-Germain (Jules-Romain Tardieu). *Paris*, E. Dentu, 1859, in-18.

3786. Rosière (La) de Bricquebec, par M. E. Lechanteur de Pontaumont, inspecteur de la marine impériale, à Cherbourg, etc., etc. *Liége*, Desoër, 1861, br. in-8 de 10 pages.

Imprimé dans le *Bulletin de la Société d'émulation de Liége*.

Voici ce qu'on lit dans la *Chronique de quinzaine* du journal de Liége (17 avril 1861) : « La nouvelle que M. de Pontaumont a présentée au jury comme sienne, est *traduite, mot pour mot, d'une nouvelle de Washington Irving* (1), *the Pride of village* (l'Orgueil du village)... M. de Pontaumont l'a tout simplement traduite... ou peut-être copiée, et l'*Orgueil du village* est devenue la *Rosière de Bricquebec*, phrase pour phrase, mot pour mot... »

La nouvelle du romancier américain offre elle-même une grande analogie avec un opuscule de l'abbé Lemonnier, intitulé : « *La Rosière de Bricquebec et la fête des bonnes gens de Canon, en Normandie*. 1777, in-8.

(1) Moins la première demi-page du texte anglais et une douzaine de lignes supprimées à la fin par l'auteur français.

3787. Rossignols (Les) spirituels liguez en duos, dont les meilleurs accords relèvent du Seigneur, etc. *Valenciennes*, Véruliet, 1616, petit in-12.

L'auteur de ce livre, que Barbier attribue à Gérard Montanas, est le Révérend Père Guillaume MARC.

3788. Rouen. Revue monumentale, historique et critique, par E. D. (Eustache Delaquérière), membre de plusieurs Sociétés littéraires et archéologiques. *Rouen*, Brière, 1835, in-12.

L'auteur était négociant en vins, et a publié sous son nom beaucoup d'ouvrages archéologiques.

3789. Rouge (Le) et le noir, chronique du dix-neuvième siècle, par M. de Stendhal (Marie-Henri Beyle). *Paris*, Levavasseur, 1830, 2 vol. in-8 et 6 vol in-12, 1831.

3790. Rouges (Les) bleus et blancs, ou les Représentants du peuple devant les électeurs, satire politique, par Philibert-Hippolyte Bonnefond, d'Autun). *Paris* (avril 1849), br. in-8 de 24 pages.

En vers.

3791. Royauté (La) (par Nicolas-Louis-Marie Magon, marquis de la Gervaisais). *Paris*, A. Pihan de La Forest, 1829, br. in-8 de 56 pages.

3792. Rues (Les) de Bruxelles débaptisées par ses édiles, en l'an III, l'an VI et l'an VII de la République, et rebaptisées en 1806, 1851 et 1852 (par Charles de Chênedollé). *Bruxelles*, 1853, in-12.

3793. Ruelles, salons et cabarets, histoire anecdotique de la littérature française, par Emile Colombey (Emile Laurent). *Paris*, A. Delahays, 1858, in-12.

3794. Ruines (Les) Lorraines, chroniques monumentales, par Victor de Civry (Victor Collin). N° 1er: « Sainte-Marie-aux-Bois. » *Nancy*, 1845, br. in-8. —N° 2: « Mousson (Meurthe). » *Nancy*, 1848, br. in-8 de 85 pages.

3795. Rymes de gentille et vertueuse dame don Pernette du Guillet, lyonnoise, *Lyon*, impr. de Louis Perrin, 1856, petit in-8.

Troisième édition complète, publiée par M. MONFALCON, d'après les trois éditions principales de ces poésies. L'impression, due à l'habile typographe de Lyon, Louis Perrin, a été exécutée avec des caractères semblables à ceux des célèbres imprimeurs Jean Tournus et Roville. Il n'a été tiré que vingt-cinq exemplaires, tous sur papier de Hollande, légèrement tinté.

S

3796. Sac (Le) de Rome, écrit en 1527, par Jacques Bonaparte; traduit de l'italien, par N.-L. B... (Napoléon - Louis Bonaparte, frère aîné de Napoléon III, mort en 1831). *Florence*, 1830, 1 vol. in-8.

3797. Sacerdoce (Le) littéraire, ou le Gouvernement des hommes de lettres. Centilogie en trois actes, par M. Aristophane, citoyen de Paris (Scipion Marin). *Paris*, Vincent, 1831, br. in-8 de 84 pages.

3798. Sacre (Le) et Reims (par Antoine Bertin). 1819, br. in-8.

3799. Sacré (Le) rosaire de la Vierge-Marie, extrait de plusieurs autres, et divisé en trois livres (par Etienne Leclou). *Valenciennes*, Jean Véruliet, 1615, in-16.

3800. Sage (Le) réfléchissant sur l'éternité et la charité envers Dieu et envers le prochain (par l'abbé Jean-Baptiste Lasausse). *Paris*, Saint-Michel, 1813, in-24.

3801. Saint- (La) Charles, ou le Parrain de rencontre, par A. M. et L. (par Alexandre Martin et Loignon). *Paris*, Fages, 1825, br. in-8.

3802. Saint- (La) Charles et la Saint-Louis, dissertation historique et critique, qui peut-être n'en est pas une, enrichie de notes, etc., par H. Feutardif, membre obscur de plusieurs académies, collaborateur de, etc., et de, etc., auteur de plusieurs ouvrages qui n'ont jamais vu le jour (par Hippolyte Audiffret, employé au dépôt des manuscrits de la Bibliothèque du roi). *Paris*, Pélissier, 1825, br. in-8 de 32 pages.

3803. Saint-Cloud et Fontainebleau, par le vicomte d'Holstein (Maxime Catherinet de Villemarest). *Paris*, Vincent, 1832, 1 vol. in-18.

3804. Sainte Françoise de Chantal, modèle de la jeune fille et de la jeune femme dans le monde, fondatrice de l'ordre de la Visitation de Sainte-Marie, par J.-M.-S. Daurignac (Mlle Orliac). *Paris*, Ambroise de Bray, 1858, in-18.

3805. Sainte Hélène, Blaye (par Nicolas-Louis-Marie Magon, marquis de la Gervaisais). *Paris*, 1833, br. in-8 de 32 pages.

Cette brochure fait suite à la *Captive*, par le même. *Paris*, Pihan de La Forest, 1832, in-8.

3806. Saisons (Les), poëme de Thompson; traduction nouvelle avec des notes, par F... B...

(Fremyn-Beaumont). *Paris*, Lenormant, 1806, in-8.

3807. Salle (La) nouvelle. Prologue improvisé pour l'ouverture du théâtre de Sens, par M. Horace (Horace-Napoléon Raisson). *Sens*, Tarbé, 1833, br. in-8.

3808. Salette (La) devant le Pape, par Donnadieu (l'abbé Déléon). *Grenoble*, 1852, br. in-8.

3809. Salette (La) devant le peuple français, par Donnadieu (le même). *Grenoble*, 1852, br. in-8.

3810. Salette (La) Fallavaux *(Fallax vallis)*, ou la Vallée du mensonge, par Donnadieu (le même). *Grenoble*, Redon, 1852, br. in-8 de 112 pages.

3811. Salon (Le) de 1852, par Eugène Loudun (Eugène Balleyguier). *Paris*, Hervé, 1852, br. in-8.

3812. Salon (Le) de 1857 (par le même). *Paris*, J. Tardieu, 1857, br. in-8 de 51 pages.

3813. Salon (Le) de Liége en 1858, par J. H. (Jules Helbig). *Liége*, Carmanne, 1858, in-8 (Ul. C.).

3814. Salon (Le), le boudoir, le théâtre et l'hospice, par Mme M*****. *Paris*, Moreau-Rosier, 1830, 2 vol. in-8.

Ce roman, qui a été attribué, lors de son apparition, à Mme MONTESSU, danseuse renommée de l'Opéra, n'est point d'elle. Ce n'est pas davantage « l'hommage galant d'un de nos écrivains, » ainsi que l'a supposé M. Quérard.

Ce roman est l'œuvre d'un jeune étudiant, nommé Jacques SAGNIER, dont le père, ami du mari de Mme Montessu, était directeur de l'école d'enseignement mutuel à Châlons-sur-Saône. Le libraire, éditeur de cet ouvrage, ne consentit à le publier, qu'autant que la célèbre artiste ne s'opposerait pas à ce que le bruit fût répandu à dessein, dans le public, qu'elle en était l'auteur : ce qui eut lieu, et assura le succès du livre, au point de vue de la vente.

3815. Salons (Les) d'autrefois, souvenirs intimes, par Mme la comtesse de Bassanville (Mlle Anaïs Lebrun). Trois séries. *Paris*, Brunet, sans date, 3 vol. in-12.

3816. Salvator Rosa (par le chevalier de Angelis). *Paris*, 1824, in-24.

3817. Samarobriva, ou Examen d'une question de géographie ancienne, par M. de C*** (Louis-Nicolas-Jean-Joachim de Cayrol, ancien sous-intendant militaire). *Amiens*, Machart, 1832, in-8 de 128 pages.

Ce mémoire, tiré à deux cent cinquante exemplaires, n'a pas été mis dans le commerce.

Le baron de Cayrol, né à Paris, le 25 juin 1775, mort à Compiègne, le 29 août 1859, dans sa quatre-vingt-cinquième année, alliait à une érudition profonde, un sage esprit de critique et une grande sûreté de goût.

A l'armée, à la Chambre, dans sa retraite, il a toujours occupé ses loisirs à des travaux d'histoire, d'archéologie, de numismatique et de littérature, qui attestaient la variété de ses connaissances.

3818. Samson-le-Fort. Tragédie nouvelle, contenant ses victoires, sa prise, etc. (par de La Ville-Toustain). *Rouen*,

Abraham Couturier, sans date (vers 1620), in-12.

3819. Sans beauté, par Anna Edianez (Mlle Zénaïde Fleuriot). *Paris*, Dillet, 1862, in-12.

3820. Saône (La) et ses bords, album publié par M. Mure de Pelanne. *Paris*, Everat, 1835-1836, in-8, avec 14 planches.

La *Littérature française contemporaine* a fait erreur en attribuant la rédaction de cet album à Charles Nodier. Il a été écrit, en grande partie, par M. DE TROGOFF, employé à la préfecture de la Seine ; M. André BOREL D'HAUTERIVE y a pris aussi quelque part.

3821. Saphira, ou l'Epouse d'un jour, drame en trois actes, à spectacle, par M. de L'Etoile (Jacques-Philippe Laroche, connu au théâtre sous le nom d'Hubert). *Paris*, Fages, 1817, in-8.

3822. Sara, ou les Heureux effets d'une éducation chrétienne (par Mme Tarbé des Sablons). *Paris*, Jeanthon, 1837, in-12.

3823. Satire première sur le XIXe siècle, adressée à M. le comte Darcourt. *Paris*, Delaunay, 1822, br. in-8.

Cette satire, signée : *L'Ermite de la Berlière*, est de François-Joseph-Narcisse ROBERT, baron de SAINT-SYMPHORIEN. L'auteur, né le 25 novembre 1780, est mort le 18 avril 1834.

3824. Satire sur le XIXe siècle, dialogue entre un homme du monde et l'auteur (par Bigelot, notaire). *Nancy*, sans date, br. in-8 de 18 pages.

3825. Satires, par Marcellus (Amédée Marteau). L'Esprit des femmes. *Paris*, Poulet-Malassis, juin 1860, br. in-8 de 30 pages.

En vers.

3826. Satires (Les) de l'Arioste ; traduites en français, avec le texte en regard (par J.-Julien Trélis) ; précédées d'un aperçu sur l'auteur et accompagnées de notes explicatives. *Lyon*, Laurent, 1826, 1 vol. in-8.

J.-Julien TRÉLIS, après avoir d'abord été pendant longtemps secrétaire de l'Académie de Nîmes, fut forcé de quitter cette résidence, en 1815, par suite des troubles dont le Midi fut le théâtre.

3827. Saturnales (Les) modernes, ou la Soirée de carnaval, comédie en deux actes et en prose (par Nicolas-Marie-Félicité Bodard de Tezay). *Paris*, Cailleau, 1787, in-8.

3828. Satyres (Les) chrétiennes de la cuisine papale (attribuées à Conrad Badius). *Genève*, 1760, in-8.

3829. Satyrique (Le) français expirant, ou les Fautes du Satyrique français (attribué à Nicolas Pradon). *Cologne*, Pierre Marteau, 1689, in-16.

C'est, à quelques légers changements près, une réimpression du *Triomphe de Pradon* (voir ces mots).

3830. Saül, tragédie, par M. L. N... (l'abbé Augustin Nadal). *Paris*, 1705, in-12.

Réimprimée en 1731.

3831. Savant (Le) de neuf ans, ou le Petit questionneur. Conversations particulières d'un père avec son fils, par A. E. de Saintes (Alexis Eymery). *Paris*, Eymery et Cie, 1833, in-12.

3832. Savetier (Le) de Toulouse, drame en quatre parties, par MM. Merville (Pierre-François Camus) et Francis (Cornu). *Paris*, Barba, 1832, in-8.

3833. Savinie, par Mme Camille Bodin (Marie-Hélène Dufourquet). *Paris*, Dumont, 1836, 2 vol. in-8.

3834. Savoie et Piémont (causeries franco-italiennes), par Félix Platel (Etienne Pall). *Paris*, 1858, 1 vol. in-8.

3835. Scandale (Le) au théâtre, par Georges d'Heilly (Edmond Poinsot). *Paris*, J. Tarride, 1861, in-12.

3836. Scènes contemporaines laissées par feue *(sic)* Mme la vicomtesse de Chamilly (par Emile Vanderburch, le baron Adolphe-François Loève-Veimars et Auguste Romieu), 2e édition augmentée du « Dix-huit brumaire, » scènes nouvelles. *Paris*, Urbain Canel, 1828, in-8.

La première édition avait paru en 1827. Réimprimé en 2 volumes in-8, en 1830.

3837. Scènes de la vie anglaise, par Mme C. Bodin (Marie-Hélène Dufourquet) et lord Ellis. *Paris*, Dumont, 1836, 2 vol. in-8.

3838. Scènes de la vie intime, par l'auteur de: « Elisa Rivers, Marguerite Lindsay, etc.; » traduit de l'anglais (par la comtesse Molé de Champlâtreux, née de la Briche). *Paris*, A. Guyot et Urbain Canel, 1834, 2 vol. in-8.

3839. Scènes de la vie d'artiste (par Emile Chevalet). *Paris* (vers 1857), in-8.

C'est la réunion de plusieurs articles de l'auteur, insérés dans divers recueils.

3840. Scènes de la vie juive en Alsace, par Daniel Stauben (Auguste Vidal). *Paris*, Michel Lévy, 1860, in-12.

3841. Scènes de la vie publique et privée des animaux, par J. Stahl (P.-Jules Hetzel). *Paris*, 1851, in-8.

La première édition est de 1841.

3842. Scènes du grand monde, par l'auteur de : « Elisa Rivers, Laure de Montreville, etc. » (Mme Brunton) ; traduites par une Dame (la comtesse Molé de Champlâtreux, née de la Briche). *Paris*, Barbezat, 1832, 2 vol. in-8.

3843. Scènes du Ghetto, par Léopold Kompert, traduit par Daniel Stauben (Auguste Vidal). *Paris*, Michel Lévy, 1860, in-12.

3844. Scènes historiques flamandes, par H.-E. Landsvriend (Henri Bruneel) et Edw. Le Glay. *Paris* et *Lille*, Lefort, 1841, 2 vol., in-18.

3845. Scènes populaires en Irlande, par M. Shiel; recueillies et traduites de l'anglais, par Mmes L. Sw. B. (Louise Swanton Belloc) et A. de M. (Adélaïde de Montgolfier). *Paris*, Sédillot, 1830, in-8.

3846. Scènes populaires Montoises, calligraphiées par Anastase-Oscar Prudhomme, neveu de l'illustre Joseph Prudhomme, expert d'écriture, etc. *Mons*, Leroux, 1834, gr. in-8 de 77 pages.

Ces petits tableaux de mœurs, dont le succès a été prodigieux, sont de Henri-Florent Delmotte. Ils ont été tirés à cent cinquante exemplaires sur papier vélin et numérotés : quatre exemplaires ont été tirés sur papier raisin de couleur, cinq sur papier de couleur et un sur papier rose.

3847. Scénologie de Liége, ou Lettres sur les théâtres et leurs modifications depuis la fin du monde jusqu'à nos jours, notamment en ce qui concerne la ville de Liége, sous le rapport de l'art musical et du spectacle, avec cette épigraphe : « *La vérité, toute la vérité* » (par Frédéric Rouveroy). Sans nom de lieu *(Liége)*, impr. de N. Redouté, et chez les principaux libraires de la province, 1844, in-12 de 283 pages.

3848. Science (La) de la vie, ou Principes de conduite religieuse, morale et politique, par M. Valery (Antoine Claude-Pasquin). *Paris*, Amyot, 1841, in-8.

3849. Science (La) des esprits, révélation du dogme secret des Kabbalistes, etc., par Eliphas Lévi (Alphonse-Louis Constant). *Paris*, Baillière-Germer, 1861, in-8.

3850. Science (La) du crucifix, en forme de méditations, divisée en deux parties, par le R. P. Marie, de la Compagnie de Jésus. Nouvelle édition, revue et corrigée, par le R. P. G*** (Jean-Nicolas Grou). *Paris*, Didot, 1783, in-12 de xxiv-177 pages.

Plusieurs fois réimprimé.

3851. Science (La) du cultivateur américain, ouvrage destiné aux colons et aux commerçants, par le général Chast*** (Chastenet) d'Esterre, an ix (1801), in-8.

3852. Science (La) pratique de l'imprimerie (par Fertel). *St-Omer*, Fertel, 1723, in-4.

3853. Scrupules (Les) d'un électeur (par Nicolas-Louis-Marie Magon, marquis de la Gervaisais). *Paris*, A. Egron, 1824, br. in-8 de 52 pages.

3854. Second coup-d'œil sur l'unité d'origine des trois branches mérovingiennes, carliennes et capétiennes, par A. D. (Alexandre Dudres de Campagnolles, chevalier de Saint-Louis, et l'un des ôtages de Louis XVI). *Vire*, Adam, 1817, in-8.

3855. Seconde leçon aux *Debats*, écrit de M. Désormes (par Nicolas-Louis-Marie Magon, marquis de La Gervaisais). *Paris* (14 février 1834), A. Pihan de La Forest, br. in-8 de 7 pages.

3856. Secret (Le) d'Etat, comédie-vaudeville en un acte, par MM. F. de Villeneuve, Eugène S*** (Sue) et Edouard M*** (Guillaume-Edouard-Désiré Monnais). *Paris*, Barba, 1831, in-8.

3857. Secrétaire (Le) des enfants, ou Correspondance entre plusieurs enfants, propre à les former au style épistolaire, par D*** (Pierre Brahain-Ducange père). *Paris*, Alexis Eymery, 1821, in-18.

3858. Secrets (Les) et fraudes de la chimie et de la pharmacie modernes dévoilés; traduit de l'anglais (de Shaw) (par Mme Marie-Geneviève-Charlotte Thiroux d'Arconville). *La Haye*, Gosse, 1760, in-8.

3859. Séductions (Les) ou Méfiez-vous des apparences; traduit de l'allemand d'Auguste Lafontaine, par le traducteur de: «Rosaure» et des «Deux amis» (la comtesse Elise de Montholon). *Paris*, Corbet aîné, 1824, 2 vol. in-12.

3860. Seine (La) et ses bords. par Charles Nodier. *Paris*, Maison, 1836-1837, in-8.

La collaboration anonyme de M. André Borel d'Hauterive, a été du plus grand secours à l'éditeur de cet ouvrage. La part de Ch. Nodier s'est bornée à revoir l'introduction, et à quelques passages disséminés çà et là.

3861. Séléna, ou la Famille samanéenne (par Jean-Antoine Gleizes). *Paris*, Desforges, 1838, in-8.

C'est une nouvelle édition des *Nuits Elysséennes*, ouvrage mentionné plus haut.

3862. Selva, ou Recueil de matériaux, de discours et d'instructions pour les retraites ecclésiastiques, suivi d'une instruction sur l'office divin, etc., par saint Alphonse de Liguori. Nouvelle traduction beaucoup plus complète, etc., par l'abbé J. G. (Joseph Gaume). 2e édition. *Paris*, Gaume frères, 1835, 2 vol. in-8.

3863. Semaine (La) d'une petite fille, par Mme Louise d'Aulnay (Julie Gouraud). *Paris*, Raçon, 1857, 1 vol. gr. in-18.

3864. Sept (Les) nouvelles, contes moraux, par B. Allent (Amédée-Eugène Balland). *Paris*, A. Eymery, 1823, in-8, oblong.

3865. Sept (Les) notes de la gamme, par Paul Smith (Guillaume-Edouard-Désiré Monnais). *Paris*, Brandus, 1848, in-8.

3866. Sept (Les) péchés capitaux, par Michel Raymond (Louis-Raymond Brucker). *Paris*, Dupuy, 1833, 2 vol. in-8.

3867. Septembriseurs (Les), scènes historiques (par Regnier Destourbet). *Paris*, Delangle, 1829, 1 vol. in-8.

3868. Serment (Le), ou la Chapelle de Bethléem, roman par

le comte de Saint-Jean (Mme Eugène Riom). *Nantes* et *Paris*, A. Delahays, 1855, 4 vol. in-12.

3869. Serment des juges, satire, par César B... (Bertholon). *Paris* et *Lyon*, 1830, in-8 de 7 pages.

3870. Sermon prêché à l'Hôtel-Dieu de Paris, le 2 septembre 1777, par M. M*** (François-Valentin Mulot), chanoine régulier, bibliothécaire de l'abbaye royale de Saint-Victor. In-12.

3871. Sermons de Jean Tauler *(sic)*, le docteur illuminé (*); traduits de l'allemand (sur l'édition de Francfort, de 1826). — Dimanches et fêtes de l'année. Par Charles Sainte-Foi (Eloi Jourdain). *Paris*, Poussielgue-Rusand, 1855, 2 vol. in-8.

(*) Thaulère, moine allemand de l'ordre de Saint-Dominique.

3872. Serventois et sottes chansons couronnées à Valenciennes, tirées des manuscrits de la Bibliothèque du roi (publiées par Gabriel-Antoine-Joseph Hécart, de Valenciennes), suivies d'une pièce inédite de Mme Deshoulières. 2e édition augmentée d'un glossaire des mots difficiles. *Valenciennes*, 1833, in-8 de 112 pages.

La première édition est de 1827.

3873. Service (Le) après le bombardement de Belgrade, par un Serbe. *Paris*, E. Dentu, 1862, br. in-8.

Cette brochure politique a été attribuée à M. Ubicini, qui, s'il n'en est pas l'auteur, l'a, du moins, revue et retouchée.

3874. Service de l'administration des vaisseaux du roi, ou Recueil des lois, ordonnances et instructions, etc., par un Administrateur de la marine royale (par Samson, commissaire général de la marine). *Toulon*, Laurent, 1828, in-4.

3875. Servitude (La) volontaire ou le Contre un, par Etienne de La Boëtie, avec un commentaire babouviste, et un supplément intitulé : Quelques citations historiques de nos annales républicaines, par Adolphe Rechastelet (Charles Teste). *Paris*, 1835, in-18.

Non mis en vente.

3876. Sicilien (Le), ou l'Amour peintre, comédie en un acte, mêlée d'ariettes (arrangée par Francis Levasseur). *Paris*, Ballard, 1780, in-8.

C'est le *Silicien* de Molière disposé en opéra.

3877. Siècle (Le) des lumières, par T. D. (Pierre-Théophile-Robert Dinocourt). *Paris*, 1821, br. in-8 de 52 pages.

3878. Siècle (Le) d'or et autres vers (par... Béranger De La Tour). *Lyon*, J. de Tournes et Guillaume Gazeau, 1551, in-8.

3879. Siége (Le) d'Anvers, précédé et suivi de différents morceaux biographiques et littéraires, par Malvoisine (François-Joseph Grille). *Angers*, Cosnier, 1841, in-8.

3880. Siége (Le) de la gaieté, ou le passé, le présent et le futur, pièce d'inauguration, par M. Augustin (Jean-Baptiste-Augustin Hapdé). *Paris*, Barba, 1808, in-8.

3881. Silhouette (La) du jour. *Lyon*, 1857-1858, 2 vol. in-18.

Cet ouvrage, assez grossièrement imprimé, est de M. Gaspard BELLIN, secrétaire de la Société littéraire de Lyon. L'auteur y fait allusion, en plusieurs endroits, à une prétendue édition antérieure à 1847, qui n'a point existé. Les mots sanscrits qui figurent sur le titre du livre doivent se traduire ainsi : Par *Un mauvais coucheur, bourgeois de Bénarès*. On peut demander si l'auteur a compris les mots sanscrits qu'il a destinés à remplacer son nom au frontispice de l'ouvrage, puisqu'il ajoute, en même temps, au titre de la *Silhouette : — Souhaits d'un bonhomme en faveur de ses concitoyens.*

3882. Silvius et Valéria, ou le Pouvoir de l'Amour, traduit de l'allemand d'Auguste Lafontaine (par Mme Elise Voïart). *Paris*, Plancher, 1819, 2 vol. in-8.

3883. Simon Stevin et M. Dumortier. Lettre à MM. de l'Académie des sciences et belles-lettres de Bruxelles. *Londres*, 1845, in-18. Publié sous le pseudonyme de J. du Fan, et réimprimé plusieurs fois à Bruxelles et à Tournay, sans l'autorisation de l'auteur.

Cet opuscule est de M. Jean-Sylvain VAN DE WEYER, membre de l'Académie royale de Belgique, ministre plénipotentiaire à Londres.

3884. Simoniana, ou les Loisirs d'un chauffeur, par F. Simon (Gabriel-Antoine-Joseph Hécart). *Valenciennes*, an XII (1804, in-12.

Tiré à cent vingt-cinq exemplaires.

3885. Simple avis au peuple sur la nomination de ses bourgmestres, par un Vieux patriote (Mathieu-Louis Polain). *Liége*, Desoër, 1842, in-8 (Ul. C.).

3886. Simple histoire de Napoléon, d'après les notes et mémoires de Las-Cases, de Ségur, de Fain, etc., et autres historiens de l'Empire (par François-Charles Farcy). *Paris*, Delloye, 1840, 3 vol. in-12.

3887. Simples conseils aux ouvriers, par un de leurs véritables amis (Charles de Chênedollé). *Bruxelles*, Devroye, 1853, in-12 (Ul. C.).

3888. Simples nouvelles, par Mme de Stolz (la comtesse Fanny de Bégon). *Paris*, Putois-Cretté, 1859, in-12.

3889. Simples observations de Jean-Louis, membre de la Société d'agriculture de l'Eure, à MM. les membres du Conseil municipal de la ville de Vernon. *Paris*, Schneider et Langrand, 1843, br. in-18 de 42 pages.

L'auteur de cette brochure, M. DELAVIGNE, s'y livre à une critique assez virulente des actes de l'autorité municipale de Vernon.

3890. Simples vérités, par Charles

Urbain (Charles Ruelens). *Bruxelles*, 1843, in-12.

En vers.

3891. Singularités (Les) de la France antarctique. *Paris*, 1556, in-8, et *Anvers*, 1558, in-8.

Jean de Léry, dans son *Histoire du Brésil*, attribue cet ouvrage d'André Thevet à DE LA PORTE.

3892. Singulière profession de foi d'un vieil actionnaire de l'*Ambigu-Comique*, composée en 1828. Ouvrage qui devait être posthume (par Bonnaire). *Paris*, Auffray, 1832, in-8 de 20 pages.

L'auteur de cette brochure en vers l'a composée par suite d'un pari. Elle offre cette singularité de n'avoir qu'une seule rime *féminine*, quoi qu'en dise M. BONNAIRE, qui, par erreur, sans doute, la qualifie de *masculine*.

3893. Sire (Le) de Gavres. *Bruxelles*, Van Dale, 1845, in-4.

E. GACHET, chef du bureau paléographique, a dirigé la publication de cette reproduction autographique d'un beau manuscrit, orné de toutes ses gravures enluminées. Il l'a enrichi d'un glossaire et d'un avertissement dans le style de l'époque. Son nom se trouve caché dans ce vers, imprimé en lettres rouges, dans les pièces préliminaires :

« Soubs grand labeur faible Caschiet. »

Quelques privilégiés ont reçu leurs exemplaires, ornés d'une planche qui représente le libraire faisant au roi Léopold l'hommage de son œuvre. Dans le groupe des personnages figure Gachet, dont le profil a été très-fidèlement croqué.

(Note sur Emile Gachet, par M. Loumyer.)

3894. Sire (Le) de Saive. Nouvelle liégeoise (par Edouard Lavalleye). *Liége*, Demarteau, 1858, in-12 (Ul. C.).

3895. Sire (Les) de Beaujeu, ou Mémoires historiques sur le monastère de l'Ile-Barbe, par l'auteur de : *Paris, Versailles et les provinces*, etc. (Jean-Louis-Marie Dugas de Bois-Saint-Just, ancien officier aux gardes françaises). *Lyon*, Tournachon-Molin, 1810, 2 vol. in-8.

DUGAS DE BOIS-SAINT-JUST, et non Dugast comme l'écrit à tort Barbier, qui était devenu maire de Saint-Genis-Laval, vers la fin de l'Empire, a eu des collaborateurs pour cet ouvrage ; ainsi que pour celui, beaucoup plus connu, qui est rappelé dans le titre.

La généreuse amie à laquelle il dédia ce dernier ouvrage, était Mme Bollioud de Chanzeau, riche et obligeante sœur de ce gentilhomme ruiné.

3896. Sirène (La) de la Vendée, ou la Comète de l'Annonciade. Esquisse de la mer et de l'avenir. Dédié à Henri, comte de Chambord. Par l'auteur des : « Souvenirs d'Agnès de Bourbon » (le comte Charles O'Kelly). *Paris*, Dentu, 1834, br. in-8 de 156 pages.

3897. Situation (La) (par Paul Boiteau). *Paris*, E. Dentu, 1861, br. in-18.

3898. Situation actuelle des partis dans le royaume des Pays-Bas. Par Ch. T. (Charles Teste). *Bruxelles* et *Liége*, Collardin, 1829, in-8 (Ul. C.).

3899. Six années de mariage, par Hippolyte Niade. *Paris*, Remoissenet, 1832, in-8.

Le fond de cet ouvrage est historique. Il a été

rédigé par M. Charles Lepage, sur des documents fournis par un M. Edain, dont le nom est retourné sur le titre.

3900. Six balafres, ou la Soirée des casernes, par G*** (Guinaud), officier des volontaires royaux, sous les ordres du général prince de Croï-Solre. S. l. n. d. (1815). Br. 15 pages in-8.

3901. Six mois de la vie d'un jeune homme en 1797 (par Viollet-Leduc). *Paris*, Jamet, 1853, in-8.

3902. Six mois suffisent-ils pour connaître un pays? ou Observations sur l'ouvrage de M. Ancelot, intitulé : « Six mois en Russie. » Par J. T...y (Tolstoy). *Paris*, Ledoyen, 1827, br. in-8 de 32 pages.

3903. Six nouvelles en vers, par ***, auteur des : « Rêveries poétiques » (Bauduin-Gaviniès, dit Florville, artiste dramatique). *Paris*, Chaumerot, 1833, in-18.

3904. Six pièces nouvelles, par l'auteur des : « Préludes poétiques » (Amédée de Loy). *Besançon*, 1830, in-8.

3905. Six tragédies de Pierre Corneille, retouchées pour le théâtre (par Delisles et Audibert, de Marseille). *Paris*, Deseine, 1802, in-8.

Audibert, cité ici, et qui est décédé en 1805, à Saint-Germain-en-Laye, était oncle de feu Hilarion Audibert, ancien maître des requêtes, et littérateur fort connu.

3906. Sœurs (Les) de la charité, ou Beautés de l'histoire des dames, filles et sœurs de la charité (par Charles Malo). *Paris*, L. Janet, 1825, in-18.

3907. Soi-disant (Le) pasteur de l'Eglise de Lyon, M. Monnot *(sic)* (pour Monod), aux prises avec lui-même et avec ses coréligionnaires, par un Catholique romain, M. A. F. (Antoine Faivre). *Lyon*, Guyot, 1835, br. in-8 de 112 pages.

Réimprimé l'année suivante avec une modification dans le titre.

3908. Soirées (Les) d'automne, par l'auteur des : « Mémoires d'une contemporaine » (Elzélina Van Aylde Jonghe). *Paris*, Moutardier, 1827, 2 vol. in-8.

3909. Soirées Bruxelloises. Histoire littéraire de l'année. Etudes critiques et biographiques, etc. (par MM. Gilman, E. Goffart, H. Kuborn et N. Peetermans). *Bruxelles*, Decq, 1854, in-8 (Ul. C.).

3910. Soirées (Les) de Madrid. Recueil d'historiettes, etc. (par Léon-Amédée de Bast). *Paris*, 1824, 4 vol. in-12.

3911. Soirées (Les) de Neuilly, esquisses dramatiques et historiques, publiées par M. de Fongeray (Adolphe Dittmer et Hygin-Auguste Cavé). *Paris*, Moutardier, 1827 et 1828, 2 vol. in-8.

Souvent réimprimées.

3912. Soirées de S. M. Charles X,

recueillies et mises en ordre par M. le duc D***, auteur des: « Soirées de S. M. Louis XVIII » (le baron Etienne-Léon de Lamothe-Langon). *Paris*, Spachmann, 1836, 2 vol. in-8.

3913. Soirées de S. M. Louis XVIII, recueillies et mises en ordre, par M. le duc de ***. *Paris*, Werdet, 1835, 2 vol. in-8.

Cet ouvrage de LAMOTHE-LANGON a été refondu et récrit en totalité par Félix DAVIN.

3914. Soirées (Les) de S. A. R. Mgr le duc de Bordeaux, Henri de France, publiées sur des documents authentiques et inédits; par un Royaliste quand même, et revues par un ministre d'Etat (par le baron Etienne-Léon de Lamothe-Langon). *Paris*, Dubey, 1841, 2 vol. in-8.

3915. Soirées de Walter Scott, à Paris, recueillies et publiées par M. P. L. Jacob (Paul Lacroix), bibliophile, membre de toutes les Académies. *Paris*, Eugène Renduel, 1829, 2 vol. in-8.

3916. Soirées (Les) de Vaucluse, par M. D. L. B. (Regnault de La Grellaye, et non par Rétif de La Bretonne). *Paris*, Buisson, 1789, 3 vol. in-12.

3917. Soirées (Les) du grand papa, par A. E. de Saintes (Alexis Eymery). *Paris*, Désirée Eymery, 1840, 2 vol. in-12.

3918. Soirées (Les) du Presbytère, par l'auteur de : « L'inconnu ou l'Expiation (Philippe-Irénée Boistel d'Exauvillez). *Lille*, Lefort, 1842, in-18.

3919. Soirées (Les) en famille, par A. M. (Arthur Mangin). *Tours*, Mame, 1855, in-8.

Collection de la bibliothèque des écoles chrétiennes. Une troisième édition a paru en 1857.

3920. Soirées (Les) politiques, ou Simples conversations sur les principes libéraux, par l'auteur du : « Bon Curé, du Bon Paysan, etc. (Philippe-Irénée Boistel d'Exauvillez). *Paris*, Gaume frères, 1829, in-32.

3921. Soixante ans du Théâtre-Français, par un Amateur, né en 1769 (par Louis-Jean-Baptiste-Mathieu Couture, célèbre avocat). *Paris*, Ch. Gosselin, 1842, in-12.

3922. Soldat (Le) français (par Roger). *Lyon*, 1804, in-8.

3923. Solution de grands problèmes, mise à la portée de tous les esprits, etc. Par l'auteur de: « Platon polichinelle » (l'abbé A. Martinet). *Paris*, Poussielgue-Rusand, 1843, in-18.

3924. Solution d'un cas de conscience proposé par quelques-uns de MM. les chapelains de l'église cathédrale de Rouen (par l'abbé Guillaume-André-René Baston). Sans date (*Rouen*, 1791), in-8.

3925. Solvique et Phonique, c'est-à-dire le mécanisme de la parole de vérité et écriture universelle au moyen de quarante et huit phonins ou lettres, etc. Précédées d'une esquisse d'une histoire de l'écriture, et suivies d'une méthode de noter la déclamation, etc. Par Ch. L. B. D. M.-G. (Charles Louis, baron de Mecklenbourg). *Paris*, F. Didot, 1829, 1 vol. in-12.

3926. Sommaire annotation des choses les plus mémorables advenues de jour à autre ès XVII provinces des Pays-Bas, dès l'an 1566, jusqu'au premier jour de l'an 1579. *Anvers*, Plantin, 1579, petit in-8.

Selon une note manuscrite de Van Hulthem, le célèbre graveur Philippe GALLE est l'auteur de cet opuscule, devenu extrêmement rare.

3927. Sommaire d'un cours d'histoire de Belgique (par Charles-Joseph-Adolphe Borgnet). *Liége*, Carmanne, 1854, in-8 (Ul. C.).

3928. Sommaire d'un cours d'histoire du moyen-âge (par le même). *Liége*, Redouté, 1845, in-8 (Ul. C.).

3929. Sommaire et vrai discours de la félonie et inhumanité commise à Lyon par les catholiques romains sur ceux de la religion réformée (par Pierre-Marie Gonon). *A Lyon*, sur le Rhosne, par J. Nigon, 1847, in-8.

Réimpression.

3930. Songe de saint Jérôme (par M. Antoine Péricaud). *Lyon*, J.-M. Barret, 1826, in-8 de 4 pages.

C'est une note destinée à la deuxième édition du Ciceroniana, ou Recueil des bons mots et apophthegmes de Cicéron. Lyon, 1812, 1 vol. in-8, tiré à 100 exemplaires.

3931. Sonnets (par Louis Barbey d'Aurevilly, de Saint-Sauveur-le-Vicomte; depuis missionnaire). *Caen*, Pagny, 1856, in-18.

3932. Sonnets sur les principaux mystères de la naissance, de la vie, de la mort et de la résurrection du fils de Dieu (par Bonnécamp, médecin). *Vienne*, G. Le Sueur, 1687, in-4.

3933. Sophonisbe, tragédie (par Jean de Mairet). 1633.

Cette pièce, qui fut représentée en 1629 (l'auteur avait alors dix-neuf ans), est la première où la règle des *vingt-quatre heures* fut observée. Elle eut un succès prodigieux. On la trouve imprimée dans le Recueil des meilleures pièces des anciens auteurs. On l'attribue généralement à Mairet ; pourtant s'il faut en croire Desbarreaux, elle ne serait pas de cet écrivain, mais bien de Théophile (Viaud). Voir ce que dit à ce sujet le *Menagiana*, de de La Monnoye, tome Ier.

« Ce fut Chapelain qui fut cause que l'on commença à observer la règle des vingt-quatre heures, parce qu'il fallait premièrement la faire accepter aux comédiens qui imposaient alors la loi aux auteurs. Sachant que le comte de Fiesque avait du crédit sur eux, il le pria de leur en parler, comme il fit. Il recommanda la chose à Mairet, qui fit la *Sophonisbe*. » (*Segraisiana*, p. 144.)

3934. Souffleurs (Les), comédie (par Michel Chilliat). *Paris*, veuve Coignard, 1696, in-12.

3935. Souffrances et consolations,

par l'auteur de : « Eulodie et Roseline » (Mme Tarbé des Sablons). *Paris*, Canuet, 1839, in-18.

3936. Sourd (Le), ou l'Auberge pleine, comédie en cinq actes et en prose, par Desforges (Jean-Baptiste Choudard). *Paris*, 1790, br. in-8.

Cette pièce qui, en 1824, a été réduite en un acte (par MM. Delestre-Poirson, De Groiseilliers et Eugène Lamerlière), et à laquelle le nom de Desforges est resté attaché, est de Didier MORY, avocat au Parlement de Metz, à qui elle fut soustraite. — Quelques années après, elle parut sur le théâtre Montansier, en deux, puis en trois actes, sous le nom de Desforges, qui n'y avait fait que de légers changements et qui prétendait en être l'auteur, bien qu'à cette époque on lui eût mis sous les yeux des preuves émanées du directeur du théâtre de Metz, qui affirmait avoir eu en sa possession le manuscrit original, plusieurs années avant la représentation de cette pièce à Paris. En vain produisit-on à Desforges les certificats à l'appui de cette réclamation ; il persista, et Mory, autant dans l'intérêt de son repos, que pour ne pas compromettre la dignité de sa robe, préféra abandonner à son spoliateur l'honneur et le profit d'un ouvrage si souvent représenté.

3937. Sous le porche de l'abbaye, traditions des comtés de Bourgogne et de Neufchâtel (par Édouard et Charles Wuillemin). *Pontarlier*, Laithier, et *Besançon*, veuve Pastour, 1834, in-8.

L'Epître dédicatoire est signée des initiales E. Ch., et conçue en des termes propres à faire croire que cet ouvrage n'est que d'un seul auteur.

3938. Souvenirs (par Mme de Manne), accompagnés de notes (par E. de Manne). *Paris*, Crapelet, 1845, in-8.

En vers.

Une nouvelle édition, sortie des presses de L. Perrin, revue, corrigée et très augmentée, a paru en 1862, à Lyon, chez Scheuring.

3939. Souvenirs de Jean-Nicolas Barba, ancien libraire. *Paris*, Ledoyen et Giret, 1846 (1845), in-8.

Ces *Souvenirs* ont, dit-on, été mis en ordre et rédigés par Horace-Napoléon RAISSON ; si cela est, on ne s'explique guère les négligences et les incorrections dont ils fourmillent.

3940. Souvenirs de Mgr l'évêque de Liége. Détails sur sa vie, sa maladie, ses derniers moments et son inhumation (par J. Demarteau). *Liége*, Dessain, 1852, br. in-8 de 64 pages.

Cet évêque est Richard-Antoine-Corneille Van Bommel, né à Leyde, le 5 avril 1790, mort à Liége, le 7 avril 1852. Dans son *Nécrologe liégeois pour 1852*, M. Ulysse Capitaine a consacr. à ce prélat une notice intéressante et fort étendue.

3941. Souvenirs, poésies, par Camille V*** (Valette) (de La Lozère). *Paris*, 1839, 1 vol. in-8.

3942. Souvenirs à l'usage des habitants de Douai, ou Notes pour servir à l'histoire de la ville, depuis le 1er janvier 1822 jusqu'au 30 novembre 1842 (par Pierre-Antoine-Samuel-Joseph Plouvain). *Douai*, Derégnaucourt, 1822, in-12.

3943. Souvenirs à mes amis (par Augustin Durieu). *Paris*, A. Moëssard, 1830, in-12.

3944. Souvenirs de A. R. (Adrien

Raçon). *Metz*, Lamort, 1836, in-8.

3945. Souvenirs d'Angleterre et considérations sur l'Église anglicane (par l'abbé Robert, chanoine honoraire de Tours). *Lille*, Lefort, et *Paris*, A. Leclerc et Cie, 1841, 2 vol. in-18.

3946. Souvenirs d'émigration (par la comtesse d'Auger, née de Nédonchel). *Caen*, 1858, in-18.

3947. Souvenirs d'exil (par le baron Lemercher d'Haussez). *Paris*, 1833, in-12.

3948. Souvenirs de Jean Bouhier, président au Parlement de Dijon, extraits d'un manuscrit inédit et contenant des détails curieux sur divers personnages des XVIIe et XVIIIe siècles (publiés par MM. Mabile, employé au département des m^{ss} de la Bibliothèque impériale, et Lorédan Larchey). *Paris*, chez tous les libraires bibliophiles, sans date (1866), in-18.

3949. Souvenirs de Lulworth, d'Holy-Rood et de Bath (par le comte Etienne-Romain de Sèze, ex-maître des requêtes). *Paris*, Dentu, 1831, in-12.

Il y a eu une seconde édition in-8.

3950. Souvenirs de la fin du dix-huitième siècle et du commencement du dix-neuvième, ou Mémoires de R. D. G. (René-Nicolas Du Friche, baron des Genettes). *Paris*, Firmin Didot, 1835-1836, 2 vol. in-8.

Ces mémoires devaient être continués. La mort de l'auteur a interrompu la publication, les héritiers n'ayant pas jugé à propos de publier le troisième volume, en grande partie terminé, et qui jusqu'à ce jour est resté manuscrit.

3951. Souvenirs (apocryphes) de la marquise de Créquy. *Paris*, Fournier jeune, 1834-1835, 7 vol. in-8.

Ces souvenirs ont été rédigés à l'aide de notes très-habilement mises en œuvre, par Maurice COUSEN, qui s'est fait connaître en littérature sous le pseudonyme du comte de COURCHAMPS.

Ils ont eu plusieurs éditions.

3952. Souvenirs de ma vie littéraire. Recueil de vers et de prose (par Louis Alvin, chef de la division de l'instruction publique au ministère de l'intérieur, en Belgique). *Bruxelles*, 1843, br. in-18.

Nouvelle édition in-8.

3953. Souvenirs de M. L*** (Le Huy). *Paris*, J. Didot, 1806, in-18.

Recueil de chansons et d'épigrammes très-médiocres. Tiré à petit nombre et devenu très-rare.

3954. Souvenirs de Mme Jenny D*** (Marie-Hélène Dufourquet). *Paris*, Vente, 1821, in-12 (*).

« Ce petit roman larmoyant, dit M. A. Rochas, dans son excellente *Biographie du Dauphiné*, est le début de son auteur dans les lettres : Hugues-Marie-Humbert BOCON DE LAMERLIÈRE, mieux connu sous le pseudonyme plus léger d'*Eugène*, qu'il adopta par euphonie ou par condescendance pour Mme Jenny Bastide. »

(*) Voyez à l'article n° 15, la note que nous avons consacrée à cette romancière.

3955. Souvenirs de quarante ans, 1789-1830, etc. (Par Mlle Pauline de Tourzel, comtesse de Béarn). *Paris*, Lecoffre, 1861, in-8.

M. A. Nettement passe pour ne pas être étranger à leur rédaction.

3956. Souvenirs de Tusculum (par l'abbé Martin de Noirlieu). *Paris*, Gaume frères, 1834, in-8.

3957. Souvenirs de vacances. Rome, Naples et Florence, en 1853, par H. D. (Henri Dufay, avoué à Paris). *Senlis*, Ch. Duriez, 1854, 1 vol. in-12.

3958. Souvenirs de Van Spaendonck, ou Recueil de fleurs lithographiées, d'après les dessins de ce célèbre professeur; accompagné d'un texte rédigé par plusieurs de ses élèves (par M. Auguste-Philibert Châlons-d'Argé). *Paris*, Castel de Courval, 1825, in-4 oblong, avec 20 planches.

La vie de Van Spaendonck est, en grande partie, extraite d'un article inséré dans le *Journal des Débats*, et attribué à M. A. Jal.

Il s'agit ici de Gérard Van Spaendonck, membre de l'Académie des beaux-arts, et professeur au Muséum d'histoire naturelle. Il avait un frère. Corneille Van Spaendonck, comme lui peintre de fleurs, mais ayant moins de réputation.

3959. Souvenirs de voyage, ou Lettres d'une voyageuse malade (par la comtesse de la Grandville). *Lille*, L. Lefort, et *Paris*, Adr. Leclerc, 1836, 2 vol. in-8.

Une seconde édition a paru en 1856.

3960. Souvenirs de voyage, ou les Vacances en Auvergne. Itinéraire du Puy-de-Dôme, par l'abbé E. J. C. (Etienne-Joseph Cosse). *Clermont - Ferrand*, Fernand Thibaud, 1857, in-12.

3961. Souvenirs de voyage dans le pays rhénan, par Charles de Saint-Hélène (Jules Pety de Rosen, ancien président de la Société scientifique et littéraire du Limbourg). *Liége*, Desoër, 1850, 3 vol. in-12.

3962. Souvenirs de voyages. 1837. Promenade sur les bords du Rhin (par le marquis Alexandre-Auguste de Gallifet, ancien colonel de cavalerie). *Paris*, Didot, 1839, 1 vol. grand in-8.

Opuscule tiré à cent exemplaires seulement.

3963. Souvenirs des bords de la mer (par Antoine de Latour). *Paris*, Fain, 1838, in-32.

Récit d'un voyage à Dieppe.

3964. Souvenirs dramatiques. Talma. Anecdotes concernant cet acteur et le voyage qu'il fit à Boulogne-sur-Mer, en 1817 (par Pierre-François-Nicolas Hédouin). *Paris*, Villebon, 1854, in-12 de 24 pages.

Pierre-François-Nicolas Hédouin, fut avocat à Boulogne-sur-Mer jusques en 1845. Il entra à cette époque en qualité d'archiviste au ministère des travaux publics. La révolution de 1848 lui fit quitter ce poste, et vers 1852, il obtint, à Valenciennes, la place de commissaire de surveillance administrative au chemin de fer du Nord. Voir le n° 4080.

3965. Souvenirs d'Italie, par un Catholique (le marquis de

Beaufort). *Bruxelles*, Méline, 1838, in-8, fig.

3966. Souvenirs d'un ancien garde du corps (par Xavier Huvelin, ancien garde du corps de la compagnie de Noailles). *Paris*, A. Cadot, 1858, 6 vol. in-8 et 10 vol. in-12.

Ces souvenirs ont été mis en ordre par M. Xavier DE MONTÉPIN, dont ils portent le nom.

3967. Souvenirs d'un demi-siècle, racontés par un grand-père à son petit-fils (par Salle). *Châlons-sur-Marne*, 1858, br. in-8 de 91 pages.

3968. Souvenirs d'un dépaysé, par Charles-Edmond (Choieçky). *Paris*, Michel Lévy, 1862, in-8.

3969. Souvenirs d'un enfant du peuple, par Michel Masson (Auguste-Michel-Benoît Gaudichot). *Paris*, H. Souverain, 1838-1841, 8 vol. in-8.

L'auteur a, dit-on, raconté dans cet ouvrage les nombreuses vicissitudes de son existence.

3970. Souvenirs d'un étudiant, poésies universitaires, par Paulus Studens, élève en droit à l'Université de Liége (par Victor Hénaux). *Liége*, Fr. Houdart, 1844, in-18 de 126 pages.

3971. Souvenirs d'un jeune voyageur, ou Récits et faits remarquables tirés des plus célèbres voyageurs modernes français et étrangers. Recueillis par M. J. O. D. (Joseph Odolant Desnos), *Paris*, Lavigne, 1834, in-12.

3972. Souvenirs d'un officier au 2e de zouaves. *Paris*, Michel Lévy, 1859, in-12.

Le général Jean-Joseph-Gustave CLER, tué à la bataille de Magenta, le 6 juin 1859, est l'auteur de ce livre.

3973. Souvenirs d'un officier royaliste, par M. de R... (le comte de Romain), ancien colonel d'artillerie. *Paris*, tome I et II, Ad. Egron, 1824, et tome III, Hivert, 1829, 3 vol. in-8.

Le comte DE ROMAIN est mort le 6 mars 1858. Le comte Théodore de Quatrebarbes a publié : *Notice sur M. le comte de Romain. Angers*, 1858, in-18 de 34 pages.

3974. Souvenirs d'un oisif (par J. Raymond, ancien professeur de chimie). *Lyon*, Ayné, et *Paris*, Isidore Person, 1830, in-8.

3975. Souvenirs d'un voyage dans les Pyrénées (par Auguste Clavé). *Paris*, Debécourt, 1835, in-12.

3976. Souvenirs d'un voyage en Normandie, pendant le voyage du roi des Français, etc., par F. Huart (Alfred-Jean Letellier). *Paris*, 1833, in-18.

3977. Souvenirs d'un voyageur, par C. de N. (le comte Charles de Nogent). *Paris*, E. Dentu, 1857, in-8.

3978. Souvenirs d'un voyageur solitaire (par Auguste de Belisle). *Paris*, Frank, 1844, 2 vol. in-8.

3979. Souvenirs d'une demoiselle d'honneur de la duchesse de Bourgogne (par Mme la comtesse d'Haussonville, née de Broglie). *Paris*, Michel Lévy, 1861, in-8.

3980. Souvenirs d'une douairière, par Anna Edianez (Mlle Zénaïde Fleuriot). *Paris*, Ambroise Bray, 1863, in-18.

3981. Souvenirs d'une excursion au manoir de Longpré. Extraits d'impressions non destinées à l'impression, par André Meuret (Ferdinand-Jules Hénaux). Herve (*Liége*, Oudard), 1845, in-8.

3982. Souvenirs d'une promenade en Suisse, pendant l'année 1827, recueillis pour ses amis, par Charles C*** (Cuchetet). *Paris*, 1828, in-8.

Imprimé à trente exemplaires.

3983. Souvenirs du Directoire et de l'Empire, par Mme la baronne de V... (de Viel-Castel, ancienne dame d'honneur de l'impératrice Joséphine). *Paris*, 1848, br. in-8 de 90 pages.

3984. Souvenirs et causeries, par le président B*** (Boyer, pair de France). *Paris*, Guiraudet, 1834, in-8.

3985. Souvenirs et impressions d'un ex-journaliste, pour servir à l'histoire contemporaine (Louis Nouguier). *Paris*, Michel Lévy, 1856, in-8.

« Ce volume, dit l'auteur dans sa préface, forme la dernière partie des : « *Mémoires de ma vie*. »

3986. Souvenirs et journal d'un bourgeois d'Evreux, 1740-1830. *Evreux*, Cornemillot et Regimbert jeune, 1850, in-12.

Ces souvenirs, qui sont ceux d'un ouvrier vannier de cette ville, nommé Nicolas-Pierre-Christophe Rogue, ont été publiés par M. Théodose Bonnin, ex-notaire, membre de la Société libre d'agriculture d'Evreux, et auteur des notes insérées dans le cours de ce volume.

3987. Souvenirs et mélanges littéraires, politiques et biographiques, par M. L. de Rochefort (Jean-Pierre-Jacques-Auguste de la Bouisse). *Paris*, Bossange, 1826, 2 vol. in-8.

De la Bouisse a publié depuis : « Trente ans de ma vie, 1775-1826, ou Mémoires politiques et littéraires. » *Toulouse*, Delsol, 1844, 8 vol. in-8.

L'époux-amant d'Eléonore Bonafoux, qu'il a cru immortaliser en la chantant, est mort, le 22 février 1832, à Castelnaudary, sa ville natale, où il s'était établi imprimeur. Membre de vingt-six académies, au moins, il a laissé plus de vingt-cinq volumes de prose incorrecte et de poésies glaciales ; et, lorsqu'il lui arrive d'être lisible, et, chose plus rare encore, d'être intéressant, on a droit de demander : « Avait-il à côté de lui M. de Boufflers, M. de Kérivalant, M. Chardon de la Roquette, ou M. Bréghot-du-Lut ? »

(Biographie générale.)

3988. Souvenirs et regrets du vieil amateur dramatique, ou Lettres d'un oncle à son neveu sur l'ancien théâtre français, etc. (par Antoine-Vincent Arnault, de l'Académie française). *Paris*, Ch. Froment, 1819, 2 vol. in-12, avec figures.

On avait annoncé, comme devant y faire suite, les « *Souvenirs et jouissances d'un jeune auteur dramatique*. » Cet ouvrage n'a point paru.

3989. Souveraineté (La) des rois, poëme épique, divisé en trois livres (par le P. de Nancel). 1610, in-8.

3990. Souvenirs intimes et anecdotiques d'un garde du corps des rois Louis XVIII et Charles X, publiés par M. Xavier de Montépin. *Paris*, Cadot, 1857, 10 vol. in-8.

Ces *Souvenirs*, signés à la dernière page X. H., sont de M. Xavier HUVELIN.

3991. Souvenirs numismatiques de la Révolution de février 1848 (par Louis-Joseph-Félicité Caignart de Saulcy). *Paris*, J. Rousseau, in-4, pl.

3992. Souvenirs politiques, signés V... (Auguste-Théodore Visinet). *Rouen*, Brière, sans date (1857), br. in-8.

Extraits du *Journal de Rouen*, dont VISINET était alors rédacteur en chef. A la Révolution de 1848, il fut nommé, le 7 juillet, préfet du département de l'Orne, par le général Cavaignac. Destitué en novembre 1849, après moins de deux années d'exercice dans ses fonctions, il est retourné à Rouen, où il est mort depuis.

3993. Spa, son histoire, ses fontaines, ses monuments et ses environs (par Brutus Durant, contrôleur des contributions). *Spa*, Wollesse, 1853, in-12 (Ul. C.).

3994. Spectacle en famille. Première série. Les Mariages manqués. — Les Deux lièvres, proverbes en un acte, par G. M... (Millot), 1re livraison. *Châlons-sur-Saône*, A. Dussieu, 1862, in-8.

3995. Spectre (Le) de la galerie du château d'Estalens, ou le Sauveur mystérieux, traduit de l'anglais, par le baron G*** (Etienne-Léon de Lamothe-Langon). *Paris*, Corbet, 1819, 4 vol. in-12.

Traduction supposée.

3996. Stances, ou Quatrains libres faisant suite aux dernières considérations sur l'auteur de la grande œuvre de l'Imitation latine, etc. (par Jean-Baptiste-Modeste Gence). *Paris*, l'auteur, 1839, br. in-8 de 24 pages.

3997. Stations poétiques, heures d'amour et de douleur, par Sébastien Rhéal (Amédée Gayet). *Paris*, E. Dentu et J. Tardieu, 1858, in-16.

3998. Statique de la guerre, ou Principes de stratégie et de tactique, suivis de mémoires militaires inédits et la plupart anecdotiques, etc., ou Nouvelle édition du mécanisme de la guerre, considérablement augmentée. Par le baron R. de Saint-C*** (Jacques-Antoine Révérony Saint-Cyr). *Paris*, Anselin et Pochard, 1826, in-8.

3999. Statistique de l'arrondissement de Falaise, par F. Galeron, A. de Brébisson et Jules Dénoyers. *Falaise*, Brée aîné, 1826-1828, 2 vol. in-8.

Malgré la présence de son nom sur le titre de cette publication, M. Jules DESNOYERS (aujourd'hui bibliothécaire du Muséum d'histoire naturelle) décline toute participation à ce travail.

4000. Statistique de la Marne, par Chanlaire, 1810, in-4.

La Biographie générale attribue cette notice statistique à Pierre-Antoine LALOY.

4001. Statistique des communes du ressort de la ville de Douai (par Pierre-Antoine-Samuel-Joseph Plouvain). *Douai*, Derégnaucourt, 1824, in-16.

4002. Statistique industrielle du canton de Creil (par le duc François-Alexandre-Frédéric de Larochefoucauld-Liancourt). *Senlis*, Tremblay, 1826, br. in-8 de 126 pages.

4003. Statue (La) de Louis XIV, place Bellecour, sera-t-elle ou non enlevée? Récits des émotions que cette question a causées à Lyon (par Chambet aîné, libraire). Sans date (mai 1848), in-8, pièce de 4 pages.

4004. Statue (La) de Pitt, ou le Charlatan du dix-huitième siècle, terrassé par l'homme du dix-neuvième siècle (par de Bauve). *Paris*, an XII, in-8.

4005. Statuts de l'ordre du Saint-Esprit (publiés par P. Clairembault). *Paris*, imprimerie impériale, in-4.

4006. Statuts de l'ordre maçonnique en France (par Desveux, garde des archives du Grand-Orient). *Paris*, 1807, in-8.

4007. Statuts et offices de la confrérie de la Pénitence, établie en l'église paroissiale de Saint-Nicolas de Nancy (par l'abbé Lange, curé de Saint-Nicolas). *Nancy*, Vagner, 1847, br. in-12 de 36 pages.

4008. Stenia, par Mme Camille Bodin (Marie-Hélène Dufourquet). *Paris*, Dumont, 1837, 2 vol. in-8.

4009. Stiepan Annibale d'Albanie à Frédéric-Guillaume de Prusse. Epître pathétique, philosophique, historique, etc., ou l'Alcoran des princes destinés au trône. Traduit de la 10e édition italienne, par Main de Maître. *Saint-Pétersbourg*, 1783, in-8.

On sait que la formule : *Par Main de Maître*, qu'on lit sur le titre de ce volume, désigne les productions littéraires des Souverains du Nord. Celui-ci est donc de CATHERINE II. Suivant une note de Charles Nodier, placée à la suite du n° 277, dans le Catalogue de Guilbert de Pixérécourt, ce livre serait d'une excessive rareté, et aurait échappé même aux recherches de Barbier.

4010. Stratonice et son peintre, ou les Deux portraits, conte qui n'en est pas un; suivent Phryné devant l'aréopage; Pradon à la comédie, etc. (par Joseph-Marie-Nicolas Deguerle). *Paris*, 1800, in-8.

C'est une satire en vers à l'occasion d'un portrait épigrammatique de Mlle Lange (actrice de la Comédie-Française), peint par Girodet, et exposé au salon en l'an VII.

4011. Suisse (La) allemande et l'ascension du Mœnch, par Mme Dora-d'Istria (princesse Koltzoff Masalski, née Hélène Ghika). *Genève*, Joël Cherbuliez, 1859, 4 vol. in-12.

4012. Suisse (La) française, par

Mme Dora-d'Istria (la même). *Paris*, Joël Cherbuliez, 1860, 4 vol. in-12.

4013. Suite au Mémorial de Sainte-Hélène, ou Observations critiques, anecdotes inédites, pour servir de supplément et de correctif à cet ouvrage (par Joseph-François Grille et Victor-Donatien Musset-Pathay). *Paris*, 1824, 2 vol. in-12.

Le premier volume, dont la publication précéda de plusieurs mois celle du second, avait eu deux éditions. Barbier a omis de mentionner Grille comme étant l'un des auteurs de cet ouvrage.

4014. Suite aux observations sur un Vocabulaire géorgien-français et sur une Grammaire géorgienne, publiés par M. de Klaproth (par Marie-Félicité Brosset, membre de la Société asiatique). Décembre 1829, in-8.

Voir le n° 2966.

4015. Suite de l'analyse des ouvrages de M. Charrier de La Roche (par l'abbé Guillaume-André-René Baston). *Rouen*, 1791, in-8.

4016. Suite (La) du comte de Gabalis, ou Nouveaux entretiens sur les sciences secrètes, touchant la nouvelle philosophie. Ouvrage posthume. *Amsterdam*, Pierre Mortier, sans date, in-12.

Ce livre est de l'abbé DE VILLARS, auteur du *Comte de Gabalis*. Ce petit neveu du célèbre Montfaucon, dont il prenait souvent le nom qu'il ajoutait au sien, était né dans les environs de Toulouse, et mourut vers l'année 1677.

Vers 1671, cet abbé devait prêcher au noviciat des Jacobins du Faubourg-Saint-Germain, le panégyrique de saint Thomas d'Acquin. M. de La Brunetière, grand-vicaire de Paris, le siége vacant, depuis évêque de Saintes, pria les religieux de l'en empêcher, parce qu'il était soupçonné d'avoir fait le *Comte de Gabalis*. M. de Chanvallon, archevêque de Paris, leva depuis ces difficultés, disant à M. de La Brunetière qu'il était content de la déclaration que cet abbé lui avait faite.

(*Mélanges d'histoire et de littérature*, tome I, page 281.)

4017. Suite du Supplément au nobiliaire des Pays-Bas et du comté de Bourgogne, par M. D. S. D. H. (De Vegiano, seigneur de Hoves). *Malines*, Hœnicq, 1779, 5 vol. in-8.

4018. Sully, ou la Vengeance d'un grand homme, comédie en trois actes et en prose (par Jean-Charles-Claude Bailleul). *Paris*, Ant. Bailleul, 1804, in-8.

Cette pièce, qui n'a point eu de succès, n'a été jouée qu'une seule fois.

4019. Supercheries (Les), ou Elle voulait, elle ne voulait pas, comédie en cinq actes et en vers, par Ph.-L. C*** (Philippe-Louis Candon). *Marseille*, Guyon, et *Paris*, Lenormand, 1809, in-8.

4020. Supériorité (La) aux échecs mise à la portée de tout le monde (par Zuylen Van Nievelt, membre du Sénat conservateur). *La Haye*, 1792, 1 vol. in-12.

4021. Supériorités (Les) modernes, ou le baron de Soussusous, comédie-proverbe, en quatorze actes et en prose, destinée à servir de documents à l'histoire du dix-neuvième siècle, depuis le 1er janvier 1820 jusqu'au 1er janvier 1830, exclusivement. Dédié à la jeune France, par son très-humble admirateur Claude Jobin, ganache du dix-huitième siècle (par le vicomte Emmanuel d'Harcourt). *Paris*, Dentu, 1832, 2 vol. in-8.

4022. Superstitions et prestiges des philosophes, ou les Démonolâtres du siècle des lumières, par l'auteur des *Précurseurs de l'Ante-Christ* (l'abbé Jean Wendel-Würtz). *Lyon*, Rusand, 1817, in-8.

DELEUZE, l'apôtre du magnétisme, crut devoir faire à cette attaque une réponse étendue. *Paris*, Dentu, 1818, in-8.

4023. Supplément à l'Essai de morale, etc. (par l'abbé Guillaume-André-René Baston). (*Rouen*, 1792), in-8.

4024. Supplément à l'Extrait du charnier des Innocents. Signé de Droiture (Pierre-Mathieu Parein). 1789, br. in-8. de 22 pages.

4025. Supplément à l'histoire d'Alençon (par l'abbé Gautier, auteur de cette histoire). *Alençon*, Poulet-Malassis, 1821, in-8.

4026. Supplément au Mémoire sur la fabrication des eaux-de-vie de sucre (par Jos.-Fr. de Charpentier-Cossigny). *A l'Isle-de-France*, imprimerie royale, 1782, in-4 de 92 pages.

4027. Supplément au nobiliaire des Pays-Bas et du comté de Bourgogne, par M. D. S. D. H. (De Vegiano, seigneur de Hoves), 1420-1555. *Louvain*, Jean Jacobs. 1775, in-12.

4028. Supplément aux découvertes d'un bibliophile, ou Réponse à l'écrit intitulé : « Les découvertes d'un bibliophile réduites à leur juste valeur » (par M. Busch). *Strasbourg*, Silbermann, 1843, in-8.

4029. Supplément aux notices sur Serpanne (par Mansuy). *Pont-à-Mousson*, Thierry, 1818, in-8.

4030. Supplément aux œuvres du chanoine Loys Papon, publié pour la première fois sur les manuscrits originaux, par les soins et aux frais de M. Yéméniz ; précédé d'une notice, par Guy de la Grye (Régis Chantelauze). *Lyon*, Louis Perrin, 1860, in-8, gravures dans le texte.

4031 Supplément aux variétés littéraires du citoyen T*** (le baron Herman-Jean de Trappé), né à Liége. *Paris (Liége)*, an X (1802), br. in-8 de 81 pages.

4032. Supplément aux Vies des Pères, martyrs et autres principaux saints, de l'abbé Godescard, par l'abbé D*** (J.-M. Doney, depuis évêque de Montauban) chanoine théologal et vicaire général. *Besançon*, Gauthier, 1835, 3 vol. in-8.

L'abbé Doney, né dans un village, à quelques lieues de Besançon, est l'auteur de plusieurs ouvrages de piété et de controverse, ainsi que d'un *Cours de philosophie*, en latin, adopté dans plusieurs séminaires.

4033. Suppliantes (Les) au général Cavaignac, par Daniel Stern (la comtesse d'Agoult, née Marie de Flavigny). *Paris*, Amyot, 1828, in-8, pièce.

4034. Suppression du dernier couplet de la *Marseillaise*, et captivité de Rouget de l'Isle, en 1793. *Lyon*, Léon Boitel, 1835, in-8, pièce.

Attribué à René MOREL, médecin à Lyon, où il est mort, le 1er mars 1851, à l'âge de 64 ans. Peu de temps après sa mort, ses amis ont fait imprimer un recueil de ses chansons, format in-12.

4035. Sur l'administration de M. N*** (Necker), par un Citoyen français (attribué à Doigni du Ponceau). Sans date, in-12 de 50 pages.

4036. Sur la Vénus de Milo, précédé d'un discours préliminaire, par M. de S. V. (Jacques-Maximilien Bins de Saint-Victor). *Paris*, Didot, 1823, in-folio.

4037. Sur les haras du Pin, ou De la ci-devant Normandie, par un Propriétaire du Calvados (André De La Fresnaye). *Falaise*, an I, in-8.

4038. Sur le mannequin. Discours dans lequel on traite de son invention, de sa perfection et de son usage (par Barillet). *Paris*, 1809, br. in-8.

4039. Sur le Moniteur du 26 février 1833. *Paris*, Dentu, br. in-8.

Cet opuscule, signé E. S. J., est de M. Emmanuel DE SAINT-JAMES.

4040. Sur l'emplacement de l'obélisque de Louqsor. *Paris*, Decourchant, 1834, br. in-8.

Cette brochure, signée VIATOR, dans laquelle on propose de placer le monolythe égyptien sur le terre-plein du Pont-Neuf, est de Edme-François JOMARD.

4041. Sur l'état actuel des marbrières de France (par le vicomte Héricart de Thury). *Paris*, veuve Agasse, 1824, br. in-8.

4042. Sur l'importance des études classiques. Traduit de l'allemand de Frédéric Thiersch (par N.-J. S. Schwartz, professeur à l'Université de Liége). (*Liége*, Kersten, 1839), in-8 (Ul. C.).

4043. Sur l'oreiller, par l'auteur de : « Entre onze heures et minuit » (Alphonse Brot et Emile-Marc Hilaire). *Paris*, Vimont, 1834, in-8.

4044. Sybille (La), parodie (en un acte et en vaudevilles (par Harny de Guerville). *Paris*, Delormel, 1758, in-8.

4045. Syrie (La), la Palestine et la Judée. Pèlerinage à Jérusalem et aux Lieux saints.

Par le R. P. Laorthy-Hadji (par le baron Isidore-Justin-Séverin Taylor). *Paris*, Bolle-Lasalle, 1856, in-12.

Livre fréquemment réimprimé.

4046. Système décimal et métrique, etc., avec ses tables de transformation des nouveaux poids et mesures en quintaux, livres, onces, etc. (par Armand Gaborria). *Bruxelles*, an VIII, in-8.

4047. Système financier colonial, ou Plan de deux grands établissements industriels, indispensables au développement de la prospérité de la France, par César-Auguste L*** (Lambert). *Paris*, Remoissenet, 1832, in-8.

R

4048. Table des droits de l'homme et du citoyen. Signé C. Desjardins (par Jean-Gabriel Cappot, dit Capo de Feuillide). *Paris*, Dupuy, novembre 1832, br. in-8 de 32 pages.

4049. Table (La) ronde, poëme (par le baron Auguste Creuzé de Lesser), 4e édition, plus complète que les précédentes. *Paris*, Aimable Gobin, 1829, in-8.

Cette édition est augmentée d'un article de M. de Boufflers, et d'une pièce de vers d'Arnault, adressée à l'auteur au sujet de son poëme. Les deux premières éditions (de 1812 et 1814), étaient in-18, et intitulées : « *Les Chevaliers de la Table ronde.* » Elles portaient le nom de l'auteur.

4050. Tableau ou Description de la Russie (par Brachier). *Avignon*, Chaillot jeune, 1813, in-12.

4051. Tableau, ou Exposé des principes simples de l'esprit et de la matière qui sont indécomposables (par C. Romieux). *Paris*, sans date (1801), in-8.

4052. Tableau de la situation actuelle des colonies, présenté à l'Assemblée nationale (par David Duval-Sanadon). *Paris*, 28 décembre 1789, in-8 de 12 pages.

Une troisième édition, imprimée en 1814, porte le nom de l'auteur.

4053. Tableau de l'histoire universelle jusqu'à l'ère chrétienne, en vers français (par le comte de Dion). Dédié à la princesse de Galles. *Londres*, 1807, br. in-8.

Souvent réimprimé. L'édition de 1826, qui est la quatrième, porte le nom de l'auteur.

4054. Tableau de Rouen, pour les années 1774-1780, etc. (par Etienne-Vincent Machuel, imprimeur). *Rouen*, Et.-V. Machuel, 1781, in-24.

4055. Tableau de tous les traitements et salaires payés par l'Etat, d'après le budget de 1830 ; par un Membre de la Société de statistique de France

(Louis-François Benoiston de Châteauneuf). *Paris*, Hautecœur-Martinet, 1831, br. in-8 de 32 pages.

4056. Tableau des écoles élémentaires (par MM. Edme-François Jomard, Alexandre-Etienne Choron et l'abbé Gaultier). *Paris*, 1816, in-folio.

4057. Tableau des écrivains français, par N.-A.-G. D. B. *Paris*, Debray). 1809, 2 vol. in-8.

Ce livre fut d'abord attribué, dans le public, à cause des initiales inscrites sur son frontispice, au libraire-éditeur; mais l'auteur, DE SANTEUL, se révéla lui-même dans la seconde édition, qui parut en 1810, 1 vol. in-8, sous le titre de : *Tablettes biographiques*, avec son nom.

4058. Tableau des guerres de la Révolution de 1792 à 1815; par P. G. (Paul Gayant, inspecteur divisionnaire des ponts et chaussées), ancien élève de l'Ecole polytechnique. Ouvrage accompagné de 20 cartes géographiques, et orné de trente portraits. *Paris*, Paulin, 1838, in-8.

4059. Tableau des malheurs du peuple juif, depuis sa sortie d'Egypte jusqu'à la prise de Jérusalem, par Titus, inclusivement. Suivi de quelques vers (par Nicolas-René Camus-Daras). *Paris*, Cellot, 1808, in-8.

4060. Tableau des persécutions de l'Eglise pendant les trois premiers siècles de l'ère chrétienne, publié par M. l'abbé H*** (Hunkler). *Paris*, Gaume, 1832, in-18.

4061. Tableau des trois époques, ou les Philosophes avant, pendant et après la Révolution (par Théard). *Paris*, Roland, 1829, in-8.

4062. Tableau général des différentes collections que renferme le dépôt des archives de l'Etat dans la province de Liége (par Mathieu-Lambert Polain). *Liége*, Denoël, 1845, in-8 (Ul. C.).

4063. Tableau historique des gens de lettres, ou Abrégé chronologique et critique de l'histoire de la littérature française, etc. Par M. l'abbé de L*** (Pierre de Longchamps et Dussieux). *Paris*, Charles Saillant, 1767, 6 vol. in-12.

Les deux premiers volumes seulement sont anonymes.

4064. Tableau historique du Rouergue, suivi de recherches sur des points d'histoire peu connus (par le baron de Gaujal, président en la Cour royale de Pau). *Rhodez*, Carrère, 1819, in-8.

4065. Tableau historique et politique de l'Europe, depuis 1786 jusqu'en 1796, 2e édition. *Paris*, 1803, 3 vol. in-8.

Cet ouvrage, dont la première édition avait paru sous le titre de : « *Histoire des principaux événements arrivés sous le règne de Frédéric II,* » est contesté à SÉGUR, dont il porte le nom, et attribué par Auguis (voir les *Conseils du trône*) à un auteur nommé ROUSSEL.

4066. Tableau (Le) parlant, comédie-parade, mêlée d'ariettes, par Anseaume. *Paris*, 1769, in-12.

Le véritable auteur de cette pièce est le duc de MANCINI-NIVERNAIS.

4067. Tableau philosophique du règne de Louis XIV, jugé par un Français libre (Joseph Lavallée). *Strasbourg*, Kœnig, 1791, in-8.

4068. Tableau statistique du département de la Dyle, publié par M. D. B. (le chevalier de Bouge). 1804, gr. in-folio.

4069. Tableau statistique du département de l'Ourthe, par le citoyen Desmousseaux, préfet (par Alexandre Pitou, professeur à l'Ecole centrale de Liége), publié par ordre du ministre de l'intérieur. *Paris*, an IX, br. in-8 de 54 pages.

4070. Tableaux de la bonne compagnie, ou Traits caractéristiques, anecdotes secrètes, morales et littéraires, recueillies dans les Sociétés du bon ton, pendant les années 1786-1787, accompagnés de planches en taille-douce, dessinées et gravées par M. Moreau le jeune et d'autres célèbres artistes. *Paris*, 1787, 2 tomes en 1 vol. in-12.

Les charmantes vignettes qui décorent ce livre sont, non pas gravées d'après les dessins de Moreau, mais réduites d'après des planches de dimension grand in-4, dessinées par cet artiste. Elles n'en sont pas moins jolies.

Quant au texte de ce livre, il y a lieu de croire qu'il est de RÉTIF LA BRETONNE. Ce qui semble autoriser cette conjecture, c'est que cet ouvrage a été reproduit avec le nom de ce fécond écrivassier, postérieurement à la date de 1787, sous le titre suivant : « *Les Petites pensées et les Grands costumes de la dernière Cour*, avec de jolies gravures de Moreau, et des *anecdotes recueillies*, par RÉTIF DE LA BRETONNE.

4071. Tableaux de la vie rurale, ou l'Agriculture enseignée d'une manière dramatique, par feu M. Désormeaux, fils naturel de M. Jérôme (par le comte Antoine Français de Nantes). *Paris*, A. Bossange, 1829, 3 vol. in-8.

L'auteur avait légérement modifié son nom à l'époque de la Révolution. Il était fils d'un notaire du Dauphiné, qui signait FRANÇOIS.

4072. Tableaux septennaires pour jouer avantageusement les extraits sur les loteries, etc. (par Mathelin). *Paris*, an IX, in-8.

4073. Tableaux sommaires faisant connaître l'état et les besoins de l'instruction primaire dans le département de la Seine, etc. (par Edme-François Jomard). *Paris*, Colas, 1828, br. in-8 de 32 pages.

4074. Tableaux synoptiques de l'école de peloton, d'après le réglement d'exercice pour l'infanterie de la Confédération, arrêtée en 1823. Par un Officier vaudois (Grand d'Hauteville). *Genève*, Cherbuliez, 1828, in-8.

4075. Tables synchroniques de l'histoire de France, ou Chronologie des princes et Etats contemporains sous les diverses périodes de la monarchie française, pour servir de suite à toutes les histoires de France. Par M. de V. (Vaublanc, de Montargis). *Paris*, Janet et Cotelle, 1818, in-8.

4076. Tables synchroniques de l'histoire de Lorraine, ou Chronologie abrégée de ses princes, et des monarques contemporains de France et d'Allemagne, etc., etc. Par M. N*** (Nicolas), officier en retraite. *Saint-Nicolas-de-Port*, 1844, in-4.

4077. Tablettes classiques, recueil de morceaux choisis dans les meilleurs écrivains français, depuis Malherbe jusqu'à nos jours (par Charles Berriat-Saint-Prix, alors substitut du Procureur général à Paris, aujourd'hui conseiller à la Cour impériale). *Paris*, Fanjat, 1825, 2 vol. in-8.

4078. Tancrède, ou la Conquête de l'épée de Roland (par Louis-Rose-Désiré Bernard, de Rennes). *Paris*, 1808, 2 vol. in-12.

4079. Tartuffe (Le) moderne, par M. Mortonval (Alexandre-Furcy Guesdon), auteur du : « Comte de Villemayor, » 3e édition. *Paris*, Eugène Renduel, 1829, 4 vol. in-12.

La première édition est de 1825.

4080. Talma. Anecdotes et particularités concernant ce tragédien célèbre, et le voyage qu'il fit, en 1817, à Boulogne-sur-Mer (par Pierre-François-Nicolas Hédouin). *Paris*, Ladvocat, 1827, br. in-8.

Cette notice a été réimprimée, avec des additions et des suppressions, dans un recueil signé du même écrivain et intitulé : « *Mosaïques, peintres, musiciens, littérateurs, artistes dramatiques,* à partir du XVe siècle jusqu'à nos jours. *Valenciennes*, 1856, in-8.

Les changements qu'on y remarque ont moins d'importance que la différence des temps et des idées en circulation ne le feraient supposer.

La pièce de vers, adressée à Talma, qui termine cette brochure, et qui est signée F. T., est d'un autre Boulonnais, François THUEUX, mort jeune à Paris, où il était établi marchand-bijoutier, rue de la Paix. Voir le n° 3964.

4081. Tarif pour le toisé des planches, réduit à la toise, pieds et pouces superficiels (par Lancelot). *Troyes*, Laloy, 1834, br. in-8 de 36 pages.

4082. Temple (Le) de la paresse, ou le Triomphe du travail, comédie en un acte et en vers, avec un prologue et un divertissement (par Adrien-Claude Lefort de La Morinière). *Paris*, 1753, in-12.

Non représentée.

4083. Testament de Pierre Talbert, par Léon Marcy (Jules Rouquette). *Paris*, Sartorius, 1854, in-18.

4084. Testament littéraire, ou Précis exact des écrits de toute nature, publiés par C. L. (Jean-Michel-Constant Leber), d'Orléans. *Orléans*, 1853, in-4 de 6 pages.

Tiré à douze exemplaires.

4085. Testament politique de l'année 1821, ou Avis et leçons à 1822, ma fille, ouvrage posthume (par le vicomte Gallard de Terraube). *Paris*, Charles Gosselin, 1822, br. in-8 de 48 pages.

4086. Tête (La) de bronze, ou le Déserteur hongrois, mélodrame en trois actes, par M. Augustin *** (Jean-Baptiste-Augustin Hapdé). *Paris*, Barba, 1808, br. in-8.

4087. Textes choisis, contenant les principaux fondements de la religion chrétienne, extraits des saintes Ecritures, et tracés pour son usage personnel et celui de ses amis dans la foi, par A.-M.-J.-J. D*** (André-Marie-Jean-Jacques Dupin, sénateur). *Paris*, Plon, sans date (1858), in-32.

4088. Thadéus le ressuscité, par Michel Masson (Auguste-Michel-Benoît Gaudichot) et Auguste Luchet. *Paris*, Ambroise Dupont, 1833, 2 vol. in-8.

Souvent réimprimé.

4089. Théagène, par Mlle G*** (Jeanne Galien, femme Wyttenbach). *Paris*, d'Hautel, 1815, in-12.

4090. Théâtre (Le) de la noblesse de Brabant, représentant les érections des terres, seigneuries et noms des personnes et des familles titrées; les créations de chevalerie et octroys de marques d'honneur et de noblesse accordez par les princes souverains dans le Brabant, jusques au roy Philippe V..., divisé en trois parties, enrichi de généalogies, alliances, quartiers, épitaphes, et d'autres recherches anciennes et modernes (par Joseph Van den Leene). *Liége*, J. F. Broncaertz, 1705, in-4.

4091. Théâtre (Le) de l'univers, poème, par M. le marquis de la Cer... (Cerveille). *Amsterdam*, 1746, in-8.

L'auteur était marquis du *Désert et de la Barre*, en la ville d'Alençon.

4092. Théâtre (Le) Français, Mlle Georges et l'Odéon, appréciés dans l'intérêt de l'art dramatique, par Ferdinand S.-L. (F. Simon de Laboullaye, secrétaire du Préfet de police). *Paris*, Ladvocat, 1822, br. in-8 de 32 pages.

4093. Théâtres (Les), lois, règlements, instructions, salles de spectacle, droits d'auteurs, correspondants, débuts, acteurs de Paris et des départements, par un Amateur (Joseph-François Grille). *Paris*, A. Eymery et Delaunay, 1817, in-8.

4094. Théâtres (Les) de Paris. — Histoire des Délassements comiques, par Deux habitués de l'endroit (Jules Prével et Emile Cardon). *Paris*, 1862, in-16.

4095. Théâtre (Le) des bons engins, auquel sont contenus cent emblèmes (par Guillaume de La Perrière). *Paris*, D. Janot, 1539, in-8.

4096. Thébaïde (La), ou le Diable hermite, par M. de Boissy

(par Elisabeth Guénard, baronne Brossin de Méré). *Paris*, Pigoreau, 1825, 3 vol. in-12.

4097. Thécla de Thurn, ou Scènes de la guerre de trente ans, traduit de l'allemand (de Mme Bénédict Naubert), par Mme de P*** (de Cérenville, née de Polier), chanoinesse du Saint-Sépulcre. *Paris*, Pillet, 1815, 3 vol. in-12.

Malgré l'assertion contraire, nous tenons pour certain, d'après le témoignage de ses fils, que le baron Jean-Etienne-Nicolas DE BOCK a pris part à la traduction de cet ouvrage.

4098. Thémisiana, ou Recueil d'aventures plaisantes du Palais, réparties singulières, gasconnades, etc. Rédigé par M. B. (Marc-Marin Bié, acteur du théâtre de Lyon). *Lyon*, Chambet, 1813, in-12.

Bié est mort à Rouen.

4099. Théologie à l'usage des gens du monde, ou Etudes sur la doctrine catholique, par Charles Sainte-Foi (Eloi Jourdain). *Paris*, Poussielgue-Rusand, 1843, in-12, 2e édition. *Paris*, le même, 1851, 3 vol. in-12.

Entièrement refondue et très-augmentée.

4100. Théophile de Solincour, ou la Vertu sacrifiée, par P.-J. B. (Paul-Jean Boisard). *Paris*, Lenormant, an XI, in-12.

4101. Théorie de l'amour et de la jalousie, l'esprit des femmes et les femmes d'esprit, par Stahl (Pierre-Jules Hetzel, libraire à Paris). *Paris*, 1857, 2 vol. in-8.

4102. Théorie de l'art du comédien, ou Manuel théâtral, par Aristippe (Félix Bernier). *Paris*, A. Leroux, 1825, in-8.

4103. Théorie des quatre mouvements et des destinées générales (par Charles Fourier). *Leipsig* (*Lyon*, Pelzin), 1808, in-8.

Charles FOURIER, natif de Besançon, s'était établi à Lyon, vers 1800. Il y a résidé presque jusqu'à la fin de l'Empire, vivant de l'ingrat métier de courtier marron.

4104. Théorie du jardinage, par M. l'abbé Roger Schabol. Ouvrage rédigé après sa mort, sur ses mémoires, par M. D*** (Delaville Hervé). *Paris*, de Bure père, 1771, in-8.

4105. Théorie du mouvement de l'eau dans les vases (par Louis-Alexandre-Olivier de Corancez). Précédée d'une notice nécrologique sur l'auteur (par le baron Jean-Baptiste-Joseph Fourier, membre de l'Institut). *Paris*, Bachelier, 1830, in-4.

4106. Théorie du travail, par de Tellam (Mallet de Chilly). *Orléans*, 1845, 2 vol. in-8.

4107. Thérésa, par H. Arnauld (Mme Charles Reybaud). *Paris*, Olivier, 1840, in-8.

Cette nouvelle fait partie d'une collection publiée sous le titre de : *Romans du cœur*.

4108. Thérèse, nouvelle, par H. L. B. (H. Le Bart, avocat à

Mortagne, Orne). *Mortagne*, Dauplay frères, 1865, in-8.

4109. Thérèse, ou la Petite sœur de charité, par M. E. de Saintes (Alexis Eymery). *Paris*, Eymery). Fruger et Cie, 1833, in-12.

4110. Théroigne de Méricourt, la jolie Liégeoise. Correspondance (apocryphe), publiée par le vicomte de V...y (Variclèry. Par le baron Etienne-Léon de Lamothe-Langon). *Paris*, Allardin, 1836, 2 vol. in-8.

4111. Thiamy, ou la Cachette de mon oncle; histoire de quatre enfants du mystère et de leurs parents (par Henri-François de La Solle). *Paris*, 1754, in-18.

4112. Thomas Morus, lord chancelier du royaume d'Angleterre, etc. (par Mme la princesse de Craon, née du Cayla). *Paris*, impr. de Fournier, 1833, 2 vol. in-8.

La deuxième édition, imprimée dans la même année, chez Guiraudet, et très-augmentée, n'est plus anonyme.

4113. Thrésor spirituel, contenant les obligations que nous avons de nous disposer à la mort, et les règles nécessaires pour vivre en parfait confrère de la dévote et illustre confrérie des agonisants (par Joseph Delacroix(. *Valenciennes*, Jean Boucher, 1668, petit in-12.

4114. Tiers (Le) Etat pour jamais établi dans ses droits, par la résurrection des bons rois et la mort éternelle des tyrans, ou Etats-généraux de l'autre monde (par Jean-Marie Chassaignon). *Langres (Lyon)*, 1789, 2 vol. in-8.

J.-M. CHASSAIGNON, né à Lyon, vers 1705, est mort à Thoissey (Ain), vers 1795.

4115. Tigresse mort-aux-rats, ou poison et contre-poison. Médecine en quatre doses et en vers, par MM. Dupin (Henri) et (Jules-Henri Vernois, marquis de Saint-Georges). *Paris*, Barba, 1833, in-8.

Cette pièce est une parodie du drame de *Lucrèce Borgia*, de Victor Hugo.

4116. Timoclée, ou la Générosité d'Alexandre. Tragédie-comédie. *Paris*, Ch. de Sercy, 1658, in-12.

L'auteur de cette tragédie se nommait MOREL.

4117. Tirelire (La) parisienne. Trésor du locataire, sécurité du propriétaire, par Dieulegarde (Dieulevard). *Paris*, E. Dentu, 1856, br. in-12 de 35 pages.

4118. Titime! par MM. Eugène Chapus et Victor Ch... (Charlier). *Paris*, Eugène Renduel, 1833, in-8.

4119. Toby-Flock. Clorinde, histoire normande. *Caen*, Legost-Clérisse, 1858, in-18.

L'auteur de ce joli petit volume est M. Alexis DOINET, rédacteur en chef du *Moniteur du Calvados*.

4120. Tom Jones, ou Histoire

d'un enfant trouvé, par Fielding; traduction nouvelle et complète (par le comte de La Bédoyère). *Paris*, Firmin Didot, 1833, 4 vol. in-8.

4121. Tom-Wild, ou le Bourreau, mélodrame en trois actes, par Antony (Antoine-Nicolas Béraud) et (Auguste-Anicet Bourgeois). *Paris*, Duvernoy, 1828, br. in-8.

4122. Tombeau de Napoléon Ier, érigé dans le dôme des Invalides, par M. Visconti, architecte de S. M. l'Empereur (par Auguste - Philibert Châlons-d'Argé). *Paris*, Curmer, 1853, in-12, avec gravures.

4123. Toquades (Les) illustrées, par Gavarni, texte de Charles de Bussy (Charles Marchal). *Paris*, Martinon, 1858, grand in-8.

4124. Torts (Les) apparents, ou la Famille Amériquaine *(sic)*, comédie en trois actes et en prose, par M. G...y (Jean-Claude Gorjy). Représentée sur le théâtre du Palais-Royal, le 15 mars 1787. *Paris*, Cailleau, in-12.

4125. Toulon, le 19 mai 1830 (par le marquis de Salvo). *Marseille*, Achard, 1830, in-4 de 28 pages.

4126. Tour (La) de Babel, comédie en cinq actes et en prose, par Anatole Bruant (Pierre-Charles Liadères, officier d'ordonnance de Louis-Philippe). *Paris*, Tresse, 1845, in-12.

4127. Tour (La) du Bog, ou la Sévérité paternelle, par l'auteur de : « La Roche du Diable, du Marchand forain, etc. » (Louis - Pierre - Prudent Le Gay). *Paris*, Hubert, 1819, 4 vol. in-12.

4128. Tour (La) de Nesle, drame en cinq actes, par MM. Frédéric Gaillardet et *** (Alexandre Dumas). *Paris*, Barba, 1832, br. in-8.

Cette pièce a donné lieu, dans l'origine, à un singulier procès ; il s'agissait de décider si les *astérisques* devaient être placés avant ou après le nom de M. Gaillardet. Le Tribunal a rendu un arrêt conforme aux conclusions de cet écrivain qui se prétendait *seul auteur* de l'ouvrage en litige, que M. Alexandre Dumas n'aurait fait *simplement que revoir* ; et, de plus, il a été enjoint au directeur du théâtre de ne mettre sur l'affiche que *trois astérisques* au lieu de *six*, qui y figuraient d'abord, et qui correspondaient au nombre de lettres formant les noms de A. Dumas.

A la reprise de ce drame, en avril 1861, les noms des deux auteurs ont été placés sur les affiches.

4129. Tout à propos de rien (par Pierre Dupuy). Sans gravures et sans vignettes. *Paris*, Pillet, 1824, in-12.

Une seconde édition, très-augmentée, a paru l'année suivante.

4130. Toutes les épigrammes de Martial, en latin et en français, distribuées dans un meilleur ordre, avec notes, éclaircissements et commentaires, publiées par M. B*** (Baux). *Paris*, chez l'auteur, et Gié-Boulley, 1843, 2 vol. in-8.

Cette publication n'a pas obtenu le succès qu'elle méritait.

4131. Traditions (Les) liégeoises sur Charlemagne, à propos d'un rapport présenté à l'Académie royale de Belgique (par Ferdinand-Jules Hénaux). *Liége*, Desoër, 1858, in-8 (Ul. C.).

4132. Traduction complète des psaumes en vers français, sur les textes hébreux, des LXX et de la Vulgate; G. G. (par Georges Enlart de Granval). *Paris*, L. Janet, 1819, in-8.

4133. Traduction des églogues de Pope et de son ode sur la musique, en vers français et latins, et de quelques pièces fugitives du même auteur, en vers français (par de Rocquigny de Bulonde, frère de l'abbé de Bulonde, prédicateur de la reine). *Paris*, Mérigot jeune, 1789, in-8.

4134. Traduction des fables d'Yriarte, et poésies françaises, au profit de l'œuvre de Châtel (Jura), destinée à répandre l'instruction religieuse dans les campagnes, par Mlle S... B... (Sophie Ballyat). *Lons-le-Saunier*, Gautier, 1859, in-8.

Mlle Sophie BALLYAT est une pieuse et charitable rentière, fort connue à Lyon par ses bonnes œuvres.

4135. Traduction des odes et de l'Art poétique d'Horace, en vers français. Par M. de *** (Ballainvilliers, depuis conseiller d'Etat). *Paris*, Migneret, 1812, in-12.

4136. Traduction des quatorze épîtres de saint Paul et des sept épîtres catholiques, avec des notes (par Auguste Prunelle de Lierre). *Paris*, Migneret, 1825, in-8.

4137. Traduction du Traité de Lactance : « De la mort des persécuteurs de l'Eglise (par l'abbé François de Maucroix). *Lyon*, 1699, in-12.

Voyez Nicéron, tome XXXII, page 74.

4138. Traduction d'un ouvrage anonyme, ayant pour titre : « *Riflessioni filosofico-morali. Pensées philosophiques morales;* » imprimé à Turin, en 1816. Par L. C. F. D. L. (le comte Fabre de l'Aude). *Paris*, Laurens aîné, 1817, in-12.

Le texte est en regard.

4139. Traduction libre en vers d'un fragment des Métamorphoses d'Ovide, précédée de lettres philosophiques, et suivie de quelques poésies fugitives (par Paul de Gourcy). *Metz*, Antonin, 1806, in-18.

L'auteur de ce curieux petit livre, qui paraît dirigé contre le célèbre archevêque de Lyon, Antoine Malvin de Montazet, était un ancien *chanoine, comte de Lyon, nommé* Paul-Joseph DE GOURCY DE MAINVILLE, né le 13 août 1756. L'éditeur qui a signé l'avis au lecteur de ces trois initiales : D. M. L. (DE MAINVILLE l'aîné), est un neveu de l'auteur.

Le prélat étant depuis longtemps dans la tombe (il mourut en 1788), on ne voit pas trop à quel propos le neveu d'un chanoine, qui avait, il est vrai, refusé son estime à l'archevêque de Lyon, affectait, après tant d'années, de répandre, dans le diocèse, des écrits injurieux pour la mémoire d'Antoine de Montazet.

4140. Tragédie de Zuléma, en cinq actes et en vers. Petite pièce nouvelle d'un grand orateur (par André-Charles Cailleau, libraire). Satyricomanie, *Paris*, Sévin-Mordant, 1762, in-8.

4141. Tragédie française à huit personnages, traitant de l'amour d'un serviteur envers sa maîtresse et de tout ce qui en advint. Composé par Jean Bretog, sieur de Saint-Sauveur, né à Saint-Laurent-en-Dyne. *Lyon*, Noël Grandon, 1571, in-12.

Cette édition est beaucoup moins rare que la première, qui date de 1561. Une nouvelle édition, imprimée à Chartres, chez Garnier, a été publiée en 1831, par les soins de M. Gratet-Duplessis, et n'a été tirée qu'à soixante exemplaires.

4142. Tragédies, fables et pièces de vers, par M. L. M. de T*** (le marquis Marc-Louis de Tardy), ancien député, etc. *Roanne*, 1839, in-8.

Voir le n° 1499.

4143. Trait du caractère et des mœurs des anciens Normands, imitée du danois de Samsoë, par Hildour (Sérène d'Acquiera). *Copenhague*; G. Bonnier, 1825, br. in-8 de 44 pages.

4144. Traité complet de la peinture, par M. P*** (Jacques-Nicolas Paillot) de Montabert. *Paris*, Bossange père, 1829, 10 vol. in-8.

4145. Traité complet de mnémonique, ou Art d'aider et de fixer la mémoire en tous genres d'études et de sciences. Par M*** (Jules Didier). *Lille*, Thomas Naudin, 1808, in-8.

4146. Traité complet sur l'éducation physique et morale des chats, suivi de l'Art de guérir les maladies de cet animal, par Catherine Bernard, portière (par Alexandre Martin, sous-chef au ministère des finances). *Paris*, chez l'auteur (chez Cardet), 1828, in-18.

Ce volume fait partie de la *Bibliothèque utile et amusante*, recueil plublié par le même auteur, et qui a été interrompu au cinquième volume.

4147. Traité d'arithmétique, contenant des tables pour la conversion des anciennes mesures en nouvelles, etc. Suivi de notions de géométrie, d'arpentage et de toisé, par E. Seuret, 2e édition, entièrement revue et corrigée (par Le Moine). *Paris*, Pelletier, 1832, in-8.

4148. Traité de perspective linéaire à l'usage des jeunes gens (par Gabriel-Antoine-Joseph Hécart). *Charleville*, 1778, in-8.

4149. Traité de prononciation grecque moderne, à l'usage des Français, par J. B. X. (Jules Berger de Xivrey, de l'Institut). *Paris*, Dondey-Dupré, 1828, in-12.

4150. Traité de l'expérience en général, et en particulier dans l'art de guérir, par G. Zimmermann, D. M.; traduit de l'allemand, par (Jean-Baptiste) Lefebvre de V..., D. M. (Villebrune, docteur-médecin). *Paris*, Crochard, et *Avignon*, Séguin, 1817, 2 vol. in-8.

4151. Traité de l'oraison mentale par C.-H.-P.-A. Van Berwaer, chanoine de la cathédrale de Liége). *Liége*, Dessain, 1848, in-18 (Ul. C.).

4152. Traité de la lecture chrétienne (par dom Nicolas Jamin, bénédictin). Nouvelle édition, précédée d'une notice sur sa vie et ses ouvrages (publiée par Etienne-Gabriel Peignot). *Dijon* et *Paris*, Lagier, 1825, in-12.

4153. Traité de la médecine, en huit volumes; traduit de Celse, par M. A. Fouquier, professeur de la Faculté de médecine de Paris, et F.-S. Ratier, docteur en médecine de la même Faculté. *Paris*, Baillière, 1824, in-18.

Cette traduction *nouvelle* n'est que la reproduction, sous d'autres noms et dans un format différent, du travail de Henri NINNIN (1), modifié par le docteur L*** (LEPAGE DE LINGERVILLE); édition publiée en *1821*, chez Delalain (Extrait de la préface de Celse, dans la collection des auteurs latins de Nisard).

(1) La traduction de H. Ninnin parut en 1754.

4154. Traicté de la nature des viandes et du boire; avec leurs vertus, vices, remèdes et histoires naturelles, utile et délectable en tous bons esprits; de l'italien du docteur Balthazar Pisanelli, mis en nostre vulgaire, par A. D. P. (Antoine de Pouvillon). A *Arras*, chez Gilles Bauduyn, MDCVI, in-16 de 244 pages.

4155. Traité de la paix intérieure, en quatre parties, par le R. P. de Lombez; suivi de prières que Nersès, patriarche des Arméniens, fit à la gloire de Dieu, pour toute âme fidèle à Jésus-Christ. Edition augmentée. *Lyon* et *Paris*, Périsse, 1837, in-18.

LOMBEZ n'est pas le nom de l'auteur de ce livre; mais bien celui de son pays. Son nom de famille est LA PEYRIE.

4156. Traité de la parole. *Paris*, Pierre Ribou, 1705, plaquette in-12 de 47 pages.

Une note manuscrite de l'avocat Maillard, sur un exemplaire qui lui a appartenu, et que possède actuellement la Bibliothèque impériale, dit que ce *Traité* a été composé par Denis LE BRUN, ancien avocat au Parlement de Paris, mort le 16 avril 1706.

4157. Traité de la peinture de Léonard de Vinci, donné au public et traduit de l'italien en français, par R. F. S. D. C. (Roland Fréart, sieur de Chambray). *Paris*, Jacques Langlois, 1651, in-folio.

4158. Traité de la prédication à l'usage des Séminaires, par un Supérieur de Séminaire (l'abbé André-Jean-Marie Hamon, curé de Saint-Sulpice). *Paris*, Poussielgue-Rusand, 1846, in-8.

Réimprimé en 1849 et en 1854.

4159. Traité de la reliure des

livres, par M. de Gauffrecourt. Sans nom de lieu ni date (*Lyon*, avril 1763, in-8 de 72 pages.

Imprimé par l'auteur lui-même et tiré à vingt-cinq exemplaires.

GAUFFRECOURT, dont le véritable nom était CAPPERONNIER, naquit à Paris. Son père était horloger, et lui-même exerça cette profession pendant plusieurs années. Il la quitta ensuite pour un emploi dans les Fermes générales de France, où il obtint le titre de fournisseur général des sels pour toute la Suisse.

4160. Traité des conformités du disciple avec son maître, c'est-à-dire de saint François avec Jésus-Christ, etc. Le tout recueilli par un Frère mineur récollet (Valentin Marée). *Liége*, 1658-60, 4 parties en 3 vol. in-4.

Ouvrage dont il est très-rare de rencontrer les quatre parties réunies (*Manuel du libraire*).

4161. Traité des études, par Rollin; nouvelle édition stéréotypée d'Herhan, précédée de la Vie de l'auteur, accompagnée de notes historiques, et suivie d'une table des matières. Publié par M. G. de M. (Guéneau de Mussy) et A. R. (Ambroise Rendu). *Paris*, 1811, 4 vol. in-12.

4162. Traité des moyens de rendre les rivières navigables (par Bouillet, ingénieur). *Paris*, E. Michallet, 1693, in-8.

Il y a eu une seconde édition en 1696.

4163. Traité des plus belles bibliothèques de l'Europe; des premiers livres qui ont été faits, de l'invention de l'imprimerie, etc.; avec une méthode pour dresser une bibliothèque, par le sieur Le Gallois. *Paris*, Michallet, 1680, in-12.

Ce livre est recherché des curieux. C'est une traduction abrégée du traité latin de *Bibliothecis*, de LOMEYER, que Le Gallois ne nomme pas une seule fois dans le cours de son ouvrage.

4164. Traité des successions, par Denis Le Brun. Nouvelle édition, augmentée par M. *** (Joseph-Adrien Sérieux), ancien avocat au Parlement. *Paris*, 1775, in-folio.

4165. Traité des transactions, d'après les principes du Code civil; suivi de la discussion du projet de loi sur les transactions, etc. Par J.-B.-F. M*** (Jean-Baptiste-Firmin Marbeau), avocat à la Cour royale de Paris. *Paris*, Nève, 1824, in-8.

4166. Traité du bonheur, par M. F*** (Formentin). *Paris*, Guilletat, 1706, in-12.

4167. Traité du bonheur public, traduit de l'italien de Muratori (par le père Timothée de Livoy, barnabite). *Paris*, 1772, 2 vol. in-12.

On a de lui un *Dictionnaire des Synonymes français*. *Paris*, 1767, in-8, qui ne ressemble que par le titre à celui de Girard.

Beauzée en a donné une seconde édition en 1788.

4168. Traité du vrai mérite de l'homme considéré dans tous les âges et dans toutes les conditions, etc. (par Charles-François-Nicolas Lemaître de Claville, de Rouen, doyen des trésoriers de France). *Paris*, Saugrain, 1734, in-12.

La première édition seule de cet ouvrage est anonyme.

4169. Traité et exercices sur les difficultés de la langue française, par D. B. (Beauclas). *Bruxelles*, P.-J. de Mat, 1828, in-8.

4170. Traité métaphysique des dogmes de la Trinité, de l'Incarnation, etc., par M. M***, de la Marne (Louis-Philibert Machet). *Paris*, Hivert, 1827, in-18.

4171. Traité médico-gastronomique sur les indigestions et sur les remèdes... à administrer, etc. Ouvrage posthume de feu Dardanus, ancien apothicaire (par Alexandre Martin). *Paris*, Audot, 1828, in-18.

4172. Traité sur le mariage, ou Examen de deux questions importantes sur le mariage (par Pierre Le Ridant, avocat). *Paris*, 1773, in-4.

4173. Traité sur le venin de la vipère, sur les poisons américains, etc., par Félix Fontana (traduit de l'italien en français, par Jean Darcet). *Florence* (*Paris*, Nyon), 1781, 2 vol. in-4.

Cet ouvrage a été également traduit en anglais, en 1787, par Joseph Skinner, chirurgien.

4174. Traité sur les lettres de change, contenant l'analyse et démonstration instructive de la valeur des termes qui les composent, de leurs effets et de leurs conséquences, etc. (par Fuleman). *Paris*, Jourdel, 1739, in-12.

4175. Traité très-utile, contenant les moïens pour prèserver et guérir de la peste, accommodé à l'usage tant des pauvres que des riches, et fondé sur l'autorité des plus savants et plus graves médecins (par Michel-Charles Lamelin). *Valenciennes*, Jean Boucher, 1648, in-8.

4176. Traités abrégés de l'acacia, du mélèze et de leurs cultures, avec une dissertation sur la chicorée sauvage, considérée comme fourrage, par M. P..., agronome (Eugène Pirolle, cultivateur amateur). *Metz*, Verronnais, sans date (vers 1825), in-8.

Tiré à petit nombre.

4177. Traits d'ingratitude et de perfidie, sans exemple dans l'histoire des familles, ou Leçon aux parents qui, par un amour mal entendu de leurs enfants, négligent leur éducation (par C. Van Schorel de Vylryck). Sans nom de lieu, 1816, grand in-4, fig.

4178. Translation des reliques de saint Augustin, par M. X***, membre de la Société de Saint-Vincent de Paul, d'Alençon (M. Vacquerie, ancien professeur). *Alençon*, Poulet-Malassis et de Broise, 1857, in-8.

4179. Trappe (La) mieux connue,

ou Aperçu descriptif et raisonné sur le monastère de la Maison-Dieu N.-D. de la Trappe, près Mortagne, par M. P. P. *Paris*, Gaume frères, 1834, in-8.

Ce petit ouvrage, dont la lecture intéresse et fait apprécier d'une manière exacte l'ordre dont il parle, est du Père François de Sales, connu avant son entrée en religion sous le nom de Pierre PÉQUINOT.

4180. Travaux (Les) de Napoléon, empereur des Français, ode (par Daminajon). *Paris*, 1806, in-8.

4181. Trémaine, ou les Raffinements d'un homme blasé, traduit de l'anglais (de Ward), sur la 4e édition, par le traducteur de « Dunallan » (Mlle Saladin). *Paris*, Barbezat, 1830, 4 vol. in-12.

4182. Trente ans, ou la Vie d'un joueur, par Ebbark (Krabbe et Vialat). *Paris*, Krabbe, 1852, in-12.

4183. Trente-cinq (Les) contes d'un perroquet, ouvrage publié à Calcutta, en persan et en anglais, traduit sur la version anglaise (de M. Gerrant), par Mme Marie d'Heures (Mme Clotilde-Marie, Collin, de Plancy). *Paris*, Mongie, 1826, in-8.

4184. Trente (Les) contes de Cicognibus, recueillis par J.-B. Hugon; précédés d'une biographie de l'auteur, par ses amis. *Lyon*, Vingtrinier, 1861, in-12 de xx-444 pages.

Œuvre posthume.

CICOGNIBUS est le pseudonyme adopté par J.-B. HUGON, lui-même, dans les divers ouvrages sortis de sa plume. HUGON était négociant à Lyon.

4185. Très-humble supplique d'un paysan champenois, qui ne veut pas que sa fille paie les dettes de défunt son mari (par de Colmont). *Paris*, Cosse, 1856, in-8.

4186. Très-humbles et très-respectueuses représentations de la Faculté de médecine en l'Université de Paris, au Roi, contre la Société royale de médecine (rédigées par des Essarts). 1776, in-8.

4187. Trésor (Le) du fidèle, ou Manuel de piété, contenant les prières pendant la messe, etc., par J.-Ch. P*** (par Jean-Charles Perrin), ancien missionnaire des Indes, etc. *Paris*, Ant. Bouvier, 1807, in-18.

4188. Trésor généalogique de la Picardie, par un Gentilhomme Picard (René de Belleval). *Paris*, 1858-1860, 2 vol., dont le 1er in-4, les deux suivants, in-8.

4189. Trêve (La) de Dieu, par J. T. de Saint-Germain (Jules-Romain Tardieu). *Paris*, J. Tardieu, 1862, in-12.

4190. Tribune (La) et le cabinet (par Nicolas-Louis-Marie Magon, marquis de La Gervaisais). *Paris*, Hivert, 1826, in-8.

4191. Tricheurs (Les), scènes de jeu, par Alfred de Caston (F.-L.-Antoine Aurifeuille, ancien élève de l'Ecole polytechnique, de 1841 à 1842; aujourd'hui prestidigitateur fort connu). *Paris*, E. Dentu, 1863, in-12.

4192. Triomphe (Le) de la bienfaisance, pantomime en cinq actes, par le citoyen G*** (Garros-Rosnay). *Paris*, an VII (1799), in-8.

4193. Triomphe de l'amitié, par B. V. (le baron Antoine-Melchior Vattier). *Boulogne*, imprimerie de P. Herra, 1824, 27 pages in-32.

4194. Triomphe (Le) de la bonne cause, le vrai bonheur rendu au peuple par la glorieuse possession de son souverain légitime et par une alliance auguste. Apologue imité de Sady (par Lautrey-Delisle). *Paris*, Dubray, 1816, br. in-8.

4195. Triomphe (Le) de la charité chrétienne dans le pardon des injures. Vie de Claire Gambaccorti (par l'abbé François-Marie Tresvaux). *Lille*, Le Fort, 1840, in-18.

4196. Triomphe de la religion chrétienne, ou les Préjugés de l'Inde vaincus, par Mme Aline F*** (Fabrégat). Anecdotes Bédariciennes. *Béziers*, Carrière, 1843, in-12.

4197. Triomphe (Le) de la liberté, drame en trois actes et en vers, par le comte de Neustrie (Lemaître, médecin). *Paris*, Léger, 1833, in-8.

4198. Triomphe (Le) de Pradon (par Nicolas Pradon). *Lyon*, 1684, in-12.

Cette diatribe renferme l'*Epître à Alcandre*, qu'on trouve reproduite dans les *Nouvelles remarques*, etc., du même auteur.

Il existe une autre édition que celle-ci, également imprimée à Lyon, dans l'année 1686. Elle présente une légère addition dans le titre, qui est ainsi conçu : « *Le Triomphe de Pradon sur les satires du sieur D*** (Despréaux),* » et quelques différences assez notables dans le texte.

4199. Tristesses (Les) humaines (par la comtesse Agénor de Gasparin, née Valérie Boissier). *Paris*, Michel Lévy, 1863, in-12.

4200. Trois (Les) animaux philosophes, ou les Voyages de l'ours de Saint-Gobinian, suivis des aventures du chat de Gabrielle et de l'histoire du pou voyageur, etc.; translaté des manuscrits originaux, par le R. P. Jean-Gilles-Loup-Boniface Croquelardon, et publié par J. S. C. de Saint-Albin, auteur des : « Contes noirs, etc. » (par Auguste-Simon Collin, de Plancy). *Paris*, Mongie aîné, 1818, in-12.

4201. Trois (Les) armes, ou Tactique divisionnaire du colonel prussien Decker. Traduit en français, etc., et annoté par A. de M*** (Victor-Amédée de Manne, chef d'escadron d'artillerie). *Paris*, Corréard, 1851, in-8.

4202. Trois (Les) B, ou Histoire d'un borgne, d'un boiteux et d'un bossu (par Jean-Armand

Charlemagne). *Paris*, 1809, 4 vol. in-12.

4203. Trois (Les) cent soixante et cinq. Annuaire de la littérature et des auteurs contemporains, par le Dernier d'entre eux (Emile Chevalet). *Paris*, librairie moderne, 1858, in-12.

4204. Trois chapitres sur les deux arrêtés du 20 juin 1829, relatifs au collége philosophique, par un Père de famille pétitionnaire (Richard-Antoine-Corneille Van Bommel, évêque de Liége). *Bruxelles*, Vanderbergh, 1829, br. in-8 de VII et 90 pages (Ul. C.).

4205. Trois (Les) Damis, comédie en un acte et en vers (par Nicolas-Marie-Félicité Bodard de Tezay). *Paris*, Cailleau, 1785, in-8..

4206. Trois (Les) écueils de la femme (l'amour, la science, la jalousie); traduit de l'anglais (de James Hogg), par M*** (Dubergier). *Paris*, 1825, 4 vol. in-12.

4207. Trois (Les) frères rivaux, comédie, par M. D. L. F. (Joseph de Lafont). *Paris*, Ribou, 1713, in-12.

Cette pièce est le dernier ouvrage de l'auteur, qui mourut à trente-neuf ans. Elle eut du succès et a souvent été réimprimée.

4208. Trois (Les) gascons, comédie en un acte (en prose), par MM. B*** (Nicolas Boindin) et Lamotte-Houdard. *Paris*, 1702, in-12.

C'est Boindin que Voltaire a désigné sous le nom de Bardou, dans le *Temple du goût*.

« Un raisonneur, avec un fausset aigre. » etc.

4209. Trois (Les) imposteurs (par MM. Amédée-Jules Ravenel, conservateur-directeur, et Paulin Richard, conservateur-adjoint-s.-directeur-adjoint à la Bibliothèque impériale). *Paris*, Jules Gay, 1861, br. in-8 de 59 pages.

4210. Trois journées de la vie de Marie Stuart, par Daniel Stern (la comtesse d'Agoult, née Marie de Flavigny). *Paris*, Pillet, 1856, br. in-8 de 60 pages.

Cet épisode avait d'abord paru dans la *Revue de Paris*, du 1er juillet 1856.

4211. Trois jours au monastère de la Trappe de Meilleray (par l'abbé Charles-Auguste-Parfait de Villefort, chanoine honoraire de Saint-Denis). *Paris*, Trouvé, 1824, br. in-8.

Cette brochure est extraite en partie des *Annales de la littérature et des arts*. Elle a eu, en 1826, une seconde édition qui porte le nom de l'auteur, et qui offre de nombreuses additions.

4212. Trois jours de promenade d'un étudiant en droit, par M. B*** (Antoine-Nicolas Béraud). *Paris*, Plancher, 1822, in-8.

4213. Trois (Les) Marie, par Michel Masson (Auguste-Michel-Benoît Gaudichot) et J.-B.-P. Lafite. *Paris*, Dumont, 1841, 2 vol. in-8.

4214. Trois méprises pour une, ou les infidèles sans infidélité, par M. de Saint-Ange (Alexandre Martin). *Paris*, Fages, 1822, in-8.

4215. Trois Messéniennes, par M. Odry, auteur du poëme des « Gendarmes » et du canon des « Cuisinières » enrichies de notes brillantes, etc., 9e édition (par Louis-Gabriel Montigny). *Paris,* 1824, br. in-8 de 44 pages.

Le chiffre de *neuvième* est une fiction.

4216. Trois mois à la Louisiane, par Mlle Camille Lebrun (Pauline Guyot). *Tours*, Mame, 1861, in-8.

4217. Trois nouvelles politiques (par Mlle Mélanie de Boileau). *Paris,* Tenon, 1828, in-8.

4218. Trois (Les) oncles, ou les Visites, comédie-vaudeville en un acte, par MM. Saint-Ange Martin et Auguste (Decourchant). *Paris*, Huet, 1824, in-8.

4219. Trois (Les) races. Les Allemands, les Anglais, les Français, par Eugène Loudun (Eugène Balleyguier). Nouvelle édition. *Paris,* 1862, in-16.

Publié d'abord en feuilletons dans le *Pays*. Une première édition avait paru en 1854, sous le titre de : « *L'Angleterre et l'Allemagne en France; de l'influence des idées anglaises et germaniques sur l'esprit français*. 1 vol. in-16.

4220. Trois (Les) sœurs, par Mme A. L. (Adèle Laya). *Paris,* Sautelet, 1827, 2 vol. in-12.

Une seconde édition, qui porte le nom de l'auteur, a paru en 1828. On a ajouté au titre : *ou de l'Education des filles.*

4221. Trophée (Le) de la justice, élevé sur le polyandre des nobles, par le sieur D. N. J. D. L. (Denys Nault, juge de Lyon). *Lyon*, 1667, in-12.

4222. Troys (Les) livres des illustrations de Gaule, et singularitez de Troie (par Jean Le Maire de Belges). *Paris*, Pierre Vidoue, sans date (1506), in-8.

Il y a eu, en 1533, une autre édition in-folio, qui est augmentée des deux épîtres de l'*Amant vert*. Elle porte le nom de l'auteur, ainsi que plusieurs autres éditions in-4.

4223. Tryvelian, par l'auteur de : « Elisa Rivers et du Mariage dans le grand monde, » traduit de l'anglais de lady Charlotte Bury (par Mme la comtesse Molé de Champlâtreux, née de la Briche). *Paris*, Guyot, 1834, 2 vol. in-8.

4224. Tuffin de la Rouarie, ou Histoire de la guerre des Chouans, faisant suite aux insurrections de la Vendée, par M. de Vouziers (P.-J. Moithey). *Paris*, Tiger, 1817, in-8.

4225. Tuileries (Les) en juillet 1832, par le vicomte de Variclery (le baron Etienne-Léon de Lamothe-Langon), auteur de : « L'Exilé d'Holy-Rood. » *Paris*, Dentu, 1832, in-8.

4226. Tumulte (Le) d'Amboise (par Germeau, sous-préfet). *Paris*, 1829, in-8.

4227. Turbotière (La). Nouvelle,

par Saint-Germain (Jules-Romain Tardieu). *Paris*, J. Tardieu, 1864, in-12.

4228. Turlupin, ou les Comédiens du dix-septième siècle, comédie anecdotique en un acte, mêlée de couplets, par MM. Désaugiers, (Balisson de) Rougemont et *** (Théophile Marion du Mersan). *Paris*, veuve Cavanagh, 1808, in-8.

4229. Turpitudes académiques et ministérielles, ou Nouveaux documents sur l'incomparable justice et l'éclatante protection accordées en France aux sciences et à l'industrie, avec notes et pièces justificatives à l'appui, et un mémoire sur les effets de la température dans la végétation. Ouvrage instructif et moral, par un Amateur de l'industrie et de la science, et qui n'a jamais été sous le joug ni sous l'influence d'aucune coterie, auteur d'une « Nouvelle théorie de la végétation » (par Antoine-Joseph Rey de Morande). *Paris*, Meilhan, 1833, br. in-8 de 64 pages.

4230. Tuteurs (Les), comédie en deux actes. *Paris*, 1784, in-8.

Cette pièce, imprimée sans le nom de *Lachabeaussière*, est de Nicolas FALLET. On raconte que cet auteur ayant assisté à l'une des répétitions du *Mariage de Figaro*, prit l'idée du dénouement de sa pièce, dans la scène où le comte Almaviva trouve le page blotti dans un fauteuil et recouvert de la robe qui le cachait aux regards.

4231. Typographie (La), poëme (par M. L. Pelletier). *Genève*, Viguier, 1833, in-8.

Il y a des exemplaires qui portent le nom de l'auteur.

U

4232. Uldaric, ou les Effets de l'ambition, roman historique, par l'auteur de : « Armand et Angéla » (Mme Désirée de Castéra). *Paris*, Léopold Collin, 1808, 2 vol. in-12.

4233. Ultramontanisme (L') dévoilé, par M. Rochelle (Amédée Marteau). *Paris*, E. Pick, 1862, br. in-8.

4234. Ulysse-Homère, ou du Véritable auteur de l'Iliade et de l'Odyssée, par Constantin Koliadès, professeur dans l'Université ionienne (Jean-Baptiste Lechevalier, premier conservateur à la Bibliothèque Sainte-Geneviève). *Paris*, de Bure frères, 1829, in-folio.

4235. Ulissipiade (L'), poëme, ou les Calamités de Lisbonne (par J.-D. Ramier). Sans lieu ni date (vers 1776), in-8.

4236. Un autre ministre (par Nicolas-Louis-Marie Magon, marquis de la Gervaisais). *Paris*, A. Pihan de La Forest, 1827, br. in-8 de 40 pages.

4237. Un bal chez Louis-Philippe, par l'abbé Tiberge, auteur de : « Louisa » (Hippolyte-François Regnier Destourbet). *Paris*, Dumont, 1831, 2 vol. in-12.

4238. Un bon tiens vaut mieux que deux tu l'auras (comédie-proverbe), par Mlle Jenny Sabatier (Caroline-Jenny Thircuir). *Paris*, E. Dentu, 1863, in-18.

4239. Un bonheur sans nuages, par M. Hermant (Mme Cormette). *Paris*. Beck, 13 août 1856, br. in-8.

4240. Un caprice de grande dame, comédie en deux actes, mêlée de couplets, par MM. Ancelot et Xavier (Boniface, dit Saintine). *Paris*, Barba, 1832, in-8.

4241. Un coup de maître, comédie en quatre actes et en dix-sept tableaux, par F.-A.-M. Delvau (Marais d'Alençon). *Paris*, Bry, 1851, in-18.

4242. Un de plus, roman à la mode, par un Vaudevilliste (par MM. Théodore Anne et Auguste Rousseau). *Paris*, Pigoreau et Corbet, 1832, 4 vol. in-12.

Ce roman n'est autre que celui mis en vente, le 5 novembre précédent, sous le titre de : « *La Baronne et le Prince,* » où les noms des auteurs étaient alors mentionnés. Ce livre n'ayant point obtenu de succès, l'éditeur l'a reproduit comme un nouvel ouvrage, après avoir, toutefois, changé son titre et fait réimprimer la première page de chaque volume. Cette fraude a donné lieu à une réclamation insérée dans le *Bibliologue*.

4243. Un député à un député (par Jean-Paul-Ange-Henri Monnier de la Sizeranne, depuis sénateur). *Paris*, Amyot, 1855, br. in-12.

4244. Un dernier mot à M. Quénault (par le comte de Sesmaisons, propriétaire à Flammenville). *Cherbourg*, Beaufort, 1837, br. in-8.

4245. Un divorce, par André Léo (Mme veuve Champceix). *Paris*, librairie internationale, 1866, in-8.

4246. Un drame au palais des Tuileries, 1800-1832, par Thalaris Dufourquet (Marie-Hélène Dufourquet). *Paris* (décembre) 1832, Lerouge-Wolf, 2 vol. in-8.

Le même ouvrage a reparu quelques mois après sous un titre différent : « *Le Concierge, drame dans le palais des Tuileries.* » Voir le n° 634.

4247. Un drame en province, par Claude Vignon (Mme Noëmi Alphonse Constant). *Paris*, J. Hetzel, 1863, in-12.

4248. Un duel, petit essai dramatico-moral, par Léon Hachis (par Evrard). *Liége*, Collardin, 1829, in-8 (Ul. C.).

4249. Un enfant, par Ernest Desprez (Mathieu Tenaille, dit Eléonor de Vaulabelle). *Paris*, Ch. Gosselin, 1833, 3 vol. in-8.

4250. Un enterrement au village (par Jean-Bernard Brissebarre). *Paris*, Juillet, 1844, in-8, pièce.

En vers.

4251. Un épicier à M. de Brouckère, à propos du libre-échange. *Bruxelles*, E. Landoy, 1847, in-18 de 115 pages, signé Karel Reynaert.

Cette piquante brochure est de M. Victor-Vincent JOLY.

4252. Un esprit fort (par Mme Yéméniz, née Rubichon). *Lyon*, L. Perrin, 1850, in-12.

4253. Un étranger aux Français (par le comte Féodor Golowkin). 1814, in-8 de 32 pages.

4254. Un franc électeur à ses concitoyens (pamphlet électoral, par M. Coget aîné, avocat à Evreux). *Evreux*, 1836, br. in-8 de 24 pages.

4255. Un français, sur l'extrait des *Mémoires* de M. Savary, relatif à M. le duc d'Enghien. *Paris*, Ponthieu, 1823, br. de 56 pages.

Cette brochure est de Jean-François MIELLE, et non d'Edme-Marie-François-Antoine MIEL, ainsi que l'énonce à tort la *Littérature contemporaine*.

4256. Un homme de trop (par Nicolas-Louis-Marie-Magon, marquis de La Gervaisais). *Paris*, A. Pihan de La Forest, 1827, br. in-8 de 48 pages.

4257. Un jésuite par jour (par Nicolas Boquillon, journaliste). *Paris*, 1825, br. in-8 de 64 pages.

4258. Un laquais d'autrefois, comédie-vaudeville, par MM. A. Duplessis (E. de Manne), Victor Lagoguée (et A. Pérémé). *Paris*, Tresse, 1853, br. in-8.

4259. Un livre pour les femmes mariées, ouvrage populaire, par l'auteur du : « Mariage au point de vue chrétien » (Mme la comtesse Agénor de Gasparin, née Valérie Boissier). *Toulouse*, 1853, in-8.

4260. Un mariage à Saint-Germain-l'Auxerrois, le 30 mai 1837 (en vers). *Paris*, Firmin Didot, 1838, 12 pages.

Cet opuscule est signé de Mme D'ALTENHEIM (Gabrielle SOUMET, dame BEUVAIN, dite).

4261. Un mariage au pont d'Espagne. Souvenirs d'un voyage dans les Pyrénées, par Mme Mary Summer (Mme Edouard Foucaud, née Charlotte Fillon). *Paris*, Desoye, 1867, in-12.

4262. Un mariage du grand monde, traduit de l'anglais de miss Charlotte Bury, par Mme *** (la comtesse Molé de Champlâtreux, née de la Briche). *Paris*, Barbezat, 1830, 4 vol. in-12.

4263. Un mariage en province, par Mme Léonie d'Aunet (Biard). *Paris*, 1857, in-8, 2e édition.

Cette dame, femme d'un peintre lyonnais, avec lequel elle a parcouru des pays lointains, et observé des mœurs curieuses, brille peu, dit-on, par le talent d'écrire. On attribue généralement la majeure partie de ses livres à l'auteur de : Notre-Dame de Paris.

4264. Un mariage pour l'autre monde, par Michel Masson (Auguste-Michel-Benoît Gaudichot) et Frédéric Thomas. *Paris*, librairie centrale, 1848, in-8.

4265. Un mariage royal, par Octave Féré et D.-A.-D. Saint-Yves (Edouard Déaddé). *Paris*, E. Dentu, 1865, in-18.

4266. Un mariage scandaleux, par André Léo (Mme veuve Champceix). *Paris*, A. Faure, 1862 et 1863, in-12.

4267. Un million. Nouvelle (par Mme Yéméniz, née Rubichon). *Lyon*, L. Boitel, 1851, in-12.

4268. Un mot à la législation sur l'entrée de faveur des céréales, par les bureaux de Flanck, Teuven et Arlon (par Th. Fléchet). *Liége*, Collardin, in-8 (Ul. C.).

4269. Un mot sur, pour et contre le rapport fait à la Chambre des pairs par M. le duc de Lévis (par Louis-Nicolas-Marie Magon, marquis de La Gervaisais). *Paris*, 1824, br. in-8 de 22 pages.

4270. Un mot sur l'administration militaire en campagne, par H. R. D. (Hippolyte-Romain-Joseph Duthillœul, ancien administrateur militaire supérieur, depuis conservateur de la Bibliothèque de Douai). *Douai*, Weynesa, 1822, in-8.

4271. Un mot sur la bureaucratie, satire à mon ami G***, officier d'artillerie, etc., par Maximilien L*. R*. Y. (Le Roy). *Paris*, Corréard, 1818, br. in-8 de 16 pages.

En vers.

4272. Un mot sur l'expédition de M. le duc d'Aumont. Par Adèle R. de B...y (Adélaïde-Isabelle-Jeanne, comtesse de Brécy, née Deschampsy). Histoire de ma première condamnation à mort, par le chevalier R. de B...y (par la même). *Paris*, Sétier, 1817, br. in-8 de 80 pages.

C'est un épisode curieux et touchant de la vie du mari de l'auteur.

4273. Un mot sur le procès intenté par la famille La Chalotais contre le journal l'*Etoile*. Par un Ancien avocat au barreau de Rennes. *Paris*, 1826, br. in-8 de 40 pages.

Cet écrit est de Louis-Jérôme GOHIER, ancien membre du Directoire.

4274. Un mot sur les fabriques étrangères de soieries, etc. Par M. A. D. (Arlès-Dufour, négociant à Lyon). *Lyon*, 1834, in-8.

Ouvrage très-estimé et utile à consulter.

4275. Un mot sur les Vendéens, ou la Vérité dévoilée (par la comtesse Adélaïde-Isabelle-Jeanne de Brécy, née Deschampsy). *Paris*, Gueffier, 1816, br. in-8 de 34 pages.

4276. Un remords, par Mme Jenny Bastide (Marie-Hélène Dufourquet). *Paris*, Vimont, 1834, in-8.

4277. Un secret, par Michel Raymond (Louis - Raymond Brucker). *Paris*, Allardin, 1835, 2 vol. in-8.

4278. Un secret d'Etat, par M. Mortonval (Alexandre-Furcy Guesdon). *Paris*, Ambr. Dupont, 1836, in-8.

4279. Un siècle en huit jours, ou Lyon pendant l'inondation de 1840. Revue quotidienne, par J.-B. Pa... (Jean-Baptiste Passeron). *Lyon*, Giraudier, 1840, br. in-8 de 30 pages.

Extraite des *Archives statistiques du Rhône*.

4280. Un trait de Fanchon la Vielleuse, comédie anecdotique en un acte et en vaudevilles, par Th. D. (Théophile Marion du Mersan). *Paris*, Mme Georges, 1804, br. in-8.

4281. Un vieux ouvrier aux ouvriers, signé L. P. M. B. Sans date ni indication de lieu, br. in-18.

Cette adresse aux ouvriers a été publiée à Paris, au commencement de 1849. Les *initiales* L. P. M. B. (Le Petit Manteau Bleu) cachent les noms d'Edme CHAMPION, né à Châtel-Censoy (Yonne), le 13 décembre 1764, et mort à Paris, le 1er juin 1852. Ouvrier lui-même, dans le principe, il avait gagné dans le commerce de la bijouterie une fortune considérable, qu'il employa, en grande partie, au soulagement des pauvres. Pour circuler plus facilement dans la foule, Champion avait adopté un costume qui le préservait du froid, sans gêner la liberté de ses mouvements. Il couvrait ses épaules d'un petit manteau de drap bleu, qu'il ne quitta jamais : de là, le surnom qui lui fut acquis de l'*Homme au petit manteau bleu*.

4282. Un voisin de campagne, vaudeville en deux actes, par MM. Fernand de Lysle (Mlle Van der Taëlen) et A. D... S. (Ed. de Manne). *Paris*, 1852, br. in-8.

4283. Un voyage à Naples. Scènes de la vie napolitaine, par Mme la comtesse de Bassanville (Mlle Anaïs Lebrun). *Paris*, Brunet, 1861, in-18.

4284. Un voyageur en 1854 (par Antoine de La Tour). *Paris* (vers 1858), in-12.

Recueil de vers tiré à cent exemplaires, et qui n'a pas été mis dans le commerce.

4285. Une actrice en paradis, par S. Champion Lajarry aîné. *Paris*, Belin, 1836, br. in-8.

Un envoi (en prose) à M*** est signé S. Ch. (Simon-Charles) Lajarry aîné, et suivi d'une pièce de vers intitulée : *Saint Thomas*, et d'une autre : *Saint Roch*. Dans son envoi, l'auteur dit : « C'est à vous que je dédie ces vers..., rêverie émanée de *mes* loisirs..., etc. »

La pièce intitulée : *Saint Thomas*, n'est autre que l'opuscule anonyme d'Andrieux, *Saint Roch et saint Thomas*, nouvelle. *Paris*, an XI, réimprimée ou contrefaite sous le titre de : *Querelle de saint Roch et de saint Thomas sur l'ouverture du manoir céleste à Mlle Chameroy* (danseuse de l'Opéra, dont les obsèques donnèrent lieu à un scandale public). *Paris*, Pierre, rue de Paradis, n° 3, in-8. — Dans l'édition de l'an XI, on lit :

Vestris, Miller, Delisle *et cætera*.

Dans celle de 1836, on a substitué : Taglioni, Vestris *et cætera*. Quant à la pièce intitulée : *Saint Roch*, et qui est en vers de huit syllabes, je ne sais si c'est de celle-là seule que M. Lajarry se porte auteur, c'était à dire ; et surtout il ne fallait pas se permettre de changer un des vers d'Andrieux. Je remarquerai, en passant, que le *Saint Roch et saint Thomas* est postérieur au volume de *Contes* publié en 1800, mais qu'il ne se trouve pas non plus dans l'édition des *Œuvres d'Andrieux*, en 4 vol. in-8, ou 6 vol. in-18.

(Note de Beuchot, *Journal de la librairie*.)

4286. Une année à la campagne, par Mme Antonia M... (Minel). *Paris*, Delaunay, 1828, 1 vol. in-8.

En vers.

4287. Une artiste, par Mlle Dudrezène (Sophie Ulliac-Trémadeure). *Paris*, vers 1834, in-8.

4288. Une aventure de Saint-Foix, ou le Coup d'épée, opéra-comique, par M. Alexandre Duval (et de Saint-Chamans). *Paris*, 1802, br. in-8.

4289. Une bonne fortune, opéra-comique en un acte, paroles de MM. A. Féréol (Louis Second, dit) et Edouard (Ed. Mennechet). *Paris*, Barba, 1834, in-8.

Mennechet, malgré la mention d'un nom de collaborateur sur la brochure, est le seul auteur de cette pièce.

4290. Une conquête, comédie en un acte, par A. D. S. (Henri Dupin et E. de Manne). *Paris*, Barba, 1838, in-8.

4291. Une coquette, par Léon Martiney (Louis-Montain-Victor Le Floch). *Paris*, H. Souverain, 1836, in-8.

Le Floch avait commencé par être notaire à Moulins. Il se démit quelques années après de sa charge, pour se livrer entièrement à la littérature et au journalisme. Il est auteur de divers autres ouvrages.

4292. Une corbeille de rognures, feuillets détachés d'un livre sans titre, par Charles Nodier. *Tournai*, 1836, petit in-4 de 36 pages, sans la table.

L'auteur de ce travail est M. Frédéric Henne-bert, bibliophile distingué, professeur à l'Athénée de Tournai, et mort en 1861.

Cet opuscule n'a été tiré qu'à quarante exemplaires.

4293. Une couronne d'épines, par Michel Masson (Auguste-Michel-Benoît Gaudichot). *Paris*, Ambroise Dupont, 1836, 2 vol. in-8.

4294. Une coutume russe, ou le Meuble inutile, vaudeville, par Charles Siméon (Mme Ernestine Lautz). *Paris*, Miffliez, 1855, br. in-8.

4295. Une croix à la cheminée, comédie-vaudeville, par Antoine de Nantes (Mme Dupuis, née Charlotte Bordes). *Paris*, Beck, 1855, br. in-8.

4296. Une épître aux mânes de Dorvigny, ou l'Apologie des buveurs, par un auteur de mélodrames (Cubières-Palmézeaux). *Paris*, 1813, br. in-8.

4297. Une (L') et l'autre, ou la Noblesse commerçante et militaire (par Louis-Edme Billardon de Sauvigny). Mahon *(Paris)*, 1756, in-8.

4298. Une existence d'artiste, essai biographique sur Charles Kuwaseg, par J.-B. N. C.

(Jean-Baptiste Nelson Cottreau). *Paris*, Delloye, 1844, in-8.

4299. Une famille bretonne, par Anna Edianez (Mlle Zénaïde Fleuriot), précédée d'une introduction, par M. Alfred Nettement. *Paris*, Ambroise Bray, 1861, in-12.

4300. Une famille française chez les Iroquois (par M. l'abbé E. Tillette). *Lille*, Lefort, 1841, 2 vol. in-18.

4301. Une faute, par l'auteur des: « Scènes du grand monde, du Mariage dans le grand monde, etc. (Mme la comtesse Molé de Champlâtreux, née de la Briche). *Paris*, Barbezat, 1833, 2 vol. in-8.

4302. Une femme laide, par Camille Henry (La M[se] Della Roc- *Paris*, Michel Lévy, 1861, in-12.

4303. Une femme qui a une jambe de bois, comédie mêlée de couplets, par MM. Lubize et Hermant (Mme Cormette). *Paris*, Tresse, 1849, in-8.

4304. Une fête brésilienne célébrée à Rouen en 1550, suivi d'un fragment du seizième siècle sur la théogonie des anciens peuples du Brésil (par Ferdinand Denis). *Paris*, 1851, gr. in-8.

4305. Une héroïne, par Mme de Grandpré (Mlle Chevalier). *Paris*, E. Dentu, 1860, in-18.

4306. Une intrigue de fenêtres, par Personne (l'abbé Peurette). *Bruxelles*, 1844, 3 vol. in-18.

4307. Une journée à Versailles, ou le Discret malgré lui, comédie en trois actes et en prose, par Georges Duval. *Paris*, 1815, br. in-8.

Cette comédie, pleine de sel et de gaieté, ne fut qu'ajustée par Georges Duval qui s'en était emparé, et la fit jouer à l'Odéon sous son nom seul. Le véritable auteur est Labiche, fils d'un coiffeur de Saint-Lô, que M. de Montalivet protégeait et avait fait entrer dans les bureaux de son ministère.

4308. Une leçon aux *Débats*. Economie politique. Impôt du sel (14 février 1834) (par Nicolas-Louis-Marie Magon, marquis de la Gervaisais). *Paris*, 1834, in-8 de 7 pages.

4309. Une lyre à l'atelier, par Paul Germigny (Charles-Auguste Grivot). *Orléans*, Gâtineau, 1843, in-12.

C.-A. Grivot, d'abord tonnelier, puis agent-voyer, est mort à Châteauneuf-sur-Loire, où il était né, le 4 août 1856.

Le nom de *Germigny*, sous lequel il s'est caché, est celui d'un petit village situé entre Châteauneuf-sur-Loire et Saint-Benoît.

Ses œuvres complètes ont été publiées en 1857, chez Gâtineau, libraire à Orléans, par les soins et aux frais de M. Dupuis, conseiller à la Cour impériale d'Orléans, sous ce titre : *Poésies de Charles-Auguste Grivot, de Châteauneuf-sur-Loire (Loiret)*, in-18.

4310. Une Madeleine, par l'auteur d'*Une femme laide* (la marquise Della Rocca). *Paris*, Michel Lévy, 1861, in-12.

4311. Une maîtresse de Kléber, par l'auteur de : « La Princesse Borghèse» (Jean-François Maire). *Paris*, La Chapelle, 1836, 2 vol. in-8.

Il y a une autre édition en 4 volumes in-12.

4312. Une nuit de Gustave Wasa, ou le Batelier du *Niémen*, opéra-comique en deux actes (par MM. Jean-Michel-Constant Leber et Charles-Guillaume Etienne). *Paris*, F. Didot, 1827, br. in-8.

4313. Une orgie sous Néron, poëme lyrique qui a remporté le prix à l'Académie des Jeux Floraux, par M. D... (Durand de Modurange, de Marseille). *Paris*, Delaunay, 1835, br. in-8 de 12 pages.

4314. Une page des mystères de Grammont, pendant la mission des jésuites, 2e édition, *Bruxelles*, J.-B. de Wallens, 1844, in-8 de 59 pages.

L'auteur est M. René SPITAELS.

4315. Une passion en province, par Mme Camille Bodin (Marie-Hélène Dufourquet). *Paris*, Dumont, 1836, 2 vol. in-8.

4316. Une perle archéologique. Notice sur l'église Saint-Séverin en Condroz (par Edouard Lavalleye). *Liége*, Demarteau, 1857, in-8 (Ul. C.).

4317. Une révolution d'autrefois, ou les Romains chez eux, pièce historique en trois actes et en prose, par MM. Félix Pyat et Théo (Théodose Burette). *Paris*, Paulin, 1832, in-8.

Cette pièce, qui obtint un très-grand succès lors de la première représentation, fut défendue à la troisième, par ordre de la police, à cause des allusions politiques qu'elle avait cru y découvrir, et dont elle s'effaroucha.

4318. Une saison à Plombières, par le baron de M*** (François-Timothée Mengin-Fondragon). *Paris*, Lecointe et Durey, 1825, in-18.

4319. Une seconde leçon aux *Débats*. Ecrit de M. Désormes (par Louis-Nicolas-Marie Magon, marquis de La Gervaisais). *Paris*, 1834, br. in-8 de 7 pages.

4320. Une semaine à Belle-Brune, poème historique, né d'une chanson, par Frédéric Judex (Gallimard, peintre). *Paris*, Remquet et Cie, 1860, br. in-8 de 31 pages.

4321. Une semaine de l'histoire de Paris, par M. le baron de L*** (Etienne-Léon de Lamothe-Langon). *Paris*, Mame et Delaunay-Vallée, 1830, in-8.

4322. Une sœur, comédie en un acte et en vers (par Jean-Paul-Ange-Henri Monnier de la Sizeranne). *Valence*, Borel, 1837, br. in-8.

Tirée à part. Cette pièce avait d'abord été insérée dans le tome I de la *Revue du Dauphiné*.

4323. Une soirée de lecture, par *** (Adrien Feyteau). *Lyon*, 1838, in-8.

4324. Une sur mille, par Mme Camille Bodin (Marie-Hélène

Dufourquet). *Paris*, Audin, 1836, 4 vol. in-12.

4325. Une traversée, ou Sensations d'un passager, par F. D. B. (François Duret, Bordelais, ancien négociant), membre de la Table ovale de l'île de France. *Paris*, Lecointe et Pougin, 1833, in-8.

4326. Une vengeance, par Mme Léonie d'Aunet (Biard). *Paris*, Hachette, 1859, in-8.

2e édition. Voyez la note placée à le suite du no 4263.

4327. Une vie de femme liée aux évènements de l'époque, par Mme de G*** (Gercy), auteur de : « Marguerite d'Alby. » *Paris*, Corbet, 1835, 2 vol. in-8.

4328. Une vieille fille, par André Léo (Mme veuve Champceix). *Paris*, A. Faure, 1864, in-12.

4329. Une visite à Charenton, folie-vaudeville en un acte, par MM. *** (Gersin, Henri-Simon Dautreville et Durrieu). *Paris*, Barba, 1818, in-8.

4330. Une visite à Mettray (par Emile Souvestre). *Paris*, Claye, 1864, in-12.

Publication posthume.

4331. Union et confiance, ou Lettre à un émigré de mes amis (par Pierre-Claude-François Daunou). *Paris*, 1792, br. in-8.

4332. Union (L') et les Etats-Généraux, par un Citoyen indépendant (Charles-François Soudain de Niederwerth). *Bruxelles*, 1830, in-8.

4333. Univers (L') délivré. Narration épique en XXV livres (par Pierre-Claude-Victoire Boiste, auteur du : « Dictionnaire de la langue française). » *Paris*, 1809, in-8.

Cet ouvrage avait paru, pour la première fois, en 1801, sous le voile de l'anonyme. Une réimpression, en 2 vol. in-8, fut faite l'année suivante, avec le nom de l'auteur. Ce poëme est une œuvre des plus médiocres ; ce qui fit dire, à l'époque de sa publication, que *cet Univers était un Chaos*.

4334. Université (L') de Louvain et le christianisme, ou Jésuitisme et socialisme, 2e édition. Sans nom de lieu, 1850, br. in-12 de 58 pages.

La première édition est de la même année. L'auteur est M. Louis de Fré, avocat à la Cour d'appel de Bruxelles.

4335. Urne (L') dans la vallée solitaire (traduit de l'allemand de Louis-François de Bilderbeck), par Mme de S. W. (Sartory-Wimpfen). *Paris*, Maradan, 1806, 3 vol. in-12.

4336. Usurpateur (L'), ou Testament historique et politique d'*Alompra*, empereur des Birmans dans l'Inde ; traduction libre de la traduction latine du P. Lebret, jésuite portugais, par M. le baron de B*** (Charles Doris, de Bourges). *Paris* et *Bruxelles*, Germain Mathiot, 1818, 3 vol. in-8.

Cet ouvrage est une fiction, et la traduction n'est que supposée.

V

4337. Ve (Le) évangile, d'après M. Renan (par M. Delaunay). *Caen*, Goussaume de Laporte, et *Paris*, Havard, 1863, in-8 de 60 pages.

M. Delaunay, qui habitait les environs de Caen lors de la publication de son livre, est allé depuis résider auprès d'Amiens.

4338. Vaccination (La) et des effets du vaccin (par Bouriat, médecin et secrétaire de la Société médicale de Tours). *Tours*, Vaugue-Lambert, sans date (vers 1808), pièce in-8.

4339. Vade-Mecum (Le) des spéculateurs sur la rente de cinq pour cent consolidés, par A.-M. (André Minon, libraire), 2e édition, revue avec soin. *Paris*, Minon, 1820, in-12 de 24 pages.

4340. Vagabond (Le). Histoire contemporaine, par Merville (Pierre-François Camus). *Paris*, Ambr. Dupont, 1834, 4 vol. in-12.

4341. Vagabonds (Les) bohémiens, principalement dans l'ancien pays de Liége, par le docteur Fremder (Auguste Morel). *Liége*, Ledoux, 1856, in-8 (Ul. C.).

4342. Vainqueur (Le) de la mort, ou Jésus souffrant, par P. L. B. (Biglis). *Paris*, de Sercy, 1752, in-8.

4343. Val (Le) d'amour, par M. l'abbé H*** (Hunckler). *Paris*, Bricon, 1834, in-12.

4344. Valaisanne (La), anecdote historique (par Henri-Abraham-César Malan). *Paris*, Smith, 1828, in-12.

4345. Valère-Maxime. Traduction nouvelle avec des remarques (par Tarboicher, avocat). *Paris*, M. Brunet, 1713, 2 vol. in-12.

4346. Valida, ou la Réputation d'une femme. Par Mme la marquise d'E*** (d'Epinay). *Paris*, Levavasseur, 1835, 2 vol. in-8.

En collaboration avec Marie-Henri Beyle. — Voir le no 3235.

4347. Vallée (La) de Mittersbach, ou le Château de Blakenstein. Par M. de Faverolles (Elisabeth Guénard, baronne Brossin de Méré). *Paris*, Lerouge, 1816, 4 vol. in-12.

4348. Vanda, ou la Superstition. Roman historique (par la princesse Ponenska). *Paris*, Bossange, 1834, 2 vol. in-8.

4349. Vapeurs (Les), comédie en un acte et en vers (par Adrien-Claude Lefort de La Morinière). *Paris*, Prault je, 1753, in-12.

Non représentée.

4350. Variétés instructives et morales, par M. L. B. (François-Joseph Lafuite). *Lille*, Lefort, 1831, in-18.

Ouvrage faisant partie de la *Bibliothèque catholique de Lille*, publiée chez Lefort.

4351. Variétés littéraires (publiées par Noël-Laurent Pissot). *Paris*, Pissot, 1813, in-8.

C'est la réunion de divers articles, que leur auteur, MALLET DU PAN, avait sans doute destinés au *Mercure*, lorsqu'il était chargé de la rédaction d'une partie de ce journal. Nous croyons même que le *Tombeau de l'île de Jennings*, morceau plein de charme et de sensibilité, y a été inséré.

Les pièces qui composent ce recueil sont au nombre de six.

4352. Vatel, tragédie si l'on veut, et le Fond du sac (par Douhain du Lys). *Poitiers*, 1849, 2 br. in-8.

4353. Variétés littéraires du citoyen T*** (le baron Herman-Jean de Trappé), né à Liége. *Paris* (*Liége*), an IX (1801), 2 parties en 1 vol. in-12.

4354. Vaudevilles et chansons du bouquet des moissonneurs. (*Alençon*), 1783, in-8 de 24 pages.

Par J. CASTAING, receveur des tailles; auteur de pièces de théâtre et de poésies, imprimées par lui-même.

4355. Veille (La) du déluge, ou une Intrigue de cour sous Louis XV, par Erasme de Lumone (Emmanuel Desoër). *Liége*, Jules Desoër, 1862, in-18.

4356. Veillées d'un solitaire de la chaussée d'Antin (par Mme Mariotte, née d'Avot). *Paris*, Mongie, 1821, 2 vol. in-12.

Cet ouvrage a reparu, l'année suivante, sous le titre de : « *Petits romans, Nouvelles et Contes;* » mais le titre seul a été réimprimé, malgré l'indication de 2e édition.

4357. Veillées d'une captive, publiées par Mme ***. *Paris*, Perronneau, 1818, 2 vol. in-12.

Barbier, d'après l'opinion publique et les journaux de l'époque, a attribué cette publication à la fameuse Mme Manzon. M. Quérard lui donne pour auteurs Antony BÉRAUD, LHÉRITIER DE L'AIN et J.-B.-Auguste IMBERT.

Nous tenons d'Ant. Béraud qu'il y eut un quatrième collaborateur, qui fut Philippe-Jacques LAROCHE, plus connu, comme dramaturge, sous le nom d'*Hubert*.

4358. Veillées sur terre et sur mer, par M. de Bussy (Charles Marchal), auteur de l'*Encyclopédie universelle*. *Paris*, Vermot, 1857, in-18.

4359. Veilleuse (La), légende, par J.-T. de Saint-Germain (Jules-Romain Tardieu). *Paris*, J. Tardieu, 1849, in-18.

4360. Veilleuse (La), par Elie Raymond (Bertrand-Elie Berthet). *Paris*, Lalot, 1855, in-8.

Réunion de nouvelles, publiées dans divers recueils.

4361. Vendanges (Les) gaillardes, recueil de contes en vers, chansons, épigrammes, par J. H. (Jean Hubin, de Huy, et autres membres de la Société de littérature de Bruxelles). *Paris*, an XII (1804), in-18.

4362. Vendée (La), poëme élégiaque, par M. de K. (Nicolas Ledeist de Kérivalant). *Nantes*, veuve Mangin, et *Paris*, Foucaud, 1814, in-8.

4363. Vendée (La) et Madame, par le général Dermoncourt. *Paris*, Urbain Canel, 1833, in-8.

La rédaction de cet ouvrage est de M. Alexandre DUMAS père. Nous avons entre les mains un exemplaire adressé par cet écrivain à l'un de ses amis, et portant cette suscription : « De la part de l'auteur, » accompagnée de sa signature.

4364. Vendée (La), le pays, les mœurs, la guerre, par Eugène Londun (E. Balleyguier). *Paris*, E. Dentu, 1849, in-8.

4365. Vendée (La) militaire, par un officier supérieur (le colonel François Roguet). *Paris*, 1833, in-8.

Avec cartes et plans.

4366. Vendéen (Le), épisode de 1793 (par Alexis Eymery, libraire). *Paris*, Moutardier et A. Eymery, 1832, 2 vol. in-8.

4367. Vénus pélerine, comédie en un acte et en Prose (par Alexandre-Louis-Bertrand Robineau, connu sous le nom de Beaunoir). *Paris*, Cailleau, 1777 et 1782, in-8.

4368. Ver (Le) rongeur, comédie en trois actes et en vers, par Malvoisine (François-Joseph Grille). *Paris*, 1839, in-8.

4369. Verger (Le), poëme, par de Fontanes, avec des notes critiques, par le baron B...t de R.....n (Baut de Rasmon). *Gand*, de Goësin, 1791, in-8.

4370. Véritable (La) Prophétie du véritable Holyhauser, avec l'explication, par M. V*** (G. T. Villenave). *Paris*, Crapart, 1815, in-12.

4371. Véritable (Le) chemin de la fortune (par Jean-Louis-Marie Dugas de Bois-Saint-Just). *Lyon*, 1812, in-8.

C'est une imitation de la *Science du bonhomme Richard* de Franklin.

4372. Véritable (Le) esprit de l'adoration du divin cœur de Jésus, etc., contenant des sujets et des préparations pour chaque heure et pour chaque veille (par Mme Leclerc de Lesseville, dame chanoinesse de l'ordre de Saint-Augustin, ancienne supérieure du couvent de Notre-Dame de l'Abbaye-aux-Bois). *Paris*, Demonville, 1825, in-18.

4373. Véritables (Les) jouissances d'un être raisonnable vers son déclin (par Patti). *Paris*, 1802, in-12.

4374. Vérité (La) de l'histoire ecclésiastique rétablie par les monuments, etc. Par M. S*** (Louis Silvy), ancien magistrat. *Paris*, Méquignon junior, décembre 1814, in-8.

L'auteur a fait entrer dans cet écrit plusieurs lettres et pièces inédites et curieuses, tirées des archives du Vatican.

4375. Vérité (La) du magnétisme prouvée par les faits; extraits de notes et papiers de Mme d'Eldir, née dans l'Hindoustan. Par un Ami de la vérité (Jean-Baptiste-Modeste Gence, et Charles Monnard, recteur de l'Académie de Lausanne). *Paris*, Migneret, 1829, br. in-8 de 128 pages.

4376. Vérité (La) établie par les faits (par le baron J. Grisard de Waha). *Liége*, Dessain, 1851, in-8 (Ul. C.).

4377. Vérité (La) reconnue contre la médisance. A MM. les concitoyens et trente-deux bons métiers de la ville de Liége (par Ant. Rolandi, commissaire de la cité). *Liége*, 1676, in-4 (Ul. C.).

4378. Vérité (La) sur Haïti. Ses deux emprunts, ses agents, ses finances, etc., par un Subrécargue (Nonay). *Paris*. Moreau, 1828, br. in-8 de 44 pages.

4379. Vérité (La) sur la question d'Anvers, par le général Bon-Sens, avec cette épigraphe: « Celui qui suscite l'ennemi contre sa patrie sera puni de mort » (loi des Douze Tables). (Par le capitaine A. Brialmont.) *Bruxelles*, 1859, br. in-8 de 24 pages.

Tiré à 6 exemplaires, qui n'ont pas été mis dans le commerce.

4380. Vérité (La) sur le canon rayé (par le colonel Guillaume, directeur du personnel au ministère de la guerre de Belgique). *Bruxelles*, 1861, br. in-8 de 16 pages.

4381. Vérité (La) sur le cardinal Fesch, ou Réflexions d'un ancien grand vicaire général de Lyon sur l'*Histoire de Son Eminence*, par l'abbé Lyonnet. *Lyon* et *Paris*, 1842, in-8.

Cet opuscule est de M. l'abbé CATTET.

L'abbé CATTET est mort subitement, le 30 juin 1858.

4382. Vérité (La) sur le procès Lafarge, par un Avocat du barreau de Paris (Jules Forselier). *Paris*, Lavigne, 1840, in-8.

4383. Vérité (La) sur les Cent-Jours. Par un Citoyen de la Corse (le comte Libri-Bagnano). *Bruxelles*, Tarlier, 1826, in-8.

4384. Vérité (La) sur les marchés Ouvrard et les traités de Bayonne (par le même). *Bruxelles*, Tarlier, 1827, in-8.

LIBRI-BAGNANO, qui lui-même a joué le plus triste rôle, était le père du comte G. Ic. Br. Timoléon Libri, savant mathématicien, membre de l'Institut, professeur au collége de France, etc., etc., qui, en 1847, fut accusé de détournements au préjudice des bibliothèques publiques, et condamné par contumace. Sa demande en réhabilitation, produite devant le Sénat, dans le cours de cette année, a provoqué, après un rapport très-remarquable de M. Bonjean, un *ordre du jour motivé*, sur les conclusions de M. de Royer, vice-président du Sénat, et ancien ministre de la justice.

4385. Vérité (La) vengée, ou Lettre d'un ancien magistrat (l'abbé Antoine Sabatier, de Castres), à M. l'abbé de Feller, rédacteur du « Journal historique et littéraire. » *Liége* et *Bruxelles*, 1789, in-8 (Ul. C.).

4386. Vérités (Les) de la religion chrétienne enseignées par principes (par Pierre-Jacques Blondel). *Paris*, Boudet, 1705, in-12.

4387. Vérités (Les) fondamentales du christianisme, par Ernest Luthardt, professeur de théologie à Leipsick, traduit en français sur la 3e édition, par A. Walnitz et C. S. (Charles Schmitt, fils d'un professeur au séminaire protestant de Strasbourg). *Paris*, Ch. Meyrueis, 1865, in-12.

4388. Vernisseur (Le) parfait (par de Lormois). *Paris*, Jombert, 1771, in-12.

4389. Verre (Le) d'eau, imité de l'allemand, par M. l'abbé H*** (Hunckler). *Paris*, Gaume, 1837, in-32.

4390. Vers à M. de Monmerqué, éditeur des « Lettres de Mme de Sévigné. » *Paris*, Firmin Didot, 1837, in-8 de 4 pages.

Ces vers sont de Mme d'ALTEINHEIM (Gabrielle SOUMET, dame BEUVAIN).

4391. Vers (Les) homonymes, suivis des homographes. Ouvrage utile aux étrangers et aux personnes qui veulent se perfectionner dans l'orthographe française, par M. Frieville (J.-P. Frieswinskel). *Paris*, Lenormant, 1804, in-12.

4392. Vers, par MM. Le Vavasseur, E. Prarond et A. Argonne (A. Dozon). *Paris*, Hermann fr., 1843, in-18.

4393. Vers sur la mort, par Thibaud de Marly, imprimés d'après un manuscrit de la Bibliothèque du roi (et publiés par Dominique-Martin Méon, employé à la section des manuscrits). *Paris*, Crapelet, sans date (1826), in-8 de 64 pages.

Tiré à 150 exemplaires. Une 2e édition a paru en 1835.

4394. Versailles, seigneurie, château et ville (château de Louis XIII, à Versailles). (Par M. Baudard de Sainte-James.) *Versailles*, Montalant - Bougleux, 1839, in-8.

Cet opuscule n'est que le commencement d'une histoire à laquelle l'auteur n'a pas donné suite. Du reste, tout ce qu'il renferme se retrouve en partie dans l'*Histoire des rues de Versailles*, de M. Joseph-Adrien Le Roi.

Il serait difficile de se procurer aujourd'hui ce petit livre qui n'a pas été mis dans le commerce.

4395. Vert-Vert à Pringy (par Breuilly). *Paris*, 1833, in-8.

Ce petit poëme est suivi d'une pièce de vers intitulée : *Vert-Vert ressuscité* (par M. le comte DE PRINGY).

4396. Vertu (La) chancelante, ou la Vie de Mlle d'Amincour. *Paris*, 1778, in-12.

Ce roman, dont Mme d'Ormoy, qui n'avait fourni que le titre, passe cependant pour être l'auteur, parce que, sans doute, elle a signé l'épître dédicatoire, est de Pierre-François-Cantin BAUGIN, qui s'aida de la collaboration de Mercier, de Rossel et de Mérard de Saint-Just.

4397. Vertu et tempérament. Histoire du temps de la Restauration. 1818-1820-1832. Par P. L. J. (Paul Lacroix, dit le Bibliophile Jacob), bibliophile, membre de toutes les académies. *Paris*, Eug. Renduel, 1832, 2 vol. in-8.

4398. Vesper, par l'Auteur des *Horizons prochains* (Mme Agénor de Gasparin). *Paris*, Michel Lévy, 1862, in-18.

4399. Vetere (De) divi Martini templo. L'ancienne église de Saint-Martin. Par R. de B. (Raoul de Belbeuf, auditeur au Conseil d'Etat). *Rouen*, 1858, 15 pages in-8.

4400 Veuve (La) anglaise, ou la Retraite de Lesly Wood (par Mlle Jeanne-Françoise Polier de Bottens). *Genève* et *Paris*, Paschoud, 1812, 2 vol. in-8.

4401 Vicaire (Le) de Wakefield, par Goldsmith, traduit en français, avec le texte en regard (par Armand Bertin), revu et précédé d'une notice, et suivi de quelques notes par Charles Nodier, de l'Académie française. *Paris*, 1833, in-8.

4402 Vice (Le) puni, ou Cartouche, poëme héroïque (par Nicolas Racot, dit de Grandval). *Anvers (Paris)*, 1730, in-12.

Plusieurs fois réimprimé.

4403. Vices de l'administration de la justice (par Victor Pannier de Dozulé, juge à Lizieux). *Paris*, Pillet aîné, 1825, br. in-8 de 68 pages.

4404. Victimes (Les) du mariage, par Max Valrey (Mme Soler, née Eugénie-Marie Gaude). *Paris*, Michel Lévy, 1864, in-18.

4405. Victoire, par Claude Vignon (Mme Noëmi - Alphonse Constant). *Paris*, J. Hetzel, 1863, in-12.

4406. Victoires (Les) de l'Empire, par E. Loudun (Eugène Balleyguier). *Paris*, Paul Dupont, 1859, in-8.

11e édition.

4407. Victor, poëme (par Edouard Servan de Sugny, procureur du roi à Gex). *Paris*, Amyot, 1847, in-12.

4408. Victor, ou l'Enfant des bois, par J.-H.-F. Geller (Elisabeth Guénard, baronne Brossin de Méré). Nouvelle édition. *Paris*, Chassaignon, 1833, 2 vol. in-18.

4409. Victor Hugo devant Napoléon (par Louis Lavedant). *Paris*, 1862, br. in-8.

4410. Victor Hugo raconté par un témoin de sa vie, avec œuvres inédites, poésies, souvenirs de voyage, lettres, et notamment un drame en deux actes et deux intermèdes. Inez de Castro (par Mme Victor Hugo, née Adèle Foucher). *Paris*, librairie internationale, et *Bruxelles*, Lacroix, 1863, 2 vol. in-8.

4411. Victorine, ou la Nouvelle Nina, drame en un acte (par Hocquet fils). *Paris*, Hocquet, 1824, in-8.

4412. Vie anecdotique de Henri-Charles-Ferdinand-Marie-Dieudonné d'Artois, duc de Bordeaux, depuis sa naissance jusqu'à ce jour, avec portrait et *fac-simile* d'une carte de France tracée et coloriée par le prince (par André-René-Balthazar Alissan de Chazet). *Paris*, Hivert, 1832, 1 vol. in-12.

4413. Vie civile et politique de Louis XVI, précédée d'un précis historique sur les causes de la révolution de 1789. Publiée par M. de Vouziers (P.-J. Moithey). *Paris*, Tiger, 1816, in-18.

4414. Vie d'Agricola, par Tacite, traduite par N.-L. B. (Napoléon-Louis Bonaparte). *Florence*, G. Piatti, 1829, br. in-8 de 54 pages, avec 4 pages de notes.

4415. Vie d'André Seras, évêque de Potenza, dans le royaume de Naples, ou Histoire de son temps, par D. F. D. (de Forges Davanzati, préfet de Canosa). *Paris*, Stone, 1806, in-8.

4416. Vie d'Armand-Jean Le Bouthilier de Rancé, abbé et réformateur de la Trappe. Par dom Pierre Le Nain. *Paris*, Florentin Delaulnas, 1719, in-12.

L'abbé Goujet, dans sa *Bibliothèque ecclésiastique*, rapporte (t. Ier, p. 150) que cet ouvrage a été revu par BOSSUET.

4417. Vie de B.-A. (Benoît-Arias) Montana, par Chapel-Gorris (Jean-François-Nicolas Loumyer). *Bruxelles*, 1842, in-8.

4418. Vie de Chrétien-Guillaume Lamoignon de Malesherbes, ancien premier président de la Cour des aides (par Charles-Guillaume-Etienne et Alphonse Martainville). *Paris*, Barba, 1802, in-12.

4419. Vie de David Garrick, suivie de deux lettres de M. Noverre à Voltaire sur ce célèbre acteur, et de l'histoire abrégée du théâtre anglais, depuis son origine jusqu'à la fin du dix-huitième siècle, traduite de l'anglais de Murphy (par Jean-Etienne-François Marignié, ancien inspecteur de la librairie). *Paris*, an IX, in-12.

4420. Vie de David (le peintre), par A. T. (Antoine Thibaudeau, fils du conventionnel). *Paris*, marchands de nouveautés, 1826, in-8.

4421. Vie de François-Marie Camper, scolastique minoré de la congrégation des missionnaires oblats de Marie immaculée, par un Prêtre de la même congrégation (Charles-Joseph-Eugène de Mazenod, évêque de Marseille). *Paris*, E. Repos, 1858, in-12.

Pour mieux dissimuler sa paternité, Mgr DE MAZENOD a placé, en tête de son livre, et l'*autorisation de publier* et une *dédicace* que l'éditeur supposé adressait à S. Em. l'évêque de Marseille.

4422. Vie de François-René Molé,

comédien français (par Charles-Guillaume Etienne et Pierre-Charles Gaugiran, dit Nanteuil, et non par La Mésangère). *Paris*, Chaigneau, 1803, in-12.

Assez rare.

Lors de la publication, faite en 1825, de la *Collection des mémoires sur l'art dramatique*, l'éditeur se proposant de réimprimer sous le titre de : *Mémoires de Molé*, le petit nombre de *discours prononcés par cet acteur éminent* dans les circonstances solennelles, Etienne lui remit à cette occasion, sur sa demande, la même série de faits que contient l'ouvrage de 1803, mais enrichie d'observations et d'anecdotes nouvelles, qui en firent une œuvre toute différente. C'est donc à tort que Quérard a dit que la notice publiée en 1825 était la reproduction de la *Vie de Molé*, écrite en 1803.

3423. Vie de Jean Ferrières, vidame de Chartres, seigneur de Maligny, par un Membre de la Société des sciences historiques et naturelles de l'Yonne (M. Léon de Bastard d'Estang). *Auxerre*, chez Perriquet et Houillé, 1858, in-8.

Ouvrage tiré à 170 exemplaires, et orné d'un magnifique portrait du Vidame de Chartres.

4424. Vie (La) de Jésus-Christ, d'après la concorde (*sic* pour *concordance*) évangélique ; le texte latin en regard, avec des notes et des variantes (par l'abbé Jean-François-Hilaire Oudoul). *Paris*, Pihan de La Forest, 1827, 3 vol. in-32.

4425. Vie (La) de M. Ragot, prestre, curé du Crucifix, au Mans, décédé en odeur de sainteté, etc. Nouvelle édition. Précédée d'une notice bibliographique, signée : A. D. *Paris*, Julien, Lardier et Ce, 1853, in-12.

Tirée à 80 exemplaires. Rare.

Cette réimpression d'un ouvrage ancien et la *notice bibliographique placée en tête appartiennent* à M. Augustin Dupré, qui, après avoir été successivement principal du collége de Saint-Calais et de celui du Mans, avait fondé dans cette dernière ville une institution libre d'enseignement secondaire. Depuis, M. Dupré est venu s'établir à Paris, où il s'occupe encore d'enseignement, surtout de la préparation des jeunes gens aux examens.

4426. Vie de Louis Balbis-Berton de Crillon, surnommé le Brave (par Mlle de Lussan). *Paris*, 1757, 2 vol. in-12. Réimprimé en 1781, en 1 vol. in-12.

Quelques biographes ont attribué cette Vie à l'abbé de Boismorand, qui a, en effet, publié une partie de ses ouvrages sous le masque de Mlle de Lussan ; mais il est facile de s'assurer, en consultant les dates, qu'il est tout-à-fait étranger à la rédaction de celui-ci, qui parut pour la première fois en 1757, dix-sept ans après sa mort, arrivée en 1740.

4427. Vie de M. l'abbé Olier, fondateur du séminaire de Saint-Sulpice (par M. l'abbé Faillon, de la congrégation de Saint-Sulpice). *Paris*, Poussielgue, et au *Mans*, Richelet, 1841, 2 vol. in-8.

Souvent réimprimée.

4428. Vie de M. Descartes (par Adrien Baillet). *Paris*, Daniel Hortemels, 1691, 2 vol. in-4.

Autre édition abrégée. *Paris*, 1693, 2 vol. in-12.

4429. Vie de Mme de Courcelles de Pourlans, dite de Sainte-Anne, dernière abbesse titulaire et réformatrice de Notre-Dame de Tart, etc. (par Edm. Bernard

Bourrée, oratorien). *Lyon*, Jean Coste, 1699, in-8.

4430. Vie de M. de Lantages, prêtre de Saint-Sulpice, premier supérieur du séminaire de Notre-Dame de Paris (par l'abbé Faillon). *Lyon*, Sauvignet, 1837, in-12.

4431. Vie (La) de messire Charles de Saint-Denis, sieur de Saint-Evremond, par M. Desmaizeaux. *La Haye*, Abraham Troyel, 1711, in-8.

Le vrai nom de l'auteur est MARGOTELLE, suivant les *Mélanges de littérature et d'histoire*, de Vigneul de Marville; édition de 1701.

4432. Vie de N. S. Jésus-Christ, du docteur Sepp, traduite de l'allemand par Charles Sainte-Foi (Eloi Jourdain). *Paris*, Poussielgue-Rusand, 1854, 2 vol. in-8.

4433. Vie de Sa Sainteté le pape Pie VII (par Henri-Simon Dautreville). *Paris*, chez l'éditeur, 1823, in-18.

4434. Vie de saint François de Salles, par M. le curé de Saint-Sulpice (l'abbé André-Jean-Marie Hamon). 3e édition, corrigée et augmentée. *Paris*, Lecoffre, 1858, 2 vol. in-8.

4435. Vie de saint François-Xavier, apôtre des Indes, par J.-M.-S. Daurignac (Mlle Orliac) *Paris*, Ambr. Bray, 1856, in-12.

C'est un extrait de l'ouvrage du même auteur, intitulé: « *Histoire de saint François-Xavier*, » 2 vol. in-18.

4436. Vie (La) de saint Hadelin, confesseur, patron du ci-devant chapitre de Visé, publiée au bénéfice des pauvres, par un Habitant des environs de Visé (par Henri-Joseph-Barthélemy Delfosse). *Liége*, Oudart, 1845, in-16.

4437. Vie (La) de saint Ignace de Loyola, par le P. Gemelli, de la Compagnie de Jésus. Traduite de l'allemand, par M. Charles Sainte-Foy (Eloi Jourdain). *Paris*, J. Lecoffre, 1856, 2 vol. in-18.

4438. Vie de sainte Catherine de Bologne, par M. l'abbé P. (Honoré-Auguste Philippe), vicaire général d'Evreux. *Clermont*, Thibaut-Landriot, 1837, in-12.

4439. Vie (La) de sainte Honorine, vierge et martyre, patrone du prieuré de Conflant (*sic*) (par Baudry, prêtre chapelain dudit prieuré, depuis curé de Plessis-Raoul, dit Picquet, près Sceaux). Sans date, in-12.

4440. Vie de la séraphique mère sainte Thérèse de Jésus, en figures et en vers français et latins (par Claudine Brunand). *Lyon*, Ant. Jullieron, 1670, in-8.

Claudine BRUNAND était lyonnaise. Elle s'occupait spécialement de la gravure; les figures emblématiques de ce livre sont de sa main, ainsi qu'une partie des sonnets. Les vers latins sont dus à G. HERBEL, qui a mis aussi en latin les quatrains de Pibrac.

4441. Vie (La) de la vénérable mère Marie de l'Incarnation,

première supérieure des Ursulines de la Nouvelle-France (par le père dom Claude Martin, bénédictin). *Paris*, Louis Billaine, 1677, in-4.

Le même a publié, en 1781, les *Lettres de la vénérable mère Marie de l'Incarnation*, in-4.

4442. Vie de Victorine Gallard de Terraube, décédée à Paris, en odeur de sainteté, le 8 février 1836 (par l'abbé Du Friche Des Genettes, curé de N.-D. des Victoires). Nouvelle édition. *Paris*, Debécourt, 1840, in-12.

4443. Vie (La) des veuves, ou les devoirs et les obligations des veuves chrétiennes (par l'abbé Jean-Girard de La Ville-Thierry). Nouvelle édition revue, corrigée et augmentée de remarques curieuses sur la viduité, tirées des anciens auteurs grecs et latins. *Paris*, Chaubet, 1736, in-12.

4444. Vie du cardinal de Cheverus, archevêque de Bordeaux, par Jean Huen du Bourg (l'abbé André-Jean-Marie Hamon). *Paris*, Périsse, 1837, in-8.

4445. Vie du célèbre jurisconsulte Malfait, décédé à Bruxelles, il y a vingt ans. Son testament, sa mort et son enterrement, etc. (par E. Devos). *Bruxelles*, Leduc, an XII (1804), in-8.

Brochure devenue assez rare, la police ayant fait saisir, dès son apparition, tous les exemplaires sur lesquels elle put mettre la main.

4446. Vie du chancelier de l'Hôpital (par François-René Turpin). 1789, br. in-8 de 77 pages.

Extraite de *la Vie des hommes illustres du Tiers-Etat*.

4447. Vie du feld-maréchal de Laudon (G. Ern.). Traduit de l'allemand de Pezzl (Jean) par *** (Jean-Nicolas-Etienne, baron de Bock). *Luxembourg*, 1792, in-8.

4448. Vie du général L. M. J. M. (Louis-Marie-Joseph-Maximilien) Caffarelli du Falga (par le baron Joseph-Marie Dégérando). *Paris*, an X, in-8.

4449. Vie (La) du père Jean-Eudes, missionnaire apostolique, instituteur de la congrégation de Jésus et de Marie et de l'ordre de Notre-Dame de Charité. Ouvrage posthume du père Montigny, de la compagnie de Jésus, revu et publié par un Prêtre du clergé de Paris (l'abbé François-Marie-Tresvaux). *Paris*, Adrien Leclère, 1827, in-12.

Dédié à feu Mgr de Saussol, évêque de Séez.

4450. Vie du R. P. Ricci, apôtre de la Chine, par Charles Sainte-Foi (Eloi Jourdain). *Paris*, Douniol, 1859, 2 vol. in-12.

4451. Vie du révérend Père Clément Cathery, de la compagnie de Jésus, missionnaire de Madagascar, par J.-M.-S. Daurignac (Mlle Orliac). *Paris*, Ambroise Bray, 1865, in-12.

4452. Vie du révérend père Loriquet, de la compagnie de

Jésus, écrite d'après sa correspondance et ses ouvrages inédits (par le baron Mathieu-Richard-Auguste Henrion). *Paris*, Poussielgue-Rusand, 1845, in-12.

4453. Vie (La) du R. P. Marin Mersenne, théologien, philosophe et mathématicien, de l'ordre des Pères Minimes, par F. H. D. C. (frère Hilarion de Coste), religieux du même ordre. *Paris*, Sébastien Cramoisy, 1649, in-12.

4454. Vie du vénérable frère Gérard Majella, de la congrégation du T.-S. Rédempteur. Par le R. P. Tarnoja. Augmentée d'une préface, de notes, etc., par le R. P. D. (V. Dechamps, prêtre de la congrégation du T.-S. Rédempteur). 2e édition. *Liége*, Lardinois, 1851, in-18, avec portrait (Ul. C.).

4455. Vie (La) du très-sainct Père le Pape Pie V, de l'ordre des Frères-Prescheurs, écrite en italien, par le R. P. Archange Caraccia de Rivalta, docteur en théologie, et traduite par le R. P. J. D. (Jean Doye). *Valenciennes*, Jean Védrilier, 1627, in-8.

4456. Vie du vénérable serviteur de Dieu, Pierre-Rose-Ursule Dumoulin Borie, suivie d'un Appendice sur les missions chez les infidèles, par un Prêtre du diocèse de Tulle (par l'abbé Borie, son frère). 2e édit. *Paris*, Saigner et Bray, 1846, 1 vol. in-12.

La première édition avait paru chez Gaume frères.

4457. Vie du vénérable serviteur de Dieu Louis-Marie Grignon de Montfort, missionnaire apostolique, etc. (par l'abbé Deshayes, supérieur des missionnaires du Saint-Esprit, à Saint-Laurent-sur-Sèvre). *Paris*, Adrien Leclere et Ce, 1839, 1 vol. in-8.

Une seconde édition in-12 a paru dans la même année.

4458. Vie et lettre de Mlle Rose Ferrucci, traduit de l'italien (par l'abbé Perreyve). *Paris*, Douniol, 1866, in-16.

L'ouvrage original est de Mme Ferrucci mère, auteur de quelques autres ouvrages fort goûtés en *Italie*.

4459. Vie et aventures de Marion de Lorme, etc., roman (supposé) historique, écrit par elle-même, et publié par M. de Faverolles (Elisabeth Guénard, baronne Brossin de Méré). 3e édition. *Paris*, H. Ferret, 1828, 4 vol. in-12.

La 1re édition, qui est de 1822, a pour titre : *Vie et amours*, etc. Quant à la seconde, Beuchot déclare, dans une note de la *Bibliographie de la France*, qu'elle lui est tout-à-fait inconnue : d'où il faut conclure qu'elle n'a jamais existé.

4460. Vie et fin déplorable de Mme de Budoy, trouvée, en janvier 1814, entièrement nue et vivante, etc. (par Charles Doris, de Bourges). *Paris* et *Bruxelles*, Germain Mathiot, 1817, 2 vol. in-12.

4461. Vie et miracles de la bienheureuse vierge sainte Aure, abbesse de trois cents religieuses, dont le vénérable corps repose en l'église de Saint-Eloi, en la Cité. Par un Bourgeois de Paris (Jacques Quétif). *Paris*, Jean Mestois, 1623, in-16.

4462. Vie (La) monastique dans l'Eglise orientale, par Mme Dora-d'Istria (la princesse Koltzoff-Masalski, née Hélène Ghika). *Genève* et *Paris*, J. Cherbuliez, 1855, gr. in-12.

Il y a eu une seconde édition en 1858.

4463. Vie (La) indépendante, comédie en quatre actes et en prose, par N. Fournier et Alphonse (par A. François, maître des requêtes). *Paris*, Michel Lévy, 1861, br. in-8.

4464. Vie nouvelle de saint Louis de Gonzague, par T. Delacroix (Frédéric Titeu). *Paris*, Bellin Mandar, 1840, in-12.

4465. Vie, poésies et pensées de Joseph Delorme (Charles-Augustin Sainte-Beuve, de l'Académie française). *Paris*, Delangle, 1829, in-16.

4466. Vie politique de Louis-Philippe-Joseph-d'Orléans-Egalité, premier prince du sang et membre de la Convention (par André-René-Balthazar Alissan de Chazet). *Paris*, Dentu, 1832, in-8.

4467. Vie politique de Marie-Louise de Parme, reine d'Espagne (par Jean-Nicolas Barba). A la cour d'Espagne *(Paris)*, 1793, in-18.

4468. Vie politique de Marie-Paul-Jean-Roch-Yves-Gilbert Motié, marquis de La Fayette, etc. Par E. (Emile Gigault, comte de La Bédollière). *Paris*, Delaunay, 1833, in-18.

L'ouvrage a été rajeuni au moyen d'un frontispice, où l'on a mis : *deuxième édition*.

4469. Vie politique et militaire de Napoléon, racontée par lui-même au tribunal de César, d'Alexandre et de Frédéric (par le général baron Henri de Jomini). *Paris*, Anselin, 1827, 4 vol. in-8.

4470. Vie politique et militaire du prince Honoré de Prusse, frère de Frédéric (par Jean-François Roger). *Paris*, 1809, in-8.

4471. Vie privée, politique et morale de Lazare-Nicolas-Marguerite Carnot, ex-lieutenant de police, ex-ministre, par M. le baron de B*** (Charles Doris, de Bourges). *Paris*, Germain Mathiot, 1816, in-12.

4472. Vie privée de Louis XV, ou Principaux événements, particularités et anecdotes de son règne. *Londres*, J. Lyton, 1781, 4 vol. in-12.

Barbier a attribué cet ouvrage à MOUFFLE D'ANGERVILLE. La *Biographie générale* conteste l'assertion très-positive du savant bibliographe, et prétend, sans appuyer son dire d'aucune preuve, que l'auteur se nommait ARNOUX-LAFFREY.

4473. Vieilles et nouvelles histoires, par Guérin-Dulion (Léon Guérin). *Paris*, Levavasseur, 1836, in-8.

4474. Vienne et Bruxelles, ou la Maison d'Autriche et la Belgique (par M. Rastoul de Mongeot). *Bruxelles*, 1854, in-12.

4475. Vies des Pères, martyrs et autres principaux saints. Traduction libre de l'anglais, d'Alban Butler, par l'abbé Godescard. Edition augmentée de plus de six cents vies nouvelles, par M. l'abbé D*** (Donnet, depuis archevêque de Bordeaux). *Besançon* et *Paris*, Gauthier, 1834-1838, 12 vol. in-8.

4476. Vies des premières ursulines de France, tirées des chroniques de l'ordre, par M. Charles Sainte-Foi (Eloi Jourdain). *Paris*, Poussielgue-Rusand, 1856, 2 vol. in-12.

4477. Vierge (La) chrétienne, ou Conseils et exemples adressés aux jeunes personnes qui vivent dans le monde, par M. D. L. C. (Frédéric Titeu). *Paris*, Gaume, 1841, in-18.

4478. Vierge et martyre, par Michel Masson (Auguste-Michel-Benoît Gaudichot). *Paris*, Verdet, 1835, 2 vol. in-8.

4479. Vierges (Les) miraculeuses de la Belgique, histoire des sanctuaires où elles sont vénérées, légendes, pèlerinages, confréries, bibliographie. Publiées par A. D. R. (Auguste de Reume), avec le concours de plusieurs ecclésiastiques et hommes de lettres. *Bruxelles*, 1856, in-8.

4480. Vieux (Le) château, imité de l'allemand du chanoine Schmid, par M. l'abbé H*** (Hunckler). *Paris*, Gaume, 1839, in-32.

4481. Vieux (Le) drapeau; dédié à la garde royale, par un Membre de la Société des bonnes-lettres (Jean Rey, négociant et littérateur). *Paris*, Trouvé, 1822, in-8.

4482. Vieux (Le) Liége. Ses monuments religieux et civils, ses rues, ses métiers, etc. Statistique rétrospective (par Henri Vandenberg), publié (par Edouard Lavalleye), au profit de la Société de Saint-Vincent de Paul. *Liége*, Demarteau, 1858, in-18 (Ul. C.).

4483. Vieux (Le) marin, ou une Campagne imaginaire, vaudeville en deux actes, par Théodore Anne, Adolphe Jadin et *** (Théaulon de Lambert). *Paris*, Barba, 1829, br. in-8.

4484. Vieux (Les) ponts de la cité de Liége, par P. N. Francheux (Ferdinand-Jules Hénaux). *Liége*, Redouté, 1854, in-8 (Ul. C.).

4485. Village (Le) abandonné, poëme d'Olivier Goldsmith; les chants de Selma et Oïthona, poëmes d'Ossian; traduits en français, par P.-A. L*** (Pierre-Antoine Lebrun, depuis membre de l'Académie française, directeur de l'imprimerie royale, etc.). *Paris*, Hénée, an XIII, 1 vol. in-18.

4486. Ville (La) au village, comédie mêlée de couplets, par Ernest (Joseph-François Grille). *Paris*, 1809, br. in-8.

4487. Ville (La) de Cambrai. Programme des fêtes du 15 août 1813 (attribué à l'abbé Desenne, chanoine). *Cambrai*, Defrémery, 1813, br. in-4 de 19 pages.

4488. Ville de Cambrai. Programme de la fête communale du 15 août 1814 (attribué au même). *Cambrai*, Defrémery et Dehollain, 1814, br. in-4 de 18 pages.

4489. Ville de Cambrai. Programme de la fête du 15 août 1816 (attribué à De Cordival, professeur de rhétorique au collége). *Cambrai*, Defrémery, 1816, in-4.

4490. Ville (La) et la république de Venise (par le chevalier Alexandre-Toussaint Limojon de Saint-Didier). *Paris*, G. de Luynes, 1680, in-18.

Une nouvelle édition, publiée en 1685, n'est plus anonyme.

4491. Villes (Les) protestantes de la Belgique, par Charles Rahl (Rahlenbeck, consul général de Saxe, à Bruxelles). *Liége*, Desoër, 1854, in-8 (Ul. C.).

4492. Vingt (Le) et un janvier, ou la Malédiction d'un père, par l'auteur de: « Monsieur le préfet » (le baron Etienne-Léon de Lamothe-Langon). *Paris*, Pollet, 1825, 3 vol. in-12.

4493. Vingt et une lettres à une jeune personne; traduites de l'anglais (par Mlle de Chabaud-Latour). *Paris*, Servier, 1829 et 1830, in-18.

4494. Vingt jours de route, et généalogie historique de la famille des coches, messageries et diligences, etc., avec des notes, par Narratius Viator (Grandsire, secrétaire de l'Opéra). *Paris*, Denain, 1830, in-8.

4495. Virago (La), par H. de Châteaulin, ancien colonel (par Mlle Sophie Ulliac-Trémadeure). *Paris*, Raynal et Pesron, 1832, 4 vol. in-12.

4496. Virgile en France, ou la Nouvelle Enéïde, poëme héroï-comique, en style franco-gothique, pour servir d'esquisse à l'histoire de nos jours, par Le Plat du Temple, avec cette épigraphe : *Puppam se dixit Gallia, cùm sit anus* (Martial). *Bruxelles*, Weissenbruck, 1807-1808, 2 vol. in-8.

Il n'a paru de cet ouvrage que les deux premiers volumes. Ils sont fort rares, tout le fond ayant été détruit par ordre du gouvernement français, immédiatement après l'impression.

L'auteur qui se nomme ici Le Plat du Temple est Victor LE PLAT, marchand de vins à Coblentz, où il s'était marié, et fils de Jesse LE PLAT, docteur en droit, professeur de droit canon à l'Université de Louvain.

(Note de Ch. Van Hultem, 1811.)

4497. Virgille virai an borguignon. Choix des plus beaux livres de l'Enéide, suivi d'épisodes tirés des autres livres, avec sommaires et notes, etc., publiés par C. N. Amanton, et un discours préliminaire, par G. P. (Etienne-Gabriel Peignot). *Paris*, Gaudefroy; *Dijon*, chez Lagier, 1831, in-18.

La traduction burlesque, en patois bourguignon, de l'*Énéide* de Virgile, dont il existe dans le pays plusieurs manuscrits, est de diverses mains.

Pierre Dumay, né en 1626, mort en 1711, est le traducteur du premier livre et d'une partie du second; Paul Petit, licencié de Sorbonne, né le 21 janvier 1671, mort le 3 septembre 1734, a traduit la suite du second livre et les IIIe, IVe, V[e], VIe et VIIe; Philippe Joly, dominicain, né en 1664, mort en 1734, a laissé les VIIIe, IXe et X[e], François-Jacques Tassinot, ancien conseiller au Parlement de Metz, né à Dijon, le 2 février 1664, mort le 20 mai 1730, fut traducteur des Ve, VIe, VIIe, XIe et XIIe livres.

(Note extraite du *Journal de la librairie*.)

4498. Vision d'Hébal, chef d'un clan écossais, épisode tiré de la ville des expiations (par Pierre-Simon Ballanche). *Paris*, Jules Didot aîné, 1831, in-8.

4499. Visions d'un bonhomme (par Alexandre-Balthazar-Laurent Grimod de la Reynière). *Paris*, 1803, in-8.

4500. Visite au collége de Caen (par Edom, censeur audit collége). *Caen*, Maral, 1829, br. in-8.

4501. Visite au musée du Louvre, ou Guide de l'amateur à l'exposition des ouvrages de peinture et de sculpture, etc, des artistes vivants. Année 1827-1828. Par une Société de gens de lettres et d'artistes (rédigé par Alexandre Martin). *Paris*, Leroy, 1828, in-18.

4502. Vocabulaire des hameaux et hydrographie du ressort de la Cour royale de Douai (par Pierre-Antoine-Samuel-Joseph Plouvain). *Douai*, Derégnaucourt, 1844, br. in-8 de 88 pages.

4503. Vocabulaire des mots usités dans le Haut-Maine, par C.-R. de M. (Charles-Roger de Montesson). *Paris*, J. Lasnier, 1857, in-12.

4504. Vocabulaire hagiologique, ou liste des noms français et latins de Saints et de Saintes, qu'on peut donner aux baptêmes (par l'abbé Claude Chastelain, chanoine de Notre-Dame). *Paris*, Josse, 1700, in-4.

4505. Vocabulaire latin pour la sixième classe, dans lequel les mots sont divisés en trois classes, etc. (par Antoine Duvillard). *Genève*, Paschoud, 1811, in-8.

4506. Vocographie. Art de représenter habilement la voix dans toute la pureté de son expression, etc. Edition rectifiée, contenant la concordance de ces deux arts nouveaux, par l'auteur breveté de: « La Vocotypographie » (Louis-Auguste Richard, de Saint-Etienne).

Paris, Lecointe et Pougin, 1832, br. in-8 de 70 pages.

4507. Voie (La) du salut, par le bienheureux Alphonse-Marie de Liguori, etc.; traduit de l'italien, pour la première fois, par l'abbé G*** (Guéranger). *Paris*, E. Bricon, 1831, in-18.

4508. Voies (Les) du sort; traduit de l'allemand d'Auguste Lafontaine, par Mme Elise V*** (Voïart). *Paris*, A. Eymery, 1821, 4 vol. in-12.

Ce même roman a été traduit, vers cette époque, par Louis Andrieux, sous le titre de : « *Lydie et Frantz*, » 2 vol. in-12.

4509. Voilà l'homme, par Isabine Mira. *Lyon*, Meton, 1863, in-12.

On attribue ce livre à un ancien négociant, M. Paul Eymard, qui l'aurait publié sous le nom *anagrammatisé* de sa femme, *Marie-Sabina*.

4510. Voile (Le), ou Valentine d'Alté, par l'auteur de : « Rose Mulgrave » (Mme Adèle de Cueillet). *Paris*, Dentu, 1813, 3 vol. in-12.

4511. Voile (Le) bleu, folie-vaudeville en un acte et en prose, par MM. Jules (Dulong) et Léopold (Courtier). *Paris*, Bezou, 1829, br. in-8.

Balisson de Rougemont ne fut pas étranger à cette pièce.

4512. Voile (Le) des Vierges (par Philibert Collet). *Lyon*, 1678, in-12.

4513. Voix (La) de la nature et de son auteur sur l'origine des sociétés, etc. (par l'abbé Thorel). *Paris*, Egron, 1820, in-8.

4514. Voix (La) de la religion au dix-neuvième siècle, ou Examen des ouvrages religieux qui paraissent de nos jours (par Gonthier et Louis Roux). *Lausanne*, 1802, 3 vol. in-12.

4515. Voix de l'humanité et Réveil de la liberté en Grèce, par M. D. M... (Désiré Martin). *Bruxelles*, 1820, br. in-8 de 20 pages.

4516. Voix (La) du citoyen (par Charles-François Lebrun, depuis duc de Plaisance). *Paris*, 1789, br. in-8. — Réimprimée en 1814.

Beuchot attribue cette brochure à Bertrand Verlac.

4517. Voix (La) du peuple, revue politique, historique et littéraire (par Laurent-Emile Renard). *Liége*, Collardin, in-8.

Ce recueil a commencé à paraître le 1er novembre 1844, et a cessé au 1er janvier 1846.

4518. Volière (La) des dames (par Charles Malo). *Paris*, L. Janet, 1825, in-18.

4519. Voltaire à Ferney, par MM. Evariste Bavoux et A. F. (Alphonse François, maître des requêtes). *Paris*, Didier, 1861 (1860), in-8.

Recueil de lettres inédites de Voltaire.

4520. Voltaire chrétien (par Villiers). Preuves tirées de ses ouvrages. *Paris*, Delaunay, 1822, in-18.

4521. Voltaire étrangement défiguré, par l'auteur des : « Souvenirs de Mme de Créquy (par Nicolas-Louis-Jean-Joachim de Cayrol). *Compiègne*, Jules Escuyer, 1826, br. in-8.

Tiré à cent exemplaires, cet opuscule n'a pas été mis dans le commerce.

4522. Voltaire jugé par les faits, par M***(Jean-Antoine Lebrun-Tossa). *Paris*, Delaunay, 1817, br. in-8 de 72 pages.

4523. Voyage à Janina, en Albanie, par la Sicile et la Grèce, traduit de l'anglais de Th. Smart Hughes (par A.-Jean-Baptiste Defauconpret). *Paris*, Gide, 1821, 2 vol. in-8.

4524. Voyage à la Martinique. Vues et observations politiques sur cette île, avec un aperçu de ses productions végétales et animales (par le général de brigade Romanet). *Paris*, Pelletier, 1804, in-8.

4525. Voyage à Naples, par la comtesse de Bassanville (Mlle Anaïs Lebrun). *Paris*, Brunet, 1861, in-18.

4526. Voyage à Paris, ou Esquisse des hommes et des choses dans cette capitale, par le marquis Louis Rainier de Lanfranchi (le baron Etienne-Léon de Lamothe-Langon). *Paris*, veuve Lepetit, 1830, in-8.

Ce livre a été refait en grande partie par LHÉRITIER, DE L'AIN.

4527. Voyage à Paris et sur les frontières (par Adrien Leroux). *Paris*, Gaillard, 1792, in-18.

4528. Voyage à Plombières, en 1822, où se trouve la version faite pour la première fois en français du poëme latin sur Plombières, de Joachim Camerarius, recteur de l'Université de Leipsick, imprimé à Venise, en 1553, avec le texte latin en regard ; ou Lettres à M. V., par M. P. D. C. (Pirault des Chaumes). *Paris*, Guillaume, 1823, in-18.

4529. Voyage à travers un livre de dépense, par M. H. G. (Henri Gomont). *Paris*, Amyot et Saint-Jorre, 1858, in-12.

4530. Voyage au Levant (Journal d'un), par l'auteur du : « *Mariage au point de vue chrétien* » (la comtesse Agénor de Gasparin, née Valérie Boissier). *Paris*, Marc Ducloux et Cie, 1848, 3 vol. in-8.

4531. Voyage au mont Pilat, sur les bords du Lignon et dans une partie de la ci-devant Bourgogne, suivi de quelques lettres sur l'Italie et autres pièces détachées (par Henri Maynard). *Paris*, Desenne, 1800, in-12.

4532. Voyage au Spitzberg, par Mme Léonie d'Aunet (Mme Biard). *Paris*, Hachette, 1854, in-12.

Voir l'annotation de l'article 4263.

4533. Voyage autour de la Chambre des députés, par un Slave (J. Tanski). *Paris*, A. René, 1845, in-8, avec portr.

Une 2e édition, considérablement augmentée, et dont une partie seulement a été refaite à nouveau, et où l'on n'a pas reproduit l'introduction de la première, a paru en 1847.

Cette dernière édition n'est plus anonyme.

4534. Voyage autour d'une robe à volants, par M. de Lyden (Jules Meilheurat). *Bourges*, Joliet, 1857, in-18.

4535. Voyage aux Pyrénées, par l'auteur de : « Souvenirs de voyage » (la comtesse de La Grandville, née de Beaufort). *Lille*, Lefort, 1850, in-12.

4536. Voyage aux ruines de l'ancien château royal du Vivier (Seine-et-Marne), extrait du journal «l'Artiste» (par Achille Jubinal). *Paris*, Baudouin, 1835, br. in-8 de 16 pages.

4537. Voyage dans la cour du Louvre, ou Guide de l'observateur à l'exposition des produits de l'industrie française, année 1827, par une Société d'artistes et d'anciens fabricants (par Alexandre Martin). *Paris*, Dauvin, 1827, in-18.

4538. Voyage dans la péninsule occidentale de l'Inde et dans l'île de Ceylan, traduit du hollandais (de M. J. Haafner), par M. J... (Henri Jansen). *Paris*, Bertrand, 1815, in-8, avec figures.

4539. Voyage dans la vallée du lac de Joux, suivi de quelques courses champêtres et sentimentales (par Henri Vincent). *Lausanne*, 1795, in-12.

4540. Voyage dans les mers du nord, à bord de la corvette la *Reine-Hortense*, par Charles-Edmund (Choieçky). *Paris*, Michel Lévy, 1862, gr. in-8.

4541. Voyage dans les Pays-Bas Autrichiens, ou Lettres sur l'état actuel de ces pays (par Dérival). *Amsterdam*, 1782, in-12.

4542. Voyage dans les Pyrénées, en 1818 (par Jean-Baptiste Joudou). *Paris*, Plassan, 1820, in-8.

4543. Voyage dans les Pyrénées, en 1818 (par la comtesse de l'Espine). *Paris*, Plassan, 1828, in-8.

4544. Voyage de deux Anglais dans le Périgord, fait en 1825, et traduit sur leur journal manuscrit (par F. Joannet). *Périgueux*, 1826, in-18.

C'est un ouvrage original; la traduction, d'après un manuscrit anglais, n'est qu'une fiction.

4545. Voyage de Humphry Clincker, par l'auteur de : « Roderic Random » (Smollet); traduit de l'anglais, par M. de *** (Louis-Henri de Mervé, ancien officier des gardes-du-corps). *Paris*, Pillet aîné, 1826, 4 vol. in-12.

4546. Voyage de Lyon à Châlons, par la Saône, ou les Trois journées, par M. J.-C. B. (Joseph-

Charles Berthier). *Lyon*, Kindelem, 1814, 2 vol. in-18.

4547. Voyage de Naples à Amalfi, extrait d'un voyage inédit en Italie, pendant les années 1824-1827, par M. E. G. D. D'A... (Edouard Gautier Dulys d'Arc), 3e édition. *Paris*, 1829, in-12.

La 1re édition a paru dans la *Revue encyclopédique* (107e cahier, novembre 1827, t. XXXVI). La deuxième a été faite avec les exemplaires qui, à cette même époque, ont été tirés à part.

4548. Voyage de Nîmes à Lyon, sur le vapeur le *Syrius*, et de Lyon à Nîmes, sur l'*Aigle*, par Mlle Sophie T... (Tamisier). *Nîmes*, 1847, br. in-8.

4549. Voyage de Paris à Rouen sur la Seine, 1837 (par Edouard Frère, ancien libraire). *Paris*, Casimir, 1837, in-8.

4550. Voyage de Paul Bérenger dans Paris, après quarante-cinq ans d'absence, etc. (par Auguste-Simon Collin, de Plancy). *Paris*, Lerouge, 1818, 2 vol. in-12.

4551. Voyage de Vermont-sur-Orne à Constantine, sur l'Oued-Rummel, Sétif, Bougie et Alger. Par une femme. *Caen*, Hommais, 1866, in-12.

L'auteur de ce *Voyage*, écrit avec goût et rempli d'observations intéressantes, est Mme Du Tertre, de Clinchamps, qui cultive avec succès la peinture et la poésie.

4552. Voyage (Le) des Muses, allégorie pour Mme de Saint-Huberty, par M. Yreith (Thiéry). *Au Pinde*, 1784, in-8 de 16 pages.

4553. Voyage du Parnasse (par Ignace-François Limojon de Saint-Didier, neveu de celui qui est mentionné précédemment). *Rotterdam (Chartres)*, 1716, in-12.

4554. Voyage d'un amateur des arts en Flandre, dans les Pays-Bas, etc., fait pendant les années 1775-1778, par M. de La R... (de La Roche). *Amsterdam (Liége)*, F.-J. Desoër, 1783, 4 vol. in-12.

Cet ouvrage a été publié, avec de nombreuses augmentations, par Jacques-Joseph Fabry, né le 3 novembre 1722, à Liége, où il mourut, le 11 février 1798. D'abord conseiller à la Cour des comptes, ensuite conseiller intime de l'Electeur de Cologne, puis du prince-évêque de Liége, il fut élu plusieurs fois bourgmestre de cette ville, où son nom, toujours respecté, est demeuré historique. Auteur de plusieurs brochures politiques, il concourut à la rédaction de la *Gazette de Liége*, de 1765 à 1788, et donna beaucoup d'articles au *Dictionnaire universel*, de Robinet. Grétry, dans ses *Essais sur la musique* (t. I, p. 434), parle avec éloge de J.-J. Fabry.

4555. Voyage d'un Français aux salines de Rovière et de Saltzbourg, en 1776 (par le comte Fr. Barbé-Marbois). *Paris*, Baudouin, an V, in-18.

4556. Voyage d'un officier français, prisonnier en Russie, sur les frontières de cet empire, du côté de l'Asie (par le comte de Montravel). Publié par M. Huc, employé à la poste aux lettres. *Paris*, Plancher, 1817, in-8.

4557. Voyage d'une Française à Londres, ou la Calomnie détruite par la vérité des faits (par Mme la comtesse Marie-Magdeleine de Godeville, née Levassor de Latouche). *Londres*, Mesplat, 1774, in-8.

4558. Voyage d'une ignorante dans le midi de la France et de l'Italie, etc. (par la comtesse Agénor de Gasparin). *Paris*, Paulin, 1835, 2 vol. in-8.

C'est le premier ouvrage de l'auteur qui n'était encore que Mlle Valérie BOISSIER.

4559. Voyage en basse Bretagne, par Vérusmor (Alexis Géhin), avec annotations complémentaires, par A. Jollivet. *Guingamp*, 1855, in-12.

4560. Voyage en Grèce pendant les années 1803-1804, par Bartholdy. Traduit de l'allemand, par A. du C. (Auguste du Coudray). *Paris*, 1807, 2 vol. in-8.

4561. Voyage en Normandie et en Bretagne, par Ad. G. (Franc.-Candide-Adolphe Gondinet, ancien élève de l'Ecole polytechnique, professeur de mathématiques). *Paris*, Sédillot, 1830, in-16.

4562. Voyage en Sicile, dédié à la duchesse de Berry, publié par d'Osterwald. *Paris*, F. Didot, 1822, 2 vol. in-folio.

Le texte est de M. DE LA SALLE.

4563. Voyage et conspiration de deux inconnus; histoire véritable, extraite de tous les mémoires authentiques de ce temps-ci. *Paris*, 1792, br. in-8.

On lit dans la *Biographie générale*, à l'article Pierre-Victor Malouet, que « Barbier lui a attribué cette brochure; mais qu'il semble résulter d'une note de la *Feuille de correspondance du libraire*, année 1792, que c'est MALLET DU PAN qui en serait l'auteur. »

4564. Voyage fait en 1819 et en 1820, sur les vaisséaux l'*Hécla* et le *Griper*, pour découvrir un passage du nord-ouest de l'Océan Atlantique à la mer Pacifique, sous les ordres de W. Ed. Parry; traduit de l'anglais, par l'auteur de: « Quinze jours à Londres, » par A.-J.-B. (Jean-Baptiste Defauconpret). *Paris*, Gide fils, 1821, in-8, avec cartes.

Ce volume forme le 37e de la *Collection des voyages*, publiée chez le même libraire.

4565. Voyage historique et pittoresque dans les ci-devant Pays-Bas, par Paquet-Syphorien. *Paris*, Firmin Didot, 1813, 2 vol. in-8.

Paquet-Syphorien ne jugea pas à propos, en publiant son livre, de joindre à son nom, celui d'Edouard PINGRET, peintre avec qui il avait fait, en 1811, le voyage de Belgique, et préféra s'approprier les nombreuses et judicieuses notes de son collaborateur.

4566. Voyage (Le) industriel et bibliographique de Liége à Verviers, par André Meuret (Ferdinand-Jules Hénaux). *Liége*, 1844, in-8.

4567. Voyage où il vous plaira, par Tony Johannot, Alfred de Musset et P.-J. Stahl (P.-Jules

Hetzel). *Paris*, J. Hetzel, 1843, gr. in-8, figures.

4568. Voyage par le cap de Bonne-Espérance à Samarang, à Macassar, à Amboine et à Surate, en 1774, 75, 76, 77 et 1778, par J. S. Stavorinus; traduit du hollandais (par Henri Jansen). *Paris*, Jansen, an VII (1799), in-8.

4569. Voyage philosophique dans l'Amérique méridionale, rédigé par l'auteur de: « l'An 2240 » (le chevalier Gérard Jacob). *Paris*, Pilletaîné, 1830, in-12.

4570. Voyage pittoresque dans le Tyrol, aux salines de Saltzbourg et de Reichenhalt, et dans une partie de la Bavière, par le C. D. B. (François-Gabriel, comte de Bray, ambassadeur de Bavière à la cour de France), 3e édition, revue et augmentée. *Paris*, 1825, in-folio.

La 1re édition, qui est de 1806, parut à *Berlin*, in-8; la 2e, également in-8, fut publiée à *Paris*, en 1808.

Le comte Fr.-Gabr. DE BRAY, naquit à Rouen, le 24 décembre 1765.

4571. Voyage pittoresque de Paris au Hâvre, sur les rives de la Seine (par Charles Malo). *Paris*, Louis Janet, 1828, in-18.

4572. Voyage pittoresque en Bourgogne, ou Description historique des monuments antiques, modernes et du moyen-âge, etc. (par Charles-Hippolyte Maillard de Chambure, Jobart, Peignot et Boudot). *Dijon*, Mme veuve Breugnot, 1833 et 1835, 2 vol. in-folio, avec planches.

4573. Voyage pittoresque et industriel dans le Paraguay-Roux et la Palingénésie australe, par Tridace-Nafé-Théobrôme de Kaout-t-chouk, etc., au Meschacebé *(Mons)*, chez Ylerod Sioyoh (Hoyois-Dorely), 1835, in-8 de 30 pages.

Facétie de Henri-Florent DELMOTTE, tirée à cinquante exemplaires.

4574. Voyage romantique dans le pays de Liége, par André Muret (Ferdinand-Jules Hénaux). *Liége*, sans date, in-8.

4575. Voyages dans l'Inde, en Perse, etc., avec la description de l'île *Poulo-Pinang*, nouvel établissement des Anglais près de la côte de Coromandel, par différents officiers au service de la Compagnie anglaise des Indes orientales. Traduit de l'anglais, par les C*** (Citoyens Louis-Mathieu Langlès et François-Joseph Noël). *Paris*, Lavilette, 1801, in-8.

La date véritable de l'impression est 1793; elle a été rafraîchie en 1801. Ce volume contient: 1° *Le Voyage de l'Inde à la Mekke*, par Abdoul-Kérim, favori de Thamas-Kouli-Khân; 2° *Le Voyage du Bengale à Chyraz*, en 1787 et 1788, par William Francklin; 3° *La Description de Poulo-Pinang*, par différents voyageurs. Noël est le traducteur de cette dernière partie; Langlès a traduit les deux premières, qu'il a fait réimprimer, en 1797, dans les trois premiers volumes de sa *Collection des voyages*.

4576. Voyages de Cyrus, suivis d'un discours sur la mythologie, par M. Ramsay. Nouvelle édition, revue et augmentée de mémoires géographiques, historiques et mythologiques, etc., par L. Ph. de La M*** (Louis Philippon de La Madelaine). *Paris*, Capelle et Renand, 1807, in-12.

4577. Voyages de Jésus-Christ, ou Description géographique des principaux lieux et monuments de la Terre-Sainte, par C. M. D. M. (Charles-Maurice Dubois-Maisonneuve). *Paris*, Rusand, 1831, in-8.

4578. Voyages du capitaine Cook autour du monde, etc., par M. G...t (publiés par Jean-Baptiste Gouriet). *Paris*, Egron, 1810, 6 vol in-12.

4579. Voyages d'un gentilhomme irlandais à la recherche d'une religion, avec des notes et des éclaircissements, par Thomas Moore ; traduit de l'Anglais par l'abbé D*** (Didon). *Paris*, Gaume, 1833, in-8.

4580. Voyages en Corse, à l'île d'Elbe et en Sardaigne, par M. Valery (Antoine-Claude Pasquin). *Paris*, Bourgeois-Maze, 1837, 2 vol. in-8.

4581. Voyages en Russie, en Tartarie et en Turquie, par M. Edouard-Daniel Clarke ; traduit de l'anglais (par Emmanuel de L'Aubépin, auditeur au Conseil d'Etat, avec des notes de Maurice Blanc De la Nautte, comte d'Hauterive). *Paris*, Arth. Bertrand, 1812, 2 vol. in-12.

4582. Les Mêmes. Nouvelle édition. *Paris*, Buisson aîné, 1813, 3 vol. in-8.

La vente de cette traduction fut interdite par le gouvernement.

L'ouvrage original de Clarke est en trois parties ; la première seule a été traduite.

4583. Voyages et aventures de lord William Carisdall, en Icarie ; traduit de l'anglais de Francis Adams, par Th. Dufruit. *Paris*, H. Souverain, 1840, 2 vol. in-8.

Dufruit est un pseudonyme pris par Etienne Cabet, lorsqu'il publia, pour la première fois, son *Voyage en Icarie*. La traduction de l'anglais, ainsi que le nom de l'auteur prétendu original, sont supposés.

Ce qu'il y eut de piquant, c'est que Cabet, après avoir donné son livre comme étant traduit de *Francis Adams*, passa par la suite, lorsqu'il le publia sous son propre nom, pour le plagiaire de cet auteur imaginaire.

Etienne Cabet est mort au Missouri, le 9 novembre 1855, dans la misère la plus absolue.

4584. Voyages et aventures de M. Alfred Nicolas, au royaume de Belgique, par Justin *** (François-Charles-Joseph Grandgagnage, président de la Cour de Liége). *Bruxelles*, Leroux, 1835, 2 vol. in-18.

4585. Voyages historiques et littéraires en Italie, pendant les années 1826, 1827 et 1828. *Paris*, Lenormant, 1831-1833, 5 vol. in-8.

L'auteur de cet ouvrage est Antoine-Claude PASQUIN, connu sous le nom de VALERY, conservateur-administrateur des bibliothèques de la couronne, et dont le nom véritable était Pasquin.

4586. Voyageur (Le) bienfaisant, ou Anecdotes du voyage

de Joseph II dans les Pays-Bas, la Hollande, etc., en 1781, jusqu'à son retour à Vienne (par François Lemarié). *Paris*, 1781, in-12 de 148 pages (Ul. C.).

4587. Voyageur (Le) catéchumène (par Charles Bordes). *Paris*, 1768, in-18.

Cet ouvrage, que l'on attribua à Voltaire, avait parut quelques mois auparavant, sous le titre du : « *Catéchumène.* » En l'an III (1795), il fut reproduit sous ce nouveau titre : « *Le Secret de l'Eglise trahi.* » In-18.

4588. Vrai (Le) portrait du vénérable docteur Gerson, et manuscrit précieux qui s'y rattache, avec l'indication d'un grand nombre d'autres manuscrits de l'Imitation de Jésus-Christ sous son nom (par Jean-Baptiste-Modeste Gence). *Paris*, juillet 1833, br. in-8 de 8 pages.

Contenant deux pièces de vers, chacune suivie de notes, et une liste de vingt et un manuscrits.

4589. Vrai (Le) serviteur de Marie, renfermant un office en français sur les fêtes de la Vierge, avec des oraisons quotidiennes (par l'abbé Jean-Baptiste Lasausse). Sans date (vers 1785), in-18.

4590. Vrai (Le) Supplément aux deux volumes du Nobiliaire des Pays-Bas et du comté de Bourgogne, ou Mélanges de généalogie et de chronologie, avec le blason des armoiries. *Louvain*, Michel, 1774, in-8.

L'auteur de ce livre est Jean-Philippe BAERT, décédé à Bruxelles, le 30 mai 1805, et qui avait été secrétaire du marquis du Chastelet.

4591. Vraie (La) histoire comique de Francion, par Charles Sorel, sieur de Souvigny; nouvelle édition, avec avant-propos et notes, par Emile Colombey (E. Laurent). *Paris*, A. Delahays, 1858, in-12.

4592. Vraie (La) origine de Jean de Douai, en vers français, suivie d'un discours sur la beauté, où l'on fait mention des belles de cette ville, par M*** (Henri-Joseph Laurens, et non Dulaurens). Sans lieu ni date (vers 1745), in-8.

4593. Vraie (La) théorie médicale, ou Exposé périodique et développements de la théorie de l'*incitation*, par une Société de médecins (rédigée par Schumacher et Pessaut). *Paris*, Allut, 1803, in-8.

Publication périodique.

4594. Vrais (Les) et les faux catholiques, par L.-A. M... (Louis-Auguste Martin). *Paris*, Eugène Bestel, 1857, in-12.

L'auteur de ce livre a été condamné à six mois de prison, comme ayant, dans cette publication, outragé la religion catholique.

4595. Vrais (Les) principes de l'Eglise, de la morale et de la raison, sur la constitution civile du clergé, renversés par les faux évêques des départements, membres de l'Assemblée nationale, prétendue *Constituante* (par Jean-François Vauvilliers). *Paris*, Dufresne, 1791, in-8.

4596. Vues de la création, ou Merveilles de la nature, considérées par rapport aux êtres animés et au système général du monde. Ouvrage imité (traduit) de l'anglais (par V. Constantin, avocat). *Paris*, Fayolle et Fournier jeune, 1829, in-12.

4597. Vues d'un citoyen sur la distribution des dettes de l'Etat, et concordance de ces vues avec celles du docteur Price (par Hocquart de Coubron). *La Haye*, 1783, br. in-8 de 61 pages.

La traduction de l'extrait de l'ouvrage du docteur Price, commençant à la page 31, est de DE VILLIERS, D. M. P.

4598. Vues pittoresques, historiques et morales du cimetière du Père Lachaise, dessinées par Vigneron et Duplat, et gravées à l'*aqua tinta*, par Jazet, avec leur description, par M. M. (Marchant), de Beaumont. *Paris*, 1821, 3 vol. in-8.

W

4599. Wallonades, par l'auteur de: « Alfred Nicolas » (François-Charles-Joseph Grandgagnage). *Liége*, F. Oudart, 1845, in-8 de 156 pages.

4600. Walter de Monbary, grand maître des Templiers (traduit de l'allemand de Mme Bénédict Naubert, par Mme de Cérenville, née Polier de Bottens). *Paris*, 1791, 4 vol. in-12.

C'est à tort qu'on a attribué cet ouvrage au baron de Bock, père.

4601. Wann-Chlore, par M. Horace de Saint-Aubin (Honoré de Balzac). *Paris*, Rignoux, 1825, 4 vol. in-12.

4602. Watchman (Le), drame en trois actes, par MM. Benjamin, Armand (Benjamin Antier-Chevrillon, Armand-Joseph Overnay) et Adrien *** (Payn). *Paris*, Quoy, 1831, in-8.

4603. William Hilnet, ou la Nature et l'amour; roman traduit de l'allemand de Miltenberg (Auguste Lafontaine), par Mlle Adeline de C*** (Colbert). *Paris*, Hocquart, 1821, 3 vol. in-12.

Le même roman avait été traduit, en 1818, par C.-J. Rougemaître (de Dieuze), sous le titre de : « *Hervay, ou l'Homme de la nature.* »

4604. Wolfthurm, ou la Tour du loup, histoire tyrolienne, par MM. Félix et Irner (Davin et Louis-Henri Martin). *Paris*, Corréard jeune, 1830, 2 vol. in-8.

Y

4605. Yseult de Dôle, chronique du huitième siècle (par Joseph-Léonard du Sillet, et non du Sillot). *Paris*, Ch. Hubert, 1823, 2 vol. in-12.

Cette chronique est présentée comme un ouvrage de l'archevêque Turpin. On a placé, en tête de l'avertissement, *un vrai pourtraict* de cet illustre archevêque, qui n'est autre, en réalité, que celui de l'auteur anonyme.

(*France littéraire.*)

Z

4606. Zampa, ou la Fiancée de marbre, opéra-comique en trois actes, par M. Mélesville (Anne-Honoré-Joseph Du Veyrier). *Paris*, Riga, 1831, br. in-8.

4607. Zélé (Le) serviteur de Jésus-Christ, ou l'Adorateur du Verbe éternel (par l'abbé Jean-Baptiste Lasausse). Edition ornée de 8 gravures. *Paris*, 1810, in-18.

4608. Zélisca, ou le Crime d'Edmond. Par Mlle Fleury, artiste du second théâtre français, pensionnaire du roi (Catherine-Sophie Aubert). *Paris*, Corbet aîné, 1824, 3 vol. in-12.

4609. Zéloïde, opéra en deux actes (par Charles-Guillaume Etienne). *Paris*, Roullet, 1818, br. in-8.

4610. Zénéide, comédie en un acte (par Claude-Henri Watelet). *Paris*, 1743, in-12.

On l'a faussement attribuée à Louis de Cahuzac.

4611. Zémir et Azor (par Grétry). Quelques questions à propos de la nouvelle falsification de cet opéra. *Paris*, impr. Moëssard et Jousset, 1846, br. in-8 de 32 pages.

L'auteur de cette brochure anonyme est M. Jules Lardin.

4612. Zhorab le prisonnier. Mœurs persannes (par Morier). Traduit de l'anglais sur la 3e édition, par le traducteur des: « Mémoires d'un médecin » (M. Philarète Chasles). *Paris*, H. Souverain, 1833, 2 vol. in-8.

4613. Zingaro (Le), opéra-ballet en deux actes, musique de Fontana (paroles de Thomas-Méric-François Sauvage). *Paris*, Miffliez, 1840, br. in-8.

4614. Zouaves (Les) et les Chasseurs à pied. Esquisses historiques. *Paris*, Michel Lévy frères, 1855, in-12.

Ce volume est la réunion de deux articles qui avaient paru dans la *Revue des Deux-Mondes*, le 5 mars et le 1er avril 1855, sous la signature V. de Mars, et qui sont attribués au duc d'AUMALE.

4615. Zulmé, ou la Veuve ingénue; nouvelle (supposée) traduite de l'italien (par Elisabeth Guénard, baronne Brossin de Méré). *Paris*, Durand, an VIII, in-18.

4616. Zuloë, ou la Religieuse, reine, épouse et mère, sans être coupable. Histoire contenant des détails inconnus jusqu'à ce jour sur l'existence du dernier Inca du Pérou et de sa famille, dont les descendants portent l'illustre nom de Montezuma, par M. R. M. (Raoul Marcé). *Paris*, Béchet aîné, 1816, 3 vol. in-12.

FIN.

Lyon, impr. P. Mougin-Rusand, rue Stella, 3.

TABLE ALPHABÉTIQUE

DES

AUTEURS ANONYMES CITÉS DANS CE VOLUME

A

A. C. (Adolphe Chancel). — Chrétien (Le) sanctifié, 568.

Abeille (Louis-Paul). — Cherté, 553.

Abeille. — Fille (La), valet, 1560.

Achard (Claude-François). — Essai sur le gaz, 1366.

Adamoli. — Essai, 1385.

Adger (Xavier). — Considérations, 660.

Adry (Jean-Félicissime). — Livres de Cicéron, tr. 2282.

Affre (Denis-Auguste). — De l'appel, 819.

Agier. — Médecin (Le), 2436.

Agincourt. V. Séroux.

Agoult (La comtesse Marie D'). — Nélida, 2753. — Voyez table des pseudonymes, *Daniel Stern*.

Aguesseau (Le chancelier D'). — Développements, 1001.

Aiguebelles (Le chevalier Lasne D'). — Religion (La) du cœur, 3665.

Ajasson de Grandsagne. V. table des pseudonymes, *Auguste Jeancour*. — *Fr. Letourneur*.

Aladol. — Notice, 2821.

Albenas. — V. table des pseudonymes, *Une Société de gens de lettres et de militaires.*

Albert (L'abbé Antoine). — Nouvelles observations, 2953.

Alboize du Poujol (Jules-Edouard). — Cazilda, 501.

Alby (Ernest). — V. table des pseudonymes, *A. Defrance.*

Alby (Henry). — Histoire des cardinaux, 1836.

Aldéguier (Jean-Baptiste-Auguste D'). — V. table des pseudonymes, *Un Habitué du boulevard de Gand.*

Alembert (Jean Lerond). — Lettre, 2161. — Réflexions, 3612.

Alhoy (Philadelphe-Maurice). — Dictionnaire théâtral, 1032.

Allard (Mlle Hortense). — Conjuration (La), 643.

Allard (Maurice). — Considérations sur la situation, 666. — *Id.*, sur la difficulté, 668.

Allemand (L'abbé). — Nouveau choix, 2899.

Allut (Henriette). — Discernement, 1042.

Allut (Jean). — Discernement, 1042.

Allut (Paul). — Inventaire, 1981. — Recherches, 3528.

Alteyrac. — Lycidas, 2312. — Plaideurs (Les), 3241.

Altmeyer (Jean-Jacques). — Précis, 3327.

Alvin (Louis). — Annuaire, 183. — Souvenirs, 3952.

Amanton (Claude-Nicolas). — Catalogue, 489. — Mémoire, 2465.

Amic (Auguste). — Homme (L') à la longue barbe, 1905.

Andelarre (La m^ise D'). — Heures choisies, 1755.

André (Le baron D'). — Appel, 227.

Andriessens (Jean-Baptiste). — Instruction, 1966.

Andrieux (F.-G.-J.-S.). — Une actrice, 4285.

Angelis (Le chevalier de). — Salvator Rosa, 3816.

Anne (Louis-François-Théodore). — Ancien (L') et le nouveau ministère, 156. — Fureteur (Le), 1626. — Jovial en prison, 2071. — Lion (Le) amoureux, 2258. — Un de plus, 4242. — V. table des pseudonymes, *Un Vaudevilliste.*

Anquetin (L'abbé Antide). — Didactique de Rome, 1035.

Ansart (Jean-Baptiste). — Henriette, 1743.

Ansiaux. — Loisirs, 2292.

Antier-Chevrillon. — V. table des pseudonymes, *Benjamin.*

Antoine (Emmanuel). — V. table des pseudonymes, *Un Homme de lettres.*

Antraigues (Mme D'). — Fils (Le) d'Asmodée, 1563.

Anville (Jean-Baptiste Bourguignon D'). — Eclaircissements, 1169.

Arago (Jacques-Victor). — La cénaire, 2092.

Arbelles (André D'). — De la politique, 877.

Arbouville (Mme). — Manuscrit (Le), 2392.

Arène (Paul). — Parnassiculet (Le), 2123.

Armaillé (Mme D'). — La reine Marie Leczinska, 3650.

Arnaud de Rousset (L.-Ch.-M.). — V. table des pseudonymes, *Artefeuil.*

Arnault (L'abbé). — Fille (La) de l'ébéniste, 1553. — Nouvelles morales, 2952.

Arnault (Antoine-Vincent). — Souvenirs, 3988.

Arnay (Le baron D'). — Notice historique, 2824.

Arnoult (S.). — Comte (Le) de Charny, 631.

Arnoux-Laffrey. — Vie privée, 4472.

Astroy (Barthélemy D'). — Conférence (La), 638. — V. table des pseudonymes, *Un Récollet de l'ordre de Saint-François.*

Astruc (François). — Fauteuil (Le) de Molière, 1524.

Aubépin (Le comte Emmanuel de L'). — Mémorial chronologique, 1583. — Revue, 3745. — Voyages en Russie, tr. 4581.

Aubernon (N.). Considérations, 659.

Aubert (Catherine-Sophie). — V. table des pseudonymes, *Mlle Fleury.*

Aubespine (De L'). — Forêt (La) et le château, 1583.

Aubin. — Eléments, 1199.

Aubriet (Antoine). — De la rupture, 888.

Auburtin de Bionville. — Journal, 2049.

Audibert (Auguste). — V. table des pseudonymes, *Jean-Louis.*

Audibert. — Six tragédies de P. Corneille, 3905.

Audigier (Henri D'). — Procès, 3393.

Audin (Jean-Marie-Vincent). — An (L') 1860, 145. — Charles, 534. — Histoire, 1825.

Audot père (L.-E.). — Cuisinière (La), 782.

Audran (Prosper-Gabriel). — Grammaire arabe, 1676. — Grammaire hébraïque, 1678.

Augé (Lazare). — De l'inviolabilité, 854.

Auger (La comtesse D'). — Souvenirs d'émigration, 3946.

Augicour (Le comte Marie-Joseph-Henri-Paul D'). — Franche-Comté (La), 1609.

Auguis (P.-R.). — Poètes (Les) français, 3288.

Aulnois (Le chevalier Augustin D'). — V. table des pseudonymes, *Un ancien grenadier*.

Aumale (Le duc D'). — Alesia, 80.

Aumont (La duchesse D'). — Gabriela, 1627.

Auphigny-Beauvais (D'). — Nouvelles leçons, 2950.

Aurifeuille (F.-L.-Antoine). — V. table des pseudonymes, *Alfred de Caston*.

Avèze (J.-B. Mazade, marquis D'). — Châtillon-les-Dombes, 548. — Macédoine, 2323. — Natalie, 2744. — Quelques vues, 3488.

Avigdor (Le comte D'). — Où en sommes-nous? 3089.

Aycard (Marie). — V. table des pseudonymes, *Jean-Pierre*.

Aymès (Philippe). — V. table des pseudonymes, ***Philippe***.

B

Bacher. — Lettres, 2126.

Bacilly (Pierre Mancel De). — Observations, 2912.

Bailac (Jean-Baptiste). — V. tables des pseudonymes, *Un Bayonnais*.

Baillet (Adrien). — Vie de Descartes, 4428.

Bailleul (Jean-Charles-Claude). — Bibliommappe (Le), 345. — Sully, 4018.

Bailleux (François). — Choix de chansons, 562.

Baillio. — Mangeurs (Les) de peuples, 2354.

Bailly (Silvain). — Eloge de Leibnitz, 1217.

Bailly (Antoine-François Le). — Charadiste (Le), 531.

Bajot (Louis-Marin). — V. table des pseudonymes, *Un Ane dévoué*.

Balbe (Le comte de). — Nouvelles piémontaises, 2955.

Ballainvilliers (Le baron de). — Montaigne, 2688. — Traduction des Odes d'Horace, 4135.

Ballanche (Pierre-Simon). — Essais, 1387. — Vision d'Hébal, 4498.

Balland (Amédée-Eugène). —

Papillons (Les), 3097. — V. table des pseudonymes, *Allent (B.)*.

Ballari (Gustave-Napoléon). — France (La) gouvernée, 1605.

Balleyguier (Eugène). — V. table des pseudonymes, *Eugène Loudun*.

Ballyat (Mlle Sophie). — Mont (Le) d'Ore, 2684. — Traduction des Fables d'Yriarte, 4134.

Balzac (Honoré de). — Histoire impartiale, 1882. — V. table des pseudonymes, *Horace de Saint-Aubin*. — *Un jeune célibataire*. — *Une tête à l'envers*.

Bancarel (F.). — Collection, 604.

Banville (Théodore de). — V. table des pseudonymes, *Un Témoin de ses fautes*.

Barail (L'abbé). — Lettres circulaires, 2208.

Barante (Claude-Ignace). — Eléments de géographie, 1193.

Barante (Le comte de). — Nouvelles piémontaises, 2955.

Barba (Jean-Nicolas). — Vie politique, 4467.

Barbault-Royer. — Du gouvernement, 1125.

Barbé-Marbois (Le comte François). — V. table des pseudonymes, *Un député non jugé*. — *Un Français*.

Barberet (Mme de). — Instructions choisies, 1970.

Barbet (Auguste). — Mélanges, 2448.

Barbeu du Bourg. — V. table des pseudonymes, *Un médecin de la Faculté*.

Barbié du Bocage. — Notice, 2800.

Barbier. — Eau (L') de mille fleurs, 1161.

Barbier (Auguste). — Mauvais (Les) garçons, 2431.

Barbier (L'abbé Hippolyte). — V. table des pseudonymes, *Un Solitaire*.

Bard (Joseph). — Lettre, 2137.

Barenton (Armand). — V. table des pseudonymes, *Georges Rœder*.

Bargède. — Odes pénitentes, 3007.

Barginet (Alexandre). — Funérailles, 1625. — Guerre de trois jours, 1697. — Hermites (Les) en prison, 1752. — Intrigue (L'), 1976.

Barillet. — Sur le mannequin, 4038.

Barizain (Louis). — Obstacle (L') imprévu réduit en trois actes, 2993.

Barlès (L'abbé). — Cantiques, 441.

Baron (Auguste-Alexis). — Echo (L') de Sainte-Hélène, tr. de l'anglais, 1165.

Baron del Marmol (Jean). — Dictionnaire, 1016.

Baron du Taya (Aimé-Marie-Rodolphe). — Brocéliande, 416. — Opuscules, 3063. — Roi (Le) Audren, 3765.

Barrau (Emile). — Aux artistes, 291.

Barrère de Vieuzac. — Histoire de la révolution de Naples, tr. de Cuoco, 1824.

Barrois (Charles-Jean). — Mémoires de Lauzun, 2522.

Barrois (Jean-Baptiste). — Bibliothèque, 353. — Chevalerie (La), 554. — Livre, 2280.

Barrois (Joseph). Lecture littérale, 1460.

Barrot (Odilon). — Mémoire au roi, 2459.

Barthe (Félix). — Mémoires, 2570.

Barthélemy (L'abbé). — Entretiens sur l'état de la musique grecque. *Amsterdam (Paris, de Bure)*, 1777, in-8.

Barthélemy (Auguste-Marseille). — Epître, 1284. — Justification, 2088. — Quartier général, 3456.

Barthélemy (Antoine-Joseph). — V. table des pseudonymes, *Un Vieux théologien.*

Barthélemy (Prosper). — Pont (Le) d'Arcole, 3299.

Barthelot (Jean-François). — Coup-d'œil, 734.

Baschet (Armand). — V. table des pseudonymes, *Deux Vénitiens.*

Bassenge (N.). — Lettres, 2203.

Basset (Charles-Adrien-Alexandre). — Nouveaux contes, 2921. — V. table des pseudonymes, *Charles Newil.*

Bassompierre (Jean-François). — Eloge, 1215.

Bast (Amédée de). — Soirées (Les) de Madrid, 3910.

Bastard d'Estang (Léon de). — Fragment, 1591. — Lettre, 2158. — Notes, 2778.

Bastide. — Jeune (Le) homme, 2034.

Baston (L'abbé Guillaume-André-René). — Adresse, 52. — Analyse, 150. — Aperçu, 209. — Apologétique, 217. — — Au Solitaire, 278. — Bon (Le) pasteur, 388. — Branche (La) d'olivier, 409. — Conclusion, 635. — Concordance, 637. — Confessions, 639. — De l'absolution, 809. Doctrine, 1094. — Doutes, 1114. — Eclaircissements,

des pseudonymes, *Un Négociant.*

Beaulieu (Armand-Benoît Robineau de). — Calendrier, 429.

Beaulieu (Auguste-Louis de). — Olive (L') et Marthon, 3041.

Beaume (Pierre). — Nouveau (Le) Sobrino, 2911.

Beaumarchais (Marie-Julie Caron de). — Existence (L') réfléchie, 1467.

Beaumont (François-Marie Marchand de). — Manuel, 2380.

Beaumont (Gustave de). — De l'intervention, 853.

Beaumont (Payot de). — Ode, 2994.

Beauvernet (De). — Mémoires, 2578.

Beckman. — Antidote, 199.

Becq (Théodore Le). — Ode, 2997.

Becquey. — Rapports, 3508.

Becquerelle (Charles-Jean-Noël). — V. table des pseudonymes, *Firmin aîné.*

Bédène-Dejaure (Jean-Claude). — Louise et Volsan, 2304.

Bédoyère (Le comte de La). — Catalogue, 478.

Beffroy de Beauvoir (Louis-Etienne). — Avantages, 299.

Beghin (T.-J.). — Faits inédits, 1510.

Bègue (Le) de Villiers. — Anecdote historique, 160.

Bégon (La comtesse Fanny de). — V. table des pseudonymes, *De Stolz.*

Béguillet (E.). — Mémoire, 2489.

Behrens (Charles-Frédéric de). — Histoire, 1830.

Bélanger. — Correspondance, 729.

Belbeuf (Le marquis de). — V. table des pseudonymes, *Un Maire de village.*

Belbeuf (Raoul de). — De vetere, 807.

Belderbusch (Le comte Charles-Léopold de). — Adolphe et Caroline, 50. — Cri (Le) public, 776. — Modification du *statu quo. Cologne*, 1794, in-8.

Bellart (Nicolas-François). — Essai, 1354.

Bellet (Louis). — Belgique (La) pittoresque, 336.

Belleforest (De). — Advertissement, 53.

Bellemare. — Chevalier de Croustac, 557.

Belleval (René de). — Nobiliaire (Le), 2766. — V. table des

pseudonymes, *Un gentilhomme picard*.

Bellier de la Chavignerie (Emile). — Manuel bibliographique, 2362. — Recherches, 3515.

Bellin (Gaspard). — Silhouette (La), 3881.

Belloc (Mme Louise Swanton). — Scènes populaires, tr. de l'angl., 3845.

Bellost (Paul). — Chasseur (Le) normand, 540.

Bellot (Anne-Charlotte-Honorée). — Heureuse (L') rencontre, 1762.

Bellue. — Ermite (L') Toulonnais. *Toulon*, 1828, in-12.

Belmontet (Louis). — Biographie, 363.

Bénazé (Théodore de). — Frères (Les) rivaux, 1620.

Bennet (Mme Ellen). — Hélène, tr. par Defauconpret, . —Malédiction paternelle (La), 2349.

Bérard. — Isographie, 1990.

Béraud (Antoine-Nicolas). — Amour, orgueil, 138. — V. table des pseudonymes, *Antony*. — *Mme ****.

Bergasse (Nicolas). — Requête, 3707.

Berger. — V. table des pseudonymes, *Regreb*.

Berger de Xivrey (Jules). — Traité de prononciation, 4149.

Bergounioux (Edouard). — Aloïse, 110. — Jules, 2077.

Bernard (L'abbé). — V. table des pseudonymes, *Sophronius*.

Bernard (Joseph-Albert). — Charles, 533.

Bernard (Louis-Rose-Désiré). — Décence, 902.

Bernard (Auguste-Joseph). — Biographie et bibliographie, 375.

Bernard (F.-J.-L.). — V. table des pseudonymes, *Un Flâneur*.

Bernard (Mlle Jenny). — Luth (Le), 2310.

Bernardeau. — Décision, 903.

Bernardi (Joseph-Eléazar-Dominique). — V. table des pseudonymes, *Un Ami de la concorde*.

Bernières (De). — Règle des associés, 3645.

Berr (Michel). — Lettre, 2198.

Berriat-Saint-Prix (Félix). — Commentaire, 617.

Berryer (P.-N.). — Derniers (Les) vœux, 928.

Bertanowiez. — Poïata, 3289.

Berthault (François). — Bouquet historial, 403.

inédites de Malherbe, 2237. — Poésies de Malherbe, 3272.

Blanc. — Grenoblo Malhérou, 1692.

Blanc (Jacques-Hippolyte-Sylvestre). — Lois, 2288. — Petit manuel, 3186.

Blanchard (M.). — Naufrage (Le), tr. de l'angl., 2745.

Blanchard (Pierre). — La Fontaine des enfants, 2095.

Blanche. — Pont de l'Arche, 3300.

Blaze (Sébastien). — V. table des pseudonymes, *Un Apothicaire.*

Blondeau. — Précis, 3340.

Blondeau (L'abbé). — Eclaircissements, 1168.

Blondel (Jean). — Notes, 2786.

Blondel (Pierre-Jacques). — Vérités (Les), 4386.

Blosseville (Le marquis Bénigne-Ernest Porret de). — De la découverte, 832. — Histoire de la révolution d'Espagne, tr. de l'esp., 1818. — Jules de Blosseville, 2078. — Loi de justice, 2285. — Mémoires du général Morillo, 2536.

Boblet. — Principe (Le), 3376.

Bock (Le baron Jean-Nicolas-Etienne de). — Petite chronique, tr. de l'all., 3194. — Thécla de Thurn, *id.*, 4097. — Vie, 4447.

Bock (Le baron Félix de). — Débat (Le), 898.

Bodard de Tezay (Nicolas-Marie-Félicité). — Arlequin roi, 238. — Ballon (Le), 318. — Duc (Le) de Monmouth, 1154. — Pauline, 3142. — Saturnales (Les), 3827. — Trois (Les) Damis, 4205.

Bodin (Félix). — Complainte, 626. — Père (Le) et la fille, 3166. — Résumé, 3717. — V. table des pseudonymes, *Un Contribuable sans appointements.*

Bodson (L'abbé Mathieu). — Principes, 3378.

Bœger (Laurent). — V. table des pseudonymes, *Daphnœus Arcuarius.*

Bogé. — Plaisirs (Les), 3245.

Boïeldieu (Marie-Jacques-Armand). — Frêlons (Les), 1617. — Ode, 2996.

Boileau (Mlle Mélanie de). — Cours élémentaire, 758. — Princesse (La) de Chypre, 3374. — Trois nouvelles, 4217.

Boindin (Nicolas). — Trois (Les). gascons, 4208.

Bois (Louis du). — Amateur (L'), 120. — Histoire civile, 1773. — Histoire d'Alençon, 1779.

Boisard (Paul-Jean). — Théophile, 4100.

Boissard. — Abrégé, 27.

Boissel de Monville (Le baron Thomas-Charles-Gaston). — Mon théâtre, 2659.

Boissieux (Alphonse de). — Jour (Le) de l'an, 2046. — Nouvelles archives, 2944.

Boissonade de Fontarabie (Jean-François). — Essai sur les mystères d'Eleusis, du comte S. Ouvaroff, publ., 1375. — Goupillon (Le), tr. du port., 1674. — *Id.*, choisies, de Parny, 3013. — *Id.*, Œuvres complètes de Bertin, 3016.

Boiste. — Univers (L') délivré, 4333.

Boistel d'Exauvillez (Philippe-Irenée). — Château (Le) de Malpertuis, 545. — Consolations, 675. — Lettres, 2217. — Mme Herbert, 2328. — Recueil des Morts, 3586. — Soirées, 3918. — Soirées politiques, 3920. — V. table des pseudonymes, *Un chasseur de la garde nationale.*

Boistel d'Exauvillez fils (Octave). — Mémoires de S. Pellico, tr., 2528.

Boiteau (Paul). — En avant, 1244. — Situation (La), 3897.

Bolot (Auguste). — Mlle Rachel, 2334.

Bombelles (Le m^is^ Marc-Marie de). — V. table des pseudonymes, *Un Suisse.*

Bon (Mme Elisabeth de). — Frères (Les) anglais, 1619.

Bonald (Le vicomte Auguste-Henri de). — Henri l'exilé, 1741. — Notice, 2867.

Bonaparte (Louis). — Nouveau recueil, 2908. — Réponse, 3689. — V. table des pseudonymes, *Le comte de Saint-Leu.*

Bonaparte (Napoléon-Louis). — Sac (Le) de Rome, tr. de l'it. de J. Bonaparte, 3796. — Vie d'Agricola, tr. de Tacite, 4414.

Bonaparte (Louis-Napoléon). — Révision, 2735.

Bondu. — Lettres, 2206.

Bonfils. — Anti-Lucrèce, 196.

Boniface (Xavier). — V. table des pseudonymes, *Saintine.*

Boniver (Camille). — Pérolla, 3172.

Bonnac (Le marquis de). — Mandarin (Le), 2353.

Bonnaire. — Singulière profession, 3892.

Bonneau. — Asse (Les), 267.

Bonneau (Paul-Dominique). — Considérations, 668.

Bonnécamp. — Sonnets, 3932.

Bonnechose (Louis de). — Dernière légende, 929.

C

Cabet (Etienne). — V. table des pseudonymes, *Dufruit.*

Caboche-Virenne. — Nouveau traité, 2918.

Caffato (Le Père). — V. table des pseudonymes, *Un Théologien.*

Cahaigne (Joseph). — V. table des pseudonymes, *Un Rouennais.*

Cahaisse (Henri-Alexis). — V. table des pseudonymes, *H. A. K. S.*

Caille (Antoine). — Réflexions, 3615.

Cailleau (André-Charles). — Bonne (La) fille, 394. — Tragédie, 4140.

Caillot (Antoine). — N'en parlons plus, 2755.

Calais. — Pythie (La), 3451.

Calonne (Le comte Adrien de). V. table des pseudonymes, *Un Gentilhomme.*

Calonne (Ernest de). — Docteur (Le) amoureux, 1092.

Camerata (Le comte N.). — Catalogue, 488.

Campagnolles (Alexandre Dudres de). — Second coup-d'œil, 2813.

Camus (Jean-Pierre). — Panégyrique (Le), 3095.

Camus (Bon Le). — Odes d'Horace, tr., 3005.

Camus (Pierre-François). — V. table des pseudonymes, *Merville.*

Camus-Daras (Nicolas-René). – Tableau, 4059.

Candon (Philippe-Louis). — Supercheries (Les), 4019.

Canet (Jean-Baptiste-Noël). Embellissemens (Les), 1235.

Cantin-Baugin (François). — Inconstant (L'), 1953.

Canuel. — Voyez Deplace (Guy-Marie).

Capefigue (Baptiste-Honoré-Raymond). — Gouvernement (Le), 1675. — Ministère (Le), 2632. — V. table des pseudonymes, *Un Homme d'Etat.*

Capelle (Pierre). — Aneries révolutionnaires, 166.

Capitaine (Ulysse). — Nécrologe (Le) Liégeois, 1748. — Notice sur H. Fabry, 2845. — Recherches, 3536. — V. table des pseudonymes, *Un Anonyme.*

Capitaine (Félix). — Etude sur L. Lombard, 1419. — Notes de l'éd°n de Walter Scott, 3024. — Observations, 2968. — Quelques mots, 3471. — Rapport, 3509.

Capperonnier. — V. table des pseudonymes, *Gauffecourt*.

Cappot (Jean-Gabriel). — Chroniques, 575.

Caqueray (Le chevalier de). — Choix de poésies, tr. de l'anglais, 564.

Caraman (Le comte G. Riquet de). — Guide, 1709.

Carbonnières (Le baron Louis-François-Ramon de). — Discours, 1054.

Carcani (Gaetano). — Physiologie (La), 3219.

Cardine (Just). — V. table des pseudonymes, *J. Caidner*.

Cardon (Emile). — V. table des pseudonymes, *Deux habitués de l'endroit*.

Caristie (Auguste). — Notice, 2868.

Carla (Du). — Du déplacement des mers. — Du système planétaire. — Des atmosphères. *Genève*, du Villard fils, 1779-1780, 3 vol. in-8. — Le premier volume seul est anonyme.

Carlet (Antoine). — Recueil, 3568.

Carné (Louis de). — Guiscriff, 1718. — V. table des pseudonymes, *Jules de Cénar*.

Carnot (Lazare-Nicolas-Marguerite). — Essai sur les machines, 1374.

Carnot (Lazare-Hippolyte). — Chants (Les) hellèniens, tr. de l'allemand, 530. — Gunima, 1720.

Caron (J.-Ch.-F.). — Lettre, 2146.

Caron (Marie-Julie). — Existence (L') réfléchie, 1467.

Caron de Beaumarchais. — V. Beaumarchais.

Carpentier (L'abbé N.-J.). — V. table des pseudonymes, *Un Prêtre du diocèse de Liége*.

Carra de Vaux. — V. table des pseudonymes, *De Rieux*.

Carrel (Le major). — Fureteur (Le), 1626.

Carrel (Armand). — Œuvres de Paul-Louis Courier, 3018.

Carron (L'abbé). — Martyrologe, 2420.

Cassagnaux. — Meurtre (Le), 2622.

Cassé de Saint-Prosper (Auguste-Jean-Charles). — Fables de La Fontaine, 1496.

Castaing (J.). — Opuscules, 3065.

Castel (Louis). — Œuvres de Fr. Hofman, 3026.

Castel de Courval (Mme). — Mémoires d'un jeune grec, 2544.

Castellan (Paul-François). — Histoire de Lyon, 1784.

Castéra (Mme Désirée de). — Uldaric, 4232.

Castillon (De). — Discours sur les penchants, tr. du Hollandais. *Berlin*, 1767, in-12.

Castillon. — V. *Pierre Valence.*

Cattet (L'abbé). — Vérité (La), 438.

Cauchie (L'abbé). — Procès pour rire, 3395.

Cauchy (Eugène). — Enfant (L') perdu, 1251.

Cavé (Hygin-Auguste). — Mémoires du comte de Tilly, 2533. — V. table des pseudonymes, *De Fongeray.*

Cavel (N.). — De l'avenir, 822.

Cayrol (Louis-Nicolas-Jean-Joachim). — Dissertation, 1077. — Samarobriva, 3817.

Cazeaux (De). — Essai sur la canne à sucre, 1349.

Cazeaux (Pierre). — De l'influence, 848. — D'une caisse, 1152. — Exposé succinct, 1475. — Notes, 2785.

Cazenave d'Arlens (Mme). — Alfred, 83.

Cérenville (Mme de). — Aveux (Les), tr. de l'all., 308. — Thécla de Thurn, tr. de l'all., 4097. — Walter de Monbary, 4600.

Cerf (Théodore Le). — Notice historique, 2826.

Cerfbeer (Alphonse-Théodore). Manuel populaire, 2388. — V. table des pseudonymes, *Ibrahim Manzour Effendi.*

Cérou (Le chevalier de). — Amant (L') auteur, 115.

Cérutti (L'abbé Joseph-Antoine-Joachim de). — A la mémoire, 2. — Partie (La) d'échecs, 3131.

Cézan (Louis-Alexandre de). — Femmes (Les) de bonne humeur, tr. de Shakespeare, 1535.

Chabanon de Maugris. — Réponse, 3700.

Chabaud-Latour (Mlle de). — Juifs (Les), 2076. — Lettres de Jean Newton, tr., 2212. — Omicron, 3046. — Récit, 3543. — Vingt et une lettres, tr. de l'anglais, 4493.

Chabert. — Explication, 1470.

Chabot de Bouin (Jules). — V. table des pseudonymes, *Michel Morin.*

Chabouillet (Jean-Marie-Anatole). — Catalogue, 482. — V. table des pseudonymes, *Tanneguy de Penhoët.*

Chabrol-Volvic (Le comte Gilbert-Joseph-Gaspard de). — Essai, 1376.

Chaise (Le Père François de La). — Responce, 3710.

Chaise de Cahagne (François-Arsèna). — V. table des pseudonymes, *Arsène de C***.*

Challan (Antoine-Didier-Jean-Baptiste De). — Réflexions, 3616.

Challas. — Duc (Le) de Brunswick, 1153.

Châlon (René). — Catalogue, 491.

Châlons d'Argé (Auguste-Philibert). — Lanterne (La) magique, 2097. — Notice, 2873. — Notice sur les tableaux, 2874. — Notices, 2890. — Souvenirs de Van Spaendonck, 3948. — Tombeau, 4122. — V. table des pseudonymes, *A. P*** du Pas-de-Calais.* — *M. A***.*

Chambet (Charles-Joseph). — Histoire de l'inondation, 1831. — Statue (La), 4003.

Chambrun (C.-A. de). — Mlle Rachel, 2335.

Chambure (Charles-Hippolyte Maillard de). — Coup-d'œil, 735. — Mémoire, 2485.

Chambure (Charles-Louis-François-Bonaventure Maillard de). — Code pénal forestier, 602.

Champagne (Jean-François). — Plantation, 3253.

Champceix (Mme veuve). — V. table des pseudonymes, *André Léo.*

Champion-Lajarry (Simon-Charles). — V. Andrieux.

Chancel (Adolphe). — Chrétien (Le) sanctifié, tr. de l'anglais, 568.

Chanin. — Aventures de Donald Campbell, tr. de l'angl., 301.

Chanson (Julien). — V. table des pseudonymes, *Un Oisif.*

Chantelauze (François-Régis). — V. table des pseudonymes, *Guy de la Grye.*

Chanu. — V. table des pseudonymes, *Un Officier de la 32e demi-brigade.*

Chapelié (Le colonel). — Notice, 2843.

Chaponay (Le comte Hector de). — Catalogue, 476.

Chappuzeau de Baugé (Samuel). — Académie (L') des femmes, 37. — Coronis, 725. — Parfaits (Les) amis, 3413.

Chapuy. — Lettres saxonnes, 2243.

Charbonnier de La Guesnerie (Mlle Charlotte-Marie). — Iphis, 1985.

Chardin. — Economie politique, tr. de Verri, 1130.

Chardon (Joseph). — V. table des pseudonymes, *A.-B.*

Chardon (L'abbé G.). — Roi et non tyran, 3768.

Chareau (Paul). — V. table des pseudonymes, *Paul Ben.*

Chargey (De). — Dissertation, 1068. — Dissertation sur la comédie, 1072. — Lettre à M. D'Alembert, 2123. — *Id.*, à M. de Marmontel, 2134. — *Id.*, à M. Rousseau, 2139. — *Id.*, à M. de Voltaire, 2141.

Charlemagne (Jean-Armand). — Enfant (L') du crime, 1250. — Trois (Les) B., 4202. — V. table des pseudonymes, *Placide le Vieux.*

Charlier (Victor). — Titime, 4118.

Charly (Louise). — V. *Ruolz.*

Charpentier-Cossigny (Joseph-François de). — Mémoire, 2476. — Supplément, 4026.

Charras (Elisabeth). — Discernement, 1042.

Charrin (Pierre-Joseph). — Fille (La) tambour, 1659. — Mémorial, 2590.

Charton (Edouard). — V. table des pseudonymes, *Un pauvre Citoyen.*

Charvilhac. — Des causes, 933.

Charvoz (Alexandre). — Livre (Le) d'or, 2279.

Chas (Pierre). — Parallèle, 3103.

Chasles (Philarète). — Mémoires d'un médecin, tr. de l'angl., 2546. — Père (Le) et la fille, 3166. — Zhoras, 4612. — V. table des pseudonymes, *Une Tête à l'envers.*

Chassagne (Louis de La). — V. table des pseudonymes, *Un Chasseur involontaire de la garde nationale parisienne.*

Chastelain (L'abbé Claude). — Vocabulaire hagiologique, 4504.

Chastellux (Le marquis François-Jean de). — Essai sur l'opéra, tr. d'Algarotti, 1382.

Chastenay-Lanty (Mme Victorine de). — De l'Asie, 820.

Chastenet de Puységur (Le marquis J.-F.-Maxime de). — Détail, 978. — Opérations, 3052.

Chastenet d'Esterre (Le général). — Géographie physique, 1657.

Châteaugiron (Le marquis de). Catalogue, 459. — Isographie, 1990.

Châteauvieux (Frédéric Lullin de). — Réforme (La) en Italie, tr. de l'anglais, 3634.

Châteigner. — Annales politiques, 179.

Châtelain (Nicolas). — Lettres (apocryphes) de Voltaire, 2222. — Muselière (La), 2725.

Châtelain (René-Théophile). — Entretien, 1258. — Paysan (Le), 3144. — V. table des pseudonymes, *Sidi Mahmoud.*

Chatisel (L'abbé). — Lettre de MM. les Curés, 2166.

Chaumont (Mme). — Heureuse (L') rencontre, 1761.

Chaussée (Jean-Dominique de La). — Apologie, 220.

Chauvet (L'abbé). — V. table des pseudonymes, *Un Prêtre du diocèse.*

Chauvin-Belliard. — Lettre au roi, 2147.

Chauvin (Léon). — Réforme universitaire, 3636.

Chayla (Le baron du). — V. Nicolas Bergasse.

Chazet (André-René-Balthasar Alissan de). — Hermite (L'), 1748. — Mémoires posthumes, 2569. — Poètes (Les) en voyage, 3287. — Vie anecdotique, 4412. — Vie politique, 4466.

Chédeaux (Pierre-Joseph). — Mémoire, 2495.

Chemin-Dupontès. — Jean-le-Rond, 2015.

Chênedollé (Charles de). — Mémoires, 2563. — Notes de *Quentin Durward*, 3024. — Notice historique, 2820. — V. table des pseudonymes, *Un Electeur. — Un de leurs véritables amis.*

Chenêt. — Manuel, 2367.

Chénier (Marie-Joseph de). — Cimetière (Le), tr. de Gray, 579. — Discours, 1049. — Hommage, 1901. — Poème sur l'assemblée, 3261. — Prière, 3364. — Retraite (La), 3724.

Chenu. — Heures (Les) françaises, 1757.

Chennevières-Pointel (Le marquis de). — Contes, 696. — V. table des pseudonymes, *Jean de Falaise. — Un Normand.*

Chéron (Paul-Amédée). — Histoire de Manon Lescaut, nouvelle édition, 1786.

Cherville (Le marquis de). — V. table des pseudonymes, *G. de Morlon.*

Chesnaye (A. de La). — V. Ragueneau de la Chesnaye.

Chesnel de la Charbouclais (Le marquis Louis-Pierre-François-Adolphe de). — Chant

Colin (Victor). — V. table des pseudonymes, *Victor de Civry.*

Collas (E.). — Fables inédites, 1500.

Collet (L'abbé Pierre). — Récit, 3547.

Collet (Philibert). — Du voile, 1150.

Collier. — Etrennes aux émigrés, 1406.

Collin (Auguste-Simon), de Plancy. — Fin de la tyrannie, 1566. — Voyage, 4550. — V. table des pseudonymes, *Le R. P. Jean-Gilles Croquelardon.*

Collin (Nammès). — Coutumes générales, 764.

Collin des Gimées (Mme Victorine). — Cour (La) de Blanche, 750. — Ninka, 2764.

Colliot (Emile). — V. table des pseudonymes, *Emile de Wroncourt.*

Colmet de Saint-Elme. — Nouveau (Le) cri, 2897.

Colmont (De). — V. table des pseudonymes, *Un Paysan champenois.*

Coloma (Le comte Pierre-Alphonse Livin de). — V. table des pseudonymes, *Azevedo.*

Colomb. — Instruction, 1967.

Collombet (Zénon). — Œuvres de L. Labé, 3029.

Colon (R.). — Journal, 2062.

Colonna (François). — V. Jean Martin.

Colonna (L'abbé). — Religion (La), 3666.

Colquhoun. — V. Redouan et Bertrand.

Colson (L.-D.). — Bulletin impérial, 422

Colson (Henri). — V. table des pseudonymes, *Jonathan.*

Combe (Edouard Mercier de La). — Histoire du mont Valérien, 1858.

Commaille (J.-A). — Code civil, 593. — Nouvel abrégé, 2928.

Commequiers (Charles De). — Recueil de poésies, 3580.

Comte (Charles). — Mémoire à consulter, 2456.

Conbrouse (Guillaume). — Monétaire, 2666.

Condorcet. — Voir La Rochefoucauld-Liancourt.

Condurier. — Chine (La) catholique, 559.

Considérant (Victor). — V. table des pseudonymes, *Herschell.*

Constant (Alphonse-Louis). — V. table des pseudonymes, *Eliphas Lévi.*

Cotterel (F.-F.). — Précis historique, 3337.

Cotton (Thomas-Jacques de). — De la religion, 881.

Coubé (Charles-Joseph). — Mystères de l'agiotage, 2728.

Coudray (Auguste du). — Voyage en Grèce, tr. de l'all., 4560.

Coudray (Du). — V. Chevalier (Al.-Jacq.).

Coulier (Philippe-Jean). — Astronomie (L'), 269.

Coulon. — Catalogue, 473.

Coupart (Antoine-Marie). — Almanach, 99.

Courier (Paul-Louis). — V. table des pseudonymes, *Un officier de l'artillerie à cheval.*

Cournault (Charles). — Cécile, 509.

Cours (Jean de). — Recueil de poésies, 3574.

Courson (Aurélien de). — Guerre, 1695. — Notice, 2855.

Court de Gébelin. — Essai, 1350.

Courtier. — V. table des pseudonymes, *Léopold.*

Courtilz de Sandras. — V. Sandras de Courtilz.

Courtois. — Essai, 1379.

Courville (Adolphe de). — Promenade, 3422.

Cousen (Maurice). — Souvenirs de la marquise de Créquy, 3951.

Cousin d'Avalon (Charles-Yves). — Académie universelle, 39. — Christianisme, 570. — Nouveau Farçadin, 2902.

Cousinéry. — Recueil de lettres, 3582.

Cousso (J.-J. de). — Observations, 2976.

Couture. — Aïeul (L'), 58.

Couture (Louis-Jean-Baptiste-Mathieu). — V. table des pseudonymes, *Un Amateur, né en 1769.*

Couverchel. — V. table des pseudonymes, *Un Maire de campagne.*

Coyer l'abbé Gabriel-François). — Bagatelles morales, 315.

Cralle (A.). — V. table des pseudonymes, *Rambler.*

Cramer (De). — V. table des pseudonymes, *Un Electeur hollandais.*

Crampon (Alfred-Ernest). — Des ouvrages, 951. — V. table des pseudonymes, *Un Européen.*

Craon (La princesse de). — Thomas Morus, 4112.

Crapelet (G.-A.). — Des brevets, 932. — Du progrès, 1137. — Fables de La Fontaine, 1494. — Œuvres choisies de Quinault, 3014. — V. table des pseudonymes, *Antoine Nantua.*

Crayon (A.). — Catalogue raisonné, 494.

Crémieux (Adolphe). — Colonies, 609.

Créquy (La marquise de). — V. Cousen (Maurice).

Cretté de Palluel (Ernest). — Des ouvriers, 952.

Creuzé de Lesser (Le baron Auguste). — Table (La) ronde, 4049.

Crevenna (Pierre-Antoine-Bolongaro). — Catalogue, 493.

Croix (Théodore de La). — Gloires (Les) de Marie, tr. de Liguori, 1668.

Crozet (L'abbé). — V. table des pseudonymes, *Un Membre du clergé de Lyon.*

Crussaire (Martin-Pierre). — Manuel, 2391.

Cubières (La comtesse Despans de). — Emmerich de Mauroger, 1240.

Cubières-Palmézeaux. — Réflexions, 3618.

Cuchetet (Charles). — Souvenirs, 3932.

Cueillet (Mme Adèle de). — Voile (Le), 4510.

Custine (Le marquis de). — Aloys, 110.

Cuvier (Mlle Clémentine). — Fille (La) d'une femme de génie, tr. de l'anglais, 1556.

Cuvillier (A.). — Histoire complète, 1774.

Cuzey (Marie-Catherine-Adèle de Beffroy, baronne de). — Aventures (Les), 305.

Cyliani. — Hermès dévoilé, 1745.

D

D*** (Decomberousse). — Code Napoléon, 601.

Daclin (Charles). — Observations, tr. de l'all. d'Eytelwein, 2988.

D'Agoult (La comtesse). — V. Agoult (La comtesse D').

Dairnwaell (Georges-Marie-Mathieu). — V. table des pseudonymes, *Un Locataire de Sainte-Pélagie.*

Daix (Charles-Louis). — Réflexions, 3602.

Dalban (Pierre-Jean-Baptiste). — Catilina, 500. — Malheurs, 2351. — Muse (La) nouvelle, 2722.

D'Aldéguier (Jean-Baptiste-Auguste). — V. Aldéguier (D').

Damas-Hinard (Jean-Joseph-Stanislas-Albert). — Mémoires de Mme Du Barry, 2515. — Mémoires d'une femme de qualité, 2556.

Damas-Marchant (Le baron Nicolas). — Lettre, 2162.

Daminajon. — Travaux (Les) de Napoléon, 4180.

Damis. — V. table des pseudonymes, *Un Inconnu.*

Damond. — France (La) Auguste), 1600.

Dampmartin (Pierre). — V. table des pseudonymes, *Une Société de gens de lettres.*

Dancourt (Louis-Henri). — Philosophie (La) en défaut, 3216.

D'Andelarre (La marquise). — V. Andelarre D').

Dandelin. — Réflexions, 3619.

Dandré (Le baron). — V. André (D').

Daniel (Le P.). — Réponse, 3699.

Daniel (Raymond). — V. Grangues (De), marquis d'Eurville.

D'Antraigues (Mme). — V. Antraigues (Mme D').

D'Anville. — V. Anville (D').

D'Arbelles. — V. Arbelles (D').

D'Arbouville (Mme). — V. Arbouville (D').

Darcet (Jean). — Traité sur le venin, tr. de l'italien, de Fontana, 4173.

Dard. — Du droit, 1123.

Dargaud. — Mme de Lamartine, 2331.

Darmiant (Valère). — De la situation, 891.

D'Arnay (Le baron). — V. Arnay (Le baron D').

Darragon (F.-L.). — Amateur (L'), 121.

Darrigol (L'abbé). — V. table des pseudonymes, *Un Ecclésiastique du diocèse de Bayonne.*

Darrodes-Lillebonne. — Opuscules, 3064.

Darut (François-Joseph), baron de Grandpré. — Mémoires, 2863. — V. table des pseudonymes, *Le comte G. F.*

Dastarat (Simon). — Odes d'Anacréon, tr., 3003.

Daubaine. — Fables, 1501.

Daubié (Mlle Jenny-Victoire). — Du progrès, 1136.

Daudet (Alphonse). — Parnassiculet (Le), 3123.

D'Audigier (Henri). — V. Audigier (D').

D'Augicour (Le comte Marie-Joseph-Henri-Paul). — V. Augicour (D').

D'Aulnay (Louise). — V. Aulnay (D').

D'Aulnois (Le chevalier Augustin). — V. Aulnois (D').

Daunou (Pierre-Claude-François). — Contrat (Le) social, 713. — Manuscrits, 2395. — Plan d'éducation, 3246. — Union, 4331.

D'auphigny-Beauvais. — V. Auphigny-Beauvais.

Daure (François). — Dipne, 1040.

Dauteville (Joseph). — Odes d'Anacréon, tr., 3002.

Dautreville — Henri-Simon). — Vie de Sa Sainteté, 4433. — V. table des pseudonymes, *Henri Simon*.

Dauvrain (J.-Fr.). — Recueil, 3560.

Davesiès de Pontès (Le général Amédée-Théodore). — De la cavalerie, 826. — Précis historique, tr. de l'espagnol, 3335.

D'Avèze. — V. Avèze (D').

David (Mme). — V. table des pseudonymes, *Raoul de Navery*.

David (Pierre). — V. table des pseudonymes, *Sylvain Phalantée*.

Davin (Félix). — Crapaud (Le), 770. — V. table des pseudonymes, *Félix*.

Déaddé (Edouard). — V. table des pseudonymes, *Saint-Yves*.

Déal. — V. table des pseudonymes, *Lucrèce Junior*.

Deale (Charles). — V. table des pseudonymes, *Gaston d'Argy*.

De Bastard d'Estang (Léon). — V. Bastard (De).

De Beaulieu (Armand-Benoît Robineau). — V. Beaulieu

De Beaulieu (Auguste-Louis). — V. Beaulieu (De).

De Behrens (Charles-Frédéric). — V. Behrens (De).

De Belleval (René). — V. Belleval (De).

De Bock. — V. Bock (De).

De Bonald (Le vicomte Auguste-Henri de). — V. Bonald (De).

De Bonnet (Gustave). — V. Bonnet (De).

De Bordeu (Théophile). — V. Bordeu (De).

Debreaux (Paul-Emile). — V. table des pseudonymes, *Deux rois de la Fève.*

De Bure. — V. Bure (De).

De Carné (Louis). — V. Carné (De).

Decaze. — Excursions, tr. de l'anglais, 1462.

De Cézan. — V. Cézan (De).

Déchalotte. — Description, 966.

Dechamps. — Vie, 4454.

De Chazet. — V. Chazet (De).

De Clermont Mont-Saint-Jean. — V. Clermont Mont-Saint-Jean. (De).

Decombes. — Caquire, 446.

Decombes Des Morelles. — Cynégétiques (Les), 790.

Decomberousse. — V. table des pseudonymes, *Hyacinthe.*

De Cools (Le baron). — V. Cools (De).

De Cordival. — V. Cordival (De).

De Cotton. — V. Cotton (De).

Decourchant. — V. table des pseudonymes, *Auguste.*

De Courson (Aurélien). — V. Courson (De).

De Cousso (J.-J.). — V. Cousso (De).

De Durfort (Le comte A.). — V. Durfort (De).

Defauconpret (A.-J.-B.). — Hadji-Baba, 1725. — Hélène, 1735. — Œuvres complètes de Walter Scott, tr., 3024. — Orpheline (L'), tr. de l'anglais, 3086. — Voyage à Janina, tr., 4523. — Voyage fait en 1819, tr., 4564.

De Fontenay (Le comte). — V. Fontenay (De).

De Fontenay (Mlle De). — V. Fontenay (Mlle De).

De Forges d'Avanzati. — V. Forges (De).

De Fré (Louis). — V. Fré (De).

Defosse (Jean-Charles de). — V. table des pseudonymes, *Un Travailleur.*

Degérando (le baron Joseph-Marie). — De l'abolition, 808. — Vie, 4448.

De Gerlache (Eugène). — V. Gerlache (De).

Deguerle (Joseph-Nicolas-Marie). — Etats généraux, 1403. — Stratonice, 4010. — V. table des pseudonymes, *Le marquis d'Arnay.*

Dehèque (Ferdinand). — Anthologie grecque, 193.

D'Eichtal (G.). — V. Eichtal (G. D').

Dejaer (Joseph). — V. table des pseudonymes, *Un Savant.....*

Dejaer (Louis). — Fin (La) du monde, 1567. — V. table des pseudonymes, *Un Cosmopolite.*

Dejardin (Joseph). — Choix de chansons, 562.

Dejaure (Jean-Claude Béden-). — Louise et Volsan, 2304.

De Jullian (Louis-Pierre-Pascal). V. Jullian (De).

De Kinschoff (Mlle Amélie-Caroline). — V. Kinschoff (Mlle De).

De La Bédoyère. — V. Bédoyère (De La).

De La Borde (Le comte Alexandre). — V. Borde (De La).

De La Bouisse-Rochefort. — V. Bouisse-Rochefort (De La).

De La Brousse. — V. Brousse (De La).

De La Combe (Edouard-Mercier). — V. Combe (De La).

De La Coste (E.-C.-G.). — V. Coste (De La).

Delacroix (Joseph). — Manière de bien vivre, 2355.

Delacroix (Le docteur). — De la connaissance, 829.

De La Croix (Théodore). — V. Croix (Théodore De La).

De La Forest (A.-A.-T. Pihan). — V. Forest (A.-A.-T. Pihan De La).

De La Frenaye (Le comte André). — V. Frenaye (De La).

De La Fresnaye (Marie). — V. Fresnaye (De La).

De la Harpe (Le général). — V. (Harpe De La).

De La Noë (L'abbé Pierre-Charles). — V. Noë (L'abbé de La).

Delaire (Jacques-Auguste). — Observations, 2971.

De La Loupe (Vincent). — V. Loupe (De la).

Delanglard (Charles-François-Paul). — Oracles de Flore, 3067.

De Launay. — V. Launay (De).

De la Palme (Emile). — V. Palme (De La).

De La Porte. — V. Porte (De La).

De La Rallaye. — V. Rallaye (De La).

De La Rochefoucauld (François-Gaëtan). — V. Rochefoucauld (De La).

De La Saussaye. — V. Saussaye (De La).

De La Serre (Jean-Louis-Ignace). — V. Serre (De La).

De Latouche (Hyacinthe Thabaud). — V. Latouche (De).

De Latour (Antoine). — V. Latour (De).

De La Tour (l'abbé G.-J.-F. Soucquet). — V. Tour (l'abbé G.-J.-F. Soucquet de La).

Delattre. — Réminiscences d'Horace Walpole, tr. de l'angl., 3675.

De L'Aubespine. — V. Aubespine (De L').

Delaulne (Florentin). — Dictionnaire des rimes, 1023.

De La Vigne (Mlle Anne). — V. Vigne (Mlle Anne De La).

Delavigne. — V. table des pseudonymes, *Jean-Louis.*

De La Villemeneuc. — V. Villemeneuc (De La).

De La Villerouet. — V. Villerouet (De La).

Delbenne (Mme Marie). — Poésies, 3278.

Delcour (A.). — Mémoires, 2547.

Delcourt (V.-H.-J.). — V. table des pseudonymes, *Van den Hove.*

Deldir (Mme Alina). — V. table des pseudonymes, *Une Dame indienne.*

Delebecque. — Bulletin usuel, 423.

Delécluze (Jean-Etienne). — Antar, 191.

Delemer. — Ophtalmiste (L'), 3053.

Déléon (L'abbé). — V. table des pseudonymes, *Donnadieu.*

Delepierre (Octave). — V. table des pseudonymes, *Tridace-Nafé-Théobrôme.* — *Un Brugeois.*

De Leppel. — V. Leppel (De).

Delérue (Victor). — Fables, 1486.

Delescure (le docteur) — Remèdes (les) charitables, 3673.

Delessand. — Jeu (Le) des échecs, 2028.

Delessert (Benjamin). — Guide (Le) du bonheur, 1705.

Delestre-Poirson (Charles-Gaspard). — De Paris, 306. — Sourd (Le), 3936.

Deleutre (Charles). — V. Thoré (Théophile).

De Lévis (le duc). — V. Lévis (De).

Delhasse (Félix-Joseph). — V. table des pseudonymes, *Quatre Bohémiens.* — *Jacq. Van Damme.*

De L'Hôpital (P.). V. Hôpital (P. de L').

Deligny (Eugène). — Histoire de l'Ambigu, 1800.

Delindre (Jean-Baptiste). — Art (L') de se faire aimer, 259.

Delisles. — Six tragédies, 3905.

Delisles de Salles. — Essai, 1368.

Dellient. — V. table des pseudonymes, *Un Suisse.*

Delmotte (Henri-Florent). — Mes pensées, 2607. — V. table des pseudonymes, *Anastase-Oscar Prudhomme. — Tridace-Nafé-Théobrôme de Kaaut-t-Chouk. — Un Belge.*

De Loménie. — V. Loménie (De).

De Longepierre (Bernard. — V. Longepierre (De).

De Lorguet (Hubert-Louis). — V. Lorguet (De).

Délorier (Bénigne-Claude). — V. table des pseudonymes, *Un Invalide.*

Delort (le général Louis). — Aperçu, 211. — Odes d'Horace, trad., 3004.

De Louvois (Auguste). — V. Louvois (De).

Deloynes d'Autroche (Claude). — Bucoliques (Les) de Virgile, 419.

Delpon. — Essai sur la position d'*Uxellodunum*. 1832, in-8.

Cet essai, extrait d'un travail que l'auteur avait adressé au Ministre de l'intérieur, en 1817, forme la deuxième partie de l'*Annuaire statistique du Lot*, pour 1832, imprimé à Cahors.

Delvau (Alfred). — Parnassiculet (Le), 3123.

Démadières (Horace). — V. table des pseudonymes, *Un Guépain.*

De Manne (Mme Thérèse-Victoire). — V. Manne (Mme De).

De Manne (Louis-Charles-Joseph). — V. Manne (De).

De Manne (Edmond-Duplessis). — V. Manne (De).

De Manne (Victor-Amédée). — V. Manne (De).

De Mannoury d'Ectot. — V. Mannoury d'Ectot (De).

Demarteau (J.). — Souvenirs, 3940.

Demesmay (Auguste). — V. table des pseudonymes, *Un Jeune montagnard.*

Demogeot. — V. table des pseudonymes, *M. Jacques.*

Demolière. — V. table des pseudonymes, *Moléri.*

De Montgaillard. — V. Montgaillard (De).

De Montrol (F.). — V. Montrol (F. De).

De Montrond (Clément-Melchior-Justin-Maxime Fourcheux). — V. Montrond (De).

De Montrond (Mme Fourcheux). — V. Montrond (Mme Fourcheux De).

Demoulin (Joseph). — Doit-on pleurer) 1104. — Quart (le) d'heure, 3455. — V. table des pseudonymes, *Mme la douairière d'Avroy*.

Denis de Villeron. — Lucinde, 2309.

Denis (Ferdinand). — Une fête brésilienne, 4304.

Denon (Dominique-Vivant). — Julie, 2083.

De Normandie. V. Normandie (De).

D'Entraigues. — V. Entraigues (D').

De Pastoret (le comte Amédée). — V. Pastoret (De).

De Pécis. — V. Pécis (De).

D'Epinay (la marquise Sophie-Caroline-Hortense). — V. Epinay (la marquise D').

Deplace (Guy-Marie). — Apologie, 221. — Contes, 692. — De la persécution, 876. — Examen, 1453 et 1455. — Mémoire, 2478. — Proclamation, 3397.

De Preindl. — V. Preindl (De).

Deprez (Jean-François). — V. table des pseudonymes, *Un Jeune volontaire.*

Dermoncourt (le général). — V. Dumas (Alexandre).

De Rochefort. — V. Rochefort (De)

De Saint-Jean (le comte). — V. Saint-Jean (De).

De Saive (l'abbé). — V. Saive (l'abbé De).

De Sales. — V. Sales (De).

De Saint-Maur (Mme). — V. Saint-Maur (Mme De).

Désaugiers (Marc-Antoine-Madeleine). — Poètes (Les) en voyage, 3287.

De Saboulin. — V. Saboulin (De).

De Ségrais (Jean-Renard). — V. Ségrais (De).

De Sénilhes (Mme). — V. Sénilhes (De).

Desbernières. — Abrégé, 30.

Descamps (Henry). — V. Escamps (Henry D').

Desprez (Le lieutenant-général). — V. table des pseudonymes, *Un Officier de l'armée d'Afrique.*

Desprez de Boissy (Charles). — Lettres, 2214.

Desprez-Saint-Clair (Claude-Aimé). — Homme (L') à tout, 1906.

Desrochers (Pierre-Charles). — Nécrologe, 2750.

Des Rues (François). — V. Rues (Des).

Dessoliers. — Notice, 2878.

Destrivaux (P.-G.). — Honneurs funèbres, 1914. — Loisirs, 2292.

Desveux. — Statuts, 4006.

De Syon. — V. Syon (De).

De Tardy. — V. Tardy (De).

De Target (Ange). — De Target (De).

De Terrebasse (Alfred). — V. Terrebasse (De).

De Thier (Léon). — V. Thier (De).

Detouche (Paul-Emile). — V. table des pseudonymes, *Un Jeune peintre.*

Detrooz. — Origine, 3082.

Deval (Charles). — Deux années, 982.

Dévérité (Louis-Alexandre). — Essai, 1330.

De Veziano — V. Veziano (De).

De Vienne (J.-B.-M.). — V. Vienne (De).

De Vigny (Le comte Alfred). — V. Vigny (De).

De Villeneuve. — V. Villeneuve (De).

De Villégas d'Estimbourg. — V. Villégas (De).

De Villenfagne d'Ingihoul (Le baron). — V. Villenfagne d'Ingihoul (De).

Devise. — Observations, 2972.

Devos (E.). — Vie, 4445.

D'Eymar (Claude). — N. Eymar (D').

D'Harcourt (Le vicomte Emmanuel). — V. Harcourt (D').

D'Harcourt (La duchesse). — V. Harcourt (La duchesse D').

D'Herbigny (Pierre-Françàis-Xavier Bourguignon). — V. Herbigny (D').

D'Hérouville (L'abbé). — V. Hérouville (D').

D'Hormois (Paul). — V. Hormois (Paul D').

Diard. — Mémoires, 2581.

Didace de Saint-Antoine (Le Père). — Description, 974.

Didier (Jules). — Traité complet, 4145.

Didon (L'abbé). — Voyages, tr. de l'anglais, 4579.

Didot (Ambroise-Firmin). — Notes d'un voyage, 2776.

Dialitz. — Marie Stuart, tr. de Schiller, 2411.

Dieudonné (Madame Trinette De). — Aux femmes, 293. — Poésies dédiées par une mère à ses enfants. *Louvain*, 1847, in-8. — Ne se vend pas.

Dinaux (Arthur). — Notice, 2833.

Dinaux (Madame). — Panache (Le) blanc, 3094.

Dinocourt (Pierre-Théophile-Robert). — Siècle (Le) des lumières, 3877.

Dinys (Antonio). — V. Boissonade.

Dien (Le comte De). — Eloge, 1225. — Tableau, 4053.

Disson. — Précis, 3329.

Dittmer (Antoine-Didace-Adolphe). — V. table des pseudonymes, *De Fongeray*.

Dobert (Antoine). — V. table des pseudonymes, *E. L.*

D'Obreuil-Ouvrier (Jean-Claude). — V. Obreuil-Ouvrier (D').

Doé (Le docteur). — Essai de médecine, 1331.

Dognon (Jean-Baptiste). — Mère (La) mariée, 2597.

Doigni du Ponceau. — Eloge de Fénelon, 1213. — . . . de R. Descartes, 1219. — Mes récréations, 2610. — V. table des pseudonymes, *Un Citoyen de l'univers*. — *Un Citoyen français*.

Doinet (Alexis). — V. table des pseudonymes, *Toby Flock*. — *Moi*.

Dollé (Frédéric). — V. table des pseudonymes, *Un Normand*.

Donnat. — Brenna, 412. — Famille (La) d'Almer, 1511.

Dondey (Théophile). — V. table des pseudonymes, *Philotée O' Neddy*.

Doney (L'abbé J.-M.). — Supplément aux vies, 4032.

Donneau de Visé (Jean). — Embarras (L') de Godard, 1234. — Gentilhomme (Le) Guespin, 1649.

Doré (Raymond du). — Fleurs inconnues, 1569.

D'Orfeuil (Pierre-Paul). — V. Orfeuil (D').

Dorfeuille (Antoine). — V. Gabet.

D'Origny. — V. Origny (D').

Doris (Charles), — Vie et fin,

4460. — V. table des pseudonymes, *Baron (Le) de B***.* — *Un Homme qui ne l'a pas quitté.*

Dornier (Claude-Adrien). — Recueil, 3571.

D'Ortigues (Joseph). — V. Ortigues (D').

Dorvo (Hyacinthe). — Mon histoire, 2657.

Doubet (Mme). — Histoire d'une salle d'asile, 1871.

Doublet de Boisthibault. — Cathédrale de Chartres, 497.

Douhain Du Lys. — Vatel, 4352.

Douquet. — Lettres, tr. de Cobbet, 2253.

Doux (Jean-Baptiste Le). — Méthode simple, 2621.

Douxfils (L.-J.). — Original (L') multiplié, 3077.

Doye (Le Père Jean). — Vie, 4455.

Dramard (Marcel). — Notice historique, 2817.

Drault. — Recueil des lois, 3586.

Drect (Auguste-Louis Le). — Eléphants (Les), 1202.

Dreux. — Essai sur l'amour, 1347.

Dreyfus (Maurice). — V. table des pseudonymes, *Marius Nothing.*

Drouineau (Gustave). — Fou (Le), 1586.

Dubay (Joseph-Sanial). — Quelques pensées, 3479.

Dubergier. — Trois (Les) écueils, tr. de l'anglais, 4206.

Dubois (Louis). — V. Bois (Louis Du).

Dubois (Auguste). — V. table des pseudonymes, *Michel Morin.*

Dubois (Nicolas). — Raisons de droit, 3503.

Dubois (Charles). — Histoire, 1778.

Dubois (Jean-Baptiste). — Bijoux (Les) dangereux, tr. de Kotzbüe, 356.

Dubourg (Auguste-Félix). — V. table des pseudonymes, *Neuville.*

Dubourg-Butler (Le comte Frédéric). — Lettre d'un Anglais, tr., 2173.

Du Boys (Albert). — V. Boys (Du).

Dubreuil (Le Père Jean). — V. table des pseudonymes, *Un Parisien.*

Dubreuil de Sainte-Croix (Mme). — Recueil de poésies, 3579.

Dubuc (Pierre-Louis). — Por-

Dufourquet (Marie-Hélène). — V. table des pseudonymes, *Camille Bodin.* — *J. B.* — *Jenny Bastide.* — *Talaris.*

Dufresnes. — Idylles, 1937.

Dufriche des Genettes des Madelaines. — V. Friche (Du).

Dugas de Bois Saint-Just (Jean-Louis-Marie). — Catéchisme, 495. — Sires (Les) de Beaujeu, 3895. — Véritable (Le) chemin, 4371.

Dugaste (R.). — Notice, 2872.

Du Grandmesnil. — V. Grandmesnil (Du).

Duhamel (Le comte). — V. table des pseudonymes, *Un Ancien membre de la Chambre des députés.*

Du Hays (Ch.-A.). — V. Hays (Du).

Duhem (Le docteur). — Chansons, 518.

Dujardin (Claude-Antoine). — Poésie sacrée, 3263-3264.

Dujardin-Sailly. — Liste alphabétique, 2261.

Du Laurens. — V. Laurens (Du).

Dulong. — V. table des pseudonymes, *Jules.*

Dumarquez (Louis-Joseph). — V. table des pseudonymes, *Un Paresseux.*

Dumas (Alexandre). — Deutz, 980. — Mari (Le) de la veuve, 2400. — Tour (La) de Nesle, 4128. — Vendée (La) et Madame, 4363.

Dumas (Jean-Baptiste). — Fablier (Le) des dames, 1504.

Dumast (Auguste-Prosper-François Guerrier de). — Rime (La), 3755.

Du Méril (Edélestand). — V. Méril (Du).

Du Mersan. — V. Mersan (Du).

Dumolard (Henri-François-Elisabeth Orsel). — Mémoires de Favart, 2559.

Dumonceau. — Philosophie chrétienne, 3213.

Dumont. — Corrections, 727.

Dumont (Mlle Bonne-Philippine-Josephine-Hubertine). — Mémoires, 2508.

Dumont (Eugène). — Expédition sentimentale, 1468.

Dumont. — V. table des pseudonymes, *Henri Ratincks.*

Du Moret. — V. Moret (Du).

Dumouchel (A.). — Eléments de grammaire, 1195.

Du Moulin. — V. Moulin (Du).

Dumoulin (Charles). — V. table des pseudonymes, *Romainville.*

Dumoulin (Louis). — V. table des pseudonymes, *Une Société de gens de lettres.*

Dunod de Charnage. — Recherche (La) du bien, 3512.

Duparc - Lenoir (Jacques). — Observations, 2990.

Duperche (Jean-Pierre Méniathon). — Marie Menzicoff, tr. de l'all., 2410. — Mouchoir (Le), 2712. — Orphelin (L') de la Wesphalie, tr. de l'all., 3085.

Du Petit-Méré (Pierre-Frédéric). — V. Table des pseudonymes, *Frédéric.*

Dupin aîné (André-Marie-Jean-Jacques). — Pièces judiciaires, 3233. — Révolution, 3738. — Textes choisis, 4087.

Dupin jeune (Philippe). — Réclamation, 3555.

Dupont. — Annuaire, 188.

Dupont fils (J.-F.). — Consultation, 683.

Dupont (Joachim). — Correspondance, 729.

Dupont de l'Etang (Pierre). — V. table des pseudonymes, *Un Lieutenant-général.*

Duport (Nicolas-Paul). — Epître, 1290.

Dupré (Augustin). — Vie, 4425.

Dupré (L'abbé). — Essai, 1373.

Dupré de Saint-Maur (Emile). — V. table des pseudonymes, *Ermite (L') en Russie.*

Dupuis. — Des moyens, 947.

Dupuis (F.). — Feuilletons, 1549.

Dupuis (Mme Charlotte). - V. table des pseudonymes, *Antoine de Nantes.*

Du Puget. — V. Puget (Du).

Du Puget (Mme J.). — V. Puget (Mme Du).

Duputel. — Notice biographique, 2796.

Dupuy (Pierre). — Nouvel Anacharsis, 2920. — Tout à propos de rien, 4129.

Durand. — Dialogue, 1809.

Durand (Camille). — V. table des pseudonymes, *Un Ami de la Hollande.*

Durand (Charles). — V. table des pseudonymes, *Un Bourgeois de Paris.*

Durand de Lançon. — Complainte de Fr. Garin. 625. — Lay (Le) de paix, 2101.

Durand de Modurange. — Une orgie, 4313.

Durant (Brutus). — Spa, 3993.

Duras (Claire Lechat de Kersaint, duchesse de). —

E

Eberhart. — Des moyens de réprimer la colère, tr. de Plutarque, 949.

Eckard (Jean). — Annales littéraires, 178. — Ombre (L'), 3045.

Edom. — Visite au collége, 4500.

Egron (Adrien). — Du littoral, 1127. — Essai sur la Loire, 1556.

Eichhorn (Jean-Godefroy). — Répertoire, 3883.

Eichtal (Gustave D'). — Lettres, 2202.

Eidous (Marc-Antoine). — Philosophie (La) naturelle, tr. de l'anglais, 3217.

Eliçagaray (Edouard). — Espion (L'), 1308. — Homme (L') à la longue barbe, 1905. — Mémoires, 2552. — V. table des pseudonymes, *Un Scandinave.*

Elis. — Ami (L') de la paix, 128.

Elisabeth-Christine (La reine). — Réflexions, 3624.

Eméric (Louis-Damiens). — Dangers (Les) de la coquetterie, 796.

Eméric-David (Toussaint-Benoit). Essai, 1362.

Engrand (Henri). — Leçons, 2104. — Principes, 3379.

Enlart de Grandval (Georges). — Traduction complète des psaumes, 4132.

Entraigues (D'). — Rapport, 3505.

Epagny (Jean-Baptiste-Bonaventure Viollet D'). — Parfumeuse (La) de la Cour, 3114.

Epinay (La marquise Sophie-Caroline-Hortense D'). — Pierre (La) de touche, 3235. — Valida, 4346.

Epineau (L'abbé). — Mémoires, 2550.

Escamps (Henry D'). — V. table des pseudonymes, *Macé Desportes.*

Espeville (Claude-Guillaume-Robert D'). — Lettre de Louis XIV, 2159.

Espine (La comtesse de L'). — Voyage, 4543.

Esquiros (Alphonse). — Evangile (L') du peuple, 1443.

Essarts (Des). — Très humbles représentations, 4186.

Estienne (Charles). — Abusés (Les), trad. de l'italien, 35.

Famin (César). — Musée royal, 1948.

Farcy (François-Charles). — Simple histoire, 3886.

Fare (L'abbé Anne-Louis-Henri De la). — Lettre pastorale, 2191.

Faret (Nicolas). — Parallèle, 3106.

Fary. — Programme, 3401.

Faucher (Léon). — Remboursement (Le), 3672.

Faulcon (Félix). — V. table des pseudonymes, *Un Ami de la liberté.*

Fauqueux (A.-Alexandre). — Des Femmes, 940. — Lettre, 2149.

Faure. — Mémoire, 2479.

Fauris de Saint-Vincens (Jules-Antoine-Alphonse). — Mémoire, 2488.

Favre (Jean-Marie). — Impressions, 1947.

Fayet (L'abbé Jean-Jacques). — Réflexions, 3625.

Fayot (Charles-Frédéric). — V. Molé (Mme la comtesse).

Féburier (C.-R.). — V. table des pseudonymes, *Philalète.* — *Philarète.* — *Philadelphe.*

Féçois De la Tour. — Marseille sauvée, 2418.

Feller (F.-X. de). — Coup-d'œil, 740. — Dictionnaire, 1029.

Fénelon (De). — Prières, 3367.

Fercy (E.-P.). — Arbre (L') royal, 231.

Féret (Pierre-Jacques). — Promenades, 3425.

Ferlus. — Explication, 1470.

Fernel. — V. table des pseudonymes, *Un Officier de l'armée expéditionnaire.*

Ferrand (Le comte Antoine). — Œuvres dramatiques, 3034.

Ferrary. — V. table des pseudonymes, *A. B. C. D.*

Ferté-Meun (La comtesse De La). — Alexandre et Caroline, 81. — Léonce, 2115. — Lettres, 2247. — Mlles Du Guesclin, 2612.

Fertel. — Science pratique, 3852.

Fertiault (François). — V. table des pseudonymes, *M. D***.*

Fessin (Pierre-Joseph). — Petit (Le) portefeuille, 3189.

Feuillet de Conches. — V. table des pseudonymes, *Deux Vénitiens.* — *Un Vieil enfant.*

Etateville (Alexandre-Louis-François Guyot, comte D'). — Quelques choses, 3465.

Etienne (Victor-Joseph). — V. Lefebvre-Duruflé. — Et à la table des pseudonymes, *Jouy*.

Etienne (Charles-Guillaume). — Une nuit, 4312. — Vie de Malesherbes, 4413. — Vie de Fr.-René Molé, 4422. — Zéloïde, 4609.

Etournelles (Mme Louise D'). — Alphonse et Mathilde, 111.

Eve (Antoine-François). — V. table des pseudonymes, *Magnitot*.

Everat (Louis-Nicolas). — Projet, 3410.

Evrard. — Jules Vanard, 2080. — V. table des pseudonymes, *Léon Hachis*.

Eymard (Claude d'). — Notice, 2883.

Eymery (Alexis). — V. table des pseudonymes, *De Saintes*.

F

F. H. (Frédéric-Désiré Hillemacher). — Catalogue, 463 et 464.

Faber (De). — Bagatelles, 314. — Capodistrias, 443. — Comte (Le) de Capodistrias, 630. — V. table des pseudonymes, *Un Désœuvré*.

Fabre de l'Aude (Le comte). — Histoire secrète, 1893. — Traduction, 4138.

Fabrégat (Mlle Aline). — Triomphe de la religion, 4196.

Fabry (Hyacinthe). — Loisirs, 2292. — V. table des pseudonymes, *Un Vrai patriote*.

Fagan (Christophe-Barthélemy). — Heureux (L') retour, 1763.

Faillon (L'abbé). — Monuments, 2695. — Vie de M. de Lantages, 4430. — Vie de M. Olier, 4427.

Faivre (A.-M.). — Lettre à M. Pagès, 2135. — Lettres de Saint François-Xavier, 2219. — Soi-disant (Le) pasteur, 3907. — V. table des pseudonymes, *Un Catholique romain*.

Falconnet, née Chaumond (Mme). — Amour (L') à Tempé, 133.

Falle (Mme). — Petit abrégé, 3175.

Fallet (Nicolas). — Deux (Les) tuteurs, 999.

Falette-Barrol (De). — Notice, 2851.

Feutrie (De La). — V. Vacher (Le) De La Feutrie.

Feyteau (Adrien). — Une Soirée, 4423.

Fiard (L'abbé). — Lettres philosophiques, 2241.

Fichet (L'abbé). — Paroissien, 3125.

Fiess (J.). — Annuaire, 185. — Catalogue, 466.

Filippi (De). — Du Piémont, 1132.

Filippi (Joseph De). — Essai d'une bibliographie, 1337.

Filleau Saint-Hilaire. — Notices statistiques, 2892.

Fine (Oronce). — Histoire sacrée, 1892.

Fisquet (Honoré). — Enclume, 1235. — Guide, 1710. — V. table des pseudonymes, *William Darcy*.

Fite (Le comte De La). — V. table des pseudonymes, *Piotre Artamov*.

Fix (Théodore). — Résumé des vues, 3718.

Fizelière (Albert-André Patin De La). — Biographie, 371. — Manuel, 2375. — Paraboles, tr. de Krummacher, 3102. — V. table des pseudonymes, *Ludovic de Marsay*.

Flacourt (Etienne de). — Petit cathéchisme, 3178.

Flaguais (Alphonse Le). — V. table des pseudonymes, *Une Jenne aveugle*.

Flahaut (Mme de). — Eugénie et Mathilde, 1436.

Flamen (Jean-Baptiste). — Histoire, 1827.

Flassan (Gaëtan de R. de). — Histoire, 1854.

Flèche (L'abbé). — V. table des pseudonymes, *Un Professeur au petit Séminaire de Chartres*.

Fléchet (Théodore). — Un mot à la législation, 4268. — V. table des pseudonymes, *Un Electeur Liégeois*.

Fleuriot (Zénaïde). — V. table des pseudonymes, *Anna Edianez*.

Fleury (La duchesse Aimée de). — Alvar, 113.

Fleury (Arthur). — Prologue, 3416.

Fleury (P.-J.). — Considérations, 670.

Flocon (Ferdinand). — Histoire politique, 1891.

Foache. — De l'amélioration, 815. Réflexions, 3617.

Folie (Charles-Jean La). — V.

table des pseudonymes, *Frédéric Corracini*. — *Un Citoyen*.

Folmont (Rouzet de). — Explication, 1469.

Fontaine de Cramayel.

Fontenay (Mlle De). — Henri, 1736.

Fontenay (Le comte De). — Habitants (Les), 1723.

Fontenay (Marie de). — V. table des pseudonymes, *Manoel de Grandfort*.

Forest (Ange-Augustin-Thomas Pihan De La). — Décadence, 900. — Education (L'), 1184.

Forges (Le chevalier De). — Moyen infaillible, 2720.

Forges (De) D'Avanzati. — Vie, 4415.

Forgues (Emile Dauran-). — V. table des pseudonymes, *Old Nick*.

Formentin. — Traité du bonheur, 4166.

Fornal (Mme Castel De). — Mémoires, 2544.

Fort (Louis-Joseph (Le). — Naples, 2736.

Fortia d'Urban (Le marquis De). — Dissertation, 1078. — Histoire de Hainault, 1781.

Fortia-d'Urban (La marquise De). — Livre des patiences, 2277.

Forton (Le chevalier de). — Notice, 2601. — Nouvelles recherches, 2957.

Fossé (Adolphe). — Encyclopédie domestique. *Paris*, Salmon, 1829, in-8.

Foucaud (Mme Edouard). — V. table des pseudonymes, *Mary Summer*.

Foucauld-Duparc. — Père (Le) Thomas, 3167.

Foucher (Victor). — Mlle de Chevreuse, 2333. — V. table des pseudonymes, *Un Membre de l'édilité parisienne*.

Fouchy. — Adèle et Ferdinand, 43.

Foucquier. — Plaisirs (Les) de Marimont, 3244.

Fouillou (Jacques). — Dissertation, 1081.

Foulon. — Lettres normandes, 2239.

Fouquet (Bernard). — Réflexions, 3598.

Fouquet (Louis-Antoine). — Essai philotechnique, 1345.

Fourcroy (De). — Mémoire, 2477.

Fourdrin aîné. — V. table des pseudonymes, *J. De Laborie*.

Fourier (Charles). — Théorie, 4103.

Fourier (Le baron Jean-Baptiste-Joseph). — Notice sur *Corancez*, en tête de la *Théorie du mouvement de l'eau*, 4105.

Fournel (Jean-François). — Histoire du barreau, 1850.

Fournier (Charles). — Chansons, 520.

Fournier de Pescay (Gustave-François). — Eloge de saint Jérôme, 1220.

Fournier-Verneuil. — Quand serons-nous gouvernés? 3454.

Fragtein (Mlle de). — Essai, 1363.

Franc (Le). — Infortunes (Les), 1960.

Français de Nantes (Le comte). — Coup-d'œil, 736. — Manuscrit (Le), 2393. — V. table des pseudonymes, *Feu Désormeaux*.

Francheville (De). — Mémoires, 2477.

Francklin (Alfred). — V. table des pseudonymes, *Un Bibliophile*.

François (Alphonse). — Voltaire à Ferney, 4519. — V. table des pseudonymes, *Dercy*. — *F.-Alphonse*.

François de Neufchâteau (Le comte). — Des vins, 956.

Frasure (Mme de). — Léontine, 2116.

Fré (Louis De). — Femme (La), 1532. — Université (L'), 4334. — V. table des pseudonymes, *Joseph Boniface*. — *Maurice Voituron*. — *Un Ancien élève de l'Université catholique*.

Fréart (Roland). — Traité de la peinture de Léonard de Vinci, 4157.

Fréauville (François Berthaud de). — Prérogatives (Les), 3355.

Frébourg (R.-A.). — Poésies diverses, 3276.

Frédérix (G.). — Menus-propos, 2594.

Frémont d'Ablancourt. — Dictionnaire des rimes, 1023.

Frémyn-Beaumont. — Saisons (Les), tr. de Thompson, 3806.

Frère (Edouard). — Voyage, 4549.

Frère-Orban (Hubert-Joseph-Walthère). — V. table des pseudonymes, *Jean Van Damme*.

Fresnais (Joseph-Pierre). — Abbaye (L'), 12.

Fresnaye (Le baron André De

La). — Notice historique, 2805.

Fresnaye (Marie de La). — V. table des pseudonymes, *Philarmos.*

Fret (L'abbé). — V. table des pseudonymes, *Un Ami de son pays.*

Freygang (Guillaume de). — Lettres, 2248. — V. Kédiasfky.

Friche (Du). — V. Genettes (Des).

Friedel (Louis). — Albertine, 77.

Frieswinckel (J.-P.). — Contes à mes fils, tr. de l'all., 688. — Homme (L') singulier, 1908. — V. table des pseudonymes, *Fréville.*

Friry (Charles). — Recherches, 3539.

Froment. — V. Guyon (Louis).

Froment (Charles). — V. table des pseudonymes, *Henri Van Haberghen.*

Frontenac (Le comte de). — Premier établissement, 3349.

Fuchs (Louis). — Emilie et Erlach, tr. d'A. Lafontaine, 1236. — Nouvelle (La) Arcadie, *id.*, 2931.

Fulchiron. — Mémoire, 2464.

Fuleman. — Traité, 4174.

Fulvy (Philibert-Louis Orry, marquis de). — Louis XVIII, 2298.

Furly. — Discernement, 1042.

Furne (Charles). — Ingénieux (L') chevalier, 1961.

Fuss (Th.). — Guillaume Tell, 1717.

Fuzelier (Louis). — V. Romagnesi (Jean-Antoine).

Fyot de Mimûre. — Notice, 2858.

G

Gabet (Charles). — Du perfectionnement, 1131.

Gabet (Antoine). — V. table des pseudonymes, *Dorfeuille.*

Gabiot (Jean-Louis). — Journée (La) d'un rentier, 2067.

Gaborria (Armand). — Système décimal, 4046.

Gabriel (Joseph). — Examen, tr. de l'anglais, 1459. V. — table des pseudonymes, *Un Amateur de l'harmonie.*

Gabriel (Jules-Joseph). — Mémoires de Flore, 2504.

Gachard. — Défense (La) de messire Lalaing, notice, 908.

Gachet (Emile-Léonard-Jean-Baptiste). — Maldeghem-la-Loyale, 2348.

Gadois. — Courrier (Le), 752.

Gaigne (Alexis-Toussaint). — Partie (La) de chasse, 3130.

Gaillard. — Quelques souvenirs, 3484.

Gaillard-Lonjumeau (Pierre-Laurent-Joseph de). — Histoire héroïque, 1881.

Galiano (Jose). — V. table des pseudonymes, *Un Espagnol constitutionnel.*

Galien. — Escamoteur (L'), 1305.

Gallard de Terraube (Le vicomte). Testament politique, 4085.

Gallay (Henry). — V. table des pseudonymes, *Un Girondin.*

Galle (Philippe). — Sommaire annotation, 3926.

Gallifet (Le marquis Alexandre-Auguste). — Ancienne Provence, 158. — Etapes, 1396. — Souvenirs, 3962.

Gallimard (Marie-Paul-Jules). — V. table des pseudonymes, *Un Homme raisonnable.*

Gallois (Napoléon). — Petit dictionnaire, 3181.

Gallot (Mlle Sophie). — Fille (La) des cèdres, 1554. — Péricla, 3169.

Garay (François-Eugène). — Biographie des pairs, 381. — V. table des pseudonymes, *De Monglave.*

Garcin de Cottens. — Odes sacrées, 3008.

Cardeton (César). — Bibliographie musicale, 344. — De l'abstinence, 810.

Gardien de la F*** (L.). — Journal, 2049. — V. Auburtin de Bionville.

Gardon (L.-J.-J.). — Lectures chrétiennes, 2107.

Garin. — V. Durand de Lançon.

Garnier (Gilbert). — Juliette Granville, tr. de l'anglais, 2085.

Garnier (Louis). — Mémoires, 2575.

Garnier (A.). — V. table des pseudonymes, *A. Athier.*

Garnier-Deschesnes. — Danger (Le), 794.

Garrez de Mésière (Nicolas-Gérard). — Précis historique, trad. de l'espagnol, 3334.

Garroz-Rosnay. — Triomphe (Le), 4192.

Gasparin (Le comte Agénor-Etienne de). — V. table des pseudonymes, *Un Auditeur au conseil d'Etat.*

Gasparin (La comtesse Agénor de). — Allons faire fortune, 88. — Bande (La) du Jura, 320. — Camille, 435. — Corporations, 726. — Horizons (Les) célestes, 1919. — Horizons (Les) prochains, 1920. — Il y a des pauvres, 1940. — Journal, 2061. — Mariage (Le), 2403. — Prouesses (Les), 3439. — Quelques défauts, 3467. — Tristesses humaines, 4199. — Un livre, 4259. — Vesper, 4398. — Voyage, 4530. — V. table des pseudonymes, *Une Ignorante.*

Gassendi (Le général Jean-Jacques-Bastien de). — Aide-mémoire, 66.

Gaston Phébus. — Des déduictz de la chasse, 935.

Gathy (François-Servais). — V. table des pseudonymes, *Un Croyant.*

Gaucher de Sainte-Marthe (Pierre). — Catalogue des roys, 483.

Gaudichot (Auguste-Michel-Benoît). — Quatre époques, 3457. — V. table des pseudonymes, *Michel Masson.* — *Michel Raymond.*

Gaugiran (Pierre-Charles). — Vie de Fr. René Molé, 4422.

Gaujal (Le baron de). — Tableau historique, 4064.

Gaultier (L'abbé). — Tableau, 4056.

Gaume (L'abbé Joseph). — Arbre (L') jugé, 232. — Horloge (L') de la passion, tr. d'A. de Liguori, 2e édition. *Paris*, 1833, 1 vol. in-18. — Selva, tr. du même, 3862.

Gauthier (L'abbé). — Caractères, 447.

Gauthier (Aubin). — Anti-Lucrèce (L'), 197.

Gauthier. — Nouvelle chimie, 2934.

Gauthier (Léon). — V. table des pseudonymes, *Un Catholique.*

Gauthier de Brécy (Le vicomte). — Mémoires, 2509.

Gautier (L'abbé Jean-Jacques). — Histoire abrégée, 1769. — Précis, 3344.

Gautier Du Lys d'Arc (Edouard). — Voyage, 4547.

Gavairon (L'abbé). — V. table des pseudonymes, *Un Curé du canton de Liége.*

Gay (Claude). — Point de croix, tr. de l'angl., 3290.

Gay (Mme Sophie). — Voyez table des pseudonymes, *Une Société de gens ridicules.*

Gay (Louis-Pierre-Prudent Le). — Cécile, 510. — Forêt (La) noire, 1584. — Isaure, 1989. — Tour (La) du Bog, 4127.

Gayant (Paul). — Tableau des guerres, 4058.

Gayet (Sébastien). — Deux (Les) Phèdre, 998. — V. table des pseudonymes, *Amédée de Césena.* — *Sébastien Rhéal.*

Gazon d'Ourxigné. — Alzate, 114. — Essai historique, 1342.

Géhin (Alexis). — V. table des pseudonymes, *Vérusmor.*

Géminiani (L'abbé). — Poésies, 3285.

Gence (Jean-Baptiste-Modeste). — Histoire de l'art, de Séroux d'Agincour, la Table, 1801. — Stances, 3996. — Vérité du magnétisme, 4375. — Vrai portrait, 4588.

Genettes des Madelaines (Le baron René-Nicolas Du Friche). — Souvenirs, 3950.

Genettes (L'abbé Du Friche Des). — Vie, 4442.

Gensollen (Joseph-Laurent). — Franc-Alleu, 1597.

Gensoul (Jean-Marie-Alexandre-Justin). — Almanach des muses, 97.

Gensse (Guillaume). — Dîner gastronomique, 1038.

Gentil. — Chan Heurlin, 517.

Gentil (Auguste Le). — Conseils salutaires, 656.

Gentillâtre. — Défense officieuse, 910.

Geoffroy-Château. — Louis-Napoléon, 2758.

Geoffroy de la Tour-Landry. — Chevalier (Le) de la Tour, 556.

Georgel (L'abbé). — Histoire véritable, 1894.

Cette brochure a été publiée aux frais de M. Lorette; mais c'est un nommé Lecouteux, commis chez ce libraire, qui a été l'éditeur de ce poëme, resté inédit jusqu'à ce jour. L'abbé Georgel l'avait composé vers 1798 ; il était alors vicaire de Saint-Eucaire, et devint ensuite grand chantre de la primatiale de Nancy. A cette époque, on lui donnait pour collaborateur Me Guelt, notaire à Metz.

Géradon. — Manuel du chasseur, 2676.

Gérardi (F.). — Almanach agricole, 89.

Gercy (Mme de). — Une vie de femme, 4327.

Gigault de la Bédollière (Emile). — V. table des pseudonymes, *E****.

Gigot D'Orcy. — Papillons (Les) d'Europe, par Engramelle, 3098.

Gilles (Auguste). — Poésies, 3281. — V. table des pseudonymes, *Auguste Gallistines*.

Gillods (Louis). — V. table des pseudonymes, *Un Paysan*.

Gilman. — Soirées bruxelloises, 3909.

Girard (L'abbé François). — V. table des pseudonymes, *Un Curé de Paris*.

Girard (Pierre-Simon). — Observations, tr. de l'all. d'Eytelwein, 2988.

Girard de Propiac (Catherine-Joseph-Ferdinand). — Bijoux (Les) dangereux, imité de l'allemand de A. de Kotzbüe, 356.

Girardel (Le Père Pierre). — Response, 3709.

Girardin (G.-P.). — Discours, 1059.

Girardin (Mme Emile De). — Lorgnon (Le), 2295.

Giraud (Charles). — Catalogue, 477.

Giraudeau (Fernand). — V. table des pseudonymes, *Un Habitant de Château-Thierry*.

Giraudeau (Louis). — Biographie, 371. — Manuel, 2375.

Giraudy (Charles-François-Simon). — Précis, 3322. — V. table des pseudonymes, *Une Société de médecins*.

Girault (Claude-Xavier). — Daphnis et Chloé, de Longus, nouvelle édition, 800. — Lettres inédites, 2235. — Monuments des arts, 2694.

Girault de Saint-Fargeau (A.). — V. table des pseudonymes, *Eusèbe G****.

Girod (L'abbé Charles-Jean). — Fille (La) légitime, 1557.

Girod (Mme E.-C., née Potillon). — Origine (L') et la chute, tr. de l'anglais de R. Fléming, 3081.

Giroust (Barbe-Suzanne-Amable). — Euphémie, 1438. — Illyrine, 1945. — Lise, 2260.

Giroust. — Essai sur l'histoire, 1378.

Glatigny (Gabriel de). — Mémoires, 2579.

Gleichen (Le baron de). — V. J.-Ch. Laveaux.

Gleizes (Jean-Antoine). — Nuits (Les) élyséennes, 2963. — Sé-

Iéna, 3861. — V. table des pseudonymes, *Mathurin Neyral.*

Godart (L'abbé Léon). — De la démocratie, 833. — V. table des pseudonymes, *Un Professeur du séminaire de Langres.*

Godeau (Antoine). — Hymne, 1927.

Godefroy (L'abbé). — Pèlerinage, 3148.

Godeville (La comtesse Marie-Madeleine de). — V. table des pseudonymes, *Une Française.*

Godin (A.). Revenu, 2730.

Gœrée (Hugues-Guillaume). — République des Hébreux, tr. du latin, de P. Cunæus, 3705.

Goffart (E.). — Soirées bruxelloises, 3909.

Gohier (Louis-Jérôme). — V. table des pseudonymes, *Un Ancien avocat au barreau de Rennes.*

Golowkin (Le comte Féodor). — Un Etranger, 4253.

Gomont (Henri). — Voyage, 4539.

Gondeville de Montriché. — Conquête (La), 646.

Gondinet (François-Candide-Adolphe). — Voyage en Normandie, 4561.

Gondot (Pierre-Thomas). — Prix, 3385.

Gonon (Pierre-Marie). — Bibliographie, 343. — Citoyennes (Les), 584. — Description, 967. — Discours du massacre, 1048. — Documents historiques, 1098. — Juste (La) et sainte défense, 2089. — Lyon en 1793, 2315. — Peuple (Le) de ville affranchie, 3209. — Première liste, 3352. — Rapport, 3507. — Récit sommaire, 3551.

Gontaut (La duchesse Du). — Louise, 2301.

Gordon (Mlle Angélique). — V. table des pseudonymes, *Une Jeune solitaire.*

Gonthier. — Voix (La) de la religion, 4514.

Gorgeu. — Catalogue, 482.

Gorgy (Jean-Claude). — Torts (Les) apparents, 4124.

Gosse (Etienne). — Manon Lescaut, 2360.

Gosselin (L'abbé Jean-Edme-Auguste). — Histoire littéraire, 1883. — Instructions, 1972. Notice historique et critique sur la couronne d'épines de N. S. Jésus-Christ, et sur les instruments de sa passion qui se trouvent dans l'église métropolitaine de Paris. *Paris*, Adrien Le Clére, in-8. — Pouvoir du Pape, 3315. — V. table des pseudonymes, *Un Supérieur de Séminaire.*

Gosselin. — Journaux des siéges, tr. de l'anglais, 2065.

Gottis (Mme De). — V. Pierre Brés.

Goube. — Nouveau traité, 2917.

Goubeau de La Billennerie (Jacques-François). — Dissertation, 1080.

Goudé (L'abbé). — Chemin de la croix, 549.

Gouin (F.). — Rome et ses papes, 3777.

Goujet (L'abbé). — Mémoires sur la vie privée de Marie-Antoinette, etc., par Mme Campan (remaniés et arrangés par l'abbé *Goujet*). *Paris*, Baudouin frères, 1823, 3 vol. in-8 ou 4 vol. in-12.

Goujon (Abel). — V. table des pseudonymes, *Une Société de gens de lettres.*

Goujon (Antoine-Maurice). — V. table des pseudonymes, *G. de Chamfrey.*

Goupy (Louis). — Ether (L'), 1404. — Quære, 3452.

Gouraud (Mlle Julie). — V. table des pseudonymes, *Louise D'Aulnay.*

Gourcy de Mainville (L'abbé Paul-Joseph). — Distinction, 1085. — Traduction libre, 4139.

Gourcy (Paul de). — V. le numéro précédent, 4139.

Gourgaud (Le lieutenant-général Gaspard). — Réfutation, 3639.

Gouriet (Jean-Baptiste). — Au triomphe, 279. — Charlatans (Les), 532. — Voyages de Cook, nouvelle édition, 4578.

Gournay (B.-C.). — Recueil dramatique, 3591.

Goury (Emile). — Description, 962.

Gouy. — Atlas hydrographique, 273.

Gozlan (Léon). — Feu partout, 1547.

Grabit. — Catalogue, 472.

Gracia (Le Père Jean). — Lettres, 2252.

Grand. — Cri (Le) de la France, 773.

Grand d'Hauteville. — V. table des pseudonymes, *Un Officier vaudois.*

Grandgagnage (François-Charles-

Joseph). — De la Belgique, 824. — Désert (Le), 977. — Wallonnades, 4599. — V. table des pseudonymes, *Justin.*

Grandin (Nicolas). — Quinze (Les) effusions, 3498.

Grandin (Charles-François). — Paulin, 3141.

Grandmaison Van Esbecq (Mme). — Edwige de Milvar, 1185.

Grand-Mesnil (Du). — Joli (Le) temple, 2043.

Grandpré (François-Joseph Darut, baron de). — Mémoires, 2583. — V. table des pseudonymes, *Le comte G. F.*

Grangé (Mlle Sophie). — Recueil, 3561. — Romances, 3771.

Grangeret de La Grange. — Observations, 2980.

Grangues (Raymond Daniel d'Eurville, marquis de). — V. table des pseudonymes, *Un Ancien membre dn Jockei-Club.*

Granié (Pierre). — Petites lettre, 3200.

Granier. — Mémoires, 2477.

Grandsire. — V. table des pseudonymes, *Narratius Viator.*

Grandville (La comtesse De La). — Etudes morales, 1427. — Retour des Pyrénées, 3721. — Voyage, 4535. — V. table des pseudonymes, *Une Voyageuse malade.*

Gratet-Duplessis. — Dissertation, 1083. — Fables, 1497. — Recueil, 3592. — Tragédie française, 4141. — V. table des pseudonymes, *Hilaire-le-Gay.*

Gravelle-Désulis. — Ouest (L'), 3090.

Grébeauval (Théodore de). — V. table des pseudonymes, *Un Normand.*

Grégoire (Amable). — Itinéraire, 1994. — Pélerinage, 3149 et 3150.

Grégoire d'Essigny. — V. Chivot.

Grenier. — Mémoire, 2477.

Grenier. — Nouvelle bibliothèque, 2932.

Grenus (Le baron Jacques-Louis). — Fables diverses, 1496.

Grenus-Saladin (Le baron). — Documents, 1101. — Fragments, 1593.

Grétry. — V. Legrand.

Grétry (André-Joseph). — V. table des pseudonymes, *P. B.*

Gridel (L'abbé). — V. table des pseudonymes, *Xavier.*

Griffet de la Baume (Antoine-Gilbert). — Evélina, 1445.

Grille (Joseph-François). — Album, 78. — Courrier (Le), 753. — Fagot (Le), 1508. — Jeune (Le) romantique, 2038. — Lettre, 2127. — Suite au mémorial, 4013. — V. table des pseudonymes, *Ernest.* — *Malvoisine.* — *Un Amateur.*

Grisard de Waha (Le baron J.). — Conclusions, 636. — De l'union, 895. — Vérité (La), 4376.

Grivaud de la Vincelle (Claude-Madelaine). — Notice, 2863.

Grognier. — Archives historiques, 234.

Groiseilliers (François De). — Sourd (Le), 3936. — V. table des pseudonymes, *Un Oisif.*

Groizard (L.-J.). — Livres de comptes, 2270.

Gromelin. — Iliade (L') travestie, 1941.

Grosley (Jean-Baptiste). — V. table des pseudonymes, *Deux gentilshommes suédois.*

Grou (Le Père Jean-Nicolas). — Science (La) du crucifix, 3850.

Grovestins (Le baron Sirtéma). — V. Sirtéma de Grovestins.

Gudvert (L'abbé). — Constitution (La) *unigenitus*, 682.

Guelt. — Histoire véritable, 1894.

Guénard (Elisabeth), baronne Bressin de Méré. — Abbaye (L') d'Harford, 14. — Madame Billy, 2325. — Madame Bloc, 2326. — Petits (Les) orphelins, 3208. — Vie et aventures, 4459. — Zulmé, 4615. — V. table des pseudonymes, *Boissy.* — *Faverolles.* — *Geller.*

Guéneau de Mussy. — Traité des études, de *Rollin*, nouvelle édition, 4161.

Guéranger (Dom Prosper). — Notice, 2846. — Voie (La) du salut, tr. d'Alph. de Liguori, 4507.

Guérard (Benjamin-Edme-Charles). — Bienfaisance, 354. — Compte demandé, 628. — Histoire de Hainault, annotations, 1781. — V. table des pseudonymes, *Un Homme du peuple.*

Guerchy (Le marquis De). — Calendrier, 428.

Guérin (Léon). — Chroniques, 575. — V. table des pseudonymes, *Guérin-Dulion.*

Guérin de Tencin. — V. Tencin (Guérin de).

Guérin d'Etriché (Nicolas-Armand-Martial). — Myrtil, 2727.

de Marie, 2272. — Mois de Marie, 2651.

Guinaud. — Six balafres, 3900.

Guiraud (Amédée). — Essai, 1377.

Guiraudet. — Journal de Dijon, 2052.

Guitton (A.). — V. table des pseudonymes, *A.-G. de Mériclet.*

Guizot (François). — France (La) en Afrique, 1602. — Revue française, 3747.

Guizot (François-Jean). — V. table des pseudonymes, *M. O***.*

Guizot (Jean-Jacques). — Presbytère (Le), tr. de l'all. d'A. Lafontaine, 3357.

Gunther-Wahl (Samuel-Frédéric). — Magasin, 2336.

Guyard (Le Père Bernard). — Fatalité (La) de Saint-Cloud, 1521.

Guyon. — Armée (L') du Nord, 241.

Guyon (Louis). — Police (La) dévoilée, 3292.

Guyot. — Art (L') de l'imprimerie, 253.

Guyot (Le chevalier Henry). — Indiscret (L') conteur, 1956.

Guyot (Mlle Pauline). — V. table des pseudonymes, *Camille Lebrun.*

Guyot (Mme de). — Amélie de Saint-Phar, 124. — Julie, 2082.

Guyot-Desfontaines (L'abbé Pierre-François). — Lettre à M. A***, 2121.

Guyot de Fère. — Annuaire des artistes, 186.

Guyse (Jacques de). — V. Fortia d'Urban.

H

H. V. — V. Vilmain.

Hager (Joseph). — Observations, 2979.

Halevy (Léon). — V. table des pseudonymes, *Noël Hyeval.*

Hallay (Le marquis Du). — Plan, 3251.

Haller (Charles-Louis de). — Exposé historique, 1474.

Hamal (Le comte E.-F. de). — Louis de Geer, notice historique, 1652. *Bruxelles,* Lelong, 1847, in-8.

Hamilton (James-Edouard). — Lettre, 2144.

Hamilton (Lady). — V. Charles Nodier.

Hamon (L'abbé André-Jean-Marie). — Notre-Dame de France, 2894. — Vie de Saint-François de Sales, 4434. — V. table des pseudonymes, *Jean-Huen Du Bourg.* — *Un Supérieur de séminaire.*

Hancarville (Hugues D'). — Antiquités Etrusques, 205.

Hangard. — De l'institution, 850.

Hannotin (Emile). — Notice, 2832.

Hapdé (Jean-Baptiste-Augustin). — Plus de mélodrames, 3256. — V. table des pseudonymes, *Augustin.*

Harcourt (Le vicomte Emmanuel D'). — V. table des pseudonymes, *Matheus.* — *Claude Jobin* — *C. Matheus.*

Harcourt (Mme la duchesse d') — Mme la duchesse d'Orléans, 2327.

Hardenberg (Le prince Charles-Auguste). — Mémoires, 2586.

Hardoin-Tarbé (P.). — Almanach, 92.

Harel (F.-A.). — Dictionnaire théâtral, 1032.

Harny de Guerville. — Petit-(Le) Maître, 3185. — Prix (Le), 3386. — Sybille (La), 4044.

Harpe (Le général Frédéric-César De La). — Mémoire, 2492.

Haudebert (L'abbé). — Procès pour rire, 3395.

Harring (Harro-Paul). — V. table des pseudonymes, *Un Témoin oculaire.*

Haussez (Le baron Lemercher d'). — Philosophie, 3214. — Réflexions, 3596. — Souvenirs, 3947.

Haussonville (La comtesse D'). — Robert Emmel, 3757. — Souvenirs, 3979.

Hautefeuille (La comtesse D'). — V. table des pseudonymes, *Anna-Marie.*

Hauterive (Alexandre-Maurice-Blanc La Nautte, comte D'). — Conseils, 648. — Considérations, 658. — Eléments, 1192. — Méthode, 2620. — Notions, 2893. — Quelques conseils, 3466. — Voyages, 4581.

Hays (Jean-Charles-Aimé Du). — Esquisses généalogiques, 1320.

Hécart (Gabriel-Antoine-Joseph).

— Dictionnaire, 1031. Précis historique, 3342. — Recherches, 3514. — Serventois, 3672. — Traité, 4148. — V. table des pseudonymes, *L'anagramme d'Archet.* — *Simon F***.* — *Un Auteur vivant.* — *Un Habitant de Valenciennes.*

Hédouin (Pierre-François-Nicolas). — Marie de Boulogne, 2408. — Souvenirs dramatiques, 3964. — Talma, 4080.

Héguin de Guerle (Charles). — Ouslad, 3092. — V. table des pseudonymes, *Le Docteur A. Kerlis.*

Helbig (Jules). — Correspondances, 728. — Etude, 1420. — Salon (Le) de Liége, 3813.

Hénaux (Ferdinand-Jules). — Traditions Liégeoises, 4131.— V. table des pseudonymes, *Benédict Wilsens.* — *Delbez.* — *André Meuret. P. N. Francheux.* — *N. A. N. D.*

Hénaux (Victor). — Complainte, 627. — De l'Amour, 816. — V. table des pseudonymes, *Paulus Studens.*

Hennebert (Frédéric). — V. table des pseudonymes, *Un professeur.*

Hennequin (Néoclès). — Omnibus (Les) Liégeois, 3048.

Hennin (Michel). — Des Théâtres, 955. — Histoire numismatique, 1888.

Henrion. — Mémoire, 2459.

Henrion (Le baron Mathieu-Richard-Auguste). — Vie du R. P. Loriquet, 4452.

Henrotte (Nicolas). — Manuel, 2374.

Herbigny (Pierre-François-Xavier Bourguignon D'). — De l'Etat moral, 837. — Des Destinées, 936. — Du Déclin, 1122. — Etudes politiques, 1429. — Lettres, 2148. — Nouvelles Lettres, 2951. — Paris, port de mer, 3120. — Revue politique de l'Europe, 3748. — Revue politique de la France, 3749. — V. table des pseudonymes, *Un Provincial.*

Héreau (Edme). — Postillon (Le), 3311.

Héricart de Thury (Le vicomte). — Sur l'état actuel, 4041.

Hérouville (L'abbé D'). — Imitation (L') de la T. S. Vierge, 1947.

Hesmivy d'Auribeau (L'abbé Pierre). — Essai d'inscription, 1344. — Hommage, 1902. — Inscriptions, 1962-1964. — Lettre, 2130.

Hesse (Léopold-Auguste-Constantin. — V. table des pseudonymes, *L.-A. Constantin.*

Auguste). — Essai de fables, 1329.

Hubert (Lonis). — Réflexions, 3629.

Hubert (Eugène). V. table des pseudonymes, *Henri Lejugeneutre*. — *Un Chinois*.

Hubin (Jean). — Amante (L') romanesque, 117. — Eléonore et Monval, 1201. — Lucie et Victor, 2306.

Hüe (Henri). — Jolisine, 2044.

Huet (Pierre-Daniel). — Grand (Le) trésor, 1685.

Huet-Perdoux. — Etrennes orléanaises, 1411.

Hughes (William). — Biographie, 371 et 372. — Notre histoire, 2896.

Hugo (Le Père Louis). — Histoire généalogique, 1879.

Hugo (Le comte Joseph-Léopold-Sigisbert). — V. table des pseudonymes, *A.-An. Almei*... — *Genty*. — *Sigisbert*.

Hugo (J.-Abel). — V. table des pseudonymes, *Monnières*.

Hugo (Victor). — Bug Jargal, 421.

Hugo (Mme). — V. table des pseudonymes, *Un Témoin de sa vie*.

Huillard de Montigny. — Réflexions, 3623.

Hunckler (L'abbé). — Eustache, 1440. — Itha, 1993. — Loisirs, 2293. — Nouveaux loisirs, 2922. — Tableau, 4060. — Val (Le) d'amour, 4343. — Verre (Le) d'eau, 4389. — Vieux (Le) château, 4480.

Huron — Homme (L') à tout, 1906.

Hurtuby (Charles-Théodore D'). Poésies dramatiques, 3771. — Recueil de poésies, 3577.

Huvelin (Xavier). — V. table des pseudonymes, *Un Ancien garde-du-corps*.

Huy (Le). — Souvenirs, 3953.

Huzard (Jean-Baptiste). — Recherches, 3526.

Hymans (Louis). — Belgique (La) en 1860, 335.

I

Icher-Villefort (Le baron D'). — V. table des pseudonymes, *Un Baron sans baronnie.*

Imbert (Jean-Baptiste-Auguste). — Petit Berquin, 3177. — Traits remarquables de l'histoire du règne de Napoléon. *Paris*, 1824, in-18. —V. table des pseudonymes. *Mme ****. — *Une Captive.*

Imhaus (G.). — Question, 3490.

Irving (Washington). — Rosière (La), 3786. — V. table des pseudonymes, *Fray Antonio Agapida.* — *Geoffrey Crayon.*

Ivernois (Francis). — Offrande, 3038.

J

J. S. (Joseph-François Souques). — Chevalier (Le) de Canolles, 555.

Jackson (J.-R.). — Aide-mémoire, 67.

Jacob (Le chevalier Gérard). — Voyage philosophique, 4569.

Jacoby (Jean). — Réponse, 3685.

Jacquelin (Jacques-André). — Honorine, 1917. — Pélisson, 3152. — V. table des anonymes, *Un homme de lettres.*

Jacquemard. — Essai de fables, 1330.

Jacquemart. — Etrennes, 1406.

Jacques (Léon). — Menus propos, 2594.

Jacques (L'abbé Pierre-Simon). — Origine (L') de l'Eglise, 3079. — V. table des pseudonymes, *Un Protestant.*

Jacques (L'abbé Mathieu-Joseph). — Coup-d'œil, 738.

Jacquin (L'abbé Jules). — V. table des pseudonymes, *Un Loup d'eau douce.*

Jacquot (Eugène). — V. table des pseudonymes, *Eugène de Mirecourt.*

Jal (Auguste). — Dictionnaire théâtral, 1032. — Fureteur (Le), 1626. — V. table des pseudonymes, *Gabriel Pictor.*

Jamin (Dom Nicolas). — Traité de la lecture chrétienne, nouvelle édition, 4152. — V. Peignot.

Jamme (Mme Louis). — Christianisme (Le), 573. — De la nécessité, 864.

Janin (Jules).—Confession (La), 640. — Deburau, 899. — Elysée (L')-Bourbon, 1233. — Préface de la *Fille-mère*, 1558.

Janne. — Mal (Le) et le remède, 2347.

Jansen (Henri). — Analyse de la beauté, tr. d'Hogarth, 151. — Œuvres complètes de Reynolds, tr. de l'angl., 3019. — Voyage de Haafner, 4538. — Voyage, tr. du hollandais, 4568.

Janvier (Le Père). — Art de converser, 247.

Jardrinet. — Essai sur l'envie, 1364.

Jarry (L'abbé Théophile). — Lettre, 2142.

Jarry de Mancy (Adrien). — Napoléon, 2740.

Jars (A.). — Julie, 2084.

Jauffret (Louis-François). — De la juridiction, 855.

Jayet de Fontenay. — Mission (La), 2643. — V. table des pseudonymes, *Un Patriote*.

Jeanin. — V. table des pseudonymes, *Levens*.

Jehin (L'abbé T.-J.). — Franchises (Les), 1610.

Jeune (Nicolas Le). — Miroir de l'art, 2639.

Joanne (F.). — Voyage de deux anglais, 4544.

Jobart. — Voyage pittoresque, 4572.

Johanneau (Eloi). — V. table des pseudonymes, *Un Ami de Martial*.

Joigneaux (Pierre). — V. table des pseudonymes, *Un Ancien détenu*.

Joinville (Le prince de). — Etudes, 1431.

Jolimont. — De la nouvelle salle, 868.

Joly (Joseph). — Mère (La) intrigante, tr. de l'anglais, de miss Edgeworth, 2596.

Joly (Victor-Vincent), avocat. — V. table des pseudoymes, *Karel Reynaert* — *V. Loy*.

Joly. — V. table des pseudonymes, *Un Bibliothécaire de province*.

Joly (Maurice). — V. table des

pseudonymes, *Un Contemporain.*

Joly de Béry (Louis-Philibert). — De l'ordre de la noblesse, 870.

Joly de Fleury. — Mémoire, 2486.

Joly, de Salins. — Fables de John Gray, tr., 1488.

Jomard (Edme-François). — Comparaison, 622. — Considérations, 671. — Conté, 686. De la collection, 827. — Du nombre, 1129. — Eclaircissements, 1171. — Mémoire, 2483. — Notice, 2803. — Progrès de la collection, 3404. — Tableau, 4056. — Tableaux sommaires, 4073. — V. table des pseudonymes, *Viator.*

Jombert jeune (Alexandre). — Calendrier perpétuel, 432.

Jomini (Le général baron Henri de). — Vie politique, 4469.

Jonghe (Théodore de). — Liste des titres, 3264.

Jottrand (Lucien-Léopold). — V. table des pseudonymes, *Un Belge.*

Joudou (Jean-Baptiste). — Voyage, 4542.

Jourdain (Dom Claude). — V. table des pseudonymes, *Un Bénédictin.*

Jourdain (Eloi). — V. table des pseudonymes, *Charles Sainte-Foi.*

Jourdan (Athanase-Jean-Léger). — Code des chemins, 597.

Jourdan (Le comte Jean-Baptiste). — Mémoire, 2469.

Jourdan (Louis). — V. table des pseudonymes, *Félix Germain.*

Jouret (Benoît). — Grammont, 1681.

Journeaux. — V. table des pseudonymes, *Un Ancien élève de l'École polytechnique.*

Jouvencel (Le vicomte de). — A la Bourgeoisie, 1.

Jubinal (Achille). — Voyage aux ruines, 4536.

Juglet de Lormaye (Ernest). — Mes rêveries, 2611.

Juin (L'abbé Jean-Augustin). — Lettres bordelaises, 2207.

Julien. — Copie de Lucien, 719.

Julien (Stanislas). — Méthode de Carstairs, tr. de l'anglais, 2617.

Jullian (Louis-Pierre-Pascal de). — Histoire, 1857.

Jullien (Marc-Antoine). — De l'indépendance 844. — De la représentation, 883. — Ex-

K

L

*chemort. — Un Docteur en chirurgie. — Un Emigré. — Un Pair de France. — Un Royaliste quand même. — Le vicomte de V***y. — Le vicomte de Variclery.*

Lamourette (L'abbé Adrien). — Pensées, 3160 et 3161.

Lan. — V. table des pseudonymes, *Un Ex-chef de train.*

Lancelot (Dom Claude). — Nouvelle méthode, 2937.

Landié (Edouard). — Développements, 1001.

Landon (Joseph). — Faux (Le) indifférent, 1527.

Lange (L'abbé). Statuts, 4007.

Langeac (N. de Lespinasse, chevalier De). — Journal, 2051.

Langlé (Joseph-Adolphe-Ferdinand). — V. table des pseudonymes, *Eusèbe.*

Langlès (Louis-Mathieu). — Voyages, 4575.

La Noë (L'abbé P.-C. De). — V. Noë (L'abbé P.-C. de La).

Lantier (Etienne-François De). — Impatient (L'), 1948.

La Pelouze (Valentin De). — V. Pelouze (Valentin De La).

La Perrière (Guillaume De). — V. Perrière (G. De La).

La Peyrie. — V. Peyrie (La).

La Peyronnie. — V. Peyronnie (La).

Laporte (Hippolyte). — Notice, 2882.

La Porte (De). — V. Porte (De La).

Lardier (Alexis). — Mémoires de R. Guillemard, sergent en retraite; suivis de documents historiques, la plupart inédits, de 1806 à 1825. *Paris*, De la Forest, 1825, 2 vol. in-18.

Lardin (Jules). — Zémir et Azor, 4611.

La Réveillière-Lépeaux (Louis-Marie). — V. Réveillière (La) Lépeaux.

Larmoyer (H). — De l'Etat, 836.

Laroche (Jacques-Philippe). — V. table des pseudonymes, *Mme ***. — M. de l'Etoile. — Une Captive.*

La Rochefoucauld-Liancourt (Le marquis Frédéric-Gaëtan). — V. Rochefoucauld-Liancourt.

La Rochefoucauld-Doudeauville (Le vicomte Sosthènes). — V. Rochefoucauld - Doudeauville (Le vicomte Sosthènes).

La Rocque. — V. Rocque (La).

La Salle. — V. Salle (La).

La Saumais (La comtesse). — V. Saumais (La).

La Saussaye (Jean-François-de-Paule-Louis Petit De). — V. Saussaye (De La).

Lasausse (L'abbé Jean-Baptiste). — Ecole (L') du Sauveur, 1173. — Entretiens, 1261. — Etrennes, 1412. — Fervent (Le) ecclésiastique, 1539. — Imitateur (L') des saints, 1946. — Jésus, 2027. — Leçons, 2105. — Neuvaine, 2758. — Nouveaux trappistes, 2927. — Sage (Le), 3800. — Vrai (Le) serviteur, 4589. — Zélé (Le) serviteur, 4607.

Lasgneau-Duronceray (Le docteur Pierre). — A qui le fauteuil ? 8. — V. table des pseudonymes, *Sphodretis*.

La Solle. — V. Solle (La).

Lassence (Mathias De). — Précis, 3303.

Lasserre. — Prusse (La) galante, 3441.

Lasserrie (François-Joseph De). Eulalie de Rochester, 1437.

Lasne D'Aiguebelles (Le chevalier). — Religion (La) du cœur, 3665.

Latouche de Godeville (La comtesse). — V. Godeville (La comtesse Latouche de).

Latouche (Hyacinthe Thabaud De). — Académie (L'), . — Clément XIV, 587. — Fragoletta, 1596. — Histoire et procès, 1076. — Montmorency, 2690. — Olivier, 3042. — Poésies d'André Chénier, 3269. — Projets (Les) de sagesse, 3415. — V. table des pseudonymes, *Le Sténographe parisien*. — *Un Paysan de la Vallée-aux-Loups*.

Latour (Antoine De). — A mes amis, 5. — Histoire, 1780. — Souvenirs, 3963. — Un voyageur, 4284.

Latour d'Auvergne-Corret. — Glossaire polyglotte, 1670.

La Tour (Guillaume-Jean-François Souquet De). — V. Tour (Souquet De La).

Lattaignant (L'abbé Gabriel-Charles de). — Réflexions nocturnes, 3605.

Lattimore Clarke (Mme Rosine). — Cardinal (Le) de Richelieu, 448. — Gomez Arias, 1672. — Miroir de la tante Marguerite, tr. de l'anglais, 2640.

L'Aubépin (Le comte De). — V. Aubépin (De L').

L'Aubespine (De). — V. Aubespine (De L').

Laugier (Adolphe). — Galerie biographique, 1629.

Laugier. — Essai sur l'architecture, 1348.

Laujon (Pierre). — Journée (La) galante, 2068.

Laumier (Charles-Lazare). — Histoire de la mémorable semaine, 1813. — Histoire de la Révolution, 1819. — V. table des pseudonymes, *Vidocq*.

Launay (Jean-Louis-Wenceslas de). — Lettre à M. de ***, tr. de l'all., 2129.

Launoy (Le docteur). — Château (Le) de Céret, 543.

Lauraguais (Le comte Louis-Léon-Félicité de Brancas de). — Clitemnestre (*sic*), 588. — Lettre, 2165. — Notice, 2864.

Laurenceau (Le Père). — France (La) toute catholique, 1608.

Laurenceau. — Héro et Léandre, 1753.

Laurens (Henri-Joseph). — Vraie (La) origine, 2592.

Laurent (Emile). — Dotation, 1111. — V. table des pseudonymes, *Emile Colombey*.

Laurent (L'abbé Eugène). — Notre-Dame de la Délivrance, 2895.

Lautard (Laurent). — Notice, 2866. — V. table des pseudonymes, *Un Vieux marseillais*.

Lautrey-Delisles. — Triomphe (Le) de la bonne cause, 4194.

Lautz (Mlle Ernestine). — V. table des pseudonymes, *Charles Siméon*.

Lavallée (Joseph). — V. table des pseudonymes, *Un Français libre*.

Lavallée (Théophile-Sébastien). Jean-sans-peur, 2016.

Lavalleye (Edouard). — Eglise Saint-Jacques, 1188. — Notice, 2884. — Petite dissertation, 3195. — Pont (Le) des arches, 3301. — Quelques mots, 3472. — Relation, 3655. — Sire (Le) de Saive, 3894. — Une perle, 4316. — Vieux (Le) Liége, 4482. — V. table des pseudonymes, *Un Membre de l'Archiconfrérie de Saint-Vincent-de-Paul*.

Lavardin (Jacques De). — Célestine (La), tr. de l'espagnol, 511.

Laveaux (Jean-Charles). — Dissertation, tr. de l'all., 1074.

Lavergnat (Mme de). — V. table des pseudonymes, *Fanny Denoix*.

La Villemeneuc. — V. Villemeneuc (La).

Laya (Jean-Louis). — Almanach, 108. — Discours, 1053-1055-1056-1057. — Instructions, 1968. — Programme, 3603.

Laya (Mme Adèle). — Trois (Les) sœurs, 4220.

Le Bailly. — V. Bailly (Le).

Lebeau d'Avesnes. — Nerviens (Les), 2756.

Le Becq (Théodore de). — V. Becq (De Le).

Lebègue. — Historiettes, tr. de Wash. Irving, 1898.

Le Bègue de Villiers. — V. Bègue (Le).

Leber (Jean-Michel-Constant). — Pucelle (La) d'Orléans, 3448. — Testament littéraire, 4084. — V. table des pseudonymes, *Un Homme grave.*

Lebert. — Mont (Le) Valérien, 2686.

Leblanc (Léon). — Recherches, 3516.

Leblanc. — V. table des pseudonymes, *Bibliographe (Le) voyageur.*

Leblanc. — V. table des pseudonymes, *Henri Christiern.*

Le Boucq (Simon). V. Boucq (Le).

Le Boulanger de Chalussay. — V. Boulanger (Le).

Le Bouvier Des Mortiers. — V. Bouvier (Le).

Le Bouyer de Saint-Gervais. — V. Bouyer (Le) de Saint-Gervais.

Lebrun (Mme veuve). — V. table des pseudonymes, *L'Académie des Sciences.*

Lebrun (Pierre-Antoine). — Village (Le) abandonné, tr. de Goldsmith, 4485.

Lebrun (L'abbé). — Almanach historique, 104.

Lebrun (Mlle Anaïs). — V. table des pseudonymes, *La comtesse de Bassanville.*

Lebrun (Charles-François). — Voix (La) du citoyen, 4516.

Lebrun-Tondu (Pierre-Henri-Hélène-Marie). — Journal général, 2063.

Lebrun-Tossa (Jean-Antoine). — Voltaire jugé, 4522.

Le Camus (Bon). — V. Camus (Bon Le).

Lecat (Claude-Nicolas). — V. table des pseudonymes, *Un Académicien de la même ville.*

Le Cerf (Théodore). — V. Cerf (Théodore Le).

Lechantre (Félix). — Encore quelques mots, 1247. — Observations, 2987.

Le Chevalier. — V. Chevalier (Le).

Le Chevalier (Jules). — V. Chevalier (Jules Le).

Lechevalier (Jean-Baptiste). — V. table des pseudonymes, *Constantin Koliadès.*

Le Cieux (Mlle Elisa). V. Cieux (Mlle Le).

Leclerc (Jean-Baptiste).—Abrégé de l'histoire, 25. — Eponine et Sabinus, 1299.

Le Clerc (J.-P.-M.-C.). — V. Clerc (J.-P.-M.-C. Le).

Leclerc (Joseph-Victor). — Nouvelle méthode de dom Jourdain, notes, 2937.

Leclerc (Michel). — Hiérusalem (La) délivrée, 1765.

Leclerq (Michel-Théodore). — Château (Le) de Duncan, 544.

Leclerc de Lesseville (Mme). — Véritable (Le) esprit, 4372.

Lecomte (Jules). V. table des pseudonymes, *Jules Du Camp.* — *Van Engelgom.*

Leconte-Delérue (Louis).—Amusements, 143.

Leconte-Laverrerie. — V. table des pseudonymes, *Un Citoyen d'Alençon.*

Lecorps (Mme Marie). — V. table des pseudonymes, *Marie Ravenel.*

Lecouldre-La-Bretonnière. — Mémoire pour servir d'instruction à la navigation des côtes, depuis Dunkerque jusqu'à Port-Malo, etc. *Paris, Imprimerie de la République,* an XI, in-4.

Ledouix. — Essai, 1339.

Ledoux (Gaston). — Filet (Le) d'Ariane, 1550.

Le Doux (Jean-Baptiste). — V. Doux (Jean-Baptiste Le).

Le Drect (Augustin-Louis). — V. Drect (Le).

Lefebvre. — Almanach judiciaire, 105.

Lefebvre (Le Père). — V. table des pseudonymes, *Un Prêtre de la Très-Sainte Congrégation.*

Lefèbvre-Duruflé (J.-N.).—Hermite (L') en province, 1750. — V. table des pseudonymes, *John Francis.*

Lefèvre. — Dictionnaire des rimes, de P. Richelet, 1023.

Lefeuve (Célestin). — V. table des pseudonymes; *Célestin.*

Le Flaguais.—V. Flaguais (Le).

Le Fort (Louis-Joseph). — V. Fort (Le).

Lefort de la Morinière (Adrien-Claude). — Temple (Le) de la paresse, 4082. — Vapeurs (Les), 4349.

Le Franc. — V. Franc (Le).

Le Gay (Louis-Pierre-Prudent Le). — V. Gay (Le).

Le Gentil (Auguste).—V. Gentil Auguste Le).

Legrand. — Essais, 1395.

Legras (Joseph). — Festin (Le) joyeux, 1540.

Legras de Sécheval. — Progrès des lumières, 3405.

Legros (Auguste-Prosper). — Description, 970.

Le Guillou (L'abbé C.). — V. Guillou (L'abbé C. Le).

Leibnitz. — Renards de Samson, 3677.

Le Jeune (Nicolas). — V. Jeune (Nicolas Le).

Lelioux (Adrien). — V. table des pseudonymes, *Trois buveurs d'eau.*

Lelouvier. — Dictionnaire, 1021.

Le Maire de Belges. — V. Maire (Le) de Belges.

Lemaistre de Sacy. — Psaumes de David, 3444.

Lemaître de Claville (Jean-François-Nicolas). — Traité du vrai mérite) 4168.

Lemaître de Saint-Aubin. — Annuaire administratif, 181.

Lemare. — Fragments. 1595.

Lemarié (D.-François-Alexandre). — Dictionnaire facile de Schwann, 1027. — Nouveau maître, 2906. — Nouvelle grammaire, 2936. — Œuvres de Walter Scott, Notes, 3024. — Voyageur (Le) bienfaisant, 4586.

Lemazurier (Pierre-David). — Notice sur Baron, 2848.

Le Mégissier (Martin). — V. Mégissier (M. Le).

Lemierre de Bermont (Jean-Frédéric). — Mon histoire, 2657.

Le Moine. — V. Moine (Le).

Lemoine (Adolphe). — V. table des pseudonymes, *Montigny.*

Lemolt| (A.-E.). — Biographe (Le), 358.

Lenchantin (Marceline-Félicitée-Josèphe). — V. table des pseudonymes, *Valmore.*

Lenoir-Laroche (La comtesse). — Grèce (La) et la France, 1691.

Lenormand (Félix). — Lettres à Jennie, 2201.

Lenormand. — Histoire de Jean VI, 1783.

Lenormant (Mme veuve Charles). — Coppet, 720. — Quatre Femmes, 3458. — Recueil de poésies, 3575.

Lenthère. — Interdiction (L') projetée, 1973.

Léonard (Nicolas-Germain). — V. table des pseudonymes, *M. le comte de ****

Lepage (Charles). — V. table des pseudonymes, *Hippolyte Niade.*

Lepeintre jeune (Emmanuel-Augustin). — Physiologie, 3227.

Lepeintre-Desroches (Pierre-Marie-Michel). — V. table des pseudonymes, *M. De ****

Le Pelletier d'Aunay (Le comte, Louis). — V. Pelletier (Le) d'Aunay.

Le Picquier. — V. Picquier (Le).

Le Pileur. — V. Pileur (Le).

Lépine, — V. table des pseudonymes, *Manuel.*

Le Plat (Josse). — V. Plat (Le).

Leppel (Le comte De). — V. table des pseudonymes, *Un Amateur.*

Le Preux (Le docteur). — V. Preux (Le).

Le Prévot (Auguste). — V. Prévot (Le).

Le Prévôt-d'Iray (Le vicomte Chrétien-Siméon). — V. Prévôt (Le).

Le Queu. — V. Queu (Le).

Lerebours. — V. table des pseudonymes, *Pierre-Victor.* — *Victor.*

Leriche. — Antiquités, 201.

Le Riche. — V. Riche (Le).

Le Ridant. — V. Ridant (Le).

Léris Scanapiecq. — V. table des pseudonymes, *Clairon.*

Leroux (Adrien). — Voyage, 4527.

Le Roux des Tillets. — V. Roux (Le) des Tillets.

Le Roy (Alphonse). — V. Roy (Le).

Le Roy (Maximilien). — V. Roy (Le).

Leroy (Onésyme). — Espoir (L') de parti, 1309.

Lesage. — Essai de chimie, 1325.

Lesbros de Versane (Louis). — Philosophe (Le) soi-disant, comédie en trois actes et en vers. Paris, 1766, in-8.

Lhuillier (Simon). — Précis d'arithmétique, 3321.

Liadières (Pierre-Charles). — V. table des pseudonymes, *Anatole Bruant.*

Libert (Adam-Charles-Jules).— V. table des pseudonymes, *Un Professeur d'histoire.*

Libri-Bagnano (Le comte Georges). — V. table des pseudonymes, *Un Citoyen de la Corse.*

Lichtervelde (J.-F. De). — Mémoire, 2493.

Liégeard. — Annuaire, 180.

Lierre (Auguste Prunelle de). — Pensées, 3156. — Traduction des 14 épîtres de St-Paul, 4136.

Ligne (Le prince Charles De). — Coup-d'œil, 737. — V. table des pseudonymes, *Le chevalier de L'Isle.*

Lincisa (De). — De l'intervention, 852.

Lingay. — France (La) en Afrique, 1602.

Linguet (Simon-Nicolas-Henri). — Lettre à l'auteur, 3119.

Linot (Le Père Arnould De). — Prétendue (La) religion, 3361.

Lionnois (L'abbé). — Histoire généalogique, 1878.

Lions (Jean). — Grande (La) semaine, 1687.

Livin (Le comte Pierre-Alphonse De). — Généalogie (La), 1639.

Livoy (Le Père Thimothée De). — Traité du bonheur public, tr. de Muratori, 4167.

Loaisel de Tréogate (Joseph-Marie). — Amour (L'), 134. — Aux âmes sensibles, 290.

Lochet (Joseph). — Fabricisme (Le), 1505.

Loève-Weimars (Le baron Adolphe). — Résumé, 3715. — V. table des pseudonymes, *Feu Madame la vicomtesse de Chamilly.*

Loiseau (L'abbé). — Discours, 1061.

Loizerolles (François-Simon Avède De). — Art (L') d'aimer, tr. d'Ovide, 245.

Loison de Guinaumont. — Quelques réflexions, 3481.

Lombard de Langres (Vincent). — Dix-huit brumaire, 1090. — V. table des pseudonymes, *A. Grégoire.*

Lombard de la Neuville. — Mes Enfants, 2603.

Loménie (Louis-Léonard De). — V. table des pseudonymes, *Un Homme de rien.*

Longchamps (L'abbé Pierre De). — Tableau historique, 4063.

Longepierre (Bernard De). — Idylles, 1936.

Long-Haye (David). — Histoire véritable, 1895.

Longueil (Le marquis De). — Orphelin (L') anglais, 3084.

Lorguet (Hubert-Louis De). — Napoléon, 2737.

Lorieux (Auguste-Julien-Marie). — V. table des pseudonymes, *Gustave de Grandpré. — Un Ancien Magistrat.*

Loriquet (Le Père Jean-Nicolas). — Cours d'histoire, 756. — Fables choisies, 1491. — Mes doutes, 2601.

Lormois (De). — Vernisseur (Le), 4388.

Lorrain (P.). — Monsieur Guizot, 2678.

Lory de Narp (Mme). — Mythologie (La), 2734.

Los Rios (Jean-François). — Petite bibliothèque, 3192.

Louandre (François-César), — Biographie d'Abbeville, 361.

Louis (L'abbé Louis-Dominique). — Lettres sur la situation, 2245.

Louis (L'abbé C.). — Manuel élémentaire, 2387. — V. table des pseudonymes, *Un Patriote catholique de Bruxelles.*

Louis XVIII. — Fables, 1495. — V. Fulvy (Le Mis De).

Loumyer (Jean-François-Nicolas). — De la prononciation, 878. — Deux Capucins, 985. — Grammatiste, 1680. — Mort (La) du duc d'Enghien, 2705. — Notice, 2839. — Poésies choisies, 3266. — Poésies choisies de S. Legros, 3267. — V. table des pseudonymes, *Auguste Walhen. — Chapel Gorris.*

Loupe (Vincent De La). — Origine des dignités, 3080.

Louvois (Le marquis Auguste De). — Nice, 2760. — Proverbes, 3440.

Louvrex (G. De). — Protestation, 3438.

Lovenfosse (F.). — Deux (Les) Bassompierre, 984.

Loy (Amédée De). — Six pièces nouvelles, 3904.

Loyau d'Amboise (E.). — Prêtre (Le), 3362.

Lucas-Montigny. — Mémoires biographiques de Mirabeau, 2499.

Luce de Lancival (Jean-Charles-Julien). — Mémoires de Rochambeau, 2568.

Lussan (Mlle De). — Vie de L.-B.-B. de Crillon, 4426.

Luthereau (J.-A.). — Opinions, 3060.

Lutrèche (L'abbé Symon Constant de). — Des mœurs, 946.

M

M. A. — V. Maurice Allard.

Machet (Louis-Philibert). — Du système, 1145. — Religion (La) constatée, 3663. — Religion (La) expliquée, 3557. — Traité métaphysique, 4170.

Machon (Louis). — Discours, 1044.

Machuel (Etienne-Vincent). — Tableau de Rouen, 4054.

Madelaine (Louis-Philippon De La). — Voyages de Cyrus, nouvelle édition, 4576.

Madrolle (Antoine). — Crimes (Les) de la presse, 777. — Esquisse, 1616. — Manifeste, 2357. — Méditations 2442. — Mémoire au Conseil, 2459. — V. table des pseudonymes, *Membres (Les) d'une opposition.*

Magalon (Jean-Denis). — Album (L'), 78. — Hermites (Les) en prison, 1752. — Petit dictionnaire ministériel, 3182.

Mague, dit Saint-Aubin (Jacques-Thomas). — Réforme (La) des théâtres, 3631.

Mahalin (Paul). — Ces petites dames, 506.

Maillard (Le docteur). — Avis, 309.

Maillard de Chambure (Charles-Hippolyte et Charles-François-Bonaventure). — V. Chambure.

Maillé-Cochaise (Pierre-Prosper-Constant). — Monsieur Dorguemont, 2676.

Mainfray (Pierre). — Cyrus, 789. — V. table des pseudonymes, *Un Poète de la ville de Rouen.*

Maingon. Calendrier, 431. — — Mémoire, 2463.

Mainguet (Alfred). — V. table des pseudonymes, *Olivier.*

Maire (Jean-François). — Prin-

Manguet. — Régulateur (Le), 3646.

Mann (L'abbé Théodore-Augustin). — V. table des pseudonymes, *Une Société de gens de lettres.*

Manne (Louis-Charles-Joseph De). — Notice, 2800.

Manne (Mme Thérèse-Victoire De). — Considérations, 669. — Réflexions, 3627. — Souvenirs, 3938. — V. table des pseudonymes, *Un Penseur.*

Manne (Edmond De). — A Molière ! 6. — Epître, 1294. — Histoire d'un chien, 1869. — Parallèle, 3104. — V. table des psendonymes, *A. D. S.* — *Armand.* — *Duplessis.*

Manne (Victor-Amédée de). — Trois (Les) armes, de Decker, tr., 4201.

Mannoury d'Ectot (Le marquis Jean-Charles-Alexandre-François). — Epître, 1276. — Mémoire, 2458.

Manteuffell (Le baron Ernest de). — Deux (Les) pages, 997.

Manuel. — Moyen court, 2716.

Maquart (Antoine-François-Nicolas). — Ami (L') coupable, 127. — V. table des pseudonymes, *Un homme de lettres.*

Maraise (Mlle de). — Famille (La) d'Aubeterre, 1512.

Marbeau (Jean-Baptiste-Firmin). — Traité, 4165. — V. table des pseudonymes, *Un Travailleur devenu propriétaire.*

Marc. — Dictionnaire, 1024.

Marc (Le Père Guillaume). — Rossignols (Les), 3787.

Marcé (Raoul). — Zuloë, 4616.

Marcellis (Charles). — Considérations, 665.

Marcet (Mme). — Conversations, tr. de l'anglais, 717.

Marchais de Migneaux. — Albarose, 76.

Marchal (Charles). — V. table des pseudonymes, *Charles de Bussy.*

Marchand de Beaumont (François-Marie). — Manuel, 2380.

Marchand de Burbure. — Eloge du tonnerre, 1224.

Marchand (Cécile). — V. table des pseudonymes, *Cécile de Valgand.* — *M^ise^ de Piollenc.*

Marchand-Dubreuil (Charles-François). — Journées, 2069.

Marchant (Marie-Françoise). — V. table des pseudonymes, *Dumesnil.*

Marchena (Joso). — Amour (L'). et l'érudition, 136.

Marduel (L'abbé Claude). — Fête, 1543.

Marée (Valentin). — V. table des pseudonymes, *Un Frère mineur récollet.*

Maréchal (Sylvain). — Antiquités d'Herculanum, 202.

Marenighi (Jean). — Guide, 1703.

Maret (Hugues-Bernard). — Mémoire, 2487.

Margotelle. — Vie, 4431.

Marguet (L'abbé). — Pensées, tr. de Liguori, 3162. — V. table des pseudonymes, *Un Vicaire général.*

Mariala. — Journal, 2050.

Marie aîné. — Coups (Les) de brosse, 745. — V. table des pseudonymes, *Un Normand.*

Marignié (Jean-Etienne-François). — Vie de David Garrick, tr. de l'anglais, 4419.

Marin (Scipion). — V. table des pseudonymes, *Aristophane.* — *Citoyen de Paris.*

Mariotte, née d'Avot (Mme). — V. table des pseudonymes, *Un Solitaire de la chaussée d'Antin.*

Marlin (Désiré). — Aperçus, 214.

Marmol (Jean Baron Del). — V. table des pseudonymes, *Un Avocat à la Cour d'appel de Liége.*

Marotté (Jacques). — Recueil, 3570.

Marotte. — Dallinval, 791.

Marrast (Armand). — Examen, 1451.

Marreto-Féio. — V. tables des pseudonymes, *Un Portugais de distinction.*

Mars, avocat. — Catalogue, 479.

Martainville (Alphonse). — Vie de Ch.-L. de Malesherbes, 4418.

Marteau (Amédée). — V. table des pseudonymes, *Marcellus.*

Martin (Louis). — Eschole de Salerne, 1306.

Martin (Louis-Auguste). — Vrais (Les) et les faux catholiques, 4594.

Martin (Jean). — Hypnerotomachie, 1930.

Martin (Dom-Claude). — Vie, 4441.

Martin (Henri-Marie). — V.

table des pseudonymes, *William Darcy.*

Martin (Mme Marie-Joséphine-Anna). — V. table des pseudonymes, *Anna Prévost.*

Martin (Henri-Louis). — V. table des pseudonymes, *Irner.*

Martin (Alexandre). — Bréviaire (Le), 415. — Hermite (L') en Suisse, 1751. — Jeune (Le) prince, 2037. — Saint (La) Charles, 3801. — V. table des pseudonymes, *Catherine Bernard. — Feu Dardanus. — M. H. — Saint-Ange (De) — Un Prêtre régicide. — Un Témoin oculaire... — Une Société d'artistes. — Une Société de gens de lettres.*

Martin (Joanne). — Art (L') de gagner, 251.

Martin (Louis-Aimé). — Réhabilitation, 3648.

Martin (Mlle Ed.). — Précis historique, 3339.

Martin de Noirlieu (L'abbé). — Souvenirs, 3956.

Martineau. — Lettres, 2226.

Martinet (L'abbé A.). — Solution, 3923. — V. table des pseudonymes, *Un Solitaire auvergnat.*

Marx (Adrien). — V. table des pseudonymes, *A. Vémar.*

Mary (Le Docteur). — Christianisme (Le), 572. (Douteux).

Massabiau (Jean-Antoine-François). — Quelques observations, 3477. — République, 3766.

Massey de Tyrone. — Biographie, 366.

Massias (Le baron Nicolas). — Lettres, 2128.

Massimi (De). — V. Antonin Péricaud.

Massiot. — Antiquités du Perche, 203.

Masson (Pierre). — Poésies chrétiennes, 3266.

Masson de Pezay (Le marquis). — Closière (La), 590.

Mastaing (Jean-Baptiste De). — Art (L') de lever les plans, 252.

Masuyer (G.). — De la nécessité, 865.

Mater (Denis). — Guerre (La) théâtrale, 1700. — Hymnes français, 1928. — Recueil de poésies, 3572.

Mathelin. — Tableaux septennaires, 4072.

Meilheurat (Alfred). — V. table des pseudonymes, *Alfred.*

Meilheurat (Jules). — V. table des pseudonymes, *De Lyden.*

Meissonnier de Valcroissant. — Histoire de la Révolution d'Espagne, tr. de don Miñano, 1819. — Loi de Justice, 2285. — Mémoires du général Morillo, tr. de l'espagnol, 2536.

Mel de Saint-Céran. — Catalogue, 467.

Menainville (la comtesse de). — Aimer, 71.

Ménard. — V. table des pseudonymes, *Un Commerçant.*

Menesson. — Ajax, 73.

Ménestrier (Le Père Charles-François). — Funérailles, 1624.

Ménétrier (Charles). — Maugrabin (Le), 2428. — V. table des pseudonymes, *Richard Listener.*

Ménétrier (Marie-Jeanne). — V. table des pseudonymes, *Minette.*

Mengin-Fondragon (Le baron François Thimothée). — Une Saison, 4318.

Ménier (Arthur). — Mosaïque (La), 2709.

Mennechet (Edouard). — V. table des pseudonymes, *Edouard.*

Menu-Benoît (Mme). — Herbier, 1744.

Méon (Dominique-Martin). — Vers sur la mort de Th. de Marly, 4393.

Méquillet (Louis). — Procès d'outre-Tombe, 3394.

Mérard de Saint-Just (Anne-Jeanne-Félicité). — Corbeille (La) de fleurs, 721. — Démence (La), 918.

Mercy (Le chevalier François-Christophe-Florimond De). — Mémoire, 2482.

Mercier (Claude-François-Xavier, de Compiègne). — Nuits (Les) de la Conciergerie, 2962.

Mercier (Mme). — Deldir (Alina).

Méré (Le chevalier de). — Conversations, 716.

Méril (Edélestand Du). — V. table des pseudonymes, *Antoine Giguet.*

Mérimée (Prosper). — Chronique, 574. — Double (La) méprise, 1112. — Guzla (La), 1721. — H. B. 1722. — Jacquerie (La), 2008. — Mosaïque (La), 2708. — Quinze cent soixante-douze, 3498.

Merlin (Le chevalier Paul). — Promenades, 3424. — V. table des pseudonymes, *Un Officier supérieur d'artillerie.*

Merlin (La comtesse). — Histoire, 1826. — Mes douze premières années, 2602. — V. table des pseudonymes, *Feu le Prince de****

Mersan (Guillaume-François-Marion Du). — Etrennes, 1408. — Impromptu, 1950.

Mersan (Théophile-Marion du). Alphonsine, 112. — Cassandre aveugle, 453. — De l'influence, 849. — Eloge historique, 1229. — Jean de Nivelle, 2012. — Manuel des Coulisses, 2371. — Mémoires de Flore, 2504. — Monsieur Chose, 2675. — Turlupin, 4228. — Un trait, 4280. — V. table des pseudonymes, *Mme Olympe Odry.* — *T****

Mersenne (Le Père Marin). — Nouvelles pensées, tr. de Galilée, 2954.

Mertens (Bernard-H.). — Ecoles primaires, 1176. — V. table des pseudonymes, *Un Inspecteur des Ecoles primaires.*

Mervé (Louis-Henri de). — Voyage de Humphry Clincker, tr. de l'Anglais, 4545.

Méry (Joseph-Pierre-Agnès). — Epître, 1242. — Mort (La) du général Lamarque, 2706. — Quartier général, 3456.

Mesnardière (Jules-Hippolyte Pilet De La). — Pucelle (La) d'Orléans, 3447.

Mesnier (Louis-Alexandre). — V. table des pseudenymes, *Paul Ferney.*

Mesnier (Mme Louise). — V. table des pseudonymes, *Mme Vallory.*

Mesteil (Benoît-Théodore). — Lettres historiques, 2254.

Mesuré (Fortuné). — V. table des pseudonymes, *Fortunatus.*

Métel de Bois-Robert. — Contes 689.

Métel d'Ouville (Antoine). — Les Mêmes, 689.

Meurice (Paul). — Deux (Les) Diane, 986.

Meyer (Le chevalier de). — Révolution de Malte, 3739.

Meyer (Le général). — V. table des pseudonymes, *Un Officier général français.*

Meynard de Franc (Louis-Marie-Justinien). — Catalogue, 581.

Meynier. — Choix d'Anecdotes, 561.

Meynis (G.). — Grands (Les) Souvenirs 1690. — V. table des pseudonymes, *Un Serviteur de Marie.*

Meyruis (G.). — Mémorial, 2589.

Mézières (Marie). — Lettres de Milady, 2216.

Michaud (L'abbé). — V. table des pseudonymes, *Philalète Stanz.* — *L'abbé X****.

Michaud aîné (Joseph). — V. table des pseudonymes, *M. D'Albins.*

Michaud jeune. — Notice en tête de l'*Elisabeth* de Mme Cotin, 1207.

Michel. — V. table des pseudonymes, *Un Habitant de Brest.*

Michel (Claude-Louis-Samson). — Nouveau système, 2913.

Michel (Francisque-Xavier). — Lai d'Havelok, 2096.

Micoud D'Umons. — Relation, 3653.

Miel (Edme-François-Marie-Antonin). — De la symphonie, 894. — Essai sur le salon, 1371.

Mielle (Jean-François). — Un Français, 4255.

Miéry (Mme De). — Exercices, 1464.

Miéville (Mlle Julie). — Jeune (Le) botoniste, 2033.

Migieu (Le marquis de). — Recueil des sceaux, 3587.

Mignet, de l'Institut. — Relation historique, 3661.

Mignonneau. — Du règne de Louis XVI, 1141. — Europe (L'), 1459.

Migon (André). — Aux mânes, 295.

Miguet (Mme Adèle). — V. table des pseudonymes, *Une Républicaine.*

Milkowski (Charles). — V. table des pseudonymes, *Charles de Forster.*

Millet (Etienne). — Notice, 2880.

Milliet (Jean-Baptiste). — Réflexions, 3614.

Millin (Aubin-Louis). — Notice, 2838.

Millin-Duperreux (Alexandre-Louis). — Chant funèbre, 526.

Millingen (James). — Histoire métallique, 1884.

Millot (André). — Gérocomie (La), 1663. — V. table des pseudonymes, *Une Société de médecins.*

Mimaut de Méru (Jean-François). — V. table des pseudonymes, *Saint-Remi.*

Miñano (dom Sébastien). — V. table des pseudonymes, *Un Espagnol témoin oculaire.*

Minel (Mme Antonia). — Une année à la campagne, 4286.

Minon (André). — Vade-mecum (Le), 4339.

Mirabaud (Jean-Baptiste de). — Jérusalem (La) délivrée, 2022.

Mirabeau (Le comte Honoré-Gabriel Riquetti de). — Des lettres de cachet, 944. — Lettre, 2163. — Mémoire, 2457.

Miroir (L.-A.). — Préservatif, 3358.

Mirville (Le marquis Eudes De). — Pneumatologie, 3259. — Presbytère (Le), 3356.

Modave (Jean-Georges). — Ode, 2995. — Prologue, 3417.

Moges (Alphonse-Louis-Théodore De). — V. table des pseudonymes, *De Boisgenette.*

Moine (Le). — Mémoires sur Clermont, 2574.

Moine (Le). — Traité d'arithmétique, 4147.

Moine (Pierre-Camille Le). — Almanach, 90.

Moisant de Brieux (Jacques). — Origines (Les), 3083.

Moithey (P.-J.). — V. table des pseudonymes, *De Vouziers.*

Moke (H.-G.). — Gueux (Le) de mer, 1701. — Gueux (Le) des bois, 1702.

Molé (Mme Julie). — V. Bursay.

Molé de Champlâtreux (La comtesse Alexine-Charlotte-Marie-Joséphine). — Barbe Grabowska, 322. — Connal, 644. — Emmeline, 1239. — Entrée (L') dans le monde, 1257. — Epreuves (Les), 1301. — Jeune (Le) Irlandais, 2035. — Laure Montreville, 2099. — Madame Howard, 2330. — Mathilde, 2427. — Osmond, 3087. — Rachel, 3502. — Scènes de la vie intime, 3838. — Scènes du grand monde, 3842. — Tryvelian, tr. de l'anglais, 4223. — Un mariage, 4262. — Une faute, 4301. — V. table des pseudonymes, *Mme S***. — Une Dame.*

Molènes (Alexandre-Jacques-Denis Gaschon De). — V. table des pseudonymes, *Un Magistrat.*

Moligny (La marquise De). — Géraldine, 1661.

Molin (Mme A. De). — Quelques pensées, 3478.

Moncrif (François-Augustin Paradis De). — De l'origine, 873.

Mondenard (Jean Sardos de Montaigu, Mis De). — Des moyens de réussir, 942.

Mondésir-Richard. — Des hommes de couleur, 942. — Observations, 2983.

Monestier (Antoine). — V. table des pseudonymes, *Un Instituteur.*

Mondonville (Jean-Joseph Cassanea De). — Daphnis, 799.

Monet (Jean). — Chirurgien (Le), 560.

Mongellaz (Mme Fanny). — Louis XVIII et Napoléon, 2297.

Monier (F.-M.). — Des bases, 931.

Monier (Jean-Humbert). — Mémoire, 2470.

Monin (J.-J.-G.). — De l'influence de la religion, 847.

Monmerqué (Louis-Jean-Nicolas De) — Carrosses (Les), 451.

Monmerqué (Mme De). — V. table des pseudonymes, *Mme de Saint-Surin.*

Monnais (Guillaume-Edouard-Désiré). — Mimili, 2631. — Secret (Le) d'Etat, 3856. — V. table des pseudonymes, *Paul Smith.*

Monnard (Charles). — Questions, 3494. — Vérité du magnétisme, 4375. — V. table des pseudonymes, *Un Ami de la vérité.*

Monnier de la Sizeranne (Jean-Paul-Ange-Henri). — Un député, 2243. — Une sœur, 2322.

Monnot (Ponce-Louis). — Conte très-vrai, 687.

Montalembert (Le marquis Marc-René De). — V. table des pseudonymes, *Un Amateur.*

Montaran (Marie-Constance-Albertine, baronne De). — Bords (Les) du Rhin, 397. — Naples et Venise, 2735. — Rome et Florence, 3774.

Montbrun (Le chevalier De). — Recrutement, 3558.

Montchrétien. — Manuel des contrôleurs, 2370.

Montcloux D'Epinay (G.). — Angéla, 168.

Montereul (Jean De). — Oraison funèbre, 3073.

Montesquiou-Fezenzac (Anne-Pierre De). — Adresse aux provinces, ou Examen des opérations de l'Assemblée nationale. 1790, br. in-8.

Montesson (Charles-Roger). — Vocabulaire, 4503.

Montessu (Mme). — V. Sagnier (J.).

Montfalcon (Jean-Baptiste). — Nouveau Spon, 2912. — Œuvres de Louise Labé, 3020. — Rymes, 3795.

Montgaillard (Maurice-Jacques Roynes De). — Notice, 2787.

Montgey.—Angoisses (Les), 172.

Mongolfier (Mlle Adélaïde De). — Scènes populaires, tr. de l'anglais, 3845.

Montholon (La comtesse Elise De). — Rosaure, tr. de l'all. d'A. Lafontaine, 3783. — Séductions (Les), id., 3859.

Montigny. — Avis aux peuples, 310.

Montigny (Louis-Gabriel De). — Colonel (Le) Duvar, 608. — Quinze jours à Prague, 3499. — V. table des pseudonymes, *Odry*.

Montmignon (L'abbé Jean-Baptiste). — De la règle, 880.

Montpezat (Mme Charles De). — Corisandre de Mauléon, 723. — Nathalie, 2743.

Montrol (Ferdinand De). — Annuaire anecdotique, 182. — Relation, 3654.

Mont-Rond (Mme Fourcheux De). — Ellen Percy, tr. de l'anglais, 1210.

Mont-Rond (Clément-Melchior-Justin-Maxime Fourcheux De). — Jeanne d'Arc, 2000. — Mentor (Le), 2593. — Mont (Le) Valérien, 2687.

Montvéran (De). — Exposition, 1478.

Monville (Le baron Thomas-Charles-Gaston Boissel De). — Mon théâtre, 2659.

Moquin-Tandon (Horace-Bénédict-Alfred). — V. table des pseudonymes, *Alfred Frédol.*

Morand (François). — Journal d'un Boulonnais, 2058. — Notice des tableaux, 2802.

Moreau père. — Evénements arrivés en France, par Hélène Williams, tr. de l'anglais, 1446.

Moreau (Jacob-Nicolas). — Mémoire, 2475.

Moreau (L'abbé). — Oraison funèbre, 3071.

Moreau (Henri). — Ministère (Le) public, 2633.

Moreau-Rosier. — Mémoires de Robespierre, 2498.

Morel. — Timoclée, 4116.

Moutier (Prosper). — Régulateur (Le), 3647.

Moylin - Fleury. — Pauline, 3143.

Mulinen (Nicolas-Marie-Frédéric De). — Recherches, 3519.

Mullendorf (François). — Exposé, 1473.

Muller (De). — Métamorphoses (Les), tr. de l'allemand, de Zacharie, 2614.

Mulot (L'abbé François-Valentin). — Exhortation, 1465. — Sermon, 3870.

Muriel (Dom Andres). — Histoire de la révolution d'Espagne, tr. de Miñano, 1818.

Murray (Mlle De). — Anecdotes, 162.

Musnier-Desclozeaux. — Indiscrétions, 1957.

Musseau (J.-C.-L.). — Manuel, 2369.

Musset-Pathay (Victor-Donatien De). — Œuvres de J.-J. Rousseau, 3032.

Musset-Pathay, marquis de Cogners (Louis-Alexandre De). — Correspondance, 730.

Musset-Pathay fils (Louis-Charles-Alfred De). — Anglais (L') mangeur d'opium, 170.

N

Nadal (L'abbé Augustin). — Observations critiques, 2969. — Saül, 3830.

Naigeon. — V. table des pseudonymes, *Ruben*.

Nammès-Collin. — Coutumes générales, 764.

Nancel (Le Père De). — Souveraineté (La), 3989.

Narp (Mme Lory De). — Mythologie (La) des demoiselles, 2734.

Naudet (Jean-Aimé-Nicolas. — Epître à Molière, 1280.

Nault (Denis). — Trophée (Le), 4221.

Naylies (Le vicomte Joseph-Jacques De). — V. table des pseudonymes, *Un Garde du corps*.

Nebster (Le chevalier). — Crise (La), 1779.

Née De la Rochelle (Jean-François). — Vie d'Etienne Dolet, imprimeur à Lyon, dans le seizième siècle, avec une notice des libraires et imprimeurs qu'on a pu découvrir jusqu'à ce jour. *Paris, Gogué*, 1779, in-8.

Needham (Jean Turbervil). — Lettre écrite de Pékin, 2190.

Nelson-Cottreau (Jean-Baptiste). — Une Existence, 4298.

Nény (Le Président De). — Œuvres posthumes, 3037

Neyen (Le docteur A.). — Procession (La), 3396. — V. table des pseudonymes, *Un Ami de la vérité.*

Nezel (Théodore). — Isaure, 1987.

Nicod (L'abbé C.-F.). — Pardon (Le) du Jubilé, 3111.

Nicolas (Auguste). — Mémoires d'un père, 2548.

Nicolas.—Tables synchroniques, 4076.

Nicollet (Joseph-Nicolas). — V. table des pseudonymes, *Herschell.*

Niederverth (Charles-François-Soudain De). — Maximilien de Baillet, 2434. — Recueil, 3589. — V. table des pseudonymes, *Un Ami des lettres.* — *Uu Citoyen indépendant.*

Niquevert (Alphonse-Alexandre). — Nymphe (La) écho, 2965.

Nisard (Augustin). — Œuvres complètes de Virgile, tr., 3023.

Nodier (Jean-Charles-Emmanuel). — Auguste et Jules De Popoli, 283. — Dictionnaire raisonné, 1030. — Famille (La) du duc, 1514. — Histoire du roi de Bohême, 1864.

Noë (L'abbé Pierre-Charles De La). — Notice historique, 2812.

Noël (Léon). — V. table des pseudonymes, *Trois buveurs d'eau.*

Noël (François-Jean-Baptiste). — Rectification, 3559. —V. table des pseudonymes, *De Gastaldi.* — *Un Gastronome lorrain.*

Noël (François-Joseph-Michel). — Ephémérides, 1267.

Nogaret (François-Félix De). — Contes dérobés, 691. —V. table des pseudonymes, *Aristenète.*

Nogent (Le comte Charles De). — V. table des pseudonymes, *Un Voyageur.*

Noizet (A.-N.). — Essai d'interprétation, 1335.

Nolhac (Jean-Baptiste). — Du système, 1147.

Nolte (Vincent). — Preux (Les) chevaliers, 3363.

Nonay. — V. table des pseudonymes, *Un Subrécargue.*

Normandie (De). — Eléonore De Fioretti, 1200. — Essai, 1346.

Nougaret (Pierre-Jean-Baptiste). — Enfants (Les) célèbres, 1253.

Nouguier (Louis). — V. table des pseudonymes, *Un Ex-journaliste.*

O

Obreuil-Ouvrier (Jean-Claude D'). — Calcul, 427.

Odolant-Desnos(Joseph-Jacques). —Petit dictionnaire, 3183. — Promenades, 3426.

O'Egger (L'abbé With.-Casp.-Lineweg). — Eloge de De Thou, 1218. — Manuel de religion et de morale, en forme de prières, etc. *Paris, Eberhart,* 1823, in-12.

O'Kelly (Le comte Charles). — La Sirène, 3896. — Paroles d'un voyageur, 3137.

Olivier (Alexandre). — Instruction sociale, 1969.

Olivier (Annibal). — Nouvelle traite, 2943.

Olivier (F.). — Eglise (L') et les jésuites, 1187.

Olizar (Le comte Narcisse). — V. table des pseudonymes, *Un Slave impartial.*

Ollivier (Jules). — Essais, 1389. — Notice, 2886.

Olvires (B. Des). — Réflexions, 3604.

Ordinaire (P.-C.). — Boulettes (Les), 399.

Orfeuil (Pierre-Paul D'). — Esprit des Almanachs, 1311.

Origny (Pierre-Adam D'). — Dissertations, 1084.

Orliac (Mlle J.-M.-S.). — V. table des pseudonymes, *Daurignac.*

Orly Terquem. — Mémoire, 2494.

Orry (Philibert-Louis, marquis De Fulvy). — V. table des

pseudonymes, *M. E. M. de S. H.*

Ortigues (Joseph-Louis D'). — Catalogue, 474. — Nouvelles chrétiennes, 2946.

Oudermeulen. — Recherches, 3530.

Oudot (Adolphe). — V. table des pseudonymes, *Un Maître d'études.*

Oudoul (L'abbé Jean-François-Hilaire). — Vie (La) de Jésus-Christ, 4424.

Ourgand (Le docteur). — V. table des pseudonymes, *Maître Jacques.*

Ouvaroff (Le comte Serge). — Projet d'une Académie, 3411.

Overnay (Armand-Joseph). — V. table des pseudonymes, *Armand.*

P

Paban (Mme Gabrielle). — Almanach, 94. — Amis (Les), 130.

Pacaroni (Le chevalier De). — Bajazet Ier, 316.

Pacaud (Jean-Jacques). — Journal, 2054.

Pagnerre (Antoine-Laurent). — Biographie pittoresque, 380.

Paignon (Eugène). — V. table des pseudonymes, *Gorgias.*

Paillard (Roch-Pierre). — V. table des pseudonymes, *Roch-Pèdre.*

Paillot (Jacques-Nicolas) De Montabert. — Traité complet, 4144.

Pajon de Moncets. — V. table des pseudonymes, *Un Sociétaire non pensionné.*

Pall (Etienne). — V. table des pseudonymes, *Félix Platel.*

Palme (Emile De La). — Bibliothèque d'enseignement, 348. — Messager (Le), 2613.

Pambour (La comtesse De). — V. table des pseudonymes, *Mme Deltéa.*

Pannard (Charles-François). — Heureux (L') retour, 1760.

Pannier (Mme Sophie). — Des richesses, 954. — Ecrivain (L') public, 1182.

Pannier de Dozulé (Victor). — Vices, 4403.

Pêche. — Réflexions, 3609.

Pécis (De). — Observations, 2977.

Peeters. — Abrégé de la vie, 24.

Peetermans (N.). — Menus propos, 2594.

Peignot (Etienne-Gabriel). — Dictionnaire critique, 1015. — Dictionnaire historique, 1028. — Essai chronologique, 1324. — Fruit de mes lectures, de dom Jamin, nouvelle édition, 1622. — Impromptu, 1951. — Lettre, 2122. — Lycée, 2313. — Maison d'Orléans, 2344. — Mémorial religieux, 2591. — Notice, 2799. — Nouvelliste (Le), 2961. — Pensées théologiques, 3163. — Traité, 4152. — Virgille virai, 4497. — V. table des pseudonymes, *Calybariat-Bassinet.* — *P. Bérigal.* — *Philomneste.* — *JacquesRambler.* — *Un ancien Avocat.* — *Un ancien Bibliothécaire.* — *Un Membre de l'Université.*

Pélagaud (J.-F.). — V. table des pseudonymes, *De Galmer.*

Pelet de la Lozère (Le comte Jean). — Opinions de Napoléon, 3059.

Pelier de la Croix (l'abbé) Mensonges, 2592. — V. table des pseudonymes, *Un Curé Franc-Comtois.*

Pèligot. — Comptes généraux, 629.

Pelisseri. — Histoire de l'origine, 1833.

Pélissier (Jean-Baptiste). — V. table des pseudonymes, *Lacqueyrie.*

Pellat (Mme). — Histoire d'une Salle d'Asile, 1871.

Pellaprat (Mme De). — V. table des pseudonymes, *La marquise de Noisiel.*

Pelletier (L.). — Typographie (La), 4231.

Pelletier d'Aunay (Le comte Louis Le). — Citoyen (Le) du Monde, de Goldsmith, 583.

Peltier (Adrien). — Relation, 3656.

Peltier (Jean-Constant). — Cri (Le) de la douleur, 772.

Pène (Henri De). — V. table des pseudonymes, *Mané.*

Péquinot (Le Père). — V. table des pseudonymes, *François de Sales.*

Pérémé (Armand). — Un Laquais d'autrefois, 4258.

Pérès (L'abbé Jean-Baptiste). — Comme quoi Napoléon, 616. — Grand erratum, 1684.

Péricaud (Antoine). — Annuaire, 189. — Apologétique, 216. — Bibliographie, 342. — Catalogue des Lyonnais, 480. — Ciceroniana, 578. — Cinquante épigrammes, 581. — Démosthéniana, 922. — De la grêle, 840. — Dictionnaire des communes, 1020. — Dissertation, 1083. — Ephémérides lyonnaises, 1225. — Notices sur L. Garon, 1871. — Notice topographique, 2887. — Nouveau vocabulaire, 2919. — OEuvres de Du Cerceau, 3025. — Récit touchant la comédie jouée à Lyon, par les Jésuites et leurs disciples, au mois d'août de l'an 1607. Lyon, *Boitel*, 1837, br. in-8. — Recueil de la chevauchée, 3567. — Recueil fait au vrai, 3592. — Songe de S. Jérôme, 3930. — V. table des pseudonymes, *Les Trois Supposts*.

Péricaud (Arthur-Antoine-Alphonse). — Dieu pour tous, 1036. — V. Table des pseudonymes, *Diogène*. — *de Gravillon*.

Péricaud (Antonin). — Amélioration, 125.

Périer (Mme Casimir), — Prières choisies, 3581.

Périn (Mlle Julie). — Constance de Lindenstorff, tr. de l'anglais de miss Sophie Francis, 678. — Forêt (La) de Montalbano, traduit de l'anglais, 1582. — Malédiction (La) paternelle, tr. de l'anglais, de mistress Ellis Bennet, 2349.

Périn (F.-C.-P.). — Nuits (Les) poétiques, 2964.

Périnès. — V. table des pseudonymes, *Un Jeune breton*.

Péronneau (Le chevalier Alphonse). — Peste (La) de Barcelone, 3174.

Perret (A.). — Recherches, 3527.

Perrière (Guillaume de la). — Théâtre (Le) des bons engins, 4095.

Perrin (Jean-Charles). — Trésor (Le) du fidèle, 4187.

Perrin-Brichambault (Antoine-Charles De). — Passage (Le) du grand St-Bernard, 3136. — V. table des pseudonymes, *Antoine-Charles*.

Perrot (A.-M.). — Relation historique, 3660.

Person de Bérainville. — Contes moraux, 706.

Pessaut. — V. table des pseudonymes, *Une Société de médecins*.

Pétigny (François-Jules De). — V. table des pseudonymes, *Un Membre de l'académie de Blois*.

Petit (L'abbé). — Balthazar, 319. — David et Bethsabé, 601.

Petitain (Louis-Germain). —

Français (Les) à Cythère, 1599.

Pétremant (Le Père B.). — V. table des pseudonymes, *Un Bénédictin de la Congrégation de Saint-Maur.*

Péty de Rosen. — V. table des pseudonymes, *Charles de Ste-Hélène.*

Peurette (L'abbé). — V. table des pseudonymes, *Personne.*

Peyrat (N.). — Béranger et Lamennais, 337.

Peyrat (Mlle). — V. table des pseudonymes, *Colombine.*

Peyronnet (L'abbé Jean-Marie). — Lettres de Saint-Bernard, 2218.

Peyronnie (La). — Mémoires, 2506.

Peytel (Sébastien-Benoît). — V. table des pseudonymes, *Louis-Benoît.*

Pezzi (L'abbé Charles-Antoine-Marie). — Coup d'œil, 741.

Pfeffel (Chrétien-Frédéric). — Mémoire historique, 2467.

Phébus (Gaston). — Des déduictz, 935.

Philibert (Mme Emilie-Caroline). — Récréations (Les), 3557.

Philipon de la Madeleine (Louis). Discours, 1060. — Voyage de Cyrus, de Ramsay, nouvelle édition, 4576.

Philippe (Mlle). — Etrennes, 1409.

Philippe (Adolphe). — V. table des pseudonymes, *A. d'Ennery.*

Philippe (L'abbé Honoré-Auguste). — Vie de Sainte-Catherine, 4438.

Philippon (David-Antoine). — Epître politique, 1297.

Picard (A.). — Mélanges, 2445.

Pichard (Auguste). — V. table des pseudonymes, *Hippolyte Dalicare.*

Pichat (Michel). — Indépendant (L'). — V. table des pseudonymes, *Alfred.*

Pichon. — Eléments de grammaire, 1195.

Pichon (Le baron Jérôme). — Notices biographiques, 2888. Recueil, 3563. — V. table des pseudonymes, *Claude Gauchet.*

Pichot (Amédée). — Mémoires de Mme Du Barry, 2515. — Œuvres complètes de Byron, trad. 3017. — Œuvres complètes de Shakespeare, trad. 3021.

Picolet (Le chevalier A. D.). — Etat actuel, 1898.

Picquier (Le). — Lettre, 2160.

Pidou de Saint-Olon. — Evénements (Les), trad. de *Marana*, 1448. — V. Visconti.

Pie (L'abbé), vicaire à Chartres, depuis évêque de Poitiers. — Notice, 2804.

Piérart, — Relation commémorative, 3651.

Pierhuc — Mémoires sur S. Rosa, tr. de l'anglais, 2580.

Pierrot de Selligny (Jules). — V. table des pseudonymes, *Un Membre de l'Université.*

Piestre (Louis). — Eloge funèbre, 1226.

Piéters (Charles). — Analyse, 152.

Pileur (Henri-Augustin Le). — Mélanges, 2449.

Pillon (Alexandre-Jean-Baptiste). — Plaintes de la bibliothèque, 3242.

Pillon-Duchemin (Anne-Adrien-Firmin). — Nouveau théâtre, 2914. — Prédiction de Platon, 3346. — Réflexions morales, 3605.

Pinard (L'abbé). — Pieux sentiments, tr. d'Al. de Liguori, 3237.

Pinard (Etienne-Théodore). — Notice biographique, 2795.

Pinciani (Louis). — Rome (La) des Papes, 3773.

Pinel (Louis-Auguste). — Essais historiques, 1390.

Pineu (Alexandre-Vincent). — V. table des pseudonymes, *Alex. Duval.*

Pingret (Edouard). — Voyage historique, 4565.

Pinot (Mme) — Catherine, 498.

Piollenc (Cécile-Marchand, marquise de). — V. table des pseudonymes, *Cécile de Valgand.*

Pirault Des Chaumes (Jean-Baptiste-Vincent).—Fables, 1502. — Voyage, 4528.

Pirolle (Eugène). — Traités abrégés, 4176. — V. table des pseudonymes, *Auguste Jeancour.* — *François Letourneur.*

Piron — Du service des postes, 1143.

Pirotte (G.-J.-L.). — Essai d'une dissertation, 1338.

Pirson. — Noblesse (La), 2768.

Pissot (Noël-Laurent). — Variétés littéraires, 4351.

Pitois (Mme Natalie). — Mélanges religieux, 2453.

Piton (Eugène-Constant). — V. table des pseudonymes, *Un Valet de chambre.*

Pitou (Alexandre). — V. table des pseudonymes, *Desmousseaux.*

Plat (Josse Le). — Recueil, 3553.

Platiau. — V. table des pseudonymes, *Un Lillois.*

Plouvain (Pierre-Antoine-Samuël-Joseph). — Biographie douaisienne, 374. — Notes historiques, 2779 — 2782. — Notes statistiques, 2783. — Souvenirs, 3942. — Statistique, 4001. — Vocabulaire, 4502.

Pluquet (Frédéric). — Contes populaires, 709. — Curiosités, 788.

Poillon (Louis). — Conseils à la jeunesse, trad de *Silvio Pellico*, 649.

Poinsot (Edmond). — V. table des pseudonymes, *Georges d'Heilly.*

Poirier. — Angoisses (Les), 172.

Poirson (Charles-Gaspard-Delestre). — V. Delestre Poirson.

Polain (Mathieu-Lambert). — Abbé (L') Raynal, 17. — Histoire, 1845. — Liste chronologique, 2262. — Notice, 2847. — Tableau général, 4062. — V. table des pseudonymes, *Un Vieux patriote.* — *Léon Van der Weylen.*

Polet (E.). — Harmonies, 1730.

Polier de Bottens (Jeanne-Françoise). — V. Bottens.

Pollonnais (Mme). — Rêveries maternelles, 2732.

Pommier (Victor-Louis-Amédée). — République (La), 3704. — V. table des pseudonymes, *Un Partisan de la littérature galvanique.*

Poncet. — V. table des pseudonymes, *Un Ami de la vérité.*

Poncet de Bermond (Hippolyte). — V. table des pseudonymes, *Un Officier de l'Etat major.*

Poncet de la Grave (Guillaume). — Amour (L') de la patrie, 135.

Poncin (J.-F.). — V. table des pseudonymes, *Un Luxembourgeois.*

Ponenska (La princesse). — Vanda, 4348.

Ponnat (Le baron de). — V. table des pseudonymes, *De Pontan.*

Q

Quinsonnas (Le comte E. De).— Guide, 1706. — V. table des pseudonymes, *Un Dauphinois.*

Quintin (François-Jehan). — Humbles requêtes, 1923.

R

R. A. de H. (Agostini). — Chants d'Inistoga, 528.

Raban (Louis-François). — Galerie, 1633. — Mémoires d'un forçat, 2543. — V. table des pseudonymes, *La comtesse de C***.* — *Le comte de Barrins.* — *M. de Boissy.* — *Un Descendant de Rivarol.*

Rablot. — Des moyens, 947.

Rabou (Charles). — V. table des pseudonymes, *Emile de Palman.* — *Une tête à l'envers.*

Rabrouin (André). — Robinson (Le) chinois, 3761.

Raçon (Adrien). — Souvenirs, 3944.

Racot (Nicolas). — Vice (Le) puni, 4402.

Raguenet (L'abbé François). — Histoire d'Olivier Cromwel, 1792.

Ragueneau de La Chesnaye (Armand). — V. table des pseudonymes, *Anagramme d'Auneur.*

Rahlenbeck (Charles). — V. table des pseudonymes, *Charles Rahl.*

Raisson (Horace-Napoléon). — Code civil, 592. — Code de la chasse, 595. — Code de la conversation, 596. — Code des gens honnêtes, 598. — Code gourmand, 599. — Histoire impartiale, 1882. — Mémoires de M. Gisquet, 2523. — Souvenirs de Barba, 3939. — V. table des pseudonymes, *Horace.* — *M. de C***.* — *Un Avocat.*

Rallaye (Léonce de la). — Libéralisme (Le) jugé, tr. de l'italien, du Père *Crucci*, 2254.

Ramier (J.-D.). — Ulissipiade (L'), 4235.

Ramon de Carbonnières (Le baron Louis-François). — Discours, 1054.

Rampalle. — Chrysomanie, 577.

Ransonnet (L'abbé). — V. table des pseudonymes, *Un Liégeois.*

Raoul (Louis-Vincent). — Droits du prince, 1116.

Rasmon (Le baron Baut de). — Verger (Le), 4369.

Raousset-Boulbon (Le comte Gaston-Raoul De). — De la colonisation, 828.

Rastonl de Mongeot. — Vienne et Bruxelles, 4474.

Rapin (G.). — V. table des pseudonymes, *Un Spectateur de ce désastre.*

Rasetti. — France (La), Le Mexique, 1606.

Rauquil-Lieutaud. — Amants (Les) brouillés, 118.

Raux. — Etude, 1416.

Ravenel (Jules-Amédée-Désiré). — Œuvres de Malfilâtre, Notice, 3030. — Trois (Les) imposteurs, 4209.

Raverel (L'abbé). — Notice, 2971.

Raymond. — Mémoire, 2474.

Raymond (Jean-Michel). — V. table des pseudonymes, *Un Oisif.*

Raynal. — De la domination française, 834.

Rayneval (De). — Réflexions pratiques, tr. de l'italien, 3608.

Réal (Le comte Pierre-François). — Indiscrétions, 1957.

Réaucreux. — Poésies, 3262.

Rebecque (Benjamin-Constant De). — V. table des pseudonymes, *Un Electeur.*

Recordon. — V. table des pseudonymes, *Un Etudiant suisse.*

Recurt (Mlle). — Mois de Marie, 2650.

Rédarès (J.-M.-M.). — Du principe religieux, 1135.

Redern (Le comte Sigismond-Ehrenreich). — De l'influence, 846.

Régley (Dom). — Almanach, 91.

Regnard. — Abrégé du Traité des études de Rollin, 31.

Regnaudt de la Grellaye. — Soirées (Les), 3916.

Regnier (G.). — Jeux (Les), de l'amour, 2041.

Regnier Destourbet (Hippolyte-François). — Des Jésuites, 943. — Histoire du clergé, 1853. — Septembriseurs (Les), 3867. — V. table des pseudonymes, *Emile de Palman.* — *Reter de Brighton.* — *L'abbé Tiberge.*

Reiffenberg (Le baron Frédéric-Auguste-Ferdinand-Thomas). — Catalogue, 456. — V. table des pseudonymes, *Le Général des Jésuites.*

Reimar (Herman-Samuel). — Doléances, 1105.

Reiset (La baronne De). — Iolande, 1984. — V. table des pseudonymes, *Mlle Adèle.*

Reloi (Jean-André). — Boïeldieu, 387. — Dixans, 1089.

Rémerville (Joseph-François De). Réflexions, 3628.

Rémusat (Jean-Pierre-Abel). — Observaotins, 2981.

Rémusat (Charles De). — Conseils de morale, par Mme Guizot, notice, 653.

Renard. — Avant, pendant et après, 297.

Renard (Céline). — V. table des pseudonymes, *Marie Jenna.*

Renard (H.). — Ange des Belges, 167.

Renard, bibliothécaire du dépôt de la marine. — Histoire des des 40 fauteuils, 1845.

Renard (Laurent-Emile). — Appel, 225. — Avis, 311. — De l'expression, 838. — Discours, 1052. — Eclaircissements, 1170. — Essai, 1384. — Fête solsticale, 1544. — Mémoire, 2472. — Notice, 2831. — Nouveau collége, 2900. — Observations, 2967. — Observations sur le projet de loi, 2985. — Quelques mots, 3474. — Refus de sépulture, 3637. Voix (La) du peuple, 4517. — V. table des pseudonymes, *L'abbé C***.* — *Eustache Lefranc.* — *Un Laïc.*

Renard (Jean-Baptiste-Emile). — Etudiants (Les), 1433.

Renaud (André). — Manière de bien parler, 2356.

Renfner. — Description d'animaux, tr. de l'allemand, *de Vosmar*, 961.

Renier-Châlon. — V. table des pseudonymes, *Le comte de Fortsas.*

Renouard (Antoine-Augustin). — Epicurien (L') de Th. Moore, tr. de l'anglais, 1268. — Réflexions, 3622. — V. table des pseudonymes, *Un Amateur.*

Renouvier (Jean). — Grisettes (Les), 1694.

Rétif de la Bretonne. — Tableaux, 4070.

Reume (Auguste De). — Vierges (Les) miraculeuses, 4479.

Réveillé-Parise. — Etude biographique, 1414.

Revel (De). — Peinture (La), 3146.

Robert (Cyprien). — Esclave (L') blanc, 1307.

Robert (L'abbé), chanoine. — Souvenirs d'Angleterre, 3945.

Robert de Briançon (L'abbé Dominique). — Etat (L') de la Provence, 1401.

Robert, baron de St-Symphorien (François-Joseph-Narcisse). — Satire première, 3823.

Robert de St-Vincent. — Observations modestes, 2974.

Robin (H.). — Petite excursion, 3197.

Robineau (Alexandre-Louis-Bertrand). — Vénus pélerine, 4367. — V. table des pseudonymes, *De Beaunoir*. — *Une Société de gens de lettres.*

Rocca (La marquise Della) — Roman (Le), 3778.

Rochambeau (Le maréchal de). — V. Luce de Lancival.

Roche (Achille). — Mémoires de R. Levasseur, 2527.

Roche (De La). — Voyage, 4554.

Rochefort (César de). — Histoire naturelle, 1887.

Rochefort (De). — Essai d'une traduction en vers de l'*Iliade*, 1341.

Rochefoucauld-Liancourt (Le duc François-Alexandre-Frédéric-De La). — Statististique industrielle, 4002.

Rochefoucauld-Doudeauville (Le vicomte Sosthènes De La). — Aujourd'hui et demain, 284.

Rochefoucauld-Liancourt (Le marquis Frédéric-Gaëtan De La). — Mémoires de Condorcet, 2502. — Révolution (La) française, 3740. — V. table des pseudonymes, *Frédéric-Gaëtan*. — *Un Français.*

Rochelle (Philidor-Joseph-Henri-Flacon). — Pélisson, 3152.

Rochette (Désiré-Raoul). — Choix de médailles, 563.

Rocque (La). — V. table des pseudonymes, *Un Homme depuis vingt ans cosmopolite.*

Rocquigny de Bulonde. — V. Bulonde de Rocquigny.

Rodouan. — Précis historique, tr. de l'anglais, 3332.

Rœderer (Le comte Antoine-Marie). — Budget (Le) de Henri III, 420. — Comédies, proverbes, 613. — Fouet (Le) de nos pères, 1587. — Monthermé, 2689.

Rœderer (Le comte Pierre-Louis). — Comédies, proverbes, 613. — Comédies historiques, 614. — Conseils, 654. — Couplets, 747. — De la propriété, 879. — Diamant (Le), 1010. — Monsieur Hoc, 2680. — Notice biographique, 2793. — Nouvelles bases, 2945. — Observations morales, 3062. — Proscription (La), 3433.

Roergas de Serviez (Alfred-Emmanuel). — Neuf jours d'hymen, 2757.

Roger. — Soldat (Le), 3922.

Roger (Paul). — Biographie générale, 376.

Roger (Jean-François). — Vie politique, 4470.

Roger de Beauvoir. — Eccelenza, 1163.

Rogier (Charles). — Manuel électoral, 2384 et 2385.

Rogniat (Auguste). — Hermès, 1746. — V. table des pseudonymes, *A. Norgiat*.

Rogue. — V. table des pseudonymes, *Un Bourgeois d'Evreux*.

Roguet (Le colonel François). — V. table des pseudonymes, *Un Officier supérieur*.

Roisselet de Sauclières. — V. table des pseudonymes, *Le Juif errant*. — *Un Adorateur du soleil*.

Roland (Le Père). — Mémoire historique, 2468.

Rolandi (Antoine). — Vérité (La), 4377.

Romagnési (Jean-Antoine). — Retour (Le) de tendresse, 3720.

Romagny (Charles). — Lettres d'un père, 2229.

Romain (Le comte De). — Récit, 3545. — Souvenirs, 3973.

Romanet (Le général J. De). — Essai sur la discipline, 1353. — Voyage, 4524.

Romey (Charles). — Châteaubriand, prophète, 547. — Paris littéraire, 3118. — Revanche (La), 3727. — Rome, 3775.

Romieu (Auguste). — Code civil, 592. — Code de la conversation, 596. — Code des gens honnêtes, 598. — Code gourmand, 599. — V. table des pseudonymes, *Augusta Kernoc*. — *Feu Mme la vicomtesse de Chamilly*.

Romieux (C.). — Tableau, 4051.

Rondet (Louis-Etienne). — Direction spirituelle, 1041.

Rondin (Joseph-Raoul). — Pièce (La) sans A, 3232.

Ronteix (Eugène). — Manuel,

2378. — V. table des pseudonymes, *Léonard de Géréon*. — *L.-B. de Toreinx.*

Rosirecci. — V. Croisier.

Rosset. — Agriculture (L'), 64.

Rossius-Orban (Charles De). — Pile (La) du pont de Huy. Liége. Renard, 1851, in-8, (Ul. C).

Rostain (Pierre). — V. table des des pseudonymes, *Un petit fils du prieur Ogier.*

Rouchet (J.). — Démocrates (Les), 919. — Liberté commerciale, 2255. — Mauvais (Le) langage, 2430. — Partis (Les), 3132, — V. table des pseudonymes, *Courthe.*

Rougemont (Michel-Nicolas-Balisson De). — Amélie de St-Phar, 124. — Julie, 2082. — Voile (Le) bleu, 4511. — V. Mme Guyot.

Rouget de Lisle (Claude-Joseph). — Macbeth, 2322.

Roujoux (Le baron De). — Maison de Polignac, 2342.

Rouquette (Jules). — V. table des pseudonymes, *Léon Marcy.*

Roure (Le marquis Du). — Analecta biblia, 18. — Catalogue, 475.

Roussaric (Antoine). — V. table des pseudonymes, *Timon de Tulle.*

Rousseau (Jean-François-Xavier). — Extrait d'un itinéraire, 1482-1483.

Rousseau (Jean). — Poësies de Jean Journet. Notice, 3270.

Rousseau (T.). — Epître, 1292.

Rousseau (L'abbé Jean-Denis). — V. table des pseudonymes, *Un Ancien professenr de l'Université.*

Rousseau (Auguste). — Jacques Fignollet, 2003. — Mémoires de mes créanciers, 2525. — V. table des pseudonymes, *Un Vaudevilliste.*

Roussel. — Tableau historique, 4065.

Roussel (Adolphe). — Observations, 2986. — V. table des pseudonymes, *Un professeur de l'Université.*

Roussel (L'abbé). — Procès pour rire, 3395.

Rousselet (Mgr Charles-Frédéric, évêque de Séez). — Instructions choisies, 1971.

Rousselet (Charles-Martin-Armand). — Arabesques populaires, 230. — V. table des pseudonymes, *Pierre Vermond.* — *Une Société de gens de lettres.*

Rousset (Le docteur). — Faust, 1523.

Rousset (Alxis). — Bataille (La) électorale, 330. — Mort (La) de Mirabeau, 2704. — Un Thé chez Barras. Lyon', Boursy, 1844, in-8. — V. table des pseudonymes, *Pierre*.

Rousset (Louis-Charles-Marie d'Arnaud de). — Histoire héroïque, 1881.

Rouveroy (Frédéric). — Scénologie, 3847.

Rouvrou (Le baron de). — Dangers de l'impunité, 797. — De la Patrie, 875. — Des vols politiques, 957. — Histoire abrégée, 1770. — Intolérance, 1975. — M. Canning, 2674. —Propriétés religieuses, 3432. — Révolutions (Les) du théâtre, tr. de l'italien, 3743.

Roux (Prosper-Charles). — Lettre, 2178.

Roux (L'abbé Jean). — Liturgie, (La), 2268.

Roux des Tillets (Le). — Dialogue, 1008. — Lettre, 2164.— Monsieur Th. D***, 2681.

Rovigo (Le duc De). — Mémoires, 2535. — V. Saint-Germain-Leduc.

Roy (Alphonse Le). — Famille (La) Walther, 1517. — Mélanges, 2445. — Quelques mots, 3475.

Royer (Alphonse). — Mauvais (Les) garçons, 2431.

Rozet (Mme). — Heureuse (L') rencontre, 1761.

Rouzet de Folmont. — Explication, 1469.

Rues (François Des). — Catalogue des villes, 485.

Ruelle (Sébastien De La). — Répartie, 3681.

Ruolz. — Œuvres de Louise Charly, 3027.

Rzewewsky (Le comte). — Récits (Les), 3553.

S

Sabatier (L'abbé Antoine). — Vérité (La) vengée), 4385.

Sabatier. — Fauteuil (Le). de Molière, 1554.

Sabine. — Prix (Le) des talents, 3386.

Sablon (Vincent). — Hiérusalem (La) délivrée, 1764.

Saboulin (De). — Morale du christianisme, 2698.

Sacy (Antoine-Isaac-Silvestre De). — Chasse (La), tr. d'Oppien, 538. — De la Retenue, 865. — Discours, 1050. — Publication de l'*Essai sur les mystères d'Eleusis*, par le comte Serge Ouvaroff, 1375. — Notice, 2733. — V. table des pseudonymes, *Un Ancien membre de la Chambre des députés*.

Sade (Le marquis De). — Marquise (La) de Gange, 2416.

Sagnier (Jacques). — Salon (Le), Boudoir (Le), 3814.

illet (Alexandre De). — V. table des pseudonymes, *Le vicomte de Bourbon-Genestous*.

Sailly (H. De). — Ancienne chevalerie, 157.

Saint-Aignan (Le duc De). — Notices généalogiques, 2891.

Saint-Aignan (Mlle De). — V. table des pseudonymes, *Jules d'Herbauges*.

Saint-Albin. — Artillerie nouvelle, 264. — V. Ducoudray.

Saint-Antoine. — Description, 974.

Saint-Denis (Le chevalier Agis De). — Politicomanie (La), 3294.

Saint-Didier (Le chevalier Alexandre-Toussaint Limojon De). — Ville (La) et la république, 4490.

Saint-Didier (François-Ignace Limojon De). — Voyage du Parnasse, 4553.

Saint-Esteben. — Mort (La) de Coligny, 2701.

Saint-Félix d'Amoreux. — V. table des pseudonymes, *Théophraste*.

Saint-Gelais (Octavien De). — Epîtres (Les) d'Ovide, tr. 1298.

Saint-Georges (Jules-Henri Vernois, marquis De). — Tigresse, 4115. — V. table des pseudonymes, *Jules.*

Saint-Germain Leduc. — Mémoires du duc de Rovigo, 2535.

Saint-James (Emmanuel De). — Sur le Moniteur, 4039.

Saint-Mars (La vicomtesse De). — V. table des pseudonymes, *Jacques Reynaud.*

Saint-Martin (Antoine-Jean). — Choix des tables de Vartan, 565.

Saint-Maur (Mme De). — Mois (Le) de Marie, 2650.

Saint-Maurice. — Catalogue, 484.

Saint-Mauris (Le baron V. De). — Aperçu, 212. — Catalogue, 454

Saint-Mauris (Le baron (De). — Aperçu succint, 212.

Saint-Pierre (Le chevalier De). — Projet, 3413.

Saint-Thomas. — Compagnons (Les), 621.

Saint-Venant (Mme De). — Recueil, 3569.

Saint-Victor (Jacques-Maximilien Bins De). — Lettres, 2250. — Sur la Vénus de Milo, 4036.

Saint-Vincent. (Jules-Antoine-Alphonse Fauris De). — Mémoire, 2488.

Saint-Vincent (Robert De). — Observations modestes, 2974.

Sainte-Beuve (Charles-Augustin). — Consolations, 674. — La Bruyère et la Rochefoucauld, 2091. — V. table des pseudonymes, *Joseph Delorme.*

Sainte-James Gaucourt. — Notice historique, 2819.

Sainte-Marthe (Pierre Gaucher De). — Catalogue, 483.

Sainte-Père (Le marquis De). — V. table des pseudonymes, *Un Ancien officier aux Gardes françaises.*

Saintin. — Atlas de l'enfance. *Paris,* Saintin, 1811, in-8.

Saive (L'abbé De). — Géographie classique, 1650. — Géographie universelle, 1658.

Sala (André-Adolphe). — Récit impartial, 3550.

Salaberry (Le comte De). — Mémoires du comte de Moré, 2532.

Saladin (Mlle). — Dunallan, tr. de l'anglais, 1159. — Père (Le) Clément, id. 3165. — Trémaine, tr. de l'anglais, de Ward, 4181.

Saumaise (Pierre). — Eloge, 1230.

Saumery. — Anti (L')-chrétien, 194.

Saurimont (L'abbé A.). — Histoire de St-Saturnin, 1796.

Saussaye (Jean-François de Paule-Louis Petit De La). — Guide historique, 1711.

Saussol (Mgr De). — Massillon jacobin, 2424.

Sauvage (Thomas-Méric-François). — Zingaro (Le), 4613.

Sauvan (Jean-Baptiste-Balthasard). — Presbytère (Le) traduit de l'allemand, 3357.

Sauvé (Jean). — Lettre critique, 2153.

Sauvé (Henri) — Pie IX, 3231.

Savart (Félix). — Mystères, 2730.

Savary (Jean-Julien-Michel, duc de Rovigo). — V. St-Germain-Leduc et table des pseudonymes, *Un officier supérieur de l'armée de la république.*

Savary (Le capitaine). — Projet, 3414.

Scarron (Paul). — Coups (Les) de l'amour, 746.

Schayes (Antoine-Guillaume-Bernard). — Notice historique, 2828. — Promenade, 3421.

Scheler (Jean-Auguste-Udalric). — V. table des pseudonymes, *Udalric de Saint-Gall.*

Schmid (Le chanoine). — Bonne (La) fille, 393. — Petit théâtre, 3191.

Schmit. — V. table des pseudonymes, *Old Book.*

Schmitt (Charles). — Vérités (Les), 4387.

Schmitz (François). — Manuel, 2381.

Schneider (Le général Antoine-Virgile). — Histoire, 4843.

Schnell. — Code de procédure, 594.

Schœll (Frédéric). — Histoire abrégée, 1767.

Schollaert (Frédéric). — Notice historique, 2815.

Schumacker. — V. table des pseudonymes, *Une Société de médecins.*

Schwann. — Dictionnaire facile, allemand-français, 1027.

Schwartz (C.-G.). — Encore quelques arguments, 1246. — Lettre critique, 2154. — Qu'est-ce que le Zodiaque? 3489.

Schwartz (N.-J.-S.). — Sur l'importance, 4042.

Silvy (Louis). — Dissertation, 1073. — Doléances. 1106. — Pensées pieuses, 3158. — Relation, 3652. — Vérité (La), 4374. — V. table des pseudonymes, *Uue Dame de charité de la paroisse Saint-Thomas-dAquin.*

Simon (Edouard-Thomas). — Hymne, tr. du portugais, 1926.

Simon (Le Père). — Oraison funèbre, 3070.

Simon (Richard-Jacques). — V. table des pseudonymes, *De Simonville.* — *Un Gentilhomme normand.*

Simon (Le docteur G.-T.-R. mort à Lisieux en 1856). — Mon testament, opuscule médico-philosophique, avec cette épigraphe :

« Sunt bonæ, sunt quædam mediocræ,
Sunt mala multa. »

Lisieux, J. Bigeon, 1837, in-8, de 276 pages.

Simonet (J). — Femmes (Les) à l'académie, 1533.

Simonon. — Introduction, 1979.

Simonot (J.-F.). — Pacha (Le), 3093.

Sirtéma de Grovestins (Le baron). — V. table des pseudonymes, *Un Autre bénédictin.*

Sirven (Pierre-Marie-Alfred). — Revenons, 3729.

Smith (John-Spencer). — Notice bibliographique, 2790.

Snellaert. — Bibliotheca Willemsiana, Notice placée en tête, 346.

Sobry (Mlle Adèle). — Coin (Le) du feu, tr. du Pawlding, 603. — France (La), tr. de l'angl. de Lady Morgan, 1603. — Mémoires sur S. Rosa, 2580.

Soler (Mme Eugénie-Marie). — V. table des pseudonymes, *Max Valrey.*

Solle (Henri-François De La). — Thiamy, 4111.

Sorbier (Hilaire Le). — Mes loisirs, 2603.

Sorel (Charles). — De l'Académie française, 812.

Soucquet de la Tour (L'abbé Guillaume-Jean-François). — V. Tour (L'abbé De La).

Soulié de Lavelanet (Frédéric-Melchior). — Explications, 1472.

Souques (Joseph-François). — Chevalier (Le) de Canolle, 555.

Souvestre (Emile). — Une visite, 4330.

Spanheim. — Césars (Les), 513.

Spencer Smith (John). — Notice biographique, 2790.

Spitaels (René). — Une page, 4314. — V. table des pseudonymes, *Un Touriste flamand*.

Stabenrath (Charles De). — Actrice (L), 42.

Staël-Holstein (Le baron Auguste De). — Récit, traduit de l'anglais, 3544.

Stassart (Le baron De). — Géographie élémentaire, 1656. — Rapport, 3506.

Stephens (C.-G.). — Recherches, 3542.

Stercks (A.-J.). — Notice historique, 2827.

Sterling (William). — Mémoires, 2507.

Steven (Mme Mathilde). — V. table des pseudonymes, *Stev.*

Syon (De). — Inconnu (L'), 1952.

T

Tagereau (B.). — Ravissement (Le), 3511.

Taillandier (Alphonse-Honoré). — Procès d'Ét. Dolet, 3391.

Tamisier (Mlle Sophie). — Passage (Le) à Stranglomini, 3135. — Voyage, 4548.

Tandou (Ferdinand). — V. table des pseudonymes, *Fernand Belligera*.

Tanski (J.). — V. table des pseudonymes, *Un Slave*.

Tarbé (Prosper). — Amours (Les), 139.

Tarbé des Sablons (Mme). — Alfred et Casimir, 84. — Clotilde, 591. — Mois de Marie, 2649. — Nouvelles religieuses, 2958. — Onésie, 3050. — Roséline, 3784. — Sara, 3822. — Souffrances, 3935.

Tarboicher. — Valère Maxime, traduction, 4345.

Tardi. — Essai, 1386.

Tardieu (Jules-Romain). — Contes de Perrault, 695. — V. table des pseudonymes, *Saint-Germain*.

Tardieu (Mme Henri). — Encyclopédie, 1248.

Tardif (Adolphe). — Lois, 2288. — Petit Manuel, 3186.

Tardy (Le marquis Marc-Louis De). — Fables, 1499. — Tragédies, 4142.

Tardy (Jules De). — Particule (La), 3129.

Target (Ange De). — Considérations, 672.

Tarin (Mme). — Oracles, 3068.

Taylor (Le baron Isidore-Justin-Séverin). — V. table des pseudonymes, *Laorty Hadji.*

Teil (Du). — Histoire des empereurs, 1840.

Teissier (Guillaume-Ferdinand). — Essai philologiqne, 1344.

Tellier (Le Père Le). — V. table des pseudonymes, *Un Docteur en théologie.*

Tenaille (Mathieu). — V. table des pseudonymes, *Ernest Desprez.* — *Eléonore de Vaulabelle.*

Tencin (L'abbé Pierre-Guérin De). — Lettre, 2148.

Ternaux (Charles). — V. table des pseudonymes, *Charles Navarin.*

Terquem (Olry). — Mémoire, 2494.

Terrebasse (Alfred De). — Gérard de Roussillon, 1662. — Histoire, 1859.

Tertre (Mme Du). — Voyage, 4551.

Teste (Charles). — Guide, 1707. — Situation, 3898. — V. table des pseudonymes, *Adolphe Rechastelet.*

Teulet (Alexandre). — Essais divers, par Mme de Tracy, 1388.

Texier d'Hautefeuille (Le bailli). — Mort (La) du duc d'Enghien, 2705.

Teysseyre (Jean-Antoine-Paul-Etienne). — Manuel des jeux, 2373.

Tezay (Nicolas-Marie-Félicité Bodard De). — Arlequin roi, 238. — Ballon (Le), 318. — Duc (Le) de Monmouth, 1154. — Pauline, 3142. — Saturnales (Les), 3827. — Trois (Les) Damis, 4205.

Thabaud de Latouche. — V. Latouche (Th. De).

Théard. — Tableau, 4061.

Théaulon de Lambert. — Vieux (Le) marin, 4883.

Thélis (Le comte De). — V. table des pseudonymes, *Un Citoyen.*

Thélusson (Mme De). — Recueil, 3573.

Théveneau. — Eléments d'Algèbre, 1191.

Théveneau de Morande. — Anecdotes secrètes, 165.

Thibaudeau (Antoine). — Vie de David, 4420.

Thibaut de Bernaud (Thimo-

pseudonymes, *D. L. C.* — *T. Delacroix.*

Tolomas (Le Père Charles-Pierre-Xavier). — Dissertation, 1075.

Tolstoy (J.). — Six mois, 3902.

Torquet (L'abbé Emmanuel De). — V. table des pseudonymes, *D. T. Emmanuel.*

Toscan. — Description abrégée, 959.

Toulouzan. — Itinéraire, 2000. — Mémoires et rapports, 2561.

Tour (Béranger De La). — Siècle (Le) d'or, 3878.

Tour (L'abbé Guillaume-Jean-François Soucquet De La). — Christiade (La), tr. de Vida, 569. — Hyacinthe, 1925. — Jésus enfant, tr. de P. Th. Céva, 2026.

Tourgueneff (Yvan). — Nicolas Gogol, tr. du russe, 2762.

Tournachon (Félix). — V. table des pseudonymes, *Trois Buveurs d'eau.*

Tourzel (Mlle Pauline De). — Souvenirs, 3955.

Trappé (Le baron Herman-Jean De). — Jardin (Le) anglais, 2009. — Mélanges, 2452. — Réponse aux doutes, 3695. — Supplément, 4031. — Variétés littéraires, 4353. — V. table des pseudonymes, *Herman.*

Trasenster. — Réponse du jury, 3632. — V. table des pseudonymes, *Louis Duperron.*

Travenol. — V. Durey de Noinville.

Travers (Julien). — Francs (Les)-péteurs, 1613.

Trébuchet (Anne-Marie-Joseph). — Notice, 2834.

Trébutien (Guillaume-Stanislas). Livre (Le) des hirondelles, 2275. — Mont (Le) St-Michel, 2685.

Trélat (Ulysse). — Notice historique, 2816.

Trélis (Jean-Julien). — Satires (Les) de l'Arioste, tr. en français, 3826.

Trémadeure (Mlle Sophie-Ulliac). — Agnès et Berthe, 62. — Petite (La) harpiste, tr. de l'allemand, 3199. — V. table des pseudonymes, *Dudrezène (S.-M.).* — *De Châteaulin.*

Tremblay (Du). — Henri de Bavière, 1738.

Trémisot. — Isographie, 1990.

Trémollières. — France (La) 1607.

U

V

Vacher (A.-F.-Thomas Le) De la Feutrie. — Lassone, 2098. — Motifs, 2711.

Vacher (Le) De Charnois. — Recherches, 3532.

Vacquerie. —Translation, 4178.

Valade (Henri). — Dialogue, 1005. — Mystificateurs (Les), 2732. — Notes, 2784.

Valant (Honoré). — De la nécessité, 863.

Valazé (Charles-Eléonore Du Friche-De). — Réflexions utiles, 3630.

Valcroissant (Meissonnier De). — Histoire de la révolution d'Espagne, tr. de l'espagnol, 1818. — Loi de justice, 2285. — Mémoires du général Morillo, tr. de l'espagnol, 2536.

Valence (Pierre). — Livres académiques de Cicéron, traduits et éclaircis par de Castillon, avec commentaires. *Berlin, Decker*, 1779, 2 vol. in-18.

Ces commentaires ont disparu de la deuxième édition, qui fut publiée à Paris, en 1796, in-12.

Valentin De la Pelouze. — Esprit (L') des moralistes, 1312.

Valery (Louis-Guillaume-René Cordier De Launay De). — Nouvelle traduction de l'*Iliade*, 2941.

Valette (Casimir). — Souvenirs, 3941.

Vallart (L'abbé). — Examen, 1454.

Vallée (Hippolyte). — Epître, 1287. — Elève (L'), 1205. — Par ma faute, 3100.

Vallet (Auguste), de Viriville. — Lettres inédites de Mme De Sévigné, 2236.

Vallette (L'abbé). — Antoine, 207.

Vallière (Mlle De La). — V. table des pseudonymes, *Une Dame pénitente*.

Valnay (Dutertre De). — Opinion, 3057.

Valori (Le marquis Henri De). — Epître, 1278. — Quitte à quitte, 3501.

Valous (Vital De). — Lettre, 2136.

Van Aylde Jonghe (Elzélina). — Soirées (Les) d'automne, 3908. — V. table des pseudonymes, *La Contemporaine*. — *Ida de Saint-Elme*. — *Mme S. E.*

nard). — Notice, 2836. — Recherches, 3541.

Van Schorel De Wylryck (C.). — Traits d'ingratitude, 4177.

Vanet.—Mémoires de Mme Saqui, 2516.

Vatout (Jean). — Aventures (Les), 303. — Idée (L') fixe, 1931.

Vattier (Le baron Antoine-Melchior). — Examen rapide de la vie d'un militaire. *Boulogne, Giset*, 1841. — Lettres choisies d'une femme sensible à son amant. *Boulogne, Le-Roy-Mabille*, 1836, 84 pages, in-18. — Nouvelle philosophique ; l'Orpheline courant les hasards. *Boulogne, Le-Roy-Berger*, 1828, 100 pages in-18. — Recueil de traits, 3584. — (Il y a un second volume paru en 1841.) — Triomphe de l'amitié, 4193.

Vaublanc (De), de Montargis. — Tables synchroniques, 4175.

Vaudoré (Symphorien). — V. table des pseudonymes, *André Jacoby*.

Vaudreuil (Le comte P. De). — De l'Afrique, 814.

Vaugan. — V. table des peudonymes, *Frère-Jean*.

Vaumorière (Pierre - d'Ortigues De).—Art (L') de plaire, 257.

Vauquier (Henri). — V. table des pseudonymes, *Le Patriarche Abraham*.

Vauvilliers (Jean-François). — Vrais (Les) principes, 4595.

Vauzelles (Ludovic De). — Quelques vers, 3486.

Vavasseur (Paul). — Notice, 2857.

Vaysse - Devilliers (Régis - Jean-François).—Description, 976. — Opinion impartiale, 3055.

Vegiano (De). — Généalogie de la maison de Brouckhoven, 1641. — Id. de Colins, 1642. — Id. de Wisches, 1643. — Id. des lords Dormer, 1644. — Nobiliaire, 2767. — Suite du supplément, 4017. — Supplément, 4027.

Veinant (A.-Auguste). — V. table des pseudonymes, *Gustave Aventin*.

Ventre De la Touloubre (Christophe-Félix-Louis). — Bourbons (Les), 404. — Divertissement, 1086. — V. table des pseudonymes, *Montjoie*.

Ver (Le marquis Le). — Dissertation, 1071. — Glaces (Les) enlevées, 1667.

Vérat (Xavier). — V. table des pseudonymes, *Xavier*.

Verdalle (Jean-Louis-Conrad De). — Loisirs (Les), 2291.

Vignier (Edme-Jean-Baptiste). — Description, 958.

Vignon De la Bretonne (Victor). — Og, 3039.

Vigny (Le comte Alfred De). — Héléna, 1734.

Vigourel (L'abbé). — V. table des pseudonymes, *Un de ses Amis*.

Viguier (L'abbé). — Discours, 1045. — Exposition, 1477.

Viguier (Adrien). — V. table des pseudonymes, *Delaville*.

Villaret (Claude). — Lettre, 2140.

Villars (L'abbé De). — Suite (La) du comte de Gabalis, 4016.

Ville (Bernard-Etienne De La) — V. Lacépède.

Villebrune (Le docteur Jean-Baptiste Lefebvre De). — Traité de l'expérience, 4150.

Villecourt (L'abbé). — Lettres, 2205.

Villefort (L'abbé Charles-Auguste-Parfait De). — Trois jours, 4211.

Villegas D'Estaimbourg (De). — Mémoires, 2497.

Villemarest (Maxime-Catherinet De). — Mémoires de Mlle Avrillon, 2519. — Mémoires de Mlle Boury, 2520. — Monsieur Talleyrand, 2682. — V. table des pseudonymes, *Le vicomte de Holstein*. — *Maxime James*. — *Une Femme de qualité*.

Villemeneuc (La). — Analyse, 153.

Villenave (Mathieu-Guillaume-Thérèse). — Etudes sur l'art théâtral de Mme veuve Talma, revues, 1430. — Œuvres complètes de Mme de Salm, 3020. — Véritable prophétie, 4370.

Villeneuve (De). — Guerre à l'apostasie, 1696.

Villeneuve (Jean-Baptiste De). — Histoire généalogique, 1880.

Villeneuve-d'Abaucourt (Mme). — Maria, 2401.

Villenfagne-D'Ingihoul (Le baron De). — Œuvres choisies de Walef, 3015. — Recherches, 3540.

Villeron (Denis De). — Lucinde, 2309.

Villerouet (De La). — Recherches, 3535.

Ville-Thierry (L'abbé Jean-Girard De La). — Vie (La) des veuves, 4443.

Ville-Toustain (De La). — Samson le fort, 3818.

Villiers (Le chevalier Henri De). — Essais historiques, 1392.

Villiers. — Voltaire, chrétien, 4520.

Villiers-Hotman. — Βασιλικον δωρον, 328.

Villy (Louis De). — Cours élémentaire, 757.

Vilmain (Henri). — Famille (La) de Halden, 1513. — Forêt, 1581. — Parc (Le) de Mansfield, 3110.

Vinaty. — Résumé, 3713.

Vincent (Henri). — Défense, 907. — Voyage, 4539.

Vinet (Alexandre). — V. table des pseudonymes, *Un Etudiant de l'Académie de Lausanne.*

Viollet (Alphonse). — V. table des pseudonymes, *Un Incroyant.*

Viollet-Leduc. — Œuvres de Mathurin Regnier, 3031. — Six mois, 3901.

Virieu (Aimé De). — Ebauche, 1162.

Visconti (Primi). — Evénements (Les), 1448.

Visé (De). — V. Donneau de Visé.

Visinet (Auguste-Théodore). — Souvenirs politiques, 3992.

Vismes (A.-P.-J. De). — Apologie, 219.

Vitet (Ludovic). — Barricades (Les), 325. — Etats (Les) de Blois, 1402.

Vivier de Streel (Le chevalier). — Géographie (La), 1655. — V. table des pseudonymes, *Weyer de Streel.*

Voïart (Mme Elise). — Silvius et Valéria, tr. d'A. Lafontaine, 3882. — Voies (Les) du sort, tr. du même, 4508.

Voisenon (L'abbé Claude). — Henri Fusée (De). — Nina, 2763.

Voisin (L'abbé). — Mémoires, 2581.

Voisins (François-Amable De). — Abrégé de la vie, 23.

Volney (Constantin-François de Chassebœuf, comte De). — Histoire de Samuel, 1797.

Von Spée (Le Père). — Advis aux criminalistes, 54.

Vos (E. de). — V. Devos.

Voyer d'Argenson (Le marquis). — Boutade, 408.

W

Wacken (Edouard). — Correspondance littéraire, 733. — V. table des pseudonymes, *Edouard Ludovic.*

Waha-Grisard (Le baron J. De). — Conclusions, 636. — De l'Union, 895. — Vérité (La), 4373.

Wahl (Samuel-Frédéric-Gunther). — Magasin, 2336.

Walef (B.-H. de Corte, baron De). — Augures (Les), 282. — Catholicon (Le), 499. — V. table des pseudonymes, *Willem Crap.*

Walkenaër (Charles-Athanase). — Fables de La Fontaine, nouvelle édition, 1494. — Monde (Le) maritime, 2663.

Wallon (J.). — Premières études, 3354.

Walsh (Le vicomte Joseph-Alexis De). — Recueil de discours prononcés dans les deux chambres etc., suivi de la comédie de quinze ans, avec notes et observations. Paris, Hivert, 1831, in-8.

Washington Irving. — Rosière (La) 3786. — V. table des pseudonymes, *Fray Antonio Agapida.* — *Geoffrey Crayon.*

Wasseige (Joseph-Etienne De). — Coup d'œil, 743.

Watelet (Claude-Henri). — Zénéïde, 4610.

Watripon (Antonio). — V. table des pseudonymes, *Tony Fantan.*

Watricq. — Catalogue, 470.

Way (Lewis). — Mémoires, 2584.

Wendel-Würtz (L'abbé Jean). Apollyon (L'), 215. — Précurseurs (Les), 3345. — Superstitions, 4022.

Weimerskirch (Théodore). — Progrès (Le), 3406.

Wicquefort (De). — Advis fidelle, 55.

Wilaine (Jean-Pierre-Joseph). — V. table des pseudonymes, *Chazel.*

Witt (Mme De). — Prince (Le) Albert, tr. de l'anglais, 3371.

Wolf (L.-J.). — Guide des curieux, 1704.

Wolters (J.-B.). — Généalogie, 1640.

Wolters (Mathias-Joseph). — No-

X

Y

Z

TABLE ALPHABÉTIQUE

DES

DES AUTEURS PSEUDONYMES CITÉS DANS CE VOLUME

A

A. B. — (Joseph Chardon). — Portefeuille, 3304.

A. B. C. D. — (Ferrary). — Petit Almanach, 3176.

A. D. S. — (Edmond de Manne). — Un Voisin de campagne, 4282. — Une Conquête, 4290.

A. D... Y. — (Louis-François L'Héritier, de l'Ain). — Histoire, 1848.

A. An. Alm... — (Le comte Joseph-Léopold-Sigisbert Hugo). — Journal historique, 1427.

A. P*** du Pas de Calais. — (Auguste-Philibert Châlons-d'Argé). — Colonne (La), 607.

Abajo (Don Mariano-Rodriguez de). —(Edmond Levavasseur-Baudry). — Notice biographique, 2794.

Abbé (L') C***, constitutionnel. — (Laurent-Emile Renard). — Chemin (Le) du paradis, 551.

Abbé (L') C. R. — (Richard-Antoine-Corneille Van Bommel). — Essai, 1369.

Académie des sciences. — (Mme veuve Lebrun). — Prophéties perpétuelles, 3430.

Adélaïde Lesparat. — (Anne-Honoré-Joseph Du Veyrier). — Oncle (L') rival, 3049.

Adèle (Mme). — (La baronne de Reiset). — Atale de Mombard, 270.

Adrien. — (Payn). — Watchman (Le), 4602.

Agapida (Fray-Antonio). — (Washington Irving). — Histoire, 1808.

Aristenète. — (François-Félix de Nogaret). — Gorge (La) de Mirza, 1673.

Aristippe. — (Félix Bernier). — Théorie de l'art, 4102.

Aristophane, citoyen de Paris. —. (Scipion Marin). — Sacerdoce (Le) littéraire, 3797.

Armand. — (Armand-Joseph Overnay). — Watchman (Le), 4602.

Arnaud (Hippolyte). — (Mme Charles Reybaud). — Deux à deux, 981. — Fabiana, 1485. — Georges, 1660. — Mézélie, 2624. — Thérésa, 4107.

Arnay (Le Mis D'). — Joseph-Nicolas-Marie Deguerle). — Proclamation, 3398.

Arsène de C***. — (François-Arsène Chaize de Cahagne). — Fille (La) du curé, 1555. — Jean le bon apôtre, 2014.

Artefeuil (Louis-Charles-Marie Arnaud de Rousset et Pierre-Laurent-Joseph de Gaillard-Lonjumeau). — Histoire héroïque, 1631.

Artamov (Piotre). — (Le comte De La Fite). — Histoire d'un bouton, 1868.

Assemani. — (Gabriel-Grégoire Lafont-Gouzy). — Lettres, 2224.

Athier. — (A. Garnier). — Lucile, 2308.

Augusta Kernoc. — (Auguste Romieu). — Mousse (Le), 2715.

Auguste. — (Decourchant). — Trois (Les) oncles, 4218.

Augustin. — (Jean-Baptiste-Augustin Hapdé). — Colosse (Le) de Rhodes, 610. — Siége (Le) de la Gaîté, 3880. — Tête (La) de bronze, 4086.

Aulnay (Mlle Louise). — (Mlle Julie Gouraud). — Marianne Aubry, 2404. — Mémoires, 2558. — Semaine (La), 3863.

Aunet (Léonie D'). — (Mme Biard). — Un mariage, 4263. — Une vengeance, 4326. — Voyage au Spitzberg, 4532.

Aventin (Gustave). — (A.-Auguste Veinant). — Œuvres complètes de Tabarin, 3022.

Avrillon (Mlle). — (Maxime Catharinet de Villemarest). — Mémoires, 2519.

Azevedo (J.-F.-A.-F. de). — Pierre-Alphonse Livin, comte de Coloma). — Généalogie, 1639.

Azur (Francis D'). — (Mlle Sophie Mazure). — Marie, 2406.

B

Baron (Le) de B***. — (Charles Doris). — Amours et aventures, 141. — Ecolier (L') de Brienne, 1177. — Mémoires secrets, 2472. — Protégée (La), 3435. — Usurpateur (L'), 4336. — Vie privée, 4471.

Baron (Le) de G***. — (Le baron Etienne-Léon de Lamothe-Langon). — Spectre (Le), traduit de l'anglais, 3995.

Baron (Le) du Chayla. — (Nicolas Bergasse). — Requête, 3707.

Baron (Le) Emile de l'Empesé. — (Emile-Marc Hilaire). — Art (L') de mettre sa cravate, 254.

Barrins (Le comte de). — (Louis-François Raban). — Précis, 3324.

Barry (La comtesse Du). — (Le baron Etienne-Léon de Lamothe-Langon). — Mémoires, 2515.

Bassanville (La comtesse de). — (Mlle Anaïs Lebrun). — Corbeille (La), 722. — Monde (Le), 2664. — Primeurs (Les), 3370. — Salons (Les) d'autrefois, 3815. — Un Voyage à Naples, 4283.

Bastide (Jenny). — (Marie-Hélène Dufourquet). — Elise et Marie, 1208. — Pascaline, 3137. — Un remords, 4276.

Bassinet (Eloi-Christophe). — (Etienne-Gabriel Peignot). — Histoire morale, 1886.

Bayonnette (Le capitaine). — (Théodore Weimers-Kirch). — Progrès (Le), 3406.

Belligera (Fernand). — (Ferdinand Tandou). — Miettes d'amour, 2627.

Ben (Paul). — (Paul Chareau). — Fils (Le) du fermier, 1564.

Benjamin. — (Antier-Chevrillon). — Isaure, 1987. — Watchman (Le), 4602.

Bérigal. — (Etienne-Gabriel Peignot). — Illustre (L') Jacquemart, 1943.

Bibliographe (Le) voyageur. — (Leblanc). — Catalogue, 462.

Bibliophile (Le) Jacob. — (Paul Lacroix). — Bon (Le) vieux temps, 389. — Contes (Les), 697. — Contes du froc, 698. — Convalescente (La), 714. — Couvent (Le), 766. — Curiosités de l'histoire de France, 784. — *Id.* de l'Histoire du vieux Paris, 785. — *Id.* des sciences occultes, 786. — Curiosités, 786. — Danse (La) macabre, 798. — Deux fous (Les), 989. — Folle (La), 1577. — Francs (Les) Taupins, 1614. — Histoire, 1866. — Homme (L') au masque de fer, 1907. — Ma république, 2321. — Marquise (La), 2415. — Medianoches, 2439. — Mémoires et contes de Perrault, 2500. — Mémoires du cardinal Dubois, 2531. — Mon grand fauteuil, 2656. — Moyen de parvenir, nouvelle édition, 2719. — Paris ridicule, 3122. — Perle (La), 3171.

C

Noémi Constant). — Minuit, 2636. — Récits, 3552. — Un drame, 4247. — Victoire, 4405.

Clément. — (Mme Desgranges). — Noëmie, 2772.

Colombey (Emile). — (Emile Laurent). — Histoire anecdotique, 1771. — Journée (La) des madrigaux, 2066. — Ninon de Lenclos, 2765. — Originaux (Les), 3098. — Ruelles, 3793. — Vraie histoire comique, 4591.

Colombine. — (Mlle Peyrat). — Lettres, 2210.

On les attribue aussi à M. Al. de Boissieux.

Comtesse (La) de C***. — (Louis-François Raban). — Amours secrètes, 142.

Comtesse (La) O*** D***. — (Le baron Etienne-Léon de Lamothe-Langon). — Auditeur (L'), 281. — Femme (La) du banquier, 1529.

Constantin (L.-A.). — (Léopold-Auguste-Constantin Hesse). — Bibliothéconomie, 347.

Constantin Koliadès. — (Jean-Baptiste Lechevalier). — Ulysse-Homère, 4234.

Contemporaine (La). — (Elzélina Van Aylde Jonghe). — Mon appel, 2655. — Quelques mots, 3470.

Corracini (Frédéric). — (Charles-Jean La Folie). — Histoire de l'administration, 1799.

Courthe. — (J. Rouchet). — Hommes (Les), 1909. — Républicains (Les), 2703.

Criticus. — (Charles Malo). — Biographie critique, 360.

Croquelardon. — (Le R. P. Jean-Gilles-Loup-Boniface). — Auguste-Simon Collin, de Plancy). — Trois (Les) animaux philosophes, 4200.

D

D. L. C. — (Frédéria Titeu). — Vierge (La) chrétienne, 4477.

D. Eleveur. — (Raymond Daniel, Mis d'Eurville de Grangues). — Haras (Les), 1728.

Dalause (C.). — (Georges-Jacques-Amédée De Clausade). — Mes prisons, trad., 2608.

Dalicare (Hippolyte). — (Auguste Pichard). — Hacendilla (L'), 1724.

Daniel Stauben. — (Auguste Vidal). — Juifs (Les) de la Bohême, tr. de Kompert, 2076. — Scènes de la vie juive, 3840. — Scènes du Ghetto, 3843.

Daniel Stern. — (La comtesse D'Agoult, née Marie de Flavigny). — Esquisses morales, 1323. — Essai sur la liberté, 1355. — Florence et Turin, 1570. — Histoire, 1820. — Lettres, 2242. — Pensées, 3159. — Suppliantes (Les), 4033. — Trois journées, 4210.

Daphnœus-Arcuarius. — (Laurentius Bœger). — Considérations, 657.

Darcy (William). — (Henri-Marie Martin et Hector Fisquet). — Guide du voyageur. 1710. — Nouveau guide, 2904.

Daurignac (Mlle J.-M.-S. Orliac). — Blanche de Castille, 384. — Histoire de saint François d'Assise, 1793. — Histoire de saint Ignace de Loyola, 1794. — Histoire du bienheureux Clavel, 1851. — *Id.*, du bienheureux Pierre Canisius, 1852. — Marie, 2412. — Sainte Françoise de Chantal, 3804.

Defrance (A.). — (Ernest Alby). — Prisonniers (Les), 3383.

Degalmer (J.-B.). — (Jean-Benoît Pélagaud). — Histoire, 1802.

Delacroix (Théodore). — (Frédéric Titeu). — Vie nouvelle, 4464.

Delaville (Adrien). — (Adrien Viguier). — Dernier (Le) des touristes, 925. — Love, 2305. — Régine; 3644. — Roger, 3764.

Delbez (J.-B.). — (Ferdinand-Jules-Hénaux). — Robermont-les-Liége, 3758.

Delvau (F.-A.-M.). — (Marais). — Un coup de maître, 4241.

Denoix (Fanny). — (Mme De Lavergnat). — Heures de solitude, 1756.

Dercy. — (Alphonse-François). — Molière, 2652.

Dernier (Le) d'entr'eux. — (Emile Chevalet). — Trois (Les) cent soixante et cinq, 4203.

Desforges. — (Jean-Baptiste Choudard). — Sourd (Le), 3936.

Desjardins (C.). — (Jean-Gabriel Cappot). — Table des droits de l'homme, 4048.

Desmousseaux. — (Alexandre Pitou). — Tableau statistique, 4069.

Desprez (Ernest). — (Mathieu Tenaille). — Femmes (Les) vengées, 1537. — Un Enfant, 4249.

Deux gentilshommes suédois (Jean-Baptiste Grosley). — Nouveaux Mémoires, 2924.

Deux habitués de l'endroit. — (Jules Préval et Emile Cardon). — Théâtres (Les) de Paris, 4094.

Deux rois de la fève. — (Paul-Emile Debraux). — Biographie des souvenirs, 373.

Deux Vénitiens. — (Armand Baschet et Feuillet de Conches). — Femmes (Les) blondes, 1534.

Dieu le garde. — (Dieulevard). — Tirelire (La), 4117.

Diogène. — (Arthur-Antoine-Alphonse Péricaud de Gravillon). — Dévotes (Les), 1002.

Docteur (Le) Freunder. — (Auguste Morel). — Meuse (La) belge, 2623. — Vagabonds (Les), 4341.

Donnadieu. — (L'abbé Déléon). — Salette (La) devant le Pape, 3808, — Salette (La) devant le peuple, 3809. — Salette (La)-Fallavaux, 3810.

Dora d'Istria (La princesse Koltsoff-Masalski). — Excursions, 1463. — Femmes (Les), 1536. — Suisse (La) Allemande, 4011. — Suisse (La) française, 4012. — Vie (La) monastique, 4462.

Dorfeuille (Antoine Gabet). — Religion (La) de Dieu, 3664.

Dormeuil. — (Jean-Jacques Contat-Desfontaines). — Réflexions, 3610.

Droiture (De). — (Pierre-Mathieu Parain). — Exterminateur (L'), 1480. — Massacre (Le), 2422. — Supplément, 4024.

Dubuc. — (Alfred-Jean Letellier). — Histoire, 1823.

Duc (Le) De ***. — (Etienne-Léon de Lamothe-Langon). — Mémoires de Louis XVIII, 2514 et 3913.

Dudrézène. — (Mlle Sophie Ulliac-Trémadeure). — Armoricaines (Les), 243. — Autocrate (L'), 288. — Eliska, 1209. — Forêt (La), 1585. — Frédérick Brack, 1616. — Henry, 1737. — Oiseleur (L'), 3040. — Rodolphe et Marie, 3763. — Une Artiste, 4287.

Duflos (L.-J.). — (Martial-Côme-Annibal-Perpétue-Magloire de Guernon-Ranville). — Essai, 1352.

Dufruit (Théodore). — (Etienne Cabet). — Voyages et aventures, 4583.

Dulorny (Charles). — (Bidard-Hagère). — Petit (Le) neveu, 3187.

Dumesnil (Mlle). — (Marie-Françoise Marchant). — Mémoires. *Paris*, 1802, in-8.

Duperron (Louis). — (Trasenster). — Réforme du jury, 3632.

Duplessis (Armand). — (Edmond de Manne). — Un Laquais d'autrefois, 4258. — Un Voisin de campagne, 4282.

Durand (Jacques). — (Théodore Véron). — Bordelaises (Les), 396. — Liguriennes (Les), 2256. — Limbes (Les), 2257.

Duval (Alexandre). — (Alexandre-Vincent Pineu). — A l'ombre, 4. — Montoni, 2691.

E

E***. — (Emile Gigault, comte de la Bédollière). — Vie politique, 4458.

E. L. — (Sérieys). — Esprit (L') des orateurs, 1313. — Génie (La) de Bossuet, 1648.

E M. de S. H. — (Le marquis Orry de Fulvy). — Louis XVIII, 2298.

E. T. — (Antoine Dobert). — Récréations, 3556.

Ebbark. — (Krabbe). — Trente ans, 4182.

Edianez (Anna). — (Zénaïde Fleuriot). — Marquise et pêcheur, 2416. — Sans beauté, 3819. — Souvenirs, 3980. — Une Famille bretonne, 4299.

Edouard. — (E. Mennechet). — Une bonne fortune, 4289.

Edouard. — (E. Huart). — Réflexions, 3620.

Edouard-Ludovic. — (Edouard Wacken). — Abbé (L') de Rancé, 16.

Eléonor Pommadin. — (Paul Ristelhuber). — Bonbonnière (La), 390.

Elie Raymond. — (Bertrand-Elie Berthet). — Veilleuse (La), 4360.

Eliphas Lévi. — (Alphonse-Louis Constant). — Clef (La), 585. — Dogme (Le), 1102. — Histoire de la magie, 1812. — Philosophie occulte, 3218. — Science (La) des esprits, 3849.

Ellocnol Vilanja (La comtesse Mathilde). — (A.-J. Alvin, lieutenant-colonel). — Réponse, 3688.

Eltéa (Mme D'). — (La comtesse de Pambour). — Faire l'aumône, 1509.

Emile de l'Empesé (Le baron). — (Emile-Marc Hilaire). — Art (Le) de mettre sa cravate, 254.

Emmanuel (D.-T.). — (L'abbé Emmanuel de Torquat). — Quatre jours, 3459.

Ennary (A. D'). — (Adolphe Philippe). — Duchesse (La) de Marsan, 1157. — Noëmie, 2772.

Erasme de Lumone. — (Emmanuel Desoër). — Veille (La) du déluge, 4355.

Ermite (L') en Russie. — (Emile Dupré de Saint-Maur). — Coup (Le) de pistolet, 744.

Ernest. — (Joseph-François Grille). — Négociant (Le) anglais, 2752. — Ville (La) au village, 4486.

Ernest B***. — (Mlle Jeanne du Buisson). — Lettres, 2231.

Etoile (De L'). — (Jacques-Philippe Laroche). — Saphira, 3821.

Eugène. — (Bouly). — Promenades nocturnes, 3428.

Eusèbe. — (Joseph-Adolphe-Ferdinand Langlé). — Ecole (L') du scandale, 1174.

Eusèbe G***. — (A. Girault de Saint-Fargeau). — Revue des Romans, 3746.

Eustache Lefranc. — (Laurent-Emile Renard). — De l'instruction publique, 851. — Lettre à Mgr C. R. A. Van Bommel, 2156.

Exomologèse. — (L'abbé Guillaume-André-René Baston). — Confidences, 641.

F

F. Alphonse. — (Alphonse François). — Molière et son Tartuffe, 2653.

F***. — (Félix Van Hulst). — Extrait, 1484.

Fan (J. Du). — (Jean-Sylvain Van de Weyer). — Simon Stevin, 3883.

Fantan (Tony). — (Antonio Watripon). — Paris qui danse, 3121.

Faverolles (M. De). — (Elisabeth Guénard, baronne Brossin de Méré). — Vallée (La) de Mittersbach, 4347. — Vie et aventures, 4459.

Félix. — (Félix Davin). — Wolfthurm, 4604.

Félix Germain. — (Louis Jourdan). — Aurons-nous la paix ? 285.

Félix Huart. — (Alfred-Jean Letellier). — Souvenirs, 3976.

Félix Platel. — (Etienne Pall). — Echos (Les), 1166. — Savoie et Piémont, 3834.

Féréol. — (Louis Second). — Une bonne fortune, 4289.

Fernande de Lysle. — (Mme Fernande Vandertaëlen). — Histoires à l'envers, 1896.

Fernand de Lysle (M.). — (Mme Fernande Vandertaëlen). — Un voisin de campagne, 4282.

Ferney (Paul). — (Louis-Alexandre Mesnier). — Hermione Sénéchal, 1747. — Marie Aubert, 2407.

Feu Dardanus. — (Alexandre Martin). — Traité médico-gastronomique, 4171.

Feu le prince de ***. — (La comtesse Merlin). — Lionnes (Les) de Paris, 2259.

Feu M. Désormeaux. — (Le comte Antoine-François de Nantes). — Tableaux, 4071.

Feu madame la vicomtesse de Chamilly. — (Emile Vanderburch, A.-E. Loève-Weimars et Auguste Romieu). — Scènes contemporaines, 3836.

Feu mon oncle. — (Emile-Marc Hilaire). — Art (L') de payer ses dettes, 256.

Feutardif. — (Hippolyte Audiffret). — Saint- (La) Charles, 3802.

Fils (Le) d'un commerçant. — (Léopold Bougarre). — Noblesse (La), 2769.

Firmin aîné. — (Charles-Jean-Noël Becquerelle). — Parallèle, 3108.

Fleury (Mlle). — (Catherine-Sophie Aubert). — Aglaure d'Almont, 60. — Léontine, 2117. — Zélisca, 4608.

Florville. — (Bauduin-Gaviniès). —

Préludes, 3347. — Rêveries, 3733.

Fongeray (M. De). — (Adolphe Dittmer et Hygin-Auguste Cavé). — Soirées (Les) de Neuilly, 3911.

Forbois (De). — (Silvestre). — Almanach du commerce, 101.

Forster (Charles De). — (Milkowski). — Quinze ans à Paris, 3497.

Fortsas (Le comte De). — (Renier Châlon, de Mons). — Catalogue, 491. — Notice biographique, 2792.

Fortunatus. — (Fortuné Mesuré). — Procuste (Le), 3400.

Francheux (P.-N.). — Ferdinand-Jules Hénaux). — Vieux (Les) ponts, 4484.

Francis. — (Cornu). — Isaure, 1987. — Savetier (Le) de Toulouse, 3832.

Francisque L***. — (Antoine-François Lallemant). — Lord Guizot, 2294.

François De Sales (Le Père). — — (Pierre Péquinot). — Trappe (La) mieux connue, 4179.

François d'Oraison (Le Père). — (Le marquis d'Argens). — Lettre signée, 2192.

Frédéric. — (Pierre-Frédéric Du Petit-Méré). — Fille (La) tambour, 1559. — Moulin (Le) des étangs, 2713.

Frédéric-Gaëtan. — (Le marquis De La Rochefoucauld-Liancourt). — Midi, 2625.

Frédol (Alfred). — (Horace-Bénédict-Alfred Moquin-Tandon). — Carya Magalonensis, 452. — Histoire d'une souris, 1872. — Monde (Le) de la mer, 2661.

Frère Jean. — (Vaugan). — Du neuf, 1128.

Fréville. — (A.-J.-P. Frieswinckel). — Histoire des chiens, 1837. — Vers homonymes, 4391.

Fridensman. — (Guillaume-André-René Baston). — Docteur (Le) romain, 1093.

Froment. — (Louis Guyon). — Police dévoilée, 3292.

G

G***. — (L'abbé Louis-Dominique Louis). — 2245.

G. F. (Le comte). — (François-Joseph Darut, baron de Grandpré). — Aimable (L') petit-maître, 69.

Gallistines (Auguste). — (Auguste Gilles). — Poésies fugitives, 3282.

Galme (De). — (J.-E. Pélagaud). — Biographie, 382.

Gastaldi (De). — François-Jean-Baptiste Noël). — Dîner (Le), 1039.

Gauchet (Claude). — (Le baron Jérôme Pichon). — Recueil de dissertations, 3563.

Gauffrecourt (De). — (Capparonnier). — Traité de la reliure, 4159.

Geller (J.-H.-Fr.). — (Elisabeth Guénard, baronne Brossin de Méré). — Petits (Les) orphelins, 3208. — Victor, 4408.

Général (Le) des jésuites. — (Le baron Frédéric-Auguste-Ferdinand-Thomas de Reffenberg). — Réponse, 3698.

Genty. — (Le comte Léopold-Joseph-Sigisbert Hugo). — Mémoires sur les moyens, 2582.

Geoffrey Crayon. — (Washington Irving). — Historiettes, 1898.

Gerber (Anatole). — (Berger). — Rosane, 3781.

Géreon (Léonard de). — (Eugène Ronteix). — Rampe (La), 3504.

Germigny (Paul). — (Charles-Auguste Grivot). — Une lyre, 4309.

Giguet (Antoine). — (Edélestand Du Méril). — Art (L') poétique, 262.

Gorgias. — (Eugène Paignon). — Eloquence, 1232.

Grandfort (Manoel De). — (Mme Marie de Fontenay). — Autre (L') monde, 289.

Grandpré (Gustave de). — (Auguste-Julien-Marie Lorieux). — Abbaye (L'), 13. — Humoristes (Les), tr. de l'angl., 1924. — Promenade, 3419.

Grandpré (Mlle De). — (Mlle Chevalier). — Marquis (Le) de Valmer, 2413.

Granville. — (Charles-François Grandin). — Paulin, 3141.

Gravillon (De). — (Arthur-Antoine-Alphonse Péricaud). — De la malice, 861. — De l'oisiveté, 869. — Dévotes (Les), 1002. — Elévations, 1203. — J'aime les morts, 2004. — Méditations, 2440.

Grégoire (A). — (Vincent Lombard, de Langres). — Mémoires de l'exécuteur, 2510.

Grye (Guy de la). — (François-Régis Chantelauze). — Portrait, 3310. — Supplément, 4030.

Guérin-Dulion. — (Léon Guérin). — Vieilles et nouvelles histoires, 4473.

Guillaume. — (L'abbé Guillaume-André-René Baston). — Guillaume, prêtre, 1716.

H

H.-A. K. S. — (Henri-Alexis Cahaisse). — Ministres (Les) anciens, 2635.

H. Bl. — (Louis-François L'Héritier, de l'Ain). — Roi (Le) règne, 3769.

Hachis (Léon). — (Evrard). — Un duel, 4248.

Haberghen (Henri). — (Charles Froment). — Coup-d'œil, 742.

Heilly (Georges D'). — Edmond Poinsot). — Scandale (Le), 3835. — Anonymes et pseudonymes. *Paris*, Rouquette, 1867, in-16.

Henri Christian. — (C. Leblanc). — Problème de la jeunesse, 3388.

Henri Ratincks. — (Dumont). — Almanach historique, 103.

Henri-Simon. — (Dautreville). — Nicolas Flamel, 2761. — Une visite à Charenton, 4329.

Henri Van Habergen. — (Charles Froment). — Coup-d'œil, 742.

Herbauges (Jules D'). — (Mlle de Saint-Aignan, de Nantes). — Esquisses et récits, 1319.

Herman. — (Le baron H.-J. de Trappé. — Notice, 2829.

Hermant. — (Mme Cormette). — Un bonheur sans nuages, 4239. — Une femme, 4303.

Herschell. — (Victor Considérant et Joseph-Nicolas Nicollet). — Publication, 3446.

Hilaire-le-Gai. — (Gratet-Duplessis). — Petite encyclopédie, 3196.

Hildour. — (Sérène d'Acquiera). — Trait du caractère, 3143.

Hippolyte Niade. — (Charles Lepage). — Six années, 3899.

Holstein (Le vicomte D'). — (Maxime Catherinet de Villemarest). Saint-Cloud, 3803.

Hyacinthe. — (Decomberousse). — Louise, 2302.

Hyeval (Noël). — (Léon Halevy). — Emma, 1237.

I

Ibrahim Manzour Effendi. — (Alphonse-Théodore Cerfbeer). — Mémoires, 2576.

Ida de Saint-Elme. — (Elzélina Van Aylde Jonghe). — Contemporaine (La) en Egypte, 684. — Episodes, 1271.

Imbert de la Phalèque. — (Louis-François L'Héritier, de l'Ain). — Notice sur Paganini, 2859.

Intronati. — (Charles Estienne). — Abusés (Les), 35.

Irner. — (Louis-Henri Martin). — Wolfthurm, 4604.

Isole (Louise). — (Mme Riom). — Après l'amour. *Paris*, Lemerre, 1867, in-12. Poésies. — La préface, signée E. L., est de M. Eugène Loudun.

J

— Hermites (Les) en prison, 1752.

Juif (Le)-errant. — (Roisselet de Sauclières). — Boursicotiérisme (Le), 407. — Des prétendues évocations, 953. — Histoire de la captivité, 1804. — Histoire du premier concile, 1861. — Histoire du règne de Louis XVI, 1863.

Jules. — (Dulong). — Voile (Le) bleu, 4511.

Jules. — (Jules-Henri Vernois, marquis de Saint-Georges). — Tigresse, 4115.

Justin. — (François-Charles-Joseph Grangagnage). — Congrès (Le) de Spa, 642. — Voyages et aventures, 4584.

K

K et Z. — (Charles Malo). — Almanach des spectacles, 99.

Karel-Reynaert. — (Victor-Vincent Joly). — Un épicier à M. de Brouckère, 4251.

Kerlis (Le docteur A.). — (Charles Héguin de Guerle). — Prusse (La) galante, 3442.

Koutlouc-Fouladi. — (Senkouski). — Lettre, 2168.

L

L. Conventionnel. — (Le baron Etienne-Léon de Lomothe-Langon). — Histoire pittoresque, 1890.

L. P. M. B. — (Edme Champion). — Un vieux ouvrier, 4281.

Laborie (J. de). — Fourdrin aîné). — Mahomet, 2337.

Lacour (N.-E.). — (Louis-Marie La Révellière-Lépeaux). — Au citoyen Texier, 275.

Lacour (Paul De). — (Paul Ristelhuber). — Bouquet (Le), 402.

Lacqueyrie. — (Jean-Baptiste Pélissier). — Dame (La) du Louvre, 793. — Moulin (Le) des étangs, 2713. — Nelly, 2754.

La Messine. — (Mme Juliette Lamber). — Idées, 1932.

Lamothe-Houdancour. — (Le baron Etienne-Léon de Lamothe-Langon). — Louis XVI, 2296.

Landsvriend (H.-E.). — (Henri Bruneel). — Scènes historiques, 3844.

Laorthy-Hadji (Le Révérend Père). — (Le baron Isidore-Justin-Sévérin Taylor). — Syrie (La).

Lapanouse (Joseph de). — (L'abbé

Pierre-Denis Boyer). — Duel (Le), 1158.

Launoy. — (Antoine Péricaud). — Lettre, 2200.

Léandre. — (Mgr Richard-Antoine-Corneille Van Bommel). — Lettres, 2213.

Lebrun (Camille). — (Mlle Pauline Guyot). — Trois mois, 4216.

Lefebvre (Le docteur René). — (Edouard Laboulaye). — Etudes morales, 1427. — Paris en Amérique, 3117.

Lejugeneutre (Henri). — (Eugène Hubert). — Moyen, 2718.

Lelièvre (Mlle). — (Marc-François Guillois). — Prophéties, 3429.

Léo (André). — (Mme veuve Champceix). — Deux (Les) filles de M. Plichon, 1561. — Jacques Galéron, 2002. — Un divorce, 4245. — Un mariage scandaleux, 4266. — Une vieille fille, 4328.

Léopold. — (Courtier). — Voile (Le) bleu, 4511.

Letourneur (A.-G.-P.-François). — (Ajasson de Grandsagne et Eugène Pirolle). — Poïata, 3289.

Levens. — (Jeanin). — Mes rapsodies, 2609.

Lionel de Boyergie. — (Auguste-Félix Dubourg). — Asmodée, 266.

Listener (Richard). — (Charles Ménétrier). — Agar, 58. — Amour (L') fraternel, 137. — Ariel, 236. — Arracheur (L') de dents, 244. — Arthur de Bretagne, 263.

Lombez (Le père de). — (La Peyrie). — Traité, 4155.

Loudun. — (Eugène Balleyguier). — Angleterre (L'), 171. — Bretagne (La), 413. — Couvent (Le) des Carmes, 768. — Derniers (Les) orateurs, 927. — Deux (Les) paganismes, 996. — Etude, 1421. — Exposition, 1479. — Général Abatucci, 1645. — Moulins (Les) en deuil, 2714. — Pères (Les) de l'Eglise, 3168. — Salon (Le) de 1852, 3811. — Salon (Le) de 1857, 3812. — Trois (Les) races, 4219. — Vendée (La), 4364. — Victoires (Les), 4406.

Louis. — (Louis-François de Bilderbeck). — Mouchoir (Le), 2712.

Louis Benoît. — (Sébastien-Benoit Peytel). — Physiologie de la Poire, 3222.

Louis Reinier de Lanfranchi. — (Le baron Etienne-Léon de Lamothe-Langon). — Voyage à Paris, 4526.

Louise-Evélina. — (Mme Désormé-ry). — Evariste de Mauley, 1444.

Loy (V.). — (Victor-Vincent Joly). — Biographie, 367.

Lucrèce Junior. — (Déal). — Plus (Les) grandes matières, 3257.

Ludovic. — (Louis Guilleau). — Aimer, prier, 73.

Lyden (De). — (Jules Meilheurat). — Voyage, 4534.

Lyonnet (L'abbé). — (L'abbé Cattet). — Vérité (La), 4381.

M

M. A***. — (Auguste-Philibert Châlons-D'Argé). — Histoire critique, 1776.

M. A. D***. — (Aurore Bursay). — Jambe (La) de Bois, 2005.

M. de ***. — (Pierre-Marie-Michel Lepeintre-Desroches). — Quatre mois, 3461.

M. de B***. — (Alexandre-Louis-Bertrand Robineau). — Frères (Les) amis, 1618.

M. de C***y. — (Horace-Napoléon Raisson). — Code de la chasse, 595.

M. De ***. — (François Fertiault). — Histoire de la dentelle, 1809.

M. H., doyen des habitués du café de Foi. — (Alexandre Martin). — Manuel de l'amateur, 2364.

M. l'abbé D***. — (Guillaume-André-René Baston). — Confessions, 639.

M. de L'Etoile. — (Jacques-Philippe Laroche). — Saphira, 3821.

M. Gratien. — (Le même). — Rareté (La), 3510.

M. le duc D***. — (Etienne-Léon de Lamothe-Langon). — Soirées de Charles X, 3912.

M. L***, conventionnel. — (Le baron Étienne-Léon de Lamothe-Langon). — Histoire pittoresque, 1890.

M. O***. — (François-Jean Guizot). Notice, 2881.

M. Pierre, de Lyon. — (Alexis Rousset). — Mort (La) de Danton, 2702. — Mort (La) de Mirabeau, 2704.

M. X. — (L'abbé Bourassé). — Dictionnaire d'épigraphie, 1017.

Mme ***. — (Antoine-Nicolas Béraud, L.-Fr. L'Héritier, de l'Ain, J.-B.-Auguste Imbert et Philippe-Jacques Laroche). — Veillées (Les) d'une captive, 4357.

Mme de C***. — (Mme Guyot). — Amélie de Saint-Phar, 124.

Mme De ***. — (Le baron Etienne-Léon de Lamothe-Langon). — Duchesse (La) de Fontanges, 1156.

Mme Jenny D***. — (Hugues-Marie-Humbert Bocon Lamerlière). — Souvenirs, 3954.

Mme La Douairière D'Avray. — (Joseph Demoulin). — De l'amour, 817.

Mme Olympe. — (Théophile-Marion du Mersan). — Diane de Poitiers, 1012. — Retour (Le) d'un auteur, 3723.

Mme S***. — (La comtesse Molé de Champlâtreux, née de la Briche).

— Elisa Rivers, trad de l'angl., 1206.

Mme S. E***. — (Elzélina Van Aylde Jonghe). — Garde (Le) national, 1637.

Mme Villeneuve. — (François Cizos-Duplessis). — Folie (La), 1573.

Mme la comtesse de Mal***. — (Claire-Marie Mazarelli, marquise de la Vieuville de Saint-Chamond). — Lettres, 2215.

Macé Desportes. — (Henry D'Escamps. — Histoire, 1875.

Magloire Neyral. — (Jean-Antoine Gleizes). — Biographie castraise, 359.

Magnitot. — (Antoine-François Eve). — Célestine, 512.

Main de maître. — (Catherine II). — Stiepan, 4009.

Maître Jacques. — (Le docteur Ourgand). — Esprit (L') del tens, 1310.

Malvins. — (Le marquis Louis-Pierre-François-Adolphe de Chesnel de La Charbouclais). — Erreurs des médecins, trad. de l'anglais, de Dickson, 1304.

Malvoisine (E.-G. de). — (Joseph-François Grille). — Itinéraire, 1996. — Philosophie, 3215. — Siége (Le) d'Anvers, 3879. — Ver (Le) rongeur, 4368.

Mané. — (Henri de Pène). — Paris effronté, 3116.

Mangenville (Le comte de). — (Emile-Marc Hilaire). — Art (L') de ne jamais manger chez soi, 255.

Manuel. — (Emile Lépine). — Joies (Les) dédaignées, 2042.

Marcellus. — (Amédée Marteau). — Coalition (La) ultramontaine. *Paris*, Poulet-Malassis, 1860, br. in-8. — Satires, 2825.

Marcy (Léon). — (Jules Rouquette). — Testament, 4084.

Marie D'Heures. — (Clotilde-Marie Collin, de Plancy). — Trente-cinq contes, 4183.

Marie Jenna. — (Céline Renard). — Elévations, 1204.

Marius Nothing. — (Maurice Dreyfus). — Comédiens (Les), 611.

Marlinski. — (Bestucheft). — Ammalet-Beg, 131.

Mars (V. De). — (Duc D'Aumale). — Zouaves (Les), 4614.

Marsay (Ludovic de). — (Albert-André Patin de La Fizelière). — Manuel, 2366.

Martiney (Léon). — (Louis-Montain-Victor Le Floch). — Une coquette, 4291.

Marville (Philippe). — (Philippe-Eléonor de Létang). — Echelle (L') du mal, 1164. — Monsieur Alfred, 2671.

Masson (Michel). — (Auguste-Michel-Benoît Gaudichot). — Capitaine (Le), 442. — Enfants (Les) de l'atelier, 1254. — Jeune (La) régente, 2032. — Ne touchez pas à la reine, 2747. — Romans (Les) de la famille, 3772. — Souvenirs, 3969. — Thadéus, 4088. — Trois (Les) Marie, 4213. — Un mariage, 4264. — Une couronne, 4293. — Vierge et martyre, 4478.

Mattheus. — (Le vicomte Emmanuel d'Harcourt). — Nouveau (Le) riche, 2909. — Pétition, 3204.

Max Valrey. — (Mme Soler). — Filles (Les) sans dot, 1562. — Marthe de Montbrun, 2419. — Ces pauvres femmes ! 505. — Victimes (Les), 4404.

Maxime James. — (Maxime Catherinet de Villemarest et Auguste Rousseau). — Mémoires de mes créanciers, 2525.

Meiners (W.). — (Louis-François L'Héritier, de l'Ain). — Principes généraux, 3381.

Mélesville. — (Anne-Honoré-Joseph Du Veyrier). — Maison (La) du vengeur, 2345. — Zampa, 4606.

Membres (Les) d'une opposition. — (Antoine Madrolle). — Lettre, 2157.

Mériclet (A. G. de). — (A. Guitton). — Mémoires, 2539. — Physiologie de l'espoir, 3223. — Pierre, 3224.

Merville. — (Pierre-François Camus). — Baron (Le) de l'Empire, 324. — Contes, 704. — Contrariant (Le), 712. — Deux (Les) apprentis, 983. — Ecrivain (L') public, 1181. — Jeune (Le) prince, 2037. — Paul Briolet, 3140. — Procureur (Le) impérial, 3399. — Savetier (Le), 3832. — Vagabond (Le), 4340.

Méséthos (J.-L.). — (Théodore-P. Bastins). — Corniphonie (La), 724.

Meuret (André). — Ferdinand-Jules Hénaux). — Chasse (La) aux souvenirs, 539.

Michel-Morin. — (Jules Chabot de Bouin et Auguste Dubois). — Gil Blas (Le) du théâtre, 1664.

Michel Raymond. — (Louis Raymond Brucker). — Intimes (Les), 1974. — Loi de liberté, 2284. — Maçon (Le), 2324. — Puritain (Le), 3450. — Sept (Les) péchés, 3866. — Un secret, 4277.

Miltenberg. — (Auguste-Henri-Jules Lafontaine). — William Hilnet, 4603.

Minette (Mlle). — Marie-Jeanne Ménétrier). — Piron chez Procope, 3240.

Miracoloso Fiorentini (Le docteur). — (Le docteur Le Preux). — Lettre, 2169.

Mirecourt (Eugène de). — (Eugène Jacquot). — Avant, pendant et après, 298.

Miron (A.). — (Achille Morin). — Examen du christianisme, 1458. — Histoire critique, 1777.

Moi. — (Alexis Doinet). — Eux, 1441.

Molé (Julie). — (Bursay). — Misanthropie et repentir, 2642.

Moléri. — (Hippolyte Demolière). — Guides, 1712-1713.

Monglave (De). — (François-Eugène

Garay). — Biographie pittoresque, 381.

Monnières. — (J.-Abel Hugo) — Pierre et Thomas Corneille,

Monrose. — (Louis Barizain). — Obstacle (L') imprévu, 2993.

Montigny. — (Adolphe Lemoine). — Doigt (Le) de Dieu, 1103.

Montjoie. — (Christophe-Félix-Louis Ventre de la Touloubre). — Almanach, 95. — Histoire, 1822. — Lettre, 2195. — Principes, 3380.

Morency (G. De). — (Barbe-Suzanne-Amable Giroust). — Illyrine, 1945.

Morlon (G. De). — (Le marquis de Cherville). — Dernier (Le) crime, 924.

Mortonval. — (Alexandre-Furcy Guesdon). — Campagnes de France, 437. — Capucin (Le), 445. — Comte (Le) de Villamayor, 632. — Dame (La) de Saint-Bris, 792. — Don Martin Gill, 1110. — Fils (Le) du meunier, 1565. — Fray Eugénie, 1615. — Histoire de la guerre, 1810. — Histoire des campagnes d'Allemagne, 1834. — Histoire des campagnes de France, 1835. — Histoire de la Vendée, 1841. — Histoire militaire, 1885. — Maurice Pierret, 2429. — Mon ami Norbert, 2654. — Tartuffe (Le) moderne, 4079. — Un secret d'Etat, 4278.

N

N. A. G. D. B. — (De Santeul). — Tableau des écrivains, 4057.

N. A. N. D. — (Ferdinand-Jules Hénaux). — Dissertation, 1076.

N... O. — (L'abbé Aimé Guillon de Mauléon). — Basilidès, 327.

Nantua (Antoine). — (G.-A. Crapelet). — Réponse, 3691.

Narratius Viator. — (Grandsire). — Vingt jours de route, 4494.

Navarin (Charles). — (Charles Ternaux). — Aventures de Don Juan, 302.

Navery (Raoul De). — (Mme Marie David). — Bonheur (Le), 391. — Chemin (Le) du paradis, 550. — Choix (Le) d'une femme, 566. — Enfant (L') prodigue, 1252. — Fille (La) du coupeur de paille, 1557. — Jeanne-Marie, 2021. — Mémoires, 2554. — Missionnaire, 2644. — Monique, 2665. — Odyssée, (L') d'Antoine, 3009. — Religieuses (Les), 3662.

Neuville. — (Auguste-Félix Dubourg). — Œuvres d'un désœuvré, 3035. — Portefeuille, 3303.

Newil (Charles). — (Adrien-Charles-Alexandre Basset). — Contes excentriques, 705.

Noisiel (La marquise De). — Mme de Pellaprat). — Marquise (La), 2414.

Nore (Alfred De). — (Le marquis Louis-Pierre-François-Adolphe de Chesnel de la Charbouclais). — Animaux (Les), raisonnant, 175. — Coutumes, 765. — Livre (Le), 2276.

Norgiat (A.). — (Auguste Rogniat). Italie (L') conquise, 1992.

O

Odry. — (Théophile Marion Du Mersan). — Complainte, 624.

Odry. — (Gabriel Montigny). — Trois messéniennes, 4215.

Old Book. — (Schmit). — Eglises (Les) gothiques, 1189.

Old Nick. — (Emile Dauran Forgues). — Jane Eyre, 2006.

Onuphre. — (Onuphre-Benoît-Claude Moulin). — Nécrologie, 2751. — Notice, 2830.

Orrofilo Ausonico. — (Le comte Pasero de Corneliano). — Notice bibliographique, 2791.

P

P. B. — (André-Joseph Grétry). — Nouveau. (Le) théâtre, 2914.

Palman (Emile De). — (Charles Rabou et H. Regnier Destourbet). — Histoire de tout le monde, 1798.

Panalbe (C.-B. De). — (Charles Brugnot de Painblanc). — Eloge de la folie, d'Erasme, nouvelle édition, 1214.

Patriarche (Le) Abraham. — Henri Vauquier). — Physiologie, 3221.

Paulus Studens. — (Victor Héneaux). — Souvenirs, 3970.

Penhoët (Olivier et Tanneguy de). —(Alfred Mainguet et Jean-Marie-Anatole Chabouillet). — Polichinelle, 3293.

Personne. — (L'abbé Peurette). — Une intrigue, 4306.

Philalète, Philarète et Philadelphe. — (C.-R. Féburier). — Entretiens, 1259.

Philarète Stanz. — (L'abbé Michaud). — A quoi servent les moines, 10. — Maire (Le) et le curé, 2340.

Philarmos. — (Marie De La Fresnaye). — Dialogue, 1006. — Divine (La) dramaturgie, 1087. — Hymnes patriotiques, 1929. — — Lucine en bonne humeur,

2307.—Museum (Le) Pindarique, 2726. — Nouvelle traduction de Perse, 2942. — Ode, 3000. — Rencontre, 3679.

Philippe.—(Aymès).—Biographie, 344.

Philomneste. — Etienne-Gabriel Peignot). — Amusements, 144.

Philothée. — (Francisque Bouvet). — Du Pape, 1130.

Philotée O'Neddy. — (Théophile Dondey). — Feu et flamme, 1545.

Pictor (Gabriel). — (Auguste Jal). — Manuscrit (Le) de 1905, 2391.

Pierre Victor. — (Lerebours). — Documents, 1100.

Placide-Le-Vieux. — (Jean-Armand Charlemagne.) — Epître, 1296. — Mélodrame (Le), 2455. — Mirkilan, 2638.

Pontan (De). — (Le baron de Ponnat). — Croix (La), 780.

Prudhomme (Anastase-Oscar). — (Henri-Florent Delmotte). — Scènes populaires, 3846.

Q

Quatre bohémiens. — (Félix-Joseph Delhasse et Théophile Thoré). — En Ardenne, 1243.

Quatre professeurs de l'Université. — (Victor Verger). — Dictionnaire classique, 1014.

R

Rahl (Charles). — (Ralhenbeck). — — Belges (Les), 332. — Histoire, 1829. — Villes (Les) protestantes, 4491.

Rambler. — (A. Cralle). — Revue, 3744.

Raucourt (Mlle).—(Françoise-Marie-Antoinette Clairien). —Henriette, 1732.

Ravenel (Marie). — (Mme Lecorps). — Poésies, 3280.

Raveinsteins (La baronne Adele de). — (Mme la baronne Adèle de Reiset). — Histoire de Sainte-Odile, 1795.

Rechastelet (Adolphe). — (Charles Teste). — Servitude (La) volontaire, 3875.

Réfuveille. — (Jean-André Reloi). — Boïeldieu, 387.

Regreb. — (Berger). — Dialogue, 1007.

Reter de Brigton (Le Docteur). — (Hippolyte-François Regnier Destourbet). — Manuel populaire, 2389.

Rhéal (Sébastien). — Sébastien Gayet). — Chants (Les) du psalmiste, 529. — Divines poésies,

1088. — Hippolyte Porte-Couronne, 1766. — Nouvelles stations, 2960.

Rieux (A. De). - (Alexandre Carra De Vaux). — Eudoxe, 1434.

Robert. — (Castel). — Mémoires d'un claqueur, 2540.

Robespierre. — (Moreau-Rosier). — Mémoires, 2498.

Roch-Pèdre. — (Roch-Pierre-Paillard). — Jeunesse et maturité, 2040.

Rochelle. — (Amédée Marteau). — Ultramontanisme (L'), 4233.

Rochemont (Louis-Jacques). — (Le baron Etienne-Léon de Lamothe-Langon). — Mémoires d'un vieillard, 2551.

Rœder (Georges). — (Armand Barenton). — Physiologie du sentiment, 3229.

Rolland (J.-E.). — (A. Péricaud). — Nouveau vocabulaire, 2919.

Romainville (C.-D.). — Charles Dumoulin). — A quoi bon le grec? 9.

Rosirecci. — (C. Croisier). — Roméo et Paquette, 3779.

Rossi (Emile). — (Emile Chevalet). — Amélie, 123. — Scènes, 3839.

Ruben. — (Naigeon). — Panier (Le) d'argenterie, 3096.

S

Sabatier (Mlle Jenny). — (Jenny-Caroline Thircuir). — Rêves, 3734. — Un bon tiens, 4238.

Sachaile (C.). — (Le docteur Claude Lachaise). — Médecins (Les), 2438.

Saint-Ange. — (Alexandre Martin). — Trois méprises, 4214.

Saint-Aubin (Horace de). — (Honoré de Balzac). — Jane la pâle, 2007. — Wann-Chlore, 4601.

Saint-Chamans (De). — Une Aventure, 4288.

Saint-Edme (B.). - (Théodore-Edme Bourg). — Dictionnaire, 1018. — — Itinéraire, 1997.

Saint-Elme (Ida de). — (Elzélina Van Aylde Jonghe). — Contemporaine (La), 684. — Episodes, 1271.

Saint-Germain (J. de). — (Jules-Romain Tardieu). — Art (L') de bien lire, 246. — Art (L') d'être malheureux, 249. — Châlet (Le), 575. — Dolorès, 1107. — Eloge du Luxe, 1223. — Feuille (La), 1548. — Fontaine (La) de Médicis, 1580. — Lady Clare, 2094. — Mignon, 2636. — Miracle (Le) des roses, 2637. — Pour parvenir, 3313. — Pour une épingle, 3314. — Prestiges (Les), 3360. — Propriété (La) intellectuelle,

3431. — Roses (Les), 3785. — Turbotière (La), 4227. — Trève (La) de Dieu, 4189. — Veilleuse (La), 4359.

Saint-Hilaire (Marco de). — (Emile-Marc Hilaire). — Ermite (L') au palais, 1303.

Saint-Jean (Le comte De). — Mme Eugène Riom). — Flux et reflux, 1572. — Reflets (Les), 3594. — Serment (Le), 3868.

Saint-Laurent. — (Léon Guilhaud). — Dictionnaire encyclopédique, 1026.

Saint-Léon. — (Léon-Octave Cavalhero). — Retour (Le), 3719.

Saint-Leu (Le comte De). — (Louis Bonaparte). — Documents historiques, 1097. — Essai, 1359. — Mémoire, 2481.

Saint-Rémi. — (Jean-François Mimaut de Méru). — Auteur (L') malgré lui, 287.

Saint-Surin (Mme de). — (Mme de Monmerqué, née de Cendrecourt). — Hôtel (L') de Cluny, 1922. — Isabelle de Taillefer, 1986. — Maria, 2402. — Miroir (Le) des salons, 2641.

Saint-Yves. — (Edouard Déaddé). — Maugrabin (Le), 2428. — Un Mariage royal, 4265.

Sainte-Foi (Charles). — (Eloi Jourdain). — Chrétien (Le), 567. — Heures sérieuses, 1758, 1759, 1760. — Livre (Le) des âmes, 2274. — Livre (Le) des peuples, 2278. — Mystique (La) divine, 2733. — Sermons de J. Tauler, 3871. — Théologie, 4099. — Vie de N.-S., 4432. — Vie de Saint Ignace, 4438. — Vies, 4476.

Sainte-Hélène (Charles De). — (Jules Pety de Rosen). — De Paris à Meaux, 805. — Souvenirs de voyage, 3961.

Saintes (A.-E. de). — (Alexis Eymery). — Délassements de ma fille, 912. — Délassements de mon fils, 913. — Jean et Julien, 2013. — Passe-temps (Le), 2138. — Petit-Pierre, 3188. — Psyché, 3445. Savant (Le), 3831. — Soirées (Les), 3917. — Thérèse, 4109.

Saintine. — (Xavier Boniface). — Antoine, 206. — Un caprice, 4240.

Salvador. — (Salvador-Jean-Baptiste Tuffet). — Boulevard (Le), 401.

Sam (Le Docteur). — (Samuel-Henri Berthoud). — Petites chroniques, 3202.

Sébastien Albin. — (Mme Hortense Cornu). — Ballades, tr. de l'all., 317. — Gœthe et Bettina, 1671.

Sidi Mahmoud. — (René-Théophile Châtelain). — Lettres, 2220.

Sigisbert. — (Le comte Joseph-Léopold-Sigisbert Hugo). — Aventure (L') tyrolienne, 300.

Simon (F.). — (Gabriel-Antoine-Joseph Hécart). — Simoniana, 3884.

Simonville (De). — (Richard Simon). Comparaison, 623. — Lettres critiques, 2209.

Smith (Paul). — (Guillaume-Edouard-Désiré Monnais). —

T

Tridace-Nafé-Théobrôme de Kaout-Chouck. — Henri-Florent Delmotte). — Voyage pittoresque, 4573.

Trois buveurs d'eau. — (Adrien Lelioux, Léon Noël, Félix Tournachon). — Histoire de Murger, 1787.

Trois (Les) Supposts. — (Claude Bréghot-du-Lut, Gratet-Duplessis, Antoine Péricaud). — Recueil, 3567.

U

Udalric de Saint-Gall. — (Jean-Auguste-Udalric Scheler). — Etude historique, 1417.

Un Académicien de la même ville. — (Claude-Nicolas Lecat). — Réfutation, 3642.

Un Administrateur de la marine.— (Samson). — Service de l'administration, 3874.

Un Adorateur du Soleil. — (Roisselet de Sauclière). — Histoire authentique, 1772.

Un Agriculteur. — (De Thier-Neuville). — Calendrier perpétuel, 433.

Un Alençonnais. — (Du Friche Des Genettes Des Madelaines). — Idées, 1934.

Un Amateur. — (Victor Lagoguée). — Portefeuille, 3302.

Un Amateur. — (Le docteur Le Preux). — Lettre, 2171.

Un Amateur. — (Le prince Nicolas Yousoupoff). — Luthomonographie, 2311.

Un Amateur. — (Antoine-Augustin Renouard). — Catalogue, 455.

Un Amateur. — (Joseph-François Grille). — Théâtres (Les), 4093.

Un Amateur. — (Le comte De Leppel). — Catalogue, 460.

Un Amateur. — (Le marquis Marc-René de Montalembert). — Eloge de Vauban, par Carnot, enrichi d'observations, 1221.

Un Amateur de l'harmonie. — (Joseph Gabriel). — Examen des causes, 1457.

Un Amateur de l'industrie. — (A.-J. Rey de Morande). — Turpitudes académiques, 4229.

Un Amateur, né en 1769. — (Louis-Jean-Baptiste-Mathieu Couture). — Soixante ans, 3921.

Un Ami de ce prince. — (Le chevalier de Prokesch). — Lettre, 2120.

Un Ami de la concorde. — Joseph-Eléazar-Dominique Bernardi). — Lettre, 2131.

Un Ami de la Hollande. — (Charles Durand). — Jour (Le) des prières, 2047.

Un Ami de la liberté. — (Félix

Armand de Durfort). — Quelques réflexions, 3482.

Un Ancien officier au régiment des gardes-françaises. — (Le marquis de Sainte-Père). — Récit fidèle, 3549.

Un Ancien officier du génie. — (Le capitaine A. Brialmont). — Projet de réorganisation, 3409.

Un Ancien professeur de l'Université de Paris. — (L'abbé Jean-Denis Rousseau). — Abrégé de géographie, 20.

Un Ancien vicaire-général. — (L'abbé Guillaume-André-René Baston). — Concordance, 637.

Un Ane dévoué. — (Louis-Martin Bajot). — Animaux (Les) malades, 174.

Un Anglais. — (Le comte Frédéric Dubourg-Butler). — Lettre, 2163.

Un Anonyme. — (Ulysse Capitaine). — Notice, 2841.

Un Anonyme très connu. — (Jean-Baptiste Popelard). — Mignardises littéraires, 2629.

Un Anti-Carillonneur. — (Viancin). — Carillons (Les) Franc-Comtois, 449.

Un Apothicaire. — (Sébastien Blaze). — Mémoires, 2538.

Un Apprenti chansonnier. — (Victor Lagoguée). — Décadence, 901.

Un Auditeur au Conseil d'Etat. — (Le comte Agénor-Etienne de Gasparin). — France (La), 1601.

Un Auteur vivant. — (Gabriel-Antoine-Joseph Hécart). — Quelques préjugés, 3480.

Un Avocat. — (Horace-Napoléon Raisson). Apologie ministérielle, 222.

Un Avocat à la Cour d'appel de Liége. — (Jean Baron del Marmol). — Dictionnaire de législation, 1016.

Un Avocat à la Cour royale de Paris. — (Athanase-Jean-Léger Jourdan). — Code, 597.

Un Avocat du barreau de Paris. — (Jules Forselier). — Vérité (La), 4382.

Un Baron sans baronnie. — (Le baron d'Icher-Villefort). — Réfutation, 3638.

Un Bayonnais. — (Jean-Baptiste Bailac). — Nouvelle chronique, 2935.

Un Belge. — (Lucien-Léopold Jottrand). — Guillaume-Frédéric, 1715.

Un Belge. — (Constant Van der Elst). — Protestantisme (Le), 3436.

Un Belge. — (Jean-Baptiste-Joseph Ghislain Plasschaert). — Esquisse historique, 1315.

Un Belge. — (Henri-Florent Delmotte). — Réveil (Le), 5728.

Un Bénédictin. — (Dom Claude

Un Homme de rien. — (Louis-Léonard de Loménie). — Galerie, 1631. — Guizot, 1719.

Un Homme de travail. — (Alfred-Daniel Bing). — Commerce (Le), 620.

Un Homme du monde. — (Desgeorges). — Quelques mots, 3469.

Un Homme du peuple. — (Benjamin-Edme-Charles Guérard). — Conseils au pouvoir, 650.

Un Homme du peuple. — (Victor Verneuil). — Monsieur Guizot, 2679.

Un Homme grave. — (Jean-Michel-Constant Léger). — Plaisantes recherches, 3043.

Un Homme potence. — (Claude-Théophile Duchapt). — Lettre, 2133.

Un Homme qui ne l'a pas quitté. — (Charles Doris). — Mémoires secrets, 2572.

Un Homme qui ne l'est guères. — (Hercule-Henri Birat). — Chant communiste, 522.

Un Homme raisonnable. — (Marie-Paul-Jules Gallimard). — Ce qu'on dit des femmes, 501.

Un Homme retiré du monde. — (Jean-Armand Charlemagne). — Enfant (L') du crime, 1250.

Un Inconnu. — (Damis). — Mes loisirs, 2606.

Un Incroyant. — (Alphonse Viollet). — Deux mots, 992.

Un Inspecteur des écoles primaires. — (Bernard-H. Mertens). — Bible (La) de l'enfance, 341.

Un Instituteur. — (Antoine Monestier). — Introduction, 1978.

Un Instituteur. — (Basville). — Réflexions, 3597.

Un Invalide. — (Bénigne-Claude-Délorier). — Chansons, 519. — Recueil de chansons patriotiques, 2562.

Un Jésuite défroqué. — (Hugues-Marie-Humbert Bocon de Lamerlière). — Martyrs (Les) lyonnais, 2421.

Un Jeune Breton. — (Périnès). — Conquête (La) d'Alger, 645.

Un Jeune célibataire. — (Honoré de Balzac). — Physiologie du mariage, 3226.

Un Jeune Grec. — (Mme Castel de Courval). — Mémoires, 2544.

Un Jeune montagnard. — (Auguste Demesmay). — Essais poétiques, 1393.

Un Jeune peintre. — (Paul-Emile Detouche). — Epître à N. Poussin, 1288.

Un Jeune poète. — (Chabanon de Maugis). — Réponse, 3700.

Un Jeune volontaire. — (J.-F. Deprez). — Cri (Le) de l'honneur, 774.

Un Jeune voyageur. — (Charles Malo). — Anacharsis (L') français 147.

Un Laboureur. — (Vieilh). — Lettre, 2181.

Un Laïc. — (Laurent-Emile Renard). — Réponse, 3636.

Un Libre penseur catholique. — (Jules Le Chevalier). — Eglise (L'), 1186.

Un Liégeois. — (L'abbé Ransonnet). — Anecdote prophétique, 161.

Un Lieutenant général. — (Pierre Dupont de Létang). — Odes d'Horace, 3006.

Un Lillois. — (Platiau). — Bataille (La), 329.

Un Locataire de Ste-Pélagie. — (Georges-Marie-Mathieu Dairnwell). — Histoire peu française, 1889.

Un Loup d'eau douce. — (L'abbé Jules Jacquin). — Manuel universel, 2390.

Un Luxembourgeois. — (J.-F. Poncin). — Rêveries, 3731.

Un Lyonnais. — (Richard Carbonnel). — Mémoires, 2545.

Un Magistrat. — (Alexandre-Jacques-Denis Gaschon de Molènes). — De la liberté, 859.

Un Maire de campagne. — (Couverchel). — Conseils hygiéniques, 655.

Un Maire de village. — (Le marquis de Belbeuf). — Noblesse (La) française, 2770.

Un Maître d'études. — (Adolphe Oudot). — Deux nouvelles, 994.

Un Malade. — (Joseph Morlent). — Guerre des médecins, 1696.

Un Matagraboliseur. — (Lambert-Ferdinand-Joseph Van Den Zande). — Fanfreluches poétiques, 1519.

Un médecin de la Faculté. — Barbeu du Bourg). — Lettre, 2182.

Un Médecin de Province. — (Michel-Philippe Bouvart). — Lettre, 2183.

Un Membre de l'académie de Blois. — (François-Jules de Pétigny). — Dissertation, 1069.

Un Membre de l'archiconfrérie de St-Vincent. — (Edouard Lavalleye). — Fête-Dieu (La), 1542.

Un Membre de l'assemblée. — (Stanislas de Clermont-Tonnerre). — Au peuple de Paris, 276.

Un Membre de l'édilité parisienne. — (Victor Foucher). — Paris au XIIIe siècle, tr. de l'allemand, 3115.

Un Membre de la Société de Statistique. — (Louis-François Benoiston de Château-Neuf). — Tableau, 4055.

Un Membre de la Société des bonnes lettres. — (Jean Rey). — Vieux (Le) drapeau, 4481.

Un Officier du génie. — (A. Brialmont). — Faut-il fortifier Bruxelles ? 1525.

Un Officier français. — (Le comte de Montravel). — Voyage, 4556.

Un Officier général français. — (Le général Meyer). — Lettres familières, 2233.

Un Officier supérieur. — (Le colonel François Roguet). — Vendée (La) militaire, 4365.

Un Officier supérieur d'artillerie. — (Le chevalier Paul Merlin). — Château (Le) de Carqueranne, 542.

Un Officier supérieur de l'armée de la république (Jean-Julien-Michel Savary). — Guerre (La) des Vendéens, 1699.

Un Officier Vaudois. — (Grand d'Hauteville). — Tableaux synoptiques, 4874.

Un Oisif. — (Julien Chanson). — Almanach du commerce, 102. — Almanach récréatif, 107.

Un Oisif qui n'est ni l'un ni l'autre. — (François de Groiseillez). — Art (L') de devenir, 248.

Un Oisif. —(Jean-Michel Raymond). — Souvenirs, 3974.

Un Page. — (Emile-Marc Hilaire). — Mémoires, 2562.

Un Pair de France. — (Le baron Etienne-Léon de Lamothe-Langon). — Mémoires, 3564.

Un Paresseux. — (Louis-Joseph Dumarquez). — Délassements, 915.

Un Parisien. — (Le Père Jean Dubreuil). — Perspective pratique, 3173.

Un Partisan de la littérature galvanique. — (Victor-Louis-Amédée Pommier). — Pile (La) de Volta, 3239.

Un Patriote. — (Jayet-Fontanay). — Domine Salvum, 1109.

Un Patriote catholique. — (L'abbé C. Louis). — Révolution (La) vengée, 3741.

Un Pauvre acteur. — (Jean-Bernard Brissebarre). — Biographie véridique, 383.

Un Pauvre citoyen. — (Edouard Charton). — Doutes, 1113.

Un Pauvre hère. — (Delcour et Gustave de Bonnet). — Mémoires, 2547.

Un Paysan. — (Louis Gillods). — Du régime parlementaire, 1139.

Un Paysan champenois. — (De Colmont). — Très-humble supplique, 4185.

Un Paysan de la Vallée-aux-Loups. — (Hyacinthe Thabaud de Latouche). — Epître, 1281.

Un Penseur. — (Mme T.-V. de Manne). — Portefeuille, 3305.

Un Père de famille pétitionnaire. — (Richard-Antoine-Corneille Van Bommel). — Trois chapitres, 4804.

Un Petit-neveu du prieur Ogier. — (Pierre Rostain). — Matanasiennes, 2425.

Un Plaisant. — (François-Marie Mayeur). — Honni soit, 1916.

Un Poète de la ville de Rouen. — (Pierre Mainfray). — Rhodienne (La), 3751

Un Portugais de distinction.—(Marreto-Feio). — Don-Miguel, 1108.

Un Prêtre de la très-sainte congrégation, etc. — (Le Père Lefebvre). — Manuel, 2368.

Un Prêtre de la congrégation des missionnaires Oblats. — (Charles-Joseph-Eugène de Mazenod). — Vie de François-Marie Camper, 4421.

Un Prêtre du diocèse. — (L'abbé Chauvet). — Notice sur la vie, 2854.

Un Prêtre du diocèse de Liége. — (L'abbé N.-J. Carpentier), — Livre (Le), 2271.

Un Prêtre du diocèse de Liége. — (L'abbé J.-H. Thomas). — Petit Sermon, 3190.

Un Prêtre du diocèse de Liége. — (L'abbé Burgers, de Visé). — Maximes, 2433. — Méditations, 2443.

Un Prêtre du diocèse de Liége. — (L'abbé Mathieu Bodson). — Principes de théologie, 3378.

Un Prêtre du diocèse de Nancy. — (L'abbé Lange). — Eléments de plain-chant, 1197.

Un Prêtre du diocèse de Tulle. — (L'abbé Borie). — Vie, 4456.

Un Prêtre régicide. — (Alexandre Martin). — Mémoires, 2549.

Un Prêtre schismatique-constitutionnel. — (L'abbé Guillaume-André-René Baston). — De l'absolution, 809.

Un Professeur. — (Frédéric Hennebert). — Cours élémentaire, 759.

Un Professeur — (Alphonse Le Roy). — Jury (Le) d'examen, 2087.

Un Professeur. — Jean-Anthelme Brillat-Savarin). — Physiologie du goût, 3224.

Un Professeur au petit séminaire de Chartres. — (L'abbé Flèche). — Petite géographie, 3198.

Un Professeur au séminaire de Langres. — (L'abbé Léon Godard). — De la démocratie, 833.

Un Professeur de l'Université. — (Adolphe Roussel). — Méditations, 2444.

Un Professeur d'histoire. — (Adam-Charles-Jules Libert). — Précis, 3328.

Un Professeur de théologie. — (L'abbé Pierre-Denis Boyer). — Antidote, 198.

Un Propriétaire des Antilles. — (Antoine-Joseph Rey de Morande). — De la faillite, 839. — Nouvelle source, 2940. — Réussite, 3726.

Un Subrécargue. — (Nonay). — Vérité (La) sur Haïti, 4378.

Un Suisse. — (Le marquis Marc-Marie de Bombelles). — Avis raisonnable, 312.

Un Suisse, — (Dellient). — Histoire du pays de Vaud, 1800.

Un Supérieur de séminaire. — (L'abbé Jean-Edme-Auguste Gosselin). — Méthode, 2616.

Un Supérieur de séminaire. — (L'abbé André-Jean-Marie Hamon). — Traité de la prédication, 4158.

Un Témoin de sa vie. — (Mme Victor Hugo). — Victor Hugo, 4410.

Un Témoin de ses fautes. — (Théodore de Banville). — Comédie (La) française, 612.

Un Témoin oculaire. — (Jean-Bernard-Brissebarre). — Epouse (L') modèle, 1300.

Un Témoin oculaire. — (Honoré-Nicolas-Marie Du Veyrier). — Anecdotes historiques, 163.

Un Témoin oculaire. — (Hugues-Marie-Humbert Bocon de Lamerlière). — Lyon en 1840, 2314.

Un Témoin oculaire. — (Harro-Paul Harring). — Mémoire, 2577.

Un Témoin oculaire. — (Alexandre Martin). — Promenade à Reims, 3418.

Un Théologien. — (Le Père Caffaro). — Lettre, 2189.

Un Touriste. — (René de Semallé). — Lettre, 2232.

Un Touriste flamand. — (René Spitaels). — De Bruxelles, 802.

Un Travailleur. — (Jean-Charles Defosse). — Œuvres, 3036.

Un Travailleur devenu propriétaire. — (Jean-Baptiste Firmin Marbeau). — Politique des intérêts, 3295.

Un Valet de chambre congédié. — (Eugène-Constant Piton). — Biographie, 365.

Un Valet de chambre. — (Paul D'Hormois). — Cour (La) à Compiègne, 749.

Un Valet de place. — (Le duc d'Arenberg). — Esquisse, 1314.

Un Vaudevilliste. — (Louis-François-Théodore-Anne et Auguste Rousseau). — Un de plus, 4242.

Un Vicaire de campagne. (L'abbé Epineau). — Mémoires, 2550.

Un Vicaire général. — (L'abbé Marguet). — Essai, 1351.

Un Vieil actionnaire. — (Bonnaire). — Singulière profession de foi, 3892.

Un Vieil électeur. — (Berryer père). — Derniers vœux, 928.

Un Vieil enfant. — (Feuillet de Conches). — Contes, 699.

Un Vieillard. — (Urbain-René-

V

W

Ward. — (Mlle Van Deursen). — Planton (Le), 3254.

Weyer (De), De Streel. — (L'abbé Vivier, de Streel). — Cinéïde (La), 582.

Willem Crap. — (B.-H. de Corte, baron de Walef). — Chat (Le) Volant, 541.

Wilsens (Bénédict). — (Ferdinand-Jules Hénaux). — Histoire de la commune de Spa et de ses eaux minérales, Spa (Bruxelles, Lelong), 1859, in-16.

Wroncourt (Emile De). — (Emile Colliot). — Histoire, 1903.

X

X. (l'abbé). — (L'abbé Michaud). — Recherches, 3529.

Xavier. — (Vérat). — Agar, 58. — Amour (L') fraternel, 137. — Maugrabin (Le), 2428.

Xavier. — (l'abbé Gridel). — Ordre (L') Surnaturel, 871.

Y

Yon. — Folie (La) et l'amour, 1575.

Yreith. — (Thiéry). — Voyage des Muses, 4552.

Z

Zarillo. — (P.-R. Auguis). — Lettres, 2223.

ERRATA

Page 4. — Art. 36. — De La Touche, *lisez* : De Latouche.
.... 9. — Art. 96. — Deputé, *lisez* : Déporté.
.... 11. — Art. 124. — Mme de C***, *lisez* : Mme de G***.
.... 14. — Art. 161. — Un Liégois, *lisez* : Un Liégeois.
.... 20. — Art. 215. — Windel, *lisez* : Wendel.
.... 31. — Art. 345. — Bibliommape, *lisez* : Bibliomappe.
.... 35. — Art. 393. — Schmidt, *lisez* : Schmid.
.... 37. — Art. 416. — Jean-Louis Dugas, *lisez* : Jean-Marie-Louis Dugast.
.... 71. — Art. 800. — Giraud, *lisez* : Girault.
.... 87. — Art. 973. — Tridau, *lisez* : Tridace.
.... 89. — Art. 1000. — Kellerman, *lisez* : Kellermann.
.... 108. — Art. 1205. — Wallée, *lisez* : Vallée.
.... 127. — Art. 1427. — La Granville, *lisez* : La Grandville.
.... 131. — Art. 1465. — Millot, *lisez* : Mullot.
.... 140. — Art. 1561. — Champseix, *lisez* : Champceix.
.... 151. — Art. 1680. — Joseph, *lisez* : Jean.

.... 154. — Art. 1710. — Honoré, *lisez*: Hector.

.... 160. — Art. 1760. — Gul, *lisez*: Goult.

.... 165. — Art. 1816. — Marquis, *lisez*: comte.

.... 167. — Art. 1839. — Théodore, *lisez*: Théodose.

.... 170. — Art. 1861. — Conseil, *lisez*: concile.

.... 173. — Art. 1894. — Geoffroy, *lisez*: Geoffrey.

.... 195. — Art. 2120. — Prakesh, *lisez*: Prokesch.

.... 207. — Art. 2351. — Jean-Baptiste D'Alban, *lisez*: Jean-Baptiste-Pierre Dalban.

.... 223. — Art. 2421. — De, *lisez*: dit.

.... *id.* — Art. 2423. — Wuylen, *lisez*: Weylen.

.... 228. — Art. 2473. — Chicot, *lisez*: Chivot.

.... 234. — Art. 2533. — Hyacinthe, *lisez*: Hygin.

.... 240. — Art. 2594. — Frédéric, *lisez*: Frédéricx.

.... 247. — Art. 2671. — Létang, *lisez*: De Létang.

.... 248. — Art. 2689. — Antoine, *lisez*: Antoine-Marie.

.... *id.* — Art. 2691. — Pineux, *lisez*: Pineu.

.... 253. — Art. 2746. — De La Font, *lisez*: De Lafont.

.... 255. — Art. 2767. — Veziano, *lisez*: Vegiano.

.... 260. — Art. 2822. — Mothey, *lisez*: Moithey.

.... 272. — Art. 2944. — Boissieu, *lisez*: Boissieux.

.... 280. — Art. 3030. — In-8, *lisez*: in-32.

.... 282. — Art. 3044. — Brager, *lisez*: Brayer.

.... 283. — Art. 3056. — Lafolie, *lisez*: La Folie.

.... 311. — Art. 3374. — Boileau, *lisez*: De Boileau.

.... 316. — Art. 3426. — Joseph, *lisez*: Joseph-Jacques.

.... 322. — Art. 3500. — Gabriel, *lisez*: Louis-Gabriel.

.... 330. — Art. 3581. — Pièces, *lisez*: prières.

.... 345. — Art. 3748. — Pierre-Louis-François, *lisez*: Pierre-François.

.... 348. — Art. 3777. — Gaume, *lisez :* Gouin.

.... 357. — Art. 3885. — Louis, *lisez :* Lambert.

.... 408. — Art. 4458. — Lettre, *lisez :* Lettres.

.... 418. — Art. 4571. — Muret, *lisez :* Meuret.

www.ingramcontent.com/pod-product-compliance
Lightning Source LLC
Chambersburg PA
CBHW071142270326
41929CB00012B/1846

* 9 7 8 2 0 1 2 5 9 2 6 7 4 *